XIANGMUGUANLI XINLUN

项目管理新论

赛云秀 著

商务印书馆
The Commercial Press

图书在版编目(CIP)数据

项目管理新论/赛云秀著.—北京:商务印书馆,
2022(2022.11重印)
  ISBN 978 - 7 - 100 - 20123 - 0

Ⅰ.①项… Ⅱ.①赛… Ⅲ.①项目管理—研究
Ⅳ.①F27

中国版本图书馆 CIP 数据核字(2021)第 133673 号

项目管理新论

赛云秀 著

商 务 印 书 馆 出 版
(北京王府井大街36号 邮政编码100710)
商 务 印 书 馆 发 行
北 京 冠 中 印 刷 厂 印 刷
ISBN 978 - 7 - 100 - 20123 - 0

2022 年 3 月第 1 版   开本 787×1092 1/16
2022 年 11 月北京第 2 次印刷   印张 37
定价:98.00 元

内容简介

《项目管理新论》立足于项目管理理论研究，以项目实施过程管理为主要研究对象。作者以项目管理模式、项目管理知识体系、项目管理系统等为纵向主轴，以项目管理职能的运用、项目三大目标的控制与协调等为横向主线，多层次、多维度地系统阐述了项目管理知识、理论、方法和技术。全书注重理论分析，旨在从认识论、方法论、实践论的视角，阐述项目管理的思想、认知和理念，讨论项目管理创新发展的新命题，探索契合我国国情的项目实施管理体系，希冀全面提高我国项目管理理论与实践水平。

本书由项目管理基础、项目控制与协调、项目管理综合分析、项目管理理论研究四篇构成，共十二章。在章节布局和内容编排上，既深入分析项目管理的基本内涵，又突出反映相关理论研究的新进展。全书系统讨论了项目管理知识体系，深入研究了项目控制与协调机理，全面分析了项目管理的职能和要素，着力阐释了项目管理理论体系、方法体系、技术体系和规则体系，以期向读者全面介绍项目管理模式、管理体系和管理系统。

本书内容丰富，脉络清晰，理论联系实际，对近年来国内外项目管理发展状况进行了较为系统的分析，既可作为高等院校项目管理、工程管理、土木工程等专业在校研究生学习参考用书，亦可供各类组织中的管理者和技术人员，特别是从事企业管理、工程管理的人员工作参考之用。

序 一

项目管理作为管理学的重要分支学科,近年来的发展尤其引人注目。项目管理方法和技术,最初来自于大型复杂工程项目和军工项目的实践,如今日臻完善,已成为推动经济社会发展的重要力量。项目管理学科的框架虽已成形,但其理论研究仍有很大的提升空间。特别是新的研究方向,研究方法的选择,理论体系的构建等,都需要高度重视。近日,阅读了赛云秀教授撰写的《项目管理新论》书稿,作者以深厚的理论修养和敏锐的学术洞察力,将系统工程思想运用到理论分析中,这在项目管理认识论和方法论上是一项重大的突破,开辟了项目管理理论研究的新路径,也形成了这本书的重要特色。

第一,这本书把系统工程方法与项目管理有机地联系了起来。系统工程方法的全面应用,标志着一种可横跨多职能、多部门并发挥组织管理整体功能优势的新型管理技术的产生。钱学森指出:"系统工程是各门组织管理技术的总称,系统工程不能光谈系统,要有具体分析一个系统的方法,要有一套数学理论,要定量地处理系统内部的问题。"早在20世纪60年代,国内工程项目管理研究就积极引入系统工程理论,突破了之前那种孤立、静止和片面地看待问题的思维。80年代以后,系统工程理论发展的显著特征是研究对象的巨大化、复杂化和社会化,诸多学者运用系统工程的思想、理论和方法,对工程项目管理的要素进行了分析,并将众多的研究成果付诸工程实践。

在某种意义上,项目管理自身的发展是以不断深化系统工程方法的应用为基本特征的。过去几十年,学者们提出了很多工程项目管理理论模型,但以系统化的视角全面分析项目管理基本内涵的研究成果仍显不足,将系统工程方法与项目管理技术一体化研究的思路,在本书中一以贯之。该书作者尤为注重系统思维,明确指出"系统"和"项目"高度相关,强调任何项目的实施过程都可被视作一个系统。管理者要充分发挥项目管理的功能,就必须统筹考虑过程管理中的各种因素,动态、系统地处理各种复杂问题。书中相关理论分析,将系统工程的思维方法与项目管理模式、管理体系和管理系统有机地联系了起来,对进一步提升理论研究水平,不断完善项目管理方法与技术,具有积极的推动作用。

第二,这本书高度重视系统工程方法在项目管理理论研究中的运用。系统工程最早发端于"组织管理技术",与注重计划、组织、控制的项目管理具有天然的联系。按照系统工程的方法,项目管理应把管理对象视为一个系统,综合分析整体与部分、部分与部分、整体与环境之间的相互作用,以确定系统目标任务的执行过程,并通过信息的传输与反馈,有效调控系统中人财物等要素,使系统整体运行达到最优状态。依此思路,作者在书中明确指出,只有把项目实施过程管理视为一个系统,建立完善的组织管理系统,才能有序推进项目任务执行过程的规范化,进而提升管理效率。这些观点都是作者运用系统工程方法全面研究项目管理的心得,具有重要的理论和实践价值。

在书中不同章节,作者反复强调项目实施是一次性的活动,其过程管理易受到复杂多变的内外部环境影响,充满了不确定性。可以说,正是由于环境因素与项目组织内部运行系统的相互渗透,才构成了项目实施系统的"整体"。这意味着当我们考虑外部环境中的政策、法规和文化等社会因素时,就不能简单地将"环境"理解为某种"外部"事物。项目管理要从项目实施的实际情况出发,管理者要结合实际落实各项计划任务。脱离社会环境就难以发挥项目管理系统的作用,无法实施项目管控。于是,作者将项目实施的环境因素完全内生化,充分体现了系统工程思想的精髓,为提高项目决策水平、丰富项目管理的方法论奠定了坚实基础。

第三,这本书将"三论"思想贯穿于项目管理研究的全过程。基于系统论、信息论和控制论,即"三论"的视角,作者认为项目管理是一种开放的管理格局,其理论、方法、技术的基本架构都建基于包括系统工程在内的多门学科的理论成果。项目管理模式的形成、知识体系的构建,与"三论"的科学思维方式密不可分;项目管理理论体系、方法体系和技术体系是对"三论"的综合运用;项目管理科学化、系统化、规范化以"三论"为思维导向,为项目管理模式的发展提供了正确理念。这些认知极具开创性,扩充了项目管理学科内涵的深广度,是这本书的重要创新之处。

"三论"是一个有机统一体,正确运用,可实现项目整体管理、计划管理、过程管理的深度融合。以下三点尤应引起读者关注。其一,"三论"奠定了项目管理的理论基础。开展项目管理活动所形成的管理系统,体现了系统论的基本原理;管理系统的运行需要建立有效的项目控制系统,体现了控制论的基本原理;而管理系统特别是控制系统的运行依赖于对项目信息的处理,这又体现了信息论的基本原理。其二,"三论"确立了项目管理的基本理念。从系统论的视角看,管理活动是一个具有多元影响因素和时变参数的动态系统;从信息论的视角看,信息是动态反馈过程管理输入与输出的载体;从控制论的视角看,过程控制是实现系统优化的手段。其三,"三论"深化了项目管理方法论的基本内涵。"三论"具有一般方法论的指导意义,反映了事物整体运动的普遍规律,不仅是一种具体的科学方法,更是自然科学和社会科学共同运用的科学方法论,因而被誉为"全科学的方法"。这种方法深刻揭示了项目管理的理论内涵,在处理项目实施系统的各种复杂管理问题时,具有无可比拟的优越性,是项目管理理论体系和方法体系形成与发展的基础。

第四,这本书的分析过程展现了作者理论研究的系统思维能力。理论的发展源于解决现实问题，而分析和解决问题需要系统思维和科学方法。全面应用系统工程的思想方法，并据此发现问题、分析问题、解决问题，是这本书的一大特点。项目组织建立管理系统的目的，就是要充分发挥"系统的整体功能大于各部分功能之和"的优势，以有限的项目资源，获取最优的项目成果。基于这种情况，作者认为必须对项目管理系统中各个子系统及其相互之间的界面，做出全面剖析和清晰界定。这一观点体现了系统思维的特质，准确地抓住了项目管理实践中极易被管理者忽视的问题。有效构建项目管理系统，充分发挥系统平台作用，可以将项目实施的各个部分整合成一个有机整体，进而为管理者提供解决问题的最佳策略和最优方案。这本书运用系统思维分析并解决问题的思路是具有建设性的，循此路径，就能理清项目管理的来龙去脉，具有深远的现实意义。

第五，这本书的研究成果有助于促进项目管理理论与实践的有机结合。领悟系统工程思想，运用系统工程方法能将理论与实践联系起来，这对于项目管理学科的长足发展十分重要。事实上，项目管理理论与实践有机结合的关键在于充分发挥管理系统的作用。作者反复强调，在项目管理系统运行过程中，应密切关注系统整体与其子系统之间以及各子系统之间的关联性，充分考量其各种影响因素，以提高项目计划、控制与协调的协同性。同时，作者还强调了管理系统运行过程中管理层次的重要性，指出强化管理层次是确立项目管理绩效评价标准的基础。为确保管理系统顺畅运行，项目组织应为各层次管理者确立基本的工作规范。这些论述都抓住了提升项目管理绩效的关键，极其重要。

除上述特点外，作者还系统总结了项目管理的思想、认知和理念，提出了项目管理的理论体系、方法体系、技术体系、规则体系，这是一种具有前瞻性的研究框架。作者据此提出的目前我国项目管理研究尚未充分体现科学性、系统性、规范性要求，项目管理实践亦未能全面实现科学化、系统化、规范化管理目标等观点，切中了当前我国项目管理理论研究的要害。管理研究不可能一蹴而就。在我看来，不只是项目管理研究，今后的管理学研究同样应高度重视"三性"要求，管理实践也应紧扣"三化"目标。

当前，我国经济发展迅速，项目建设成就巨大。可喜的是，项目管理研究赶上了一个好时代，未来大有可为。项目管理是一项复杂的系统工程，只有通过科学理论的指导，管理者才能具备专业化的管理水准。管理者应勤读书，读好书，希望从事或关心项目管理工作的同志，都能够读到这本书，定会开卷有益。

汪应洛

2020 年 12 月于西安

序　二

现代项目管理自 20 世纪 80 年代传入我国，目前项目管理实践发展非常迅速，在很多领域得到了推广应用。相比之下，项目管理理论研究尚显滞后。

认识本书作者近 20 年，他是项目管理孜孜不倦的探索者，这些年他相继编写出版了多本颇具创新性的著作，并尽心竭力推广项目管理，拳拳之心可鉴！近期，在多年悉心研究项目管理模式、项目管理知识体系以及项目管理系统的基础上，他又编著了这本书，其特点主要包括以下几方面。

注重对项目管理知识体系的理论分析。这本书分析了项目管理的发展历程，对项目管理知识体系的内涵，包括结构体系、基本特征，以及知识领域、管理要素做了深化分析，指出知识体系涵盖项目管理理论体系、方法体系、技术体系和规则体系，是一个完整而系统的管理体系。

着力于项目控制与协调体系的理论研究。项目管理的核心任务是对项目目标的控制。为实现项目目标，必须建立高效的项目控制系统，同时应从项目管理文化、方法、技术和行为四个维度建立项目协调体系。只有项目控制与协调共同作用，项目组织才能充分发挥其统筹管理作用，使项目实施过程形成一个有机统一的整体。

强调了项目管理理论研究与实践应用融合的意义，并注重项目管理价值的分析。在当今快速变化的时代背景下，项目管理是组织发展必须掌握的基本知识和能力，项目型组织不断涌现，项目管理理论研究亦应加速推进。在项目管理实践精彩纷呈的时代，管理者对项目管理理论、方法和技术应有更为深入的领悟。项目管理学科的发展不仅要注重理论研究，还要关注理论与实践的紧密结合，更要重视项目管理实践对理论的检验。同时，这本书还专门对项目管理和管理学做了比较分析，澄清了项目管理与一般管理的关系，讨论了项目管理模式的独特价值。

致力于推动项目管理的理论创新。这本书强调应在理论研究与实践应用的互动中，推动项目管理理论的创新发展，提出了项目管理"场域论"等新概念，以及倡导项目管理和社会科学相融合等主张，为项目管理研究提供了新视角，开辟了新路径。

对提升我国项目管理水平提出有益建议。在综合分析项目管理理论体系、方法体系和技术体系的基础上，对构建我国项目实施管理体系进行了有益尝试，并提出了提升我国项目管理水平的具体建议。

综上，这本书提出了一些对项目管理学科创新发展颇有价值的原创性观点和理念，是近年来项目管理研究领域一部难得的力作，可供项目管理相关人员在理论研究和实践应用中参考使用。

2020 年 12 月于上海

序 三

项目管理自古及今,源远流长。从我国古代的万里长城到今天的港珠澳大桥,从古埃及金字塔到国际空间站,都离不开工程项目管理。当前,项目管理实践发展非常迅速,其理论研究孕育着新突破,亟待深化。近日,阅读了赛云秀教授的新作书稿《项目管理新论》,深感欣慰。这本书视野开阔,结构清晰,系统全面,对项目管理的管理模式、知识体系和管理系统的分析贯穿始终,对项目控制和协调、项目管理的创新发展,尤其对项目管理的理念、方法和技术等方面的研究深入细致,并在理论层面上提出了一些独到的见解,是近年来项目管理研究领域中一部不可多得的精品力作。

工程造福人类,科技创造未来。工程建设活动在人类改造自然、创造文明的历史进程中,始终扮演着不可或缺的角色。工程项目管理思维是系统的,它能帮助人们认识和把握项目管理的基本规律。大型工程项目的管理过程,涉及决策与计划、组织与指挥、控制与协调等各个方面,虽然极为复杂但因其管理活动具有系统性、完整性等特点,在实践中已形成了较为成熟的管理方法和技术。深化工程项目管理理论研究,不仅对于自身意义重大,而且能为其他类型项目的实施与管理提供有益借鉴。为此,作者贯穿了这样一种认知:工程项目体现着项目管理的基本特征,各类项目的管理模式是相通的,即从理论层面来说,各类项目实施与管理所蕴含的思维形式和实践逻辑几乎是一致的。加强对工程项目管理经验的总结与推广,能够切实提高各类项目实施与管理的水准。工程素养对于学习项目管理非常重要,管理者具备了工程管理的基本知识,便能够更好地理解项目管理的理论内涵,领悟项目管理的优越性,从而自觉地将项目管理模式灵活地应用到更广阔的领域。

与一些西方国家不同,我国项目管理模式起源于工程项目。这一管理模式从计划经济时期的施工组织管理模式,发展到如今的项目管理模式,经历了一个不断探索的过程。原建设部等相关部委于2002年1月颁布了我国《建设工程项目管理规范》(GB/T 50326—2001),使我国工程项目管理形成了较为完整的管理体系,真正走上规范化管理的道路。之后,于2006年6月、2017年5月,我国又先后两次更新了《建设工程项目管理规范》,使工程项目管理更加系统规范,为在全国范围内广泛应用项目管理模式提供了有效指导。本书系统分析了工程项目实施由施工组织管理模式向项目管理模式的转变过程,研究成果可为各类项目的全面管理提供重要借鉴和启示。

本书阐明了项目管理知识体系的基础作用，认为它的建立标志着现代项目管理模式步入了规范管理阶段。在作者看来，知识体系揭示了项目管理的基本内涵，不仅形成了一整套合乎科学思维的管理理念和法则，而且拓展了项目管理方法和技术的应用范围。传统的金字塔式科层结构，涉及的管理层次较多，往往难以保证项目进度和质量，难以控制项目成本；而现代项目管理模式实现了组织结构体系的扁平化，管理者的职能定位更加准确，责权更加清晰，能够有效克服上述弊端。管理者只要系统掌握了项目管理知识体系，就能建立一套科学有效的管理模式，为项目顺利实施提供保障。

项目实施三大目标的实现，必须建立项目控制与协调管理体系。作者在系统分析项目控制机理的基础上，深入研究了项目协调机制，并据此建立了项目控制体系与协作体系，这就使项目实施过程管控成为一个有机统一的整体。同时，作者提出项目控制与协调需要从文化、方法、技术和行为四个维度来全面考量。其中，文化维度、行为维度的提法极具创见性，反映了作者对项目实施主体，即项目参与者——"人"的重视与思考。在作者看来，项目参与者的理想信念、价值观与实现项目目标行动的一致性，以及其行为的规范性，直接影响着项目实施的成效，甚至关乎项目成败。

现代项目管理模式虽日臻完善，但推广应用仍任重道远。作者秉持研用结合的理念，十分重视项目管理理论的实践化，并就推广项目管理提出了中肯的建议：一是以掌握理论知识为着力点。广泛应用项目管理的关键在于，管理者要对理论知识有深刻的理解，真正接受其管理理念。只有真正掌握了项目管理的基础知识，才能熟练运用其方法和技术。二是以推动理论与实践并重为核心。缺乏理论指导的实践是盲目的，没有实践支撑的理论则是空洞的。管理知识寓于实践之中，没有脱离实践的管理理论，也没有脱离理论指导的自觉实践。三是以推进实践为检验标准。项目管理可谓"知易行难"，至今仍有一些工程建设基层项目部，挂着项目管理的"招牌"，走的却是施工组织设计的"老路"，导致理论与实践相脱节，这很不利于项目管理模式的广泛应用。

从学科角度看，项目管理与管理学具有天然的血脉关系，项目管理研究始终离不开"管理学"这个根基。书中关于项目管理与一般管理的比较分析，是作者独具匠心的安排。读者能够在更为宽泛的视域中，认识项目管理模式的先进性。作者指出，在思想格局的指引下，项目管理模式克服了一般管理仅关注人财物等资源要素，而忽视项目进度、成本和质量三大目标管理的弊端。通过比较研究，作者既阐明了项目管理理论的源头，抓住了其理念、方法、技术的关键，又清晰地阐释了项目管理模式的独特价值。

项目管理任务复杂而艰巨，先进的管理模式无疑能有效提升管理效能。作者对项目管理价值的认知，融汇于理论分析之中。书中明确提出了项目管理的理论体系、方法体系、技术体系和规则体系。理论体系、方法体系是项目管理模式发展的基础和核心，不仅涉及各管理要素之间的关系，还涵盖诸如管理使命、参与者行为等深层问题。作者对技术体系支撑项目管理模式发展的分析，独到而透彻。技术体系的构建，使项目管理打破了管理技术和科学技术的隔阂，实现了二者的有机融合。同时，书中对规则体系的分析更具原创性，指出其是项目实施过程管理机制形成的保障，尤其是对规范要求与规程规定以及过程管理程序、流程和步骤的系统分析，突出了规则体系的核心，抓住了理论研究的要害。

项目管理研究的目的，在于发现、分析和解决项目实施过程中的各种问题，促进管理实践规范化。作者在理论分析中引入了"场域论"，这是其深刻思考项目实施过程管理的体现，更是将社会科学与项目管理研究相融合的一次大胆创新。正如作者所言，深入观察和客观描述项目实施场域，是项目管理研究的第一步。虽然实践理论与基本理论联系紧密，但这并不意味着研究者只要信手撷取某些管理经验的片断，经过一般性的加工，就能将其改造成理论成果。项目管理的经验知识，上升到理性知识，产生实践理论，再提升为基本理论，最后形成理论体系，需要经历一个漫长而艰辛的探索过程。作者倡导理论研究要厘清实践理论与基本理论之间的关系，避免因沉浸于管理实践而模糊了两者之间的界线，同时还强调国内项目管理研究要获得话语权，必须对借鉴与创新予以同等重视。

最后，作者积极回应了全面提升我国项目管理水平这一现实要求。一方面，对我国项目实施管理体系的构建进行了深入探索，这是该书最为重要的贡献之一，具有为项目管理理论"本土化"发展筑基固本的意义。从目前国内项目实践现状来看，制定一套符合国内实际的管理体系已刻不容缓。为此，作者廓清了项目实施管理体系的基本概念与关键问题，构建的管理领域科学严谨、合理可行，保证了管理体系整体结构与功能的完备性，对项目实践具有积极的指导作用。另一方面，作者将全面提升我国项目管理水平作为全书的落脚点，提出了切实可行的建议，体现了一名学者的使命担当。作者着重强调，必须更加充分地认识项目管理的重要作用，高度重视对国内项目实践经验的总结，致力于理论研究与实践应用的双轮驱动，加快项目管理模式的革新，开创我国项目管理的新局面。

当前，我国已进入新发展阶段，项目管理无疑将会迎来更大的发展机遇和更广阔的应用空间。这本书积极探索项目管理基本规律，着力完善项目管理理论体系，注重提升项目管理方法和技术应用的规范性，作者的这些努力必将有力推动我国项目管理理论研究和实践应用取得更大进步。

2020 年 12 月于北京

前　言

　　伴随着新一轮科技革命和产业革命浪潮，当今经济社会发展的格局正日益多元化。顺应此变化，管理学及其各分支学科都获得了较大发展，项目管理更是异军突起，站在了新的历史起点上。项目管理源于实践，蕴含着独特的管理思想、认知和理念，其知识、理论、方法和技术已催生了一个崭新的管理学分支学科——项目管理学。今天，项目建设正谱写着人类文明进步的光辉篇章，深化项目管理理论研究体现了时代发展的要求，具有重要的现实意义。

一

　　项目管理学科的形成，既是科学技术不断分化并高度融合的结果，又是社会实践发展到一定阶段，管理学科自身创新发展的产物。时至今日，项目管理已不再是一种单纯的流程化管理工具，而是一种包含独特管理知识、理论、方法和技术的先进管理模式。改革开放以来，我国经济社会发生了巨大变化，诸多重大项目成功实施，项目建设成就举世瞩目。尽管国内对现代项目管理的实践应用与理论探索已历半个多世纪，但从总体上看，管理实践成就辉煌，而理论研究相对滞后，系统性原创成果尤显不足，理论研究亟待深化。

　　近年来，随着国家科技创新战略不断推进，众多社会治理项目大力实施，国内项目管理的多维研究趋势已露端倪。本书名曰《项目管理新论》，意在以一种新的视角，对项目管理模式、知识体系和管理系统进行再认识、再总结、再探讨，以期形成一套系统完整的结构化理论框架。项目管理模式自开创之初就立足于项目实施过程管理，其管理理念、方法和技术源自项目实践，所以其理论研究应秉持这一原则，以增强理论指导的针对性、实效性和普适性。为此，本书汲取管理学、行为学、工程学等相关学科的理论成果，一方面努力探求项目管理的理论体系，力求将其基本理论概括为一个科学化的知识系统和方法论；另一方面又注重项目实践的要求，力求将其方法体系和技术体系建构成一个规范化的应用体系。

　　项目管理研究是一项系统工程。本书从四个方面展开讨论和分析，其中：第一篇项目管理基础，是全书的序幕；第二篇项目控制与协调，相对独立成篇；第三篇项目管理综合分析，属多角度探讨；第四篇项目管理理论研究，重在理论分析。本书撰写的初衷在于系统论述项目管理的科学机理、功能价值、应用前景，以期达到厘清概念、阐释理论、明确方法、整合技术的目的，使项目管理这朵管理学丛林里的瑰丽之花，能够在中华大地上焕发新机，绽放光彩。

二

　　人类知识在 20 世纪空前繁荣，成为推动科技进步和社会发展的主要力量。现代自然科学知识体系发端于文艺复兴之后 17 世纪的科学革命，而仿效自然科学方法建构的现代社会科学在 19 世纪渐趋成型。其中，管理学于 20 世纪初形成了自身的理论学说，逐渐分化成为独立的学科。时至 20 世纪后期，项目管理学科逐步形成，且犹如自然科学，创建了自身特有的知识体系，这对于人类管理知识的创新发展具有重要的里程碑意义。项目管理知识体系凝结了人类的管理智慧，体现了项目管理的基本内涵，不仅使项目管理知识从分散的经验知识跃升为结构化的理性知识，而且通过管理知识与过程管理路径的融汇，明确管理者应遵循的基本原则和所承担的职责任务，从而使项目管理模式步入了规范化轨道。鉴于此，本书开篇即详细论述了项目管理知识体系，并在后续各章节中将其作为一条主线贯穿始终。

　　项目管理模式实践性极强，长期以来具有"先行后知"的特点，而项目管理知识体系的建立，更加突出了其"知行相长"的特征。泰勒曾指出："科学管理是过去就存在的各种要素的'集成'，即把原来的知识收集起来，加以分析、组合并归类成规律和规则，从而形成一门学科。"管理是一种具有自身价值、信念、工具和语言的文化，项目管理在充分借鉴相关学科理论成果的基础上，确立了自身的知识体系，这是其作为一门独立分支学科走向成熟的标志。人类自开始进行有组织的社会生产活动起，就一直实施着各类项目。项目管理的思想理念、方式方法由来已久，千年而下，于今正当厚积薄发，突破创新。经过长期的实践积累，特别是在一些规模巨大、技术复杂、不确定因素多的现代大型项目的实施过程中，人们逐渐发现传统的管理方式已无法满足现实需求，于是在实践创新和理论研究的共同促进下，一种体现规范管理追求的知识体系便应运而生。这是项目管理理论研究的重大创新成果。

　　现代项目管理模式是一种特别适合于大型复杂、不确定因素多的一次性任务的管理方法。当今，项目管理活动已遍及经济社会各个方面，项目化管理正逐渐改变着各类组织的管理运行方式，项目管理水平甚至在一定程度上影响着一个国家、地区或企业的发展速度和质量。项目管理知识体系的建立，明确了项目实施管理活动中涉及的各种理论、方法、技术和工具，明晰了项目人员的角色、职责及其相互关系，标志着人类的项目管理活动超越了传统经验管理阶段，进入到一个崭新的发展阶段，即现代项目管理阶段。项目管理模式与项目管理知识体系相伴而生，相辅相成。全面运用项目管理模式，充分发挥项目管理知识体系的作用，有助于规范管理项目实施活动，提升项目建设水平，推动经济社会高质量发展。

　　"知识不等于力量，结构化的知识才是力量。"项目管理知识体系有效地整合了项目管理的知识、理论、方法和技术，为管理模式的形塑、管理格局的形成、管理体系的完善，奠定了方法论基础，体现了人们对项目实施与管理规律的准确把握，为项目实践提供了结构化的理论框架和规范指南。知识体系以其结构化的方式呈现，不仅为人们掌握项目管理理念、方法和技术提供了基本索引，为项目管理模式的广泛运用奠定了坚实基础，也为项目管理实践理论化和理论实践化指明了方向。"授人以鱼，不如授人以渔。"知识体系不仅给予人们一把可以打开项目管理大门的金钥匙，而且还教会管理者配制钥匙的方法，以使其掌握管理各类项目的技能。

三

　　人类对自然及其自身的控制力，是衡量现代科技和生产力水平的重要标志。对控制与协调两项管理职能的研究，既是管理学研究的现实命题，又是项目管理研究极具挑战性的课题。项目管理往往面临复杂的环境，加之项目实施过程中各种冲突层出不穷，这使格雷厄姆"按规定时间、不突破预算、不调整人员而完成的项目几乎没有，谁的项目也不例外"的论断，几成为打不破的"魔咒"。实践证明，项目控制与协调始终是项目管理研究的核心内容，只有有效运用控制与协调两大管理职能，才能使项目实施向着既定目标顺利推进。故而本书第二篇深入讨论了项目控制与协调的机理，系统分析了其方法和技术。

　　关注项目实施过程是项目管理的主旋律，过程管控始终是管理者的首要任务。项目组织及其管理层的主要职责，是有效管控项目实施的整个过程，确保将项目进度、成本和质量三大目标控制在预期范围内。现代项目，特别是大型项目，实施过程复杂多变，过程管理的不确定性、动态性和多级控制等特征突出，故而必须针对项目实施的目标和项目管理系统的运行等方面进行有效管控，项目控制成为理论研究的关键内容。同时，保证项目实施场域的稳态，对项目冲突的协调亦至关重要。项目实施与管理既可以成为管理者"创造辉煌"的平台，又可能使其陷入"暴露弱点"的困境。项目实施过程因受各参与单位及众多参与者的共同制约，必然产生各种冲突，项目组织及其管理层也必将置身于充满争论的冲突环境中，故而项目管理过程实为针对各类冲突不断沟通和协商的过程。这就要求项目组织及其成员应达成共识，建立协作体系，不断化解矛盾，形成合力，体现项目团队的整体作用。因此，项目协调已成为当今项目管理研究中最关键的内容。

项目控制与协调的目的，一方面在于实现项目管理系统的平稳运行，使项目实施过程成为一个有机整体；另一方面在于有效规约项目参与者的行为，使其与项目组织的要求相契合。项目控制突出理性精神，项目协调彰显人文关怀。项目控制与协调研究关注的维度是多元的，需要从文化、方法、技术和行为四个维度来考量。其中，文化、方法、技术三个方面皆服务于行为维度，参与者行为管控是落脚点。项目管理只有不断完善项目控制体系与协作体系，对项目实施过程进行科学有效的控制与协调，才能获得满意的结果，彰显出项目管理模式的价值。项目控制运用刚性的技术措施，项目协调则采用柔性的管理手段；项目控制强调科学规范，项目协调则注重管理艺术；控制是协调的手段，协调是控制效果的保障。项目控制应着力创造"理性神话"，项目协调则要倾力缔造"潜能奇迹"。项目控制与协调如鸟之双翼、车之两轮，应并用并重，这是实现项目目标的根本保证。

四

理论是灰色的，而实践之树常青。项目管理是一门经世致用之学，它既不是象牙塔内学者们闭门造车的产物，也不是管理者们纸上谈兵的臆想，其价值只有在人类运用它改造自然和社会的伟大实践中才能得以展现。各类组织运行状况差异之根源多在管理，项目实施亦不例外。知者行之始，行者知之成。管理者只有做到知行合一，才能确保项目实施走向成功。为此，本书第三篇对项目管理进行了综合分析，重点讨论项目管理的要素及其与经济社会创新发展的关系，着眼点和落脚点均在于项目管理模式的推广应用。

时至今日，现代项目管理模式业已被各类组织广泛接受。项目管理模式以知识体系为指南，可将项目管理理念、方法和技术贯穿于项目实施的全过程，有效发挥各项管理职能的作用。规范运用项目管理模式，应以科学理论为先导。当前，应用项目管理模式面临的挑战，是如何实现项目实施过程的规范化管理，首先是要树立整体管理思维，立足项目实施全局分析和解决问题。因而，项目管理研究需要对诸如文化、人才、技术等要素，项目组织与团队管理、参与者行为管理等方面，以及项目管理的有效性与全面性等问题进行系统分析，从而深刻揭示项目管理模式的基本内涵，为其实践应用奠定坚实的理论基础。

创新与创造是当今社会发展的主题，管理创新已然成为各类组织谋求发展的重要举措，项目型社会、政府以及企业正在形成，项目管理模式日益受到重视。创新活动是创新项目产生的源头，各类组织的创新活动无不以创新项目的形式开展，各类创造发明无不以创新项目为载体，并以创造性思维、创造性过程及个人创造力为支撑。然而，蕴含创造性思维的思想、认知和理念并非实操工具，只有于抽象思维到实践逻辑的展开过程中，它们才能有效推动社会发展。项目管理作为管理创新活动最为有效的管理模式，日益渗透于社会治理创新、企业创新发展等各个领域，其理念、方法和技术可高效管理各种创新活动。

项目管理研究只有坚持实践理论化和理论实践化相统一的正确理念，才能切实推动项目管理模式的广泛应用。历史积淀的孕育、社会进步的推动、时代发展的要求，促使项目管理模式成为各类组织创新发展的核心竞争力，这为项目管理理论研究提供了广阔舞台。时至今日，提高发展质量、完善社会治理体系等所依靠的科技创新和管理创新，或多或少都要通过项目化管理来实现，其过程管理无不闪现着项目管理模式的身影，体现着项目管理的价值。推广普及项目管理理念、方法和技术，既迫在眉睫，又恰逢其时，不仅具有重要的学术价值，更具有深远的现实意义。

五

历史与现实反复证明：唯有深具价值的管理方式，才拥有强大的生命力。项目管理正在成为这样一种独具价值的管理模式。管理模式是承载项目实施与管理规律的基架，能够充分整合项目管理的实践经验与理论成果，从而有效解决项目管理知识体系化以及项目管理方法、技术普及化等现实问题。如今，项目管理学科虽已取得一定的发展，但因缺乏与时俱进的理论武器，项目实践中的很多问题仍不能被有效解决。为此，本书第四篇在讨论项目管理与一般管理关系的基础上，系统阐述了项目管理模式的价值，进而探索了以知识体系为核心的项目管理理论体系、方法体系、技术体系和规则体系，即"一总四脉"的结构化管理体系的基本内涵，并分别对其价值进行系统分析。

理论体系是项目管理知识不断创新的关键，也是管理模式创新发展的基础。目前，世界各国在推广项目管理模式的过程中，大多以项目管理知识体系为框架，但知识体系并不等同于理论体系。严格地说，项目管理理论体系尚在逐步建构与完善之中，仍要面对以下四个问题：如何注重项目管理理论的继承性，反映其基础价值；如何增强项目管理理论的严密性，反映其内在价值；如何突出项目管理理论的时代性，反映其创新价值；如何强化项目管理理论的开放性，反映其兼容并蓄的价值。这些问题的深度探究说明，项目管理理论体系的构建，应在总结已有理论成果的基础上，不断完善其基本内涵，并在理论和实践的良性互动中得到创新发展。

方法体系是保障项目管理业务流程通畅的关键，更是项目管理模式创新发展的核心。

一般管理通常仅关注人财物等资源管理，但项目管理还要锁定进度、成本和质量三大目标，突出管理的综合性。知识体系的建立，使得项目管理方法体系在注重整合管理、范围管理、目标管理的基础上，强化了沟通管理、风险管理、相关方管理，更加重视项目人员行为的管理。今日的项目管理方法体系，不仅关注各管理领域变量之间的关系，还特别重视诸如项目组织使命、参与者价值观等复杂因素对项目实施的影响。可以说，正是由于项目管理知识体系整合了各种管理手段，充实了方法体系的基本内涵，才使得项目管理模式不断走向成熟。

技术体系不仅关涉管理技术，还与技术知识、技术实践以及技术行为等密切相关，这是项目管理模式得以快速发展的重要支撑。项目管理注重实践理念，其技术体系打通了管理技术和科学技术之间的壁垒，实现了二者的有机融合，进而在项目管理系统中形成了技术系统。这不仅有利于相关专业技术的积累，还有利于管理技术自身的创新发展。同时，借助于技术体系，管理层能将其管理经验转化为系统的管理技能，进而提升项目组织的决策力和管控力，保障管理系统有效运行；作业层能够规范地运用技术规程，使其实践操作更加专业化，保障技术系统的平稳运行。

规则体系反映着项目实施与管理的内在机理，更是项目管理模式健康发展的保障。建立项目管理规则体系，应着力关注以下四个方面：一是规则体系应满足管理模式的要求。项目管理模式在理论层面上包括知识体系和理论体系，在实践层面上包括方法体系和技术体系，而在两者之相互转化中则表现为对管理规则的系统运用。二是规则体系应保障管理系统的运行。项目组织运行的制度环境，是通过规则体系和管理系统共同营造的。规则体系是项目管理"制度体系"的化身，也是建立项目管理系统的基础。三是规则体系应明确规范要求与规程规定。规范要求反映"应然性"，突出理想状况下"应该怎么做、最好怎么做"；而规程规定则反映"实然性"，强调在一定约束条件下"实际怎么做、必须怎么做"。四是规则体系应突出过程管理的程序、流程及步骤，这是项目实施过程管理在时空维度上的逻辑分解与动态展开。

六

人类的一切活动，旨在认识世界和改造世界。项目实践活动日新月异，项目管理理论自然也应不断创新。面向未来，项目管理理论研究如何顺应时代潮流，契合新时代要求，亟需拓展思路、深入探讨。布迪厄的场域论为项目管理研究"打开了另一扇窗户"，提供了一个全新的视角，其实践理论化和理论实践化的理念为项目管理理论创新指明了方向。有关这一问题的探讨，形成了本书第四篇深化理论研究的相关内容。项目实施场域与项目管理场域既相互关联又有所区别，只有在这两个不可分割的社会空间中展开理论研究，项目管理模式才能在"道"的层面上可言，在"术"的层面上可行。

理论创新是推动项目管理不断发展的关键，而如何全面深入地审视其研究对象，始终是一个认知挑战。场域论作为一种新的理论思维形式，能深刻揭示项目实施过程管理的特征。项目管理的对象，是一种人为营造的、结构化的项目实施场域。在项目实施场域中，项目组织、相关方及其所有参与者须齐心协力，并通过项目管理场域形成一个同舟共济的"实践共同体"。作为一个开放而独立的社会空间，项目管理场域中存在着各种力量的持续博弈，而针对各种关系的协调效果，直接影响着项目人员的行为方式。场域论秉持的实践理性观点，与项目管理惯所推崇的实践理念不谋而合，其反思方法及重视反思研究主体、倡导实践研究的做法，既可揭示项目管理的规律，又可体现项目实践的本色。重视场域管理，可以打破以往单纯突出进度管理的"一维"管理模式的局限，进而催生出一个多维度、结构化的，既包括进度、成本和质量等目标，又包括文化、技术和环境等多种要素的先进管理模式。同时，运用场域论的基本分析工具，还可以更加清晰地界定项目组织结构体系及其职责关系，进而从整体上把握过程管理的内涵，并可在项目管理系统的运行中体现场域管理的特征。

没有正确管理理论的指导，就难以实现高效的管理实践。项目管理研究始终应关注实践理论化与理论实践化这两大主题，准确把握理论与实践的辩证关系。无论是有关项目管理基本理论的研究，还是有关项目实施过程管理特质的研究，均需依赖于项目实施场域中的"实践逻辑"。所谓实践理论化，即注重对实践经验的不断总结、归纳和提炼，逐步形成实践理论，最终凝练出基本理论，这是项目管理模式创新发展的必由之路。与实践理论化相呼应，理论实践化则更加注重理论指导实践的效果。项目管理理论体系的生命力，取决于其转化为具体管理手段并有效指导项目实践的程度，因而理论研究不仅涉及认识论的科学性、实践论的目的性，还涉及研究方法的正确性、研究成果的致用性。这些方面均基于对项目管理场域的反思，涉及双重的社会客观性，即研究对象的客观性与研究主体对象化的客观性。

项目管理理论研究既前景广阔又充满挑战，需准确把握相关重点问题。首先，应明确理论研究的关键和基础。所谓关键，是指真正属于项目管理本质的命题，即围绕管理模式、管理体系、管理系统等方面展开的研究；所谓基础，是指对单个项目的研究，即只有从研究单个项目的管理特性出发，稳固确立项目管理的基本内涵，寻求普遍规律和方法论，才能推动理论研究不断走向深入。其次，要弄清理论研究的重心所在。人是事务的主宰，项目管理研究应以项目人员行为研究为重心，依据项目实施场域的客观条件，来分析项目参与者的习性和行为。在项目管理场域结构化进程中，项目参与者的形塑，表现为其习性、资本与场域相互作用过程中的"塑造和反塑造"。这一过程既可保障项目组织的规范运行，又能激励参与者充分发挥其创造性潜能。最后，要明确理论研究的深化拓展与创新发展的方向和途径。项目管理学科自创立伊始就具有与其他学科互补共生的特质，其理论研究更应注重学科交叉与融合，强调包容性。故而，只有推动不同行业领域的管理专家，在理论探索与实践应用的良性互动中，广泛开展合作，聚合研究力量、融合研究内涵、拓展研究视野，才能进一步推动项目管理理论的创新发展。

七

近代以降，中国的学术发展是在西学东渐的历史背景下进行的。西方科学思想的引入，有力地推动了我国现代化的进程，但其对国内本土文化的"批判"，在客观上也引起了我国学术研究的局部"失语"，相关学术话语权的论争也由此产生，于今尤烈。今日中国，无疑是一个项目建设大国，与之相适应，理应成为一个项目管理理论研究强国。基于此，在不断完善项目管理理论体系的基础上，着力构建本土化的项目实施管理体系，全面提升我国项目管理水平，既构成了本书第四篇理论研究的核心内容，也是全书最后的落脚点。

理论对实践的指导作用，体现在项目管理体系能为管理者提供正确的行动指南，赋予其前瞻性管理思维。在借鉴美国项目管理知识体系的基础上，立足国内项目管理实践经验和理论成果，构建项目实施管理体系，是推动我国项目管理发展的必由之路。为此，应着重关注以下四个方面的问题：其一，管理体系构建的基本遵循。国情不同，文化相异，管理理念的独特性是构建我国项目实施管理体系的基石。管理体系的构建须有科学理念的指引，走理论与实践并重之路，且须遵循系统性、实用性、通用性和特色性原则。其二，管理体系构建的关键概念。与美国项目管理"知识体系"和"知识领域"不同，我国项目实施管理体系的关键概念为"管理体系"和"管理领域"，借此还原项目管理的本质并体现本土化实践特征。其三，管理领域的确立与界定。在相互借鉴与自创概念的互动中，各项管理领域的预设应承载已有的认知成果，并具有确切的指向性，明确表达项目管理的理念、方法和技术，实现管理体系价值理性与技术理性的统一。其四，管理体系整体结构与功能的完备性。项目实施管理体系可形成一个系统完整的管理职能网络，使项目管理知识与技能集成化、结构化，凸显理论指导的实效性，实现项目实施过程管理的科学化、系统化和规范化，为全面运用项目管理模式提供行动指南。

当代项目管理学者们构建了一张犹如蜘蛛网般的理论框架，众多的项目实践者更是积累了丰富的管理经验，两者有效融合的关键在于架起理论与实践之间相互促进的桥梁。有效提升我国项目管理水平，应坚持理论研究与实践创新的双轮驱动。一要充分认识项目管理模式的重要性。各类组织的高层管理者应充分认识项目管理模式的优势，使其与组织管理体系相契合。遵循项目管理方法体系，管理者的理念即会产生质的飞跃，管理思维也会进入一个新的境界，进而释放出项目管理模式潜在的生机与活力。二要高度重视国内项目实践经验的理论总结。国内项目实践经验丰富，具有鲜明的特色，只有认真挖掘、梳理、总结，才能推动理论研究与实践应用互相促进、共同进步。三要加快我国项目管理模式的革新。从本质上讲，推动项目管理的广泛应用是一场管理模式的革新，其关键是重构组织管理体系，应用新的管理程序和流程。管理变革既要跨越"心理屏障"，又须接受实践检验。管理模式革新是一个持续过程，虽然初期可能会步履维艰，但有价值的新思想终会冲破束缚，并成功转化为人们的共同意愿和行动。

"管理改变着世界"，经济社会创新发展、高质量发展都离不开有效的管理。先进的管理模式能极大地促进社会生产力的发展，广泛运用项目管理模式可有效规范项目实施管理活动。项目管理知识体系能有效破解过程管理中的难题，使项目实施步入规范化的轨道，项目实施管理体系则能更加有效地指导国内项目实践，促进我国项目管理模式的创新发展。就当前项目管理研究而言，只有不断深化理论体系、完善方法体系、整合技术体系、健全规则体系，才能使项目管理模式既符合规律，容涵我国管理文化，又符合国际惯例，进而不断增强各类组织项目化管理的能力，最终全面提升我国项目管理水平。

当今世界正经历百年未有之大变局，经济社会发展迫切需要新发展理念来凝聚共识、指引方向、指导实践。项目管理学的发展，正孕育着自身研究范式的变革。项目管理思想格局、管理模式不断走向成熟，其学科体系、话语体系正在更新，理论体系、方法体系、技术体系、规则体系也在不断完善。《大学》有云："苟日新，日日新，又日新。"中华民族自古以来就是一个勇于进取、革故鼎新的民族，创新发展已成为当今时代的主旋律。展望未来，项目管理必将以其科学、系统、规范的管理理念、方法和技术，为奏响新的时代乐章贡献美妙动人的音符，为人类社会的进步贡献智慧与力量。

2020 年 11 月于西安

目　录

第一篇 项目管理基础

项目种类繁多,其实施活动绵亘古今。虽然各类项目的目标、规模和成果等不尽相同,但它们都记录着人类社会发展的重要历程。项目及其管理作为一种重要的社会经济活动,常常被赋予更多的使命与责任。当今社会,"一切都是项目,一切都将成为项目",特别是人们对社会发展过程中经济、政治、文化和军事等各方面活动的管理,在一定程度上都体现为对各类项目的管理。作为本书的导引,本篇主要对项目与项目管理的概念和特点,以及项目管理知识体系的内涵与功能等进行简要介绍,重点是对项目管理的基础知识进行全景式扫描,为后续篇章的讨论奠定基础。

第一章,项目管理概述。本章主要介绍项目的基本概念,讨论项目的特点及其分类;概括项目管理的基本概念和基本特点;分析项目管理知识体系的形成过程;讨论项目管理的发展历程。项目管理知识体系的建立,为项目管理理论、方法与技术的完善和发展奠定了坚实基础,这标志着现代项目管理模式进入了一个崭新的阶段。

第二章,项目管理的知识领域。本章以美国项目管理知识体系为基本分析框架,详细介绍该知识体系中各项知识领域的基本内容。知识体系涵盖的知识领域及其管理要素,体现了项目管理的基本内涵,对其进行深入地阐释和讨论,有助于人们加深对现代项目管理模式的理解。

第三章,项目实施的过程管理。本章主要讨论项目确立过程的管理、项目阶段与实施过程的管理、项目管理的基础职能和项目管理系统。美国项目管理知识体系主要针对项目实施期展开,而我国项目管理知识体系则贯穿项目确立及实施的整个生命周期。就一般的大型复杂项目而言,其完整的生命周期主要包括项目论证期、实施期和运营期三个阶段。

第一章　项目管理概述

"物有本末，事有始终，知所先后，则近道矣。"

——《大学》

第一节　项目与项目管理

人类社会在某个特定时期，总会本能地将资源集中用于某项特定的活动，以期取得阶段性发展成就，于是，项目便应运而生。自古以来，项目常作为各类组织生存与发展的方式之一，在今天这个被称为项目化的时代，它更是无时不有、无处不在。社会生产方式的变革，从最初的手工作坊到工场，再到一定规模的机器大工业工厂，最后发展成为现代化的工业企业，其每一步飞跃都是以项目及其实施活动作为标志的。

一、项目

关于"项目"的概念，长期以来，从事项目管理研究的专家和学者们从不同的角度对其进行了定义。虽然他们各自的表述不尽相同，但所表达的观点基本一致，即项目是具有明确预期目标，受时间、成本和质量等因素约束，并受相关资源限制的一次性任务。

1. 项目起源及其活动方式

项目实施是一种古老的社会实践活动。尽管在远古时期，人们还没有"项目"这个概念，但自从人类开始了有组织的生产活动，项目及项目化管理方式事实上就已经存在了。比如，原始社会的围猎活动就可被视作项目，因为狩猎过程是一次性的，目的是为了获取食物。一两个人可以捕杀一只野羊，而要捕获一头野猪或野牛，则需合众人之力、集体协作。这种有组织的集体行动就符合项目的基本特征。两千多年前修筑的万里长城，更是大型复杂的工程建设活动。无论当时人们将这项"活动"称为"工程"、"计划"或"任务"，我们都无法否定其已具有了"项目"的本质内涵。

众所周知，三峡工程、港珠澳大桥工程，2008 年北京奥运会、2010 年上海世博会以及庆祝中华人民共和国成立 70 周年阅兵等活动都具有明显的一次性特征，都属于典型的项目。事实上，人类社会有组织的活动并非都是项目，按其是否具有重复性的特征，大体可分为两种类型：一类是连续不断且具有较为稳定的重复性特征的活动，我们称之为"运作"或"作业"，如一般社会行政事务管理、企业日常生产经营活动等；另一类具有较明显的一次性特征的活动，如工程投资、新产品开发、大型体育赛事等活动，我们称其为"项目"。"作业"与"项目"是两种不同类型的活动，其实施过程和组织管理方式区别较大。前者是行政管理或企业管理的对象，后者则是项目管理的对象；前者的管理过程一般是清楚的、可预知的、有秩序的状态，而后者则可能是模糊的、难以预知的、缺乏条理的状态；前者的工作任务一般是可重复的，而后者则是一次性的。两者的具体区别，如表 1-1 所示。[①]

表 1-1　项目与作业的区别

对比项	作　业	项　目
目　标	常规的	特定的
组织机构	职能部门	项目组织
负责人	部门经理	项目经理
时　间	周而复始、相对无限的	有起止点、在有限时间内
持续性	重复性	一次性
环　境	相对封闭和确定	相对开放、不确定
管理方法	确定型	风险型
资源需求	固定性	不确定性
任务特征	普遍性	独特性
计划性	计划无终点	事先计划性强
组织的持续性	长期性	临时性
考核指标	效率和有效性	以目标为导向

2. 项目的基本概念

关于项目的概念，国内外许多项目管理组织和相关机构都曾对其进行了概括和阐释。美国项目管理协会在《项目管理知识体系指南》（PMBOK2017）中，将项目定义为"为创造独特的产品、服务或成果而进行的临时性工作"[②]。德国标准化学会（DIN）认为："项目是指在总体上符合如下条件的唯一性任务：具有预定的目标，具有时间、财务、人力和其他限制

---

①　中国（双法）项目管理研究委员会：《中国项目管理知识体系（C-PMBOK2006）》，电子工业出版社 2008 年版，第 17 页。

②　项目管理协会：《项目管理知识体系指南（PMBOK® 指南）》，电子工业出版社 2018 年版，第 4 页。

条件,具有专门的组织。"①我国《质量管理体系、项目管理质量指南》(GB/T 19016—2005/ISO 10006: 2003)中将项目定义为"一组有起止日期的、相互协调的受控活动所组成的独特过程,该过程要达到包括时间、成本和资源约束条件在内的规定要求的目标"。《中国项目管理知识体系》(C-PMBOK2006)(修订版)将项目定义为"为实现特定目标的一次性任务"。②

除上述定义之外,很多项目管理专家也从不同的视角,对项目的概念进行了界定。格雷厄姆认为,项目是为了达到特定目标而调集到一起的资源组合,它与常规任务的关键区别是项目通常只做一次。③科兹纳认为,一个项目可以被看成具有下列特征的一系列活动和任务:"有一个在特定计划内要完成的具体目标,有确定的开始日和结束日,有经费限制(如果项目可以实施的话),消耗人力和非人力资源(如资金、人员、设备),多职能(如横跨几条不同部门的职能线)。"④杰克·吉多、詹姆斯·P.克莱门斯认为,项目是以一套独特的、相互联系的任务为前提,有效地利用资源,为实现一个特定目标所做的努力,它在工作范围、进度计划和成本方面都有明确的界定标准。⑤丁士昭指出,项目是一种非常规性、非重复性和一次性的任务,通常具有明确的目标和确定的约束条件;它是指一个过程,而不是指过程终结后所形成的成果。⑥

上述有关项目的定义,并不完全相同,但若仔细分析,人们对项目内涵与特征的描述,是无本质差异的。也就是说,关于项目的概念,比较一致的观点是,项目是一项专项化、系统化的,并受资源与环境等条件约束的一次性任务。在这里,"专项化"是指项目任务独立且目标明确;"系统化"是指项目任务是由互相联系的系列活动构成的一项完整任务;"一次性"是指该项任务是由一组具有确定起止日期,且通常由只做一次的工作或活动构成;"条件约束"主要指人财物等资源约束,也包括内部与外部环境的制约。基于以上认识,笔者认为:项目是具有特定目标并受资源约束、时间限制的一次性任务。需要说明的是,这一定义之所以强调"时间限制",因为时间本身也是一种资源,且是集"常量"与"变量"于一体的特殊资源。在一般管理中,"时间"往往容易被忽视,但它对具有明确起止日期的项目工作来说,却是极其重要的管理要素。

① 毕星,翟丽:《项目管理》,复旦大学出版社 2000 年版,第 2 页。
② 中国(双法)项目管理研究委员会:《中国项目管理知识体系(C-PMBOK2006)》,电子工业出版社 2008 年版,第 18 页。
③ R.J.格雷厄姆:《项目管理与组织行为》,王亚禧,罗东坤译,石油大学出版社 1988 年版,第 1 页。
④ 哈罗德·科兹纳:《项目管理——计划、进度和控制的系统方法》,杨爱华等译,电子工业出版社 2018 年版,第 2 页。
⑤ 杰克·吉多,詹姆斯·P.克莱门斯:《成功的项目管理》,张金成,杨坤译,电子工业出版社 2012 年版,第 1—2 页。
⑥ 丁士昭:《工程项目管理》,中国建筑工业出版社 2006 年版,第 3 页。

3.项目的基本特点

通过上文的分析可以看出,项目作为具有明确目标的一次性任务,因其实施受时间、费用以及可交付成果的性能与规格等因素的限制,而具有鲜明的一次性、阶段性、约束性和单向性等特点。

(1)一次性。项目的一次性,也称为单件性,这是项目活动区别于其他活动的本质特征。就项目任务本身而言,一次性是指其实施过程具有明确的起始与终止时间节点要求,通常表现在项目的目标、过程及成果之中。一次性是针对项目整体而言的,并不排除在项目实施过程中存在部分重复性工作。项目整体活动一旦失去一次性特征即成为常规作业,而常规作业中的某些一次性任务亦可被视作项目。

(2)阶段性。任何项目都会经历发起、实施、运营等完整过程,这一过程通常被称为项目的"全生命周期"。项目实施具有明确的起始和结束日期,具有确定的时间跨度,这样,项目整个过程也就呈现出明显的阶段性特点。

(3)约束性。项目的共性在于虽然它是一项独特的任务,但其实施过程也像其他任务一样,有时间、资金以及相关资源等许多约束条件。就项目实施而言,约束条件有些是显性、刚性的,有些则是隐性、柔性的。遵循基本的约束条件是完成项目任务的最低要求,绝不存在无任何约束条件的项目。

(4)单向性。项目实施的整体过程通常不可逆转,这体现了项目活动的单向性特点。项目能够获得的可交付成果具有预期性,若项目实施成功,则会带来相应的效益;若项目实施未达到预期目标或失败了,结果将不可挽回。即便重新实施该项目,实际上也已经变成一个新项目了。

4.项目活动目标和成果的确定性

项目最突出的特征是具有确定的目标和明确的成果要求。任何项目都是在现有技术经济条件下,根据组织确定的目标和成果要求,展开其实施过程的。因此,"目标""过程"和"成果"三个方面,构成了项目实施与管理过程的"管理链"。首先,每个项目都具有明确的目的性,有特定目标,即项目实施所要取得的预期结果。项目发起的目的由显性或潜在的社会需求决定,而目标则通过具体技术经济指标体现。其次,项目是为实现特定目标而展开的任务集合,是一系列活动的有机组合,从而形成一个完整的实施过程。项目目标的实现依赖于实施过程中的各种要素,只有将这些要素有机结合起来并使之相互协调,才能确保项目目标的有效实现。最后,项目实施结束所能交付的成果应达到项目立项时的预期目标要求,这样,项目实施才算最终完成。

项目成果是项目实施结束后的输出物,即最终结果。它通常是一项新产品或服务,具有以下两种形式:其一,硬件可交付成果。如一栋大楼、一条高速公路,或者一台新型设备、一个独特的新产品等。其二,软件可交付成果。这类成果通常是"纸质产品"或其他形式的成果，如专著、报告等研究成果，或者是某些新型组织管理体系、某种新的商业服务模式等。大型复杂的项目可分阶段实施，存在阶段性可交付成果，这既可以是硬件设施，也可以是软件成果。

二、项目分类

项目种类繁多、千差万别，它可以是一项建设工程，如修建一座水电站、一栋大楼；也可以是某项研发工作，如开发一项新技术、新工艺；或者是一次大型活动，如文体赛事或庆典仪式等。因此，有必要对项目进行分类，通过对项目科学分类，便能深入地探究各类项目之间的差异性，从而正确认识不同类型项目的本质及其实施管理的特点。

1. 项目分类方式的思考

不同类型的项目，其目标要求和投资规模差异较大，实施过程和成果形式等也不尽相同。项目分类可从不同角度进行，既可按产出成果进行划分，也可按其所属行业领域进行划分。笔者认为，以国民经济产业划分标准为基础进行分类，既可抓住各类项目的本质，又能与国家产业政策对接，不失为一种科学的方法。按照产业属性进行项目分类，可以总摄一切项目。考虑到工程建设、装备制造、科技研发和活动组织这四种类型的项目数量众多，较为普遍且广为人知，因而可将其单独列类。对于其他项目，我们可以称之为"产业类"，并依据国民经济产业的划分标准，将某类产业中的项目冠以与之相应的属性，并可结合项目属地或编号等直接命名。这样，我们就可以将项目分为五大类，即工程类项目、制造类项目、研发类项目、活动类项目和产业类项目。

具体的分类方法如下：在第二产业中，将与"建筑业"相对应的相关工程建造活动单列为"工程类"，将与"工业"相对应的"制造类"项目也予以单列；在第三产业中，将具有研发属性、活动形态的相应项目单独列出，分别形成"研发类"和"活动类"项目；在此基础上，将第一、二、三产业中其余方面的各种项目，均统称为"其他产业类项目"，简称为"产业类项目"。可以看出，这种分类并不是按照现实中项目投资的具体行业领域、项目实施地点等展开的，而是根据项目实施与管理的内在特质来界定的，这对于揭示项目管理的基本规律具有重要意义。项目具体分类的前四种形式，如图1-1所示。[①]

2. 五类项目基本形式的内涵

在现实中，项目分类可依据不同标准，由此而产生的项目名称亦多种多样。本书以国民经济产业划分标准为基础，将项目划分为五种类型，不仅能抓住不同项目的本质特性，也可为人们确立与实施各类项目提供方法论意义上的指导。

（1）工程类项目。这类项目虽主要源于第二产业中的建筑业，但在现实中，其范围更

---

① 赛云秀：《项目管理的发展与应用》，陕西人民出版社2012年版，第297—310页。

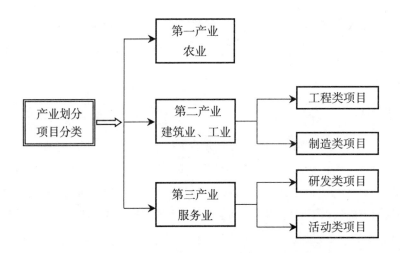

图 1-1   以产业划分进行项目分类的框架示意图

为广泛,主要包括两类:一是土木工程类项目。我们的祖先把房屋修建、园林建造等称作是"动土",现在人们仍把大规模的工程项目建设活动称为"大兴土木"。这类项目包括各种不同形式的工业与民用建筑,以及能源、化工、水利、矿山、铁路、公路等各行各业的地面与地下土木建造工程。二是特种工程类项目,如航空、航天、航海工程等,其特点是资金投入大,工程实施更为复杂,工程质量要求更高。这类工程的实施可能在地表或地下,甚至在太空,如宇宙空间站就是真正的"空中楼阁",属于特种工程类项目。

(2)制造类项目。这类项目也可称作"装备制造类"项目,其本质不是一般工业类项目的建造,而是制造。正如丹尼斯·洛克所定义的那样,制造类项目是指那些需要通过开发、研制和试验进而生产出系列装备的过程,诸如新型装备、轮船、飞机以及其他专门产品的研制过程。[①] 需要指出的是,某些大型制造类项目虽由多家厂商联合实施,其本身却符合项目的基本特征,如研制一架新型飞机、一辆新型汽车或一台新式挖掘机等,就是典型的制造类项目。但是,产品定型后批量生产的飞机、汽车或挖掘机等,其生产过程则为生产作业,属于企业管理的范畴。

(3)研发类项目。这类项目可看作对各种研发活动的总称,是具有明确目的的创造性活动,主要包括科学研究和技术创新项目等。除了人们熟知的基础研究和应用研究项目之外,该类项目还包含各种创新活动中某些创意的确立、企业产品预研和商业机构的战略构想制定等。研发类项目主要致力于对人类现有知识和能力的拓展,属于高投入、高风险项目。

(4)活动类项目。这类项目形式多样,如举行各种社会活动、文艺汇演和体育赛事,以及办理一项重要的商业手续或举办商业营销活动等。该类项目的共同特点是都属于一次性

①   丹尼斯·洛克:《项目管理》,李金海译,南开大学出版社 2005 年版,第 4—5 页。

的特定活动,与丹尼斯·洛克定义的"管理类项目"在本质上是一致的。笔者最初将此类项目统称为"无形项目",这是相对于有形的工程类项目而言的。之后,为了避免在理解上产生歧义,遂将之改称为"活动类项目"。例如,2008 年北京奥运会就是典型的活动类项目。对此,有人认为,奥运会修建了鸟巢、水立方等大量建筑工程,应归属于工程类项目。事实上,这些建筑物都是为了保障奥运会这个大型活动项目开展而修建的工程类子项目,是由于过去缺乏这些活动场地而修建的。试想,倘若北京接着举办 2012 年奥运会,便不需要再大兴土木了。

(5)产业类项目。如前文所述,该类项目是指除上述四种类型项目之外的其余各种形式的项目。按照国民经济的产业分类,具体包括三种,即农业类、工业类和服务类项目。其中,农业类项目包括农林牧副渔产品开发,以及各类种植、养殖项目等;工业类项目主要是指工业企业建设项目,其显著特点在于它是由建造工业厂房、生产工艺系统、办公生活设施等组成的系列任务,目的在于形成生产某种产品的完整系统;服务类项目是第三产业中各种类型项目的总称,这一类项目形态非常广泛,如市场开发、销售网络建设、公共服务等。

3.项目分类的进一步讨论

以上关于项目的五种分类,只是按项目本身的产业属性而建立的一个概念性框架体系,是对项目特质进行理论分析的一种探索。这种分类方法虽然有助于厘清各类项目的本质属性,但还需要对不同类型项目的内涵做进一步讨论。

(1)关于工程类项目。工程类项目界定的"工程",不仅包括土木工程和军事工程,还包括作为物质生产活动的各种有形实体的工程。同时,虽然工程类项目按项目融资、相关方合作方式等方面的不同会产生众多的管理模式,如 BOT、EPC、CM 等,但这仅仅反映了项目立项方式或商业合作形式的不同,并不影响项目分类。

(2)关于制造类项目。本书将制造类项目单独列类,可能会与其他类别的项目产生某些交集,原因在于制造类项目在实施过程中会衍生出大量的研发类子项目,甚至会存在一些活动类项目。制造类项目具有普遍性,人们通常将其理解为一般的企业管理或者工业工程管理问题。但是,当该项"制造活动"必须在限定时间内完成时,便可以按项目管理模式对其进行管理,如研制"辽宁号"航空母舰、复兴号高速列车、C919 大飞机等,都是典型的制造类项目。

(3)关于活动类项目。之所以将其定义为活动类项目,原因有三个方面:其一,是为了回避"管理"这个词。丹尼斯·洛克提出了"管理类项目",而项目管理本身就是在阐述管理,且所有的项目活动都要依靠管理职能来组织实施。其二,该类项目大多数是由一系列强调时间节点的具体活动构成,理应突出其"活动"的特点。其三,这类项目一般是非实体项目,不同于有外在形态的工程类项目,当各项具体活动进行完毕后,活动类项目就结束了。如 2019 年 10 月 1 日举办的庆祝中华人民共和国成立 70 周年大会及阅兵仪式,就是典型的活动类项目。该项目筹备时间长,实施过程投入了大量的人力和物力,但当完成各项仪式及活动后,长安街复归原貌,体现出了活动类项目的基本特点。

(4)关于信息技术(IT)类项目。有些学者将其单独列为一类项目,相关的专著及文章也持这一观点,从一般性称谓而言,这未尝不可。笔者认为,信息技术行业的相关项目,科技研发、新产品开发等应列入研发类项目,新产品的生产过程可划分在制造类项目中,产品制造的设施建设等应列入工业类项目,产品营销等则应隶属于活动类项目。因此,从总体上说,所谓的 IT 项目是一个跨越不同产业的项目集,内容很宽泛。但对某一个具体的项目而言,却具有明确的类型属性,可以归入上述五类项目之中。

(5)关于项目与子项目。许多大型项目通常会衍生出多个子项目,在特殊情况下,大型项目还可能是几种类型子项目的集合体。例如,北京 2008 年奥运会整体上是一个大型活动类项目,其中包括鸟巢、水立方等工程类子项目,而为了建设这两个重要的标志性工程,又涉及若干研发类次级子项目。另外,很多大型制造类项目,经常会包含与其相关的研发类子项目。通常,子项目可以结合项目整体特性与子项目特点来命名,只要把握住项目类别的本质属性,便可以将层次不同、大小不一的各类子项目界定清楚。

三、项目管理

商业领袖和管理专家声称,项目管理是未来的浪潮。[1] 项目管理是指在项目活动中运用专门的知识、技能、工具和方法,使项目能够在资源限定的条件下,实现特定要求或预期结果的过程。项目管理本质上是一个持续的管理过程,其核心在于创造并保持一种使项目顺利实施的环境。

1. 项目管理的基本概念

关于项目管理的概念,美国项目管理协会将其定义为"将知识、技能、工具与技术应用于项目活动,以满足项目的要求"[2]。我国《质量管理体系、项目管理质量指南》的定义为:"对项目各方面所进行的规划、组织、监视、控制和报告,并激励所有参与者实现项目目标。"[3]《中国项目管理知识体系(C-PMBOK2006)(修订版)》对项目管理的定义为:"项目管理是一种基于系统思想与权变理念、面向对象的组织管理方法论。"[4] 同时,

---

① 克利福德·格雷,埃里克·拉森:《项目管理教程》,王立文等译,人民邮电出版社 2005 年版,第 3 页。

② 项目管理协会:《项目管理知识体系指南(PMBOK® 指南)》,电子工业出版社 2018 年版,第 10 页。

③ 本标准编委会:《质量管理体系、项目质量管理指南(GB/T 19016—2005/ISO 10006:2003)》,中国标准出版社 2005 年版,第 2 页。

④ 中国(双法)项目管理研究委员会:《中国项目管理知识体系(C-PMBOK2006)》,电子工业出版社 2008 年版,第 25 页。

C-PMBOK2006 也进一步列出了有关项目管理的代表性表述：

——项目管理是通过项目经理和项目组织的努力，运用系统理论和方法对项目及其资源进行计划、组织、协调、控制，旨在实现项目特定目标的管理方法体系。

——项目管理是指项目管理者按照客观规律的要求，在有限的资源条件下，运用系统工程的观点、理论和方法，对项目实施涉及的全部工作进行管理。

——项目管理是以项目及其所使用的资源为对象，运用系统的理论和方法对项目进行高效率的计划、组织、实施和控制，以实现项目目标的管理方法体系。

——项目管理就是把各种管理技能、手段和技术应用于项目实施中，以满足或超过项目利益相关者的要求。这种要求意味着要对各种相互冲突的需求加以权衡。这些需求包括以下几个方面：项目的范围、时间、费用、质量及其他目标；有着不同要求的项目利益相关者；确定的要求和期待的要求等。

针对项目管理的概念，学者们也在相关著述中对其进行了明确界定，其主要代表人物有格雷厄姆和科兹纳等。格雷厄姆认为："项目管理是对项目的计划、控制和对临时组织在一起的人员进行管理的过程。"[①] 科兹纳则对项目管理下了一个较为复杂的定义："项目管理是为一个已经设置好的相对短期的目标（这个目标包含具体的重点标杆和目标值）去计划、组织、指导和控制公司的资源。更进一步来说，项目管理就是利用系统化、流程化的管理方法，将职能部门的人员（纵向垂直体系）安排到一个具体的项目中（横向水平体系）。"科兹纳认为传统项目管理具有五个方面的职能和原则：规划、控制、组织、指导和人员配备。他还绘制了一个项目管理示意图，如图 1-2 所示，并以此表明项目管理是在一定的时间、

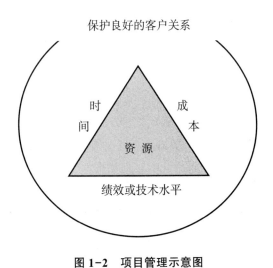

图 1-2　项目管理示意图

---

① R.J. 格雷厄姆：《项目管理与组织行为》，王亚禧，罗东坤译，石油大学出版社 1988 年版，第 1 页。

成本和绩效约束下，管理既定的活动或任务。时间、成本和绩效是项目实施最重要的约束因素。如果项目是针对外在客户而完成的，那么项目实施又有了第四个限制因素：良好的客户关系。[①]

基于上述分析可以看出，观察的视角不同，人们对项目管理的定义也就不同。但综合起来看，上述定义主要是从广义和狭义两个角度对项目管理的概念进行说明。广义上的项目管理，是对包括项目确立、实施和运营在内的全生命周期的管理；而从狭义上讲，项目管理则是针对项目实施阶段的管理，即运用项目管理的知识、理论、方法和技术，以项目预期目标为导向，通过对项目目标任务的计划、组织、指挥、控制和协调，统筹处理好项目实施目标、过程和成果管理链之间的相互关系，从而实现项目目标。本书对项目管理的分析，在不做特别说明的情况下，主要侧重于狭义的项目管理，即对项目实施阶段的管理。

2. 项目管理的主要特点

项目是独一无二的，正如"人不能两次踏入同一条河流"一样，世界上也没有两个完全相同的项目。任何新生事物或创造性活动，当其目标、任务或活动具有明显的一次性特征时，便可以对其进行项目化管理。与一般管理相比，项目管理具有鲜明的目的性、独特性、创造性、综合性和普遍性等特点。

（1）目的性。项目管理不仅要通过管理活动去满足项目有关各方提出的预期目标，而且要满足那些尚未被识别的潜在需求，从而圆满实现项目预期目标。项目管理者要努力运用有关管理技能和专业知识，明确项目目标的各项技术经济指标，以满足项目期望目标的要求。

（2）独特性。项目管理既不同于企业的生产经营管理，也不同于政府部门的行政管理，它具有特定的管理对象，即项目及其实施过程。虽然项目实施过程管理也会运用一般管理职能，但是项目活动有其自身的基本规律，项目管理也具有独特的方法和技术。

（3）创造性。项目实施具有一次性特点，因而项目管理既要承担风险又必须发挥创造性。这是项目管理与一般管理的主要区别。项目实施的创造性过程依赖于科学技术的支撑，项目管理过程的创造性依赖于管理者理念和方法的创新。

（4）综合性。项目管理要把过程管理中的各种要素，如目标与计划、人员与技术、资源与信息等有机地整合起来，形成综合化的管理优势。项目管理者必须全面系统地分析各个方面的要素，在各种冲突中做出权衡，以保证项目管理整体效果最优化。

（5）普遍性。项目管理作为一次性任务的基本管理方式，普遍存在于经济社会活动之中。当今，众多项目，如工程建设、软件开发、新产品研制以及各类文体活动等，都采用了

[①] 哈罗德·科兹纳：《项目管理——计划、进度和控制的系统方法》，杨爱华等译，电子工业出版社 2018 年版，第 4—5 页。

项目管理方式。人类社会现有的各种物质文化成果,最初都是通过项目管理方式实现的;而各种日常化的、持续性的活动,大多也是各类项目成果的延续。总之,人们有关推动经济社会发展的各种有价值的构想,大都可以通过项目管理的方式得以实现。

3. 项目管理的特征与要求

通过对项目管理特点的分析,我们不难发现,与一般管理具有的批量性、连续性和对象的流动性不同,项目管理具有单件性、过程一次性、对象固定性等特征。项目的单件性特征决定了项目管理的一次性特征;项目实施过程的单向性决定了其生命周期以及过程管理的一次性;项目实施特定目标和时限要求决定了项目管理的强约束性特征。因此,项目管理的特征,主要表现在以下三个方面:单件性的一次性管理、全过程的综合性管理、强约束的控制性管理。与此相对应,项目管理的要求主要体现在三个方面:一是强有力的领导与机构,二是高效率的组织与协调,三是系统化的实施与控制。项目管理的特征与要求如表 1-2 所示。[①]

表 1-2 项目管理的特征与要求

特 征	要 求
单件性的一次性管理	强有力的领导与机构
全过程的综合性管理	高效率的组织与协调
强约束的控制性管理	系统化的实施与控制

第二节 项目管理知识体系

项目管理不仅要发挥一般管理职能的作用,而且要结合项目及其实施过程管理的特点,采取某些特定的管理方式并运用一些专门的管理职能,这主要体现在项目管理知识体系的建立与运用之中。项目管理知识体系的构建,概括了项目管理知识与技能的最新成果,在理论层面上构建了一个结构化的管理体系框架,在实践层面上提供了一个操作性极强的指导纲领。

一、项目管理知识体系形成的实践需求

自远古时代起,管理的执行力和有效性向来为人们所倚重。20 世纪初科学管理的诞生,促进了管理者执行力的提升和管理效率的提高。项目管理知识体系的形成,既有深厚

---

① 黄金枝:《工程项目管理——理论与应用》,上海交通大学出版社 1995 年版,第 17 页。

的社会背景，又反映了项目实践自身发展的内在要求。项目管理模式拥有科学、系统、规范的管理体系，可以更好地服务于特定的管理对象。对于项目管理理论研究而言，建立规范化、系统化和科学化的管理体系是核心和关键。

1. 项目实施依赖于规范化管理

不论是各类组织还是整个社会，都是一个"有机体"。在有机体中，组织秩序的建立与维护都要求对其成员的行为以法约之、以规束之。在中国思想史上，荀子首先对"规范"的意义给予了充分肯定："规范造就社会，规范成就'人'，规范就是力量。"① 荀子推崇人的社会性，他认为："义以分则和，和则一，一则多力，多力则强，强则胜物。"人类只有通过礼制规范构成各类社会组织，并通过合理的社会分工才能产生强大的力量。在荀子看来，人类面临的问题要靠自身来解决，而掌握了自然规律就能够"制天命而用之"，彻底驾驭自然物。韩非继承了荀子关于规范的思想，把"礼"置换成了"法"，把对先王的推崇转换为对现世君主的膜拜，构建了"法、势、术"相结合的政治规范论，被秦王嬴政在治国实践中采纳，实现了秦朝的政体一统，也证实了荀子"规范创造力量"的思想。

古今中外的先哲圣贤从未停止对各类社会活动进行有效管理的实践探索与理论思考。《大学》曰："物有本末，事有终始，知所先后，则近道矣。"在柏拉图《理想国》中，理想的国家应按"智慧""勇气""节制"和"公道"四大美德建立相应的社会规范。今天，项目管理作为人类管理活动的重要形式，必须以"规范"作为管理秩序形成的基石。否则，项目组织及其参与者的行动就会无序，其行为结果就不可预知。项目管理不能仅靠个体管理者知识与技能的堆砌，而应依靠规范的过程管理，保证项目预期目标顺利实现。

2. 项目实施依赖于系统化管理

项目是在特定的社会环境中实施的，其实施过程除受项目特定目标的约束外，还受相关资源、技术与环境等因素的制约。项目管理目标任务要求明确，各种影响因素约束性强，管理者只有通过强化过程管理的系统性，才能凝聚众多参与者的集体力量，确保过程管理的有效性，最终取得项目实施的预期成果。为此，项目管理者应坚持系统的管理思维，从整体上对项目实施过程所投入的各类资源进行优化配置，充分挖掘资源的潜力，从而更好地将项目投入转化为相应的预期成果。

探究项目及其实施管理的基本过程，分析项目管理的发展进程和基本内涵，首先必须理解系统化的项目管理理念在各类重大项目实施中所起的关键作用。长期以来，人们积极探索项目实施的系统化管理方式，以不断改进项目管理的基本模式及其管理体系。由于项目任务是通过众多人员共同执行的，所以项目管理要把任务和人员集中在一起并当作一个整体对待，最终实现整体目标。因此，项目管理需要系统思维，必须突出目标、过程和结果

---

① 冯立鳌：《荀子的"礼"与规范文化》，光明日报，2014.07.12（05版）。

的管理链。同时，项目组织只有依靠系统的管理体系，才能约束众多参与者的行为，进而凸显组织及其管理者的能动作用，使科学的项目管理理念、方法和技术贯穿始终，从根本上实现项目管理过程的规范有序。

3. 项目实施依赖于科学化管理

现代项目管理模式的形成，源于人们在长期的项目管理实践中所形成的管理经验以及相应的理性认知。20世纪30—50年代，苏联的工程技术人员经过长期的实践总结，逐步形成了较为系统的现代工程项目管理模式，提高了工程项目管理效率。20世纪40—90年代，美国的一大批专业技术人员、管理者和学者经过长期探索，形成了现代项目管理的方法和技术，构建了项目管理知识体系。项目管理知识体系的建立，使项目管理模式发展成为三维管理，体现了科学化管理的内在属性。从时间维度，项目实施整个过程被划分为若干个过程组，进而形成以项目进度为主线，分阶段进行管理的持续过程；从知识维度，针对项目全生命周期各个阶段的特点，运用项目管理知识，采用相应的管理方法、技术和工具，对项目实施过程进行管理；从保障维度，针对项目实施过程的特点，综合运用各项知识领域和管理要素，对项目资源、技术和信息等进行全面管理。

与一般管理相比，项目管理更强调预设目标和预期成果，这就要求项目管理者必须积极面对纷繁复杂的项目实施过程。因此，站在项目组织及其管理者的立场上，从理性管理的角度分析，项目实施必须突出目标、计划、控制和协调等方面，项目管理必须建立科学的管理体系。与此同时，在实践层面上，尽管各类项目的目标任务以及具体成果的实现方式不尽相同，但在实际管理过程中，整体的管理方式却极具相似性，一些共性的管理问题总会反复出现。由此，我们就可以把相关的项目管理命题归结成若干方面，寻找更加科学有效的解决方案。基于这样的认识，通过长期的理论思考和实践积累，项目管理体系就能得到不断完善，进而推进了项目管理知识体系的诞生。

二、美国项目管理知识体系

众所周知，科学管理发轫于美国，现代项目管理知识体系之源头亦在美国。美国项目管理知识体系，是在吸收人类项目管理实践经验和理论成果的基础上，历经半个多世纪的探索而形成的，是对现代项目管理活动中所涉及和使用的各种先进方法与技术的系统总结，也是项目管理发展进程中重要的里程碑。

1. 创建历程

1976年，美国项目管理协会（Project Management Institute，PMI）在蒙特利尔召开研讨会期间，与会者开始讨论如何将当时项目管理的通用做法汇集为标准。1981年，美国项目管理协会成立了专门的研究小组，系统地整理了有关项目管理职业的概念和程序。该研究小组的建议书提出了三个重点方面：从事项目管理的人员应具备的道德和其他行为

（职业道德）、项目管理知识体系的内容与结构（标准）、对项目管理从业者的成就评价（评估）。这些研究成果于 1983 年 8 月在美国《项目管理杂志》上以特别报告的形式公开发表，后来成为美国项目管理协会初步评估和认证计划的基础。美国项目管理协会于 1983 年对西卡罗来纳大学的项目管理硕士课程进行了评估，并于 1984 年认证了第一批职业项目管理人员。此后，该协会又对上述资料进行了一系列的修订和完善，最终成果于 1987 年 8 月以《项目管理知识体系指南》为题发表，至此，美国项目管理知识体系的雏形正式确定，后经 1991 年、1996 年两次集中修订，最终形成了《项目管理知识体系指南》（*Project Management Body of Knowledge*，PMBOK）。之后，该指南又分别在 2000 年、2004 年、2008 年、2012 年和 2017 年共进行了 5 次修订，形成了渐次更新的 6 个版本。

2. 完善过程

《项目管理知识体系指南》第 1 版于 1996 年 12 月首次定型发布，内容包括 9 项知识领域、37 项管理要素，详列如下：综合管理，包含计划制定、计划实施和整体变更控制；范围管理，包含范围管理启动、范围计划编制、范围定义、范围核实和范围变更控制；时间管理，包含活动定义、活动排序、活动历时估算、进度计划编制和进度计划控制；成本管理，包含资源计划编制、费用估算、费用预算和费用控制；质量管理，包含质量计划编制、质量保证和质量控制；人力资源管理，包含组织的计划编制、人员获取和班子组建；沟通管理，包含沟通计划编制、信息发送、执行情况报告和管理收尾；风险管理，包含风险识别、风险量化、风险应对措施开发和风险应对措施控制；采购管理，包含采购计划编制、询价计划编制、询价、供方选择、合同管理和合同收尾。

《项目管理知识体系指南》第 2 版于 2000 年出版，其中 9 项知识领域未作变动，增加了风险管理中的风险管理计划编制和风险定性分析，管理要素从 37 个增加到 39 个。

《项目管理知识体系指南》第 3 版于 2004 年出版，9 项知识领域亦未变动，管理要素进一步增加到 44 个。其中，增列的 7 个管理要素，即综合管理中的制订项目章程、执行项目初步范围说明书、监控项目工作和项目收尾，范围管理中的制定工作分解结构，时间管理中的活动资源估算以及人力资源管理中的项目团队管理。同时，删除了 2 个管理要素，即范围管理中的启动、成本管理中的资源计划编制。

《项目管理知识体系指南》第 4 版于 2008 年出版，9 项知识领域仍保持不变，管理要素从 44 个减少到 42 个。其中，删除了 2 个管理要素，分别为综合管理中的执行项目初步范围说明书和范围管理中的范围规划；新增了 2 个管理要素，分别为沟通管理中的识别干系人和范围管理中的收集需求。同时，采购管理中的 6 个管理要素被重组为采购规划、实施采购、管理采购和结束采购 4 个要素。

《项目管理知识体系指南》第 5 版于 2012 年出版，新增了 1 项知识领域，管理要素也从 42 个增加到 47 个。新增加的知识领域是干系人管理，它包含 4 个管理要素，即识别干系人、规划干系人管理、管理干系人参与和控制干系人参与。同时,还新增了3个管理要素,即范围管理中的规划范围管理、时间管理中的规划进度管理和成本管理中的规划成本管理;减少了2个管理要素,即沟通管理中的识别干系人、规划沟通、发布信息、管理干系人期望和报告绩效5个管理要素,被重组为规划沟通管理、管理沟通和控制沟通3个要素。

2017年发布的《项目管理知识体系指南》第6版,是当前最新版本。其中,10项知识领域虽未发生增减,但对其相应名称及内涵做了调整:时间管理更新为进度管理;人力资源管理调整为资源管理;干系人管理更名为相关方管理。管理要素新增了3个,调整了1个,删除了1个,总数由原来的47个增至49个。具体地说,在整合管理中新增"管理项目知识";在资源管理中新增"获取资源",并将原进度管理中的"估算活动资源"调至该领域;在风险管理中新增"实施风险应对";在采购管理中删去了"结束采购"。基于以上修订和完善,《项目管理知识体系指南》在进度管理、资源管理以及相关方管理等知识领域中,对有关管理要素的名称也做了相应修改。

3.基本构架

目前,最新版本的美国项目管理知识体系包括整合管理、范围管理、进度管理、成本管理、质量管理、资源管理、沟通管理、风险管理、采购管理和相关方管理10项知识领域,每一项知识领域又包含若干管理要素,共计49个管理要素。与此同时,该知识体系仍然使用其一贯倡导的5个管理过程组。这样,美国项目管理知识体系通过构建知识领域和过程组,形成了一纵一横两个方面完整的管理构架,其基本结构如表1-3所示。[①]

表1-3　美国项目管理知识体系(PMI-PMBOK2017)架构

知识领域	项目管理过程组				
	启动过程组	规划过程组	执行过程组	监控过程组	收尾过程组
整合管理	①制定项目章程	②制定项目管理计划	③指导与管理项目工作 ④项目管理知识	⑤监控项目工作 ⑥实施整体变更控制	⑦结束项目或阶段
范围管理		①规划范围管理 ②收集需求 ③定义范围 ④创建WBS		⑤确认范围 ⑥控制范围	
进度管理		①规划进度管理 ②定义活动 ③排列活动顺序 ④估算活动持续时间 ⑤制定进度计划		⑥控制进度	

---

① 项目管理协会:《项目管理知识体系指南(PMBOK®指南)》,电子工业出版社2018年版,第25页。

续表

知识领域	项目管理过程组				
	启动过程组	规划过程组	执行过程组	监控过程组	收尾过程组
成本管理		①规划成本管理 ②估算成本 ③制定预算		④控制成本	
质量管理		①规划质量管理	②管理质量	③控制质量	
资源管理		①规划资源管理 ②估算活动资源	③获取资源 ④建设团队 ⑤管理团队	⑥控制资源	
沟通管理		①规划沟通管理	②管理沟通	③监督沟通	
风险管理		①规划风险管理 ②识别风险 ③实施定性风险分析 ④实施定量风险分析 ⑤规划风险应对	⑥实施风险应对	⑦监督风险	
采购管理		①规划采购管理	②实施采购	③控制采购	
相关方管理	①识别相关方	②规划相关方参与	③管理相关方参与	④监督相关方参与	

4. 主要特点

美国项目管理知识体系是首个具有原创性的项目管理规范文本体系。这一体系强调项目管理知识的结构化特征，并以"知识领域"的面貌呈现。同时，知识体系通过管理要素以结构模块化方式设置各项知识领域的管理内涵，高度关注知识领域与过程组的融合，突出了整个管理体系的实用性。

(1)知识结构化。美国项目管理知识体系在其创建过程中，大量吸收了一般管理中已有的知识、理论、方法和技术，同时又将其他相关学科的理论成果纳入项目管理的范畴。因而，这套管理知识体系表面看似复杂，但它却是一组结构化的知识，是基于项目实施过程管理特征的有机整合，并非对各种管理理论知识的简单堆砌。

(2)要素模块化。美国项目管理知识体系中的知识领域、过程组及管理要素，都以模块化形式设置。它不但将项目管理知识按职能属性划分为10项知识领域，构成十个管理模块，而且对每个模块内部的每项管理活动之间的关系做出了明确规定，并通过49项管理要素来体现。从表1-3可以看出，10项知识领域按照纵向排列，5个过程组按照横向划分，49项管理要素分别与相应的知识领域和过程组对应，实现了"知识领域""过程组"和"管理要素"三者之间的有机结合。

(3)功能逻辑化。美国项目管理知识体系不但将项目管理知识按职能属性划分为知识领域和管理要素,而且对每个管理模块内部活动之间的逻辑关系做出了明确的规定。例如,在项目范围管理中,将"收集需求"和"定义范围"两个管理要素做了严格的区分。在收集需求时,按照技术与工具的链式关系相互区分和联结。同时,当定义范围完成后,就会生成新的项目需求文件,这又成为收集需求并全面更新的依据。依此,项目实施的各项管理要素之间通过这种链式关系联结起来,从而形成了一条螺旋式上升的实践运用逻辑,这是该知识体的显著特色。

(4)职能融合化。美国项目管理知识体系中关于项目管理过程组的描述是从实施过程的角度来考虑的,而10项知识领域则是从管理职能角度划分的。从过程组本身来看,5个过程组构成了项目实施阶段的完整过程,各类项目在实施阶段的过程管理都可据此进行划分并持续推进,直至完成项目任务。这样,该知识体系就从职能管理和过程管理两个维度,构建了项目管理的行动指南。

三、国内项目管理知识体系

美国项目管理知识体系发布以后,在全球引起了积极反响。20世纪末,这一体系传入我国,推动了我国项目管理知识体系的创建。与美国项目管理知识体系相比,我国项目管理知识体系的突出特点是以项目的全生命周期为主线,以模块化的形式来描述项目管理所涉及的主要工作及其知识领域,同时吸纳了项目管理过程中所关联的共性知识及其所涉及的各种管理工具。

1. 创建过程

《中国项目管理知识体系》(*Chinese Project Management Body of Knowledge*,C-PMBOK)是由中国(双法)项目管理研究委员会(Project Management Research Committee,China,PMRC)发起并组织构建的。自1993年提出该知识体系的概念之后,历经结构研究、文件开发以及试行与修订等几个阶段,于2001年7月正式发布了《中国项目管理知识体系》第1版,并于2006年10月推出了第2版。《中国项目管理知识体系》以项目全生命周期为基础,从项目管理的概念和项目发起过程入手,按照项目形成与实施的阶段,分别阐述了每个阶段的主要管理内容及其相应的知识内涵。具体而言,该体系划分了9个层次,其中第1个层次是体系的整体框架;第2个层次定义了项目管理基础;第3—6个层次分别描述了项目概念阶段、开发阶段、实施阶段和结束阶段;第7个层次对项目管理知识领域进行了描述;第8个层次是项目管理的常用方法与工具;第9个层次则对项目化管理进行了概括性的描述。

2. 总体架构

《中国项目管理知识体系》(C-PMBOK,2006版)将项目管理知识领域划分为范围管理、时间管理、费用管理、质量管理、人力资源管理、信息管理、风险管理、采购管理及综合管理等 9 项，并将项目全生命周期管理过程划分为 115 个模块，其中基础模块 95 个、概述模块 20 个。同时，该体系提出了四个阶段，即概念阶段、开发阶段、实施阶段和结束阶段，其基本框架如表 1-4 所示。[①]

3. 主要特点

《中国项目管理知识体系》是继美国之后又一具有原创性的知识体系，在项目管理知识内涵和结构体系上采用了"模块化组合"的结构，其基本特点是：项目管理知识按需组合；以项目的全生命周期为主线，进行项目管理知识模块的划分与组织；以我国项目管理实践为基础，扩充了项目管理知识、方法、技术与工具的相关内容。

（1）突出全生命周期特征。《中国项目管理知识体系》通过加强对项目阶段概念的界定，使得项目管理重心前移。正确的决策是项目成功的前提，该知识体系强化了与项目选择和决策相关的内容，以适应项目前期论证的需求，增加项目成功的概率；同时也兼顾了我国项目管理发展的历史继承性。我国在计划经济时代所定义的工程项目建设程序，主要针对项目前期的论证和立项。

（2）构建学科体系框架。《中国项目管理知识体系》是国际项目管理界第一个以构建项目学学科体系框架为直接驱动目标的项目管理体系。该知识体系是被作为我国项目管理学科的基础性文件来开发的，它明确了项目学与项目管理学的基本定位，界定了项目管理学科知识的内涵，构建了我国项目管理学科体系的基础框架。

（3）采用模块化结构。模块化结构是《中国项目管理知识体系》的一大特点，这也是构建多要素项目管理知识体系框架的基础。这样的结构设置方式便于将相关管理知识按需要组合，有利于知识的不断更新。同时，该知识体系通过组合，将相对独立的知识模块组成一个有机统一的结构体系，利用不同层次的知识模块，满足对知识深浅程度的不同要求。知识模块的相对独立性，使其内容的更新变得容易操作，模块化结构也成为知识体系自身开放性的保障。

4. 基本特征

项目的全生命周期，反映了项目从发起到收尾、一步步实现各阶段预期目标的具体过程，以此作为主线开发项目管理知识体系的相关内容，有利于指导项目实践，充分体现了项目管理作为应用性学科的特点。同时，《中国项目管理知识体系》拓展了项目管理的外延，从方法论的高度，提出了项目化管理的理念，实现了从面向一次性任务的管理到面向长期性组织的"项目化管理"的拓展。这样，项目管理模式就上升为一种面向对象变化的管理方法论，其内容涉及长期运行的组织和具有临时性的项目组织两个层次的管理。目前，

---

① 中国（双法）项目管理研究委员会：《中国项目管理知识体系（C-PMBOK2006）》，电子工业出版社 2008 年版，第 15 页。

表1-4 中国项目管理知识体系框架（C-PMBOK2006）

1. 项目管理学科体系框架

- **2.1 项目**
- **2.2 项目管理**

2. 基础项目的管理（项目生命周期）

3. 概念阶段
- 3.1 一般机会研究
- 3.2 项目机会研究
- 3.3 方案策划
- 3.4 初步可行性研究
- 3.5 详细可行性研究
- 3.6 项目评估与决策

4. 开发阶段
- 4.1 启动
- 4.2 范围规划
- 4.3 范围定义
- 4.4 活动定义
- 4.5 质量计划
- 4.6 组织规划
- 4.7 采购规划
- 4.8 活动排序
- 4.9 活动持续时间估计
- 4.10 进度安排
- 4.11 资源计划
- 4.12 费用估计
- 4.13 费用预算
- 4.14 项目计划集成

5. 实施阶段
- 5.1 采购招标
- 5.2 合同管理
- 5.3 合同收尾
- 5.4 质量保证
- 5.5 质量控制
- 5.6 质量验收
- 5.7 生产要素管理
- 5.8 进度报告
- 5.9 范围控制
- 5.10 进度控制
- 5.11 费用控制
- 5.12 综合变更控制
- 5.13 范围确认

6. 结束阶段
- 6.1 项目资料验收
- 6.2 项目交接验收清算
- 6.3 项目费用决算
- 6.4 项目审计
- 6.5 项目后评价

7. 项目管理领域

7.1 范围管理	7.2 时间管理	7.3 费用管理	7.4 质量管理	7.5 人力资源管理	7.6 信息管理	7.7 风险管理	7.8 采购管理	7.9 综合管理
7.1.1 启动 (4.1)	7.2.1 活动定义 (4.4)	7.3.1 资源计划 (4.11)	7.4.1 质量计划 (4.5)	7.5.1 组织规划 (4.6)	7.6.1 信息管理规划	7.7.1 风险管理规划	7.8.1 采购规划 (4.7)	7.9.1 项目计划集成 (4.14)
7.1.2 范围规划 (4.2)	7.2.2 活动排序 (4.8)	7.3.2 费用估计 (4.12)	7.4.2 质量保证 (5.4)	7.5.2 团队组建	7.6.2 信息识别分发	7.7.2 风险识别	7.8.2 采购招标 (5.1)	7.9.2 生产要素管理 (5.7)
7.1.3 范围定义 (4.3)	7.2.3 活动持续时间估计 (4.9)	7.3.3 费用预算 (4.13)	7.4.3 质量控制 (5.5)	7.5.3 团队建设	7.6.3 进度报告 (5.8)	7.7.3 风险评估	7.8.3 合同管理 (5.2)	7.9.3 综合变更控制 (5.12)
7.1.4 范围控制 (5.9)	7.2.4 进度安排 (4.10)	7.3.4 费用控制 (5.11)	7.4.4 质量验收 (5.6)	7.5.4 团队管理	7.6.4 信息归档	7.7.4 风险应对计划	7.8.4 合同收尾 (5.3)	7.9.4 冲突管理
7.1.5 范围确认 (5.13)	7.2.5 进度控制 (5.10)			7.5.5 项目经理		7.7.5 风险监督		7.9.5 项目监督
						7.7.6 安全管理		7.9.6 行政监督

8. 常用方法与工具

8.1 工作分解结构	8.2 网络计划技术	8.5 项目融资	8.8 质量控制方法	8.11 责任矩阵	8.13 沟通方式	8.14 模拟技术	8.15 挣值方法
8.17 要素分层法	8.3 甘特图	8.6 资源费用曲线	8.9 质量技术文件	8.12 激励理论			8.16 有无比较工程
8.18 方案比较法	8.4 里程碑图	8.7 资源负荷图	8.10 标杆管理				
8.19 SWOT分析法							
8.20 资金时间价值							
8.21 评价指标体系							
8.22 项目财务评价	8.23 项目国民经济评价					8.25 项目环境影响评价	
	8.24 不确定性分析					8.26 有无比较法	

9. 项目化管理

9.3 项目化管理组织	9.2 项目化管理办法	9.1 项目化管理体系框架	9.4 项目化管理机制	9.5 项目化管理流程
9.3.1 项目化管理组织设计原则	9.2.1 大型项目计划管理		9.4.1 项目选择与决策机制	9.5.1 组织内部的单项目管理流程
9.3.2 项目化管理组织形式	9.2.2 项目组合管理		9.4.2 资源配置整合机制	9.5.2 组织内部的多项目管理流程
9.3.3 项目化管理常见组织元素			9.4.3 绩效考评与激励机制	9.5.3 跨组织的项目管理流程
			9.4.4 信息沟通与知识积累机制	
			9.4.5 项目管理能力持续改进机制	

项目化管理作为变化环境中长期性组织的一种有效管理方式，已得到各类社会组织及其管理者的普遍认可。

四、项目管理知识体系的基本贡献

项目管理知识体系的建立，为人们理解并应用项目管理模式提供了有效途径。古人云："先立乎其大者，则其小者不能夺也。"对项目管理来说，"其大者"为管理思想、管理模式和管理体系，包括理念和方法等，主要由知识领域和过程组构建而成；"其小者"则为具体的管理手段，包括技术和工具等，主要由各项管理要素组成。

1. 促进了项目管理工作模式化

项目实施采用科学、系统、规范的模式化管理方式，可使管理工作事半功倍。项目管理知识体系是现代项目管理中开展管理活动所使用的各种方法、技术和工具的总称，它既是特色独具的项目管理理论知识的集合，又反映出项目管理是一种拥有自身信念、价值、工具和语言的管理文化。项目管理知识体系结构清晰、层次分明，在项目的整体管理和过程管理中发挥着显著作用，从而使项目组织形成一套完整的项目管理系统。美国项目管理知识体系着重关注项目实施过程管理，而中国项目管理知识体系则关注从项目立项、实施到交付使用的全过程。总体看来，两大知识体系都提供了符合本国特点的项目管理体系，为项目实施规范化管理提供了理论指南。

项目管理知识体系为人们提供了一个通用的管理模式，像一个可靠的港湾，能够使项目管理者从此出发、扬帆远航。依照项目管理知识体系，充分运用各项知识领域、过程组和管理要素就能有效指导项目管理工作。此过程看似繁琐复杂，甚或有"循规蹈矩"之嫌，但据此却能准确把握项目实施与管理的规律。项目管理工作模式化，能使项目实施过程稳扎稳打，少走弯路，可谓以"稳"求"快"，这充分体现了项目管理模式的优势。同时，项目管理知识体系具有"一寸深，一里宽"的特点。"一寸深"是指项目管理知识体系并非高深莫测、华而不实的理论框架体系，而是深入浅出，有着普遍的指导意义和极强的操作性。对广大项目管理者而言，只要用心学习，皆可掌握并运用它。"一里宽"是指项目管理知识体系应用范围宽广，涉及面大，要求管理者应具备广博的知识面、深厚的专业知识背景以及高超的综合能力，正因如此，管理者对其活学活用并非易事。

2. 推动了项目管理知识结构化

项目管理知识体系总结了千百年来项目管理实践的经验，是人们在掌握项目实施过程管理特点的基础上对项目管理理论、方法与技术的集成，体现了项目管理科学化、系统化和规范化的特征，并实现了形式逻辑和思辨逻辑的有效结合。通常，自然科学注重形式逻辑，重视实证性和客观性，其研究过程一般采用科学方法；而管理研究更注重辩证逻辑，重视经验积累，理论研究大多采用思辨方法。项目管理知识体系的构建，将本属于思辨研究的项目管理学科向注重形式逻辑的科学研究推进了一大步,使管理者能够以更加宽广的视野来审视和解决项目管理问题。

　　中国人民大学包政教授在法约尔《工业管理与一般管理》中文译本序言中指出:"知识不等于力量,结构化的知识才是力量。"[1] 这就是说,人们要提高管理工作的效率,增强管理工作的效果,就要将从事管理工作所涉及的知识与理论结构化;管理对象的不确定性越大,越要设法使其管理体系结构化。项目管理知识体系形成了以管理知识为核心的结构化管理体系,能够使众多的管理者以规范的方式从事项目管理工作。在具体应用中,管理者还需要结合项目所在行业领域中的相关知识,按照知识体系内设的规范管理流程,对项目实施过程进行管理。比如,工程类项目、制造类项目就需要分别结合土木工程建造、机械工程制造方面的专业知识。对管理学、项目管理和项目所涉及行业领域这三个方面知识的综合,就构成了项目管理模式应用知识的基本内涵,如图1-3所示。[2] 可以看出,图1-3所示的三个方面的基本知识,都是运用项目管理模式所需要的广域知识范畴。

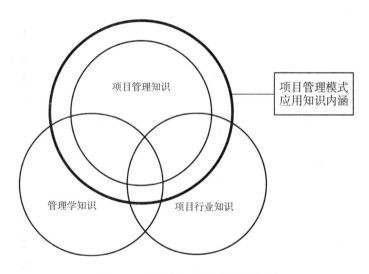

图1-3　项目管理所需的知识范围

3. 突显了项目管理理论实践化

　　项目管理知识体系是项目管理实践经验的结晶,是系统揭示项目管理基本内涵的总纲。它的形成,既是人类管理智慧的升华,也是众多项目管理实践经验的内生演化;既能启发项目管理者的思想观念和管理思维,又能为其提供科学的管理方法和技术。项目管理的知识、理论、方法、技术与工具是综合的,而不是源自某个单一的学科;项目管理知识体

---

　　①　亨利·法约尔:《工业管理与一般管理》,迟力耕,张璇译,机械工业出版社2007年版,第XIX页。
　　②　中国(双法)项目管理研究委员会:《中国项目管理知识体系》,电子工业出版社2008年版,第11页。

系是一个总括性的指导框架，它既是指导项目管理实践的核心，也是项目管理理论、方法和技术逐步形成的标志。

发挥项目管理知识体系的指导作用，管理者是主体，知识体系的理论框架是工具。在运用知识体系的过程中，主体与工具必须相称：主体大而工具小，项目实施不好；反之，主体小而工具大，也难以完成项目管理任务。项目管理知识体系能给管理者提供三个方面的具体指导：一套专用的概念术语，使人们能够使用共同的话语交流项目管理的基本问题；一套系统化的管理原则，使人们能够在纷繁复杂的项目实施过程中获得系统的理论指导；一套规范化的管理方法，使人们能够以科学的管理方式做好项目管理工作。对于大型复杂项目，应用知识体系的效果是明显的；而对中小型项目，如果机械地套用知识体系，便会有繁缛之感，好比"杀鸡用了宰牛刀"。一般而言，对于中小型工程项目以及活动类、研发类项目，不能简单地套用知识体系所提供的管理模式，而应在全面分析项目特点和实施环境的基础上，灵活地运用相关管理方法与技术。

第三节 项目管理的发展及其作用

项目管理历史悠久，经历了从传统管理方式到规范化管理模式的发展历程。现代项目管理模式最早出现于美国，通常被认为是第二次世界大战的产物，主要是为军工项目研发活动而创建的一种管理方式。第二次世界大战后，项目管理在其发展过程中逐步与其他相关学科交叉融合，其应用范围迅速扩展到众多领域。

一、美国项目管理的发展历程

在欧洲，导源于古希腊文明的理性主义传统根深蒂固，影响深远。20世纪以来，诸多的管理理论与方法，包括发端于美国的现代项目管理，都根植于这种深厚的理性主义土壤。以美国项目管理模式为代表的现代项目管理发展历程，可被归纳为萌芽、初创、成型和成熟四个阶段。

1. 萌芽阶段

世界性的重大事件往往是管理思想的引爆点，它能以某种特殊的方式把杰出管理人才汇聚在一起。第二次世界大战便是现代制造业和科学管理的最大试验场，也是项目管理实践和理论演进历程中最重要的阶段。20世纪40年代，美国把研制第一颗原子弹的任务作为一个项目来管理，并将其命名为"曼哈顿计划"。由此，一大批工程技术人员以目标、计划和控制的理念为先导，勾勒出了现代项目管理技术的雏形。20世纪50年代中后期，美国又开发了网络计划技术，通过关键路线法（CPM）和计划评审技术（PERT）的运用，为项目进度的计划和控制提供了方法论，进一步促进了项目管理理念的加速形成，也为现代项目管理方法与技术的创新奠定了良好基础。

2. 初创阶段

20 世纪 60 年代，在"曼哈顿计划"实施成功之后，美国又发起了一项有 42 万人参与、耗资数百亿美元的"阿波罗"载人登月计划。该项目的实施，进一步促进了项目管理方法与技术的系统应用。重大项目相继成功实施，标志着现代项目管理已经形成了较为系统的管理方法。20 世纪 70 年代初，网络计划技术开始普遍应用，人们逐步将系统工程和信息科学的方法引入项目管理，提出了项目管理信息系统，从而拓展了项目管理方法研究与实践应用的深度和广度。在此阶段，现代项目管理模式的系统应用主要体现在国防项目和大型工程项目之中，主要针对项目实施的过程管理，重点关注项目目标、计划和控制等。整个70 年代，随着现代项目管理实践应用的不断深化，人们对项目管理所涉及的各种管理职能和过程管理进行了较为系统的总结和研究。

3. 成型阶段

从 20 世纪 80 年代开始，美国项目管理从最初的军事工程项目逐步扩展到其他各类项目，许多公司都引入了现代项目管理的先进理念和管理体系，项目管理理论研究的范围也从面向管理方法与技术，逐步拓展到对项目组织及参与者行为的关注。到了 80 年代后期，人们又进一步将项目管理的内涵扩展到合同管理、风险管理和沟通管理等方面。与此同时，随着微型计算机的广泛普及，项目管理方法和技术的应用走向更广阔的领域。计算机技术的广泛应用，使项目实施过程中信息与数据的处理更加高效，计划方案的调整更为快捷，进而提升了项目实施过程管理的系统性和规范性。

4. 成熟阶段

进入 20 世纪 90 年代，项目管理不论是在理论探索还是实践应用方面，都得到了突破性发展。这一时期，管理知识结构重组概念的形成，使项目管理成为知识经济时代最具生命力的管理方式。项目管理在方法与技术上更加注重人的因素，注重项目相关方和客户关系的管理。同时，各类组织为了力争在经济社会的激烈变革中求得生存和发展，纷纷运用新兴的项目管理技术。这使得项目管理模式的应用领域进一步扩大，尤其在信息技术、金融服务和生物医药工程等新兴产业中得到了迅速发展。1996 年，美国项目管理协会正式颁布了《项目管理知识体系指南》第 1 版，标志着现代项目管理模式迈向了成熟阶段。

二、我国项目管理的发展历程

我国有历史记载的项目管理实践活动已有几千年的历史，但现代意义上的项目管理却始于 20 世纪 50 年代从苏联学习和引进的工程项目施工组织管理模式。到了 60 年代，统筹方法在工程项目施工管理中得到推广应用。从 20 世纪 80 年代中后期开始，我国又开始全面学习和应用欧美现代项目管理方法和技术。目前，具有中国特色的现代项目管理模式已初步形成。

1. 工程项目管理模式的学习与引进

20 世纪 50 年代中期，我国从苏联引进了工程项目施工组织管理模式，建立了计划经济体制下完整的工程项目施工管理体系。较之 20 世纪 90 年代开始推广应用的现代项目管理模式，这种从苏联引进的工程项目管理模式可以称之为"施工组织管理模式"。这两种管理模式分别起源于土木"建筑工程"和军工"制造工程"，其最初所针对的都是工程项目的组织与管理问题。由于两者产生的背景不同，从而形成了两大项目管理体系。目前，在我国工程项目管理实践中，从美国引进的"项目管理模式"与我国长期使用的"施工组织管理模式"正在逐渐融为一体。学习与引进这两种管理模式，对于深化我国基本建设管理体制改革，提高我国工程项目管理水平，促进建筑企业在日趋激烈的国内外建筑市场竞争中获得更大的发展空间，都具有重大的现实意义。

2. 统筹方法的倡导与应用

20 世纪 60 年代初期，华罗庚积极推广网络计划技术，并结合我国"统筹兼顾，全面安排"的指导思想，将这一方法称为"统筹法"。由此，统筹法在国内建筑工程、水利工程、矿山建设等多个行业中得到了广泛应用，使项目实施过程管理具备了系统科学的方法与技术，也为众多管理者学习工程项目管理理论打下了坚实基础。但是，这一时期项目管理方法的应用仅局限在建筑行业和国防领域，主要强调进度计划、成本控制和质量保证措施等方面。20 世纪 80 年代中后期，随着现代项目管理方法和技术开始在我国全面推广应用，统筹法的应用范围得到了进一步扩展。

值得强调的是，华罗庚倡导统筹法，推广网络图，抓住了工程项目管理中任务与工序安排的关键问题，在缩短项目工期、提高作业工效等方面具有显著成效。可以说，我国现代项目管理发源于"统筹法"的应用。华罗庚在 1965 年出版的《统筹方法平话及补充》（修订本）序言中写道："统筹方法充其量不过是一个数学方法，不应当把一切效果都归于统筹方法……也不要因为用了统筹方法还没有完成任务，而低估或否定这一方法。这个方法的一个好处是，即使任务没有完成，也知道完不成任务的原因所在。"他还指出："我们使用统筹方法，从简单开始，但目的不仅仅是满足于简单，而是为了要应用于更大范围更复杂的任务，因而不要怕大、怕复杂。愈大愈复杂，这个方法越有用武之地，愈可以帮助我们安排计划，揭示矛盾，解决问题。"[①]

---

① 华罗庚：《统筹方法平话及补充》，中国工业出版社 1965 年版，第 V—VI 页。

3. 现代项目管理的推广与应用

鲁布革水电站工程是我国改革开放后第一个按照国际工程项目管理规范进行施工的大型重点工程，是国内引入现代工程项目管理模式的开端。1984 年，在我国利用世界银行贷款建设的鲁布革水电站引水导流工程中，日本建筑企业运用项目管理方法对这一工程的施工进行了有效的管理，使得该工程的成本总额降低了约 40%，工期也大大缩短。[①] 当时，鲁布革水电站工程的施工管理成效在整个工程建设领域产生了巨大影响，使国人充分体会到了现代项目管理方法和技术的重要价值。

基于鲁布革水电站工程管理的经验，1987 年，国家计委、建设部等有关部门联合发出通知，对一批试点企业和建设单位采用项目管理施工法，开始建立国内的项目经理认证制度，自此拉开了国内全面应用现代项目管理模式的序幕。1991 年，建设部进一步提出要把试点工作转变为全行业推进的综合改革，全面推广项目经理负责制。随后，二滩水电站、三峡水利枢纽建设工程和其他大型工程建设都相继采用了现代项目管理这一有效管理手段，并取得了良好效果。2001 年，中国（双法）项目管理研究会在成立 10 周年之际，正式推出了《中国项目管理知识体系》第 1 版，标志着我国项目管理学科体系的初步形成。

三、项目管理在人类社会发展中的作用

项目决定着人类的今天，也影响着人类的明天。项目建设活动是人类社会有计划发展的产物，项目管理记录着人类管理能力与水平不断前行的轨迹。从历史演化角度来看，项目建设的历程构成了人类文明不断进步的精神动态与物质主线；从人类自身发展的角度来看，项目管理的能力已成为人类改造自然的重要能力之一。

1. 项目实施与管理承载人类文明

古往今来，项目建设活动一直都是推动国家发展和社会进步的重要力量。项目建设，特别是大型项目的实施，与重大社会变革、各类社会活动、工程建造及新技术新产品的开发密切相关，是上至国家下至各类社会组织获得发展的重要战略措施。在不同历史时期，无数的创造发明与人工制品，都镌刻着项目实施的痕迹。人类的文明进程正是由众多大小不一的项目构成的。我们生活的各个方面，都在通过各类项目的系统实施而不断改变，可以说，项目成果是人类发展史上最活跃、最耀眼的篇章。

项目及其实施活动是推动人类社会进步，特别是经济发展和社会演进的重要手段。进入 21 世纪，世界未来的新图景也将继续由各种项目活动承载。这主要体现在：知识经济呼唤项目管理，项目成为知识转化为社会财富的基本载体；项目成果的需求多样化，项目发起与资金的来源渐趋多元化，项目管理的过程也日益复杂化；各类组织的大量改革任务和

---

① 赛云秀：《项目管理的发展与应用》，陕西人民出版社 2012 年版，第 54—56 页。

创新活动本质上都是项目，项目化管理的需求几乎渗透到所有形式的机构中。因此，项目作为一种载体，其实施与管理影响着人类社会经济、政治、文化以及军事等众多领域的发展进程。

2. 项目管理模式激发劳动创造

项目管理的理念、方法和技术源于人们多姿多彩的管理实践，项目管理知识和技能充满着创造性力量。现代项目管理从人类古老管理智慧的土壤里孕育而成，它虽发端于"二战"之后，却与几千年来人类历史上所创造和积累的管理技能一脉相承。传统管理方法代代相传，并在传承中不断创新发展。同样，人们对项目管理知识与理论、方法与技术、过程与结果的探求从未止步，每一代人都致力于创新和积累项目管理的知识与技能。然而，直到 20 世纪 50 年代，人们对于项目管理经验知识的系统总结才在项目管理模式的基础上发展起来，项目管理相关概念和理论命题的系统化研究也在随后的几十年才逐步展开，直至项目管理知识体系成功构建。

人类社会任何阶段性重大发展目标的实现都以项目为载体，都是人们有意识选择的结果。在项目管理的过程中，人们的认识逐步提高，观念逐渐深化，知识与技能也同步增长。虽然不同的项目具有不同的特点和一定的差异性，但各类项目实施与管理的过程，却存在着规律性。人类在懂得"如何实施并管理好一个项目"之前，经历了一个不断在实践中摸索、在理论上探索的艰辛过程。当这种探索的成果积累达到一定程度时，项目管理模式就应运而生了。现代项目管理模式特别适合于大型复杂、环境多变、不确定性因素多的一次性任务，其所拥有的思想和理念、方法和技术具有广泛的适用性。作为现代项目管理理论研究最突出的成果——项目管理知识体系的诞生，标志着人们对项目管理模式的认识达到了一个新的高度，在方法和技术上取得了质的飞跃。

3. 项目实施与管理担负历史责任

从古至今，项目及其实施活动始终在经济社会发展中扮演着重要角色。项目作为推动国民经济及各类社会组织发展的基本载体，承载着人类社会发展与进步的希望。特别是大型项目，由于其实施涉及面广、资金投入大、资源消耗多，对经济社会的影响举足轻重。当然，我们也要看到，项目是一把双刃剑，尽管它可以极大地改变人类生存与发展的条件，但有时项目成果也会给人类社会带来灾难。譬如美国"曼哈顿计划"制造的原子弹，虽然是核技术发展的重大突破，但这一成果同时又是足以毁灭人类自身的"杀伤性武器"，是悬在人类头顶上的"达摩克利斯之剑"。所以，项目确立及其实施必须以人类公共利益为基础，以创造人类共同福祉为使命。这就要求我们在掌握项目管理的基本知识和先进方法的同时，要坚守科学伦理，秉持正确的项目管理理念，树立科学的发展观。只有这样，我们才能把握好项目确立与实施的方向，为人类社会健康发展做出积极贡献。

当今，许多大型工程项目和工业项目建成后，其运营时效长，使命重大且承担着更多的责任,具体表现在三个方面:第一,满足经济社会发展需要。项目最根本的目的是为社会以及相关组织提供符合项目发起者要求的产品和服务。项目实施达到预期目标,则能体现其基本价值,为社会发展做出积极贡献。第二,承担社会责任。大型项目对社会组织、区域经济影响较大,担负着重大的社会责任。项目建设必须统筹考虑经济社会发展及项目相关方的利益均衡,赢得各方信任和支持。第三,肩负历史责任。各类重大项目,特别是大型工程项目、工业项目在为社会发展做出贡献的同时,应充分考虑对自然环境和社会发展的长远影响。大型工程的运营期几十年、上百年,甚至更久,它不仅要满足当代发展的战略需求,更要符合未来社会可持续发展的需要,因而承担着更为重大的历史使命。

第二章　项目管理的知识领域

"秉纲而目自张,执本而末自从。"

——西晋·傅玄《傅子》

第一节　项目管理的基础保障

从上一章的分析可以看出,尽管中美两国项目管理知识体系的构建思路并不完全相同,但从各自构建的知识领域来看,其内涵并无本质差异。因此,本章将以美国项目管理知识体系为基础,对其各项知识领域做具体分析。项目管理的知识领域共有十项,分为三个方面,即基础保障、目标保障和资源保障。本节首先讨论基础保障部分,具体包括整合管理、范围管理、风险管理和相关方管理四项知识领域。

一、整合管理

"整合"兼具集成、综合和"一体化"等意义,因此整合管理所关注的是项目整体的目标、任务和成果。整合管理对其他各项知识领域相互依赖的关系起到了集成作用,对把握项目实施大局、监管项目实施过程和成功实现项目目标等至关重要。项目整合管理的各项管理要素如图2-1所示。

图 2-1　项目整合管理内容与过程

从图2-1可以看出,项目整合管理的基本内容和过程包括:[①]

---

① 项目管理协会:《项目管理知识体系指南(PMBOK® 指南)》,电子工业出版社 2018 年版,第 70 页。

制订项目章程——编写一份正式批准项目并授权项目经理在该活动中使用组织资源的文件的过程;

制订项目管理计划——定义、准备和协调项目计划的所有组成部分,并把它们整合为一份综合项目管理计划的过程;

指导与管理项目工作——为实现项目目标而领导和执行项目管理计划中所确定的工作,并实施已批准变更的过程;

管理项目知识——使用现有知识并生成新知识,以实现项目目标,且帮助组织学习的过程;

监控项目工作——跟踪、审查并报告项目整体进展,实现项目管理计划中确定的绩效目标的过程;

实施整体变更控制——审查所有变更请求,批准变更,管理相关可交付成果、过程资产、项目文件和项目管理计划的变更,并对变更处理结果进行沟通的过程;

结束项目或阶段——终结项目、阶段或合同等活动的过程。

1. 整合管理的基本认知

在美国项目管理知识体系的文本说明中,对每项知识领域的解释都有一个"核心概念",其寓意较深,有"概念定义"和"基本认知"之义。项目整合管理的基本认知内容包括:[①]

(1)项目整合管理是项目经理的具体职责,不能委托或转移。项目经理要整合所有其他知识领域的成果,以提供与项目总体情况有关的信息。项目经理必须对整个项目的最终结果负责。

(2)项目和项目管理具有整合性质,大多数任务涉及不止一项知识领域。

(3)项目管理过程组的内部和各个过程组之间存在交叠关系。

(4)项目整合管理,是指确保项目可交付成果的最终交付日期、项目生命周期及效益实现与计划保持一致;提供实现项目目标的管理计划;汲取并创造合适的知识,确保能运用到项目管理过程中;管理项目绩效和变更项目活动;做出针对影响项目关键变更的综合决策;衡量和监督项目进展,采取适当的纠正措施;收集、分析项目信息,并将其传递给相关方;完成全部工作,正式结束各个阶段以及整个项目;管理可能需要的过渡阶段。

2. 整合管理的基本任务

整合管理是一种鸟瞰式的综合管理方式,必须突出全局性、系统性和综合性。针对项目实施的整体特征,管理者必须运用系统思维,统筹协调项目组织内外部的各个方面。项目实施的总体战略体现了项目的总工期、总投入和质量要求,须在整合管理中予以全面落实。因此,整合管理的基本任务是统领各项知识领域之间的关系,促进它们发挥协同作用,

---

① 项目管理协会:《项目管理知识体系指南(PMBOK® 指南)》,电子工业出版社 2018 年版,第 673 页。

使项目实施过程成为一个有机整体。整合管理将其余九项知识领域集成在一起，如同穿起一串"糖葫芦"，以形成项目管理的整体合力。

整合管理贯穿项目实施始终，不仅要谋一域，更要谋全局。项目管理的首要任务是谋划顶层设计，在宏观上整合项目组织及其管理系统。因而，整合管理应涵盖项目目标、任务、计划与执行等各个方面，其核心是保证项目实施过程形散而神聚。例如，对项目实施的整体而言，某一方面进度快，并不代表项目总体进度快；局部费用控制得好，并不能确保项目总成本不突破预算；质量管理更要把握好整体、局部与枝节方面的问题，任何点、线、面出现质量缺陷，都会影响项目实施的整体质量水平。

3．整合管理的基本特征

科兹纳指出："随着项目规模越来越大，整合管理的复杂性也更加明显。在 1985 年，项目经理还把大量时间花在与团队一起进行计划编制和修订上。这是因为项目经理通常是搞技术出身的。如今，部门经理作为技术专家承担了大部分计划制订和修订工作，项目经理则主要致力于整合各部门计划，编制一份整体项目计划。"[①] 这意味着，随着整合管理复杂程度的增加，未来的项目经理必须是整合管理方面的专家。

在项目实施整体情境不断演进的过程中，整合管理应突出系统性，要把项目整体的目标任务与各子项目的具体任务结合起来，各个层次步调一致、统一行动，以推进项目目标的实现。根据整合管理的要求，项目经理必须对项目实施全局进行科学研判、统筹规划，并随着项目实施不断向纵深推进，对项目计划及时做出调整。通常，在项目里程碑事件和关键路线的管理中，因普遍性与特殊性交织、量变与质变互动，只有统筹协调，强化整合管理，才能解决好项目实施过程中的各种冲突，保证项目顺利实施。

4．整合管理的基本要求

按照系统理论的观点，从全局高度对项目实施的各个方面进行研判和管控，是项目高层管理者和项目经理必须始终高度重视的问题。项目经理对项目实施局势的整体把握，主要体现在对实现项目预期目标过程的掌控，对各项计划任务的协调，对项目总工期、总投资的把握以及项目质量的整体监控等方面。项目经理必须对横跨多个职能部门的管理活动进行协调，其关键在于整合项目实施的目标任务、计划任务及任务执行结果。为此，项目经理要清楚地定义项目目标，编制详尽的项目计划，有效整合项目实施力量，并以此树立项目成功实施的坚定信心。如果整合管理对项目实施全局的把握不到位，项目实施过程就很可能会陷入"只见树木，不见森林"的窘境。

在项目实施初期，管理者应勾勒出一条纵向管理的轴线，树立"从长远看问题"的系

---

① 哈罗德·科兹纳：《项目管理——计划、进度和控制的系统方法》，杨爱华等译，电子工业出版社 2018 年版，第 112 页。

统管理思维，规划切实可行的任务执行路径，进而从全局的角度把握项目实施的整个过程。在项目实施过程中，整合管理应着力于宏观协调和整体控制。特别是在关键环节和关键任务的执行过程中，管理者应树立大局意识，围绕项目整体目标推进各子项目任务，业务部门要以对实施系统的分析为基础，有效整合项目资源、技术和信息等要素，形成合力。项目组织只有通过有效的整合管理，才能把项目投入转变为产品、服务和利润等最终输出。项目实施整合管理的过程示意图，如图2-2所示。[①]

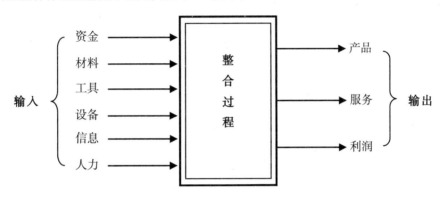

图2-2 整合管理过程示意图

5. 项目实施变更管理

在项目实施过程中，各种变更在所难免。格雷厄姆给出了项目管理"第一定律"，即："按规定时间、不突破预算、不调整人员而完成的项目几乎没有，谁的项目也不例外。"[②] 科兹纳也指出："很少有项目完全按照初始计划执行。计划变动是由于知识的增加、竞争的增加或客户/消费者的需求变更引起的。一旦做出变更，那么就伴随着预算的增长或进度的延缓。"[③] 可见，项目整合管理一项非常重要的任务就是对项目实施过程中的相关变更进行管理。

项目管理存在着一种普遍现象，即由于缺乏严格的管理规范和决策程序，在项目决策论证阶段确定的目标任务、总工期、费用估算等过于粗糙，而在项目实施过程中常常出现大量的变更。项目整合管理肩负着变更管理的使命，要对项目变更的程序和流程等做出详细规定。在项目实施阶段，项目高层管理者应处理好"变"与"不变"的关系，坚持变更最小化原则，特别是对于涉及项目整体目标的变更尤需慎重。同时，项目经理也不必回避各

① 哈罗德·科兹纳：《项目管理——计划、进度和控制的系统方法》，杨爱华等译，电子工业出版社2018年版，第13页。

② R.J.格雷厄姆：《项目管理与组织行为》，王亚禧，罗东坤译，石油大学出版社1988年版，第2页。

③ 哈罗德·科兹纳：《项目管理——计划、进度和控制的系统方法》，杨爱华等译，电子工业出版社2018年版，第658页。

种变更，要建立并规范变更管理的程序。

二、范围管理

项目发起组织实施一个项目，在项目组织成立之后就要明确项目管理的具体对象和内容，这便是范围管理的基本内容。范围管理的关键在于清晰定义项目实施的目标任务，明确相关任务是否应在项目实施的范围之内。项目范围管理内涵丰富，其各项管理要素如图2-3所示。

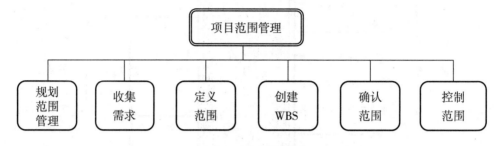

图2-3　项目范围管理内容与过程

从图2-3可以看出，项目范围管理的基本内容和过程包括：[①]

规划范围管理——为记录如何定义、确认和控制项目范围及产品范围而创建范围管理计划的过程；

收集需求——为实现项目目标而确定、记录并管理相关方需求的过程；

定义范围——制定项目产品，并对其进行详细描述的过程；

创建WBS——将项目可交付成果和项目工作分解为较小的、更易于管理的组件的过程；

确认范围——正式验收已完成项目的可交付成果的过程；

控制范围——监督项目和产品的范围状态，管理范围基准变更的过程。

1. 范围管理的基本认知

根据美国项目管理知识体系的文本说明，项目范围管理的基本认知包括：[②]

（1）范围可以指产品范围（产品、服务或成果具有的特性和功能）或项目范围（为交付具有特定特性和功能的产品、服务或成果而开展的工作）。

（2）项目生命周期的连续区间，涵盖预测型、适应型或敏捷型。在预测型生命周期中，项目开始时就应对项目可交付成果进行明确定义，对任何范围变化都要进行渐进管理；而

① 项目管理协会：《项目管理知识体系指南（PMBOK®指南）》，电子工业出版社2018年版，第129页。

② 同上书，第674页。

在适应型或敏捷型生命周期中，可交付成果经过多次迭代，详细范围得到了定义，且在每次迭代开始时都应完成审批。

（3）应根据项目管理计划来衡量项目范围的完成情况，根据产品需求来衡量产品范围的完成情况。

2．范围管理的基本任务

范围管理的目的是精确界定项目实施的边界及其所要完成的具体工作任务，为编制项目实施方案和计划任务书提供基础依据。范围管理的首要任务是对头绪纷繁的项目实施任务"条分缕析"，以保证各项管理工作有条不紊。通常，项目发起者确立项目的总体目标，而项目实施的具体范围则是项目管理者为完成其承诺而必须承担的全部工作。因此，项目范围管理既包括针对项目产出成果的"产品范围"，又包括项目管理本身的"工作范围"。这二者既彼此独立，又相互依赖，应将这两方面作为一个整体进行管理。

对项目组织而言，明确项目产品或服务范围的边界是项目实施取得成功的基础，明确工作范围是项目管理取得成效的关键。在项目实施过程中，人们总是希望以最短的时间、最小的成本来实现项目预期目标，取得项目成果，而很多项目之所以遇到障碍，其主要原因是项目在启动时就没有清楚界定项目实施的范围边界。项目组织如果无法清楚地确定项目的工作范围，那么无论管理者如何努力，也难以取得预期效果。同时，项目范围界定不清会导致管理目标迷失、过程混乱、变更不断等各种问题，从而打乱项目实施的正常节奏，造成窝工、停工或返工。因此，对于范围管理而言，只有首先厘清目标任务，才能根据项目整体计划和分项计划，对各项计划任务做出详细定义。

3．项目范围的合理确定

范围管理与项目实施的目标、任务和计划等直接相关，实质上是对项目管理工作内涵的定义，即对项目实施所要完成的各项工作任务的总概括。正确理解范围管理的内涵，对项目成功非常关键。要做到这一点，就需要全面系统地剖析项目任务的类别和性质。对此，项目管理知识体系给出了四个基本概念：一是成果范围。它是项目特征的核心组成部分，是项目所有交付成果的总和，包括最终的产品、服务等。二是项目工作范围。这是为了明确项目最终目标，实现产品、服务等最终成果所必须完成的各项工作任务。三是项目范围说明。通常以管理文件的形式出现，范围说明文件包括对具体目标任务、阶段成果、最终成果等各方面的详细描述。四是工作说明。这是对项目工作过程的描述。项目管理者应清楚项目实施的全部初始条件和工作范围，否则，在项目实施过程中，各种争议、分歧一旦增多，就很可能导致项目范围蔓延、变更频繁等问题，从而影响项目整合管理。

在范围管理过程中，项目实施的各项工作，包括子项目的各个工作单元，都必须清楚界定，而不能笼统表述。管理者如果对项目实施工作范围的研判不细致，将会导致项目计划任务书仅能列出目标任务中的"大项"，而对计划任务的"细节"则多靠人为界定。当前，这种"粗放式"管理的现象较为普遍,具体表现为三个方面:一是对项目整体目标描述不清,将目标任务、进度计划、质量要求等混为一体,导致对特定的工作任务标注不明;二是缺乏规范的项目范围说明表达格式,仅定性罗列计划任务,缺少定量表达以及具体技术经济指标要求,致使计划任务层次不清;三是管理者缺乏调查研究,缺少相关的专业咨询。以上这些问题,往往会造成在项目任务执行过程中弹性过大,影响范围管理成效。

4. 项目范围的具体管控

通常,即使目标界定明确的预测型项目,在实施过程中其范围边界也可能发生变化。项目范围蔓延的原因,部分与商业需求范围蔓延相关,另一些则与技术需求有关。这是由于随着项目实施的推进,各层管理者获得了更多的认知,不断发现未能纳入项目整体计划的相关任务。一般来说,越是复杂的大型项目,越有可能发生范围蔓延问题。这种现象不仅会引起项目进度拖延,而且会增加项目成本。为防止项目范围蔓延,管理者必须结合目标任务分解、工作说明等,分析其产生的原因。

需要注意的是,对于项目管理范围,人们通常仅关注"如何做好",而忽视了"应该做什么"。项目范围界定应尽可能以简明的方式予以描述,完整、准确地列出项目实施的各项工作任务,以防止或减少变更。项目范围管理最主要的工具是工作分解结构图(WBS),运用该图便可将项目目标任务、工作事项等分层逐项以图示的形式清楚地表述出来。另外,项目范围检查表是项目范围管理的重要辅助工具,其内容具体包括:项目预期目标、交付物、里程碑、技术要求、相关限制条件等。同时,在项目实施过程中,使用项目范围检查表可以清楚地标识哪些工作已经完成,哪些工作被延误,这对项目范围管控十分重要。

三、风险管理

在项目实施阶段,由于受到各种不确定性因素的影响和内外部环境的干扰,常常使项目实施发生意想不到的状况,从而产生各种风险。项目风险管理是指管理者通过风险识别和风险评估来预测风险,并对项目实施所面临的各种风险因素进行有效管控,以妥善处理风险事件,化解其不良后果的管理过程。项目风险管理具有较强的技术性,其各项管理要素如图 2-4 所示。

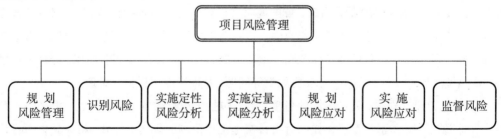

图 2-4　项目风险管理内容与过程

从图 2-4 可以看出，项目风险管理的基本内容和过程包括：[①]

规划风险管理——定义如何有效实施项目风险管理活动的过程；

识别风险——识别单个项目风险，查找项目整体风险的来源，并记录风险特征的过程；

实施定性风险分析——通过预估单个项目风险发生的概率、影响程度并分析其他特征，对各项风险进行优先级排序，为后续分析或行动提供基础的过程；

实施定量风险分析——定量分析已识别的单个项目风险和其他不确定性因素对项目整体目标的综合影响的过程；

规划风险应对——为处理项目整体的各种风险并应对单个项目风险，而选择应对策略、制定备选方案、商定应对行动的过程；

实施风险应对——执行已确定的风险应对计划的过程；

监督风险——在整个项目实施期间，监督已确定的风险应对计划的实施、跟踪已识别风险、识别和分析新风险，以及评估风险管理有效性的过程。

1. 风险管理的基本认知

根据美国项目管理知识体系的文本说明，项目风险管理的基本认知包括[②]：

（1）所有项目都有风险。组织应有选择性地承担项目风险，以创造价值并在风险和收益之间取得平衡。

（2）项目风险管理的目的是识别并管理项目实施过程中可能产生的风险。

（3）每个项目中都存在两个级别的风险，即单个风险和整体风险：单个风险指的是一旦发生，会对一个或多个项目目标产生影响的不确定事件或条件；整体风险指的是不确定性因素对项目整体的影响。项目风险管理过程应妥善处理这两个级别的风险。

（4）单个风险一旦发生，可能对项目目标产生积极或消极的影响。

（5）在项目生命周期内，风险将持续涌现。所以，项目风险管理过程也应不断持续。

（6）为了对特定项目的风险进行有效管理，在努力实现项目目标的过程中，项目团队需要厘清什么级别的风险可以接受等问题。这一点由反映组织与项目相关者能够承担的可测量风险临界值来确定。

2. 风险管理的基本任务

项目风险意味着因不确定性因素的存在而产生的变化或冲突，风险管理是指处理风险的行为或实践活动，包括规划风险管理、识别风险、分析风险、制定风险应对计划及风险监控等。风险管理并不是一项局限于风险管理部门的独立活动，它实际上是全面项目管理的一部分。风险管理应与项目实施的关键过程紧密相连。[③] 项目风险管理涉及两个重要方面：

————————————

①　项目管理协会：《项目管理知识体系指南（PMBOK® 指南）》，电子工业出版社 2018 年版，第 395 页。

②　同上书，第 677 页。

③　哈罗德·科兹纳：《项目管理——计划、进度和控制的系统方法》，杨爱华等译，电子工业出版社 2018 年版，第 534 页。

一是冲突事件发生的可能性，即概率大小；二是冲突事件发生可能带来的后果，即风险的影响程度。风险通常意味着对未来某个事件变化过程的未知，它对项目实施的作用具有双重性，其中对项目实施产生正面、积极影响的事件被称为"机会"，而带来负面结果、产生消极影响的冲突事件则被称为"风险"。"机会"和"风险"并非直接相关，而是部分的关联。根据期望理论，人们往往倾向于评估相同层次水平上得失的异同。潜在的机会也可能包含着风险因素，因而要通盘考虑所有候选机会中的潜在风险。

在项目实施阶段，特别是在大型复杂项目实施过程中，风险无时不有，无处不在，因而风险管理必须贯穿项目实施的全过程。项目风险一般存在于应用新技术与工艺、生产劳动组织与工程施工过程等方面。对于工期较短的项目，通常假定环境，尤其是技术环境是已知和稳定的；而对于工期数年的大型项目，对其技术变革问题就必须加以考虑。科技进步增加了大型复杂项目平衡进度、成本和绩效的内在压力，项目管理者若不能很好地预见科技进步带来的变化，那么技术方面的不确定性将成为项目实施最大的风险源。

3. 项目风险的主要来源

项目风险的来源，通常可分为两大类：一类是因前期论证不充分，相关要素的预测分析或假设条件发生了变化，致使项目论证隐含的风险因素显露；另一类是因项目实施的内外部环境发生了变化，导致新的风险因素产生。这两类风险带来的问题，表现在三个方面：首先是项目预期目标能否保质保量地按期完成；其次是项目资源保障是否会受到影响；最后是项目实施中的各种变更能否得到妥善管理。在项目实施过程中，前一类风险较为普遍且不会自动消除，而会不断突现，有时还会给项目带来致命的伤害，甚至导致项目夭折；而对后一类风险的预防、控制和处理，通常是项目实施与管理所要面对的挑战。

4. 项目风险的定性与定量分析

每个项目都有特定的目标要求，需要进行不同的资源组合，必然存在各种潜在的风险。因此，项目风险规划应在风险识别与分类的基础上，对各种风险进行定性和定量分析。定性分析的预测方法通常是根据管理者个人的知识和经验进行主观判断，以此对项目实施未来的发展趋势做出评估。这种方法虽然没有准确的数据支撑，但因其建立在专家意见或大量调查的基础之上，在很多影响因素无法量化时，不失为一种较为有效且快捷的预测方法。定性分析最常用的方法，是对风险事件发生的概率、事件的后果与影响程度进行分析，评估其风险水平。定量预测方法是通过统计调查而收集历史资料，采用数学方法进行量化分析，并据此预测项目未来的发展趋势。定量预测方法有期望值理论、决策树分析等。需要强调的是，风险分析是专业性很强的技术工作，应由专业技术人员完成。

项目风险因素，一般包括项目实施开始时已识别和未识别两类。对于可预见的各类风险，应在定性分析的基础上尽可能进行定量描述，以便对可能造成的危害进行及时防控和处置。分析已识别的风险因素，必须切实弄清该风险发生的概率、可能发生的时间及产生的后果,力争做到定性化分析、定量化预测,以提升项目风险管理的有效性。对于潜在的、难以预见的风险,则应根据项目特点和项目实施进程及时做出预测,并随着项目推进过程有意识地加以防范。

5. 项目风险的监控和应对

项目管理的重点是对各类风险因素进行积极的管控。随着项目管理方法与技术日臻成熟,项目经理的角色已逐渐从技术管理转向职能管理,风险管理应该是其首要掌握的技能。同时,项目高层管理者的重要作用,就是指导项目经理识别和评估各类风险,选择风险处理的先后次序。项目风险的监控,从表面上看,是对项目实施的风险进行处理并采取管控措施的过程;从深层上看,则是通过对各类风险的研判,建立有效的风险处置程序和预警机制,以增强抵御项目风险能力的过程。

在项目实施过程中,一旦产生新风险,应立即对其归类,并按一定程序进行处理。应对各类风险,应按照项目类型不同而灵活选用应对方法,要注意把握好三点:一是要注意区分项目论证阶段与实施阶段风险的差异;二是在项目实施阶段,要紧紧围绕项目目标,在过程管理中实施风险控制;三是要把握项目实施的整体状况,明确风险管理的重点。风险应对的基本要求是精准施策,其要诀首先在于对进度、成本、质量等强制性目标存在的风险进行精准分析,其次是选择恰当的风险应对方式,最后应选择正确的处置手段。通常,对进度和成本风险的应对,应严格按计划展开;而对质量风险的管控,可谓"小概率,大风险",必须依据技术规程使之达到质量标准要求。需要特别强调的是,重大里程碑事件、重要节点事项等均是风险管控的关键,犹如马克思把商品转化为货币的过程称为商品的"惊险一跳"。工程类、制造类、活动类项目中的某些重要节点任务,是项目实施风险控制的关键,例如大楼封顶、桥隧贯通、大坝合龙、样机试车,以及阅兵汇报演出、奥运会开幕式等,都可被看作项目实施的"惊险一跳"。

四、相关方管理

美国项目管理知识体系是一个开放的管理体系,其第六版将"干系人管理"修订为"相关方管理"。项目相关方是指能影响项目决策、活动或结果的个人、群体或组织,以及会受项目决策、活动或结果影响的个人、群体或组织。项目相关方管理各项要素,如图2-5所示。

从图2-5可以看出,项目相关方管理的基本内容和过程包括:[①]

识别相关方——定期识别项目相关方,分析和记录他们的利益诉求、参与度、相互依赖性、影响力和对项目成功的潜在影响的过程;

规划相关方参与——根据相关方的需求、期望、利益及其对项目的潜在影响程度,制

---

① 项目管理协会:《项目管理知识体系指南(PMBOK®指南)》,电子工业出版社2018年版,第503页。

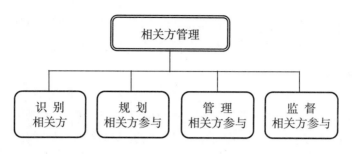

图 2-5　项目相关方管理内容与过程

定项目相关方参与项目方式的过程；

管理相关方参与——与相关方进行沟通和协作，以满足其需求与期望，处理问题并促进相关方合理参与的过程；

监督相关方参与——监督项目相关方关系，并通过修订参与策略和计划来引导相关方规范参与项目的过程。

1. 相关方管理的基本认知

根据美国项目管理知识体系的文本说明，项目相关方管理的基本认知包括：[①]

（1）每个项目都有相关方，他们会受项目活动积极或消极的影响，或者能对项目施加积极或消极的影响。部分相关方影响项目工作或成果的能力有限，而有些相关方则会对项目实施及其期望成果产生重大影响。

（2）项目经理及团队正确识别并以适当方式吸引所有相关方参与的能力，可以最终决定项目的成败。

（3）要提高项目成功的概率，识别相关方并吸引其参与项目的相关事项，应在项目章程中获得批准。项目经理被任命及团队组建之初，即应尽快启动与相关方的联系事宜。

（4）有效管理相关方参与的关键，在于关注并与所有相关方持续沟通，应把相关方的满意程度视为关键项目目标来识别和管理。

（5）为了实现项目效益，识别相关方和吸引相关方参与的过程需反复开展，定期接受审查和更新，尤其当项目推进到新的阶段或在更大范围内的相关方群体发生重大变化时，更应如此。

2. 从干系人到相关方的演变

在 2012 年发布的美国《项目管理知识体系指南》（第 5 版）中，新增了"干系人管理"这一知识领域，并将"干系人"定义为："能影响项目决策、活动或结果的个人、群体或组织，以及会受或自认为会受项目决策、活动或结果影响的个人、群体或组织。"[②]2017 年发布的

---

① 项目管理协会：《项目管理知识体系指南（PMBOK® 指南）》，电子工业出版社 2018 年版，第 678 页。

② 同上书，第 30 页。

美国《项目管理知识体系指南》(第6版)将"相关方"定义为:"能影响项目、项目集或项目组合的决策、活动或结果的个人、小组或组织,以及会受或自认为会受他们的决策、活动或结果影响的个人、小组或组织。"以上两个定义,实质上是用"相关方"的概念替代了"干系人"。与此同时,这一知识领域的四项管理要素也做了调整,如表2-1所示。[①]

表2-1 干系人管理与相关方管理要素对照表

第5版:干系人管理	第6版:相关方管理
识别干系人管理	识别相关方
规划干系人管理	规划相关方参与
管理干系人管理	管理相关方参与
控制干系人管理	监督相关方参与

通过表2-1可以看出,"干系人"与"相关方"这两个概念在内涵上大致相同,但后者的定义更加严谨。相关方着重强调的是影响项目战略决策及与项目实施有关的组织,而干系人则更突出利益相关组织的负责人。在中文语境中,"干系"是指牵涉到责任或可能引起纠纷的关系,因而项目"干系人"是指项目实施活动中所涉及人员的最大集合。也就是说,干系人包括项目组织的所有人员及团队成员,项目发起组织、项目相关方中的人员以及项目实施过程中所有参与项目活动的各类人员。需要指出的是,在项目实施过程中,相关方对项目实施所施加的影响是通过相关的干系人来实现的。虽然美国项目管理知识体系对"相关方"的定义中包含着"人员",并在其全部文本文件中删除了"干系人"这一概念,但中文固化的词义却是难以更改的,故而建议国内在借鉴美国项目管理知识体系时,依然可以保留对"干系人"的相关表述。

3. 相关方管理的基本任务

每个项目都有相关方,而且项目发起组织、项目组织与各相关方之间,注定是一种既合作又竞争的关系。因此,项目组织要对所有相关方进行认真分析,并按其影响程度进行优先级排序。项目经理要正确识别并合理引导所有相关方规范地参与项目实施活动。这一点非常重要,有时甚至决定着项目实施的成败。通常,项目相关方管理包括开展下列工作的过程:识别能够影响项目或会受项目影响的人员、团体或组织;分析相关方对实现项目目标的期望值和影响程度;制定合适的管理策略,有效调动相关方参与项目决策和执行。项目组织据此分析相关方的期望,评估他们"对项目或受项目影响"的程度,制定策略来有效引导相关方支持项目实施的决策、计划和执行。

相关方的满意度应作为项目实施目标要求加以识别和管理,这是对项目范围管理的深

[①] 项目管理协会:《项目管理知识体系指南(PMBOK®指南)》,电子工业出版社2018年版,第650页。

化。有效引导相关方参与项目活动的关键是与所有相关方保持持续沟通，以满足他们的需求和期望，协调他们之间的利益和冲突。因此，项目高层管理者和项目经理应准确识别相关方的需求，以引导其积极参与项目活动。特别是当项目实施进入不同阶段时，应查验相关方是否有不同的需求并加以识别和引导；当某个相关方不再与项目工作有关或增加了新的相关方时，应及时加以更新。

4．相关方管理的要点

与"干系人"相比，"相关方"的外延进一步扩大，其范围已从传统意义上的股东、用户和供应商等，延伸至涵盖各类与项目利益相关的群体，包括监管机构、社会团体、环保部门、金融组织等。因此，项目相关方管理的具体内容，包括以下五个方面：其一，识别所有相关方，而非限定在一定范围内；其二，注重引导相关方参与项目实施活动；其三，定期审查相关方群体，通常可与项目风险的审查并行开展；其四，定期咨询对项目工作或成果影响程度较大的相关方，并与其达成共识；其五，掌握各相关方有效参与的程度，重视其对项目实施的正面或负面影响。

每个项目的相关方都是独特的群体，因而对其管理应各有侧重。总体来看，项目经理在相关方管理过程中，要始终关注三个方面：其一，相关方群体的多样性。要弄清有多少个类型的相关方，并关注其组织文化的多样性。其二，相关方群体关系的复杂性。相关方及其相互之间关系的复杂程度是影响项目实施的重要因素。相关方群体越大，与其相关的利益纠纷就越复杂。其三，与相关方的沟通方式。针对相关方管理，要明确相应的沟通渠道，注重沟通方式和效果。总之，在整个项目实施期间，保持与相关方的互动，有利于建立信任关系，降低项目风险，提高项目成功实施的可能性。

五、项目管理基础保障的综合分析

在项目管理知识体系的整个结构框架中，本节所讨论的项目管理基础保障四项知识领域起着提纲挈领的作用。若管理者对基础保障的四个方面梳理不清、辨析不明，将造成项目实施目标、过程和成果这一管理链边界的模糊，从而使项目组织及其管理者很难判断项目实施的起始点和终极目标，最终导致项目组织管理功能发挥失常。因此，项目管理的基础保障，应着重关注以下三个方面的问题。

首先，基础保障的作用在于从整体上保证对项目实施过程进行全面管理。整合管理和范围管理具有"总调度""总控制"和"总协调"之职能。项目实施要按照项目发起者的意图，明确项目范围，整合所有项目相关方的利益，预防风险发生。同时，项目实施能否形成整体合力，计划、组织、指挥、控制与协调各项管理职能能否充分发挥，都以项目整合管理、范围管理、风险管理和相关方管理为基础。

其次，基础保障能够从全局出发保障项目实施的整个过程顺利推进。整合管理以项目伊始为重,贯穿于整个实施过程,项目经理的筹划能力与管理谋略就体现于此。项目组织必须整合各项管理职能,形成有效的管理机制,提高管理工作效率,降低风险,实现全方位、全过程管理。通常,项目实施阶段的过程走向是可以预测的,整合管理、范围管理以及风险管理的效果,体现在可预见的过程管理以及不可预见的环境变化之中。项目组织整体管理力量的生成,不仅与各项知识领域所涉及的具体问题相关联,同时也依赖于实践层面的执行力。只有充分调动项目组织的管控力量,项目实施活动才能按计划稳步推进。

最后,基础保障的基本功能是保证项目目标最终能够实现。基础保障功能贯穿于项目实施始终,其核心在于为项目实施提供良好的管理服务、生产要素和作业条件。整合管理与范围管理更多地体现在项目实施的前提条件上,而风险管理与相关方管理则更多地体现在项目实施与管理的全过程中。这四项知识领域运用的核心在于分析项目实施的各项任务及各子项目之间的关系,以便定期研判项目实施的整体情境,并据此及时召开项目协调会,下达不断更新的计划任务,直到完成所有任务,实现预期目标。

第二节 项目管理的目标保障

目标管理是德鲁克于 20 世纪 50 年代提出的一个具有划时代意义的概念。[①] 本节将讨论项目管理的目标保障,具体包括进度管理、成本管理和质量管理三项知识领域。在项目实施阶段,这三项知识领域确立了项目实施最基本的目标,通常被称为项目管理的"三大目标"。

一、项目进度管理

项目实施与管理面对的是一种有节奏的一次性任务,这种"节奏"是以项目实施过程为载体、以进度目标管理为主线逐渐展开的。因此,进度目标既是项目实施整体管理的重要内容,又是典型的技术管理问题。项目进度管理包括为确保项目实施按时完工所开展的一系列管理活动及其过程,其所包含的管理要素如图 2-6 所示。

从图 2-6 可以看出,项目进度管理的基本内容和过程包括:[②]

规划进度管理——为规划、编制、管理、执行和控制项目进度而制定政策、程序和文档的过程;

定义活动——识别和记录为完成项目可交付成果而需采取的具体行动的过程;

---

① 陆雄文:《管理学大辞典》,上海辞书出版社 2013 年版,第 5 页。
② 项目管理协会:《项目管理知识体系指南(PMBOK® 指南)》,电子工业出版社 2018 年版,第 173 页。

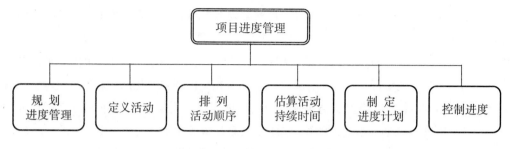

图 2-6　项目进度管理内容与过程

排列活动顺序——识别和记录项目活动之间的衔接关系,并对各项具体活动进行排序的过程;

估算活动持续时间——根据资源估算的结果,预测完成单项活动所需工作时数的过程;

制定进度计划——分析活动顺序、持续时间、资源需求和进度制约因素,创建项目进度模型,从而落实项目执行和监控的过程;

控制进度——监督项目状态,以便更新项目进度和管理进度基准变更的过程。

1.进度管理的基本认知

根据美国项目管理知识体系的文本说明,项目进度管理的基本认知包括:[①]

(1)项目进度规划提供项目何时、以何种方式在规定的项目范围内交付产品、服务或成果的详细计划。

(2)项目进度计划是沟通和管理相关方期望的工具,是制作绩效报告的基础。

(3)在整个项目实施期间,应尽可能保持项目进度计划的灵活性,同时根据已掌握的知识,对项目风险进行深入了解和分析,并对项目活动的计划做出及时调整。

2.进度管理的基本含义

"时间是项目经理最大的敌人。"项目管理与一般管理最大的区别就在于其管理对象的时间约束性不同,不少项目延期或超时就是被"时间"拖垮的。项目经理必须善于利用时间,"时间就是金钱,效率就是生命"是项目实施与管理的金科玉律。现实中,项目经理都在与时间赛跑。如果没有时间观念,即使项目计划编制得再好,其结果也只能是事倍功半。时间是一种有限的特殊资源,这种有限性体现在项目实施活动具有明确的起点与终点。在各种资源中,时间既不可替代也无法弥补,人人均等,其供给也不具"弹性":不管项目任务完成工时的需求有多大,每天的时间供给都是不能增加的;时间一旦流失,就无法挽回。因此,项目管理者必须深刻理解时间管理的重要性。

时间是人类自古就有的朴素概念,它衡量着事物的运动变化。时间管理是一种抽象的表述,在项目管理过程中,主要表现为对进度的管控。项目实施整体的时间管理概念,通

---

① 项目管理协会:《项目管理知识体系指南(PMBOK® 指南)》,电子工业出版社 2018 年版,第 674 页。

常用"进程""进度"表述,而对实施项目活动持续的时间区段,包括工作单元、工序的时间安排,则用"工期"这一概念。同时,进程、进度主要用项目可交付成果来表示,工期则是其持续时间的具体表述指标。一般来说,进度调整常常表现为对工期的调整;加快进度,则意味着通过采取措施使工期缩短,而进度拖延的原因一定是工期的延误。

3. 进度管理的时空观

项目实施一旦开始,各项计划任务的落实过程就包含了两个基本的构成要件:时间和空间。如一栋大楼拔地而起,一座桥梁横跨江上,一场大型集会圆满举行等,所有这些项目都是在一定的时空内实施完成的。因此,项目实施的各项工作都以时间为轴线,并在相应空间中展开。同时,项目实施过程有明确的时间跨度,一般会经历启动、持续、攻坚和收尾等若干阶段,因而任何项目的实施过程及任务管理,都需要以年、月、日等具体时间节点来度量。

时间和空间,一个无形、一个有形,它们既是项目实施过程情境的存在形式,又共同构成了项目实施的基本约束条件。在项目实施过程中,时间与空间相互作用,进度与成果相依相随。对项目实施而言,时间更多地体现为一种对进度及工期的制约。项目管理者往往会成为时间的"俘虏",因而必须采取高效率的时间管理方式,明确工期的具体要求,确立计划任务完成的时间节点。与时间相对应,工程类项目特别是地下工程、桥梁工程、市政工程等还会受到施工作业空间的制约,有些活动类项目则会受到场地条件的限制。

4. 进度管理的主要特点

项目实施通常都有明确的进度要求,按计划实时监控是进度管理的基本特征。转瞬即逝的时间,不仅会影响局部,更会影响项目实施的整体进程。任何项目实施都具有明确的起始和结束日期,且须事先将其公之于众,进而将项目进度管理打上时间的烙印。例如,各类工程项目施工工地上的"工程铭牌",就明确标示了项目实施的开工与竣工时间。这是完成项目实施任务与执行常规任务最大的区别之处,也是项目管理具有复杂性和挑战性的根源之一。另外,在每一个大型项目实施的网络计划图中都有其关键路线,即一系列在项目实施中持续时间最长且无法轻易压缩工期的活动或事项。项目实施者必须紧抓关键路线,统筹推进项目进度。需要强调的是,项目任务完成的程度与时间的消耗并非通常认为的正比关系。"行百里者半九十"是对项目实施进度管理的一种贴切的比喻。科兹纳关于项目管理的谚语和法则中就有一条:"在完成90%之前,项目进度很快,然后就停留在90%处。"[①]在这一点上,东西方文化的表述虽不同,但认知却高度一致。

在一般理解中,项目负责人应具有开拓精神,但在进度管理中,"开拓"却时常意味着"冒进"。关于项目进度安排,华罗庚先生有一段精彩的论断:"有人说,某一工序仅需一分

---

① 哈罗德·科兹纳:《项目管理——计划、进度和控制的系统方法》,杨爱华等译,电子工业出版社2014年版,第258页。

钟的时间，但就是技术不过关，老是要返工，因而统筹方法用不上。其实，这是不对的。这道工序所需的时间，确定为一分钟是错误的。如果要试一百次才成功，那我们应当填上的时间，是一百分钟而不应是一分钟。"[①] 因此，各类项目实施不能违反客观规律去一味地抢时间、赶工期。进度管理必须尊重客观规律，不能违背技术条件，设立不现实的阶段性目标或"里程碑"，强迫项目人员去执行不切实际的计划任务。

5．进度管理的关键技能

严格的时间管理是项目进度管理的关键技能之一。进度计划是控制工期的主要手段，进度管理的核心在于通过科学筹划来制定详细的进度计划。德鲁克指出，有效的管理者往往会先从时间安排上着手，并非一开始就急于工作。他们不仅以计划为起点，而且要管理自己的时间，减少非生产性工作所占用的时间，善于将零星的"可自由运用的时间"集中，进而形成大块连续性的时段。管理者有效管理的基础是记录时间、管理时间和统一安排时间。[②] 在很多情况下，工期延误是由于在初始计划中没有将子项目、任务及关键节点上的事项识别清楚，而到了真正实施的时候，才发现工作任务比计划表中所列的事项多，工作量超过预期，从而造成工期拖延。因此，进度管理应从进度计划管理着手，在活动的定义与排序、持续时间与资源估算等环节中，做到认真细致。对于大型复杂项目，还要运用横道图、网络图等工具统筹计划，将项目进度控制在目标范围内。

在进度管理中，最困难的问题莫过于对某项任务或某道工序持续时间的估算。华罗庚在 20 世纪 60 年代解决了这个问题。[③] 他提出，用下面的公式即可预估工期值：

$$M=\frac{a+4c+b}{6} \tag{2-1}$$

公式（2-1）中，a 是工期的最乐观估计，c 是最可能的估计，b 是最悲观的估计。关于该公式的解释，他假定 c 的可能性两倍于 a 的可能性，用加权平均法，在 (a,c) 之间得到的平均值是 $(a+2c)/3$。同样，在 $(c，b)$ 之间的平均值是 $(2c+b)/3$。这样，完成日期的分布可用以上两个值各以 1/2 可能性出现的分布来代表：

$$\frac{1}{2}\left(\frac{a+2c}{3}+\frac{2c+b}{3}\right)=\frac{a+4c+b}{6}$$

公式（2-1）不仅可以解决工程类、制造类项目工序安排的估值问题，同样可以很好地解决研发类、活动类项目工期及用时安排问题。例如，自驾车从西安市大雁塔到渭南市城区，假若最快需用 40 分钟、最慢需用 90 分钟、最可能需用 60 分钟，运用公式（2-1）计算出的结果为 61.7 分钟。

---

① 华罗庚：《统筹方法平话及补充》，中国工业出版社 1966 年版，第Ⅵ页。

② 彼得·德鲁克：《卓有成效的管理者》，许是祥译，机械工业出版社 2005 年版，第 24 页。

③ 华罗庚：《统筹方法平话及补充》，中国工业出版社 1966 年版，第 58—62 页。

二、项目成本管理

在项目实施过程中,成本管理的目的是为了保证实际发生的费用不超过预算额度,并确保项目计划任务在既定预算范围内按时、保质、保量地完成。项目成本管理各项管理要素,如图 2-7 所示。

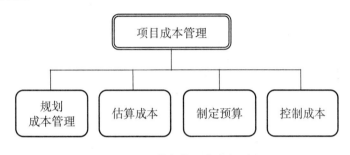

图 2-7 项目成本管理内容与过程

从图 2-7 可以看出,项目成本管理的基本内容和过程包括:[1]

规划成本管理——确定如何估算、预算、管理、监督和控制项目成本的过程;

估算成本——对完成项目活动所需货币资源进行近似估算的过程;

制定预算——汇总所有单个活动或工作包的估算成本,建立一个经批准的成本基准的过程;

控制成本——监督项目实施状态,以更新项目成本和管理成本基准变更的过程。

1. 成本管理的基本认知

根据美国项目管理知识体系的文本说明,项目成本管理的基本认知包括:[2]

(1)项目成本管理主要关注完成项目活动所需的资源成本,但也要考虑项目决策对后续使用、维护和支持项目可交付成果所需成本的影响。

(2)不同的相关方会在不同的时间、用不同的方法测算项目成本,因此应考虑管理成本的相关方需求。

(3)预测和分析项目产品的潜在财务绩效,可能在项目以外进行,或作为项目成本管理的一部分。

2. 成本管理的主要内容

为区别不同的论述对象,项目实施的费用往往会用"投资""成本"和"资金"等概念进行表述。项目发起方考虑的主要是投资;项目实施方关心的则是成本;计划、财务等部

---

[1] 项目管理协会:《项目管理知识体系指南(PMBOK®指南)》,电子工业出版社 2018 年版,第 231 页。

[2] 同上书,第 674 页。

门更关注资金的安排。在学术研究中，依据学者的偏好及具体研究对象，上述概念皆会被选择性地使用。

通常，项目的成本管理包括成本估算、成本预算和成本控制。项目成本估算是指根据项目实施的资源需求计划，以及各种资源的市场价格或预期价格等信息，估算出各项计划任务的成本和整个项目实施的总成本。成本估算的任务是确定项目实施所需的人、机、料等基本成本，并以此确定项目费用的概算。项目成本预算则是一项制订项目总成本控制基准的管理工作，主要包括根据项目的成本概算为各项具体活动确定费用预算，并据此审定整个项目的总预算。成本预算的关键是合理、科学地确定项目实施的总费用。项目成本控制是指在项目的实施过程中，管理者将实际成本控制在成本预算范围之内的管理工作，其具体的控制过程则要依据项目成本的实际发生情况，不断分析实际成本与预算成本之间的偏差，采取纠偏措施，使整个项目实施的实际成本控制在预算核拨的资金量之内。

准确而可靠的项目预算管理不仅与资源配置有直接关系，更与目标任务分解、进度计划安排等密不可分。有些项目因前期论证不足、预算编制不到位，常常会导致项目实施投入不足。尽管高投入不一定能保证出色地完成项目任务，但是，过低的投入肯定难以保障项目实施成果的高质量。项目从发起到实施，各层级的管理者所处的位置不同，对项目费用的理解也不同：组织及项目发起者希望用最少的投入来获得最大的回报；项目组织及其管理者则会为项目实施争取最大的资源；在项目组织内部，各子项目、团队之间，也会展开激烈的资源争夺。因此，成本预算管理实际上是项目各层级利益博弈的过程，管理者应在保证项目投入的前提下，尽量平衡各方利益关系。

3. 成本管理的关键

对项目成本目标的管理，应着重关注三个方面。首先，应保证在项目实施的任何时间节点上，项目资金的用途和流向都是明确和清晰的。项目成本管理应树立"全过程"和"全方位"的管理理念。其次，必须加强对业务部门及其管理者的监管，否则，成本变更就会在没有被认可的情况下发生，从而导致成本提高、投资增大。再次，项目成本与技术的先进性正相关。在一般工业项目实施中，过度提高技术标准，或者在技术工艺的某些方面留有较大的裕量，则会使投资与成本同步上升。对于大型工程和工业项目，技术工艺水平与生产运行要求应"成龙配套"。如果项目主要的工艺设备与辅助部分的工艺标准不一致，比如，主要生产线按年产量300万吨标准设计，辅助环节却按年产量500万吨标准设计，虽为项目规模的扩大预留了空间，但却会导致项目初期投资的大幅增加。

4. 成本超支与控制

在项目成本管理中，超支是一个较为普遍的现象，主要原因是项目发起者没有列清项目实施必须完成的目标任务清单。这种有意无意的疏漏，往往会导致项目成本增大、投资失控，具体表现在四个方面：其一，项目论证存在问题，项目实施目标不明确，计划任务的定量表达不充分；其二，对项目实施所包含的子项目任务不明确，范围界定不清晰；其三，成本控制方案粗糙，各项任务所需的资源预测不清楚；其四，对项目实施环境的变化考虑不周全，对相关任务执行的风险估计不充分。

近年来，由于相关原材料成本及人工费上升等原因，导致同等规模项目的成本增加、投资额增大，成本控制越来越受到人们的重视。需要强调的是，项目预算本身就是一种管理控制的工具，成本控制应强化对项目预算中技术经济指标的细化，并建立多级预警机制，制定相应的控制措施。预算不周、范围蔓延、赶进度，常常导致各类项目"超支"。以笔者多年的观察，从项目实践来看，很多项目在全部竣工时，实际花费可能要达到预算资金额度的 1.5 倍左右。与此相悖的是，有的项目仅有预算额度 1/3 或 1/2 的资金，就贸然开工实施。因此，对项目的各项成本支出进行精确预算是成本管理的重要内容，也是做好项目成本控制的关键所在。

三、项目质量管理

质量是支撑项目成果的基石。项目质量管理就是在一定技术经济条件下，为保证项目产出成果质量所进行的一系列管理活动的总称，具体包括两个方面：一是项目管理工作的质量管理；二是项目实施产出物的质量管理。任何项目产出物的质量都是依靠相应的管理工作来保证的，质量管理的各项管理要素如图 2-8 所示。

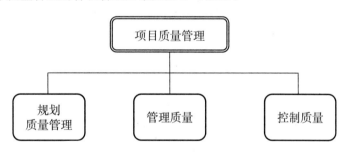

图 2-8 项目质量管理内容与过程

从图 2-8 可以看出，项目质量管理的基本内容和过程包括：[①]

规划质量管理——识别项目及其可交付成果的质量要求和（或）标准，并以书面形式描述项目的质量要求和（或）标准的过程；

管理质量——把组织的质量政策应用于项目，并将质量管理计划转化为可执行的质量管理活动的过程；

控制质量——为了评估项目实施绩效，确保项目成果输出完整、正确，且满足客户期

---

① 项目管理协会：《项目管理知识体系指南（PMBOK®指南）》，电子工业出版社 2018 年版，第 271 页。

望而监督和记录质量管理活动执行结果的过程。

1. 质量管理的基本认知

项目质量管理的基本认知包括：[①]

(1)项目质量管理需要兼顾项目管理工作与项目可交付成果两个方面，它适用于所有项目。质量的测量方法和技术则须专门根据项目所产生的可交付成果类型而定。

(2)质量和等级是不同的概念。质量是"一系列内在特性满足要求的程度"（ISO 9000），而等级是对用途相同但技术特性不同的可交付成果级别的分类。对于二者，项目经理及团队要进行权衡，以便同时达到所要求的质量与等级水平。

(3)预防胜于检查。项目在设计时就要明确可交付成果的质量要求，而不是在检查时发现质量问题，因为预防错误的成本通常远低于在检查或使用中发现并纠正错误的成本。

(4)项目经理需要熟悉抽样工作。属性抽样的结果为合格或不合格，而变量抽样指的是在连续的量表上标明结果所处的位置，以表明合格的程度。

(5)为项目和产品衡量确立公差（结果的可接受范围）和控制界限（在统计意义上稳定的过程或过程绩效差异的边界）。

(6)质量成本包括在产品使用生命周期中为预防不符合质量要求、评价产品或服务是否符合要求，以及因未达到质量要求（返工）而发生的所有成本。

(7)当质量管理关注到项目与产品规划及设计层面，且组织文化致力于提高质量时，就能达成最有效的质量管理。

2. 质量管理的基本理念

戴明是早期质量管理的研究者和倡导者，与泰勒注重过程与工序、数量与效率的管理风格不同，他尤为注重从作业环节上对质量问题进行分析。通常，项目成果质量等级要求越高，质量管理难度越大，成本增加得也就越快，但在制定项目实施方案和过程管理中融入全面质量管理理念，并一以贯之，则会有效保证项目质量。项目质量管理是一项综合性的管理任务，科兹纳直接用"绩效"这一概念总括项目质量要求，并明确指出："绩效可以定义为范围、质量或技术标准。"[②]

在过去的100多年中，质量管理的理念发生了巨大变化。20世纪初期，质量管理被看成是检查产品并从中挑选出优劣产品的工作，其重点在于查找问题。20世纪50年代初，"质量控制"概念被提出，其主要控制方法有：统计与数学方法、抽样表和控制图等。20世纪60年代，质量控制又发展为质量保证体系，其重点从发现问题转移到避免问题，并为此

---

① 项目管理协会：《项目管理知识体系指南（PMBOK® 指南）》，电子工业出版社 2018 年版，第 675 页。

② 哈罗德·科兹纳：《项目管理——计划、进度和控制的系统方法》，杨爱华等译，电子工业出版社 2014 年版，第 7 页。

制定了一系列质量保证原则，包括：质量成本、零缺陷计划、可靠性工程、全面质量管理等。项目质量管理应树立"质量第一"的理念，使质量管理上升为项目实施战略规划的重要组成部分，并需要由所有参与者共同完成。

3. 质量目标管理的要求

项目质量本身是指项目成果的品质、性能、特征、规格等，是项目实施的内在要求，也是实现项目成果的根本保证。质量目标反映了项目产品或服务满足用户明确或隐含需要的程度。概括起来，质量目标管理的要求体现在三个方面：一是合乎质量规范及规程的要求；二是质量要求的等级要考虑实际作业技术水平是否能够达到；三是在满足以上两条的前提下，尽可能降低消耗、节约成本。从我国项目管理实践来看，部分项目在决策阶段拖沓冗长，效率不高，而在实施阶段又急于求成，过分追求进度，忽视质量标准要求，从而使项目成果质量受到很大影响。

通常，项目质量问题容易潜伏在项目实施的中间过程或某些活动的高峰期。质量目标一旦出现问题，则进度目标按计划推进的愿望就会大打折扣。目前，国内在许多项目的实施中，存在不正确的认知，比如，把追求经济效益作为项目实施唯一的目标，这种思想导致很多项目实施的质量性能难以令人满意。项目质量管理涉及文化认同和社会责任等因素。日本企业在"二战"后进行了经营管理上的革命，在继承其本国历史传统的基础上，吸收和借鉴了中国儒家的管理思想，又汲取了美、德等国现代经营管理的科学方法和管理经验，从而形成了一套行之有效的"日本式"全面质量管理体系。在这种质量管理体系的引导下，企业员工都能积极参与经营管理，"爱社如家"，与企业同荣辱、共存亡。这种质量管理的认知和理念，保证了企业在技术管理上精益求精，成就了许多质量管理的经典案例，值得我们在项目管理过程中认真学习和借鉴。

4. 质量保证的主要措施

项目实施绩效良好，则意味着项目可交付成果具有良好的技术性能、较低的缺陷率，也说明管理者能够最大限度地利用项目资源，保证项目成果的品质。项目质量保证体系是一个完整、科学的管理体系，它由国家的质量标准体系和相关行业的质量保证规范两大部分构成。项目质量保证涉及质量认知、质量文化和质保体系三个方面。其中，质量认知与质量文化强调质量保证本身的目的性，涉及质量管理主体内在的自觉性。

项目最终的质量取决于项目实施的各个阶段和全过程，在项目整个实施过程中应把质量保证看成一个持续的管理过程，而不仅仅是针对最后的成果。项目成果的质量性能由诸多细节构成，应当坚持不懈地让所有项目成员参与到质量管理上来。质量管理措施的严格执行，不仅是质量部门的职责，更是全体人员，包括项目组织管理层、执行层、作业层以及全体参与者在内的相关人员的共同职责。目前，工程类项目、制造类项目以及大部分产业类项目都有相关的行业质量标准和规范要求，只要认真按标准进行严格把关，就能使项目质量得到保证。但大多数研发类和活动类项目并没有现成的质量标准和规范，这就要视项目成果的要求，结合实践经验来进行质量控制。

5. 质量控制的关键

在项目实施中，质量合格意味着项目成果质量等级达到了设计的质量要求，也意味着过程产品、最终交付物符合相应的质量规范要求，项目最终成果的性能是"零缺陷"。戴明认为质量管理是一个"持续改进的过程"，尽管许多质量缺陷不能被完全消除，但是可以通过逐步降低差异，最终达到零缺陷，这就要求质量改进必须分清影响质量的内在因素和偶发因素。其中，内在因素产生的原因大多是作业人员不愿意接受新的作业方式和质量控制措施；而偶发因素往往具有不可预见性，会突然导致影响质量等级的情况产生。对于项目任务执行过程中的创造性工作或具有特定质量要求的工作，管理者必须高度关注偶发因素并给予有力控制。

如同产品质量改进一样，项目质量控制是一个"持续管控的过程"，其背后的支撑是规范化的过程管理。项目质量管理应坚持四化原则：制度规范化、工作流程化、管理人性化、执行严格化。为此，在项目质量的持续管控过程中，应着力推行"零事故"和"零缺陷"管理。先进的质量管理理念，源于培养作业层正确的作业习惯并打造团队精神。作业层须认真才可以把事情做对，用心才能把事情做好，其核心是作业人员"匠心"意识的形成，包括"用心"确认每一道工序的要求、养成正确的作业习惯、严格遵守质量规范等。

四、项目三大目标的理论分析

在项目实施过程中，进度、成本、质量三大目标并不是相互孤立的，而是一个彼此关联、对立统一的有机整体。项目三大目标的这种内在关系并不是人为设计的原则，而是来自诸多项目成功实施的经验总结。在处理项目三大目标之间的关系时，我们不能用简单的"加减法"，而要充分理解它们之间的内在一致性。

1. 三大目标的对立统一关系

项目三大目标之间的内在一致性，主要表现为三者既对立又统一，共同主导着项目实施的进程。其中，进度目标是主要矛盾和主线，成本目标是基础和关键，质量目标则是命脉和根本。进度、成本和质量目标三位一体，构成了项目目标的"魔鬼三角形"，如图2-9所示。[1] 当然，三大目标之间的内在一致性并不意味着三者的绝对平衡，而是意味着，当三大目标出现短期失衡时，能够及时重建新的平衡，进而使项目实施从整体上达到工期最短、成本最低、质量最优的目的。

图 2-9　项目管理三大目标示意图

图 2-9 表明，项目三大目标之间相互影响，在这个"魔鬼三角形"中构成了统一的整体，缺一不可，并由此产生项目的成果与价值。这就是说，项目三大目标不应互相对立，或者彼此割裂，而是要保持动态平衡。实现单项目标并不能表明实现了项目整体目标，只有在进度、成本和质量三项目标整体协调推进的过程中，才能有效完成项目实施的各项任务。

2. 三大目标的对立关系

项目三大目标之间的对立关系，主要表现在它们相互影响、彼此制约的关系中。在很多情况下，为了突出其中的某一目标，就必须在其余两项目标上做出一定的让步。同时，在现实中如果过于强调某一项目标，就会造成项目整体目标出现"单打一"的情况。具体而言，项目三大目标的对立关系主要表现在三个方面：一是过度压缩工期导致成本增加、质量受损。缩短项目工期必然要增加资源投入，增加项目成本；如果不采取相应的监控措施，项目质量等级往往也会降低。二是过度追求项目成果的质量等级将导致资金追加、工时延长。在通常情况下，原材料质量、施工设备及设施的性能、项目成员的技术水平等都有基本的规范要求，因而过度提高质量等级要求，便会增加成本，延长工期。三是缩减成本导致进度延缓、质量降低。减少投资、压缩成本，势必会同步降低项目成果的功能要求和质量标准。

3. 三大目标的统一关系

三大目标之间既彼此独立，又有其内在的一致性，即三者之间是"亦此亦彼"的统一关系，而非"非此即彼"的对抗关系。在项目实施正常推进的情况下，整个目标系统会呈现出一种动态平衡和正向因果的统一关系。项目管理者只有注重它们之间的统一性，特别是相互促进的关系，才能做到按时、保质且不突破预算。

（1）三大目标的动态平衡关系。三大目标之间动态平衡关系，是指项目进度、成本和质量三项指标牵一发而动全身，一个改变，则会影响其余两个，进而影响项目实施的整体绩效。在通常情况下，加快进度就要相应地增加投入，否则会影响到质量；提高质量等级或质量要求，就要相应地增加投入、延长工期；缩减开支就要降低质量等级要求或放慢项目实施进程。当然，有的项目，如军事工程，有时需要强调进度和质量而不计成本；而对于软件开发项目，通常侧重强调进度和成本；更多的一般项目，则要保持三大目标的均衡。

（2）三大目标的正向因果关系。三大目标之间的正向因果关系，是指它们之间存在着相互促进的作用关系。这种相互促进关系表现为三种情况：一是适当增加项目投资额，能加快项目实施进度，使项目尽早交工；二是适当提高项目功能要求和质量标准，虽然会造成初期成本和实施工期的增加，但能够降低项目投产后的维护费用；三是如果项目进度计划制定得科学合理，就能使项目进展具有连续性，不仅可以有效缩短工期，且有可能获得好的质量效果并降低实施费用。

4．三大目标之间的双边关系

三大目标是一个有机整体，这种整体性还表现为：当绩效目标明确时，即在质量要求保持不变时，成本可以看作进度的函数。同理，当成本目标固定时，质量可以被视为进度的函数；当进度目标恒定时，成本会随着质量要求的变更而改变。此时，就需要分析三者之间的双边关系。

（1）进度与成本的关系。讨论进度与成本之间的关系，实质是要分析完成计划任务及各道工序的资源消耗代价。项目初始计划给每项活动或工序分配了"标准时间"，设定了与之对应的"标准成本"。如果"突击施工"就会产生相应的"突击成本"，而突击成本往往远大于标准成本。由此，格雷厄姆提出了"成本坡度"的概念，它是指："某工序因减少单位时间而增加的成本，它等于突击成本与标准成本之差和标准时间与突击施工时间之差的比值。"[①] 他举例指出，假若某工序需要的标准时间为 10 周，拟定的赶工工期为 8 周，已知该工序的标准成本为 10,000 美元，赶工成本为 50,000 美元，这样"买回"两周工期的代价为 40,000 美元，成本坡度即为 40,000/2=20,000 美元。在此引用格雷厄姆的观点，就是为了说明"抢工期"必定会增加成本的道理。需要强调的是，压缩工期的代价通常是非线性的，因而不能过分地压缩工时，而应参照相关的工时定额，科学合理地安排项目进度。

（2）成本与质量的关系。在项目实施过程中，改进质量或提高质量等级必须同时考虑控制"质量成本"：当质量水平低于某个临界点时，成本会随质量的提升而缓慢升高；而当质量水平超过某个临界点时，成本会随质量的提升而迅速增加。对此，科兹纳曾明确指出，高层管理者常常会误认为质量和成本之间是线性相关的，即如果预算减少 10%，那么质量也仅降低 10%，这是一种极其错误的认知。[②] 他将这种对于成本、质量和进度基本关系的认识，称作"10% 方法"，即在多数项目的实施中，整个预算费用的 90% 多用于购置原材料、

---

① 　R. J. 格雷厄姆：《项目管理与组织行为》，王亚禧，罗东坤译，石油大学出版社 1988 年版，第 58 页。

② 　哈罗德·科兹纳：《项目管理——计划、进度和控制的系统方法》，杨爱华等译，电子工业出版社 2018 年版，第 429—430 页。

支付劳动成本等直接成本开支，真正用于质量保证的资金只占 10% 左右，即预算费用中的 10% 对应着质量性能的 90%。如果成本压缩 10%，会很容易导致质量下降 50%—90%。当然，这关键取决于 10% 的资金压缩发生在哪里。科兹纳的上述分析可谓入木三分，在很多情况下，项目成本缩减可能会导致项目质量全面下滑。

（3）质量与进度的关系。如果项目论证不充分就仓促开工，且实施过程中又不断压缩工期，那么必然要付出相应的成本和质量代价。一般而言，质量和进度呈现反方向变化的趋势，即过度地压缩工期，作业层"抢进度"，常常会影响甚至牺牲项目成果的质量等级。因此，项目实施工期不能无限制压缩，尤其在一些有指令性要求的工序上更不能随意压缩，比如混凝土浇筑硬化有"龄期"的限制，空间立体作业有紧前工序制约紧后工序等要求。如果不顾作业流程要求，一味压缩工期，势必会影响项目实施质量。质量与进度的关系较为明确，"慢工出细活"的道理众所周知，不再赘述。

五、项目三大目标的统筹管理

尽管项目在确立时的目标具有多重性，但其核心目标还是进度、成本、质量这三大强约束性目标。在项目管理知识体系的十项知识领域中，进度管理、成本管理和质量管理引领着项目实施与管理的具体过程。项目三大目标统筹管理的关键，在于保证项目既定目标任务的完成，其结果通常不外乎"按时却不保质、保质却不按时、既不保质也不按时、中途放弃"四种情况。[①]

1. 项目目标管理的层级与体系

项目实施以目标任务为导向，以计划为基准，无论顺境、逆境，都要反复强调三大目标管理的重要性。在项目实施过程中，三大目标的计划安排不可随意动摇，各个层次的管理者都必须围绕目标任务的实现而努力。

（1）目标系统的结构体系。在项目实施过程中，项目组织突出目标管理并强化目标导向，原因有三：第一，必须明确项目实施的总目标，并将其分解为各具体子项目的目标；第二，围绕项目总目标，将每个子项目的目标具体化，形成项目总目标任务的整体计划；第三，运用有效的技术手段，将总目标任务计划细化为一系列更为具体的计划任务，并以此确立项目实施的总体计划任务。对于项目组织而言，建立这种目标层级体系的核心是明确项目实施过程中各个层级的目标任务和计划任务。这样，从上往下看，每一层级的目标任务清晰可见，高层级的决策与计划，可视为低层级的目标；从下往上看，子项目、团队落实计划任务的决定，只有在与上一层级的决策相统一时才能予以行动；对每个子目标及其计划任务的评价，必须看它是否与上一层级的目标和计划相一致。这样的目标层级结构体系不仅

---

①　R. J. 格雷厄姆：《项目管理与组织行为》，王亚禧，罗东坤译，石油大学出版社 1988 年版，第 22 页。

能使全体参与者的行动具有完整性和持续性,而且每个子项目和团队的努力方向和执行结果,都是通过项目整体目标来衡量的。

(2)三大目标的优先级。在项目目标系统设计中,必须确定项目目标任务的优先级,明确给出必须"确保"的目标任务。"百年大计,质量第一",按三大目标的重要程度,质量通常应排在第一,因为质量是项目的根本。项目成果的质量等级永远是评价项目实施成功与否的首要标志,在任何情况下都应强调"质量第一"的理念。项目实施若出现质量缺陷,就谈不上对进度和成本目标的追求。因此,管理者在认知和理念上应将三大目标排列为"质量、成本和进度"。但在项目实践中,人们常常将"进度"放在首位,并以进度目标为主线展开过程管理流程。从根本上讲,这与重视质量并不矛盾。但是,只有在项目质量得到保证的前提下,抓住"进度"这条主线,才是项目成功实施的有效路径。

(3)目标任务的分解。全面细致地分解目标可以减少项目实施过程中的不确定性。目标分解构成的各项具体目标任务能使项目实施的整体轮廓更加分明,计划任务更加清晰。目标分解一般可采用工作分解结构图(WBS),并可将其作为计划编制、任务分派和成本核算等一系列管理工作的手段。项目目标的层次关系十分重要,正所谓"操其要于上,而分其详于下"。在过程管理中,必须清楚理解项目整体目标,不能只看局部;应尽可能地向下多层次分解,层次分得越细,作业层对计划任务的理解越清晰;目标任务向下层分解得越深,上层任务的落实就越全面彻底。同时,只有不断地对目标任务进行细化分解,才能避免计划任务分派在时间、空间以及资源配置上产生冲突。层层分解目标任务,落实计划任务责任,传导压力,可最大限度地发挥项目目标的导向作用,减少信息传递过程中产生的紊乱,进而提升统一指挥的力度。

(4)目标与计划的关系。在项目实施过程中,管理者必须处理好项目目标与计划之间的关系。需要强调的是,项目进度计划安排要兼顾刚性和弹性。刚性体现在项目总进度上,特别是在涉及实现三大目标的关键路线和里程碑事件上;弹性体现在非关键线路上,对其要留有调整的余地。在项目实施过程中,各子项目必须按总进度计划同步推进。例如,在煤炭、石油、水利等行业的工程项目建设中,其地面、地下和安装等工程必须同步,单项进度拖后会导致项目总工期的延误。项目管理的成效依赖于目标和计划确立的合理程度。事实证明,如果完成目标任务的过程太长,或计划任务指标设置过于宏观,项目实施往往在中途就会遭遇挫折。因此,年度计划要细化到月、周甚至每日应当完成的具体指标。

(5)三大目标管理的指标体系。在项目管理过程中,对于进度目标,即工期、进程,可用甘特图或网络计划图来表示;关于费用目标,即投资、成本、资金,则通过估算、概算、预算及决算来体现;关于质量目标,即性能、特性、规格、绩效等,可以用全面质量管理、质量保证体系等技术规程来落实。对于三大目标技术性能的执行,质量指标往往在项目实施的初始阶段较受重视,在中间阶段却易被忽视;成本目标存在资金计划与拨付问题,该问题贯穿于整个实施过程,且随着项目的推进,特别是到项目实施的后期,问题会越来越多;而进度计划及其落实,往往会前松后紧,即出现"开始乱而松,中间急匆匆,最后逼人疯"的不良局面。

2. 项目三大目标管理的承诺

德鲁克对管理有一种描述:管理就是承诺——承诺目标,承诺措施,承诺合作。[①] 项目实施不同于商业竞争,通常情况下没有"备选目标"。厘清、分解、紧盯并实现项目目标,是项目组织的使命,也是项目经理及其率领的管理层对组织的庄严承诺。

(1)承诺目标任务。对于项目目标的承诺,可以回答"做什么以及做到什么程度"的问题。这一承诺看起来非常简单,但是,传统管理中的一般管理者往往认识不到这一点,于是在很多情况下,"目标"仅仅是一种形式。项目组织的目标承诺,决定着管理者的努力方向和程度,以及为实现目标所投放资源的有效性,进而决定着项目实施的实际进程。

(2)承诺管理措施。对于执行措施的承诺,是回答"如何做好"这个问题的。项目组织必须制定实现目标的具体管理措施,并使之符合项目实施过程的实际。为此,管理者在应用管理方法、技术和工具时应具有明确的思路,以保证措施切实有效。同时,管理层与作业层需要对实现目标的技术措施达成共识,并将执行各项管理措施作为重要的工作内容,只有这样,各项措施才能得到有效落实。

(3)承诺合作事宜。对于合作的承诺,可以回答"如何一起做好"这个问题。项目组织需要协调各相关方,解决各个层次之间的合作与分工问题,分工不合理,协同作战的局面便无法形成,整体管理功效就难以体现。为保证项目预期目标按计划完成,管理层需要与作业层的相关单位积极沟通,以确保其能够支持承诺。

3. 项目三大目标实现的步骤

在项目实施阶段,三大目标之间的相互作用既影响着单个目标变量的执行结果,又持续创造着项目整体推进的新情境,理想的状态是三大目标齐头并进。这就要求管理者必须不断地梳理问题,用系统方法对项目三大目标控制进行权衡分析,具体包括以下四个步骤:

(1)研判环境形势。研判项目实施的环境和形势变化,包括对项目实际进度、成本支出与质量性能影响程度的测定与核算,并与初始计划指标进行对照,进而围绕环境和形势变化等因素进行研判与评价。具体工作内容包括:与项目发起者一起对照合同,对项目实际成本、进度和质量情况进行评估;与职能经理讨论项目的优先级、检查项目的各项工作完成情况等,以解决影响项目目标实现的内外部环境问题。

(2)选择最佳方案。项目组织一旦谋划了多个行动方案,就要对各个方案进行充分论证,择优选用。项目实施方案的选取,主要与项目特点、进度安排、资金预算、质量等级、

---

①　彼得·德鲁克:《卓有成效的管理者》,许是祥译,机械工业出版社 2005 年版,第 XXVIII 页。

技术风险等要素有关。同时，当项目实施的环境发生变化后，项目组织就要致力于新实施方案的确立，重新编制新的项目计划，确认三大目标，包括进度与资金安排以及其他关键技术指标的确定等。

（3）分析冲突原因。只有充分认识和理解项目目标之间存在的冲突，才能研判引起冲突的主要原因。管理者要抓住影响三大目标实现的主要矛盾，分析冲突根源，确定其主要是来自管理方面的，如计划不合理、预算不准确、关键信息有误等，还是来自不确定的或未知的因素，如科学技术的新进展、资源分配的变化、环境的变化等。

（4）展望目标成果。对项目实施目标成果的展望，是指透彻地分析项目整体目标的各个方面及层次的具体进展。项目实施目标虽是既定的，但对实现目标的措施要进行不断分析和调整。分析目标的优先次序，要结合内外部环境进行评定，如果环境发生变化，目标的优先次序就要做相应调整。

4.项目三大目标管理的意义

三大目标涉及项目实施与管理的战略定位，其意义重大。明确项目实施目标，既是提高管理效率的保证，又是项目管理系统运行的基础。项目预期目标指明了项目组织及其管理层的努力方向，且能对项目各相关方及全体参与者的行为产生导向作用。

（1）三大目标是项目管理的指路航标。项目实施的目标，可以被定义为项目组织通过其实施活动而达到的目的。项目发起者确立的是项目的"战略目标"，项目实施者寻求的是"战术目标"。这两者并不冲突，前者是总要求，后者是具体化的举措。战略目标源自目的，而战术目标是战略目标的具体化。目标特征靠技术经济指标来具体表述，而目的是统一力量的表现，是对项目多样性成果的统筹归总。项目战略目标是项目实施要着力实现的总目标，项目组织要构建包括三大目标在内的项目实施战术目标体系。

（2）三大目标是决策与指挥的依据。项目实施就是要完成既定的三大目标任务，获得项目成果。三大目标是项目实施的"牛鼻子"，如果不突出三大目标，就会使项目管理产生系统性问题和风险。只有确保项目目标定义和描述准确，项目组织的各项决策和指挥才能具有充分的依据，才能使项目实施"一张蓝图干到底"。三大目标一旦确定，就不是"移动的靶子"，必须是明确的、不可变更的，这是项目实施与管理的基本特点。项目在实施阶段，很难达到有条不紊推进工作的理想状态，因此管理层必须明确三大目标所派生的各项目标任务，为各个层次的科学决策提供依据。

（3）三大目标引领项目实施过程管理。在项目实施阶段，目标承诺就是军令状，能将目标转化为任务，把压力升华为动力。在项目管理过程中，管理层在做出决策、部署工作时，首先要明确目标任务的内涵是什么；项目团队在接受工作任务时，首先要理解具体的目标和计划。因此，只有高度重视项目三大目标，才能使管理层、执行层和作业层不受限于自身的经验，从而把全部精力投入到项目实施工作中去。只有具备了明确的项目实施目标，各个层级才有努力的方向，才能对团队成员产生持续的引导和激励作用。项目组织对三大目标的分解和宣讲，可以鼓舞全体参与者的意志，形成众志成城、齐心协力的团队力量。明确三大目标能为项目组织、团队及个体成员的行为选择提供依据，否则，会误导管理层和作业人员，甚至会使之产生一种"似乎已接近成功"的错觉。

第三节　项目管理的资源保障

项目管理的资源保障包括沟通管理、采购管理和资源管理三项知识领域，它们是项目实施与管理活动的直接保障，决定着项目实施过程中人员、材料、设备等各项资源的配置效率，其重要性不言而喻。

一、沟通管理

沟通管理作为项目管理知识领域的一个重要组成部分，包括人际交流以及对项目信息收集、生成、存储、处理、发布等内容。沟通管理围绕计划任务的执行过程展开，贯穿于项目实施与管理的全过程。有效的沟通管理可以在项目发起组织、项目组织、相关方及参与者之间架起一座桥梁，把具有不同背景的人员紧密地联系起来。项目沟通管理包括三个管理要素，如图 2-10 所示。

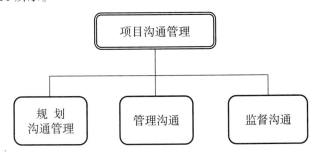

图 2-10　项目沟通管理内容与过程

从图 2-10 可以看出，项目沟通管理的基本内容和过程包括：[①]

规划沟通管理——基于每个相关方或相关方群体的信息需求、可用的资产，以及具体项目的需求，为项目沟通活动制定恰当的方法和计划的过程；

管理沟通——确保项目信息得到及时且恰当的收集、生成、发布、存储、检索、管理、监督和最终处置的过程；

---

① 项目管理协会：《项目管理知识体系指南（PMBOK® 指南）》，电子工业出版社 2018 年版，第 359 页。

监督沟通——确保满足项目监控及相关方信息需求的过程。

1. 沟通管理的基本认知

根据美国项目管理知识体系的文本说明,项目沟通管理的基本认知包括:[①]

(1)沟通是个人或小组之间有意或无意的信息交换过程,它所描述的是通过集体活动(如会议和演示等)或是个体活动(如电子邮件、社交媒体、项目报告或项目文档等),使信息得以发送或接收的方式。项目沟通管理需要同时处理沟通过程、沟通活动和相关个人活动的管理。

(2)有效的沟通能够在不同相关方之间架起桥梁。相关方掌握信息的差异通常会对项目执行或成果产生冲击或影响。因此,所有沟通必须清楚、简洁,这一点至关重要。

(3)沟通活动包括内部和外部、正式和非正式、书面和口头等多种不同沟通方式。

(4)沟通可上达相关方高级管理层、下至团队成员,或横向至同级人员。对象不同将会影响信息的格式和内容。

(5)沟通通过语言、文字或一些特定的行为(面部表情、肢体动作等),把自己的想法、要求传递给对方。包括为合适的人员沟通制定相应的策略和计划,并运用技能以提升沟通的有效性。

(6)为了防止误解和错误传达,对沟通方式、信息传递方式和信息内容等方面都应经过认真选择。

(7)有效的沟通是基于沟通的目的,在充分理解信息接收方特征和需求的基础上准确、恰当地表达自己的思想,以促使对方接受。

2. 沟通管理的具体含义

沟通,本义是指开沟使两水相通,后泛指使彼此相通。[②]沟通管理最早是针对经济活动中的利益冲突而实施的管理活动,而在项目管理中,除上述内容外,沟通还是人们交流思想、表达愿望、参与管理的基本方式,其目的是增进组织之间、个人之间的相互理解和信任,营造良好的人际关系,使项目组织形成强大的凝聚力。沟通不单单是一个信息传递与交换的过程,更是项目参与者表达个人诉求的过程。也就是说,项目沟通中的信息传递过程是表面的,而参与者交流时的心理活动和表达情感的过程才是实质。

沟通需要管理,这本身就是一种新观念。德鲁克曾明确指出,"互相沟通是最近20多年最引人重视的一项管理课题"。[③]项目管理工作不能仅是单向地自上而下地布置任务、下达指令,更需要双向的互动及交流。沟通管理作为项目管理的重要组成部分,也是项目文化建设中最重要的一个方面,其本质就是通过双方思想的碰撞以达到相互之间的见解相通。

---

① 项目管理协会:《项目管理知识体系指南(PMBOK® 指南)》,电子工业出版社 2018 年版,第 676—677 页。

② 辞海编辑委员会:《辞海》,上海辞书出版社 2009 年版,第 734 页。

③ 彼得·德鲁克:《卓有成效的管理者》,许是祥译,机械工业出版社 2005 年版,第 63 页。

沟通管理依赖于沟通者对知识与技巧的运用,强调思想情感的交流,这种交流越深入,沟通双方就越容易消除分歧,增进相互理解和信任。

3. 项目沟通的基本任务

沟通实质上是一个因中说果、因中求果、由果导因、因果相兼的交流过程。语言仅是沟通工具,真正的沟通内容是由人们大脑中的认知构架而决定的思想与见解,沟通过程只是通过运用语言这一工具并以恰当的表述方式传递信息的过程。因此,沟通者必须不断梳理项目实施的情境,并对其加以研判,然后再以适当的语言表述出来,这是有效沟通的关键。项目实施节奏快,容易遮蔽过程管理中的实际问题,这就要求管理层与团队及参与者不断地进行深入交流,促使其把引起冲突的具体原因表达出来。

在现代管理科学的发展历程中,人们一直在寻找更有效、更快捷的沟通方式。发达的通信与信息技术使得传统意义上的沟通发生了显著变化。借助于现代化的通讯方式,书面沟通变得更加方便快捷,沟通的内容也从纸质转移到了电脑、手机等移动媒介。但书面交流也有局限性,比如有时难以区分话语的真正含义,因而不能完全替代语言交流。面对面的口头交流在项目沟通中具有独特作用,因为项目成员之间的沟通存在着具体的语境,它不仅能传递信息,同时也附带表达了双方的态度。当然,尽管口头沟通是交流活动中传递信息行之有效的方法,但它夹杂着人为因素,有时在口头传递的过程中还会使信息发生失真,甚至被扭曲或误解。所以,不论采用口头还是书面的沟通方式,沟通双方都要诚心诚意,直面问题,言明道理。

4. 项目沟通的基本过程

项目沟通的目的在于充分获取信息,并在此基础上开展广泛的交流与协商,以期求同存异,实现相互合作。为了保证能够获得正确的信息,就需要有效地沟通。良好的信息传递行为,清晰的口头或书面交流,以及有效地表述观点与见解,是沟通双方通过一套共同的符号系统交换思想的过程。思想交流渠道应是双向的,因而沟通过程可以被认为是通过网状渠道进行的。项目沟通过程的模型,如图 2-11 所示。①

图 2-11 表明,项目沟通是一种双向的网状交流,它由传统的上下级之间的单向信息传递转向了双向交流的方式。沟通过程不只是传递信息,更能够使参与者从认知转向行动。也就是说,沟通者必须既传递消息,又交流思想、反馈结果。沟通过程要尊重客观事实,说明原委,讲清细节。项目管理者进行沟通时要考虑如下因素:明确希望达到的目的,选择适当的沟通方式,注重沟通内容以引起对方的兴趣,按照沟通双方都能接受的方式进行沟通,这些都是提高沟通成效的关键要素。为此,沟通者要深入分析产生分歧的具体缘由,

① 哈罗德·科兹纳:《项目管理——计划、进度和控制的系统方法》,杨爱华等译,电子工业出版社 2018 年版,第 181 页。

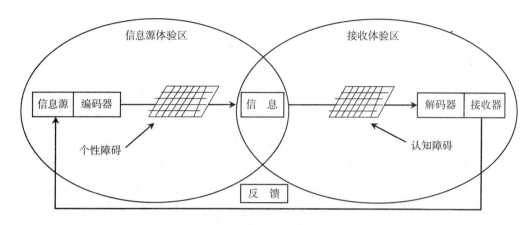

图 2-11　项目沟通过程模型示意图

包括明确或隐含的问题,做到既知其然又知其所以然。

5. 项目沟通的作用

沟通是实现项目组织协调运转的重要手段,是解决各类分歧的基本方法,是项目实施过程连续推进的保障。项目协调效果常常依赖于项目组织与相关组织及职能部门之间的有效沟通,也依赖于项目成员之间的广泛交流。项目组织只有强化内部沟通交流,才能减少冲突,进而使参与者产生归属感和使命感,形成凝聚力,从而造就不畏艰难、奋力完成项目任务的集体信念和强大力量。

沟通是项目组织有效运用决策、计划、指挥、控制和协调等管理职能的基础与保障,是改善人际关系必不可少的前提和手段。在项目管理工作中产生的误解、分歧和冲突等,大部分都可归因于缺乏有效的沟通。沟通可以有效解决参与者在心理和行动上的争执,具有以下作用:其一,促使项目成员对项目实施既定目标达成共识;其二,培养良好的团队精神;其三,解决参与者思想认识和作业行为上存在的问题;其四,增强项目实施过程管理的透明度;其五,保证项目组织的高效运行。

二、采购管理

项目采购与一般常规性采购工作不同,其任务是由项目实施目标和计划任务所需的物质资源决定的。尽管项目采购通常具有资金额度大、技术性强、时间要求紧等特点,但它并不是管理过程中某一个特定时期的具体步骤,而是与项目实施整体进程相关联并贯穿始终的过程。项目采购管理包含的管理要素,如图 2-12 所示。

图 2-12 表明,项目采购管理的基本内容和过程包括:[①]

规划采购管理——制定项目采购决策,明确采购方法,以及识别潜在供应方的过程;

---

① 项目管理协会:《项目管理知识体系指南(PMBOK® 指南)》,电子工业出版社 2018 年版,第 459 页。

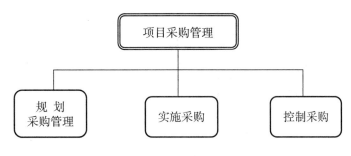

图 2-12 项目采购管理内容与过程

实施采购——获取供应方应答、选择供应方并授予采购合同的过程；

控制采购——管理采购关系、监督合同绩效、实施必要的变更和纠偏，以及结束合同的过程。

1．采购管理的基本认知

根据美国项目管理知识体系的文本说明，项目采购管理的基本认知包括：[①]

（1）项目经理应对采购过程足够熟悉，以便做出与采购及合同有关的决策。

（2）项目采购协议的描述涉及双方合作的内容，即采购方和供应方之间的业务关系。协议可以简单或复杂，但采购方法应反映采购的复杂程度。协议形式可以是合同、服务协议，以及谅解、备忘录或采购订单等。

（3）协议必须遵守当地、所在国及国际法中与合同有关的法律规定。

（4）项目经理应与采购专家合作，以便在遵守组织政策的同时，确保所有采购工作都能满足项目实施的具体需要。

（5）协议具有法律约束力，因而需要经过法务部等相关部门的审批，以确保其对产品、服务或供应方同意提供的成果有充分准确的描述，且符合法律和法规的规定。

（6）复杂项目可能需要同时或先后管理多项合同，而买卖双方关系存在于项目的许多不同层次上，以及采购组织内部与外部组织之间。

2．采购管理的具体含义

项目采购管理包括从项目组织外部采购或获得所需产品、服务与成果的整个过程。采购管理在 1987 年被列入美国项目管理知识体系时，是与合同管理并行的方式加入的。现在的采购管理包括合同管理和变更控制等过程管理要素，即管理者通过这些过程来编制物料、设备设施等订购单，由具备相应权限的管理者予以签发，实施采购计划，签订采购合同，并对采购合同进行有效管理。采购管理是一项复杂而细致的工作，包括计划、执行、监控等步骤，涉及采购市场的开拓、供应物资调配等环节。目前，很多大型项目的实施，特别是工程项目和制造项目，其原材料、设备及设施的费用消耗在项目整个预算中所占的比例很

---

① 项目管理协会：《项目管理知识体系指南（PMBOK®指南）》，电子工业出版社 2018 年版，第 678 页。

大，因此采购管理极为重要。例如，有些装备制造类项目的实施过程，整体上可以理解为一个按计划采购各类零部件并进行装配的过程。此外，有些项目发起组织本身设有采购部门，这与项目组织的采购业务管理在职能上会产生交叉关系，如果两个部门之间的业务关系处理不当，必将增加项目采购管理的难度。

3．采购管理的主要特点

项目采购管理是一个综合性很强的系统工程，特别是在关键环节、里程碑节点上常常存在不少物料供应困难，需要多管齐下、综合考量。若采购管理工作应对不力，轻则不能如期完成各项目标任务，重则会造成被动局面，贻误项目实施的整体进程。因此，项目实施的各类物资的采购，特别是物料采购，务必要按计划向关键路线上的事项和里程碑事件倾斜，以保证项目任务顺利完成。同时，由于各类原材料及设备的供货商众多，市场上产品质量良莠不齐，原材料质地、设备及设施性能的优劣差异性很大，所以，项目采购工作实施本身难度较大。项目采购人员虽然表面上有很大的资金支配权，但实际上按计划和规格要求完成采购任务实属不易。

4．项目采购的有效监管

项目采购所涉及的各种合同都要经过合法性审查。针对不同类型项目的实施过程，采购管理是不同的，而同类项目的实施过程也会因环境及采购内容等不同而有所差异。现实中，不少项目发起方，即甲方将采购任务委托给项目实施方，即由乙方来完成项目采购的具体任务，这样会导致监管难以到位。如果合同约束不到位，乙方在采购中往往会在满足设计规范最低要求的前提下尽量降低成本，这就会造成对原材料、设备设施的质量与规格理解不一致或把关不严等问题。与此相反，有些项目发起组织在项目实施时却依然沿用传统的计划经济模式，即统购统配，由甲方采购主要原材料或相关设备及设施。然而，如果甲方本身缺乏相应的专业技术人员，项目采购质量及规格将更加难以保证。

三、资源管理

项目资源管理包括人力资源和物质资源管理，其目的是为了充分保证项目实施的资源供给。人力资源管理涉及项目组织与团队管理的各个过程，包括围绕人力资源所开展的规划、开发、配置、激励、评价等方面的工作；物质资源管理包括原材料及设施设备的准备、调配和使用等工作。项目资源管理的各项管理要素如图 2-13 所示。

图 2-13 表明，项目资源管理的基本内容和过程包括：[①]

规划资源管理——定义如何估算、获取、管理和利用实物以及项目团队资源的过程；

估算活动资源——估算执行项目任务所需的团队资源，以及材料、设备和用品类型与

---

① 项目管理协会：《项目管理知识体系指南（PMBOK® 指南）》，电子工业出版社 2018 年版，第 307 页。

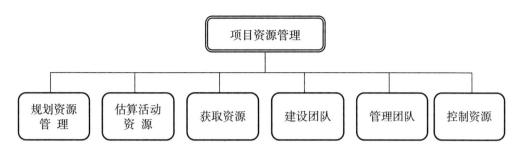

图 2-13　项目资源管理内容与过程

数量的过程；

获取资源——获取项目所需的团队成员、设施、设备、材料、用品和其他资源的过程；

建设团队——提高团队工作能力，促进团队成员互动，改善团队整体氛围，以提高项目实施绩效的过程；

管理团队——跟踪团队成员的工作表现，提供反馈，解决问题并管理团队变更，以优化团队项目绩效的过程；

控制资源——确保按计划为项目分配实物资源，以及根据资源使用计划监督资源实际使用情况，并采取必要纠正措施的过程。

1. 资源管理的基本认知

根据美国项目管理知识体系的文本说明，项目资源管理的基本认知包括：[①]

（1）项目资源包括物质资源（设备、材料、设施和基础设施）和团队资源（担任项目角色及承担相关职责的人员）。

（2）团队资源和物质资源的管理需要不同的技能和能力。

（3）项目经理应同时是项目团队的主管或经理，而且应在聘用、管理、激励和授权团队成员等方面做出适当的努力。

（4）项目经理应了解影响团队凝聚力的因素，例如，团队环境、团队成员所处的地理位置、相关方之间的沟通、组织变更管理、内外部政治与文化氛围，以及组织的独特性。

（5）项目经理负责培养团队的技能和能力，提高并保持团队的满意度和积极性。

（6）物质资源管理着眼于以高效的方式合理分配和使用完成项目任务所需的物质资源。若无法有效管理和控制资源，就可能会降低项目顺利完工的概率。

2. 资源管理的基本任务

项目资源管理涉及较多方面，具体可分为三个层次：其一，规划、估算并获取资源。规划资源管理的核心在于如何估算、获取和调配项目资源；估算活动资源即估算项目实施所需的人力资源以及物料、设备及设施等；获取资源即获得项目实施所需的人员、设备、设施、

[①]　项目管理协会：《项目管理知识体系指南（PMBOK® 指南）》，电子工业出版社 2018 年版，第 676 页。

原材料和其他资源等。其二，团队建设与管理。强化项目团队建设，关键在于配好团队成员，促进团队成员互动，改善团队整体氛围，以提高项目实施绩效。其三，资源控制。对项目资源实施控制就是确保按计划分配实物资源，以及根据资源使用计划监督资源实际使用情况。

从某种意义上讲，项目管理的过程就是一个资源整合的过程。美国《项目管理知识体系指南》（2017版）将"人力资源管理"更新为"资源管理"。这样，项目资源就包括了人力资源、物质资源、时间资源和信息资源四个方面。在这四大资源中，人力资源是项目实施的关键，是最根本、最活跃的资源，其他三项资源都是具体的管理对象。若人力资源没有得到高度重视和充分利用，其他三项资源使用的有效性就无从谈起。项目组织大多是从零基础开始组建，项目经理要完成这项工作，须具备卓越的领导能力，能够将人力资源与其他资源有效地整合在一起，创建出理想的管理平台。

3．资源管理的核心问题

如上所述，在项目实施阶段，资源管理的内容很多，其核心在于人力资源管理，即对项目组织中各个层级的人员进行管理，明确其岗位与职责，把任务落实到业务部门、团队、任务组乃至个人。在项目实施过程中项目组织及团队还须依据项目任务执行情况及时调整人员职责。项目组织为参与者提供职位和报酬等，而参与者则为项目贡献自身的知识和技能。项目组织要善于发现人才、使用人才，知人善任，提升项目成员的创新能力，充分发挥人的主动性和创造性，以最大限度地发挥全体参与者的技能优势。

通常，项目组织及其团队是由一群具有不同背景、经验与技能的人员构成。他们集实践经验与专业技能于一身，构成了项目参与者群体。因此，如何保证所有参与者尽心竭力地为项目实施服务，是人力资源管理的核心问题。尽管每个参与者都具有不同的角色和职责定位，但管理层鼓励其参与项目决策和计划制定是非常有益的。这不仅可以使他们为项目实施贡献专业技能，又可以增强其执行项目任务的责任感。只有项目参与者具有主人翁精神，其创造性才能得以充分发挥。对于项目参与者而言，"重视贡献"应是一种自觉意识，这不仅决定了项目管理的成效，而且能够帮助参与者突破技术专长以及职能部门的界线，懂得如何"把知识与技能转化为项目成果"。

四、项目管理资源保障的综合分析

完成项目实施任务，有三个初始的支撑条件，即组织、人员和资金。组织系统是平台，人员作用是根本，资金保障是关键。本节所讨论的沟通管理、采购管理和资源管理，注定要受到项目管理者更多的关注。就资源管理本身而言，项目实施任务重、节奏快、压力大，通常会使所有参与者倍感焦虑和压抑，甚或表现出某种脆弱性。项目组织及团队集体精神的强弱，取决于项目成员之间是否能够和谐相处并密切协作。集体精神蕴含着完成项目任务的巨大力量，培养集体精神的有效方法是遵循统一指挥原则并加强相互沟通与交流。项目规模越大，对管理者组织协调能力的要求就越高，故管理层应尽一切可能，保持和巩固项目团队的凝聚力。

就沟通管理而言，项目实施涉及的相关方众多，加之内外部环境的复杂性，对各类冲突与分歧的防范化解是非常棘手的工作。正如德鲁克所指出的，现代组织需要沟通，但又恰恰缺乏沟通。这可能是沟通技巧不成熟造成的，但更多的是源于认知水平不够。沟通工作未有大的改进，究其原因，是人们一直把沟通当成主管对下属的事。实际上，仅靠主管对下属的单向信息传递，沟通永远不可能成功。"有些时候，上级对下属说得越严厉，下属就越听不进去。下属要听的是自己想听的，而不是对方所说的。"[①]事实上，解决这些问题最有效的方法就是常交流、多协商，不断地进行沟通。在项目管理过程中，开辟广泛的沟通渠道是保证项目组织充满活力的基础，注重沟通方式是提高工作效率的重要手段。

此外，项目实施的物料及设备设施等采购工作会影响项目实施的各个方面，因而要提升项目管理的有效性，就必须处理好项目活动与外部环境的关系。管理层只有认真分析项目特质，量体裁衣地搞好资源供给，才能搞好采购管理。项目经理必须明确需要哪些资源，因此对于采购管理，关键在于理清思路，高度重视，把握进度，不能让物料、设备及设施的采购与供应影响项目实施的总进度。

项目组织对资源管理职能的运用，应树立四种思维：战略思维，即要站得高看得远，总揽全局；系统思维，即要着眼于各项任务的整体性；辩证思维，即要注重分析冲突问题的各个方面，抓工作要分清主次；底线思维，这是针对项目整体而言的，项目管理凡事应从最差的情况做准备，努力争取最好的结果。

---

① 彼得·德鲁克：《卓有成效的管理者》，许是祥译，机械工业出版社 2005 年版，第 64 页。

第三章　项目实施的过程管理

> "其作始也简，其将毕也必巨。"
>
> ——《庄子·人间世》

第一节　项目确立过程管理

项目的选择和确立一直是个热门话题。本节关注的重点在于项目确立的过程管理，而非一般意义上的项目论证。项目确立包括孕育、发起和可行性论证等环节。在项目确立过程中，战略决策、目标确定和风险预判等决定着项目立项的方向以及各个阶段的任务，进而会对后续项目实施产生决定性影响。

一、项目的孕育

格雷厄姆指出："一个组织兴盛的程度往往取决于它们适应活动环境的能力。因为项目建设是适应环境变化的普遍形式，故而，一个组织的成功与否将取决于其管理项目的水平。"[①] 各类社会组织，特别是企业的兴衰存亡，在很大程度上取决于其自身适应环境变化的能力，而要具备这种能力，往往是通过不断孕育新项目来实现的。

1. 项目产生的源头

在社会发展进程中，人们需要不断地将新知识转化为财富；为了应对生存与发展所面临的挑战，众多组织需要进行战略调整；企业需要不断地探寻客户需求、研发新产品。这些都是各类项目产生的源头。

（1）知识向财富转化促生新项目。知识是对符合人类文明发展方向的物质世界和精神世界探索成果的总和。知识是以理论形态存在的，是一种潜在的生产力，只有将其转化为创意，再通过社会化大生产将创意转化为产品，它才能最终变成现实的社会财富。当今社会正处于知识大爆炸的时代，将知识转化为社会财富是一个复杂的过程。在这一过程中，

---

① 　R. J. 格雷厄姆:《项目管理与组织行为》，王亚禧，罗东坤译，石油大学出版社 1988 年版，第 2 页。

知识与创意、新成果、财富之间形成了一个完整的链条,其过程如图 3-1 所示。[①]

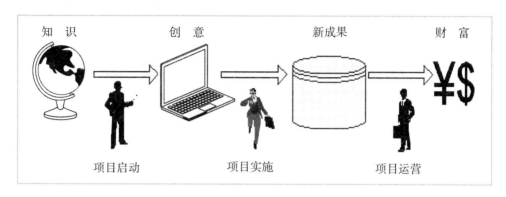

知识　　　　　　创意　　　　　　新成果　　　　　　财富

项目启动　　　　项目实施　　　　项目运营

图 3-1　知识向财富转化示意图

图 3-1 表明,知识向财富转化,即把科技新成果转化为生产力,往往要借助于项目这一载体。知识经由创意和成果向财富转化的过程,实际上形成了一个项目从启动到运营的全生命周期。在项目启动阶段,知识通过创意转化为项目的构想和目标;在项目实施阶段,通过一系列行动实现项目目标;在项目运营阶段,知识和创意物化为具有市场价值的产品或服务。当今时代,科技进步日新月异,应用科技新成果已成为催生项目的孵化器。

(2)组织战略调整诞生新项目。组织战略是指组织为适应未来环境的变化,对全局性、长远性、纲领性发展目标的谋划和决策。组织战略的重要特性之一是适应性,即组织能够根据内外部环境变化对自身的发展战略不断进行评价和调整。这是一种极为复杂的动态过程,它一方面要求高层管理者增强对环境变化的认识,预测环境变化的趋势及其对组织长远发展产生的影响;另一方面要在环境分析的基础上,规划组织发展的战略目标和策略,提出新的战略方案。当今时代,组织围绕战略调整所开展的变革都以项目作为载体,项目无疑已成为组织实现战略目标的重要手段。组织战略调整与项目诞生之间的对应关系,如图 3-2 所示。[②]

(3)客户需求催生新项目。当发现并识别客户新需求时,企业就会开发新产品或开辟新的服务领域。此时,客户需求就转化成具体的项目目标。日本学者大前研一在揭示日本企业发展之道时指出,与美国大企业不同,日本公司虽然没有庞大的战略规划部门,但总有一个才华横溢的战略家,这个战略家"以特别的思维模式,从公司与客户、竞争对手的互动关系中制定出一整套的目标和方案,并通过行动将之明确下来"。他进一步指出:"构思任何企业战略的时候,都必须考虑到三个主要因素:公司本身、客户和竞争对手。"客户需

---

①　该图参考 2001 年在北京召开的世界项目管理年会中一份资料中的图例,因寻不到原参考文献,谨予以说明。

②　赛云秀:《项目管理的发展与应用》,陕西人民出版社 2012 年版,第 270 页。

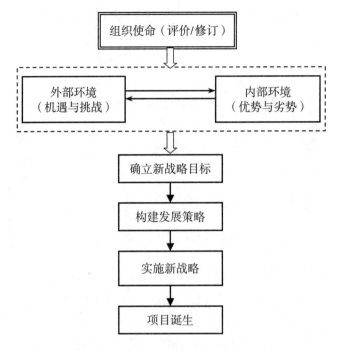

图 3-2　组织战略调整形成项目示意图

求是日本企业经营的核心，也是企业价值观实现的关键。① 大前研一所言的"战略家"的工作，催生并引导新项目，关乎企业成败。企业只有采用比竞争对手更为快捷、准确和有效的发展战略，并通过项目这一载体将自身发展优势与市场需求匹配起来，才能选择支撑企业发展的新方向。

2. 项目的选择

项目的选择是一个战略问题。钱德勒把"战略"定义为："制定企业的长期目标，并为实现这些目标采取行动，分配必要的资源。"② 这个定义被广泛接受，并由此确定了项目选择的基本方向：问题的焦点集中在外部，即组织与环境的联系。组织的高层领导应根据发展战略，审视环境和市场，寻求机遇而确立新项目。现实中，盲目跟风和投机性投资是项目选择与决策中的一大顽疾。不少决策者奉行政绩先行，热衷于搞大项目，但因自身条件和管理能力的限制，往往导致投资失败。

项目选择需要进行充分的商业论证，包括机会选择、组织优势、资源条件、投入成本、收益实现、风险程度、进度规划、技术的复杂性及约束条件等。在项目确立过程中，国内目前存在两类问题：一是项目选择存在一个误区，即当企业主营业务陷入困境时，总想尝试

---

① 斯图尔特·克雷纳：《管理百年》，闾佳译，中国人民大学出版社 2013 年版，第 226—227 页。

② 同上书，第 173 页。

进入当下最热门的行业，"这山望着那山高"，盲目跟风，往往"隔行不取利"。事实上，企业应专心深耕已有的主营业务，在拥有自主知识产权的基础上确立新项目，这才是正确的项目选择理念。二是项目论证缺乏严谨细致的分析，论证过程简单，甚至流于形式。很多情况下，项目发起者、论证机构及咨询者唱赞歌者多，而对项目实施的客观条件及技术经济指标提出异议者少。针对这种现象，科兹纳曾对资金投入大、工期长的项目，提出了两个概念："出口匝道"和"离场拥护者"，以便在大量资源投入被消耗前终止项目。① 实际上，在项目论证过程中，决策者要善于倾听各方面的意见，特别是要虚心听取反面意见，以使项目选择与论证建立在坚实的基础上。

3. 项目的决策

项目立项决策通常是组织发展过程中的重大决策，决策者必须深入分析待决策项目在实施过程中可能面临的问题。特别是关乎国家、行业、地区或相关组织整体布局的大型项目，其发起与实施必须立足全局。为此，在论证时应进行形势研判、政策分析、信息采集、资源优化等工作，以增强项目立项、筹资与实施成功的可能性。做重大投资决策，依赖的是判断力，而国内外形势与政策的变化是项目立项的风向标，需要对其准确解读。基于"风向标"方面的判断是项目决策的重要环节，项目确立既不能盲目跟风，也不能跨越时代，而应符合国家与行业长远发展的趋势。

在项目确立过程中，决策的关键实际上是如何选择的问题，因为确定的最终方案，往往都是在当时条件下谋求的最佳行动方案。因此，项目决策要群策群力，不能根据项目发起者个人单方面的思考与判断而做出。目前，国内很多企业组织，甚至部分大型国有企业及政府的投资项目，在决策过程中仍存在"一言堂"现象。这种项目决策论证方式不是"技术"出了问题，而是决策"机制"出了问题，其结果不仅导致项目在实施及运营过程中出现困难，也会带来某些社会问题。例如，造成大城市停车难问题的原因很多，其中，对家用轿车爆发式增长估计不足是重要原因之一，而对工程项目地下空间的有效利用考虑不够则是另一个重要原因。这是过去几十年来众多工程建设类项目前期规划不周、论证不足而带来弊端的一个显明例证。

二、项目的发起

项目发起包括项目前期论证、正式立项、成立项目组织及委任项目经理等过程，其核心是确立项目战略目标，确认项目目标任务和最终成果。具体而言，这一过程主要包括确定项目目标和规模，并对项目实施的风险进行预判和评估。

---

① 哈罗德·科兹纳：《项目管理——计划、进度和控制的系统方法》，杨爱华等译，电子工业出版社 2018 年版，第 293 页。

1. 项目发起的过程

项目发起阶段，即由基本构想进入明确项目目标和任务的阶段。这一阶段的主要任务是制定项目战略目标，设置项目优先权，确立项目管理基本框架，确定项目组织关键人员，提出项目管理主要策略与计划安排，并对项目实施过程做出整体规划。项目发起与实施关系的基本框架如图 3-3 所示。

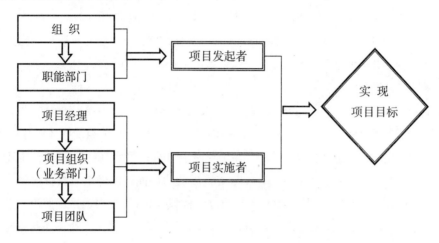

图 3-3 项目发起与实施过程示意图

从图 3-3 可以看出，项目发起与项目实施紧密相连。项目发起者对项目实施的初步设想就是项目战略目标的基本构想，也是形成项目目标任务的基础。在项目确立与实施过程中，组织着重关注项目实施战略，制定项目总目标，并统筹协调项目实施所需的资源；项目组织通常仅对项目实施阶段负责，其主要任务是完成项目实施任务。项目发起者主导项目的整体进展，指导项目经理解决项目实施中的重大问题，而项目经理则带领团队实施项目。项目发起者与项目经理一起构成了项目高层领导者，二者之间的关系类似于我国古代"东家"与"管家"的关系。

2. 项目实施目标的确定

项目构想确定了项目目的，但随着项目的确立，其战略目标就自然而然地演化为项目实施的具体目标。项目实施目标通常是不可复制的，因为同样的环境、同类型的项目，在不同时间发起与实施，其结果可能迥异，这便是预期目标与实际结果之间的差异。目的不明、目标不清势必导致项目确立和实施时困难重重，因此，合理确定项目实施目标事关项目的前途和命运。

大型项目从论证到实施，其筹划及管理过程十分复杂。项目的价值通过目标来体现，项目立项决策考虑的关键问题是项目目标的确立，而项目目标又体现着组织更深远的战略意图。对于组织来说，项目目标是最重要也是最具争议的问题。项目目标一旦确立，对组织而言,就形成了其战略目标;对项目组织而言,就构成了其不可动摇的使命和任务。在项目论证过程中,项目决策者制定的每项决策都包括对目标及相关实施行为的选择,因此,项目实施目标的表述应准确、清晰,力戒产生歧义。

3. 项目规模的确定

项目规模有大有小,规模巨大的项目动辄投资数亿、数百亿。事实上,项目规模并非越大越好,每一个项目都有其最佳规模。长期以来,在项目确立时,人们往往热衷于扩大投资规模、提高产能,而对项目前期论证管理较为粗放,导致目前相关产业产能过剩。这种单纯依靠扩大投资规模的做法已无法满足我国经济高质量发展的新要求,因此对项目投资与建设必须实施精细化管理。

项目选择及其规模确定,应客观、理性,不能盲目跟风。在项目确立过程中,决策者可秉持"精与专"的原则。在商业历史上,为了追逐诱人的投资机会而偏离核心业务,盲目上项目、扩规模,最终导致项目失败的案例屡见不鲜。这种现象的发生,不是因为项目管理出现了问题,而是在投资方向、立项论证中出现了严重偏差。另外,项目规模的确定要与组织的实际能力相匹配,并充分考虑内外部环境的变化。例如,矿产资源开采、高精尖技术研发等项目实施难度大、投资回收期长,而传统行业的一般性投资项目尽管拥有一定优势,如资金、技术和市场等,但也不断面临新的挑战,甚至陷入激烈竞争的僵局。如果项目选取不考虑内外部环境,不顾及自身实力,一味贪大求全,只为争行业之先,创同行之最,求地域之大,或者企图垄断区域市场等,就难以保证项目确立的合理性,导致项目规模不经济。

4. 项目风险的预判

项目风险预判不仅是风险识别与量化的过程,更是检验决策者思维和质疑相关假设的过程。项目投资不是简单的一次性采购或消费,风险分析与防范是项目确立过程中最重要的环节。项目决策应着重关注如何发现并化解风险,以提高项目实施的成功率。项目投资环境复杂,不少企业预测及防范风险的能力不强,孤注一掷地在所谓的大项目上投资,积重难返,这必然以失败而告终。其原因多为决策者风险意识淡薄、管理人员能力不足、专业技术人才缺乏等。另外,国内许多项目决策倾向于讲程序、走流程,认为只要程序完备就没有风险了。但是,程序和过程往往并不能完全消除项目自身存在的风险。

对风险的分析与防范是项目确立的根本。项目确立及实施必须做好风险管控,项目再好也不能破坏组织原有的肌体。组织在发起项目时,要围绕中长期目标,坚持"利益最优化、风险最小化"的原则,做好风险的预测预判工作。项目风险主要出现在实施阶段,而对项目风险的分析应始于论证阶段。否则,会因项目前期论证不足而先天不足,其结果好比本来是要到市场上去购买一头牛,但由于各方面情况发生了变化,最终却牵回来一只羊或一头骆驼。国内许多企业上项目喜欢搞"短平快",以资本投入为先锋,片面地认为只要有资金或市场就能上项目,而对项目投资的风险估计不足,对项目投产后的竞争力考虑不够,极易导致项目投资失败。

三、项目的可行性分析

项目可行性分析是从经济、技术、市场等方面，对项目预期目标、成本费用、配套条件以及预期效益等进行分析预测，从而提出项目是否值得投资及如何实施的意见和建议，其目的在于确定项目是否符合组织发展战略目标的要求。可行性分析是项目论证阶段的主要内容，对项目目标确立及实施过程管理至关重要。

1. 项目确立的价值取向

在一般项目的决策过程中，涉及"事实判断"和"价值判断"两种观点。在项目立项阶段，价值判断规定了项目确立的战略方向和基本目标，对于之后的项目实施与运营具有重大影响。李怀祖引用西蒙关于事实与价值区别的论述，认为："事实命题是关于现实的描述，价值命题是陈述人的偏好。……价值命题则难以用科学方法去处理，不能用客观事实证明其是或非，不能以经验或推理证明其正确性，它只存在'应不应该'的问题，根据人的主观偏好予以确定，无实证的真实性。"[①] 可见，事实判断与价值判断的区别主要在于：前者是对陈述对象本身的了解，因而是实证性的判断；后者所表达的是陈述者自己对事物的态度，因而多是规范性判断。对项目立项决策来说，事实判断可用相关技术经济指标予以量化表述，而凡是导向最终目标确立的决策，就可被称为价值判断。

项目决策的价值判断，主要内容包括：对项目依存环境的审视；对项目资源的评估；对社会经济发展阶段的分析；对市场需求的展望；对项目社会责任与价值贡献的评价等。在项目决策价值判断中，决策者要克服孤立地分析问题的僵化思维，在论证分析过程中系统全面地对拟建项目进行评审。现代经济社会高度复杂，针对项目整体价值的分析与判断，不论从主观到客观还是从理论到实践，都存在较大认知差异。从主观上看，投资者的信心难以定量分析；从客观上看，项目确立明显与经济发展周期相关联。为此，项目确立的价值判断，要求决策者应从项目内外部要素与环境条件的广泛联系入手，通过全面的分析论证，判断项目立项的前景和价值。

2. 项目确立的可行性分析

项目可行性研究是对备选概念化方案以及收益与成本进行全面评估，其目的是为项目发起者提供项目实施的预测结果。一个项目能否确立，通常取决于三个方面的因素：经济上是否合理、技术上是否可行、对组织及社会是否有益。这三个方面也构成了项目可行性分析的基本内容。在项目可行性研究中，首先，必须考虑组织及相关方的实力和预期投资收益。很多经济评价的影响因素都来自相关方，认真分析相关方的需求有助于判断项目投

---

① 李怀祖：《管理研究方法论》，西安交通大学出版社2004年版，第17页。

资规模和实施方案的优劣。其次，针对所分析项目技术方面的问题，需要技术专家参与论证，以获得合理的技术方案。再次，不能只重视项目经济效益，而忽视项目实施的社会效益。项目决策必须认真审视项目目标，在损益分析的基础上，全面衡量项目对组织自身及对社会文化、自然生态等方面的综合影响。

对项目进行可行性分析，是为了确定项目的可行程度及其实施要求。尽管各类项目可行性分析的内容及侧重点因行业不同，其技术经济指标差异较大，但一般应包括以下内容：基础层面的市场潜力、成本效益、生产能力、技术积累等；细节层面的技术成熟度的分析、内部技术能力的评价、备选方案的优化选择，以及项目实施存在的优劣势、技术经济指标的量化程度等。总之，项目可行性分析是一个系统工程，要从经济、技术、组织和社会等方面，对影响项目确立的各种因素进行综合评价，以论证拟建项目是否可行，其最终目的是要做出一个关于"终止立项"或"继续下一个阶段论证"的管理决策。

3. 项目确立的成本收益分析

项目成本收益分析的核心是对预期成本和收益进行估算，这项工作可以委托外部咨询公司或相关领域的技术专家进行。如果项目被认为可行且与组织的战略规划相吻合，那么该项目就可被赋予优先确立权。一般而言，项目预期成本包括三个方面：项目实施的直接成本、可预期和规划的间接成本、难以量化的无形成本。项目预期收益，通常被定义为两种：一是有形收益，即可以用货币量化和测度的收益；二是无形收益，是指间接利益，如安全感、自豪感、增强信用和融资能力等。无形收益通常难以货币化，但可通过选取较低的报酬率或资本化率予以考虑。需要指出的是，项目成本收益分析的准确性在很大程度上依赖于相关技术经济参数假设的有效性。若假设不现实，则成本收益分析的结果有可能是错误的，这种"先天不足"的前期论证将对后续项目实施带来不利影响。

四、项目确立的政策因素

项目确立与实施需要正确面对社会变革及政策因素所产生的影响。欧文在论述企业管理时指出："政治技能不那么明显，但是却非常重要。""公司已经觉醒，他们认识到要增强管理者的人际交往技巧。然而政治技能仍然不合规则，大半是因为多数公司把'政治'看作一个肮脏的词语……"[①] 格雷厄姆则指出："项目经理必须既是计划者，又是心理学家，同时还应是一个老练的政治家。""项目经理应该懂得组织中的政治学，要把研究政治策略作为工作的一部分。"[②] 可以看出，西方学者对于"政治"一词的描述，在中文语境中包括但不限于"体制""机制"等因素，其对应概念可以理解为"政策""法规"等。国家相关政策与法规，既是对项目立项管理的制度性安排，也是项目确立与实施的基础依据。

① 乔·欧文：《现代管理的终结》，仇明璇，季金文，孔宪法译，商务印书馆 2011 年版，第 174 页。
② R. J. 格雷厄姆：《项目管理与组织行为》，王亚禧，罗东坤译，石油大学出版社 1988 年版，第 7 页，第 195 页。

1. 项目投资应把握好形势和政策

形势是指事物发展的趋势,政策随形势的变化而变化;政策是形势发展的主观产物,制定政策的客观依据是社会发展形势。形势是宏观大势,政策是具体的制度安排,国家治理与社会发展需要在宏观大势下通过具体政策落实。具体而言,政策是指国家政权机关、政党组织和其他社会政治集团以权威形式规定的在一定历史时期内,应该达到的奋斗目标、遵循的行动原则、完成的工作任务、实行的工作方式、采取的一般步骤和具体措施等的集合。国家通过调整政策来引导项目投资方向,并通过政策导向和重大项目示范,为项目立项指明方向。宏观、中观及微观层面政策和法规的调整,都会在某种程度上对项目决策产生影响,因此,政策是项目确立与实施的重要依据。

稳定的社会发展形势与明确的政策导向能对项目的立项和实施起到重要的保障作用。项目确立需详细分析项目实施所处的社会环境与市场环境。当经济衰退或低迷时,政府通常采用扩张性经济政策,刺激投资增加;当经济发展过热时,政府则采用紧缩性经济政策来调控投资规模。形势与政策不明朗是项目投资最大的风险。通常,只有经济发展平稳,政策法规明确,项目决策者才能做出可预期的理性选择。当项目投资者对经济发展形势难以做出正确预期时,国家及其部委、行业协会就要强化政策指导,引导项目决策者避免因误读误解国家相关政策法规而导致项目决策失误。把握好形势、理解透政策是项目确立的先导,各类组织要成功地确立项目,就需要国家政策的指导。然而,项目投资及其实施是一种复杂的社会活动,虽然大部分项目的立项会受到国家政策和政治形势的影响,但也应防止把一般的项目论证问题异化为政治问题,更不能将正常的项目投资活动随意地提升到"政治高度"。项目决策者只有把政策指向与项目决策有机地结合起来,既重视政策和法规导向,又把握好市场走向,才能把握项目确立的正确方向。

2. 项目立项依赖于政策与法规的引导

项目立项需要考虑政策、资金、技术等各方面的因素,其中政策因素具有先导性。项目投资要有前瞻性,国家、行业以及地方政策法规是项目确立的"航标"。改革开放以来,国家根据经济发展形势,出台了一系列关于投资体制改革的法律法规,逐步完善了项目投资的相关政策。事实上,项目投资通常不能以追逐经济利益为单一目标,而是要以国家强盛、人民富裕、环境美好等为终极目标。回顾过去,在计划经济背景下,项目投资立项的计划性很强,项目监管多采用行政指令方式,项目管理人员呈现出部门化、专职化的特点。这种体制的优点是能够集中力量实施大型项目,而弊端则是管理体制机制僵化,缺乏灵活的项目投资政策导向。随着社会主义市场经济体制的形成,我国大多数项目的立项逐渐从行政指令方式和计划经济模式向指导性、规范化的管理方式转变,并在政府法规不断完善和国家监管力量不断增强的同时,各个层次项目决策者群体的责任意识和担当精神也在不断提升。

政策和法规对项目决策、立项、实施等具有规范的引导作用。政府代表并维护着国家与人民的利益。这些利益具体到各个行业和地区，又常常产生行业或区域性的相互竞争，进而会在某种程度上形成一种"政治＋经济"型的立项模式，这也在一定程度上导致了对项目审批权力的追逐。目前，某些政府部门的办事流程繁琐、拖沓已影响到项目立项与实施的进程，具体监管人员对政策及法规的解读也存在着不严谨、不规范的问题。在项目审批时还存在政府部门之间执行法规、履行管理职能的冲突，产生政府管理缺位或滞后等问题，使项目在立项时遭遇多种困难。这些都会给人们造成项目立项政策与法规多变的印象，并使不少管理者误以为项目审批要依赖于政治资源和人际关系。事实上，这些问题可以通过政府监管过程的不断完善来逐步解决。

3. 项目实施与管理应遵循国家政策和法规

项目实施与管理涉及面广，过程复杂，项目高层管理者既要统筹处理组织内部事务，又要协调项目建设与外部环境的关系。我国已进入新的发展阶段，项目发起方与相关方都应依据国家政策自觉调整项目实施与管理的策略，主动适应政府相关部门的监管。项目决策及其实施的策略是保护项目实施免受外部因素影响的第一道防线，作用于项目全生命周期。项目发起组织有权建立自己的项目管理程序和规章，但前提要符合国家的大政方针。拥有成熟项目管理方法体系的组织，通常具有明确的项目实施指导策略，当国家政策、社会环境产生不利于项目实施的因素时，项目发起者能及时调整项目实施与管理的策略，使项目实施在很大程度上免受影响。现实中，有很多项目发起者对国家政策理解不到位，认为某些政策和法规对项目实施是一种制约。实际上，国家政策是针对整个社会的，一般项目实施过程及其成果取决于组织自身的努力。同一项政策，对不同项目的影响程度取决于项目发起者的认识程度，对于适应政策者是积极的，反之，则会变成制约因素。

项目任务常常具有复杂性和不确定性，快速变化的外部环境、激烈的市场竞争以及趋紧的资源环境约束等因素，都是项目实施过程管理中需要考虑的问题。项目发起者对国家政策与法规理解和运用的影响力，可以帮助项目组织获得所需资源或某些政策优惠，遂产生积极的结果。但是，如果项目发起组织及其负责人试图攫取超越政策界线的不正当收益，其行为则会伤害国家利益并危及其他组织甚至整个社会的利益。因此，政府管理部门只有通过不断完善项目管理的政策和法规，强化服务和监管，特别是在项目立项审批、过程监督等方面按规矩办事，才能极大地减少人为因素对项目确立和实施过程的影响，进而保障各类项目的正常立项与成功实施，促进经济社会健康发展。

第二节　项目阶段与过程管理

项目从发起到终结的整个生命周期由多个阶段与过程构成，涉及目标确立、立项审批、计划编制、实施验收以及生产运营等环节。筹划并实施一个项目，需要全面考量项目实施的整体进程并分阶段推进。为此，管理者首先要辨明项目的各个阶段及其实施过程中所面临的具体问题，否则，项目管理的独特优势就不能充分发挥。

一、中美关于项目阶段与过程的划分

运用项目管理方法，首先涉及项目阶段与过程划分的问题。目前，尽管项目及项目管理的定义较为明确，但中美两国项目管理知识体系在项目筹划与实施的阶段与过程划分上，并不完全一样。

1. 美国项目管理阶段与过程的划分

美国项目管理知识体系如第一章表1-3所示，它开门见山，将阶段和过程合二为一，且主要针对项目实施阶段，明确地将项目划分为启动、规划、执行、监控和收尾等五个过程组，如图3-4所示。这种对项目阶段及过程的程式化划分，是通过大量项目实践所形成的通用管理模式。[①]

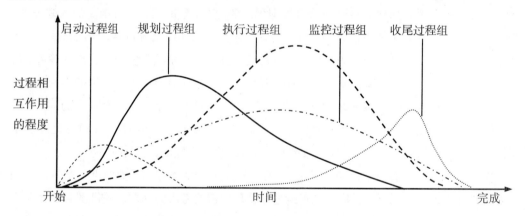

图3-4 项目或阶段中的过程组相互交叠示意图

从图3-4可以看出，美国项目管理知识体系所定义的项目阶段与过程管理，包括五个清晰的、相互交叠的过程组。其中，启动过程组是定义一个新项目或现有项目的一个新阶段，并授权开始实施该项目或阶段的过程；规划过程组是明确项目范围，优化目标，为实现项目预期目标制定行动方案的过程；执行过程组是完成项目实施计划中所确定的工作，以满足项目目标实现要求的过程；监控过程组是跟踪、审查和检验项目管理绩效，识别必要的计划变更并启动变更管理程序的过程；收尾过程组是正式完成并结束项目或一个阶段的过程。

---

① 项目管理协会：《项目管理知识体系指南（PMBOK®指南）》，电子工业出版社2018年版，第555页。

2．中国项目管理阶段与过程的划分

如本书第一章表 1-4 所示，中国项目管理知识体系所定义的项目确立与实施过程，包括"概念、开发、实施、结束"四个明确的阶段。这种划分方法具有三个突出的特点：其一，体现了项目全生命周期的特征，涵盖项目立项、实施和运营全过程；其二，重视项目前期论证，提出了概念阶段和开发阶段的明确定义与内涵；其三，以构建项目学的学科体系架构为导向，强化了项目前期论证的相关知识，采用"模块化结构"，兼顾项目发起与实施两个层面的管理知识、方法和技术。为此，管理者必须充分理解并重视项目从立项至实施的整个过程，按四个阶段对项目全生命周期进行管理，以完成项目确立及实施的目标任务。

3．中美项目阶段与过程管理的对比

中美项目管理知识体系对项目阶段与过程的划分，反映了东西方管理观念与思维方式的差异，也体现了两国项目管理思想和认知上的差别。美国项目管理知识体系兼顾项目全生命周期中的各个阶段，并以实施过程为重点，以项目进度为序展开，将项目整个生命周期的实施过程划分为五个过程组。中国项目管理知识体系从项目立项、项目实施直至项目运营，以纵向管理流程为主线划分项目整个生命周期中的各个阶段。相比之下，美国项目管理知识体系并未专门关注项目前期，但对项目实施过程的分析却非常细致透彻。

二、工程类项目的阶段与过程

工程类项目的建设活动通常都有一个完整的生命周期，罗斯金等将其划分为项目构思、工程确定或建议、计划和组织、初步研究、执行或工作完成、工作完成后六个阶段，具有一定的代表性。一项工程项目从最初的概念演进到最终任务完成，每一个后续阶段较之前一阶段更为具体，六个阶段的递进关系如图 3-5 所示。[①]

1．项目构思阶段

构思阶段是项目发起者为某项工程所做的初步构想，主要任务包括提出并确定工程建设目标，识别相关的重要约束条件等。构思阶段确立的工程建设目标，是保证项目成果顺利实现的基础。然而，随着工程活动的开展，当客户改变其原来的目标，或因工程建设活动反馈的信息表明与项目预期目标不相吻合而必须做出某些改变时，就应对目标进行重新审查或调整。构思阶段通常不涉及如何实现目标的具体内容，但如果完成工程目标的方法需要优化，则需在构思阶段对工程目标予以充分的调查研究。不管出于哪一种原因，若要改变已确立的项目目标，都应当回溯到构思阶段，对项目目标做进一步的论证和分析。

2．项目确定或建议阶段

工程确定或建议阶段由两部分构成：第一部分即根据构思阶段确定的目标和项目建设

---

① 阿诺德·M．罗斯金，W．尤金·埃斯特斯：《工程师应知：工程项目管理》，唐齐千译，机械工业出版社 1987 年版，第 1—9 页。

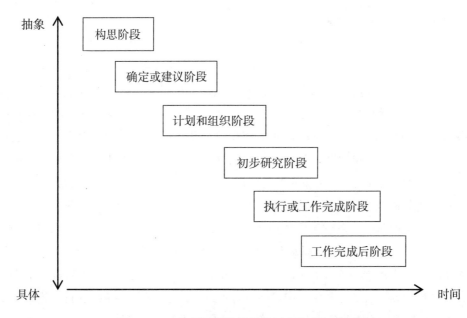

抽象

构思阶段

确定或建议阶段

计划和组织阶段

初步研究阶段

执行或工作完成阶段

工作完成后阶段

具体　　　　　　　　　　　　　　　　　　　　　　时间

图 3-5　工程项目实施阶段与过程划分示意图

所处的环境来确定工程的特性,寻求实现目标的备选方案并对其进行遴选。这涉及决策标准和形式、实际的约束条件、可能出现的主要障碍,以及方案实施时所需的资源预算和进度安排等。第二部分是初步选择实现项目目标的总方针。这一阶段的许多选择都是初步的,一旦发现某项选择不适宜,则需进行相应调整。工程确定阶段应当提出以下具体建议:工程将如何开展,谁是关键人物,如何组织,如何制定进度和预算草案等,其目的是取得客户信任,使承接工程的人员明确任务并确认自己能否胜任。因此,工程确定或建议阶段实际上是对整个工程从头到尾的通盘考虑,形如一幅完整的路线图,而非路线本身。这一阶段,项目目标及任务还是粗线条的,有待下一阶段的细化和完善。

3.项目计划和组织阶段

当客户接受工程建议并委托该工程后,就要开始对工程建设活动进行计划和组织。在这个阶段,要建立工程建设任务的执行机构,确定工程实施者,制订详细的工程计划并确定各项工作,为每一项工作确定具体的时限、预算及所需的资源。对项目经理来说,应同步考虑工程施工的管理机构,制订相应的计划,以便相互之间有所督促。当然,从建议提出到项目委托这一阶段,可能会修正工程的工作范围。因此,工程确定阶段虽然必须考虑如何配备施工人员,但是,由于工程建设单位能否得到工程委托具有不确定性,因而难以责成相关人员来考虑这项工作。

4.项目初步研究阶段

工程项目一旦计划和组织好,从表面上讲,下一步就可以开始实施。然而“欲速则不达”,所以在工程正式实施之前,须首先进行“初步研究”,这是十分必要且有益的做法。

目实施过程的流程和步骤，从而保证各项活动的有序性。科学合理地制定项目计划，可以应对项目实施过程中的不确定性，有效消除各种冲突和干扰带来的不利影响。项目组织只有拥有周密的计划，才能保证各项活动在预定工期内以合理的成本完成，将项目风险降到最低，进而使实施过程沿着既定方向顺利推进。美国项目管理知识体系构架中，十项知识领域在其各自的"规划过程组"中都设置了相应的管理要素，明确了项目计划的作用与内涵，着重强调项目实施过程"计划先行"的原则，体现出项目管理者"运筹帷幄，决胜千里"的信心与决心。

项目实施任务进度安排、作业顺序确定和资源配置等都以计划为基础。项目计划是项目协调的前提和项目控制的依据。"凡事预则立，不预则废"，这说明了事先做好计划的重要性。如果没有周密的计划，项目的控制与协调就不能达到预期目标。如果计划编制工作做得不细致，就会造成项目资源浪费，实施进程延滞。科学合理的计划具有以下作用：明确目标管控程序，保证任务执行流程并协调各工作单元和各专业工种之间的关系；有效配置资源并充分合理地利用作业时间和空间，保证良好的作业秩序；优化各项技术经济指标，提高项目实施的整体效益。

4. 项目计划与目标的关系

项目目标任务是项目实施的指南，项目计划是落实目标任务的有效手段。项目计划任务书既是项目组织各业务部门的管理目标，同时又是对项目实施过程进行核算、考评和奖惩的依据。项目组织通过编制项目计划任务书，能使预期目标和既定任务，即项目"目标任务"转化为项目实施具体的"计划任务"，从而利于过程管理。

（1）计划是对目标进一步确认的过程。预期目标是项目确立时的整体设想，其内涵是各项目标任务。项目计划必须围绕预期目标编制。计划编制过程是对项目预期目标进一步阐释和确认的过程。当项目实施总体计划确定之后，就形成了实施过程的各项计划任务，由此可推断项目总目标能否如期实现。

（2）计划是对目标进行细化分解的过程。项目计划是对目标任务及其相关技术经济参数进行具体分析的过程。由于项目任务具有一次性特征，计划编制过程必须对既定目标任务进行全面解剖和分解，因而计划成果是包括三大目标在内的更详细和具体的分解目标之和，也是对项目期望成果的预先展示。

（3）计划调整反映目标任务的变化。一套完备的项目实施计划，是完成项目各阶段任务的基准线。有了这个基准，就能知道各项任务执行的具体情况以及存在的问题。当项目预期目标发生变化时，初始计划就需要更新。同时，在项目实施过程中，当各种"问题"积累到一定程度，特别是三大目标出现较大偏差时，就需要重新调整计划方案。

5. 项目规划与计划的区别

计划体现着谋划和打算等内涵，且与规划、筹划等关系密切。在西方项目管理著作中初步研究阶段的工作包括文献搜集、走访交流、现场勘查、试验测试以及其他相关数据或信息搜集。这样做首先是为了确认或调整计划中做出的所有假设；其次要确定和说明工程的关键部分，以保证工程能顺利建设。在该阶段，如果关键的设想或假设能够成立，或认为计划所确定的时间和资源足以完成目标，即可转入执行阶段。否则，就需要重新返回到工程的构思、确定和计划阶段。初步研究非常重要，如果越过这一步，许多潜在的问题就会在后续阶段逐步暴露，造成更大损失。

5. 项目执行或工作完成阶段

执行或工作完成阶段是工程建设的主体阶段，包含实际开展的工程实施工作和报告工作结果两项内容。实际开展的工程实施工作包括指导、协调及控制建设者完成工程任务，使实施者通过集体努力实现工程的最终目标。报告工作结果是指在工程建设开展的同时，定期报告工作阶段的成果。

6. 项目工作完成后阶段

通常，当执行阶段的最后一项工作完成时，工程也就宣告结束了。但实际上，还有一个被称为"工作完成后阶段"。这一阶段主要包括：确认客户对项目实施结果的满意度，应对未达到满意结果所出现的问题；整理并规范地存放工程档案；检查工程施工设施、设备并将其恢复到适当的状态；实施工程结算，经过相应的审查及核算，支付未偿付的费用；重新安置工程建设人员等。

可以看出，罗斯金等通过以上讨论，阐述了这样一个观点：对工程项目的实施过程进行阶段划分，目的在于清晰区分工程项目建设各个阶段的界限。但是，相邻的两个阶段，其工作任务时常会有交叠甚至往复。例如，在工程确定或建议阶段，可能会因某些想法而修正有关构想，这样构思阶段就延伸了，并可能与工程计划阶段发生交叉。[①]

三、研发类项目的阶段与过程

与工程类项目不同，研发类项目各阶段的界限通常并不十分清晰。格雷厄姆将研发项目的生命周期划分为酝酿、计划、实施和结束四个阶段，且相邻阶段之间是交叠和关联的，如图 3-6 所示。他指出，这样划分是为了方便分析和阐述影响项目管理方式的有关因素。[②][③]

1. 酝酿阶段

在项目酝酿阶段，需要提出项目的初步设想与构思，这项工作一般由高层管理人员完

---

① 尽管罗斯金等的论述繁复，加之译文专业术语对应有一定困难，但其论述将工程项目前期中的"初步设计"或"方案设计"、工程施工前的"施工图设计"以及"施工组织设计"的基本轮廓和内涵描述得较为清晰。从事项目管理，特别是工程项目管理的人员可充分理解其相关内容。——作者注

② R. J. 格雷厄姆：《项目管理与组织行为》，王亚禧，罗东坤译，石油大学出版社 1988 年版，第 12—15 页。

③ 图 3-6 中的外框箭头为本文所加。——作者注

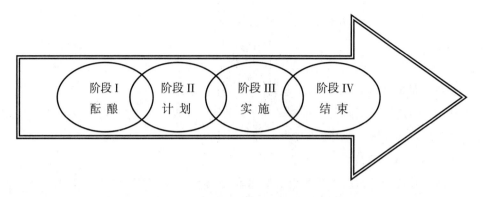

图 3-6　研发类项目的阶段与过程示意图

成。在此阶段，大部分未来的项目成员通常尚未露面。鉴于以下两方面的原因，应当提倡未来的项目经理参与该阶段的工作。其一，项目常常是组织对周围环境某种情况的反应，决策者往往存在一种紧迫感，从而导致高层管理人员对项目完成期限产生不切实际的设想。其二，酝酿阶段最需要的管理技巧是创造性思维和相互间的启发与传导。人们对事物的想象与他们所做出的解释总是存在一定差距，许多项目的失败就是源于产品设想者没有把本阶段的构想很好地传递给该产品的制造者。为了避免这个问题，未来的项目经理最好能从一开始就参与项目酝酿阶段的讨论。

2．计划阶段

在计划阶段，需要将项目设想变成工作计划并使目标任务具体化。这一阶段的主要需求是管理技术和项目团队组建能力。项目经理必须确定项目实施所需的技术，并物色必要的人员。项目经理及项目组织需要足够的人员，以确保完成特定产品研制的各项任务。为此，必须在明确人员职责范围并构建控制系统的基础上，做出具体的任务进度安排。

3．实施阶段

在项目实施阶段，项目组织的各项工作任务全面展开。项目经理负责实施项目并监控进度，根据需要修改项目实施方案，重新安排进度计划，不断调整资源分配方案。该阶段所需的主要管理技术是授权、解决冲突和排除外界干扰。

4．结束阶段

当项目实施达到既定目标时，就意味着进入了结束阶段。此时，项目组织的人员面临重新派遣工作。此阶段常出现人员状况不稳定的情况，以致临近结束时工作效率下降。项目经理在该阶段切不可懈怠，应善始善终，以实现项目实施完美收官。

综上所述，与工程类项目相比，研发类项目各阶段之间的交叠性和关联性更强。这意味着在研发类项目确立之后，制定计划时可能会发现原设想中的某些部分在具体实践中是不可行的，需要重新考虑对整个项目实施的目标任务或其部分内容做出变更管理。同样，实施阶段也可能发现项目计划中的问题而要求变更计划。

四、项目全生命周期的阶段划分

阶段划分涉及项目的整个生命周期,包括发起、终结以及各个中间阶段。项目在不同阶段具有不同的任务和特征,这就要求项目确立者和实施者必须采取不同的管理方式。格雷厄姆明确指出,项目阶段的划分是一个尚未真正解决的问题,有"三阶段"论,也有"七阶段"论。但不管其数目多少,项目阶段与过程之间常常是相互交叠的,这也恰恰证明了对项目管理阶段科学合理划分的必要性。

1. 项目阶段划分的基本认知

每一类项目都有其自身的生命周期和特定阶段。如前所述,罗斯金等将工程项目建设的生命周期划分为六个阶段并做了详细分析。国内通常的做法是将工程项目的生命周期划分为四个阶段,即概念阶段、设计阶段、建设阶段和运营阶段。格雷厄姆以产品开发类项目为背景,将其划分成互相交织的四个阶段,即酝酿、计划、实施和结束阶段。笔者认为,从一般意义上讲,项目从发起到终结的全生命周期,通常包括论证期、实施期和运营期三个基本阶段。项目阶段不同,管理的侧重点也不一样。项目各阶段的划分、工作任务、阶段成果和学科范畴,可概括性地表述在图3-7中。[①]

2. 项目三个基本阶段的内涵

如上所述,尽管各类项目的目标与结果不同,但其基本的管理过程却有规律可循。项目全生命周期通常包含三个基本阶段,即论证期、实施期和运营期。

(1)项目论证期。项目论证期也可称为项目前期,是项目发起和确立的阶段。本阶段的重点是对项目市场需求和潜力进行调研,对项目前景进行预测,必须从经济、技术、社会及环境等角度,论证项目的可行性,确定项目是否可以立项。其主要任务是对拟立项项目进行全面的技术与经济分析,并对项目构想是否成立、项目实施是否可行以及项目成果能否达到预期等进行论证,属经济学、工程经济学或产业经济学等学科的研究范畴。

(2)项目实施期。项目实施期是指项目经立项批准后的整个实施阶段。本阶段的重点工作是实施项目,即通过项目组织及其成员的努力,运用项目管理理念、方法和技术对项目实施阶段进行管理的过程。项目实施重点关注项目的既定目标、实施过程和最终成果,旨在实现项目既定目标。尽管项目实施通常要运用建造、制造等工程技术,但其实施过程还必须与管理技术相结合,因而该阶段属于管理学、项目管理学研究的范畴。

(3)项目运营期。当实施任务全面完成后,项目便进入了运营阶段。对于工程类、制造类和产业类项目,该阶段具体指项目建成并交付使用,项目达产达效开始运行,即项目

---

① 赛云秀:《项目管理》,国防工业出版社2012年版,第4页。

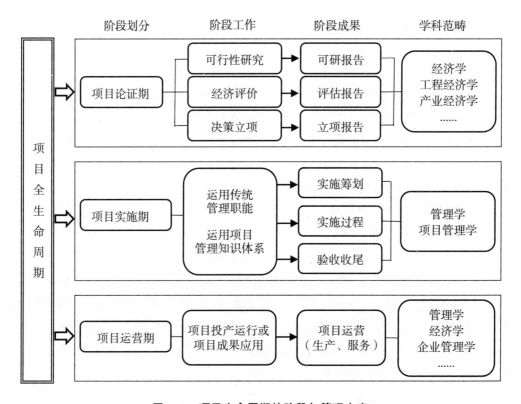

图 3-7　项目生命周期的阶段与管理内容

进入生产及经营的过程。项目在该阶段处于经营管理期,本质上属于企业管理学研究的范畴。它所关注的重点是通过对生产技术与工艺的运用,制造产品或发挥社会效益,并通过项目运营实现其预期的投资效益。对于研发类项目,项目成果审定或鉴定达到一定的标准要求,即可进行成果转化或孵化应用;而对于活动类项目,其实施任务完成,通常也就意味着进入了收尾阶段,项目的整个生命周期也就此终结。

3.项目阶段划分的进一步讨论

以上对项目三大阶段的划分,只是从一般意义上对项目整个生命周期进行过程性的描述,目的在于为不同时期项目管理任务的划分与管理者角色的转换提供理论分析的方法。目前,尽管人们关于项目阶段划分存在某些争议,但不能因此就简单地将项目阶段与过程模糊化,或者像格雷厄姆那样过分强调交叠。如果不对项目阶段进行明确划分,就会给项目论证、实施及投产运营等各个方面的管理带来混乱。对项目阶段与过程管理的正确认识,将有助于管理者深刻认识项目管理模式。以"三峡工程"为例,项目首先从国家层面上论证立项;再交由"三峡办"承建,完成项目建设的任务;项目建成后则交由相应电力及水利企业进行运营管理。这一过程较为清晰地体现了项目全生命周期的三个基本阶段。事实上,无论是建设化工厂还是纺织厂,尽管项目论证立项和运营阶段差异较大,但其实施阶段的过程管理却极为相近，都是土木建造和机电设备安装工程，所采用的项目管理方法和技术基本相同。

在项目整个生命周期中，实施阶段是项目管理的核心。诚然，笔者假定这三个阶段原则上是不交叠的，但在现实中，各阶段之间的"纠缠"确实会发生。出现这种情况，就要依据实际情况来区别对待。比如，项目实施阶段建立在"项目前期"工作基础之上，如果项目前期论证不充分，那么项目就会因缺乏明确目标而在"模糊状态"下启动。同时，在项目实施期，当目标需要变动时，则应立即停止实施并返回第一阶段，做好补充论证，待重新确立目标后再继续实施。总之，尽管对各类项目的阶段划分可以是灵活和弹性的，但项目全生命周期中各个时期的基本任务和持续时间是阶段划分必须考量的重要因素。为此，分析项目全生命周期，明确项目管理的使命，必须清楚划分上述三个重要的阶段。项目管理者只有清楚认识项目阶段的重要性，才能明确各个阶段中过程管理的具体任务，理解本节中所强调过程管理的含义，正确运用项目管理方法和技术。

五、项目阶段与过程管理的特点

发轫于百年前的科学管理，凸显了人们对过程管理特别是对作业流程和劳动效率的重视。项目实施阶段集合了完成目标任务的系列活动，是项目全生命周期中的核心阶段。在项目实施阶段，各项管理职能的运用纵横交错，各种管理方法与技术的运用相互渗透。因此，必须保证项目实施过程管理井然有序。

1. 项目是阶段和过程的集合体

格雷厄姆指出："认识就是一种有创造性的经历。对项目管理过程的认识将有助于激发项目组织的创造性。"[①] 项目是阶段和过程的集合体，项目管理者必须面对项目实施过程，必然要经历项目实施的整个阶段。项目实施阶段的过程管理是多维、动态和复杂的，如同一幅逐渐展开的画卷。从形式上来说，项目实施是时间上的持续和空间上的展开。从内容上来说，项目实施是对各项目标任务的具体落实，是不断推进的物化形态以及项目相关方关系不断更新的过程。通常，项目实施阶段的过程管理可能会呈现出"两头热"的境况，即在项目实施启动和收尾时，因其关系到项目实施的目标确立和成果验收，管理层大都比较重视。事实上，中间的实施过程才是项目管理的重点，因为分派并完成项目任务、调配和消耗项目资源、形成并展现项目成果都依托于持续推进的实施过程。

项目从构思、筹划到实施是一个不断深化的过程。在这一过程中，各种矛盾与冲突不断显现，为了保证最大限度地合理使用有限的项目资源，完成项目确立的特定任务，项目管理者必须具有全局意识和系统观念，兼顾目标、过程和成果管理链，注重对各个阶段及

---

① 　R. J. 格雷厄姆：《项目管理与组织行为》，王亚禧，罗东坤译，石油大学出版社 1988 年版，第 1 页。

其持续过程的统筹管理。例如，科兹纳将项目规划过程组细分为九个主要组成部分："目标，某个目的、指标或在一定时间内完成的份额；方案，为达到或超过目标要采取的策略和主要行动；进度计划，显示个人或集体活动（任务）开始或结束的时间；预算，为达到或超过目标所需的费用；预测，在某一时间会发生什么情况；组织，为达到或超过目标所需职位的数目、种类及其相应的权利和责任；方针，决策制定和个人行动的总指南；程序，方针执行的详细方法；标准，用足够或可接受来定义的个人或团队的绩效。"[①]

2. 项目实施过程的交叠性和持续性

项目实施与管理注重行动，是一个面向具体任务执行的过程。例如，在美国项目管理知识体系中，项目实施的各个过程组是依次递进、动态衔接和相互渗透的，并由此造成了项目实施过程的交叠性。项目实施在时间维度上以过程组的形式交错展开，每个过程组都包含目标、计划和资源的输入，方法、技术及工具的运用，以及阶段成果输出的逻辑组合。在这一过程中，上一个过程组的输出便是下一个过程组的输入。这种交互推进的过程，保证了实施过程的持续推进。与此同时，管理者在纵向上以项目目标和里程碑为导向进行整体管理，在横向上以各子项目及团队为主体完成目标任务。

项目实施强调过程的持续性，原因在于各项活动的开展会随时间、地点和条件的变化而变动。为此，项目管理者只有在过程管理中坚持具体问题具体分析，才能把握项目管理的时效性。项目组织及其管理层必须定期进行预判，不断防范实施过程中所产生的风险，并有效发挥控制和协调等管理职能的作用。尽管各类重大项目在实施阶段的过程管理复杂且艰辛，但这正是铸就不凡业绩的关键所在。

3. 项目管理必须面向过程和成果

德鲁克指出："管理是一种实践，其本质不在于'知'，而在于'行'；其经验不在于'逻辑'，而在于'成果'；其唯一权威就是成就。"[②]项目管理的基本任务是为了创造和保持一种良性环境，即通过各项管理职能的运用，将项目实施的各种资源要素有机整合起来，以保证实施过程的持续性、稳定性以及成果实现的有效性。为了实现项目预期目标，项目管理者必须将正确的管理理念、方法和技术应用于项目实施活动中，以满足过程管理的要求。这种要求既针对项目整体阶段的管理，又要突出对实施过程的有效管理。这两个层次的要求是相统一的，即项目管理所使用的方法和技术在整体管理中要系统全面，在过程管理中要科学有效。

项目管理贯穿项目实施始终，涉及各个方面，这是实现项目成果的基本演进形式。现实中的项目千姿百态，其实施过程繁简不一，持续时间长短各异。尽管项目实施有明确的目标

[①] 哈罗德·科兹纳：《项目管理——计划、进度和控制的系统方法》，杨爱华等译，电子工业出版社2018年版，第314页。

[②] 彼得·德鲁克：《管理的实践》，齐若兰译，机械工业出版社2006年版，第XVI页。

和计划要求，但在具体实施过程中，管理者还应依据项目类型灵活掌握、区别对待。对于项目管理者而言，项目论证、实施和运营三大阶段的划分必须是明确的，否则，项目实施过程管理就会出现以下问题：阶段认识不明、过程主次不分，"眉毛胡子一把抓"，不能站在整体管理的高度来看待项目过程管理中的问题；"单打一"，即只抓各阶段的主要问题，不重视过程管理中的系统问题；追求项目阶段表面上的均衡，实则陷于过程管理的日常事务中；实施阶段未能突出目标、过程、结果的管理链，对项目任务的如期完成不能成竹于胸，等等。实际上，所有项目管理活动都是为了有效完成最终交付成果而发生的，项目组织必须始终关注项目可交付成果。这不仅反映了项目预期目标的要求，也决定着项目管理的最终成效。

第三节　项目实施过程管理的基本职能

管理职能是管理理念、原则和方法的具体体现。法约尔将企业管理活动分为计划、组织、指挥、控制和协调五大职能，不可否认，这些传统管理职能依然适用于项目管理。本节对各项管理职能进行分析，目的在于实现对项目实施过程的统筹管理。只有通过对计划、组织、决策和指挥等基本职能的有效运用，才能保证项目实施按计划要求顺利推进。

一、计划

计划是人们为了达到一定目的，对未来某个时期的活动所做出的部署和安排。计划职能列于法约尔管理五大要素之首，是开展管理工作最重要的职能。项目计划是对项目实施全过程前瞻性的统筹谋划，项目计划任务书是项目管理的纲领性文件，是项目实施的行动指南。

1. 项目计划的含义

从古至今，谋划始终是人们实现特定预期目标的重要管理手段。项目计划是对项目实施过程管理行为的统筹谋划，它既是项目实施行动的依据，又是项目控制的标准。计划工作是项目管理的基本职能，事先计划是执行项目任务的先决条件。项目计划应反映项目实施过程的客观实际，透彻分析各项目标任务的特点，明确提出目标任务执行的时间进程、预算成本以及质量标准要求，从而确保项目资源的有效配置。项目计划编制是一个能动的过程，其核心是围绕项目总体目标所确定的任务、进度预期及资源筹划等编制出各项任务执行的时间进度表。同时，项目计划编制又是一个渐进的过程，应由粗到细，即由项目整体目标到各子项目的具体目标，再到具体任务或工作单元。

项目计划涉及项目实施的各个层次以及各项工作，各个层级的管理者都要根据其职责，制定具体的项目任务执行计划。项目高层管理者制定项目总体战略计划，项目组织负责制定项目实施方案和计划任务书。各个层次的计划之间存在一定的逻辑关系，它们应衔接有序，形成完整的计划系统。项目计划可借助工作分解结构图（WBS），通过对项目目标任务的结构分解得到所有项目任务及每项子任务的具体安排，如各项活动的持续时间、质量性能要求以及资源配置等。项目整体的计划任务书应包括进度、成本和质量三大目标管理，以及人力资源和物资采购等方面的管理计划。在此基础上，便可确定项目实施的目标任务和里程碑，明确各项计划任务的进度期限、成本支出和质量性能要求等。

2．项目计划的特点

项目计划针对的是项目实施的具体过程，其最大的特点是明确的目的性，具体表现在要对有限的资源做出最佳部署安排。项目计划应依据实际进展，不断进行调整，这是项目管理区别于一般管理工作最显著的特点。此外，项目计划还具有预测性、主导性、系统性和效率性等特点。

（1）目的性。项目计划是项目管理活动的基础，科学、合理、周密的计划能最直接地显示出项目管理的基本特征。全面落实目标任务的进度执行计划是项目计划编制的核心内容，实现预期目标是项目计划的出发点和落脚点。没有目标就不能形成计划，没有计划的行动是盲目的行动，因而项目计划呈现出强烈的目的性。

（2）预测性。项目计划是事先对项目活动进程做出的估计，具有明显的预测性。计划确立的指标是否与实际进展相符、能否顺利实现，关键在于计划安排是否科学合理。这取决于对项目实施内外部环境等各方面影响因素的预判。只有经过统筹谋划、精心编排的计划方案，才是科学、合理和可行的。

（3）主导性。在项目管理过程中，所有管理职能作用的发挥都以计划为依据，计划对各种管理活动起着直接的主导作用。项目计划是管理者行使管理职责的基础，计划职能指引着其他管理职能的努力方向。因此，项目计划要体现完整性和主导性，各项目标任务及活动都应纳入计划之中，形成具体的、可执行的项目计划任务书。

（4）系统性。项目计划是针对所要完成的目标任务和未来可能产生的变化而制定的。编制项目计划任务书要有系统思维和开拓精神，必须分析具体项目实施过程中可能存在的机遇或挑战。只有这样，项目整体计划才能统筹兼顾，管理层才能有效应对各类潜在风险并使项目最终获得成功。

（5）效率性。项目计划的周密编制与严格执行是项目实施与管理的核心。衡量一套计划方案的效率，要看其对目标任务执行程度的贡献。对项目实施来说，效率关乎效益，牵涉项目整体利益。计划方案的优劣，不仅要看各项任务的进度及工期安排的具体指标，还要分析任务落实的可能性和现实性，即可操作性与效率性。

3．项目计划的作用

项目计划是项目实施成败的决定性因素，它能明确各项目标任务执行的要求，规范项

经常强调，成功的管理者必须运用有效的规划技术，并利用规划系统来调动包括人财物在内的诸多资源。笔者认为，在项目实施阶段，有些西方项目管理书籍中的"规划"，对应的中文表达是"筹划"或"计划"。比如，在科兹纳的著作中，"规划"是一个规范文本，旨在通过它明晰计划细节，并具体到以下问题：要完成什么，由谁负责完成，如何完成，在何处完成，何时完成，等等，这实际上对应的是中文"筹划"一词，包括规划和计划两方面的内容。在中文表达习惯中，项目前期论证常用"规划"，而在项目实施阶段则多用"计划"。究其原因，"规划"始于对假设问题的理解，侧重于长远考虑，注重中长期战略问题，可充分体现"事前酝酿"的意思；"计划"有前提的限制，是对具体活动与工作任务的事先安排。

在现实中，人们所谈到的"项目计划"是一个广义的概念，至少包括两层含义：一是指事先的计划，亦即"打算"或"筹划"，其含义大致接近于西方项目管理文献中的"规划"；二是指项目实施开始以后的计划，即上文提及的科兹纳所言"规划"的内容。事实上，规划、筹划等对未来负责，而谋划、计划等则为成败负责。项目管理要避免后顾，侧重前瞻，即决策、计划、指挥要在研判的基础上，面向未来，不断"清零"并修正。精细化管理的"精细"，用在项目计划上是妥当的，而催生精细化管理的良方，恰恰是对项目实施中的节点、事项和里程碑等的事先筹划。

二、组织

作为名词的"组织"，是指按照一定的宗旨和系统建立起来的团体；而作为动词的"组织"，是指将分散的人或事安排成一定的系统或整体。对于项目管理而言，组织职能作为重要的基础管理职能，既要保证项目组织结构体系合理，又要保证其高效运转。

1. 组织与项目组织

在项目管理语境中，通常称谓的"组织"指项目发起组织，而"项目组织"则是指组织为了对所发起的项目进行管理而成立的临时性组织机构。组织、项目组织与项目团队三者之间的关系，如图3-8所示。

（1）组织。组织即项目发起组织，它是项目实施的战略管理层，其主要职责是发起项目、管理项目组织并决定项目实施过程中的重大事项。组织承担的职责主要有：确立项目及其实施目标；建立项目实施与管理的战略路径；任命项目经理，指导项目组织的管理策略和程序；处理项目实施中相关方的有关事宜；为项目风险管理提供指导和支持等。

（2）项目组织。项目组织即项目管理组织，它是项目实施与管理的决策和指挥机构，以实现项目目标为己任。项目组织通常下设业务部门、团队或任务组，并统筹管理参与项目实施的相关组织或团队。国内目前较为常见的领导小组、管委会、指挥部等都是项目管理的混合型领导机构，它们肩负着某些组织的职责，但本质上属于项目组织。在领导小组模式下，项目实施的各项业务由该小组相关的牵头部门作为具体承担者负责，并由项目领

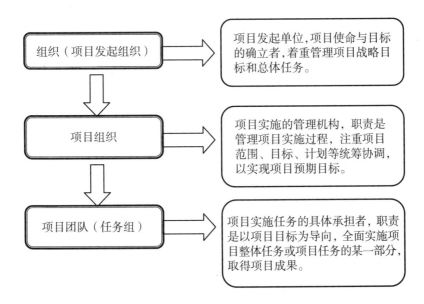

图 3-8 项目管理组织的层次示意图

导小组办公室统筹协调。

（3）组织与项目组织的关系。项目组织是组织的临时性机构，组织通常在幕后，项目组织在台前并具体"承载"项目实施与管理任务。例如，"三峡工程"的决策机构是国务院三峡工程建设委员会及其办公室，即"三峡办"，而"三峡总公司"代表了项目组织，负责该工程的具体实施。

2.项目组织的建立

项目组织是为了支撑和维持项目实施的复杂管理任务而建立的，因而它具有明确的使命，即完成项目实施与管理的各项任务。项目组织中管理者的职责和行为，都服务于项目实施的过程管理和成果获取。

（1）项目组织的使命与职责。项目组织的使命具体而明确，它是为实现项目特定目标而组建的、受组织领导且具有临时性质的正式组织机构。因此，项目组织的主要职责在于建立内部机构，完善工作机制，规范工作流程，并对承接的项目实施任务的执行负责。使命具体化和结构体系形式化，是项目组织构建的基本要素，同时，这也是其有别于其他组织的关键所在。项目规模和复杂程度不同，项目组织的层次差异也就很大。比如，"三峡总公司"与某单位盖一栋办公大楼成立的"筹建办"，虽然二者都可视为项目组织，但大小却有天壤之别。

（2）项目组织的结构与构成。项目组织的结构体系和人员构成可划分为三个层次：一是管理层，即项目组织内部的高级管理者，包括项目经理、业务部门的主要负责人；二是执行层，主要指项目组织业务部门负责人、项目团队负责人和相关技术管理负责人等；三是作业层，主要指项目团队、相关承担项目任务团体等的作业人员，他们直接面对项目实施的作业现场，具体完成项目实施的各项任务。

（3）项目管理办公室。可称为"项目办"，它是项目组织中的综合办公室，是各个业务部门中最核心的管理部门。项目办通常发挥着综合协调作用，特别是在管理层和执行层之间发挥着重要的联络作用。项目组织是否需要项目办公室，应根据项目本身的规模和重要性等而定。大型项目组织多设置专门的办公室，中小型项目一般不设办公室，项目经理实际上兼任了办公室主任的角色。有时，小型项目也可用项目办代行项目组织的职责与使命。

3. 项目组织的特点

组织的优势在于其持续性、稳定性和可控性。在传统企业组织中，组织结构主要采用科层制形式，基本特点是：其一，可重复性。按相同或极为相似的过程重复生产相同或相似的产品。其二，可预知性。各种产品及其生产过程事先完全清楚确定。其三，限定性。每个职能部门管理是全过程中的某一特定部分。格雷厄姆结合产品研发项目实施的特点指出，项目组织的形态应是特委会管理的方式，其结构形式和运行机制与传统组织的情形不同，具体特点是：其一，不可重复性。新产品要求新的生产过程，由于项目环境在不断变化，需要持续的探索和学习。其二，不可预知性。各种探索的结果通常事先不能完全确定，可能会意外地发现完全不同的产品。其三，非限定性。业务部门的设置可不局限于经典方式。由于要求人们承担各种不同的任务，所以部门的结构是松散的。[①]

4. 项目组织的结构

项目组织的结构形式主要有职能式、项目式和矩阵式三种。这三种形式的组织形态及结构比较常见，在各种项目管理的资料中均有表述，这里只做简略分析。

（1）职能式组织结构。这是当今最普遍的层级化组织形式，在这种组织结构下，项目被作为组织中某个职能部门的一部分，即作为其工作的延续或拓展。这个职能部门通常是对项目实施最有影响力或最有可能使项目成功的部门。目前，诸多社会组织，如政府部门、传统的企事业单位等，多采用这种方式发起并管理项目的实施过程。这种项目组织形式简单实用，可以通俗地称其为"条条化"管理方式。

（2）项目式组织结构。与职能式组织结构不同，在项目式组织结构中，项目及其实施管理从组织职能管理体系中分离出来，成立独立的项目管理机构，抽调相关职能部门人员组建专门的项目团队，是典型的"块块化"管理方式。在项目实施阶段，这种结构形式能确保项目组织及其管理过程相对独立，项目经理的自主管理权也较为充分。

（3）矩阵式组织结构。这一组织结构能够最大限度地兼容职能式和项目式组织形式的

---

① 　R. J. 格雷厄姆：《项目管理与组织行为》，王亚禧，罗东坤译，石油大学出版社 1988 年版，第 4 页。

优势，形成"条块结合"的管理方式。其特点是在垂直职能式组织结构的基础上，增加了水平项目式职能管理功能。矩阵式项目组织是两种管理职能体系的组合，由组织中的职能部门和项目组织中的业务部门共同组成，并以项目组织管理为主体、以项目团队为纽带，完成项目实施任务。

5. 项目组织的功能

稳定的项目组织能够形成一个权责对应、井然有序的组织管理体系。在项目组织内部，虽然人员精干，但每一个层次的人员都必须接受上一层次的指挥和监督，同时，各层级应对自己的行动负责。项目实施节奏快且环境复杂多变，且项目组织中的部分管理者不得不身兼数职，从事跨职能、跨业务流程的工作，这就要通过有效的组织管理，使他们既具备相应的专业技术能力，又熟练掌握各项管理技能。

项目组织是典型的专项业务管理型组织，它为项目实施与管理而生，项目实施结束后自行解体。相较于传统组织，项目组织是一种精妙的组织形式，管理层级少、结构简洁明晰、人员相对精干。项目组织可通过优化管理业务来设置若干业务管理部门。组建这些业务部门，可参照项目管理知识体系中的十项知识领域，突出职能领域的管理功能。同时，也可视子项目规模不同，组建若干独立的团队或任务组，突出项目任务执行的力度。设置业务管理部门和组建团队，必须保证项目组织的职责与使命，使其能够按项目任务层级形成一个有机整体，以利于完成项目任务。

三、决策

项目决策有广义和狭义之分。广义的项目决策是指按照一定的程序、标准和方式，对项目选择、立项时机以及投资规模等做出判断，即对项目立项是否必要和可行做出选择。狭义的项目决策仅指按照决策程序，以项目可行性研究报告为基础，最终确立项目实施方案的过程。这里仅从"决策职能"的角度出发，分析项目实施与管理过程中对各项具体工作的决策，目的在于为项目实施的过程管理服务。

1. 项目决策的主要特征

在项目实施与管理过程中，管理层一方面要结合项目实施进展及环境条件变化做出各项决策；另一方面要注重项目实施过程管理，特别是要依据整合管理、范围管理、目标管理和风险管理等方面的要求，进行相关决策。德鲁克认为，决策具有五个特征：要准确把握问题的性质，如果问题是经常性的，那就必须通过建立一项规则或原则来解决；要切实找出解决问题的必备条件，换言之，应找出解决问题的"边界条件"；仔细思考解决问题的正确方案，以及这些方案必须满足的条件，并考虑必要的妥协及让步事项，以期该决策能被各方接受；决策方案要同时兼顾执行措施，使决策成为可被贯彻落实的行动；在执行的过程中要重视反馈，以便印证决策的正确性及有效性。[1] 上述五个特征构成了有效决策的基本要素。

在项目实施过程中，决策对项目成果的获取起决定性作用，管理层做出正确的决策十分关键。项目管理的核心是统筹协调，若项目实施进展与计划安排之间出现偏差，则表明项目实施过程出现了问题。"偏差"和"问题"往往是一种挑战，但同时又是一种机遇。只有问题充分暴露出来，通过正确决策，才能采取措施排除干扰。在项目实施阶段，做出正确决策的关键在于提出解决问题的思路：其一，分析冲突、权衡利弊，进而做出新决策，力求从根本上解决问题；其二，问题出现时，应主动分析产生问题的原因，并采取措施防止问题扩大或加重；其三，积极策划，寻找可选择的替代方案以解决实际问题。

2. 项目决策的制约条件

项目实施的许多重大决策，如方案选取、计划编制、任务分派等都是关乎项目实施与管理原则性的问题，事关项目实施成败。在项目实施阶段，管理层在决策时必须具体分析各种制约条件，重视对现场情况的把握。科学的项目决策，通常应满足以下三个条件：一是决策者具有清晰的愿景，能对项目实施可能遇到的问题做出预判；二是充分掌握项目实施现场的具体情况，依据项目情境对发生的冲突做出研判；三是决策过程应注重项目整体进程，解决冲突问题的措施应具有较强的针对性和可操作性。

项目决策不仅受制于决策者的管理能力及专业背景，相关制约因素还包括时间紧迫、信息有限等。因此，项目决策的关键在于对决策问题本身的把握，最大的挑战是确立决策结果的衡量标准。在传统组织管理模式中，管理者能在确定的组织运行状态中做出决策，其衡量标准反映的是过去的决策结果对组织的影响程度，而项目管理者做出新决策，已有的经验性衡量标准往往并不能完全适用于项目实施的状况。所以，项目决策要避免"先入为主"，必须以调查研究为基础，以当前的事实为依据。决策者只有充分考虑各方面的影响因素和制约条件，才能做出正确的决断。

3. 项目任务的优先原则

项目实施启动后，管理事务头绪繁多，管理层必须对优先处理的事项做出抉择，明确目标任务的优先顺序。在做出这类决策时，管理者应通盘考虑管理程序的严密性、目标任务的紧迫性等，并首先明确任务优先权的衡量标准。如果单纯按工作压力大小来确定优先权，结果可能会导致某些压力小但耗时长的任务无法按期完成。因此，在决策过程中，既要把握好决策的程序和步骤，又要紧盯计划任务执行的实际进展。现实中，很多管理者易偏重业务流程而忽视项目实际进展，或者注重紧急事务而忽视关乎长远的重要事项。所以，

---

① 彼得·德鲁克：《卓有成效的管理者》，许是祥译，机械工业出版社 2005 年版，第 119 页。

弄清楚哪些事项必须优先去做至关重要。

项目实施决策往往不是刻意的，而是项目实施与管理的一种必然过程。当项目实施展开后，应对新情况的能力是衡量项目负责人及管理层决策水平高低的一个重要标志。现实中，很多项目不能顺利推进，其根源就在于管理层没能分清项目任务的轻重缓急，及时做出决策。在项目实施阶段，目标任务的先后缓急不是一成不变的，应根据实际情况的变化不断地进行研判和调整。然而，一旦确定优先级，就要严格执行。例如，在北京奥运会项目实施中，场馆建设等工程项目为子项目，该子项目中又包含了鸟巢、水立方等次级子项目，这两项大家熟知的次级子项目在奥运会整个项目中难度最大、耗时较长，必须优先立项，提前动工。

4. 项目实施的替代方案

在不影响项目实施整体目标和最终成果的前提下，管理层最重要的工作就是针对实现三大目标过程中不断出现的新问题寻找对策，即替代方案。如期实现三大目标，需要考虑的问题很多，如：研判各子项目的进度，分析进度滞后的原因，分析局部任务的滞后是否影响项目总工期等；查明成本超支的程度和原因，在采取措施的同时，请求能否得到额外投入等；研判当前质保措施是否能够达到质量目标标准，某些技术指标的局部改变是否对项目成果产生影响等。当项目进展在某一方面出现失控时，管理层应采取积极态度，尽快决策，不断地寻求替代方案是明智之举，而不是把精力放在追查责任或相互抱怨上。当管理层制定了新的替代方案时，新的决策部署和计划任务也就产生了。

在项目实施过程中，一旦按原有方案实施出现问题，各种新见解和假设往往较多，决策者做出选用哪种替代方案的决断十分困难，但无论如何，做出选择的衡量标准应是该项决策有利于项目成果的实现。事实上，在现实中很多被选用的替代方案是在任何一项备选方案未必有明显优势时做出的。在具体决策过程中，如果决策者能把所有的备选方案进行优劣程度比较，那么决策过程将会变得简单。然而，因项目环境的不确定性，决策者很难对备选方案进行简单排序。在这种情况下，管理层要紧紧围绕项目预期目标的实现，详尽分析各种备选方案的约束条件及其对项目实施过程的影响程度，从而做出经得起实践检验的正确决策。

四、指挥

传统组织的管理体系及部门领导方式层次分明，形成了等级森严的金字塔式的指挥体系。项目组织与之不同，其各项工作都要围绕项目实施的情境和三大目标的实现程度而快速推进，这就需要项目负责人采取适合项目管理特点的有效指挥方式。

1. 项目指挥的含义

指挥，是上级对下级带有指令性的指导活动。指挥职能体现为通过有效的领导和调度,使管理者切实履行组织管理职责,以便更好地实现预期目标的管理活动。指挥作为一项管理职能,在很多情况下与"领导"一词意义相近,而其原义是指通过手势、肢体动作以及面部表情,驾驭和控制乐队表演的节拍、速度、力度和氛围等,后泛指发令调度,如工程指挥、现场指挥等。"领导"作为动词,多指带领并引导管理对象朝某一特定方向前进的行为;作为名词,则多指担任高层管理者的人员。通常,项目经理、项目负责人、项目指挥者的角色由同一人承担,体现组织管理"领导"与"指挥"功能,指挥角色更为突出。

项目经理的能力决定着指挥效果,其决断能力、合作共事能力、追求成功的毅力等,都决定着项目指挥的成败。项目指挥者必须具备解读项目信息、整合项目资源以及将项目构思变成可交付成果的能力。项目指挥者的魄力体现在决策、计划、控制和协调能力上,涵盖着对实施方案、人员配备,乃至执行任务的人员、时间、地点等诸多方面的抉择。项目指挥者能力的发挥,关键在于有效地决策,及时优化各种资源配置;了解项目实施的制约因素,勇于面对挑战和风险;具备杰出的沟通技巧,强有力地推动团队建设等。指挥者能力素质的高低、指挥方式的优劣、领导艺术的强弱等,都会直接影响项目管理的成效。

2. 项目指挥的特点

如果没有强有力的指挥者和统一的指挥系统,项目实施就难以获得成功。法约尔指出:"无论什么行动,下属都应该只听从一位领导的命令。"[1] 这不仅是统一指挥的管理原则,而且是一条定律。项目指挥应清晰定义各个业务部门以及每个子项目负责人的责权,并明确其责权与项目任务执行的关系。项目实施与管理需要坚强统一的指挥者,其应具备以下三个方面的素质:胸怀全局,能抓住关键问题,突出三大目标;具有宽厚的知识、能力和素养;能及时发现项目实施过程管理中的问题,并果断处理。统一指挥体现了项目管理的先进性,而这要通过项目组织结构扁平化、计划任务具体化、过程管理透明化、指挥指令单一化、过程控制精准化等多方面来实现。

项目经理与组织中各部门职能经理相比,相同之处在于两者都是领导者、决策者、指挥者,都发挥着计划、组织、指挥、控制、协调等管理职能。两者的不同之处在于:职能经理负责日常业务管理,从整体上管理该部门分管的业务,以完成组织中部分目标任务的执行过程;项目经理则是职业生涯的一个阶段,是组织中并不常设的一种管理职位,只在指定的具体项目中承担管理角色,对其所管理的项目及项目组织拥有管理权。项目经理与职能经理的区别,如表3-1所示。[2]

---

① 亨利·法约尔:《工业管理与一般管理》,迟力耕,张璇译,机械工业出版社2007年版,第26页。

② 中国(双法)项目管理研究委员会:《中国项目管理知识体系(C-PMBOK2006)》,电子工业出版社2008年版,第143页。

表 3-1 项目经理与职能经理的区别

比较内容	项目经理	职能经理
扮演角色	"帅才",确定适当的人去完成工作	"将才",直接领导他人完成工作
知识结构	通才,具有丰富的经验和广博的知识	专才,某个领域的技术或管理专家
管理方式	目标管理	过程管理
工作方法	系统的方法	分析的方法
工作手段	个人实力 / 责大权小	职位实力 / 权责对等
主要任务	全面负责项目工作,实现最终目标	承担部门任务,部署并完成工作

3. 项目指挥的权力结构

权力是一种制度层面的文化,它对于任何组织都很重要。在项目管理中,权力是一种使管理者行动合法化的手段,是命令他人行动的基础条件。项目权力有两种类型:一是被授予的权力,是管理者行使合法职权的职位。这种权力的本质是一种合法地调配项目资源的权力。二是实际的权力,其本质是权威,是指管理者通过个人声望、魅力以及专业技能等展示出的具体影响力。

(1)权力结构。各类组织的一个重要特征在于其正式权力的层次结构,组织的一个基本职责就是保证项目组织层级设置的合法性。层次化的等级制度使得组织得以规范运行,通过上一级来约束下一级权力的行使,这是组织层级制度的基本特征之一。项目管理者行使管理职能有赖于传统组织等级制度的规范体系、价值观念,以及项目组织层级化管理所形成的规则体系与项目文化之间的有效结合。

(2)权威结构。项目组织在建立权力结构的同时,实际上还形成了一个权威结构。权威是存在于正式组织内部的一种"秩序",是个人服从于协作体系要求的愿望和能力。权威不是来自上级的授予,而是源于自下而上、心悦诚服的认同。项目组织能否有效运转,在一定程度上取决于管理层的权威和参与者接受指令的意愿程度。其中,很关键的一点在于项目组织能否在其内部建立起上情下达、下情上传的有效信息传递渠道,既保证上级及时准确地掌握决策信息,又保证指令的顺利下达和执行。在这套规范下,正式权力的行使、权威作用的发挥,都被认为是可接受的、适当的。

(3)责权关系。在项目实施阶段,项目经理率领管理层行使管理权,充当着举足轻重的角色,因而一种观点认为他们责任大、权力小。尽管项目经理在项目实施中对具体工作有决策权,但时常会受到组织及其职能部门的限制甚至干扰,他只负责提供项目实施方案和相关建议,而重大的决策仍由组织决定。另一种观点则认为,项目经理权力大、责任小。他们负责项目实施具体的管理工作,有很大的权力空间,如人员安排、信息发布、物资采购,以及直接给相关的承包商、供应商下达指令等,但与此同时,他个人无法承担由其工作失误而对项目造成的损失。

4.项目指挥权力的运用

项目指挥者运用权力的方式是多方面的,包括目标导向、激励、协调和控制等。同时,项目指挥者的实际权力,一方面取决于其与组织中职能经理之间的协作关系;另一方面取决于其个人的影响力,这需要相关方和参与者的支持。为此,项目指挥者只有对包含专业技术在内的知识有较为深刻的理解,才能获得项目成员中资深专业技术人员的鼎力支持。通常,命令与服从被认为是领导者与被领导者之间的分水岭。但在项目管理过程中,命令和服从的真实含义并非是绝对对立的。对于项目管理而言,领导者通常被视为指导者,命令的本质是指令;参与者是执行者,服从的本质是执行,表现为下属按既定的工作安排去独立自主地开展工作。因而,项目指挥者运用权力的方式主要是分层授权。

项目指挥应具备很强的感召力和执行力,在平时要注意培养下属的独立性、主动性,并通过采取授权等措施,使其能准确把握项目实施的意图。按照德鲁克的观点,“授权”的核心是把由自己做的事情交付给别人,只有这样才能真正做好自己应该做的事,才是有效性的改进。[①] 授权是一种境界,是充分调动下属积极性、发挥其才华的重要管理方式。授权是项目成功实施的有效途径,能使各层级的人员感到被重视和信任,进而使他们有责任心和成就感,使整个团队同心同德,人人都能发挥所长,这样,项目组织才具有活力。当然,在现实中,权力一旦授予,便给被授权者以自我发挥的空间。因此,项目权力的运用是一门艺术,授权要与任务分派相结合,确定好授权的对象、范围和内容,把握好平衡的尺度,真正体现项目权力的力量。

5.项目指挥的实施

法约尔曾指出:“原则是灵活的,适用于任何事物,重要的是应知道如何运用它。这是一门艰辛的艺术,它苛求智慧,需要经验,要求决断力并要注意方法。经验和机智孕育了权衡评估事物的能力,它是管理者需要具备的基本素质之一。”[②] 项目管理犹如完成一篇命题作文,如何谋篇布局,如何遣词造句、笔下生花,是摆在指挥者面前的具体问题。项目指挥者是项目实施的“主心骨”,如同交响乐队的指挥,应着重把握好以下三个方面:

(1)统揽全局。优秀的项目指挥者能时刻胸怀大局,把握原则,及时预测项目实施的困难与挑战。首先,项目指挥者必须具备领导艺术,就像企业的 CEO 一样,应是称职的“首席沟通官”。其次,项目指挥者必须视野开阔,坚守项目目标,善于从全局观察、分析和解决问题。再次,项目指挥者必须清楚地了解有关计划、进度和控制的量化工具与方法。项目管理知识体系给出了项目管理的总原则,要想将其具体运用并成功管理项目实施过程,则需要项目指挥者高屋建瓴,统揽全局。

①　彼得·德鲁克:《卓有成效的管理者》,许是祥译,机械工业出版社 2005 年版,第 37 页。
②　亨利·法约尔:《工业管理与一般管理》,迟力耕,张璇译,机械工业出版社 2007 年版,第 21 页。

（2）驾驭团队。项目指挥者的决策和指令能否实现，在很大程度上取决于其是否创造了一种情境，使项目成员乐于接受建议并愿意严格执行。指挥者发挥作用是靠团队成员之"力量"来实现的，因而要充分调动团队及成员的智慧和技能。大型复杂项目的目标犹如一张拼图，每个参与者手中都持有其中的一块或若干块，项目指挥者的任务就是通过团队力量把所有人手中的图块按计划有机地拼装在一起，实现项目预期目标。

（3）审时度势。时移则事异，项目实施的内外部环境变幻莫测，项目指挥要审时度势，时刻关注项目内外部环境的变化。项目实施机遇与挑战并存，指挥者需把握时机，不惧挫折，顽强拼搏。为此，项目指挥者要清楚地梳理过程管理中各个层次的矛盾与冲突并予以化解；无论遇到什么样的困难都不能背离项目目标，要能不断鼓舞人心，给所有团队成员以希望和力量；要有逢山开路、遇水架桥的勇气和闯劲，以及实现项目目标的决心和毅力。因而，项目指挥者不必是一个"完人"，但必须是一个勇往直前的"战士"。

第四节　项目实施过程管理的运行平台

项目组织必须创造保证项目任务顺利完成的过程管理平台，最核心的是建立稳定可靠的项目管理系统。项目管理所面临的环境，项目实施阶段的输入与输出，决定了项目管理系统的独特性。项目组织能否肩负起项目管理的重任、推进项目顺利实施，都与完善的项目管理系统密切相关。

一、项目管理环境

项目实施是一次性的活动，其创新性强，加之复杂多变的内外部环境，使项目实施的过程管理充满了不确定性。项目实施的最终成果之所以不能事先完全确定，就是由于项目实施过程管理具有极大的挑战性。因此，项目管理者必须高度重视环境要素对项目实施带来的约束与影响。

1. 项目环境

格雷厄姆在其著作中引用唐纳德·舍恩对组织结构的研究成果，对传统官僚制组织环境和项目组织环境的区别进行了深刻分析。舍恩指出："我们的各种组织正在从官僚状态向特别委员会管理状态过渡，我们自己也在从清楚的、可预知的、有秩序的状态向欠清楚的、难预知的、缺条理的状态过渡。与稳定性紧密相关的管理方式是传统的官僚式的。在此，我并不认为官僚方式作为一种管理形式有什么特别的过错。相反，它在重复生产相同或相似产品的平静环境中运转良好而有效。那样的环境导致了职能管理形式，人们按照职能的特点组成了各种部门。"① 这就是说，在传统官僚式的组织中，人们可以在很大程度上自由选择进入或脱离某种环境，而在项目管理中，项目组织与环境之间的关系往往是不可选择的。为此，项目组织必须既将自身的管理系统与环境区别开来，同时又要与外部环境建立联系。因此，项目组织应将环境因素纳入自身管理系统之中，构建自身与环境之间的边界，对内外部环境做出积极反应，以实现既能适应环境变化又不受其左右的运行状态。

2. 项目管理的环境要素

环境要素是项目实施与管理的一部分，与项目组织内部运行系统相互渗透，共同构成了项目实施系统的"整体"。从开放系统的视角来看，项目组织与内外部环境之间存在普遍的资源依附关系。所有用于项目实施的资源，包括人力资源、物质资源等，都是从内外部环境中获取的。项目环境包含内外两个方面：于内，是指项目组织与组织之间的关系；于外，是指项目组织与组织之外的社会系统之间的关系，即项目实施所面临的社会大环境。因此，当我们考虑外部环境中政策、法规和文化等社会因素时，就不能简单地将环境理解为某种"外部"事物。

在传统管理模式下，管理者总是更多地关注组织内部的事物，认为这才是与其管理活动关系最密切的因素。因此，管理者在观察外部世界时，常会戴着一副"有色眼镜"，不自觉地将其自身的主观认识强加给外部的客观现实，观察的结果多是个人的看法。因此，在项目实施过程中，管理者必须打通与环境之间的联络通道。而且，在一般情况下，环境的边界会随着时间的推移而成为一个变量，项目组织及其团队还必须随时根据环境的变化，调整项目实施系统中的相关技术参数，使环境要素成为项目实施过程管理中的一个有机组成部分。

3. 项目管理的环境约束

项目组织与常规组织所面临的可预知的稳定环境不同，它的运行高度依赖于内外部环境，因而必须正视环境的约束。从内部环境看，项目组织通常要正确处理与组织中职能部门之间的关系；从外部环境看，项目实施要受到社会关系中经济、政治和文化等因素的影响。在动态环境影响下，项目实施系统经过管理者的监控，可以达到较为稳定的状态；若出现新的环境干扰因素，就要经过不断调整和再监控，使系统达到新的稳定状态。通常，这会对项目实施造成很大的影响，项目管理系统中的各子系统在多界面交互作用下，面临着持续、动态的环境制约。频繁的外部干扰，时常迫使各子系统不能正常运转，从而使项目实施结果偏离目标任务。因此，项目组织必须积极协调不同职能间的交互作用，最大限度地减少内外部联系中的摩擦损耗，积极与环境之间的互动。这种互动关系反映到项目管理工作中，就要基于两个层面进行分析：一是通过对外部环境的分析，明确项目实施面临

---

① R. J. 格雷厄姆：《项目管理与组织行为》，王亚禧，罗东坤译，石油大学出版社 1988 年版，第 3 页。

的机遇和挑战，从而尽早做出选择和安排；二是通过对内部环境的分析，认识项目在组织中的地位和优先级，以争取组织高层管理者对项目的支持。

二、项目实施过程的输入与输出

项目组织是临时性组织，必须高度关注项目实施活动的范围和边界。项目实施阶段的输入与输出，围绕所确立项目范围的界面，表现为项目管理要素与资源的输入和成果的输出。项目输入包括目标、计划、任务，以及人员、资金、设备和原材料等，项目输出是最终产品或所提供的服务以及对组织未来的影响等。

1. 项目实施与管理的界面

项目管理过程是一个有机整体，项目范围管理通过各项计划任务执行的工作界面来界定，因此，项目实施界面管理是项目能否取得成功的关键因素之一。通常，项目组织的运行包括四层界面关系：其一，项目组织与组织之间的界面；其二，项目组织与相关政府机构、社会团体等之间的界面；其三，项目组织与相关方之间的界面；其四，项目组织内部各业务部门之间的界面，以及项目与子项目、子项目与团队之间的界面。在这四层界面管理中，前三层主要通过项目高层管理者和项目经理共同协调解决，而最后一层则是项目经理及管理层的主要管理任务。

项目经理的主要职责是保证上述所有界面清晰明确，以确保项目组织管理职能的正常发挥和管理系统的正常运行。项目组织协调管理众多项目实施界面的第一步是将全部界面列出，并把每一项都委托给相关的业务部门及其成员；第二步是确保所有业务部门与其界面的关系组织及个人建立业务联系，并能按各自的需求相互传递信息；第三步是项目管理层和执行层必须有效管控信息交换和资源配置，确保项目实施免受不当信息和资源流通的干扰与制约。由于项目边界在项目开始时通常没有明确的定义，往往只有深入到项目工作范围分解、计划方案编制时，才能被清楚地定义。因此，项目经理须厘清项目实施与管理的边界，且无权扩大或缩小项目实施的范围。

2. 项目实施过程的输入

项目实施是一个开放系统，内外部资源和信息等要素都会渗入项目实施系统之中。在某些情况下，项目与"外界"要素的联系可能会比与"内部"要素的关联更关键。通常，凡是流入项目组织的方针和策略、工作范围及资源配给等都可称为"输入"。

（1）方针和策略。项目实施的基本方针和实施策略是最为根本的输入，它从宏观上规定了项目组织执行项目任务的方略。例如，项目实施从一个阶段或过程转换到下一个阶段或过程时，组织可授权项目组织开展某些研判和评价，商定如何管理转包业务、如何提供支援服务、如何委派人员以及如何与所有重要的委托人维持关系等，这些利益相关方对项目组织的运行影响重大。

（2）工作范围。工作范围表述项目实施的各项目标任务、计划任务及其约束条件，是项目实施最为重要的输入，通常由组织与项目组织共同确定，其中相关的假定和条件等可与客户一起商定，也需要与即将承担项目实施任务的相关单位一起决定。项目经理必须仔细研究并深刻理解项目实施的工作范围，否则，很有可能在错误目标任务的引导下开展工作。

（3）项目人员。项目人员是组织委派给项目组织的成员，这也是最重要的输入之一。项目成员具有不同的知识背景和技能水平，项目组织需要对其进行整合。因此，项目经理应当识别项目实施对不同类型专业人员的需求，并设法获得足够的人力资源。

（4）物质资源。物质资源包括项目实施的设备、设施及物料等，它们通常约束甚至制约着项目工作的进度和质量。在项目实施过程中，项目经理及业务部门负责人应当知晓自己能够获得的物质资源，以及它们会如何促进或者制约项目工作的进展。

（5）合同条款。有关项目确立及其实施的合同及相关条款也是重要的项目输入。组织必须与相关方共同商议项目实施的目标以及相互间的责任，这对项目实施与管理至关重要。对项目组织来说，尽管相关合同的标准条款有时不能保证绝对公平，或使各方都满意，但项目经理为了开展项目工作，应当认真研究合同条款，以保证相关条款不会制约项目任务的执行。

（6）信息。信息作为项目实施与管理的重要输入，包括技术、经济、文化和环境等方面的资讯、数据与资料。信息既可来自组织及其职能部门，又可来自项目相关方及客户、项目实施单位和供应商，还可来自各种公开或内部的文献。项目组织得到信息的质量和数量，直接影响其完成项目工作的进度和质量。

3. 项目实施过程的输出

项目实施的过程，类似于一个综合性的"机械加工系统"，上述项目输入通过项目实施活动的"加工"，产生项目的输出。通常，项目输出主要包括：可交付成果、有经验的人员、信息以及对组织未来的影响等。

（1）可交付成果。项目可交付成果是项目实施所产生的"有形产品"，是项目预期目标实现的具体表现，通常为一座建筑物、一件新产品、一项研发成果或某种新的服务方式等。

（2）有经验的人员。项目实施的另一个重要输出是培养了一批有经验的人员。如果项目顺利实施，项目成员将会得到成长，从而积累丰富的项目工作经验，并获得满意的个人职业发展空间。同时，对于项目驱动型组织及项目经理来说，也是一个重要收获。

（3）信息。项目输出信息通常指通过该项目实施而创造并积累的"知识库"。输出信息包含关于项目实施组织管理、生产作业等多方面信息，其载体可能是备忘录、报告草案或合同文本等管理文件，或是诸如图纸、设计文本等技术资料。这类信息对于组织及项目相关方等都具有重要的价值。

（4）对组织未来的影响。项目最后一项输出是项目经理、项目团队与组织内部其他职能部门建立起来的工作关系，也包括组织与其他相关社会组织建立的关系，这涉及对组织未来发展的影响。对于项目驱动型组织而言，项目高层管理者应当谨慎地保持这种关系，并使之对组织未来项目的筹划发挥积极作用。同时，项目实施能使参与管理的人员以及相关职能部门的人员得到锻炼并从中积累经验，进而推动组织产生新的管理模式。

三、项目管理系统的构建

项目实施是一个大系统，与其相应的管理系统是项目组织运行的平台。在项目实施过程中，只有将各种要素有机结合起来并使之互相协调，共同发挥作用，才能有效实现项目目标。为此，项目组织要立足于项目计划任务的实现，把项目实施的各个部分及各项活动置于一个统一的系统之中进行管理，使之形成强大的合力。

1. 项目管理系统的基本认知

正确分析整个项目实施的背景与环境，是成功构建项目管理系统的先决条件。当前，随着人们对项目组织结构与功能的认识不断深化，项目管理的视角逐步从物化、静态、封闭和单一的层面，上升到人性、动态、开放和多元的层面。从社会层面来看，大型复杂项目实施的过程本身就是一种临时性的社会系统，同时，项目组织是一个不断与环境发生联系并进行交换的组织机构。因此，项目管理系统应是一个开放的、致力于整合项目相关方及参与者贡献的理性管理系统。在项目实施过程中，管理层制定策略、做出决策、实施指挥都应建立在项目管理系统有效运行的基础上。项目组织建立管理系统的目的，就是为了强化对各项管理职能的运用，规范各业务部门的管理工作，促使项目实施系统成为一个完整的有机体。

项目管理系统是由项目组织中相互关联的各个部分组成的有机整体。按照系统论的思想，要把研究对象视为一个系统，必须从整体与部分、部分与部分、整体与环境的相互作用中，综合分析研究对象，以确定系统的目标，并通过信息的传输和反馈，控制和调节系统中的人力、财力和物力等要素间的相互关系，从而使系统运行达到最优状态。为此，项目管理应树立系统观念，运用系统方法，建立具有特定职能和内在联系的若干要素所构成的组织管理系统。项目管理者只有具备了这样的认知，把项目实施及其管理活动视为一个系统，才能正确运用系统分析方法，综合管理项目实施过程中的各项要素，提升项目管理水平。

2. 项目管理系统的主体与客体

项目管理系统由主体和客体共同构成，管理主体以项目组织的管理层、执行层为主。在项目实施阶段，项目组织通过管理主体发挥各项管理职能的作用，并决定着以下三个重要方面：项目管理格局、项目实施过程中各种资源的调配以及各项管理措施的制定与落实。项目管理系统的客体是指由组织授权并被项目管理主体承诺的待实施项目，具体来说，项目管理客体由项目组织机构、人员和物质资源，以及项目目标和预期成果等组成。项目目标、计划、资源等是项目实施活动的必备要素，是管理系统客体的主要组成部分。在管理系统运行过程中，主体既监管系统，又是系统作用的对象；系统既作用于事物，又作用于人员。因此，严格地说，项目管理系统的主体是全体项目人员。也就是说，项目人员在系统中既是主体，又是客体。各个层级的项目人员在参与管理工作或具体作业的同时，又是被管理对象，其行为具有主观上的能动性和客观上的遵从性。

3. 项目管理系统的组成要素

规范的项目管理系统并不是各子系统的简单堆积，而应是一个结构严密、界面清晰的有机体。从项目组织管理和技术层面来看，项目管理系统主要包括以下各子系统：组织系统、目标系统、任务系统、决策系统、计划系统、指挥系统、控制系统、协调系统、人力资源系统、信息管理系统、进度管理系统、成本管理系统、质量管理系统、风险管理系统和物资管理系统等。同时，项目组织是在复杂和不确定的动态环境中运行的，项目实施过程不仅反映着人际关系和参与者的行为，而且还反映着项目组织的制度建设和文化活动。所以，从社会、文化和行为的角度看，项目管理系统实际上还包含着文化系统、行为系统和环境系统等相关子系统。

对项目组织而言，组织结构、技术体系、规则体系和信息系统等都是最为重要的方面。组织结构关乎组织运行的效率，规则体系直接关乎参与者的行为，技术体系体现在技术系统之中。技术系统既包括完成项目任务所必需的技能，还包括具体的作业系统。作业系统在工程类项目中是指施工作业，在制造类项目中是指加工制造作业，在研发类项目中是指创新构思及实施过程，在活动类项目中是指节点工作实施过程等。

需要特别强调两点：其一，项目实施系统是项目管理系统的作用对象，即项目管理客体的总称，它涉及诸多子系统，例如目标系统、计划系统、控制系统等。其二，信息系统既是实现管理系统功能的辅助系统，也是整个管理系统运行的载体。信息系统作为项目管理系统的重要子系统，不仅是一个单独的系统，而且与其他各子系统均发生着直接联系，是整个管理系统形成和运行的中枢。也就是说，尽管整个管理系统的功能发挥是以组织系统为依托的，但在其实际的运行过程中则是以信息管理子系统为支撑的。总之，各子系统之间存在着错综复杂的内在联系，它们相互作用、相互融合，共同构成了一个完整的项目管理大系统。

4. 项目管理系统中子系统的定位

在项目管理系统中，分析子系统的定位与功能，必须首先理解它们的存在方式。明确项目管理系统的结构特征，能让我们确立项目管理的基点，即项目实施的各项任务、项目管理的各项活动都是在各子系统的运行过程中完成的。对子系统进行准确定位，可为提升项目组织功能及其作用发挥提供有力的基础支撑。各子系统之间既相对独立，又交错渗透，共同发挥作用。从表面上看，各个子系统是一个人为构建的结构形式，而实质上，它们是项目管理功能物化的形态。因此，各子系统应被视为"持续存在的管理系统"，它应有能力保持其自身的组织形态，完成相对独立的管理任务。这既是项目组织生存的根基，又是项目管理模式的优势所在。同时，子系统可以被理解为"子管理职能"或"子业务职能"，它们相互之间的关系，必须在纵向、横向上都条理清晰、层次分明。研究整个项目管理大系统的运行特征，就要考虑构成系统的各个部分的性质及其互动关系。

现实中，在项目管理系统的具体结构中，子系统的功能往往容易被忽略。在项目管理系统顶层设计中，对各个明确的或者隐含的子系统及其相互之间的界面，必须做出清晰的界定。正所谓"麻雀虽小，五脏俱全"，使各子系统作用显性化是项目组织结构体系构建与良性运行的重要保障。然而，在某些情况下，各子系统之间的功能并不一定是相互促进的。有时，为了解决某一方面问题所做的"努力"，却会妨碍其他子系统功能的发挥。目前，随着不少项目朝着集成化方向发展，对各子系统的构建和管控变得尤为重要。在传统项目管理模式下，集中化的管控方式需要对全局状态进行预测、分析和反馈，这种旧模式、老方法使得控制系统的范围边界和变量数目增大，关系时常纠缠不清，控制系统的运行也随之复杂多变，从而导致管理效率低下。运用层级化的系统控制思维对项目和子项目实施控制，能使各子系统相互支持、相互协调，极大地提高整个项目管理系统运行的可靠性。

四、项目实施过程管理系统的运行

从以上分析可以看出，项目管理系统由相互关联、彼此依赖、交互作用的若干子系统构成，是一个具有特定功能和结构体系的有机整体。在项目管理系统运行过程中，必须首先理顺各子系统之间的内在关系，并在此基础上明确部分与整体的关系，才能有效开展各项管理工作。

1. 项目管理系统的功能发挥

建立完善的项目管理系统是管理者树立系统思维、运用系统方法的基本策略。项目管理者研判项目实施的基本情况，应从整个管理系统入手，分析项目实施中各子系统及其相互之间的关系，理清项目实施过程管理的来龙去脉。科兹纳指出，对系统的准确定义取决于使用者、环境和最终目的。系统是"一组人力或非人力的因素，按照一定的方式组织和安排，使之可以作为一个整体，达到一定的目的、目标或结果"。[①] 系统是一组相互联系的子系统的集合。合理设计系统的结构体系和运行方式，则可以增加其产出。系统方法可被定义为一种解决问题的逻辑和规范，通过对各子系统相互关系进行评价，可将所有活动整

---

① 哈罗德·科兹纳：《项目管理——计划、进度和控制的系统方法》，杨爱华等译，电子工业出版社 2018 年版，第 40 页。

合到一个有意义的总系统的动态过程。运用该方法，能将项目管理系统的各部分有机地联结并匹配到一个统一的整体中，以提供解决管理问题的最佳策略和方案。

项目组织要充分发挥项目管理系统的功能，必须考虑项目实施过程的不确定性，动态分析各种复杂问题。只有不断提高各个相对独立的子系统运行的稳定性，才能缩小全部子系统累加起来造成的系统整体状态的偏差，进而实现管理系统规范化运行的要求。系统工程方法已在工程项目管理中广泛应用，有效地促进了现代项目管理方法与技术的发展和完善，提升了项目建设的效率。"系统"和"项目"虽然是两个不同的名词，却极具相关性。任何项目管理活动、项目实施过程都可被视作一个系统。系统工程理论的应用，标志着一种新型管理技术的产生，它横跨多种职能、多个部门并发挥组织管理的整体功能。项目管理系统建立的目的，就是发挥"系统整体功能大于各部分功能之和"的优势，以有限的项目资源，获取最佳的项目成果。

2. 项目管理系统的作用体现

深入研究和揭示项目管理系统的运行机理，对推动项目管理模式的广泛应用具有重要意义。项目管理面对的是一个多层级的系列管理任务，项目管理系统以项目管理模式为导向，以项目管理知识体系为理论基础，是由相关管理职能和一整套业务流程所组成的有机整体。项目管理系统基于项目实施特定时空中的"人员—物料—机具—环境"而存在，管理层与作业层、直接参与者与间接参与者等均以某种方式存在于项目实施活动中，其参与项目实施活动的方式是通过管理系统的有效运行来规范的，因而项目管理活动必须由一个完备的管理系统来支撑。项目组织运行过程中管理系统不明确、作用未能充分发挥，是目前项目管理方法和技术推广的最大障碍。

项目管理必须以项目组织为依托，组建一个整体的大系统，并辅之以各职能管理的子系统。当前，有不少项目实施推进速度缓慢，管理效率低下，其根源在于内部管理的子系统发育不良，未能发挥管理系统应有的作用。对于大型工程项目，比如矿山建设工程，其建设内容包括了井工、土建和安装三类工程，这本身就是一个复杂的管理系统。事实上，不论是管理大型项目还是中小型项目的实施过程，整体管理系统及相关子系统都实际存在，只是在项目组织中，有时并未被进一步明确和显化。项目组织及其管理层的一个重要任务就是将隐性的管理系统显性化，以使其运行规范化，形成项目实施与管理的重要平台。

3. 项目管理系统的有效运行

在项目管理系统运行过程中，管理层要注重系统整体与子系统之间，各子系统之间以及项目组织与环境之间的不可分割性，充分考虑各种因素对管理系统产生的影响，从而提高项目计划、控制和协调的有效性，确保管理系统的高效运行。同时，还应强调管理系统运行过程中管理层次的重要性。管理层次是解决绩效评价标准及出现各种差异的关键因素，但是项目组织的管理者由个体参与人员组成，每位管理者都具有自己的管理风格。由于上层管理者的管理行为规范,不一定与中层管理者或技术专家的行为规范一致,同时一般管理者的工作成效与上级的目标要求相吻合的程度也不会完全一致,因此,为确保管理系统运行通畅,项目组织应对各层级的管理者制定基本的工作规范。

项目管理系统从技术功能上可以说是封闭的,但从运行过程上讲,它必须是开放的。原因在于项目管理系统的输入、输出和反馈等都应与主客观条件相统一,因此从构建与运行上看,它很难像某些机械电子装置那样,将系统本体和外部环境在一定条件下相隔离。项目管理系统的运行与项目情境密不可分,脱离具体情境就难以探明项目管理系统运行过程的实际效果。所以,要理解项目管理系统,必须要以系统思维来看待项目管理工作,在项目实施过程中不断强化管理系统对三大目标技术经济指标的优化,充分发挥进度管理、成本管理和质量管理系统的作用以及控制系统和协调系统的综合管理职能。

第二篇　项目控制与协调

　　我们在第一篇讨论项目管理职能时，并未专门涉及控制与协调这两项核心职能。对项目管理而言，它们都十分重要。由于在目前管理学的相关研究中，有关这两项职能的研究成果相对较弱，本篇将对其进行单独探讨。法约尔提出的五项管理职能，协调在先，对项目管理而言，人们习惯性的论述却是控制在先。

　　第四章，项目控制。计划系统规划未来，控制系统保障未来。项目实施的复杂情境离不开对控制职能的有效运用，项目管理的难点是实施有效控制，以保证项目实施按预期目标有序推进。当前，国内外关于项目控制的研究仍处在探索阶段，结合控制理论相关成果赋予项目控制新内涵显得十分迫切。项目控制的基本路径在于综合管控项目管理系统、有效发挥控制系统的作用，进而实现对项目实施过程的规范管理。在项目实施过程中，决定性因素是人，对参与者的行为实施规范化的管理，使其符合项目实施的规范要求，是项目控制的关键。

　　第五章，项目协调。项目实施与管理的复杂性源于项目组织机构的临时性、项目任务的一次性以及项目实施过程的不确定性。目前，关于项目协调研究，国内外的研究成果大多集中在项目沟通方面。然而，项目实施的复杂过程表明，仅仅依靠沟通管理并不能解决项目管理的全部问题。项目实施不会一帆风顺，而是要面对复杂的内外部环境，并经历将计划任务付诸实施的全过程。因此，项目管理应注重协作，站在协作层面，系统分析项目实施过程管理中的协调问题。

　　第六章，项目控制与协调的综合分析。本章针对控制与协调两项职能之间的相互作用关系，以及二者与其他各项管理职能之间的关系进行综合分析。为深入分析项目控制与协调机理，本章提出了计划控制、组织控制、指挥控制，以及计划协调、组织协调和指挥协调等概念。发挥项目控制和协调职能的作用，与综合运用各项管理职能关系密切，所有管理职能的运用为项目实施提供了一种秩序。同时，控制与协调并用并重，是有效规范参与者行为、按项目预定目标实现预期成果的根本保证。项目实施过程管理是控制与协调的有机统一，项目控制致力于创造"理性神话"，项目协调则着力于缔造"潜能奇迹"。

第四章 项目控制

"天道人事,未有不始于约、终于约者。
约而为泰则无恒,泰而能约故可久。"

——清·赵佑《温故录》

第一节 项目控制概述

1948 年,美国数学家维纳出版了著名的《控制论——关于在动物或机器中控制或通讯的科学》。这本著作赋予现代控制以新的含义,一经问世就引起轰动,其提出的新概念、新理论以及解决控制问题的新思想、新方法,打破了自然科学和社会科学之间、自然科学中各相关学科之间的界限。现代控制论的形成,为系统研究项目控制问题奠定了方法论基础。

一、控制论概述

"控制"一词由来已久,原指掌舵的方式和技能。柏拉图在《高尔吉亚篇》中认为,控制是指驾船术、操舵术或掌舵人,并由此引申为"对人的管理艺术"。工业革命以后,传统的控制逐步发展为对某些机械电子装置的自动控制,控制一词的含义更加丰富。维纳创立的控制论则吸取了当时自动控制的最新成果,并运用现代通信技术,专门研究有关生物和机器的控制与信息传递中的基本规律。

1. 控制论的奠基创立

控制论的创立,既是科学技术不断分化、高度综合的结果,又是社会实践发展到一定阶段的产物,其创立的背景具有四个方面的基础因素:首先是技术基础。控制论的思想渊源和技术萌芽,可以追溯到古代的技术经验和近代的自动装置。其次是实践基础。伺服机构理论的实际应用,主要是在 20 世纪 30 到 40 年代,这期间出现了半自动化的流水作业线和车间,使得社会性的机器大生产出现自动化的趋势。再次是哲学基础。哲学与方法论的创新和突破,对控制论的创立起到了不可忽视的作用。最后是数学基础。控制论的数学基础,不仅涉及微积分、矩阵论、计算机数学等多种数学理论和方法,还受到数理逻辑的深刻影响。[①]

维纳创立控制论的关键,在于抓住了"机器与有机体"之间的共同特质。"第二次世界大战前后,通信技术和自动控制技术都得到了迅速发展。在这些技术的各自领域都积累了丰富的经验,分别提出了一些理论。但是,抓住一切通信和控制系统所共同具有的特点,站在一个更概括的理论高度,综合以上各个领域的经验和理论,并且把这些系统的控制机制和现代生物学所发现的生物机体中某些控制机制加以类比,形成控制论这样一门独立的专门学科,则首先是维纳的功绩。"[②] 维纳的控制论,解决了"既是机器又是活的机体的控制和通讯的问题"。在他看来,人和动物等生命体有目的行为的控制,与机械电子装置运行时的自动控制具有某些相似性,这意味着人们有可能运用统一的概念将两者的控制机理表达出来,形成一门既包括机器又包括生物有机体的普遍理论——控制论。

2. 控制论的发展历程

维纳开创了现代控制理论研究的先河,之后,控制论方兴未艾,迅速形成了以系统论和信息论为基础,横跨自然科学、社会科学等领域,包括工程控制论、生物控制论、社会控制论和智能控制论等在内的庞大的学科体系,为现代科学技术和管理技术的发展提供了全新的思维方式。[③]

一般而言,控制论的发展历程大致分为以下四个阶段:第一个阶段,从20世纪40年代到50年代末,是经典控制理论时期。其主要的研究对象是单变量控制系统,重点是反馈控制,着重解决单机自动化和局部自动化问题。在这一阶段,控制论基于系统的传递函数和频率特性,使用数理统计分析法,这套方法后来被称为"经典控制理论"。第二个阶段为20世纪60年代,是现代控制理论快速发展的时期。其主要研究对象是多变量控制系统,并从单变量自动调节发展到多变量的最优控制,提出了多输入、多输出、高精度和参数时变系统的分析与设计理念。与经典控制理论相比,它使用的数学工具更为复杂,应用范围也更加广泛。第三个阶段为20世纪70年代,是大系统控制理论时期。其主要研究对象是影响因素众多的大系统,重点是大系统多级递阶控制,着重应用于经济系统、社会系统、生态系统和环境系统等。大系统控制理论引发了控制思想、方法和手段的迅速演变,不仅推动了工程控制论的发展,而且使控制论深入到经济、社会、生物和军事等众多领域。第四个阶段为20世纪80年代至今,是人工智能控制理论时期。这一时期控制论逐渐向更加广阔的领域发展,人们通过研究如何根据输入、输出数据建立动态方程,进而发展为系统辨识理论,并在此理论的指导下逐步实现了维纳当年的梦想——研究和开发能够部分代替人

---

① 张文焕,刘光霞,苏连义:《控制论·信息论·系统论与现代管理》,北京出版社1990年版,第1—7页。

② N.维纳:《控制论:或关于在动物和机器中控制和通信的科学》,郝季仁译,科学出版社2016年版,第Ⅶ页。

③ 张文焕,刘光霞,苏连义:《控制论·信息论·系统论与现代管理》,北京出版社1990年版,第10—15页。

脑的控制系统,即人工智能系统。

3. 控制论的基本内涵

同系统论、信息论一样,控制论是一门跨学科的科学,它既突破了动物和机器的界限,又跨越了控制工程与通信工程之间的学科界限。维纳把控制论定义为:"关于在动物和机器中控制和通讯的科学"。[①] 控制论的研究对象是一切系统所共有的通讯和控制方面的特征,目的在于"创造一种语言和技术,使我们有效地研究一般的控制和通讯问题,同时也寻找一套恰当的思想和技术,以便使通讯和控制问题的各种特殊表现都能借助一定的概念加以分类"。

可以看出,控制论从相关学科之间的共性出发,运用相应的数学工具,研究各类系统的信息交换、反馈调节,把充满关联性和不确定性的主客观世界用统一、综合的科学观点和相应的数学语言进行诠释,揭示了诸如信息、系统、反馈、平衡、稳定、因果、有序等一系列重要概念的内在联系和普遍意义。这样,当我们对控制理论的认识达到一定高度时,便产生了对控制活动更为一般的定义:控制主体为了"改善"受控客体的功能或发展方向,获得系统运行的信息,并以这种信息为基础,对该受控客体施加作用或影响。

在控制论视角下,现实世界由能量、物质和信息组成。控制主体将受控客体视作一个"系统",就可以从静态和动态两方面去考察它们三者之间的互动关系,并开展相应的控制活动。控制论研究的"系统"是存在于一定环境中的、由子系统构成的复杂系统,同时,控制论强调,一切控制活动的开展,其根本问题是系统信息变换和反馈技术的运用。其中,信息变换过程包括信息的接收、存取和处理过程;而所谓的反馈技术是指通过控制系统,受控客体在接收到控制主体发布的指令信息后产生结果信息,并将结果信息反输给控制主体,从而起到能动的调节作用。

4. 控制论的系统思维

如上所述,任何一种控制系统都是由信息系统和反馈系统组成的。控制论认为获取信息的过程是人们认识客体的前提,而依据信息所采取的控制措施是人们改造客体的途径。从这个意义上讲,控制就是指人们根据预期目标和既定条件,通过改变或干预系统运行状况,使受控系统中的事物在可能性空间内沿着确定方向(或状态)发展的活动。这种控制活动产生的作用,能够使受控对象根据施控者的预定目标而动作,并最终达到控制目的。因此,控制作为一种作用、一个过程,至少涉及三个基本要素:施控主体(作用者)、受控客体(被作用者)和信息(作用传递者)。施控主体即控制主体,是产生控制目的、动因和手段的一方;受控客体即被控对象,是产生控制结果和效用的一方;信息是这二者之间相互作用的传递者。在实施控制活动过程中,这三个要素通过一个完整的闭环组成一个整体,称为

---

① 张文焕,刘光霞,苏连义:《控制论·信息论·系统论与现代管理》,北京出版社1990年版,第10页。

控制系统。[①]它们之间的作用关系，如图 4-1 所示。

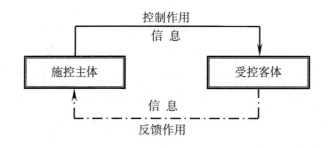

图 4-1 控制系统中各要素之间的作用关系

从图 4-1 可以看出，在控制系统中，施控主体对受控客体的作用称为控制作用，而受控客体对施控主体的反作用，通常被称为反馈作用。同时，控制论假定在控制系统中，存在着一种自动控制机制，其作用的发挥依赖于控制系统自身所具有的结构特征和运行机制。例如，人是一个自动控制系统。在这个系统中，大脑是施控主体，手和脚是受控客体；大脑产生的动机（动因），通过指令信息支配手、脚来实现（结果）；手与脚行为的结果，又通过肢体触觉与眼耳感知等回输信息并反作用于大脑。

5. 控制论的理论体系及其实践应用

控制论从寻找相关学科之间的联系出发，将生物有机体的某些运行机制与机器的物理运动方式加以类比，把生物的行为赋予机器运动，从而抓住了一切控制系统中所共有的特征。控制论以信息论、系统论等为基础，并与它们一起研究各类系统中的控制机理及过程，描述各种系统行为的控制特征，求解各类复杂动态行为的控制问题，最终形成了有效控制系统运行过程的科学方法，即：将一切有组织的系统看作一种自行调节的系统，通过分析系统中施控主体、受控客体和信息三个要素的状况和相互作用关系，发现系统运行的机制，从而达到对该系统基本特征、运行规律和控制方法的深入理解和认识。

控制论的理论体系具备了方法论的属性，从中衍生出来的控制方式，可作为各相关学科理论研究的一般方法。控制论方法的本质，是通过施控主体对受控客体下达控制指令，进行有目的的引导、干预和制约，使受控客体的行为朝着符合施控主体要求的目标发展，进而使系统运行的结果达到预期目标。根据这一方法，在一个控制对象所形成的系统中开展控制活动，具有以下三个特点：第一，控制过程不是来自外部，而是系统本身所具有的一种内在运行机制；第二，实施控制是系统自身具有能动性的表现，控制活动表现为一个动态过程；第三，实施控制活动的过程是施控主体通过控制系统对系统信息进行分析、处理

---

① 张文焕，刘光霞，苏连义：《控制论·信息论·系统论与现代管理》，北京出版社 1990 年版，第 23 页。

和转化的过程。综上所述，可以认为，控制活动在本质上就是利用系统中"信息"传递进行控制的过程，信息在控制系统中起着"信使"的作用。

由于抓住了相关多个学科之间的本质联系和共性问题，控制论被广泛应用到工程、管理、生物和环境等诸多领域，对科学研究、经济管理、军事理论，以及人对自身的认识等诸多方面都产生了极其广泛而深远的影响。在维纳《控制论》一书出版后的几十年中，控制论的概念、原理、模型以及思想和方法，几乎已经渗透到所有的自然科学和社会科学领域。目前，各种"控制论"的分支学科如雨后春笋般涌现，这其中包括神经控制论、医学控制论、生态控制论、环境控制论、资源控制论、种群控制论、能源控制论和人口控制论等。在某种意义上，这些学科的发展过程就是控制论与相关学科领域进行交叉融合，进而产生新的科学命题、科学理论和科学方法的过程。

二、控制论的基本方法

控制论具有普遍的方法论意义，其核心在于抛开了各类被控对象自身的属性，将其视作一个系统，这样便抓住了系统运行过程中施控主体、受控客体以及信息处理和反馈机制等共性问题，使施控主体的控制活动能够有效作用于受控客体。基于这一特性，黑箱方法、功能模拟方法和反馈方法逐步形成，并发展成为控制论的三种基本方法。[①]

1. 黑箱方法

"黑箱"泛指人们一时无需或无法获得其内部结构的某种"装置"。维纳把黑箱理解为这样一种机械电子装置：它如同包含一组输入端和一组输出端的电气网络，如果对它输入电流等信号，并实行一种确定化的操作，那么就会得到一个确切的结果，比如指示灯闪亮或者熄灭。但是，关于该装置内部依靠什么结构、采用何种方式来执行这种操作指令，我们不必知道。黑箱原理的基本假设是：尽管人类的认知是有限的，但自然界中没有孤立的事物，任何事物之间都是相互联系、相互作用的。所以，即使我们不清楚黑箱的内部结构，仅关注它对于指令信息刺激的反应，并通过分析信息输入与输出关系，就可对它做出研究与判断。在此，信息的输入，就是施控者对黑箱施加的影响；信息的输出，就是黑箱对该影响做出的反应。因此，所谓黑箱方法，就是在不打开被控对象"箱体"的情况下，只通过外部观测、试验，找出系统输入和输出之间的规律，研究黑箱的功能和特性，探索其构造体系和控制机理的一种科学方法。可以看出，黑箱方法的本质是施控主体从外部对受控客体进行整体观察、系统分析的方法。例如，一台电视机，对于明了其内部结构和工作原理的专业人员而言，即呈现为"白箱"；对于普通的消费者而言，因其不明白电视机内部的工作机理，便成为"黑箱"，但这并不影响人们对于电视机的操作和使用。

---

① 张文焕，刘光霞，苏连义：《控制论·信息论·系统论与现代管理》，北京出版社1990年版，第31—54页。

2. 功能模拟方法

随着控制论的创立，传统的相似模拟方法发展到了功能模拟的新阶段。所谓功能模拟方法，是指以功能和行为的模仿为基础研究受控对象的方法。与黑箱方法相似，功能模拟方法并不直接研究所要观察的对象，即"原型"的运行状态，而是借助于对相关"模型"的研究，即用模型来模仿原型的功能和行为。比如，尽管猎枪与火炮的结构特征和系统状态截然不同，但是，猎手瞄准猎物的过程与火炮控制系统瞄准目标的过程却具有相似性。人们可通过对猎手瞄准猎物的功能和行为进行分析，并以此机理设计火炮瞄准的控制系统。这就是功能模拟的基本原理。因此，功能模拟方法主要是针对模型与原型之间的功能特性和运行规律进行模拟的过程，它反映了控制论的本质特征和抽象化特性。

3. 反馈方法

"反馈"原本是工程控制领域中的一个概念，最初由美国贝尔电话实验室的哈罗德·布朗克在 20 世纪 20 年代提出，其原意是把电子系统的输出信号再回输到系统输入端的回馈过程。维纳引用了这个概念，认为这是控制问题的核心，且是控制论创立的基础。因此，反馈方法是控制论中的一种基本方法。所谓反馈，是对控制系统中设定的操作指令与相应的执行结果进行分析，并将相关的结果信息回输到系统指令中的信息流动过程。这种以系统当前活动的实时结果为基础来调整系统下一阶段活动的控制方法，称为反馈方法。其最大的特点在于采用"回馈"的思维，通过对系统中"输入 — 输出"信息的分析，根据系统当前的执行情况，调整未来的控制行动。回馈所形成的反馈思维，绝不是简单体现在一个系统信息作用的"回路"上，它既是控制论的一个基本原理，也是控制理论的重要思想基础和方法论。同时，反馈方法将控制理论的实践应用向前推进了一大步，为各类控制系统模型的建立以及实施控制活动提供了强有力的理论指导和技术保障。

三、项目控制的基本内涵

项目控制是从项目管理者有效运用控制职能的角度出发，在纵向上以控制系统的建立和运行为主线，在横向上以项目三大目标的控制为核心所开展的各项控制活动。不同于一般的机械电子装置控制，项目控制机理更加复杂，其原因在于它涉及人的行为管理，并与项目决策、计划和指挥等联系密切。

1. 项目控制的认知

项目实施受多种因素干扰，当项目实施目标和计划明确后，管理者就应思考一个重要的问题，即项目实施过程能否得到有效控制。项目实施要实现既定目标，就必须系统筹划，严格控制。因此，所谓项目控制，是指按照项目实施既定的目标和计划，对项目实施过程的实际情况进行监测和分析，发现任务执行偏差并采取相应纠正措施，以保证项目实施活动按原定计划进行；或根据客观情况的变化对项目计划进行适当调整，使其更加符合项目实施过程的实际要求。

项目控制活动既依赖于项目管理的方法和技术，又受制于项目实施的技术系统。从表面上看，只要将控制论中一些成熟的方法应用到项目实施过程中，似乎就能解决对三大目标的控制问题，但从实质上讲，项目控制是典型的管理控制，其控制过程并不是简单地将控制论的方法和技术移植过来，而是在控制论基本理论的指导下，积极探索适合项目实施过程管理的控制方法。项目在管理过程中运用控制论的原理和方法，对于有效控制项目实施整体进程以及掌控过程管理中各环节具有重要的理论与实践价值。越是大型复杂的项目，项目控制的任务就越艰巨，控制职能的作用也体现得越充分。

2．项目控制的目的与要求

项目控制的目的具体而明确，即保证控制变量实际执行结果与计划预期之间的偏差能够被限定在控制阈值允许的范围内。在项目实施之初，有关项目实施的决策事项、目标和计划等都是对未来项目任务执行的一种预期，即假设项目实施过程中的变化是可控的。而在项目实施过程中，由于存在多种干扰因素，设定的预期目标并不一定能够如期实现，项目实施环境的复杂性和预期目标实现过程的不确定性，往往会导致计划任务执行的实际值与期望值不符。也就是说，项目的确立及其实施方案的制定，都是建立在相关人为预期的基础之上，而在项目实际实施过程中，各个环节纵横交错，各种影响因素纷繁多样，各种干扰层出不穷，这些都会给项目实施带来意想不到的困难。

在项目实施过程中，管理层应实时监控整个项目管理系统，特别是控制系统，并通过有效的控制方法和技术手段，有目的地对受控客体施加影响，以保持项目实施过程平稳推进。项目控制一般应符合三项基本要求：预见性，要能在重大偏差出现之前尽早发现并制定对策；及时性，要建立完善的信息管理系统，确保项目信息收集、分析和反馈及时快捷；全面性，要以项目实施整体和大局为重，使局部控制过程与整体进程协调一致。项目管理者应将项目实施活动视为一个能被有效控制的系统，使项目实施与管理的整个过程有一个清晰的动态展示，保证其每一个环节均处于可控状态。

3．项目控制的目标与任务

如前所述，项目实施有三个密不可分的目标要素：进度、成本和质量。项目控制的目标，就是保证项目实施过程按预期目标的要求和计划展开，有效地完成各项目标任务，使项目实施的进度、成本和质量三项主要指标符合计划安排的要求。通俗地说，进度快、成本低、质量好是项目控制的基本目标。与此相应，项目控制的任务不仅在于监督和落实计划任务，更是为了改进和优化项目实施过程管理。项目控制的关键在于将实施过程置于管理系统的管控之下，使受控客体按照项目计划有效运行，从而保持项目实施过程的平稳有序。就项目控制整体来说，项目高层管理者控制项目实施的总体目标，主要关注项目实施的整体目标任务；项目组织中的管理层、执行层，围绕预期目标，主要控制项目实施的各专项计划任务；项目作业层具体负责实施计划任务。只有这样，项目组织才能从上到下建立起一个严密且完整的项目管理控制体系。

项目控制的目标是多维的、相互关联的。若进度严重拖延，成本控制就变得困难；若质量出现问题，对成本、工期的控制就会变得没有意义；如果一味地压缩成本，势必会影响质量和进度。这就要求项目控制应是一个多目标的全方位持续管控过程。因此，项目控制要着眼于项目实施的整体战略和目标任务，并系统地把握好过程控制的各个方面。首先，要认真分析项目实施所处的内外部环境，重点分析项目主要相关方的动机和行为；其次，要充分发挥管理系统，特别是控制系统的作用，精确构思并设计项目管理整体的控制体系，包括项目组织中履行控制职能的组织架构、变更控制程序、处理冲突方式等；最后，要按照项目管理知识体系要求，充分发挥整合管理及目标管理的作用，对项目实施的全过程进行管理控制。项目控制的全过程模型，如图 4-2 所示。[①]

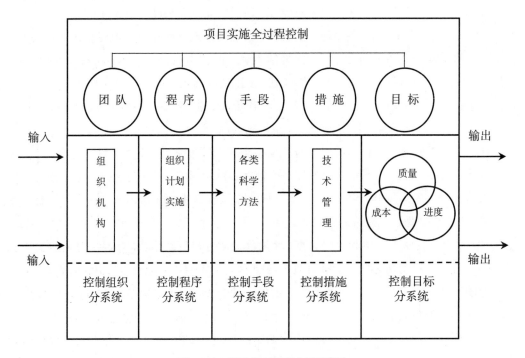

图 4-2　项目控制的全过程模型

4. 项目控制的特点与类型

由于项目实施过程以及目标变量中各项技术经济指标的独特性，使得项目控制除了具有一般控制的基本特征外，还具有以下三个方面的特点：一是多目标性。项目控制的主要

---

① 丛培经：《工程项目管理》，中国建筑工业出版社 2017 年版，第 10 页。

目标变量包括进度目标、成本目标和质量目标，它们之间相互作用使项目控制过程极为复杂。二是多重约束性。项目控制受诸多因素的干扰，既有内外部环境的制约，又有各类资源和技术系统的限制，还有人员操作行为因素的影响。三是阶段性。项目实施过程的阶段性决定了项目控制也具有明显的阶段性特点。

按照控制活动开展的时间阶段，项目控制包括事前控制、事中控制和事后控制三种基本类型。事前控制建立在以目标和计划为导向、以预测为基础的前馈控制原理之上，而事中控制和事后控制则应用了反馈控制的原理。按照控制活动的功能指向，项目控制从形式上又包括目标控制和计划控制两种类型。目标控制是最基本的项目控制方式，它把项目控制的目的和任务转化为期望目标，通过控制变量的引导，对任务执行过程进行预测或监控，并采取措施完成控制过程。计划控制是以控制变量的计划值为基准，直接对项目实施过程进行动态监控，以发现偏差，消除干扰。

5. 项目控制的功能与作用

在项目实施过程中，各种干扰因素不断涌现，能否实现有效控制是项目成功实施的根本保证。为此，管理层应充分认识项目控制的重要功能，注重以下三个方面：首先，要充分发挥控制系统的作用，确保实现项目整体控制目标；其次，要处理好实施过程中预期目标、计划指标与实际执行结果之间的关系，实现执行计划任务的过程与控制系统运行的良性互动；最后，要正确面对计划与现实之间的差异，积极寻找可供选择的替代方案，不断权衡不同方案的优劣并择优而用，以保证控制系统运行畅通。

在项目管理过程中，项目控制的作用具体体现在以下两方面：其一，检验作用，控制系统能检验各项工作是否按预定计划进行，同时也可检验计划方案的合理性；其二，调整作用，项目任务的执行结果与初始计划相比总会产生偏差，而一旦出现偏差，就需通过控制系统采取相应的纠偏措施。因此，项目组织中各级负责人都必须是控制职责的承担者，而不能简单地认为项目控制只是管理层的职责。发挥项目控制的作用依赖于管理者对目标控制、计划控制和过程控制综合应用的效果，并取决于以下六个因素：预期目标确定的合理程度、计划编制的科学程度、干扰因素预测的精准程度、过程管理的有效程度、信息处理的及时程度和决策调整的执行程度。其中，前三项是事前预控的基本措施，后三项是事中和事后控制的关键因素。

四、项目控制的相关问题

当前，各类大型复杂项目实施的技术要求日趋精细化、实施过程的管理不断规范化，这更加突出了项目控制的强约束特征。项目控制就是要在强约束特征下，根据项目实施多目标、多层级的要求，对项目实施全过程进行有效管控。

1. 项目控制的干扰因素

项目控制的依据是项目实施既定的目标和计划。项目实施进度、成本和质量三大目标，既是项目控制的基本对象，又是形成项目控制干扰因素的主要方面。换言之，站在施控主体的立场，这三大目标是项目控制活动需完成的任务；而从受控客体的角度看，它们又是项目控制过程中最主要的干扰因素。三大目标与项目控制之间的这种辩证关系，具体体现在以下三个方面。[①]

（1）进度控制的干扰因素。主要表现为：解决技术难题花费了比计划工期更长的时间；最初的进度估算太过乐观；任务排序不恰当；需要投入的人力、材料或设备无法及时获得；前期准备工作不够完善；客户提出需求变化引起的变更；相关的政策法规发生变化；等等。

（2）成本控制的干扰因素。主要表现为：工作范围变更引起的成本变化；最初的报价或估计值过低；预算编制不充分；技术障碍要求提供更多资源；成本控制报告做得较差或者没有按时提交；没有及时展开纠错工作；投入资源的价格发生变化等。

（3）质量控制的干扰因素。主要表现为：出现难以处理的技术困难；发生预料之外的技术问题；质量或可靠性方面的问题；客户要求变更系统规格；管理职能间产生矛盾和冲突；技术突破对项目工作产生了影响；项目团队对规范要求与解决技术问题方案产生了分歧；市场变化提升或降低了项目本身的价值，质量等级要求发生变化等。

2. 项目控制的制约条件

任何项目的实施过程都是在特定的社会环境中展开的，一般而言，它会受到五个方面的约束：一是目标、计划和任务约束。具体包括目标任务之间的约束条件，以及将项目任务分解为更易于管理的子项目时产生的活动或工序间的逻辑约束条件。二是技术条件约束。它反映项目活动及工序间技术约束的情况，相应的约束条件通常可以分为四种情形：自由决定的、最佳实践的、逻辑约束的和特别限制的。同时，技术性约束通常体现在进度与质量标准方面，即项目成果都有预期生产能力、技术水平、产品质量和运营效益等方面的要求。三是资源约束。通常体现在人力资源、非人力资源约束两个方面。项目实施任务都是在一定的人力、物力和财力投入条件下完成的。四是时间约束。项目进度安排具体体现为年、季、月、周及日等日历天数，进而产生进度日期约束限制，表现为"不晚于"某个具体的时间节点。五是空间约束。很多项目的实施作业要在一定的空间范围内，通过科学合理的安排来完成，即项目进度会受到立体交叉作业的空间约束。

上述有关项目实施活动的约束条件，也形成了项目控制过程管理中的制约条件，即控制主体应基于这些约束，对项目实施过程进行监测，以预控可能发生的偏差。在项目控制

---

① 哈罗德·科兹纳：《项目管理——计划、进度和控制的系统方法》，杨爱华等译，电子工业出版社 2018 年版，第 517—528 页。

过程中,控制主体向受控客体发出信息流、物质流和能量流,其中,信息流携带着控制的目的和程序,发布指令;物质流、能量流伴随着控制措施并保证控制强度。与此同时,控制系统中的受控客体产生效应并对控制主体产生反作用,反馈通道再将控制结果回馈到控制目标中。项目控制过程如图4-3所示。

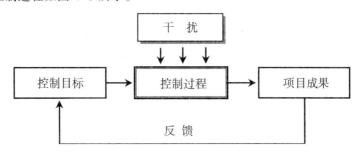

图4-3 项目控制过程示意图

3. 项目控制的基本特性

项目组织是一个复杂的临时性组织。斯格特曾这样描述复杂组织:"复杂组织更像是现代武器系统,而不是旧式的固定防御工事;更像是活动装置而不是静止的雕塑;更像是电脑而不是一台加法器。总之,组织是一个动态系统。"[①] 通常,项目任务的艰巨性、项目组织的复杂性以及项目管理的层次性,决定了项目控制首先具有多级性的特征,即项目控制活动在纵向上要涉及管理层、执行层和作业层等多个层级,在横向上则涉及多个子项目齐头并进。因而在每个层级上,各项具体的控制活动除完成自身的功能外,还构成了连接相邻层级的一个过渡过程,这又形成了项目控制活动关联性强、复杂多变的动态特点。

在控制论中,系统的"稳态"不仅是保持现有水平,而且还应能将"稳态"推进到另一个水平,即保持一种动态的平衡。项目控制过程必须形成一个动态的平衡系统,控制主体通过深入分析项目实施系统,找到使控制系统保持稳态的内在调节机制,这是项目控制的基本特性。事实上,作为社会大系统的一部分,项目管理系统总是不断地与周围环境进行着物质、能量、信息的交换,从而调节自身的行为,达到与环境的动态平衡,这是项目控制系统持续作用的原因所在。在项目实施过程中,项目管理系统的运行,特别是指挥系统、计划系统和资源系统等,应具有预见性,能够适应控制系统多级性和动态性的要求,从而使控制主体能够准确预测可能会产生的干扰因素,及时采取预控措施。

4. 项目控制的强度与效果

项目控制强度是衡量控制程度的一种尺度。管理层对各种管理规范及相关技术规程执行的力度,可间接地反映项目控制的强度。与一般机械电子装置控制不同,在大多数情况

① W. 理查德·斯格特:《组织理论》,黄洋,李霞,申薇,席侃译,华夏出版社2002年版,第93页。

下，项目控制所达到的结果仅是一个相对值。也就是说，项目控制仅能在某些时间节点上实现相对最优值，而难以达到可完全量化的所谓"绝对最优"。因此，把握控制强度，就要根据项目预期目标实现的难易程度以及资源约束和环境制约情况等，审时度势，因地制宜，采取合理的控制策略和措施。例如，对于国防项目，通常质量要求高、工期紧，就要加强工期和质量控制。又如，对于某些标志性的工程项目，工期要求紧、投资额度大，进度和成本控制就要被置于首位。另外，项目控制强度的设定，既受管理者主观因素的影响，还会受到资源配置和社会环境等其他因素的制约。

一般而言，项目控制强度越大，控制效果越显著。但在实践中，项目控制效果不仅由项目实施的各项要素决定，也由它们彼此之间的作用关系决定。特别是，控制系统是否稳定和有效，直接影响着项目控制的效果。一个好的控制系统可以保障项目实施系统运行稳定，即能够及时发现偏差并迅速调整偏差，使系统始终按预期轨迹运行；反之，一个不完善的控制系统有可能导致项目实施系统运行紊乱，甚至崩溃。在项目控制过程中，控制主体应主动预判任务执行情况，预测控制效果，明确项目推进的趋势。项目控制系统的运行效果，如图4-4所示。[①]

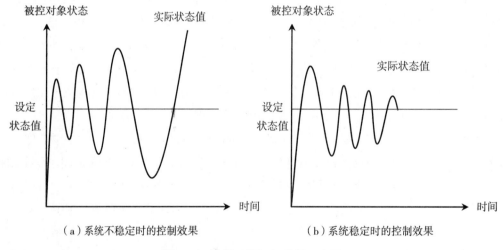

（a）系统不稳定时的控制效果　　　　　　（b）系统稳定时的控制效果

图4-4　控制系统运行效果示意图

5. 项目控制的监控水平与机动裕量

一般而言，项目控制强度越大，控制成本也会越大。因此，控制主体准确把握项目实施过程控制的尺度，是项目控制成功实施的关键。对此，罗斯金等曾以工程项目为例，对项目

---

① 卢向南：《项目计划与控制》，机械工业出版社2004年版，第18页。

控制强度与机动裕量、监控费用之间的关系进行了深入分析,其结论具有普遍意义。[①]这里的机动裕量可以理解为目标变量量值的宽裕程度,特别是三大目标技术经济指标在其可能性控制空间的宽松与严苛程度。

(1)机动裕量大,监控水平低。监控水平、监控费用是机动裕量变化的函数。监控程度与机动裕量之间存在着一种最佳配合。假如某项任务或某道工序所给的机动裕量无限大,那么控制活动就可完全取消。然而,此时虽然在监控方面的代价较小,但预备机动裕量所产生的费用却可能极其高昂。

(2)机动裕量小,监控水平高。在项目控制中,较为极端的情形是某项任务或某道工序所给的机动裕量极小,这时监控的深度和广度都会增至最大。当出现与计划预期不符的任何细微偏差时,就要立即予以纠正,这种情况接近刚性控制。管理者如果有意识地采用这种控制思路,几乎不需要或不存在机动裕量,那么在计划编制中对预期期望的要求就会变得十分严苛,由此所产生的监控费用也必然较大。

(3)机动裕量适宜,监控水平适度。这种情况是将监控程度与机动裕量进行折中,既选取适宜的机动裕量,又采用适度的监控水平,从而避免上述两种极端情形引起的总费用增加,从而达到比较满意的项目控制效果。以工程项目为例,图4-5中的三条曲线,分别代表了符合工程实施整体目标进度和给定预算费用水平下的监控费用、机动裕量费用和总费用。在监控费用与机动裕量费用的交汇点,所对应的工程总费用最小,其总费用数值比监控或裕量的单项费用为零时都要小。这就是说,当监控程度与机动裕量设置合理时,工程总费用比它们任何一方面缺失时所产生的总费用都要低。[②]

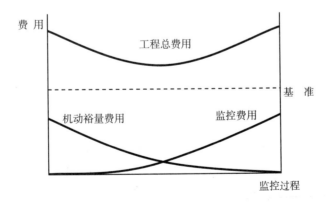

图4-5 工程总费用、监控费用及机动裕量费用的关系

① 阿诺德·M.罗斯金,W.尤金·埃斯特斯:《工程师应知:工程项目管理》,唐齐千译,机械工业出版社1987年版,第61—63页。

② 同上书,第63页。

罗斯金等提出的"机动裕量"概念，对项目控制有着极其重要的意义。当子项目、任务和工序等可用的机动裕量较小时，对它们的监控力度就必须增强。这要求管理者要实时获取相关工作进展的详细信息，并将其进度偏差限制在规定范围内。反之，在机动裕量较大的情况下，监控过程中信息监测的时间间隔就可以加长，允许的偏差量也可适当放宽。

6. 项目控制与风险管理

项目控制的目的是消除干扰因素，防止风险发生，以避免各种不确定性因素对项目进度、成本和质量等方面可能产生的消极影响。项目控制的效果，通常处于达到预期目标与发生不可预知的失控局面之间，需要权衡由此产生的风险。一是高控制，低风险。如果增强控制力度，就可以降低风险。二是低控制，高风险。如果不采取任何控制措施，只是单纯地认为项目实施会按计划顺利进行，那么在实践中各类风险总会不期而至。三是控制与风险的平衡。如果控制强度适宜，项目风险就会降低，实施过程陷入危险的可能性就会减小。当然，由于增加控制强度需要相应地增加资源投入，项目经理需要在控制强度和可能发生的风险之间取得平衡，要对控制所产生的费用与风险可能带来的损失，即对控制的收益与风险的代价进行估算和比较。从理论上讲，对于已经选定的某种控制强度，总会有一个使总成本最小的拐点。控制费用、风险代价与总成本的关系，如图 4-6 所示。[①]

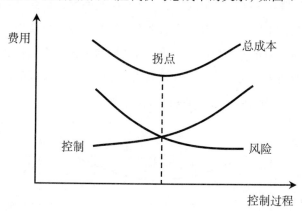

图 4-6   总成本与控制费用和风险代价的关系

第二节   项目控制机理分析

为了有效控制项目实施的整个过程，各项计划任务和每个工作环节都须处于可控状态。要做到这一点，管理者必须明确项目控制的基本特征及其实施过程，以控制系统为载

---

① 罗伯特·K.威索基，拉德·麦加里：《有效的项目管理》，李盛萍译，电子工业出版社 2002 年版，第 229 页。

体，建立科学规范的控制体系，将控制论的基本方法和技术应用于项目实施的全过程。

一、项目控制的理论探析

尽管控制论的理念、方法和技术运用于项目实践由来已久，但时至今日有效管控项目实施过程的理论研究还没有充分展开。因此，本节将在上一节讨论的基础上，进一步探索项目控制的机理，内容涉及项目控制理论基础、实施理念、行为管控等方面。

1. 项目控制的理论基础

正如斯格特所指出的那样，"理论家们大量地研究了组织结构，却忽视了行为。"[①] 对于项目控制问题，研究者的注意力多集中在组织架构、系统运行以及方法和技术运用的层面，其视野尚未扩展到行为维度上。项目控制过程忽视人的"行为"，最根本的原因是对项目参与者特点及其人际关系，特别是对项目人员、技术系统、物质资源等各自的属性及其相互关系缺乏深入的分析。项目组织是一个有机整体，所有项目参与者构成了项目管理系统中的组织系统、人力资源系统和作业系统等，这些系统都属于"生物系统"，其开展各项活动的行为带有明显的目的性；而项目实施的目标系统、计划系统和物质资源系统等则属于"物理系统"，其运动和功能实现服从于因果关系。项目管理的生物系统，可理解为包含管理者和被管理者在内的整个项目管理系统中"人"的一面，重心在人，反映着"人的特性及人际关系"；项目管理的物理系统，则可理解为被管理和控制对象中"物"的一面，反映着"物性及物理关系"。

事实上，维纳等人立足现代科技的交叉融合，综合运用多门学科的知识，否定了机械论和目的论的思维方式，通过对生物系统（动物）和技术系统（机器）的行为结构、调节机制的类比，寻找二者的相似性和统一性。他们发现，无论是动物还是机器，实现控制的过程都是由操纵机构（控制者，加工、处理信息并对受控对象发出指令）、受控对象（被控制者，接受指令并执行某种特定任务）、传感通道和反馈通道（搜集和传递外界环境和自身完成任务的信息）四个要素构成的有组织的系统完成的。这样，尽管技术系统的动作是用"输入和输出"来表示，生物系统的动作是以"刺激和反应"来表示，但都可以用一个更为普遍的概念来描述，这就是"行为"。[②]

通过"行为"这一普遍概念，就能使项目控制对象中的"生物系统"和"物理系统"有机地结合起来，也使"人员""物料"和"技术"有机地统一起来，进而揭示项目控制中"人"与"物"之间相互作用的机理。因此，项目控制的基本任务，就是要实现生物系统与物理系统的有机统一，即在项目控制过程中，无论是人员、技术还是物料，都必须在控制系统中

---

① W. 理查德·斯格特：《组织理论》，黄洋，李霞，申薇，席侃译，华夏出版社2002年版，第51页。
② 张文焕，刘光霞，苏连义：《控制论·信息论·系统论与现代管理》，北京出版社1990年版，第6页。

共同发挥作用。然而,生物系统和物理系统的内在统一,并不意味着二者的地位完全相同。正好相反,物理系统往往从属于生物系统,即"人员"在项目控制中起决定性作用。为此,项目控制首先要控制参与者的"行为",即要规范参与者的行为;其次才是技术控制,即项目实施中技术活动的科学性和规范性。项目控制的决定性因素是项目成员,即所有项目参与者。这就是项目控制的核心思想,也是项目控制的基本理论基础。①

2. 项目控制的实施理念

项目控制是一项系统工程,控制效果取决于项目实施过程中所有相关因素的共同作用。因此,在项目控制过程中,管理人员与作业人员两大主体、"人员"与"技术"两大要素必须同时发挥作用。这里的技术,不仅包含控制技术,也包含管理技术。然而,在现实中,项目实施所包含的活动与过程,不可能像连续运转的机械电子装置那样,自动地服从于控制系统的指令,而是要靠管理者人为地筹划和管控。因此,只有控制技术与管理技术协同作用,才能完成项目控制任务。再完美的技术方案,如果缺乏规范管理和控制系统的有效运行,项目实施过程仍会失控。同样,如果项目人员的管理行为、作业行为不符合规范要求,或在技术方案、施工工艺等方面存在问题,那么即便施控者使出浑身解数,项目实施过程也会失控。因此,对项目控制而言,人员是根本,技术亦不可或缺。

在制定项目控制方案时,不管是对人的行为的管控,还是对技术系统运行的监控,都要结合项目实施的实际情况,从组织、人员、技术等多方面进行分析,选择适宜的控制方法与技术,力求使控制系统的运行状态达到最优,否则,一旦项目实施在某个环节上失控,就会影响整个实施过程。比如,如果管理层管控不力,或管理者不作为,那么就极有可能在参与者群体中形成非正式团体,使某些个体的不规范行为演变为群体行为,导致作业层行为失控,进而对项目实施产生严重危害。在这种情况下,如果管理层的反应是加大监管力度,增加控制强度,这反而会在管理层和作业层之间形成"命令"与"服从"的对立关系,使参与者行为管控变得更加复杂。

3. 项目人员的行为管控

项目人员行为管控的范围,既包括管理者的行为,又包括作业人员的行为。项目控制中最活跃、最关键的影响因素是参与者的行为,各项控制指令的发布和操作都要通过项目人员的行动来实现。所以,项目组织如何使所有参与者的行为符合其规范和规程,就成为项目控制中最根本的问题。然而,人的行为是其性格、经验以及技术水平等多种复杂因素共同作用的结果,而这些因素本身又很难精确地表述,对项目人员行为控制的效果同样也难以精确测定,评判主要以定性为主,仅可在一定程度上加以定量化。因此,人员行为的管控是项目控制中最为复杂和困难的方面。

---

① 赛云秀:《工程项目控制与协调机理研究》,西安建筑科技大学博士论文,2005。

人常常被束缚在感官知觉的世界中。操控人的行为，通常是由大脑向肢体发出信号来实现的。正因如此，项目控制只有做到"生物系统"和"技术系统"有机统一，保证控制系统有效运行，才能实现对参与者行为的规范化管控。在项目实施过程中，管理控制的关键是防止人员行为失范。项目管理方法、技术和规则的作用，恰似人脑中的某种神经调质，能调节信息传递的效率，进而有效管控人的行为。然而，人的观念与行为具有主观性，具体的行为过程也存在一定的偶然性。因此，在项目实施作业过程中，只有用角色、职责和规则等规范项目成员的作业习惯和操作过程，才能实现规范人员行为的目的，取得良好的项目控制效果。

4.项目控制的维度

项目控制的关键在于管理者要具有广阔的视角，注重管控的维度。全面提升项目控制效果，应从文化、方法、技术和行为等多个层面入手。其一，在文化层面上，应形成具有项目实施特质的管理文化，因为行为是文化的动态表现，文化是行为的静态凝结，项目文化是项目控制的底蕴；其二，在方法层面上，以项目管理知识体系中的知识领域和一般管理中的基本职能为基础，运用科学的管理方法，规范项目管理者的行为；其三，在技术层面上，不仅要综合运用各项管理技术和工具，充分发挥控制系统的作用，还要运用先进的科学技术，充分发挥技术系统的作用；其四，在行为层面上，全体参与者的动机、行为及其行为结果是整个项目实施中各项管理工作的着力点，各个层面的管理作用最终都要体现在参与者行为的规范性上。

从项目控制活动的目的和意义讲，上述文化、方法、技术和行为四个层次构成了项目控制的四个维度，如图4-7所示。需要指出的是，项目控制的四个维度之间存在着目的与手段的关系，文化、方法、技术这三个维度，都为项目参与者行为控制服务，属于手段的范畴。其中，文化维度引导着参与者的态度，方法维度体现了管理者的管控方式，技术维度是保障控制系统有效运行的手段，这三个维度为了一个共同的目的，即规范参与者的行为，

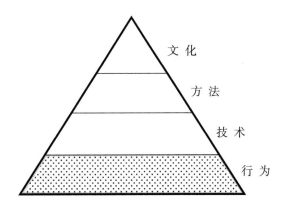

图4-7 项目控制层次与维度示意图

并将其作为落脚点。这便是规范"参与者行为"的基本内涵,也是项目控制的关键所在。

二、项目控制的实施过程

项目实施过程管理是项目管理的核心,对其进行有效控制是管理者必须面对和解决的重要问题。项目控制的实施,实质上是以对各项管理职能特别是控制职能的充分运用为基础,其实施过程是一项落实全过程、全方位综合管理任务的过程。在这一过程中,最关键的是要明确项目控制的主体与对象,以及项目控制的原则、基准和步骤。

1. 项目控制的主体与对象

项目组织的管理层作为项目控制的主体,通过管理系统及其所包含的控制系统作用于被控对象,即项目实施的过程,这是实施项目控制的基本过程。控制主体的作用表现为对项目实施系统施加影响,保持被控对象的稳定性,或促进其按预定要求实现状态转换。因此,项目控制的前提是定义一组变量,以明确项目实施过程中被控对象的具体状态,即控制主体必须用可控变量来描述项目活动及其过程状态。在项目实施与管理过程中,定性与定量描述包括三大目标在内的各项计划任务的技术经济指标,形成了项目实施系统的状态变量,也构成了项目控制对象的基本变量。

在项目实施过程中,通常有若干个子项目的活动和作业同时展开,项目实施的状态往往是多维的,且多数状态变量难以精确测量和把握,因而项目控制在一定程度上要比一般机械电子装置的控制复杂得多。在项目执行过程中,项目控制主体应明确项目控制的基本范围,不断检测各项状态变量的变化,采取相应措施以保证其偏差在可控范围内。项目控制的对象和基本范围如图 4-8 所示。[①]

2. 项目控制的基本原则

项目实施中存在着各种各样的干扰因素,项目控制的主要任务就是排除干扰,使项目实施活动沿着既定目标和计划有序推进。从控制论的视角来看,项目控制在本质上属于管理控制的范畴。在项目管理过程中,完全刚性化的控制,因难以应对各种不确定性问题和突发事件而起不到应有的控制作用;过于柔性化的控制,在运用规程、规章时难以形成强大的合力,也不能起到规范项目实施过程的作用。

具体而言,项目控制应坚持以下四个原则:其一,规范化原则。项目控制中人的主观因素难以把握,这就要突出规范性,根据可考量的控制变量指标,建立控制的基准,使分解目标任务的过程、执行计划任务的结果能够被客观理性地衡量,从而弥补管理者主观因素带来的局限。其二,实时性原则。项目控制的效度,取决于控制系统预测偏差、纠正偏差

---

①   贾森·查瓦特:《项目管理一族》,王增东,杨磊译,机械工业出版社 2003 年版,第 162 页。

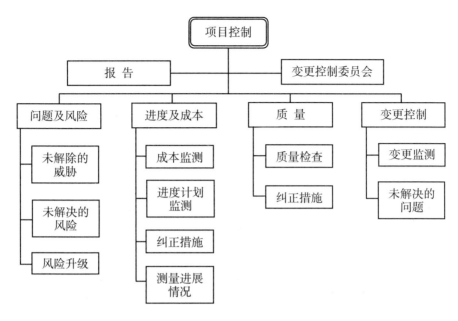

图 4-8　项目控制对象与基本范围

的时效。其三,关键点原则。项目控制很难面面俱到,应该聚焦系统运行过程中的突出问题,通过控制关键点了解系统状态,掌握执行情况。其四,灵活性原则。控制主体在实施控制的过程中要排除意外情况的干扰,就要注重灵活性。

3. 项目控制的基准与步骤

当项目组织确立了项目预期目标和实施计划后,也就确定了项目控制的基准。明确了控制基准,确定了各项控制变量的期望值,控制主体就能以此作为标准,观测项目实施的实际进展。如果项目控制漫无目的,缺乏明确的基准,控制活动就会失去参照系,管理者就难以准确观察项目进展和各项控制变量的实际状态,也就无法落实相应的控制措施。这正如传统组织中的管理控制,表面上看管理者非常重视控制职能的运用,而实际上却常常忽视"明确目标""计划方案"和"控制基准"这些定盘星。此时,尽管控制活动不断开展,但管理者却不知从何处入手,最终导致控制职能的作用难以真正发挥。

项目控制的常规过程,需要五个步骤:确定关键控制要素、制定控制标准、测量实际绩效、对比实际绩效与标准、采取纠偏措施。管理控制的力量,可视为一种干预。控制活动的各种措施,是管理者有意识地按既定目标预设的干预手段。对项目控制而言,这种干预应是全面且持续进行的,而非仅仅施加于某些环节和节点。要实现这种持续性,管理者就必须规范控制系统的程序和流程。同时,控制系统反馈信息的参照基准,是计划任务所确定控制变量的技术经济指标值。在项目实施过程中,施控者只有遵循正确的程序、流程和步骤,才能准确测量各项控制变量的数值,特别是进度、成本和质量的实际值,通过与标准值的比较，发现偏差，并采取相应的纠偏措施。

三、项目控制系统的架构

项目控制系统作为项目管理系统中的子系统，是实施项目控制的基本载体。依据控制论的观点，尽管项目控制系统既包含着生物系统，又包含着物理系统，但就控制系统本身而言，其与一般机械电子装置的控制系统并无本质差异，二者都是通过信息反馈来揭示实际值与目标值之间的偏差，并采取相应的纠偏措施。

1．控制系统的基本概念

绪方胜彦在其所著《现代控制工程》一书中，以自动控制装置为控制对象，对控制系统、控制过程中的相关术语进行了定义，对理解项目控制系统十分重要。[①]

（1）对象。对象是一个设备，它是由一些机器零件有机地组合在一起的，其作用是完成一个特定的动作。任何被控物体（如加热炉、化学反应器或宇宙飞船等），都可称为对象。

（2）过程。过程是一种自然的逐渐进行的运转或发展，其特征是，有一系列逐渐的变化，以相对固定的方法相继发生在运转或发展状态中，最后导致一个特定的结果或状态；或者也可以定义为人为的或随意的连续进行的运行状态。这种运行状态由一系列被控制的动作和一直进行到某一特定结果或状态的有规则的运动构成。任何被控制的运行状态，都可称为过程，如化学过程、经济学过程和生物学过程。

（3）系统。系统是一些部件的组合，这些部件组合在一起，能够完成特定的任务。系统不限于物理系统。系统的概念可以应用于抽象的动态现象，如在经济学中遇到的一些现象。因此，"系统"这个词应当理解为包含了物理学、生物学和经济学等现象。

（4）扰动。扰动是一种对系统的输出量产生相反作用的信号。如果扰动产生在系统的内部，称为内扰；扰动产生在系统外部，则称为外扰。

（5）反馈。反馈控制是这样一种控制过程，它能够在存在扰动的情况下，力图减小系统的输出量与参考输入量（或者任意变化的期望状态）之间的偏差，而且其工作也正是基于这一偏差基础之上的。

（6）反馈控制系统。反馈控制系统是一种能对输出量与参考输入量进行比较，并力图保持两者之间既定关系的系统，它利用输出量与参考输入量的偏差来进行控制。应当指出，反馈控制系统不限于工程范畴，在各种非工程范畴内，诸如在经济学和生物学中，也存在着反馈控制系统。

上述分析极其深刻。其一，"对象"是机器零件"有机"地组合在一起的，其"作用"是完成一个特定的"动作"。由此，项目控制的特定作用对象是"项目组织的管理行为、项目

---

① 绪方胜彦：《现代控制工程》，卢伯英、佟明安、罗维铭译，科学出版社 1981 年版，第 1 页。

人员执行任务的作业行为",控制系统对这一"特定对象"的作用就是在完成项目监控的"特定使命"。其二,"过程"是一种自然、渐进的"运转或发展",其特征是一系列逐渐的变化,或者也可以定义为"人为的或随意的"连续进行的"运行状态"。同样,项目实施与控制的"过程",就是符合客观规律的"人为运转或发展"的持续过程。其三,"系统"是一些"部件"的组合,只有这些部件组合在一起,才能完成特定的任务。"系统不限于物理系统",阐明了项目管理系统的本质。绪方胜彦指出:"人的机体在某种意义上说,就类似于一个具有许多控制变量的化工设备。在这种运输和化学反应网络的过程控制中,包含着许多控制回路。事实上,人的机体是一个极其复杂的反馈控制系统。"[①] 总之,对控制论中这些术语的讨论,有助于人们正确地认识和理解项目控制的基本思想和方法,建立完善的项目控制系统。

2. 项目控制系统的构成

在项目管理过程中,控制活动是管理者为保证项目实施的结果与计划预设的目标相一致而采取的一系列措施。这种采取控制措施的行为与项目管理系统相结合,便形成了项目控制系统。在项目实施过程中,控制系统通过监督和检查项目实施活动的进展情况,不断检验实际成效与既定计划是否相一致,以便及时发现偏差,找出原因并采取措施加以纠正,从而保证项目目标的实现。

本书第三章所分析的项目管理系统,本质上是一个广义的管理控制系统。控制系统是项目管理系统中最重要的子系统之一,它围绕控制职能的有效运用而建立,其结构组成至少应具备以下三个要素:作用者,即控制主体,它就是项目组织的管理层,亦可称作施控主体或施控者;被作用者,即被控对象,它就是整个项目及其实施过程,亦可称作受控客体或受控者;信息,控制系统指令的携带者及控制作用结果的传递者。也就是说,这里的"信息",既包括控制主体发布的指令信息,又包含被控对象的结果信息以及反馈系统的回馈信息。这样,项目控制的作用者、被作用者、信息以及施控者运用信息的过程等组成了一个整体,形成了控制系统,以此完成项目控制的行为。项目控制系统及其内部的相互作用关系,如图 4-9 所示。

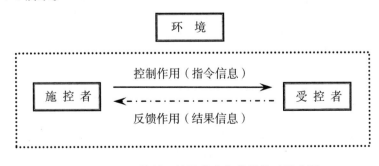

图 4-9 项目控制系统及其内部作用关系示意图

---

① 绪方胜彦:《现代控制工程》,卢伯英、佟明安、罗维铭译,科学出版社 1981 年版,第 2 页。

在图 4-9 的虚线框外还存在着"环境",它是影响项目控制系统运行的重要因素。控制系统与内外部各种干扰因素相互作用,体现了项目控制的基本特征。首先,在控制系统中,施控者作用于受控者,受控者同时也反作用于施控者。前一种作用是控制作用,后一种作用可视为反馈作用。这两种作用过程都依赖于信息的传递。其次,控制系统与环境之间持续地相互作用。控制论着眼于控制系统与特定环境的关系来实现控制功能,也就是说,控制功能是在系统与环境之间的互动中实现的。再次,项目实施过程是动态的,控制系统的运行必然也是一个动态的过程。当控制活动达到某种稳态时,这种稳态实质上是一种动态平衡。总之,在分析项目控制系统时,要全面考虑项目实施阶段中部分与整体、整体与环境之间的相互关系,并通过控制系统中信息的传递,调整项目实施过程中各种要素的均衡关系,使之达到合理配置,进而使系统运行达到最优状态。

3. 项目控制系统的功能要素

项目控制过程是目标和行动、计划和现实的混合体,关键是比较控制变量的实际值与计划预期值,发现偏差并实施纠偏。在项目实施过程中,管理者有时对风险处理不及时、采取措施不得当,其主要原因是对控制系统的运行重视不够,对项目控制的基本要素把握不够准确。控制系统的有效运行,建立在目标变量具有明确的技术经济指标数值的基础上。只有对各项目标变量做出明确计划,才能建立控制标准,控制系统也才能对目标变量发生的偏差采取纠正措施。实质上,项目控制系统的一项重要功能就是提供目标变量不断变化的信息,管理层据此研判项目实施状况并发布新的控制指令,作业层同步采取正确的作业行为和控制措施。为此,项目控制系统的运行必须有相应的功能要素作支撑,具体包括四个方面:建立控制标准、观察实际绩效、对比分析和采取纠正措施。项目控制系统的各功能要素之间的作用关系,如图 4-10 所示。[①]

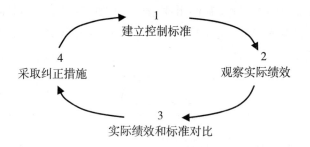

图 4-10 控制系统的功能要素关系图

从图 4-10 可知,在项目实施过程中,控制系统的功能要素是内在因素,且发挥着主导作用。这是因为环境因素的不断变化,迫使管理层、执行层必须通过管理系统来确保整个

---

① 戴维·I. 克利兰:《项目管理:战略设计与实施》,杨爱华译,机械工业出版社 2002 年版,第 317 页。

控制过程的稳定。在项目控制系统的运行中，当管理层采取某种行动时，便会得到项目实施绩效的信息，该信息作为反馈信息报送给相关负责人——项目经理或业务经理。负责人经过对比实际绩效和控制基准，通过分析提出新的行动方案并指导作业层采取措施。因此，通过建立控制标准、观察实际绩效、对比分析偏差和采取纠正措施的循环往复，就可以实现项目控制系统的有效运行。

4. 项目控制系统的设计

格雷厄姆认为，"控制一般与量度（通常是财务）有关。存在三种有关的思想：第一，控制设计应能缓解外部干预；第二，侧重于结果；第三，'创造性'人员总能找到适当方法绕过任何他们感到压抑的控制系统。因此，控制系统的设计应当充分考虑到人员的特点。"[①] 可以看出，格雷厄姆提出的有关项目控制的三种观点，实际上为控制主体合理设计项目控制系统提供了基本遵循。其一，缓解干预。控制系统的设计应能缓解各种内外部干预：侧重于内部控制的重点是保证项目三大目标按计划推进，免受项目组织内部各种影响因素的干扰；侧重于外部控制的重点在于应对外部环境的干扰。其二，侧重结果。控制系统的设计应紧密结合项目实施过程，注重项目实施成果。一般的控制系统只适用于平稳消耗的成本控制过程，且只要给定期望目标，配置资源就能获得稳定的成果产出。但这种控制系统并不适用于项目实施的创造性活动，项目控制系统不应将控制目标设置成某种模糊的期望，而是要明确清晰。其三，注重人员特点。项目控制系统的设计应充分考虑项目人员的特点，注重参与者与控制系统之间的互动作用。实践证明，设计一种反映项目实施创新过程的控制系统十分困难，必须强化针对性，突出项目成员的行为控制，切实提升控制方案的可操作性。

项目控制是一项复杂的综合管理工作，涉及的相关方及参与者众多，构建一个完善的控制系统是项目顺利实施的关键。为此，控制系统的设计应与项目实施风险的大小相匹配，控制系统的程序、流程和步骤应与项目实施节奏同步。由于项目控制系统与目标系统、计划系统和技术系统等交织在一起，共同发挥作用，所以，项目经理及管理层要合理分解项目控制的各项任务，并将其明确地下达到相应的业务部门。对于大型复杂项目，其项目控制系统必须是具体的、实在的，切不可"若有若无""若隐若现"。对于一般的中小型项目，其控制任务往往包含在管理职能中，建立有形控制系统的需求有时并不十分强烈，但必须重视项目控制功能及作用的发挥。

5. 项目控制系统的运行

在项目实施过程中，计划任务的执行结果往往会发生偏差，不断地将这一偏差反馈回原计划或决策部门进行调节，从而使项目实施朝着既定目标推进，这就是项目控制系统的

---

① 　R. J. 格雷厄姆：《项目管理与组织行为》，王亚禧，罗东坤译，石油大学出版社 1988 年版，第 166 页。

运行过程。依据这一过程，项目控制系统运行中最关键环节是按照期望目标对项目实施过程进行检查，发现偏差，采取纠偏行动。但是，在项目实施过程中，业务部门发布的控制指令只有传递到作业层，项目控制才能产生实际的效应。项目控制系统运行过程如图 4-11 所示。[①]

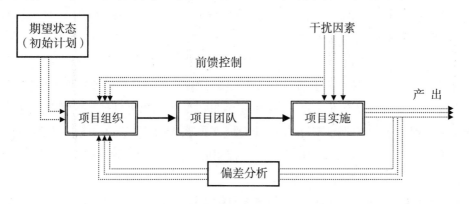

图 4-11 项目控制系统运行过程示意图

项目控制过程中的纠偏方式，可分为三种情况：一是重新制订项目计划。当发现初始计划中的某些任务、工序不再需要，或者需要增加新的工序时，就要重新制订计划。二是重新安排工作任务。如果项目实施进度滞后，而计划任务又不能调整，此时，就应重新安排进度计划并建立新的计划基准。三是重新配置项目资源。若采取前两项措施仍不能达到预期的控制目标，就需要考虑重新配置项目资源。

项目控制系统有效运行的关键，是要确定控制变量的"可能性空间"，这涉及项目实施与管理的整个过程，包括项目实施计划、任务、人员和技术等要素在内的所有控制变量的集合。一般而言，控制变量设定的可能性空间越小，所需要的控制力度就越强。因此，管理层要深入分析项目实施的预期目标以及计划任务实现的可能性，力求将项目控制的作用对象，即项目实施过程，变成一个可分解的、全透明的"白箱"状态。专业技术人员要对项目实施范围进行结构分解，明确界定项目实施的目标系统、计划系统和任务系统等各自的工作界面。这对于管理层、执行层和作业层来说，都极为重要。

四、项目实施过程管理的控制体系

在建立一个稳定的控制系统的基础上，项目实施过程的管理控制还应形成一个规范的管理控制体系，即"项目控制体系"。项目控制体系是项目管理体系的重要组成部分，它以项目管理系统为依托，以控制系统为载体。只有形成了项目控制体系，才能使施控者和受控者融为一体，进而形成整个项目管理系统的控制机制，充分发挥控制系统的作用。项目

---

① 迈克·菲尔德，劳里·凯勒：《项目管理》，严勇，贺丽娜译，东北财经大学出版社 2000 年版，第 316 页。

组织构建控制体系,其内容主要包括明确项目控制主体责任、确立控制对象范围、制定切实可行的控制方案、形成项目监管机制等方面。

1. 项目控制的责任主体

作为控制主体的项目组织及其管理层,责任重大。对项目实施过程进行有效的管理控制,首先应满足两个基本条件:一是明确控制目标,二是明确控制主体的责任。广义地说,项目控制主体就是项目组织及其全体参与者,而狭义的项目控制主体则指项目负责人、团队负责人和相关责任人等管理层人员。在项目控制过程中,项目负责人是最重要的角色,其任务是协调业务部门分解项目实施的目标任务,制定项目计划,确立控制策略,制订项目控制工作程序、流程等。子项目或团队负责人,具体负责实施控制任务,包括计划确认、任务分派、过程监控、信息反馈等。管理层应具备相应的管控能力,具体落实控制主体的责任,其与执行层一起决定着项目控制的效率和控制结果的成败。

2. 项目控制的对象范围

如前所述,项目控制对象是整个项目实施活动,既包括项目实施全过程,又包括该持续过程中所涉及的各项要素。项目控制对象涵盖目标、计划、任务,以及资源和环境等诸多要素。项目控制是理性的管理控制活动,必须要明确对象、目标和策略,否则,控制任务就难以落实,控制系统的标准、程序和步骤就无法统一,项目实施进程就会陷入无序状态。为此,应将要素控制和过程控制相结合,并注重以下两个方面:首先,要充分运用整合管理职能,明确目标任务、明晰管控范围,强化对项目资源、风险、采购和相关方等各个方面的整体管控;其次,应提倡主动控制,及时预判偏差发生的可能性,采取预控措施。

项目管理主要是对项目组织业务部门及项目团队的管控,其目的是规范管理层和作业层的行为。项目组织真正的价值在于整合项目成员个体能力及其价值观。如果管理层、执行层和作业层人员无主人翁意识,或缺乏充分施展个人才能的空间,他们就难以发挥创造性思维,也难以遵循项目组织的管理制度。因此,高效团队是项目控制成功的基础,只有进行科学管理以增强团队凝聚力,充分发挥团队的强大机能并产生群体效应,才能有效发挥控制系统的作用。

3. 项目控制的实施方案

制定科学合理的控制方案使控制系统规范运行,是项目控制成功的前提。项目控制与实施过程直接关联,是一个动态的过程,重点在于对项目实施各项活动的管控。所谓的控制能力,就是创造条件使事物向目标状态转化的能力。项目控制体系的功能集中体现在控制系统的运行上,依托控制系统及其反馈通道,明确控制目标、制定控制标准、重视偏差分析、采取有效纠偏措施等环节,是制定项目控制方案的重要内容。

项目三大目标既是项目实施的总体目标,又是项目控制的状态变量,因而在项目控制方案中必须对其提出明确而规范的控制措施。进度控制是主要矛盾和主线,成本控制是基础和关键,质量控制是命脉和根本。三大目标的控制标准,反映在两个方面:一方面,要明确各子项目及其单项目标变量的控制标准,如子项目的进度计划、成本控制额度、质量规程要求等;另一方面,要着力控制项目实施的整体进程,如整体的进度计划和预算安排等。在实际控制过程中,应将三大目标作为一个整体来对待。同时,当环境发生变化时,应及时修订项目控制方案,提出新的控制策略。

4. 项目控制的监管机制

项目控制仅仅依靠发布指令难以取得实效。构建项目控制体系的根本,是要建立包括分派任务、监督检查、分析偏差以及构建反馈通道在内的监控机制。只有形成项目控制的监控机制,注重项目管理系统特别是控制系统对各方面信息的"反馈",才能保证项目控制的各项行动指向预期目标和实施过程。在监管机制形成的过程中,项目组织要通过控制系统的有效运行,营造出理性控制的氛围,并在各个环节形成控制阶梯和连锁过程。同时,各业务部门须明确控制标准和控制系统运行的要求,形成信息发布的程序和流程,及时审核项目计划任务执行结果是否符合预期目标。

衡量项目监管机制是否有效的标准,体现在控制职能能否实现对项目整体进程的把握。具体包括:突出重点,有全局观念,有灵活性;考虑管控代价,注重控制效果;不断预测项目实施的趋势,及时发现偏差等。项目控制要把握重点,紧盯项目整体推进的状态,使三大目标的实现程度与项目整体推进的进程相符。管理层应及时准确地汇集三大目标进展的实时数据,分析偏差,得出实际结果与预期目标的偏离程度,这是项目整体控制的基本要求。如果项目监控机制有效,控制系统信息处理及时,管理层决策响应迅速,那么控制系统的自适应能力就强,控制主体便可准确地控制项目实施的整个过程,使项目实施结果达到预期目标。

第三节　项目控制方法

项目控制是控制主体对受控客体施加的一种能动影响,这种影响能否保障受控客体按预定计划行动并达到最终目标,依赖于项目控制方法的有效运用。建立规范的项目控制系统体现了控制主体开展项目控制的管理理念,而对控制方法和技术的应用,则是项目控制系统有效运行的保障。

一、项目控制的黑箱方法

我们在本章第一节指出,黑箱方法是通过分析客体的整体功能和行为,认识其内部结构体系和行为方式的一种科学方法。黑箱方法注重系统整体功能,兼有抽象方法和模型方法的特征，是研究复杂系统的有效工具，也为项目控制提供了一种新的理念和方法。

1. 黑箱方法的基本认知

如前文所述，人们的认知能力不可能穷尽所有事物的内在本质，当某些"装置"以"系统"的整体形态作为控制客体时，便称为"黑箱"。项目实施系统是一个复杂系统，除了各项可控变量之外，还包括许多尚不可完全控制的因素，从这个意义上讲，它具有某种黑箱的特征。当然，随着人们认识的深化，或者对不同主体而言，项目实施系统也会从"黑箱"过渡到"灰箱"，再到"白箱"。例如，对某些项目投资者或客户而言，他们投入资金而获得项目成果，仅需了解项目的最终产出，不必关注具体的控制过程，此时，项目实施系统基本上可视为黑箱；对于项目高层领导、利益相关者以及多数项目参与者而言，他们虽然了解项目的概况，但对项目实施过程的整体情况并不完全了解，对其而言，项目实施系统就呈现出灰箱的特点；而对于项目组织中的管理层和相关专业人员来说，他们熟知项目实施各方面的情况，项目实施系统就接近于白箱。

在某些情况下，将项目实施系统视为黑箱并运用黑箱方法，不仅有利于人们从整体的角度考察项目实施的绩效，便捷地观察整个项目执行与控制的过程，而且也有利于分析预期目标和计划任务是否明确、能否落实等问题。[①] 事实上，运用黑箱方法，可以使项目实施过程和项目控制过程融为一体，使项目控制的过程转换为控制系统的输入、输出以及调节二者关系的过程，这就重新定义了项目控制的基本原理和机制——"项目实施系统"充当了黑箱的角色，如图 4-12 所示。例如，美国项目管理知识体系定义了过程组的概念，其中每一个过程均定义了输入和输出，这就体现了对黑箱方法的实际应用。

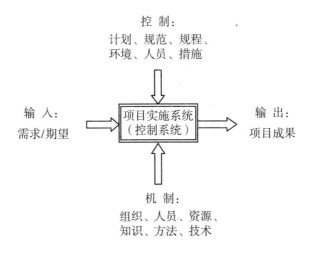

图 4-12　运用黑箱方法转换机制的项目控制示意图

---

① 赛云秀：《工程项目控制与协调研究》，科学出版社 2011 年版，第 72 页。

2. 项目控制的黑箱方法模型

维纳认为，所有的科学问题都是以"闭盒"问题开始的，研究它们的有效途径是应用黑箱方法进行系统分析，即分析闭盒所形成的黑箱的输入和输出，对其进行观察和总结，进而获得对该问题的科学认识。控制的目的就是通过既定的"输入"得到符合期望的"输出"。因此，有效的控制就要研究输入和输出之间的关系，揭示输入变化导致输出变化的规律。这种规律可以借助于定量分析的数学模型来描述。一般地说，这种输入和输出之间的关系，可以归结为因果关系：输入为因，输出为果。为了简单直观地说明问题，这种复杂的因果关系，又可进一步简化为一般的函数关系，如图 4-13 所示。[①]

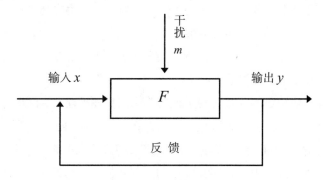

图 4-13　黑箱的输入和输出示意图

在图 4-13 中，如果不考虑外部干扰因素对系统状态的影响，那么给受控系统 F 施加输入 x，相应得出一个输出 y，F 起到把 x 转换成 y 的作用。这种转换关系的函数即为：$y=F(x)$。其中，y 是黑箱的输出，是因变量；x 代表黑箱的输入，是自变量。如果考虑干扰因素 m 对系统状态的影响，受控系统输出 y 则是输入 x 和干扰 m 共同作用的结果，函数关系式为：$y=F(x, m)$。黑箱方法正是基于对"输入"的干预，通过"输出"来观察系统的运行状态，再通过"反馈"的调节，以建立输入和输出之间的稳态关系，从而实现控制目标。

3. 项目控制黑箱方法的应用

项目控制运用黑箱方法的实施步骤，通常可分为三步。第一步，建立主体和客体的耦合系统，具体包括两个环节。第一个环节，确立黑箱。把控制对象作为黑箱并使其从环境中"分离"出来，成为一个相对独立的系统。第二个环节，分析主体和客体的耦合作用。具体又体现为两种情况：一是主体通过可控变量施加作用，实现对客体的主控作用；二是客体对主体的反作用，反映在客体的输出，主体通过可观察变量进行观测。这样，通过正反两方面的作用，主体和客体便构成了具有反馈功能的耦合系统。第二步，通过对系统输入

①　张文焕，刘光霞，苏连义：《控制论·信息论·系统论与现代管理》，北京出版社 1990 年版，第 29 页。

和输出的观察，主动考察黑箱。在耦合系统中，主体创造客体变化的条件，通过控制变量对客体实施调控；与此同时，主体通过可观察变量对客体进行观察，了解客体的状态和变化。这样，控制主体通过耦合系统的输入和输出，就能认识黑箱。第三步，建立识别黑箱的模型。在获得了有关黑箱客体的大量输入与输出数据后，对相关数据进行整理分析，便可建立上文提到的描述黑箱机理的模型：$y=F(x)$。确定相应的函数模型，就可依据这个模型给黑箱设定适当的输入，从而得到所需要的输出。

可以看出，在项目控制中运用黑箱方法，就是将整个项目实施系统视为黑箱，并参照上述步骤，从不同的层次严格把握项目实施过程管理。运用黑箱方法，可有效把握项目实施的全局，提升过程管理的"可预见性"。良好的预见性，能够使管理层快捷地了解项目活动的动态，既有利于运用各种预控措施，起到事先主动实施管控的作用，又能有效调整项目实施节奏。

二、项目控制的功能模拟方法

功能模拟方法是控制论的主要方法之一，其基本逻辑是不同系统的功能特性具有相似性，用模型来模拟研究对象的功能，可以探索系统的发展规律，找到有价值的实施对策。[①]功能模拟方法在相关学科中已得到广泛应用，这里仅对其在项目控制过程中的应用前景做初步的分析和探讨。

1. 功能模拟方法的基本认知

功能模拟方法是控制论的基本方法，具有相对独立性。维纳等人摒弃了动物和机器完全等同的观点，保留了动物与机器之间类比的形式。借助这一形式，抛开自控装置与生命机体之间结构特征和物质基础的不同，只在功能和行为方面寻找二者的统一性和相似性，从而创建了功能模拟的科学方法。

功能模拟方法强调"模型"与"原型"在功能和行为上具备相似性，并通过模型模拟原型的系统运行状态，分析原型的功能与行为特征。功能模拟虽源于传统模拟，但又有质的提升。以生物模拟为例，传统模拟在于认识生物原型本身，而功能模拟要求在认识生物原型的基础上，创造出具有类似生物系统行为特征的机器。如果我们能设计出一个系统，在同样的输入作用下，它的输出和原型的输出相同或相似，就可以确认实现了功能模拟的目标。对于项目控制而言，"原型"就是待实施的项目，"模型"则可选择同类已实施的或正在实施的项目。在实际应用中，管理者可以将功能模拟方法与黑箱方法相结合，在项目实施开始时，并不急于分析项目实施系统内部的具体运行状态，也不必强求模型与原型在结

---

①　张文焕，刘光霞，苏连义：《控制论·信息论·系统论与现代管理》，北京出版社 1990 年版，第 42—46 页。

构上完全相同,而是要寻求二者在整体管理功能上的相似性,以确保项目实施产出的相同或相近。

2. 项目控制的功能模拟方法

功能模拟要求模型与原型在功能和行为上具备相似性,这是项目控制应用功能模拟方法的基础。首先,功能模拟将相应的生物行为与机械电子装置行为联系在一起,通过模仿生物行为,创造机械电子装置的动作技术行为,由此奠定了仿生学的科学基础,也为项目参与者"行为控制"奠定了基础。其次,功能模拟为人工智能的研究提供了有效方法。人工智能作为人脑的某种"延伸",不仅在认识活动的感性阶段充当认识的"器官",而且已经跨入近似人类理性认识的阶段,并开始无限地趋近人类智能。这里的"智能",集中表现为记忆、判断、推理、选择、演算等思维活动,它为项目管理系统,特别是信息系统的构建和控制系统的运行提供了借鉴。最后,功能模拟向智能模拟的拓展将会有力地促进控制技术的发展。智能模拟技术的不断完善和广泛运用,必将使人们对项目控制理念、方法和技术,特别是对项目实施"物理系统"的技术控制在认识和实践两方面产生质的飞跃,这为全面构建项目控制体系提供了支撑。

不同类型的项目各有特点,但在其实施过程中,项目管理系统、项目控制方法却有规律可循。功能模拟方法与黑箱方法相似,当对系统内部结构认识不清或不能完全掌握时,通过模拟试验,再现原型的功能,并推断原型的结构特征和运行机理,以此预测并管控系统未来的行为。这样,我们就能借鉴以往的管理经验,把黑箱方法与功能模拟方法联系起来,将对"白箱"的管理过程转化为与"黑箱"相同的管控操作方式,通过选择设定输入,观察输出,比较两者的偏差,从而有效控制项目实施的整个过程。

3. 项目控制功能模拟方法的应用

功能模拟方法对项目控制具有重大的理论和实践意义。可以预见,在大型复杂工程类、制造类项目的控制过程中,功能模拟方法具有良好的应用前景。在项目控制中,人们常常借鉴以往项目控制的成功经验,这种"借鉴"就可被视为一种模拟,这便是功能模拟方法的意义所在。同时,功能模拟方法不仅适用于项目整体管理,还适用于项目管理各相关部分,如项目组织架构、项目管理系统及其子系统等方面的专项管理。当然,应用功能模拟方法实施项目控制,应考虑项目过程管理的具体特征,要以项目组织为平台,以项目管理软件为工具,运用人工智能技术,这样就能够提高大型项目管理控制的能力和水平。不可否认,功能模拟方法对于重复作业的机械电子装置系统更为适用,而项目实施是一次性活动,其管理系统的可比性较难把握。但是,对于项目驱动型组织,管理者通过不断观察和分析某一类项目的控制过程,将过程管理的技能提升为规律性认知,建立相应的仿真模型,同样可以实现对各类项目有效的调节和控制。

三、项目控制的反馈方法

项目控制的反馈过程，不同于一般机械电子装置系统的信息反馈，其在本质上是对各项控制变量技术经济指标的反馈。维纳指出，反馈既可以是像普通光学反射那样简单的反馈，也可以是比较高级的反馈。反馈方法不仅可以用来调节特定的动作，而且还可以调节组织整体的行为。项目管理应高度重视并系统运用反馈控制方法，以按预定目标顺利推进项目实施。

1. 反馈方法的基本认知

"一个有效的行为必须通过某种反馈过程来取得信息，从而了解其目的是否已经达到。"[1] 在项目实施阶段，不断反馈实施结果是提升过程管理成效的重要途径。在项目实施过程中，如果项目内外部环境发生变化，那么对相关潜在干扰因素的预测难度也会随之增大，这时反馈控制就成为项目控制的重要方式。在项目控制系统中，运用反馈机制，必须把握施控主体的指令信息与系统作用后回馈信息的匹配程度，满足信息传递确定性、信息流动双向性以及信息量对等性这三个条件，否则，就会造成管理层与作业层沟通不畅，进而使整个项目管理系统运行失控。

在一般自控装置中，有两种反馈调节形式：通过反馈信号使系统振荡增大，越来越偏离预期目标，称为"正反馈"；反之，通过反馈使系统振荡减小，越来越接近预期目标，则称为"负反馈"。正反馈激化系统运动的既定趋势，而负反馈则用于纠正系统偏离既定目标。[2] 在反馈机制中，维纳特别看重负反馈，认为一切稳定的控制系统都应是负反馈。他认为，系统的运动总会受到内部异常状态和外部不利因素的干扰，使其偏离正常的运动状态。为了保持系统的稳态，就需要负反馈来纠正系统运行中的偏差。同时，在自控系统中，反馈不足和反馈过量都会导致控制的失败：反馈不足会使被控对象无法接近预期目标，反馈过量则会造成系统振荡而失去控制能力。显然，对项目控制而言，控制的目的在于使"干扰因素的信号减弱"，故本书在论述中所提到的"反馈"，在不做出特别说明的情况下，都是指负反馈。

2. 项目控制的反馈方法模型

根据反馈方法的基本原理，对反馈控制强度的合理把握，即对项目实施成果的衡量和评价，就变得十分重要。项目控制过程依赖于项目实施作业过程，项目控制效果依赖于作业人员的行动结果。这就是说，项目控制过程既要改善作业人员的行为环境，又要使其操作行为符合项目实施规范的要求。因此，应用反馈方法的重点在于管控作业人员的行为。

---

[1]　N. 维纳：《人有人的用处》，陈步译，商务印书馆 2014 年版，第 43 页。

[2]　张文焕，刘光霞，苏连义：《控制论·信息论·系统论与现代管理》，北京出版社 1990 年版，第 50—52 页。

项目控制实现最佳反馈的关键在于避免出现过量反馈或反馈弱化。过量反馈会使管理系统发生震荡而失去控制能力；相反，反馈弱化则不能保证控制作业行为的效果。

斯格特认为，广义地说，一般系统论对组织理论发展的贡献在于把组织模型提升到"将组织视为控制系统"和"将组织视为开放系统"的层次。他认为，组织的自我调节是通过确立与特定进程或流程相联系的具体要素和亚系统来实现的，并以恒温器为例，通过个体作业人员与环境温度之间的控制关系，揭示了包含人的因素在内的控制机理，具体如图4-14所示。[①] 在图4-14中，个体作业人员可以自行设定环境系统运行的标准，即通过重新设定控制恒温器的指令，改变期望的环境温度。但是，个体的作业人员并不是"温控系统"的组成部分，该闭环系统仅包括了恒温控制器、加热器及其相互之间的连接装置，而作业人员存在于闭环系统之外。然而，如果把这一控制系统的范围扩大，将确定控制标准、设计控制程序的所有人员都包含其中，那么这个模型就演变成一个开放的综合控制模型。在建立项目控制体系时，就要采用这种开放的综合反馈控制模型。

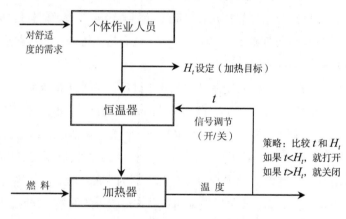

图4-14　恒温控制系统示意图

在图4-14所示的反馈控制模型中，反馈控制能否达到预期的系统运行效果，在某种程度上取决于控制系统程序和流程的设定。这就是说，虽然控制系统的调节过程是通过与特定流程相联系的具体要素或子系统来实现的，但是，使系统进行自动调节的关键机制主要是控制的策略和程序。

3．项目控制的反馈系统

与机械电子装置系统相比，项目实施的控制系统是典型的开放系统，它能够从环境中获得资源，并进行自我反馈与维护。斯格特指出，将组织视为开放系统，就是强调运作、控制和决策中心及其相互间流程的重要性。他给出了组织设计中广泛采用的控制类型，如图

---

①　W. 理查德·斯格特：《组织理论》，黄洋，李霞，申薇，席侃译，华夏出版社2002年版，第79—80页。

4-15 所示。[①]

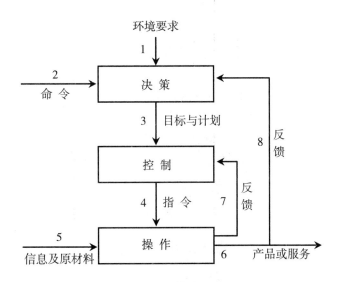

环境要求

图 4-15 组织设计中反馈控制系统示意图

在图 4-15 中，决策中心为控制系统确定目标，包括应对外部环境的要求或选择（流程 1）以及组织系统的命令（流程 2）。由于有了组织与环境间的交换，决策中心将目标或行为的准则，即目标与计划传递到控制中心（流程 3），控制中心把自己的程序以指令的形式运用到操作层面（流程 4），在那里将信息及原材料转化为产品或服务（流程 5 和 6）。同时，控制中心还要监测产出，将其质量、数量与决策中心确立的标准进行比较（流程 7），两者的差别就是偏差。在这个图示中还有第二个反馈回路（流程 8），表明系统外界（如顾客）对系统产品的反应，常常引起组织调整目标。其中，流程 7 为辅助回路，流程 8 为主要回路。在这样一个双重反馈系统中，主要回路通过预设的决策规范来控制干扰的"程度"；而辅助回路则通过重新界定控制操作层次的规则来控制干扰的"类型"。

图 4-15 所示的反馈控制系统示意图，直观地体现了该系统的运作过程。事实上，对决策中心和控制中心的考察，主要依据是系统运行对技术流程的影响程度，这对分析项目控制系统的运行过程具有重要意义。同时，这个结构框架既适用于项目组织整体的分析，也适用于对任何子系统运行的研判。譬如，对项目人力资源子系统运作状况的分析：该子系统应同时满足其他子系统对项目人员的需求，以适应整个项目组织管理系统及项目实施过程的运行需求。

4. 项目反馈控制的偏差比较法

反馈控制方法建立在分析指令信息与反馈信息偏差的基础上，而比较各项偏差的方式，

[①] W. 理查德·斯格特：《组织理论》，黄洋，李霞，申薇，席侃译，华夏出版社 2002 年版，第 80—81 页。

又建立在对某一控制变量的两个或若干个量值进行比较的基础之上。因此，项目控制过程归根结底取决于控制变量状态数值之间的比较，即依据对计划期望值与实际执行结果值偏差的系统分析，采取相应的纠偏措施。项目控制目标变量的量值是事先确定的基准值，而与其进行比较的量值主要包括已确定的计划指标量值、已实现的实际量值和预测的将来量值三大类。显然，偏差比较法与反馈方法是相通的，但其更重视时间维度。在项目实施过程中，偏差比较法可分为两大类，具体包括六种方式。[①]

第一类，相同属性控制变量的数值比较，涉及三种方式：

（1）"将来与将来"的比较。这种对比是对若干既有（备选）方案的量值与目前选定方案的量值进行比较，目的在于对所预测的控制变量进行事先的一致性检验。这种比较方式不仅可用于过程变化的预测，还可用于选择相似方案时的效果预测。例如，在进度控制中，当对某一个备选方案的预期效果与已确定方案的效果进行一致性检验时，就可以采用这种比较法。项目质量预控，就是在"将来与将来"不断比较的过程中展开的。

（2）"应该与应该"的比较。这种对比类似于过去同类项目计划量值与当前项目计划值的比较，其比较过程是事先进行的。这种比较方式与计划基准有直接关系，且能够对计划方案中各种相似目标的一致性进行检查。因此，它常被用于检验计划所确定应该量值的一致性。项目成本预控就是不断比较"应该与应该"的分析过程。

（3）"实际与实际"的比较。这种对比是历史数据与当前实际量值的比较，其比较过程是在事后进行的，所涉及的仅是同类项目过去的实际数值和当前发生的实际量值。这种比较的优点是，它可以形成变量梯度，用于预测未来的变化趋势，并能形成调整计划的依据。实际上，计划中所确定的应该量值是从过去某一时期的实际量值中得出的，因而这种比较体现在不断调整项目进度计划的过程中。

第二类，在进行上述三种比较的时候，我们也可进一步对"实际""应该"和"将来"三个不同属性的变量重新进行两两排列组合，交叉比较，由此又可产生下面三种方式：

（1）"实际与应该"的比较。在这种比较中，相互比较的是实际发生的量值与计划所确定的量值。通过这种比较，可以发现计划任务实现的程度以及存在的差距。这种比较方式是项目实施过程中三大目标控制最常用的方法。

（2）"应该与将来"的比较。这种比较本质上是事先预控的组成部分。在具体比较时，不能等到在某种情况下某个控制变量既成事实的时候才实施控制，而是要在某个期间内的过程管理中，把所确定的控制变量的应该量值与预测量值加以比较。这种比较可用来分析项目实施的过程趋势以及计划实现的可能程度。

（3）"实际与将来"的比较。这种比较的核心是要检验计划执行的程度，预测的计划量

---

① 赛云秀：《工程项目控制与协调机理研究》，西安建筑科技大学博士毕业论文，2005。

值是否与实际量值相吻合。与控制计划进度相似，在进行这种"事先控制"时，要确定计划执行的可能进程以及检验执行计划的基准是否依然存在。如果计划基准已经发生变化，那么实现将来量值的预测就会出现偏差。

四、项目实施管理控制的方法

黑箱方法、反馈方法和功能模拟方法为我们提供了项目控制的方法基础，但项目控制不同于纯粹的机械电子装置控制，其在本质上属于管理控制的范畴，它介于机械电子装置的"刚性"控制与一般管理的"柔性"控制之间。管理控制是控制论的一个重要分支，其控制过程更为复杂。

1. 管理控制的基本特征

法约尔曾这样描述管理控制："在一个企业中，控制就是要检查核实各项工作是否都已遵照被采纳的计划运行，是否和下达的指标一致，是否和已定的原则相符。""控制的目的在于指出工作中的错误和失误，以便人们能及时纠正，避免再次发生。""控制在各个方面起作用，对人、对事、对各种行为都可控制。"[①] 这就是说，管理控制是针对管理过程中各项目标、计划和任务的执行效果，以及组织成员的行为等所开展的系列控制活动。管理控制既包括对人员行为的控制，也包括对物料配置与设施设备运行状况的控制。

通常，管理控制的具体实施过程，可分解为五个步骤：工作范围分析与定义、工作标准制定、工作开展过程评定、工作进展的偏差分析、绩效评价与反馈等。这五个控制步骤与一般机械电子装置基本一致，其区别在于机械电子装置的控制可以用刚性的"规程标准"，而管理控制则是人为的"目标控制"。管理控制系统是一个复杂的有机系统，其内部运行的管理过程与外部环境的联系存在某些随机性。因此，管理控制系统的运行，还包括制定控制策略和确立控制方式等环节。

2. 项目管理控制的基本方法

前文所讨论的黑箱方法、功能模拟方法和反馈方法，皆具有方法论特质。通过运用这些方法，我们可以从理论层面深刻揭示管理控制的内在机理。但在实践操作中，项目控制必须深入分析项目实施过程的特征，结合这些方法，明确具体的控制方式和手段，这就产生了以下五种管理控制的基本方法。

（1）现场观察控制法。管理者观察项目作业过程，从现场获取工作任务完成情况的信息，与期望结果进行对比、判断和分析，并据此采取相应控制措施。根据项目任务对象的不同，现场观察控制法又可分为三种具体方法：一是直接观察法。管理者直接对业务部门、团队和任务小组的工作进展进行观察。二是过程观察法。对项目实施过程进行全程观察，

---

① 亨利·法约尔：《工业管理与一般管理》，迟力耕，张璇译，机械工业出版社 2007 年版，第 110 页。

同时对关键路线上的重要节点和事项进行过程观察。三是工作巡视法。对于不易直接观测的工作事项，如项目作业中的创造性过程、隐蔽工程等应采用这种方式。现场观察控制法的优势在于可以获得项目实施的第一手资料，使管理层清楚各项作业所需的资源，确定关键的工作流程，及时发现作业现场存在的不足，判断项目控制系统运行是否正常。这种方法对于具体的子项目或重复性较强的工作极为有效，但不适合不确定性大且过程复杂的项目。

（2）管理程序控制法。管理者依据项目实施技术工艺的要求和工作程序所提供的规范或标准，借助各种管理规章及措施形成系统的管理程序，并通过流程图及表格等，对项目组织的各个业务部门及团队进行有效控制。这里的管理程序是对业务部门处理管理事务的程序、流程与步骤的定位、规定和描述。管理者应用程序控制法，应将管理程序视为一个系统，建立健全各项工作程序及流程，以保证管理程序的系统性。例如，传统的成本控制仅从发生成本费用的源头入手，强调控制各种具体开支事项，而忽略了管理程序的作用。相比之下，管理程序控制以"白箱"控制理论为基础，通过事先设定的控制原则，强化控制系统的功能，充分发挥项目实施目标导向和计划控制的优势。另外，管理程序控制法注重工作程序和流程设计，涉及各个业务部门，贯穿项目实施全过程，能有效体现项目组织规范化管理的制度约束。

（3）管理系统控制法。管理系统控制法主要是通过分析项目管理系统的运行状态，准确地为管理层的决策和指挥提供信息，从而为项目控制提供支撑。项目组织在构建管理系统的过程中，应高度重视信息管理系统的开发，并使其有效地为控制系统提供服务。在大型项目实施中，一个有效的信息系统不仅可以准确地描述并推进项目实施的完整图谱，而且能为不同层级的管理者制定和落实控制措施提供基础依据。

（4）资料分析控制法。在有些情况下，对于大型复杂项目的实施作业过程进行现场考察往往难以实现，此时管理层应分析过程管理中产生的原始资料，了解项目实施的具体进程，有针对性地采取相应的管控措施。资料分析控制法可直接针对项目实施三大目标的管理，也能为合理配置项目资源提供系统的管控手段，是一种实现项目目标的有效控制方式。资料分析控制法的核心是过程管理中统计资料的及时性和有效性。管理者可将过去的经验数据与现实数据进行比对，以利于项目控制决策和预防偏差；也可将计划数据与现实数据进行比对，实施计划控制。例如，在控制项目进度时，可以采用 S 形曲线、香蕉形曲线、前锋线等方法；在综合控制项目成本与进度时，可以采用挣值（EV）方法。

（5）专题报告控制法。专题报告多用于项目高层管理者了解和掌控项目实施的整体进展或某个方面专项工作的落实情况。项目组织向组织汇报项目实施情况时，也可根据某一特定的目的，运用专题报告的形式，对某些具体事务进行深入的调查研究和分析汇报，同时将分析的结果和组织的反馈意见用于具体项目任务的控制。专题报告控制法常常能及时发现问题,可应用于控制关键路线或项目实施的薄弱环节等,其最大特点在于通过诊断,发现专项问题,及时纠正偏差,以使项目实施回到正确轨道。项目组织也可采用此方法控制内部业务部门及团队的专项工作。

总之,以上五种控制方法在操作层面上给出了项目实施管理控制的具体手段。当然,这几种方法并不是相互对立或孤立的,在具体应用时,管理者可使用其中的一种,亦可多种并用。项目实施管理控制的基本框架,如图 4-16 所示。

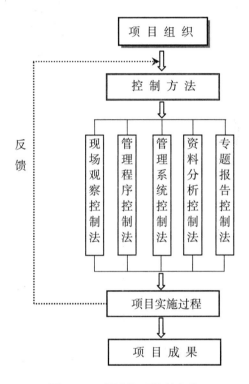

图 4-16 项目管理控制方法

3. 项目管理控制的其他相关方式

项目控制的对象可分为两类,即"事物"和"人员"。前者强调技术控制,后者注重管理控制。管理控制的重点主要集中在对业务部门及作业层人员行为的规范上,即核心是约束与管控项目人员的行为。针对管理控制特性,项目控制在运用上述五种基本方法的同时,还应对明茨伯格、格雷厄姆、斯格特等专家曾提出的一些控制方法,如任务专门化、连锁控制、综合控制等给予高度关注。

(1)任务专门化。明茨伯格将组织类型划分为多种形态,主要包括:一是创业性组织,简单易控,动态变化,不具有完整组织的全部特征;二是机械性组织,主要针对高度专业化、例行性的组织任务;三是专业性组织,依靠作业技术的标准化达成协调,而技术标准化主要通过设计、培训和教育来完成;四是创新性组织或灵活性组织,根据市场导向,以相应的项目小组形式来工作。[①] 项目实施创新特征明显,具备多种组织管理形态,这使得任务细化分工成为一种必不可少的管理方式。格雷厄姆指出:"任务专门化置个人自我实现的趋势于不顾,而只要求人们使用少数几种职能。这也使得工作中无论多么微小的技能都变得重要起来——能力上的微小差别导致产出的巨大差异。"[②] 项目任务专业化分工使得管理控制呈现出技术系统与管理过程相结合的特点,其本身就是项目控制的一种方式。

(2)连锁控制。项目组织的管理常常表现为一系列的"连锁行为"。项目组织采用连锁控制,使其行动变得系列化、规范化,这在管理活动中较为普遍。例如,为实现任务接续或工序衔接,使用网络图及横道图能清晰地表明任务、活动和工序间的逻辑关系。透过这些逻辑关系,能映射项目实施的过程特征和管理控制的路径。由于项目管理过程中连锁管理行为的存在,管理层最主要的任务就表现为控制各部分的相互关系,确保每个业务部门都能完成其管理任务。

(3)综合控制。在项目控制过程中,控制措施过于宽松或严苛皆不可取。通常,项目控制强度太低,易导致作业人员工作懈怠,无形中也会产生盲从、违规等行为,增加质量风险;而控制强度过高,又意味着在任务衔接、作业时限等方面的要求过于严苛,增加管理控制的成本。因此,项目控制应结合项目特征和内外部环境特点,审时度势,综合运用各项控制方法。

需要强调的是,人员行为是项目控制的关键。项目组织有效地约束人员的行为,把项目控制对象由单纯的"事务"转化为"人员"与"事务"并重,通过规范"人"的行为,达到对"事"的规范。项目控制的重心是管控管理者和作业人员的行为。当然,管控人的行为具有约束人的特征,但这与以人为本的管理理念并不冲突,反而能够将运用控制技术的方式方法提升至管理艺术的高度,这是管理控制领域中的至高境界。

---

① 亨利·明茨伯格:《卓有成效的组织》,魏青江译,中国人民大学出版社 2007 年版,第 27 页。

② R.J.格雷厄姆:《项目管理与组织行为》,王亚禧,罗东坤译,石油大学出版社 1988 年版,第 162 页。

第五章　项目协调

> "（人）力不如牛，走不若马，而牛马为用。
>
> 何也？曰：人能群，彼不能群也。"
>
> ——《荀子·王制篇》

第一节　项目冲突及其处理

项目协调的一项主要任务是处理各类冲突。一个不争的事实是，冲突与项目实施如影随形、相伴而行，由此引发的各种争议、分歧、摩擦甚至对抗更是层出不穷。项目组织面对冲突引发的诸多问题，既不能简单地用"是与非"或"对与错"来评判，更不能回避或放任不管，而应主动面对，妥善处理。只有这样，才能将其有效化解。

一、项目冲突的基本认知

冲突通常是指发生在同一空间的两个或两个以上事物的相互对抗过程。项目冲突是各类冲突的一种特定表现形态，是项目组织内部或其与外部某种关系难以协调而导致的矛盾激化和行为对抗。项目组织是临时性组织，众多参与者有自身的习惯、偏好和对项目愿景的不同理解，这种特性决定了它往往难以在短期内建立起稳定的组织管理体系，各类冲突也就在所难免。

1. 项目冲突主体

项目实施是人为的社会活动。在项目实践中，人们不仅与自然、社会和环境之间形成一定的关系，而且其相互之间也必然形成一定的人际关系。项目冲突正是源于项目实施活动的社会性和人际关系。福列特在研究冲突问题时，特别关注冲突中"人"的因素。她指出："我们应当记住，我们永远不可能把人和机械截然分开。""企业人际关系研究和运营技术研究是浑然一体的。"她认为，冲突是生活中的必然现象，"我想应该把它利用起来，让它为我们效力。"[①] 在这里，福列特实际上提出了一个非常重要的冲突分析框架：人与事

---

① 斯图尔特·克雷纳：《管理百年》，闫佳译，中国人民大学出版社 2013 年版，第 103 页。

物相伴相随,两者之中,人是各类争端与冲突的"主角"。也就是说,项目冲突的主体是人,分析项目冲突,核心就是分析项目人员本身及其人际关系。

项目任务都是在"争争吵吵"的过程中完成的,各类冲突不断发生是项目实施过程的常态。在项目实施过程中,各业务部门、团队、相关方等人员关系错综复杂,构成了一张动态的人际关系网,这使得项目人员本身就处于冲突性的环境之中。从表面上看,项目任务分派与资源配置错位是各类冲突的诱因,即冲突的产生是由任务优先权、资源配置等问题处理欠妥造成的。但从本质上看,项目冲突的根源主要在于人而非事物。事与物是表象,人是本质,认识到这一点非常重要。冲突管理的核心是对人的管理,做好人的工作,冲突即可化解于无形。

2. 项目冲突过程

项目冲突的产生,情形各异,虽有隐显、迟速之别,但其从潜伏、显化到消亡,皆有迹可循,一般会经历以下三个阶段性过程:

(1)冲突潜伏与萌芽期。冲突的发生有一个过程,这个过程肇始于一方感受到另一方对自己所关心的事情产生消极影响或将要产生消极影响。在项目实施过程中,由于各种原因,项目组织中总会存在潜在冲突,但在萌芽期又不易察觉。随着时间的推移,这种潜在的冲突可能会消失,也可能被激发。在此过程中,冲突双方都要判定问题的性质,采取相关措施,尽量将冲突消除在萌芽状态。

(2)冲突显化与爆发期。这个阶段介于冲突一方或双方内心的认知深化和行为外显之间,是采取某种特定行为的决策过程。将这一阶段单独划分出来,主要是因为不同的行为意向会导致不同的行动。如果行为意向表述不明确,模棱两可,人们就会无所适从。很多潜在的冲突之所以会不断升级,其主要原因就在于一方对另一方的意图出现了误解或不同看法。这时,双方的反应和行为就会相互抵触,从而导致冲突显化,并最终爆发。

(3)冲突处理与消亡期。在项目实施阶段,面对冲突,管理层应及时采取有效措施予以解决,直至其彻底消亡。冲突处理不当,往往会造成项目组织凝聚力降低,成员之间出现沟通延迟、矛盾激化、产生明争暗斗等问题,这对项目实施具有极大的破坏性,不仅会降低项目实施的绩效,甚至还会威胁到项目的成功实施。

3. 项目冲突表现

在项目推进过程中,各种不同观念和认识相互碰撞,常常给项目实施过程带来变数。尽管各类冲突的诱因不尽相同,但其背后仍有一些值得关注的共性问题。一般而言,项目冲突主要表现在以下五个方面:

(1)管理观念冲突。观念冲突常会导致行为冲突,这在项目实施与管理过程中表现得尤为明显。观念冲突之所以发生,其主要原因在于管理层理念不统一。这样,人们就难以达成共识,每个人都试图按照自己的理解选择其行为方式,结果是无法形成管理合力,进而影响项目组织管理能力的发挥和管理系统的平稳运行。在项目组织中，项目成员的阅历、兴趣、个人动机和价值观等不尽相同，思维方式、文化认同以及思想观念也存在差异，加之众多成员来自不同职能部门，会受到岗位职级、利益纠葛和人际关系等诸多因素的影响，这些都是造成管理观念冲突的直接原因。同时，在项目实施阶段，通常存在若干个参与单位或多个团队，他们之间也会因管理理念不同、沟通渠道不畅等产生冲突。如果管理层对上述问题认识到位，协调有力，就可以降低冲突程度。反之，这些观念冲突就会愈演愈烈，影响项目实施进程。

（2）组织管理冲突。在项目组织内部，因各业务部门的工作职责不同，项目成员的能力和水平存在着差异，业务部门之间也会不可避免地产生冲突。组织管理冲突与项目决策、计划安排、任务优先权和资源配置等相关。在项目实施过程中，经常会出现各个层次管理职能的相互交叠，特别是在矩阵式组织结构中，项目经理因需管理诸多兼职项目成员而承受着较大压力。而项目成员时常需要同时向组织中的职能部门和项目组织中的业务部门汇报工作。在这种情况下，如果两类职能部门的工作指令相同，那么这种交叉不会对工作产生障碍；若二者的指令存在矛盾，项目成员将左右为难，这就意味着组织管理存在冲突。此外，管理职能交叉常常导致管理主体责任不明，业务经理与职能经理之间的相互推诿时有发生。如果正在实施的项目在组织中的优先级较低，一旦项目目标任务发生变化，将难以完全保障关键资源的供给，骨干成员也可能随时撤出，继而产生持续不断的冲突。这种情况在项目驱动型组织中屡见不鲜。

（3）目标任务冲突。在项目实施过程中，各类关于目标任务及其执行过程的冲突或显或隐、或缓或急，无处不在。从本质上讲，项目实施所产生的各种争议、争执，基本上都是围绕目标任务、计划任务以及任务执行过程中的"工作矛盾"。如果项目实施目标不明确，计划任务分派不清晰，无论管理层如何努力，都无法从根本上消除这类冲突。因此，项目经理应注重分析主客观原因，明确各层级目标与任务之间的联结界面。业务经理必须要明确项目实施的任务是什么，如何完成任务，完成任务的标准及所需的资源配置，自己部门如何配合，等等；团队则应明确由谁来执行任务，资源投入与实施过程如何结合，如何产出成果，等等。同时项目经理还应明确划分业务经理、子项目或团队负责人之间的权责界限，以避免目标任务方面的争议对项目实施过程产生破坏性影响。

（4）计划方案冲突。项目经理时常要应对因执行计划方案而带来的冲突和危机，所以常常又被称作"冲突"经理。项目计划方案引起的冲突复杂多样，贯穿于整体目标任务分解，以及进度计划、资金计划和资源配置计划等执行过程中。在各种不确定性因素的共同作用下，因预期进度目标不能按期完成，进而产生各种冲突。与此同时，如果项目计划方案不完备、不细致，往往就会成为冲突产生的主要根源。现实中，大多数项目组织因任务繁杂、时间仓促、环境多变等因素，难以做出一份详尽、完善的项目实施计划。这样，一些目标任务的子任务便游离于计划任务之外,在任务执行时不可避免地产生争议和冲突。另外,由于项目实施时间限制以及各种变更的影响,导致项目计划安排需滚动调整,若这种调整过于频繁,项目实施的正常节奏就会被打乱,造成管理层和执行层疲于应付,作业层"忙闲不均",项目实施的合力难以形成。

(5)资源保障冲突。项目发起组织通常以资金的投入为前提确立项目,对项目实施的其他相关资源保障只做宏观判断,或者仅做出一般性的假设。项目实施一旦开始,能否获得足够的资源,就成为项目管理者必须面对的现实问题。资源供应不足或不及时,常常为项目实施埋下冲突隐患。在各种资源中,人力资源的配置与保障最为关键,组织和项目组织在将有限的人员同时分配给多个项目团队或任务小组时,很难在各方需求上做到平衡,时常会引发冲突。同时,项目团队成员大多来自各职能部门,这些人员在某些情况下仍需接受其所属职能部门的调遣。更为复杂的情况是,有些职能部门须同时为多个项目提供人力资源支持。因此,项目组织在人力资源调配和目标任务分派上难免会出现冲突。

项目实施与管理过程中的冲突,主要来自以上五个方面。当然,到底什么样的争端、争议、争执,以及分歧、纠纷和矛盾才算"项目冲突",这仍是一个充满争议的话题。对管理者而言,发生冲突并非总是坏事,也有积极作用的一面,它可以引起人们对已存在问题的重视,继而为彻底处理冲突提供机会。

二、项目冲突的处置原则

从表面上看,各类冲突由事而生,但本质上却是因人而起。在项目管理中,人际关系管理扮演着重要角色,是冲突管理的核心。在某种程度上,项目冲突的持续及其处理,既体现在管理者的管理理念中,也存在于项目组织错综复杂的人际关系管理过程中。

1. 项目冲突处理的理念

与一般管理不同,项目组织中的权力、权威和层级关系,交流、沟通和协商的方式,亦随管理者理念和方法的不同而变化。对于项目冲突,有的可以快速解决,有的则需要不断磨合,处理过程的缓急,当视具体情况而定。对于执行计划任务方面、资源配置方面以及项目团队中产生的冲突,应从全局的角度从速解决。为此,高层管理者应时刻把握项目实施的"总体情境",冲突处理过程不仅要考虑人财物等因素,而且要准确把握项目实施所面临的整体动态。对于人际关系冲突,特别是与相关方等方面的冲突,管理层应统一认识与行动,力争将其消除在萌芽状态。在处理人际关系冲突时,管理层应充分了解冲突双方的立场和观点,鼓励冲突各方理性地表达不同意见,通过坦诚的交流,明辨是非,把"言之有理"转化为"行之有据",进而产生"良好决策"。

项目组织及团队成员的意愿,常常通过自我创造和自我实现来体现,并以一种更微妙而复杂的形式出现。事实上,冲突本身并非一定是"无意义的"或"负面的",只要其不突破项目目标的约束,也有可能带来有益的结果。如果冲突解决后能够调动项目成员的积极性,激发其创造性,那么这种冲突过程就是有益的。从这个意义上讲,应该允许部分"有益冲突"存在。例如,当两位技术专家对某个问题的解决方案发生激烈争论时,双方都极力寻求更多数据来证明自己的方案更有效,这说明两人都以积极的态度来解决问题,这种讨论、争执应该受到鼓励。因此,处理项目冲突的关键在于化解矛盾,调动人的主观能动性。在福列特的一系列论述中,最关键的一条即"人是所有活动的中心"。[①] 可以看出,福列特对冲突问题的研究具有开创性,她以心理学的"互动"为基础,将研究主题集中在企业雇主与雇员之间、管理者之间的差异,对冲突展开了全面而细致的分析。总之,项目冲突因人而起,也因人而消。项目冲突处理依赖于管理层与执行层、执行层与作业层之间的相互作用,关键在于发挥人的主观能动性。

2. 项目冲突处理的策略

探索冲突处理的策略和方式,可提高项目组织及其管理者主动应对复杂问题的决断能力。福列特明确指出:"处理冲突的方式主要有三种:控制、妥协和整合。"[②] 第一种方式是控制,即一方战胜了另一方,类似于后文介绍的"强制"方式。控制是处理项目冲突最常见的方式,但这种方式过于简单粗暴,其效果有时是短期的。第二种方式是妥协,即冲突双方为了解决问题,经协商后,冲突的一方或双方都退让一步,以折中方式解决冲突。在一般管理中,常常采用这种方式解决冲突。然而,在多数情况下,这种方式过于消极,因回避矛盾而没有从根本上解决冲突所带来的问题。第三种方式是整合,这种方式有三重含义:冲突双方都得到自己想要的;整个局势得到提升;过程通常产生社会效应。福列特认为,命令、专制只能使一方获得满足,妥协仅能使双方部分地得偿所愿,只有整合才能实现双赢。整合思想经得起时间的考验,也符合长远利益。

在福列特看来,所谓整合,首先要"发现"真正的冲突,接着把"双方的需求分解开来,又彼此糅合到一起"。她指出,"倘若我们的思考陷入了'非此即彼'的方式,我们的眼界就变小了,我们的活动就受到了限制,我们事业成功的希望也随之渺茫起来。千万别受'非此即彼'的威胁。除了'此'和'彼',还有很多比它们更好的替代途径。"[③] 整合方式自身所具有的优势,是处理冲突和差异最富有成效的方式。她认为,整合的第一条规则是"摊牌",即直面真正的问题,揭开冲突的本质,将整件事情公开化。"暴露问题"是解决冲突内在问题最重要的过程。通过摊牌能把各方的愿望呈现出来,使人们能够清楚地理解和评价它们,从而促使冲突双方重新审视各自的愿望和利益,以促成统一。整合的第二条规则

---

① 斯图尔特·克雷纳:《管理百年》,闾佳译,中国人民大学出版社 2013 年版,第 103 页。
② 玛丽·帕克·福列特:《福列特论管理》,吴晓波,郭京京,詹也译,机械工业出版社 2007 年版,第 21 页。
③ 斯图尔特·克雷纳:《管理百年》,闾佳译,中国人民大学出版社 2013 年版,第 103 页。

是表达"需求"，即将冲突双方的需求亮出来，按照它们的组成要素进行分解，然后按具体问题逐一分析解决。同时，她还提倡"互惠式领导"，这是一种"追随无形领导者，即实现共同目标过程中的伙伴关系"。

　　需要强调的是，福列特提出的处理冲突的三种主要方式，可以视作项目冲突处理的基本策略。特别是对于整合的方式，应予以高度重视。在项目实施的既定条件下，项目冲突的处理总会存在一个方案优于双方冲突的选项，且能推进项目实施的进程。运用整合的理念和方式处理项目冲突，要求项目管理者应具备敏锐的洞察力和精准的辨别力，能针对具体问题创造性地开展工作。在整合过程中，切忌纠缠于观念和认识上的是非判断，应提出切实可行的解决方案。项目实施各项活动是一个整体，在这个整体系统中，各部门、团队及任务组之间，存在着一系列并非完全"对立"的利益关系，项目管理的核心命题就是把不同的利益关系"统一"起来，整合在一起，形成"对立统一"的利益共同体。

　　3. 项目冲突处理的过程

　　在一般管理中，冲突处理往往要遵循相关的程序，大多需要较长时间。在有些情况下，某些冲突会随时间的推移而化解，"时间"成为一种"调和剂"。然而，与一般管理不同，项目实施具有严格的时限约束，拖延时间有时非但不会"息事宁人"，反而会导致某些冲突升级，这是许多项目失败的主要原因。成功的项目领导者应具有较强的预见能力，能看到一幅尚未呈现的项目情境画面。为此，管理层对待各种冲突要有积极的态度和正确的思维：主动暴露冲突以引起团队成员的高度重视，迫使团队寻求新的解决方法；冲突有助于培养成员的积极性和创造性，从而实现项目管理方式创新；冲突还能引发团队成员之间的相互讨论，形成一种民主和谐氛围，从而促进团队文化建设。

　　项目实施在冲突的环境中不断得以推进，各种冲突在过程管理中得以解决。项目冲突的产生与处理看似复杂多变，但管理层应具有明确的态度，始终坚持以推进项目实施整体进程、突出三大目标为导向，把握原则，分层、分类地系统处置，这是冲突处理的基本过程。项目冲突处置过程流程示意图，如图 5-1 所示。

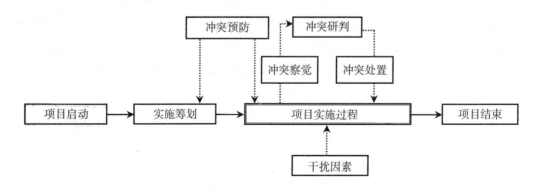

图 5-1　项目冲突的产生与处理流程示意图

需要强调的是，项目冲突处理是一个持续的过程，处置各类冲突应有基本的规范依据。同时，在处理冲突所带来的问题时，管理层一方面要以积极的态度及时处理已产生的问题，另一方面要展望项目新情境，为处理将来可能发生的各种冲突做准备。在这一过程中，一些老问题解决了，但项目情境又会催生新的矛盾，产生新的冲突。这就要求协调工作必须持续进行，直至项目竣工验收。

三、项目冲突处理的基本方式

项目冲突处理的理念、方法和措施，与一般管理中冲突的处理方式并无本质区别。面对冲突，项目管理者应深入分析各类冲突的成因，准确把握项目冲突处理的内在规律，据此，人们归纳出了五种相互关联的项目冲突处理方式，即正视、妥协、缓和、强制和退出。[①]这五种方式既是项目冲突处理的基本策略，也是项目实践中冲突处理的基本方式。

1. 正视

正视是面对冲突不回避、不掩饰，表现出积极的处理姿态。运用正视方法解决项目冲突问题，主要是通过冲突双方面对面的交流、协商，倾力合作以解决争端。正视方式经常用于以下几种情形：冲突双方都能得到所期待的结果；为了建立共同合作的权力及利益基础；为了实现降低项目成本或解决复杂的技术问题等；有足够时间处理问题；冲突双方具有相互信任的基础等。

正视的实质就是通过积极主动的协调，整合不同见解，消除分歧。管理层直面冲突问题，是一种积极解决项目冲突的有效途径。只有冲突双方直接面对问题，才能消除分歧，达成共识，得到明确的处理结果。这种方法既注重处理结果，也重视项目成员之间的关系。每位成员以积极的态度对待冲突，愿意在充分交换意见的基础上，修正自己的主张，更利于达成最佳的问题解决方案。运用正视方法，不仅需要良好的项目实施环境，也要求项目成员之间应建立开放、真诚和友善的人际关系。

2. 妥协

妥协是为了寻求一种妥善解决冲突的方案，使各方都能够得到一定程度的满足。此方式侧重于解决问题，而不是各执己见、互不相让。妥协常常是正视的一种结果。妥协虽然不是一种"平等交换"的方式，但却能够产生某种"双赢"结果。妥协方式的本质是"互让"，因为任何一方都可能没有得到自己希望的全部结果。妥协方式常常用于以下情形：冲突各方都希望自己在某些方面成为赢家；冲突各方力量旗鼓相当，谁也难以完全取胜；己方对自身是否正确没有把握，或没有时间单独取胜，或期望与对方保持长期合作；某一方为了

---

① 哈罗德·科兹纳:《项目管理——计划、进度和控制的系统方法》，杨爱华等译，电子工业出版社 2018 年版，第 213—215 页。

表示诚意,避免给各方留下"好斗"的印象,等等。

树立"互让""互惠"的理念,力求共赢是妥协方法的精神实质,其核心是淡化或规避双方的激烈竞争,强调双方相互合作,确保冲突各方服从于项目实施大局。运用妥协方式的关键,是达成冲突各方均较为满意的、能调和各方利益的折中方案。现实中,当两个方案难分优劣时,妥协也许是较为恰当的解决方法。当然,妥协是有"底线"的,凡是围绕项目"三大目标"产生的重大冲突往往都是原则性问题,对其必须具体分析和准确把握,而不能一味地妥协。

3. 缓和

缓和也可理解为"和解"。这种冲突处理方式的关键是求同存异,力求使各方达成和解。现实中,虽然缓和不足以彻底解决冲突,但至少能够增进沟通,积极寻求解决问题的途径,甚至一方可能会牺牲自己的利益以满足另一方的某些要求。缓和的方法常用于以下情形:为了达到全局的目标;为今后的长期合作先做出让步;利害关系不明显;所承担的责任有限;各种方案都较为合适;无论如何都可能失败;为了赢得时间;等等。通常,缓和的目的是寻求支持与合作,项目组织各部门与子项目、团队之间的融洽关系极为重要。如果强行推行有分歧的方案,就可能会伤害协作关系,从而削弱项目组织及团队的凝聚力。当然,尽管缓和的方式可以避免激烈的正面对抗,但这并不意味着能够彻底解决问题。

4. 强制

强制是一方竭力将自己的建议强加于另一方的方式,也可理解为"对抗""不合作"等。当一项议案在最低可能的水平上达成时,强制的方式最为奏效。分歧越大,冲突程度越高,就越易导致采取强制的方式。其结果往往是一种零和博弈的局面,即一方的获胜是以另一方付出代价作为前提条件的。强制的方法,常用于以下情形:认为己方是正确的;项目实施的整体局面处在生死存亡的关口;冲突的利害关系很明显;基本原则受到威胁;为了获得某个职位或某项权力;短期内一次性的"交易";双方关系并不重要;进行竞争的时候;需要尽快做出一项决策;等等。由此可见,强制就是肯定一方而否定另一方,通常用在竞争激烈且"非赢即输"的情形下。在极端情形下,尽管采取强制的方式可能会损伤某一方的利益,但这是克服分歧、解决问题并防止冲突影响进一步扩大的一种有效途径。

5. 退出

退出也可理解为"规避"。退出是尽量避免直接冲突,或从冲突状态中主动或被动地撤离,从而避免发生实质性的争端。这种方法并不是一种积极地解决问题的途径,常被视为一种消极解决问题的方法,其弊端是冲突及其引发的问题还会接连不断地产生。因此,退出方法常常用于以下情形:无法获胜;利害关系无关紧要或利害关系很明显;尚未做好准备;为了赢得时间;有意消磨对方的意志;保持中立或者保持声誉;认为问题会自行消除;通过拖延以谋求最终获胜;等等。需要指出的是,对项目实施而言,退出有时并不是真正的逃避,而是以退为进,在退让中寻求机遇的战术。

需要说明的是,在现实中,冲突处理并非都要严格地按照上述几种方式依次展开。项目经理往往会根据冲突的性质,并按照其管理风格与偏好,寻求适宜的冲突解决方式。相关研究表明,正视是项目经理最常用的冲突解决方式,占比为70%;排在第二位的是以权衡和相互让步为特征的妥协和缓和,后面依次为强制和退出的方式,如图5-2所示。[①]

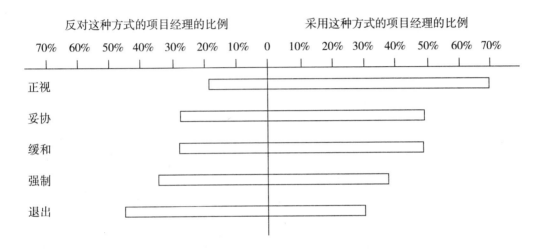

图 5-2　项目经理对不同冲突处理方式的偏好

第二节　项目协调理论分析

协调通常指管理者履行管理职责,正确处理组织内外各种关系,为组织正常运转创造良好条件,促进组织目标实现的管理行为。协调是项目成功实施的关键,也是项目管理理论研究的重点。项目协调的目的在于沟通、调节有关部门及人员之间的关系,使各方有效互动,凝聚力量,共同推动项目顺利实施。项目管理各项职能作用的发挥,关键在协调,重点在协调,难点也在协调。

一、项目协调的基本认知

法约尔将一般管理的要素定义为计划、组织、指挥、协调和控制,并认为"协调是指企业所有行动都互相配合,从而使企业的运行变得简单易行,有利于企业取得成功"。[②] 项目

①　毕星,翟丽:《项目管理》,复旦大学出版社2000年版,第292页。

②　亨利·法约尔:《工业管理与一般管理》,迟力耕,张璇译,机械工业出版社2007年版,第106页。

协调的内涵，蕴含在过程管理之中。开展协调工作，应妥善处理项目组织内外部各种关系，理顺项目实施过程的各个环节，以有效消除各类冲突对项目实施造成的消极影响。

1. 项目协调的释义与内涵

关于项目协调的含义，从社会学的角度理解是互惠合作；从系统科学的角度理解是项目管理系统的自适应和协同；从制度经济学角度理解是一种管理机制和规范。科兹纳认为，项目协调就是按照项目活动的重要程度使之顺利实施，并使其冲突最小化。[①] 成虎认为，项目协调是指居于统一体中的矛盾各方解决它们的界面问题，消除它们之间的不一致和冲突，使系统结构均衡，确保项目实施和工程运行过程顺利。[②] 目前，虽然人们对项目协调尚无统一的定义，但从管理功能上讲，其内涵、目标和任务是明确的。

项目组织及其管理层作为项目协调的主体，应具备整合相关方及参与者群体的能力。在项目实施阶段，协调的实质是调整各方利益冲突以及由此引发的人际关系冲突。项目管理不仅要有效化解过程管理中的各种矛盾和冲突，还要积极营造良好的人际关系氛围，使项目组织处于良性运行状态。与此同时，项目协调还要处理好项目组织与外部环境之间的关系，为项目实施创造有利条件。综上，笔者认为，项目协调是指项目组织及其管理者为实现项目目标，同参与项目实施活动的各相关组织、部门及人员进行沟通和协商，使各方达成广泛共识，同舟共济以形成最大合力，从而保障项目目标顺利实现的一种管理行为。

2. 项目协调的目标和任务

在项目管理过程中，管理者对项目协调目标和任务的认知，是一个渐进的过程。原因是协调职能的运用过程及作用发挥的效果，在很多情况下难以量化描述，常常会显示出"亦圆亦扁""亦此亦彼"的特性。然而，与项目控制一样，项目协调在项目管理过程中必不可少，不能认为协调职能是"柔性的"或"缓慢的"，而不予重视。具体而言，项目协调的任务与项目控制的目标是一致的，即围绕项目既定的总体目标和计划，致力于项目实施的全过程管理。项目三大目标及其分解任务的落实、管理系统中各子系统之间的关系、项目组织中人际关系以及项目实施环境等，都是项目协调的核心任务。同时，在整个项目的实施过程中，各种争执、分歧与冲突在所难免，它们都是项目协调的基本任务。

项目协调的任务是对阻碍项目实施的各种干扰因素予以排除。具体来说，项目协调的任务，主要包括三类内容：一是事务协调。它涉及目标、计划和任务落实过程中的各项管理事务，而处理项目三大目标之间的冲突是项目协调的首要任务。二是职能协调。它涉及人员调配、工作委派以及任务完成期限等方面的关系。三是人际协调。在项目组织中，每个人都有明确的职责范围，"人随事，事随人"，人际关系既密切又复杂。协调人际关系是

①　哈罗德·科兹纳：《项目管理——计划、进度和控制的系统方法》，杨爱华等译，电子工业出版社 2018 年版，第 129 页。

②　成虎：《工程项目管理》，高等教育出版社 2004 年版，第 444 页。

一项复杂而艰巨的任务，它涉及项目实施各个层级间人员的互动、配合与协作。

3. 项目协调的范围与层次

在项目组织中，由于每个业务部门、团队及任务组所完成的任务都只是项目总任务的一部分，因此，项目协调的范围覆盖项目实施"目标、过程和结果"管理链的各个方面、各个阶段、各个环节。项目协调范围是目标任务的边界，其大小与计划任务的执行直接相关。项目协调的层次，与项目组织的运行以及项目任务执行相关，具体可分为内部关系协调与外部关系协调。

内部关系协调，包括三个层次：一是组织关系协调，主要解决项目组织内部的部门设置、职责划分、人员分工等带来的问题。组织关系协调要以职能与职责划分为基础，合理设置内部机构，明确每个部门的职责，建立信息沟通渠道，并通过制度明确各部门间的相互关系。二是人际关系协调，主要调节项目人员之间的关系。人际关系协调是以工作关系为纽带，以如期完成计划任务为核心，其关键在于把握相关利益关系的平衡。三是协作关系协调，主要解决项目实施过程中所投入的人力、技术、资金、设备、材料、信息等相关要素的调配问题，以实现各方通力协作的目的。

外部关系协调，包括两个层次：一是项目组织与近外层关系的协调，主要涉及项目发起组织，以及参与项目设计、实施、物资供应等相关单位。在这些关系中，除与项目发起组织的关系属于隶属关系之外，其他关系大多是合作或协作关系，应在平等互利原则的基础上进行协调。二是项目组织与远外层关系的协调，主要涉及政府部门、金融机构以及项目实施现场周边单位等。

4. 项目协调的类型与原则

项目组织的多层级管理构架建立在"规则和指令"的基础之上，每个层级既要接受上一层级的指挥和调度，同时又要对下一层级进行指导和调节。因此，项目协调的类型主要包括组织协调、任务协调和过程协调，具体的协调原则体现在项目组织本身的管理原则以及管理层对协调职能的具体运用之中。

（1）组织协调。组织协调的目标是在战略层面上明晰项目管理的整体策略和思路，重点在于规范项目组织业务部门和管理者的行为，避免项目实施陷入"各自为战"的无序状态。组织协调应坚持组织管理的基本原则，主要体现在下达指令、调节层级关系、界定任务范围和处理特例情况等方面。其中，指令原则是指管理者下达指令应是单一的，即参与者不能同时从两个或两个以上的上级那里接受解决同一问题的不同执行指令；层级原则即强调组织管理的层级设置和对应项目任务的界面，所有项目参与者都应被置于组织协调系统的某一层级结构内；范围原则强调每个上级不能拥有多于其有效监督范围的下属；特例原则是指对项目实施一般事务的规范化处理，均应有与之对应的规章制度，对于现有规章并不适用的例外情况，则要根据实际情况进行特案处理。

（2）任务协调。管理层要充分研判项目实施约束条件与任务执行之间的关系，确立目标任务协调的原则。项目实施任务的协调，主要应把握三点：一是当强制性目标与预期性目标发生冲突时，必须首先满足强制性目标任务执行的要求。二是如果强制性目标之间存在冲突，则说明实施方案或技术措施存在矛盾，需调整实施方案，以削弱某一项强制性目标，并将其降为预期性目标。三是预期性目标之间发生的冲突，可分为两种情况：一种是定量目标之间存在的冲突，可采用优化的办法，调整技术经济指标以寻求最优方案；另一种是定性目标之间存在的冲突，可通过重新确定优先级，以寻求平衡。

（3）过程协调。项目实施是一个动态平衡的过程，由平衡到不平衡再到实现新的平衡是其基本特征。对于项目实施过程的管理协调，一般应遵循以下原则：其一，目标一致原则。项目协调的目的在于促使各子项目、团队及项目成员充分理解项目实施的整体目标，达成共识，达到目标一致的要求。其二，责任明确原则。项目协调的重心在于规范各业务部门及其人员的职责，明确各子项目、团队应承担的任务、工作完成的时限和要求。其三，提高效率原则。项目协调不能回避问题，而是要通过发现问题、分析问题和解决问题，使部门之间、团队之间更好地配合，协同作战，持续提升项目组织运行效能。其四，加强沟通原则。沟通是协调的基础，交流沟通越有效，发生误解、分歧的可能性越小，实现预期目标的可能性就越大。

二、项目协调管理的重要性

项目确立时的构想，一旦进入具体的实施阶段，时常会遇到比最初的设想更为复杂的局面，而项目协调正是应对这一复杂局面的重要管理手段。项目协调在项目管理中处于统领地位，管理者只有充分发挥协调职能的作用，才能有效解决各种争议和分歧，使项目参与各方凝心聚力，全力保障项目最初构想变成现实。

1. 保障项目组织运行顺畅

在项目实施阶段，协调职能的作用主要体现在三个方面：一是协调项目组织与外部环境之间的关系；二是协调项目组织内部运行的关系，这是项目协调最本质的工作，是能否实现项目目标的关键所在；三是协调项目设计单位、承包商、供应商等方面的关系，处理项目组织与众多参与组织之间的冲突。面对各方面产生的矛盾和冲突，项目经理及管理层不能沉迷于过去而怨天尤人，而应着眼未来，积极行动，确保项目组织运行顺畅。

法约尔指出："在一家协调良好的企业中，我们能观察到如下事实：第一，各个部门之间协同作战，步调一致：供应部门知道它应该在什么时间提供什么产品；生产部门知道它应该达到什么样的生产目标；……总之，所有部门都安全有序地运行着。第二，在各部门内部的各个部分及所属单位，所有人员都确切了解他们在一项共同工作中应该承担的责任和相互之间能够提供的帮助。第三，各部门的各个部分及所属单位的计划会经常随着环境的变化而调整。"[①] 与法约尔所阐述的三个方面相似，项目协调最主要的作用就是保障项目实施过程组织有序、运行顺畅。也就是说，项目组织及其管理层只有通过有效协调，才能使内外部环境融洽，各种资源配置合理。

2. 保障人际关系和谐有序

项目组织内部存在着大量的协作性工作，完成项目任务依靠众多参与者的统一行动。项目成员在扮演个人和集体角色时，都要面对分歧、争议和智力争斗的环境。项目组织中的业务部门，以及各子项目、团队等都会因各种人为因素，导致统筹协调任务繁重。有些项目参与者难以适应这一环境的变化，工作消极而缺乏进取精神，或工作散漫而不受约束。故而在项目协调过程中，管理层应求工作艺术，及时化解冲突，促进人们交流思想、化解矛盾、增进协作。通常，项目规模越大、实施过程越复杂，项目组织内部的人际关系就越复杂，管理者在协调方面所需付出的精力就越多，协调的作用也就越重要。

项目团队共识与集体信念的形成，关键在于团队成员内心的认同。项目团队构成的复杂性，造成了项目成员经验和技能等多方面的差异性。这种差异化特征可激起人们的兴趣和好奇心，虽然这是项目实施所需要的，但是与之相伴的是管理层协调工作量的增大。在项目实施过程中，要谨防人际关系紧张化。协调人际关系需要投入足够的精力，绝不可急功近利，管理层要有打持久战的心理准备，要最大限度地发挥好沟通作用，凝聚项目成员的共识、智慧和力量。因此，项目协调要立足于理性思维与人文关怀的双重基础，树立处理人际关系的大局意识和全局观念，不能简单地采用一般行政管理或企业管理的习惯做法。福列特指出，"参与的两大基石是——理解和合作"[②]，这也是项目协调的基石。

3. 保障项目三大目标如期实现

项目管理强调对三大目标的统筹协调，具有整合项目实施各方力量的作用，能够促进项目成员之间的理解和信任，提高项目组织的凝聚力和向心力。这些作用具体表现在三个方面：其一，能为开展项目协调带来"必然"和"正当"的理由，促进管理者积极行使管理职能。其二，能调动项目内外部一切有利因素，将项目实施面临的外部环境和内部驱动力量有机整合起来，为项目组织的良性运转提供支持。其三，能促使项目成员为实现项目目标做贡献。通过对三大目标的有效协调，项目成员能够明确认识组织目标和自身目标，并使个人奋斗目标与项目实施目标相契合，从而在项目组织内部产生协同效应。

项目组织要有序而稳定地推进项目实施，必须充分发挥管理层的协调作用。尽管相关方参与项目活动都有其自身的期望，但成功实现项目的既定目标应是各方的共同愿望。各相关方对项目的认可与支持程度，取决于他们对项目实施活动的满意程度以及预期目标的

---

①　亨利·法约尔：《工业管理与一般管理》，迟力耕，张璇译，机械工业出版社 2007 年版，第 106 页。

②　玛丽·帕克·福列特：《福列特论管理》，吴晓波，郭京京，詹也译，机械工业出版社 2007 年版，第 210 页。

实现程度。项目实施的总目标包含着项目相关方的具体目标，体现着各方利益。只有在项目三大目标的引领下，协调好各相关方目标之间的冲突，平衡好各方利益，才能形成互信合作的良好氛围，确保项目目标如期实现。

三、项目协调的理论探讨

项目实施过程是变化的而不是静止的，是系统的而不是零散的，各子项目中的计划任务与项目总体计划任务是相互联系的，而不是孤立的。项目协调应树立整体思维，不仅要谋一时，更要谋长远；不仅要谋一域，更要谋全局。因此，我们应积极探索项目协调的内在规律，阐明项目协调的基本理念，不断完善系统运用协调职能的方法和手段。

1. 项目协调的基本理念

现实中，不少项目管理者习惯于沿用一般管理的方式，认为协调就是平衡，搞好平衡，就能"大事化小，小事化了"。从某种程度上讲，协调效果主要体现在平衡上，但不能将协调简单地等同于平衡。对于协调工作，人们心中事先都有一个基本的假定，那就是讲"理"、说"理"。这个"理"应包含着道理、理性，可揭示项目协调的机理和规律。理性和机理是协调规则与尺度的基础，理性是项目协调的前提，机理则体现了项目协调本质化的问题。"事从理中来"，一切冲突的背后都隐藏着不合理的问题，"理"不端，则"事"不顺。在项目实施过程中，各个层次显性与隐性的问题很多，管理者的沟通与协商活动都要不断地以"理"顺"事"，及时有效解决各种冲突带来的问题。

针对项目冲突实际，管理层应借鉴本章在上一节所介绍的福列特对各方需求"整合"的理念，提出切实可行的冲突解决方案，真正解决好问题。具体而言，项目协调应抓住以下四个方面：一是把协调工作上升到关系项目组织生死存亡的战略高度；二是厘清冲突的起因、性质和对项目实施的影响程度；三是综合运用各种协调手段；四是各层级负责人应以身作则，敢于直面问题。在项目协调过程中，管理层只有深入一线察看项目实施进度，亲身体验现场情境，才能充分认识各项活动之间的关联性，正确处理存在的问题。一方面，项目协调既要关注大局、注重整体，又要洞察细节、解决具体问题。在项目协调管理各个环节上，管理层要理清矛盾，把握好复杂多变的内外部环境。另一方面，各层管理者在协调活动中，切忌把自己作为"旁观者"，而要详细了解冲突各方的诉求，针对现场实际问题寻求解决方案。项目协调要有思路、有耐心，不能"和稀泥，两面光"，更不能一味削强补弱，纵容违反秩序和漠视效率等不当行为。

2. 项目协调的主要特征

项目实施是一项有组织有计划的系统活动，也是项目成员与物料、设备及环境等有机结合的过程。因此，项目组织必须对协调工作任务进行合理计划和有效部署，以使各业务部门及项目成员明确工作定位，充分发挥协调职能的作用。项目管理模式的有效应用依赖于项目组织管理层的协调能力，而项目管理的效果取决于项目组织整体的协作能力。在项目实施过程中，各类分歧、矛盾、冲突、风险相互交织且相互作用，如果不及时协调，或应对不力，很多情况下就会产生传导、扩散乃至叠加、升级，使微小的冲突演变成重大的项目风险，危及项目组织的平稳运行，最终影响项目实施的进展和效果。

项目协调只有以协作为前提，不断调动参与者的积极性，凝聚参与者的智慧，才能形成合力，推动项目实施按既定的目标前行。虽然项目实施过程中存在着诸多冲突，但在通常情况下，并不是一方要战胜另一方，达到了无法调和的程度。实质上，项目实施推进过程中的某些冲突，看起来难以调解，但在实际处理过程中却具有弹性，只要协调作用发挥到位，这些冲突就不难处理。这是因为冲突双方在很多情况下都难以承受对抗所带来的后果，项目相关方为了一个共同目标，都希望通过沟通使项目实施回归正常轨道。也就是说，只要充分发挥组织协调作用，管理层、执行层以及所有的作业人员就会自觉地建立共同的价值取向，心悦诚服地为完成项目任务而努力奋斗。

在项目管理活动中，因各类矛盾与冲突的普遍性和复杂性，协调职能已成为统领各项管理职能的核心要素。项目协调，一方面需要管理者统筹谋划，发挥计划、组织、指挥、控制等各项管理职能的作用；另一方面，需要充分合理地运用协调职能的统领作用，使各项管理职能目标一致，形成整体合力。在项目管理过程中，刚性控制类似于某些西医疗法，有治标不治本之嫌，而柔性协调类似于中医疗法，有标本兼治之功效。当然，中医治疗也存在难以精准把控之弊端，既有妙手回春的成功案例，也有庸医误诊的情形。因此，项目协调要结合实际，找准问题，对症下药，充分调动参与者的主观能动性，这既是运用协调职能的真谛，也是提升项目协调有效性的根本。

3. 项目协调的组织体系

在项目实施阶段，项目组织及其管理层应以协调系统为基础，充分运用各项协调技术，并通过构建完善的协作体系，有效开展项目协调。

（1）项目协调系统。与控制系统一样，协调系统是项目管理系统中的关键子系统，它是建立项目组织协调管理机制的基础性支撑平台。协调系统由协调主体、协调对象、协调技术等组成，其功能实现依托于项目组织及其业务部门，其作用的发挥依赖于管理者运用协调职能的方式。在项目实施过程中，只有充分发挥协调系统的作用，才能实现整个项目组织及其管理系统的有效运行。

（2）项目协调技术。项目实施活动目标明确、计划性强，项目协调的关键在于综合运用各种协调技术。项目协调技术，具体包括通报技术、沟通技术、协商技术、谈判技术和裁讼技术等。在项目实施过程中，这五项技术既可以单项使用，也可以组合运用。对于复杂问题，特别是涉及三大目标的问题，可以先通报、沟通，再协商、谈判，若未果，可以进行仲裁或诉讼。项目协调技术的具体内容将在本章第三节中详细讨论。

（3）项目协作体系。从本质上讲，项目整合管理就是为了形成一个促进参与者贡献、规范参与者行为的协作体系。在项目实施阶段，相关方及参与者众多，且其行为与政府部门、质量监督机构及社会环境等都有着密切联系，因而建立统一的协作体系是项目协调系统顺畅运行、协调作用有效发挥的关键。项目协作体系的具体内容将在本章第四节中专题讨论。

4. 项目协调的内在机理

项目协调理论研究要针对项目实施过程的特点，关键在于探讨项目协调的内在机理，即在项目管理过程中如何充分发挥协调的作用。目前，对于如何开展协调工作，特别是运用协调职能时究竟包括哪些基本手段，相关研究并不十分成熟。整个管理界在理论分析中所面临的共同难题，是如何发挥协调职能应有的作用。具体到项目管理来说，由于人员、技术和环境等各种影响因素的干扰，矛盾与冲突不断，协调工作难度很大，协调职能常常成为过程管理中最突出的问题。因此，强化项目协调理论研究，阐明项目协调的内在机理，是现代项目管理模式发展亟待解决的问题。

当前，众多管理学者对项目沟通的方式、内涵和模型等进行了较为深入的研究，而对于项目协调方法与技术的研究还不充分。尤其是，国内外相关研究大都将协调与沟通等同起来，研究内容基本上仅停留在沟通方式的选择与应用层面，针对项目参与者思想、情感和行为等方面的深层研究，除格雷厄姆外，鲜有系统的理论成果。事实上，项目协调机理的深化研究，应借鉴并融合相关学科的理论成果：其一，巴纳德、斯格特等关于组织理论的研究成果，对项目协调理论的探究有重要支撑作用；其二，协同学的相关研究成果，特别是系统从无序到有序演化规律的科学理论，对于项目协调具有重要的借鉴与指导价值；其三，信息科学与技术的研究成果，特别是关于集中与分散的通信网络技术，对项目沟通技术具有重要的借鉴意义。

需要指出的是，在项目协调机理研究中，绝不可将组织管理协调职能的全面运用与一般意义上的"沟通技巧"混为一谈。在传统文化中，协调指的就是沟通、疏通、调节等。应当承认，项目管理者运用某些沟通技巧，对于化解矛盾和分歧是十分奏效的。然而，项目协调不能仅停留在沟通层面，而应提升为对人员、事物和实施过程等方面的一种理性调节和疏通。同时，在项目管理理论分析中，若要深究到底是沟通包含协调还是协调包含沟通，对于这一问题，人们往往"剪不断，理还乱"，认识并不十分清楚。笔者认为，协调包含沟通，即协调管理比沟通管理的内涵更为丰富。从本质上讲，沟通牵涉到人的思想、观念和认识，而这些又是人际关系中最复杂也最微妙的因素，是项目协调的重心所在。但是，沟通只是协调的一个重要方面，它并不能涵盖协调职能的全部内涵。所谓的"沟通技巧"，既不能有效地建立项目协作体系，更无法全面系统地规范参与者的行为。

四、项目协调的实施过程

项目协调是项目组织引导各方相互配合，以实现项目目标的管理行为。在项目实施阶段，各相关方聚集在一起，干系人众多，不应在相互间的冲突中抑制或削弱个人能力，而是要通过项目组织这个平台，使每个人都能充分施展自身才华。管理层应善于运用协调职能，确保项目组织成为一个有机整体，以取得整体大于部分之和的效果。

1. 项目协调的持续性

在项目实施阶段，各种冲突会在计划与现实之间不断涌现，这就决定了项目协调的实施过程是一个持续的动态过程。在这一过程中，有的冲突可快速解决，有的矛盾则需长期面对。为此，项目协调应树立统筹管理、持续协调的思想，特别是对人际关系和协作观念等深层问题，采用突击方式解决的成效极为有限。正确做法是深入分析原因，寻求解决对策，力避"毕其功于一役"的急躁行为。同时，协调工作还须面向项目实施过程，在过程管理中发现并解决问题，以保证项目顺利实施。项目持续协调的过程，如图5-3所示。[①]

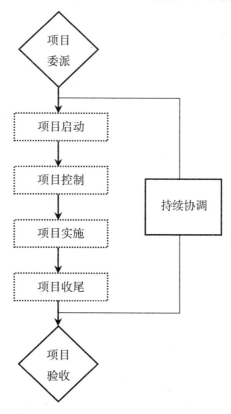

图5-3　项目持续协调过程示意图

---

① 赛云秀：《工程项目控制与协调研究》，科学出版社2011年版，第102页。

2. 项目协调的影响因素

在项目协调过程中，面对冲突，卓越的管理者能见微知著、由表及里，在纷繁复杂的冲突现象中洞彻其缘由。项目协调体现在项目计划实施、指挥以及执行任务的过程中，其影响因素主要包括协调者的特质和能力两个方面，同时也涉及对相关职能关系的处理。

（1）协调者的特质。协调者的个人修养、性格特点及兴趣爱好等在人际关系交往中非常重要，左右着协调双方关系的建立与发展。具体包括三个方面：一是个人涵养。社会阅历深、涵养好的人往往善于沟通。二是情感相悦性。相悦性包括容纳和赞许两层。容纳即彼此接受对方的思想、观念和认识等；赞许即对对方观念、意见和处事方式等的欣赏。三是人格特征的互补性。彼此具有共同的人格特征，通常会友好相处，而人格特征不同的人，只有当彼此具有互补性时才会互相吸引。

（2）协调者的能力。这主要包括三个方面：一是协调者的思想观念、价值观及文化底蕴。只有以正确的观念引导，以高水平的素质支撑，协调工作才能取得良好效果。二是协调者的综合能力和专业技术水平等。管理能力强、知识水平高的人很容易赢得他人的尊重，有利于建立良好的信誉，在处理问题时易于达成共识。三是双方当事人交往的频率。双方接触越久，交往频率越高，就越易于促进理解与包容，相互间的工作关系就会越融洽和谐。

（3）相关职能关系的处理。项目经理时常要面对两类管理部门：项目组织内部的业务部门，其负责人是业务经理；组织中的中层管理部门，其负责人是职能经理。这两类管理部门之间的关系，也是影响项目协调效果的重要因素。通常，业务经理负责项目实施的具体过程，支持进度计划和项目预算的落实，确认并处理风险影响因素等；职能经理负责项目实施人员、资金和物料等资源的调配。项目若要成功实施，这两者必须在目标、计划和任务执行上保持高度一致，并在出现冲突时能勇于面对，积极协调处理。高层管理者应与项目负责人一起成为职能经理和业务经理之间分歧处理的协调者。

3. 项目协调的时效与力度

项目协调往往需要把握最佳时机，运用最佳方式和技巧。法约尔指出："社会组织的良好运行取决于某些条件，人们几乎不加区别地将它们称作原则、规律或规则。我更喜欢使用原则这个词，但要让它摆脱僵硬的概念。管理方式绝不是死板和绝对的东西，它完全取决于一个'度'。"① 这个观点深刻地揭示了协调职能运用的精髓。从一定意义上讲，管理层运用项目管理知识的能力和水平，决定着项目整体进展和三大目标的实现程度，进而决定着项目协调的效果。

项目协调必须把握好"分寸"，抓住主要矛盾和关键问题，摸清各层级人员的脉络，找准各相关方利益关系的交汇点以及化解矛盾的切入点。协调工作应既讲求策略又注重实

---

① 亨利·法约尔：《工业管理与一般管理》，迟力耕、张璇译，机械工业出版社 2007 年版，第 21 页。

际，其成效与冲突处理者把握问题的时效和尺度直接相关。其中，时效是指发生效用的时间跨度和作用结果，"时"就是时机与节奏，"效"是效果与功用。时效决定成效，错过时机，小问题可能会演变成大问题。尺度则体现在对问题的把握程度上，"尺"就是规矩、规则，"度"就是力度、分寸。把握尺度就是要因事、因时、因地制宜，既不将大事化小，也不将小事扩大，而要通过精准研判，恰如其分地掌控协调的范围、层次和力度。

4. 项目协调的实施策略

项目协调的实施过程与项目实施的过程管理紧密相连，往往是在冲突中寻求突破，在动态变化中谋求平衡。因此，项目协调的着力点在于协调工作应尽早开展，注重计划性和层次性，突出重点，以充分发挥协调职能在过程管理中的作用。

（1）协调工作要尽早开展。福列特在分析冲突处理时强调的一个重要原则是"协调应在初期阶段进行"。[1] 项目实施全面展开后，工作千头万绪，如同驾车长途出行找不到高速路入口而绕圈子。一旦协调到位，工作捋顺了，就如同驶入高速公路，变得畅通无阻。因此，各层级负责人必须尽早介入，提前筹划，将矛盾与冲突的影响降到最低。

（2）协调工作应有计划地开展。项目协调工作应围绕项目整体计划开展。在项目实施初期，各种冲突较为集中且彼此交织、互相制约，各项任务需要按计划稳步推进。项目管理增强项目协调的计划性，强化各子项目、团队之间的纵横向联系，是一种基于协作理念的计划协调过程。项目协调应强化横向协作，尽力避免一般管理中按部就班、自上而下的垂直协调过程。在项目实施阶段，协调工作如果不注重计划性，头痛医头、脚痛医脚，很多亟待解决的系统性冲突就会堆积起来，最终积重难返，导致项目实施进程受阻。

（3）协调工作应注重层次。项目协调要有条理、有层次，要善于透过现象看本质。管理层应具有研判复杂问题的能力，捋清思路，找准各个层次问题的症结，提高项目协调的针对性。显性的问题容易处理，而隐性的问题则要分层次深入解决。协调子项目、团队存在的问题可由粗到细，循序展开；协调诸如人财物的调配等事宜要及时拍板。管理者要避免把时间耗费在对一般事务的处理上，重点在于客观地分析项目冲突与危机发生的背景、轻重缓急和影响程度，通过认真研判，分清层次，对症下药。

（4）协调工作应突出重点。在项目实施过程中，各种冲突互为因果，相互交织，项目组织中的这种关联性不仅体现在业务部门之间的关系中，也体现在子项目、团队之间的关系中。为此，协调工作应突出重点，必须注重三点：一要提高发现问题的能力。有冲突必会凸显，不论涉及哪些方面，不论在哪个层次，都要提高敏锐性，尽早发现各种潜在的冲突因素。二要坚持有的放矢。化解冲突要坚持原则性和灵活性相结合，当急则急，宜缓则缓。三要注意方式方法。解决冲突时，应直接沟通不要推诿，要协商不要对抗。

---

① 玛丽·帕克·福列特：《福列特论管理》，吴晓波，郭京京，詹也译，机械工业出版社 2007 年版，第 259 页。

（5）协调工作应在过程管理中实现。福列特还提出了协调的一个重要原则，即协调是情境中所有因素的相互关系。"协调作为一个情境中所有因素的互相联系，说明了这种协调的真正含义。"[1] 项目实施活动相互渗透、相互影响，项目协调是一个自我调适的过程，只能依靠项目组织自身的纠错机制，在互动过程中解决问题。管理层只有将协调工作渗透于相互联系且不断变化的实施过程中，充分发挥协调系统的作用，项目实施才能行稳致远。

第三节　项目协调技术及其应用

发挥项目组织及管理层的协调作用，离不开对协调技术的运用。协调技术是项目管理者运用协调职能、开展协调工作的基本手段，包括通报技术、沟通技术、协商技术、谈判技术和裁讼技术。这五大协调技术各有侧重，应用时依项目冲突的类型和程度，通常会呈现出交错往复、螺旋递进的态势，直至冲突彻底解决，达到协调目的。

一、项目通报技术

在项目实施过程中，项目组织和参与单位之间，以及各参与单位相互之间都要不断地联系、汇报、通告项目的进展情况，这些活动被统称为通报。同时，对于项目实施过程中的各种特殊情况，尤其是一些重大的事件、较大的冲突或相关的变更问题，应呈具正式的书面报告，使各方了解情况并齐心协力地解决问题，这些也可视为通报活动。[2]

1. 项目通报的基本方式

在项目实施过程中，管理者应及时把项目进展情况通报给相关组织及其负责人。这是协调工作的重要内容，也是确保各相关方了解项目进展的一项重要举措。项目通报包含以下五种基本方式：

（1）正式书面报告。它是反映项目实施进展及有关情况的重要文件，便于长期保存，能够永久记录项目实施过程。但准备正式书面报告花费时间较长，有时难以及时报送。同时，由于其潜在阅读者对项目信息的需求是多元的，所以，正式书面报告难以完全满足所有阅读者的需要。

（2）非正式书面报告。它可以帮助相关人员及时了解项目最新进展情况、存在的困难及近期计划等。该类报告通常以日报、周报、月报或季报等形式呈现。当异常情况发生时，

---

① 玛丽·帕克·福列特：《福列特论管理》，吴晓波，郭京京，詹也译，机械工业出版社2007年版，第259—260页。

② 阿诺德·M. 罗斯金，W. 尤金·埃斯特斯：《工程师应知：工程项目管理》，唐齐千译，机械工业出版社1987年版，第112—122页。罗斯金等在该书中用一章内容介绍工程项目管理中通报的详细内容，本节仅作简略分析。
——作者注

可随时提交相关补充报告。非正式书面报告与正式书面报告的区别在于服务对象以及保存时间等不同。正式书面报告具有独立性和完整性，甚至对那些事先没有接触过项目的人们也有参考意义；而非正式报告可以向阅读者呈现最新情况，具有简洁高效的特点。

（3）介绍与交谈。介绍相当于一次正式的项目进展报告会议，目的是传达项目近期的主要工作，给相关方提供当面交谈的机会。其优点是灵活方便。交谈是以语言方式来交流各自的思想状态，是人际沟通的重要手段。事实上，项目相关方之间采用交谈方式，有助于双方的相互理解。在交谈中双方一旦达成共识，便可根据需要采用书面报告的方式。

（4）指导性巡视。它是指相关方巡行视察，以了解项目实施现场工作的进展情况。有时候，这种直观巡视的方式是最好的形式。现实中，有许多相关方从未参观过项目实施现场，他们难以掌握项目实施的基本状况。现场参观能够加深相关方对项目实施情况的了解，有助于相互沟通，增强信任。

（5）非正式会议。非正式会议是指与项目相关方的有关人员进行非正式会谈，这是通报项目实施相关情况的有效方法，能产生一个双向的讨论和沟通。非正式会议既可以在介绍后召开，也可单独召开。其优点是免去了一些不必要的程序和仪式，会议参加者可以很多，也可是部分人员，相关讨论可以更深入，更能聚焦部分人员的特殊需要。

2．项目通报的基本要求

通报活动一般应提前筹划，明确通报对象准备了解哪些方面的情况，需要什么信息，准备好报告、介绍及交流的内容，以确保通报效果。通报的主题要吸引听众，一开始就要引起他们的兴趣。如果采用书面报告，其文字表达要准确得体，插图、表格要直观清晰。如果采用口头通报方式，报告者就要具备良好的演讲技巧，应明确介绍报告内容的重点。无论采取哪种通报方式，都要注重通报内容的顺序及要点，不持偏见并直截了当，使通报对象能够透彻理解。需要重视的是，项目经理应掌握通报之后的效果反馈，了解通报内容是否为通报对象所理解，并在发现被误解时及时做出调整。通常，反馈可采用回访、调查或两者兼用的方式。

3．项目通报方式的选择

在选择通报方式时，应当充分考虑通报对象的特征及其实际需要，以及其对可使用资源所持的意见。通报对象的特征，可以从四个方面来表述，即：层次水平多样；经验背景各异；自身需要不同；知悉程度存在差异。一般而言，很难用单一的方式来满足不同需求的通报对象。例如，采用介绍方式，当谈到其中一部分人的需要时，另一部分人可能感到厌烦。有经验的通报对象，可能更愿意听取正式的报告或介绍。有时运用具有双向对话功效的口头方式，会比正式书面报告更加有效。如果通报对象熟悉项目情况，也熟悉实施现场，那么，运用书面和口头报告都可能有效；若不熟悉项目实施现场情况，那么就需要安排指导性巡视。

二、项目沟通技术

项目沟通的作用在于妥善处理纵横交错的各种"人际关系"、项目资源配置方案等,为各相关方提供交流渠道。这里将在第二章沟通管理理论分析的基础上进一步明确,作为沟通管理的基本手段,项目沟通技术是协调系统和协作体系运行的重要保障,在各项协调技术中处于中心环节。

1. 项目沟通的范围

西蒙指出:"沟通无形的事物和非标准的事物是非常困难的。因此,沟通系统最大的压力是组织的任务结构性不足,尤其是问题解释不明确的指示性活动。"[①] 项目实施存在大量"无规范""非标准"事物,也存在许多人为的"指令性"活动,因此,项目沟通与一般管理中所指的沟通有较大的区别。在一般管理活动中,管理者之间已形成了约定俗成的沟通内容和范围。但在项目管理过程中,沟通内容和范围有时并不明确,信息缺乏也会导致相关组织及其管理者无法进行有效沟通,影响项目工作有序推进;而信息过量则又会干扰组织管理者的决策,同样影响沟通效率。

项目沟通的有效性依赖于信息传递畅通无阻,明确沟通范围,必须做到信息收集意图明确、信息传递快捷准确、信息交换过程简明规范。典型的项目沟通范围既包括决策商议、计划调整、技术咨询等环节,也包括指导工作落实、调整资源配给、协调人际关系等。项目实施持续推进需要不断的沟通,管理层要经常与各相关方进行沟通,以确保信息传递畅通。项目经理及管理层的沟通范围示意图,如图 5-4 所示。[②]

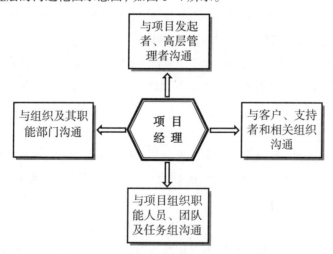

图 5-4　项目经理及管理层的沟通范围示意图

---

① 詹姆斯·马奇,赫伯特·西蒙:《组织》,邵冲译,机械工业出版社 2008 年版,第 148 页。

② 毕星,翟丽:《项目管理》,复旦大学出版社 2000 年版,第 272 页。

2．项目沟通的类型

项目沟通按工作需要，可分为正式沟通和非正式沟通；按表达方式可分为口头沟通和书面沟通；按沟通是否进行反馈可分为双向沟通和单向沟通；按组织层次可分为纵向沟通、横向沟通和网状沟通等。这里仅简要分析正式沟通、非正式沟通、口头沟通、书面沟通四种主要沟通方式。

（1）正式沟通。正式沟通的特征包含四个方面：一是通过组织渠道来实现。正式沟通的方式，由项目组织的管理程序、工作流程、信息流程和运行规则等决定。二是具有固定的沟通方式。正式沟通的方式和过程必须经过专门设计，在项目管理计划中做出规定。三是具有规范的沟通方式，如书面请示、汇报，或召开协调会议、座谈会等形式。正式沟通可使项目组织与各相关方形成一致认可并严格遵守的行为规则，以保证行动的一致性。四是正式沟通的结果具有法律效力。依据正式沟通的会议纪要，可形成相关补充合同文件，进而具有相应的法定约束力。

（2）非正式沟通。非正式沟通一般以工作为纽带，可随时随地展开。这种方式更能反映相关方的态度和意图；能满足参与者情感和心理的需要，融洽关系，产生激励作用；能使各方建立关系，以获得信息；能折射项目文化的氛围，消解争议，化解各方矛盾。

（3）口头沟通。口头沟通以面对面的交流为主，如交谈、会谈以及互动式报告等。这是最直接、最简洁的沟通方式，它既可随时展开讨论，便捷地获得反馈信息，又能当面澄清问题并达成谅解，增强彼此间的信任。

（4）书面沟通。书面沟通包括项目建议、报告、信件和备忘录等形式。在项目管理过程中，对项目实施相关问题的各种磋商结果，要形成往来文书，落实到书面文本中。项目参与各方都应以书面文件作为沟通的最终依据，这既是规范管理的基本要求，也是避免争执、扯皮和推诿等现象的有效手段。

3．项目沟通的实施

项目沟通不是权宜性的活动，而是为了解决项目实施过程中存在的问题所开展的正式管理活动。管理层充分运用沟通网络，开展恰当而全面的沟通，能为项目实施过程管理提供所需要的信息，从而确保各部门、团队及参与者全身心地投入项目工作。沟通是项目协调的重要手段，也是项目管理者获取有效信息的渠道，其具体过程、步骤与模型如下：

（1）沟通过程。沟通过程可视作信息在发送者和接收者之间进行双向传递与交换的过程。信息接收者不是一个被动的接收者，而是一个能动的接收者，其在接收信息时具有自身的响应方式。所以，在沟通时应注意做到：发送者要明确信息传递的具体方式，是口头形式还是书面形式；接收者对发送者应保持敏感，包括谁发送信息及相关原因；沟通双方应建立信息反馈渠道，以便接收者及时反馈信息。

（2）沟通步骤。在项目实施过程中，沟通既能传递信息又能产生激励。沟通步骤具体可分为六步：通盘考虑所期望实现的内容；决定沟通方式；唤起信息接收者的兴趣；支持和鼓励各个层次之间的沟通行为；在所沟通的事项上获得支持；依靠各个层次的管理者提供沟通指导。

（3）沟通模型。沟通模型是对沟通方式融合后抽象出的规范形式，常用的项目沟通模型示意图，如图5-5所示。[①]图中，信息源即沟通的发送者；信息是希望沟通的内容；编码即形成口头或书面传送信息的过程；通道是用于传送信息的媒介；解码是获取信息并确认信息真实性的过程；噪声即干扰流，包括对沟通过程产生干扰的扭曲、分散和误解等因素；接收者是被沟通的对象；反馈是接收者获取信息后的回馈过程。这个模型体现了较为正式或重要的沟通程序和步骤。

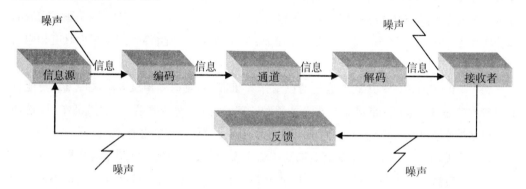

图 5-5　项目沟通模型示意图

4. 项目沟通的网络

沟通是连接项目实施过程管理各个环节的桥梁，也是影响协调工作成效的关键因素之一。项目组织高效的信息处理表现为组织管理中通畅的信息流动能力，因而要有意识地建立一种多层次、多渠道、全方位的"沟通网络"，并确立相应的沟通界面，处理好各个层次之间所交流的问题和交换的信息。"沟通网络"这一概念，最早由美国学者利维特提出，是指由沟通渠道组成的网格。利维特指出："沟通网络是一个团体的结构方面，它告知我们，团体成员是怎样凝聚在一起的。"[②]项目组织的内部结构和外部环境差异很大，项目组织负责人要根据实际情况，建立符合本项目特色的沟通网络。

根据团体沟通中信息传递方向所形成的路线形态，利维特提出了链式、环式、轮式和全通道式等类型的沟通网络。其中，链式传递信息较快，环式有利于提高士气，轮式解决简单问题效率较高，而全通道式沟通是一个开放式的网络结构，对于解决复杂问题、增强

---

①　戴维·I.克利兰：《项目管理：战略设计与实施》，杨爱华译，机械工业出版社2002年版，第388页。

②　哈罗德·J.利维特：《管理心理学》，张文芝译，中国人民大学出版社1989年版，第261页。

组织合作精神具有特殊作用。例如，由五个人或小组组成的团队，其沟通网络示意图，如图5-6所示。[①]

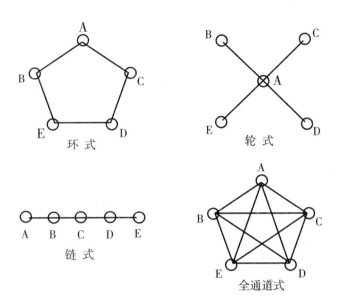

环 式　　　　轮 式

链 式　　　　全通道式

图5-6　五人团体信息交流沟通网络示意图

一般而言，环式和链式的网络结构有利于解决简单的问题，而轮式的网络结构对于复杂组织的沟通管理更为有效。但从总体上看，根据项目实施的特点，全通道式沟通网络应是项目组织优先考虑的沟通类型。从图5-6可以看出，全通道式沟通是指所有参与者之间能够穷尽所有沟通渠道的全方位沟通，人们可以进行不受限制的信息沟通与联络，集中化程度低，沟通准确性高。同时，由于全通道式沟通又是一种非等级式沟通，各个沟通者之间彼此了解，可以比较自由地发表意见，提出解决问题的方案，有利于集思广益，发挥参与者的能动作用和创新精神。这对于有效解决项目实施过程中出现的各种矛盾和冲突，增进项目成员之间的合作交流，增强项目协调实效，均具有十分重要的意义。

5. 项目沟通的效果

项目沟通是否有效，主要取决于沟通实施者的个性、态度、偏好、洞察力和理解力等方面。管理层要入乎其内发现冲突，解决冲突，而不能出乎其外地应付冲突。这既有领导艺术问题，也有责任心问题，它考验着管理者的沟通能力，更考验着各层级负责人对项目实施情况的把握程度。项目经理的个性特点和沟通技巧决定其沟通风格，典型的沟通风格包括民主型、专制型、奖励型、促进型、调和型等，这里不再赘述。

① 　W. 理查德·斯格特：《组织理论》，黄洋，李霞，申薇，席侃译，华夏出版社2002年版，第148页。

在项目实施环境中，某些有用的沟通信息经常被滤除。其中，上行沟通信息被滤除有以下原因：信息发送渠道不畅；接收者获得信息渠道有限；下级认为相关信息会使上级为难；信息发送者层级低、缺乏灵活性；双方互不信任。下行沟通经常会被所谓的"日常事务""紧张氛围"等耽误。因此，项目经理和各个层级的负责人应经常与项目成员交谈，分析其心理变化及其真正感兴趣的问题，从而可以获取真实的反馈信息。同时，各层级的负责人还应不断组织沟通会议，对项目现状进行讨论和分析。沟通会议较之书面报告具有快速传递信息的优势：可以检查目标任务落实情况，澄清模糊问题，了解各子项目完成任务情况以及存在的影响因素；可以客观评价项目进展情况，布置下一阶段的工作，明确计划调整方案和相应措施；可以广泛听取各方面的建议，集思广益，鼓舞士气。

三、项目协商技术

协商是为了解决问题而与他人进行商量和商议。它是在沟通基础上开展的正式商谈活动，是项目协调的核心技术。协商体现了合和、人本等精神，是一般管理中处理各种分歧、争端和冲突的基本方法，在项目管理过程中亦发挥着重要作用。项目协商的目的在于化解分歧和争议，解决矛盾和冲突，整合资源。

1. 项目协商的含义

项目经理为了解决工作范围划分、人员委派以及资源调配等问题，要经常与职能经理及相关方等进行协商。[①] 协商是冲突双方共同商量以取得一致意见的过程。协商者应具备阐释问题的能力，能把冲突的原因分析透彻。协商的基础是规范性的管理文件，其要点包含以下四个方面：

（1）合作的意愿。协商是冲突双方通过共同商量方法进行的信息交换，是一个面对面商谈的过程。协商基于合作意愿，其目的在于增进合作，而不是对抗。协商成效取决于双方的动机与合作的诚意。只有协商双方彼此做出让步，才能获得一个双赢结果。

（2）各方的诉求。项目协商应力求满足各方真正的需求。如果希望协商成功，各方必须达成能使对方从中获益的条款。否则，协商不能取得实质性成果。如果以彻底击败对方的意图参与协商，那么在心理上就不具备成功协商的条件。如果得到与付出不对称，任何一方都不会愿意继续协商。只要任何一方发现己方不能从中受益，就会停止协商。

（3）共同的利益。协商要解决冲突双方共同面临的问题，寻求共同的利益，只有这样双方才能在策略与行动上达成共识。双方需要弄清各自需要什么和可以放弃什么，这种指导思想有助于双方保持一种合作精神，并使双方共同受益。

（4）一致的意见。冲突双方依据各自情况和条件，做出相应让步，取得一致意见，从而

---

①　阿诺德·M.罗斯金，W.尤金·埃斯特斯：《工程师应知：工程项目管理》，唐齐千译，机械工业出版社 1987 年版，第 124 页。

各自获得某些满足。在具体商谈过程中，双方都会不断估计各自能提供多少信息，能做出多大让步，预期能得到多少回报。在反复磋商的基础上，只有双方真正达成共识，才能使让步与回报大致平衡，达成双方均满意的结果。

2．项目协商的步骤

项目协商不同于一般事务的协商，若不经过科学分析、准确判断，不管是退让还是折中化解，都可能贻误时机。特别是涉及项目三大目标的冲突，更是容不得半点含糊。因此，项目负责人应充分准备，周密计划，制订协商实施方案。项目协商实施步骤如下：

（1）确定协商目标。项目负责人应确定协商目标，并明确最终的"期望结果"。同时，还应事先预估达到期望结果的难易程度，申明需要确保的共同目标。协商前应确定达成意向的可能性，分析对方的实际情况，做到知彼知己。

（2）确定协商者。选择协商者包含两个方面：一是决定协商者是单个人还是一个小组；二是决定由何人出面进行协商。如果选择协商小组出面协商，那么就需要给小组成员分配任务并指定小组负责人。小组协商的优势是组内成员间能够进行知识补充，纠正错误，便于有理、有据、有节地进行磋商。单人协商则便于快速决策，可以避免因小组成员意见不一致而留给对方博弈的突破口。

（3）制定议事日程。这一步骤与协商条款优先级相关联。议事日程安排应当从较次要的条款和容易达成共识的问题着手，逐渐扩展到主要问题和可能难以达成共识的问题。各方在尝试协商主要问题之前，需形成一种友好合作的氛围。这有助于双方获得一个共同满意的协商结果。

（4）事先进行演练。协商准备时工作量的大小，取决于三方面因素：一是协商者的技巧；二是协商内容的重要性；三是可以提供备选方案的多少。在重要协商之前要进行预演，这不仅能在事先发现问题，以便拟定相应的应对策略，而且能训练协商人员的协商技巧，增加协商成功的概率。

（5）提供备选方案。对于重要的条款，要准备若干个能够被对方接受的替代方案。由于要寻求共同的利益，双方皆应提出多个可供选择的方案，而不是简单的同意或拒绝，有时候可以把相关要求分解成几个部分。需要注意的是，在协商中对备选方案做出某些解释是必要的。如果双方事先能相互了解相关备选方案，那么协商过程就会变得更加顺畅。

3．项目协商的技巧

协商技巧有两重含义，其一是有助于协商者交换信息、互相让步以及避免做出某些被动让步的巧妙技能；其二是给对方施加某些心理压力，迫使对方做出让步的方式方法。协商技巧包括以下几个方面：

（1）分清议题主次。对于协商者来说，双方都应提前确定好拟与对方进行协商的条款，包括列举所关切的事项，确定研究问题的程序等。通常，将"代价较低"的条款放在"代价较高"的条款之前，即把双方看来都困难的议题放在议事日程的后期是有益的。这样，先从双方认为容易解决的问题开始，以便双方建立良好的合作意愿，从而为解决更为困难的问题创造条件。

（2）授予协商者权限。既然协商实质上包含了相互让步，那么协商者应取得做出适当让步的授权，这对双方都很重要。否则，当拥有让步授权的一方做出重要的让步，而另一方不能做出相应的承诺时，协商必然会失败。

（3）建立良好愿望。良好的愿望有助于协商过程顺利进行。在某些关键问题上，只有当一方先做出让步，另一方才能做出承诺。然而，当某一方做出让步时，对方的拒绝则会妨碍进一步商议，甚至终止协商。当双方共同致力于营造良好愿望的氛围时，协商障碍便会显著减少。

（4）终止无把握要求。当一方回避讨论一个目前看似有利、但以后却无法应对的问题时，首席协商者应当向组员示意终止这种协商议题。当再次恢复会议时，可以把会谈内容引向另外一个主题。

（5）履行各方承诺。当协商结束时，双方需要以书面形式表述商定条款。如果是阶段性协商，也应将每一次会议的协商结果形成书面协议。书面协议能防止双方中的任何一方否认已讨论并确定过的争论问题，促使协商向前推进。最终，双方以书面形式签约。

四、项目谈判技术

谈判是处理重大争端的一种规范方法，也是最为正式的商谈方式。项目谈判是为了使冲突双方实现均可接受的结果而采取的行动，旨在对可能引发较大冲突的问题达成协议。项目谈判通常是解决项目冲突最重要的手段。

1．项目谈判的认知

广义地讲，一切交涉、磋商、协商等，都可被视作谈判，而狭义的谈判仅指双方举行的面对面的正式磋商。在正式谈判前，双方通常会进行形式多样的非正式磋商，如现场观察、非正式巡视、与各种人员座谈、召开小组会议等。通过大量非正式磋商的交流互动，能加速信息的流动，增进各方的相互理解。正式谈判比协商的重要性或正式程度要高，或者说谈判是更高一级的协商。

项目谈判所涉及的内容具体而广泛，参加人员常是双方或多方的相关人员，主要包括业主方、设计方、承包方等，其中，承包方又包括分包商、供应商等。例如，工程项目谈判中的卖方即承包方是通过对其人工成本、分包商成本、购入原材料和安装设备成本的计算，通过提高标价来获取利润，标价越高，获利也越大。但是，买方即业主方在多数情况下是通过招标的方式来选择卖方，并与之进行相关谈判。这样，在谈判开始之前，谈判双方对相应的结果会有一个大概的心理预期，在谈判中着重讨论的是项目预算的成本费用、进度计划、质量标准及其他相关事宜。另外，承包商的信誉、能力以及技术人员的经验等，也是影响双方谈判的重要因素。

2. 项目谈判的原则

在分析协商相关问题时，已涉及了谈判前期及过程中的较多内容，具体谈判过程需要遵循如下原则：其一，认同原则。在谈判中要体现出对相关方组织文化和价值观的尊重和认同，尽量使相关方认同己方观点。其二，竞争原则。若谈判中没有竞争，只有一个买家或卖家，那么对双方来说都是不利的，再加上时间的限制，项目谈判就不容易成功。其三，截止期原则。谈判一定要拟定截止期，但要注意超过截止期产生的后果和风险。永远不要暴露己方真实的截止期，不管相关方表现得多么平静，也都是有截止日期的。因为协议都是在截止期临近时才能签订，所以要有足够的耐心。其四，尊重原则。必须体现出对相关方的理解和尊重，不要无端地指责或猜疑，各方要建立良好的谅解关系。各相关方在谈判协议的达成则意味着合作的开始。其五，让步原则。各相关方在谈判中不可能从头至尾一直坚持自己的观点，必要时都要做出适当让步，谁也不让步的谈判是不可能有结果的。

3. 项目谈判的实施

项目组织应清楚地向谈判者交代任务、赋予权限。依据谈判实施方式不同，谈判者通常肩负着下列三种不同使命，并产生不同的结果：第一，没有任何实际权力的谈判者，其参与谈判任务主要是参与讨论，回传信息；第二，没有被充分授权的谈判者，其可以参与谈判的全过程，但未经组织批准，不能做出最后决策；第三，经完全授权的自主谈判者，有充分的决策权，无须项目组织批准就可以做出最后决策。对第一种情况，项目组织可不必担心，因为没有进行任何实质性的谈判。第二种情况，保留了监督谈判者的可能，保证谈判者不受外部环境的严重影响，但这却降低了谈判者在谈判中的权力。第三种情况，要求项目组织给予谈判者高度的信任和极大的灵活性。这种情况要求项目组织应相信谈判者有能力在各种条件下都能达成最佳协议，并完全代表项目组织的利益。第二和第三种情况中，谈判者都应向项目组织保证谈判结果真正符合集体意志和利益。事实上，无论哪种谈判结果，一般都为非理想方案。

五、项目裁讼技术

处理冲突的最终目的是为了平息争端，终结冲突。项目组织与相关组织，特别是与有关参与单位之间，在涉及项目整体目标和利益的重大冲突事件中，若经历了通报、沟通、协商和谈判之后，仍不能彻底解决问题，就必须进入冲突问题的最后处理程序——"裁讼"，即通过相关机构进行仲裁，或通过法律渠道进行民事诉讼。由此，项目裁讼技术分为两种具体形式：仲裁解决法和诉讼解决法。

仲裁解决法是指由争端双方或其中一方提出申请，由仲裁机构做出裁决，通过相应法规或行政管理规定来解决冲突双方的争端问题。仲裁解决法主要采取强制手段解决冲突，但是这种方法不适合解决组织的内部问题。在特殊情况下，为了不失时机地解决项目实施中项目组织与相关组织机构之间的冲突，应当机立断，采取仲裁方法。例如，重大质量纠纷或事故发生后，或因工期延误等引起纠纷，在通过协商、谈判已无法解决时，就需要独立的第三方权威机构或较高层级的专家组出面仲裁，也可以通过政府质检或商检机构仲裁，使冲突得到最终解决。一般地说，仲裁机构必须具有一定的权威性，且冲突双方都有解决问题的诚意，否则，仲裁解决法就可能无效。在仲裁过程中，仲裁者要充分听取双方的陈述和意见，提出理据充分的解决方案和办法，使冲突处理的结果公平合理。

对于不适宜仲裁的重大冲突，可考虑使用诉讼解决法。如项目整体目标或单项目标未实现，由重大质量事故、重大工期延误等引起的纠纷，或因物料设备采购供应引起的纠纷以及项目资金来往中的经济纠纷等，可以依据合同文本文件诉诸法院，通过民事案件审理，以诉讼方式解决相关纠纷问题。

六、项目协调技术的综合应用

本节集中介绍了五种项目协调技术，它们都是项目协调的基本手段。各项协调技术的产生，经历了一个不断探索的过程。[①]项目协调首先从通报开始，通报就成为协调技术的一个要素；其次，沟通作为大家熟知的协调手段，也是协商的基础，是协调技术的第二个要素；再次，落实各项决策与工作任务，要不断地商议、商量，协商就成为协调技术的第三个要素。如果前三个要素未能实现协调目标，则要继续采用谈判或裁讼两项技术。在协调技术的应用中，通报是前提，沟通为平等互通，协商则有来有往，谈判多是据理力争，裁讼实乃迫不得已。一般而言，对于项目组织内部的冲突，主要采用通报、沟通的处理方法；而对于绝大多数外部冲突，协商和谈判是基本的处理方法；只有出现重大冲突时，方可考虑采用裁讼方法。在项目整体目标和共同利益一致的前提下，当出现非对抗性的争议和分歧时，采用协商的方式比较妥当，而谈判、裁讼通常是一种更为规范的解决办法。

需要指出的是，项目管理五大协调技术，不同于当前某些"项目管理成功学"所谓的"沟通技巧"，更不是庸俗化的管理技巧或窍门。项目协调是管理者履行管理职责的手段，需要明确其基本的管理方法和技术。通常，手段是与目的相对而言的，即通过什么手段达到什么目的，是各种方法、技术和工具的总和。方法、技术和工具是由主观到客观的一种存在形式，方法的程序化和物化就变成了技术和工具，而当它们用于实践以实现某种目的时，就形成了手段。从方法到技术再到工具的过程是一个主观到客观的过程；而在实践过程中，

---

① 赛云秀：《工程项目控制与协调研究》，科学出版社 2011 年版，第 106 页。关于各项协调技术，需做两点说明：一是本人在早期博士毕业论文构建协调技术体系时，协商技术列第二项，沟通技术列第三项，在 2011 年出版该书时将其做了调整；二是在本书中，将"冲突处理技术"更换为"裁讼技术"。

由工具到技术再到新的理念与方法，则是一个由客观到主观的过程。项目管理者的认识就是这样得到深化和发展的，因而项目协调的基本手段，需要以技术的面貌出现。

项目协调技术是运用协调职能的手段，本质上是一种管理技术。当然，协调技术中也包含着灵活的方式，亦即存在某些管理艺术。科学是人类认知和探索自然规律的过程，重在探索发现；技术是人类改造自然世界的方法手段，重在创造革新。本书使用协调技术这个概念，其目的是为了强调协调职能及其运用过程的科学性、系统性和规范性，并非否定协调的艺术性。从通报技术到裁讼技术，使用"技术"这一概念，既表达了项目协调所需要的科学手段，更体现了项目协调所富含的实践意蕴。项目协调讲究技巧，但从本质上讲它既是科学，也是一门艺术，运用协调职能需要技术体系的支撑。

第四节　项目协作理论分析

项目管理的过程是一个不断整合资源的过程。面对各种矛盾与冲突，项目管理者应积极面对，求同存异，并在冲突处理中寻求配合与协作。项目协作是项目组织对项目实施的各项要素进行调节，使部门之间、人员之间步调一致，相互配合且趋于和谐的管理活动。项目组织构建协作体系，不仅能强化协调系统，保障自身有效运行，而且能统筹处理项目实施内外部的各种关系，为顺利实现项目预期目标创造良好环境。

一、项目协作的基本认知

项目协作的核心是项目组织及其管理层主动面对项目实施过程，充分发挥项目控制与协调的作用，积极地化解各种矛盾和冲突，促使项目相关方及参与者达成共识，建立互信，自觉行动，共同为项目顺利实施而努力奋斗。

1. 项目协作的内涵

通常，"协作"多指劳动协作，即许多劳动者在同一劳动过程中或彼此相联系的不同劳动过程中，依整体计划协同劳动。协作可扩大劳动的空间范围，节省生产资料，提高劳动生产率等，有时泛指两个以上单位互相配合工作。[①] 同时，协作还涉及两个词义相近的概念：协同和合作。其中，"协同"是指同心合力、互相配合，如协同办理、协同作战。"合作"是社会互动的一种方式，指个人或群体之间为达到某一确定目标，彼此通过协调作用而形成的联合行动，其特征包括行为的共同性和目的的一致性。[②] 简言之，协作强调配合，协同则

---

① 《辞海》（第六版彩图本），辞海编辑委员会，上海辞书出版社 2009 年版，第 2527 页。
② 同上书，第 862 页。

注重行为一致，合作侧重于互动，三者含义接近却旨意相异。由于完成项目任务通常是指众多的参与组织及人员依据项目整体计划，相互配合、协同作战，故本节在前文讨论项目控制与协调的基础上，将进一步讨论"项目协作"这一概念，并做相应的理论分析。

福列特在讨论最好的企业管理时，提出了一些有关控制与协调的有益观点。她指出："把强制当作'放任主义'的反义词，这是错误的，放任主义的反义词应是协调。目前的当务之急是寻找最优的协调或调整方法。但是协调的过程不是一个外加过程，本质上它是一个自动控制的过程。没有人可以颁布调整我个人的命令，我只能在别人的帮助下进行自我调整。……"[①]在这里，福列特的论述其实还隐含着另一个观点，就是只有当协调过程通过管理系统的相互作用而发展为一个"自动控制过程"时，协调的最终目标才能实现。这就是说，在项目管理过程中，只有各个部分相互作用，特别是指挥、控制和协调等各项管理职能有效配合，项目协作的愿望才能有效转化为一致行动。

在项目实施过程中，不同层次的目标以及各项计划任务之间存在着大量相互交叉的工作界面。因此，项目协作就是通过管理层统筹协调，管控分歧，消除干扰，以实现部门之间、部门与团队之间的密切配合和有效衔接。具体而言，项目协作的内容包括对目标任务的确认与分解、计划与安排、执行与验收等方面的预先协调，也包括对项目实施过程中的人员、技术、信息和物质资源等方面的统一调配。有效的协作，能将项目立项与实施的重要意义、项目目标等融入项目成员的认知中，把快捷、有序、紧凑的项目工作和众多参与者的具体行动凝结在一起，使项目组织成为富有活力的"有机体"。

2. 项目协作的核心

项目协作以实现项目既定目标为中心，以推进工作为纽带，讲究和而同之，步调一致。项目组织中最不稳定的因素是人，项目实施成败最重要的影响因素也是人。人际关系既是项目协调的重点，又是项目协作的核心。项目实施过程或长或短，或顺或逆，无论何种情况，紧张的人际关系必然导致项目各相关方之间冲突不断，影响项目实施进程。项目组织及其管理层只有注重协调，强化协作，才能解决项目冲突的深层问题。正如前文所述，项目冲突的因果关系大多隐含于人际关系之中，又通过人际关系传递到项目实施的各个环节，因而项目协作的目的在于正确处理项目组织和相关方之间的关系，以及项目参与者之间的人际关系。

"人心齐，泰山移"。在项目实施过程中，良好的人际关系可形成合力，而不和谐的人际关系则会产生离心力。"身之主宰便是心"，协调项目组织中的人际关系，本质是聚合人心，须以理服人、以情动人，以规范管理约束人的行为。项目组织只有倡导协作，建立广泛的协作关系，项目各相关方才能与项目目标和任务心境俱融，众多的参与者才能将个人的

---

①　玛丽·帕克·福列特：《福列特论管理》，吴晓波，郭京京，詹也译，机械工业出版社 2007 年版，第 258 页。

知识和技能"自觉"转化为项目组织的能量。为此，项目组织的各级负责人在协调过程中要转变观念，坚持以人为本理念，在强调落实项目目标和任务的过程中，重视发挥作业人员的主体作用，从"我来领导"转变为"我来组织"，由单纯的"我来控制"转变到"控制与协调并重"，以此培养参与者的协作观念，这是调动作业层协作能动性的有效途径。

以人际关系协调为核心，建立良好的协作关系，可发挥以下两个方面的积极作用：首先，可以提高项目管理的规范性。协作体系可以促进项目各参与方之间的相互理解和信任，提高信息传递的时效性和精准性，保证项目决策的可靠性和项目控制的有效性，进而提升项目管理的规范性。其次，可以提升项目管理效率。从表面上看，项目组织内部的协调仅与职位和职能相关，但实质上，沟通与协商、合作与协作等都包含在目标任务完成的过程中，并体现在业务部门之间的协作关系中，因此项目管理效率与协作体系的构建息息相关。

3. 项目协作的机制

为解决冲突并增进和谐，项目组织必须建立一种基本的协作机制，以形成组织协调管理体系的架构。项目组织通常是为了完成特定目标任务而组建的临时性组织，它只有依托自身的管理系统，特别是指挥系统、组织系统、控制系统和协调系统等才能形成稳定的协作机制，实现规范化管理。项目组织规范运行十分重要，必须呈现出"明显的组织结构特征"和"独特的运行机制"，进而产生强有力的组织协调能力。项目组织规范化管理体系形成的过程，就是建立项目协作机制的基础过程。通过这一过程，可以促进管理者的行为逐步规范，促使项目组织从松散的、不稳定的组织形态，或局限于某些技术活动的形态，转变为有序的、稳定的组织结构体系，进而形成良好的协作机制。也就是说，在项目实施过程中，通过规范管理使项目组织的运行变得适应项目协作的需要，管理者的管理风格也由单纯的"命令与控制"转向"指导与协商"，对项目参与者的激励措施由单纯的层级职位加薪酬转向其职业认同感和成就感的获得。

建立项目协作机制的关键，在于项目负责人准确把脉、对症下药，管理层在各个层次相互合作上下功夫。项目冲突有"来路"便有"去路"，有时候解决问题的诀窍就隐藏在问题里面。管理者必须对预料之中的冲突做好准备，对预料之外的冲突保持警惕。只要真正剖析问题，就能找到解决问题的方案。项目协调是一个自上而下的有意识的调节过程，而冲突问题的暴露则多是自下而上的，两者相遇有"交汇点"。各业务部门的协作，要在这一"交汇点"上相互配合。业务部门、团队以及个人之间，无论是工作上的分歧或利益上的诉求，都应依托协调系统，本着合作的意愿解决问题。为此，项目组织应将协作职责明确纳入业务主管部门的职责范围，以促使各部门凝聚力量，同心协力实现项目目标，这是形成协作机制的重要条件。

4. 项目协作的途径

在本章第三节所分析的项目协调五大技术中，通报、沟通、协商等是基本手段，也是强化项目协作的基础途径。及时通报,是强化人们协作意愿的前提;强化沟通,是建立协作意愿的基础;注重协商,是深化协作意愿的核心。虽然仅靠沟通化解项目冲突的效果是有限的,但在具体管理过程中,沟通与交流并非无足轻重,恰恰相反,它正是协商的前奏、协作的基础。

在项目实施过程中,多种资源要素聚集,各种人际关系交织,各类影响因素交汇,且存在部门割据、责权分离、资源分散、利益纷争等问题,所以要在项目实施过程中形成合力,就必须强化沟通和协商。项目组织之所以采用扁平化结构,就是为了减少通报、沟通和协商中的障碍,强化信息的纵向流动,畅通信息的横向交流。通常,项目组织的运行依赖于目标系统、计划系统和任务系统等,强调以落实任务为中心进行自我管理。在这种管理模式下,官僚式、命令式的管理被逐步弱化,委派制和民主化的管理方式凸显,管理层增加了作业层的知情权和其对作业方式的选择权,并通过强化协商使团队做出承诺,这就可以促使众多参与者心悦诚服地为完成项目任务而努力。

二、项目协作的理论探索

从某种意义上讲,协调与协作的关系呈现于两个方面:一是互为前提,协作意愿是协调的基础,而只有协调有力才能实现协作;二是存在手段和目标的关系,协调是手段,协作是目标。在项目管理的语境中,项目协调注重合作问题,是对项目冲突的回应,而项目协作则关注协同问题,是对项目实施"秩序"的敬畏。二者在终极目标意义上并无差异,但在执行和操作层面上,其所依据的理论基础又不尽相同。

1. 项目协作的理论视角

斯格特从社会结构方面入手,深刻地揭示了群体的行为特征。他认为社会结构是指组织参与者关系的模式化和规范化,并在引用戴维斯的研究成果时鲜明地指出:"在人类社会,一直存在着双重现实:一方面是规范体系,体现了应该是什么;另一方面是既存的秩序,体现了实际上是什么……这两种秩序不可能完全一致,也不可能彻底地割裂。"[①]在这里,斯格特所指的"规范体系"即为"规范结构",其内容包括价值观、规章制度和角色期待。其中,"价值观"体现在可选择行为的标准中;"规章制度"体现在组织普遍遵从的规则中,即在实现目标过程中所采取的手段;在评价人的社会性及其行为时,"角色期待"体现在所采用的期望或评判标准中。在社会群体中,价值观、规章和角色都不是随意设置的,而是通过组织建构的一系列相对持久的信条和规范指导参与者的行为。正因如此,我们将其称为"规范结构"。同时,斯格特所指的"既存的秩序",亦被称为"行为结构",体现了人们的实际行为,而不是行为的"规范体系"。

---

① 　W. 理查德·斯格特:《组织理论》,黄洋,李霞,申薇,席侃译,华夏出版社 2002 年版,第 16—17 页。

可以看出，斯格特关于社会群体的规范结构和行为结构的观点，实质上反映了组织运行中"应然"与"实然"的辩证关系。这两种结构体系看似相对独立，实则相互关联。规范结构为行为结构设置了重要的制约因素，从而决定和引导着组织参与者的行为，并有助于对诸多既存的规范性模式进行阐释。与此同时，部分参与者的行为会游离于规范结构之外，成为发生例外情况的根源。规范制约行为，行为同时也影响规范实施的效果。群体行为的差异体现在规范结构和行为结构的相符程度上。在某些情况下，行为与规范一致，而在另外一些情况下，二者又有较大的差别。一般而言，在每一个现存的社会结构中，规范结构和行为结构有时处于"相安无事"的"共处"状态，有时则处于相当紧张、对抗的状态，其中一方的变化在某种程度上独立于另一方，同时又持续不断地向对方施加影响。

在现实中，所有社会群体都会呈现出这样的特性：既有约束参与者个体行为的规范结构，也存在与参与者群体互动关联的行为结构，两者相互联系，形成了群体的社会结构。但是，在这样的社会结构中，参与者之间的关系并非总是愉悦、轻松的。群体社会结构的形成不等于社会和谐，冲突总是内生于结构之中，这便是实际存在的"既存秩序"。也就是说，冲突可以在个体与群体的关系中产生，而不仅仅是来自个体参与者天性中的挑衅。当然，不同组织社会结构正式化程度的差异，会影响参与者之间关系的变化。在正式化程度高的社会结构中，因组织成员的关系都已被明确地具体化，故冲突较少出现。而在非正式社会结构中，因个体参与者社会地位之间的差异，以及其与地位占有者之间的关系特征并不十分清晰，当个体参与者进入或离开集体时，其社会角色和相互关系便会随其个体特性和人际关系的变化而变化，故参与者之间的冲突往往不期而至且变化多端。斯格特上述理论分析，可以帮助我们深刻理解项目组织结构体系的特征以及存在于其中的参与者行为的冲突关系，为项目协作体系的建构提供了重要的理论指导。

2. 项目协作的理论基础

巴纳德将正式组织定义为"存在于有意识的、有意图的、有目的的人之间的一种协作"。[1]他在组织研究中提出了"协作体系"的概念，认为组织在本质上是一个协作的体系，用以整合个体参与者的贡献。实际上，巴纳德关于协作的理念和观点，与斯格特关于理性组织系统的相关分析基本上是一致的，其区别主要在于巴纳德更强调协作的非物质性、非正式的人际关系以及道德基础。在巴纳德看来，物质报酬被认为仅是"微弱的刺激"，如果要使协作活动维持下去，必须要有其他心理动机或社会动机予以支持。他关于组织与协作体系的分析，涉及两个独立的观点：第一，组织建立在参与者做出贡献的意愿之上，参与者应能为组织做出足够的贡献，否则组织就不能生存下去；第二，无论参与者进入组织及开展工作的目的是什么，这些目的都应指向一个更为普遍的共同的组织目标，而且，管理者

---

[1]　切斯特·I. 巴纳德：《经理的职能》，杜子建译，北京理工大学出版社2014年版，第2页。

"对实际存在的普遍目标的灌输，是管理的基本功能"。可以看出，巴纳德与斯格特的研究既强调组织的正式结构，又着眼于组织的协作体系，这不仅有助于增强组织凝聚力，而且能支撑"参与工作的意愿和客观权威的稳定"。这种正式结构的关系纽带，可使项目组织创造出"协商的氛围"和"协作的意愿"，也为协作体系的形成奠定了理论基础。

项目参与者的合作意识与贡献意愿，是实现项目协作的基础。实质上，在协作体系构建中，巴纳德特别强调上下层级之间的相互认同，他力图将两个有或多或少矛盾的观点关联起来，认为目标任务是自上而下地部署，而完成任务则建立在自下而上服从的基础上。巴纳德还指出，"自上而下地产生权威是不可能的"，在很多情况下，领导者宣称自己是权威，却不能得到人们的服从。这是因为权威最终是建立在人们对其合法性认知的基础上：一个指令是否拥有权威性，取决于该指令所针对的个体，即服从者是否服从，而非取决于权威人士或那些制定指令的人。[①] 也就是说，那些结合项目目标任务特征并经过精心设计的指令，"更有可能得到该指令的接受者的认同"，且能将所有工作任务有机地联结在目标性的协作框架内。

3. 项目协作研究的理论命题

项目协调的目的在于规范参与者的行为，保证项目实施活动的正常推进，而项目协作的重点在于建立广泛的协作关系，实现协作意愿，切实保证项目目标如期实现。项目协作理论研究的广度体现在项目组织的管理结构体系、项目管理系统和项目文化等方面，其深度体现在协作机制的科学合理性、项目协调系统作用的发挥以及协作关系的建立之中。在研究过程中，只有将二者融合在一起，才能充分体现项目协调的基本内涵，反映项目协作的本质特征。因此，对项目协作的理论研究不能仅关注项目管理本身，而应从组织学、心理学、行为学等多学科角度来考量和分析，确立研究命题。这既是研究项目协调方式方法与技术手段的重点，也是探索项目协作机理、构建项目协作体系的基本着眼点。

项目实施过程中的协作，必须依托项目组织的规范结构，直面项目管理者的行为。目前，对于项目协作行为方面的理论研究，国外学者以心理学、行为学和组织理论等为基础，进行了实证分析和案例解读，研究内容有一定的深度。在此基础上，国内的研究应结合中国传统管理哲学，加强对项目管理者行为规律的研究，尤其是对管理层管理行为的研究。有关项目沟通的理论分析以及沟通技术的研究，仅是项目协作理论分析的基础。目前对项目协作的相关研究，亟需将国内各类项目实施的协作经验进行总结提炼。比如，项目管理分权与授权，组织职能、计划职能与协调职能之间的关系，以及项目管理系统与各子系统之间的协调等问题，都是构建协作体系的关键，迫切需要深化研究。

---

① 切斯特·I.巴纳德:《经理的职能》，杜子建译，北京理工大学出版社2014年版，第118—134页。

三、项目实施与管理的协作体系

项目组织内部各业务部门工作的协调，各子项目、团队之间的协调，都是分层次展开的。这些协调工作涉及项目实施的相关方及众多的参与者，为此，项目组织构建项目协作体系的首要任务是通过沟通与协商、互动与合作，整合力量，使项目实施过程形成一个有机运行的统一整体。

1. 项目协作体系的基本认知

项目协作的关键在于项目组织及其管理层、项目相关方等，都要对项目实施活动及参与者的行为有一个基本的理性认知。福列特在讨论"创造统一体的相互活动的性质"时认为，"每一个社会过程都有三个方面：互动、统一和新兴。""这三个——互动、统一、新兴——不是一个过程的三步。它们同时发生，组成了该过程的不同方面。"[1] 笔者以为，这一观点是构建项目组织、建设项目团队的机理所在，对项目协作体系的构建具有重要的指导意义。对项目组织而言，互动、统一和新兴不仅是指项目成员通过交流与沟通以消除冲突，还意味着秩序、理性和合作。

项目协作体系应是一种稳定的组织管理模式，目的在于使与项目组织直接关联的相关方形成广泛的协作关系。巴纳德认为，组织是"把两个以上的人的各种活动和力量有意识地加以协调的体系"，并论证了组织存在的三个要素，即协作意愿、达成共同目标、畅通信息交流。[2] 西蒙主要从行为科学的角度探讨了组织沟通与决策，认为组织实质上是"一个人类群体当中的信息沟通与相互关系的复杂模式"。[3] 所以，从本质上讲，项目协作体系是项目组织在协调系统的基础上建立的一种广泛合作的协同关系和协作机制，其目的是为了正确处理各种工作关系，解决冲突、形成合力，进而促进项目目标顺利实现。

2. 项目协作体系构建的目标

项目协作体系的构建，依赖于项目组织规范的结构体系，核心在于建立一个项目人员有意识、有意图、有目的的共同协作意愿，使项目实施各项工作任务统筹得当，管理有方。具体而言，构建协作体系，主要应突出以下几个方面：

（1）组织管理层次清晰。开展项目协作依赖于管理工作的层次性，项目管理强调民主但不等于弱化管理层次。项目组织扁平化的结构体系层次清晰，意味着形成了事实上的管理层级。层级制度的基本功能是保证组织等级的合法性和有序性。完善划分各业务部门、各子项目和团队的管理任务，有利于项目组织层级化运行，使各层级、各子项目之间以及

---

① 玛丽·帕克·福列特：《福列特论管理》，吴晓波，郭京京，詹也译，机械工业出版社 2007 年版，第 192 页。

② 切斯特·I. 巴纳德：《经理的职能》，杜子建译，北京理工大学出版社 2014 年版，第 62—68 页。

③ 赫伯特·西蒙：《管理行为》，詹正茂译，机械工业出版社 2004 年版，第 15 页。

它们与组织系统之间有更规范化的联结。

（2）管理业务流程通畅。在项目实施过程中，各项活动的管理业务流程通常不是由一个部门独立管理的，需多个部门相互配合，按纵横交错的业务流程指挥团队来协同完成。这就需要不断优化资源要素，即对投入的生产要素进行合理配置。但是，由于纵向设置的组织职能部门与横向设置的项目业务部门时常会造成相关业务流程的割裂，在管理流程中形成一些断点，故应及时协调，强化协作，防止业务流程堵塞，以避免后续工作停滞。

（3）技术系统运用有效。对项目组织而言，运用先进的科学技术及某些特种工艺是成功实施项目的必备条件。在项目实施过程中，管理层对技术系统的协调极为重要，必须明确界定项目实施的关键技术与工艺过程具体由哪个部门负责。对部门交叉、单元衔接的技术工艺流程，需要在设计项目实施方案时反复优化，在实施过程中注重精细化管理。

（4）人员主体地位凸显。项目管理者应充分尊重参与者的主体地位。当项目实施的工作环境从命令与控制为主转向以指令、互信和承诺为基础时，人际沟通就越来越重要。人的能动作用发挥不好，管理过程的运作就不会顺畅。项目团队应对每个参与者的努力都给予足够的认同，并与每一个成员都建立信任关系。只有所有参与者相互信任并形成广泛的共识，才能催生项目成员自我约束的能力，确保其自身行为逐步趋于规范，协作体系的作用才能得以有效发挥。

3. 项目协作体系的核心要素

如前文所述，沟通是协作的基础，协商是协作的核心要素。项目协作体系的构建，依赖于充分发挥协商的作用。协商，有通气、商量和商议之意，体现了东方文化以人为本的思想内核。协调之要在于弄清事情本质，不回避问题，通过协商消除冲突、解决争端，从而实现项目目标。在一般管理中，不管是沟通还是协商，皆是持续用力，潜移默化，而项目实施必须明确协商策略，果断力行。美国项目管理知识体系所确定的沟通管理符合西方人的工作与生活习惯，但不完全符合国人的沟通习惯，故而对于国内管理者而言，项目管理过程应该更多地强调协商。

项目协作应树立全局观念，既要注重整体谋划，又要对关键性冲突做到心中有数，抓住项目实施"关键环节"和"关键路线"，牵住解决冲突的"牛鼻子"。管理层要把握好关键环节的工作，完成关键路线的任务，就要充分运用协商手段解决冲突。管理层的主要工作不仅是决策、计划和指挥等，还要通过不断地协调化解冲突，在沟通与协商中推进工作顺利开展。处理项目冲突，大的方面牵涉到项目成果的取得，小的方面牵涉到具体人财物的管理。因此，各个层级的管理者要主动发现问题、揭露矛盾，而不能掩盖问题、回避冲突，更不能无原则地一味隐忍，必须在是非、大小、多少、快慢、先后等具体问题上态度鲜明，不能成为左右逢源的骑墙派。在一般管理中，有些问题可以随着时间的流逝"自动消亡"，但项目协调却不能等待，而是要通过不断地协商来化解冲突，正所谓"扫帚不到，灰尘不会自己跑掉"。

4.项目管理协作体系的模型

与一般管理过程相比,项目管理对协作的认知,在管理文化积淀、实践积累等方面更有优势,关键在于项目组织要营造理性管理氛围,并通过构建协作体系将各项协调技术系统地应用于管理实践之中。项目组织建立协调系统、形成协作机制、有效运用协调技术是构建协作体系的前提,项目协作体系的基本框架,应以协调系统的运行、协作机制的形成和五大协调技术的综合应用为基础,协作体系的载体是协调系统,而协调系统的运行以协作机制和协调技术为支撑。因此,项目协作体系的一个重要特征是综合应用协调技术,其基本框架模型示意图,如图 5-7 所示。

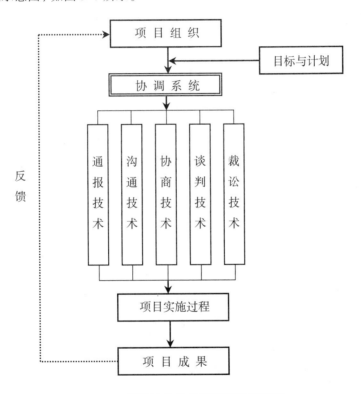

图 5-7 项目协作体系框架模型示意图

图 5-7 所给出的模型,不仅与项目协调的思路相一致,而且清晰地勾勒出项目协作体系的路线图。根据这一路线图可以看出,协调系统是基础,五大协调技术是基本手段,具体的协作过程则是从通报开始,通过沟通、协商,再到谈判甚或裁讼。只有每一环节的冲突都得到合理解决,协作关系才可稳固建立。

四、项目管理协作体系的运行与作用发挥

项目协作渗透在项目实施的各个环节之中,项目相关方、项目实施各个层级通力合作是项目目标顺利实现的关键。项目组织及其管理层只有坚持目标导向,强化各层级间的沟通与协商,充分发挥协作体系的作用,才能处理好过程管理中的复杂关系,消除冲突,最终形成项目实施的强大合力。

1. 项目协作体系运行的基础

项目组织的结构体系和管理体系是协作体系作用充分发挥的基础。项目经理及其率领的部门负责人,凭借项目组织结构体系组成沟通中枢和协调中心,再借助于项目管理体系,即项目管理知识体系,以全面发挥协作体系的作用。项目组织的使命,项目实施的目标、计划和任务等,都是在项目组织的结构体系和管理体系的指引下实现的,由此可见,协作体系还直接影响着项目组织中授权、权威和层级关系。

项目实施的重要特点是任务的专门化与专业化,项目协作体系的运行应围绕项目任务的执行逐步展开。在项目实施阶段,各项工作相互交织,协调管理的重点是理清工作职责界面,这也是协作体系有效运行的基础。协调是协作的基础,项目协作以协调为前提;而充分发挥协作体系的作用,则是保证项目协调效果的关键所在。因此,项目组织只有建立协调系统,明确协作机制,形成协作体系,才能保证协调工作有计划地系统展开,推进并行的各子项目相互协作、齐头并进,避免资源统筹调配的失衡,防止出现单打独斗、顾此失彼的局面。

项目协作体系与协作机制相辅相成,协作机制是发挥协作体系作用的组织保障。建立完善的项目协作体系能更好地深化协作机制,而有效的协作机制则能更好地发挥协作体系的作用。乐队指挥的职责是充分调动每一位乐师的作用,同样,项目组织设置业务部门和配备管理人员也应有章有法,并以有利于发挥项目参与者的技能优势为原则。只有充分发挥参与者的主观能动性,才能真正实现协同效应。项目实施是一个创造性过程,但也常常伴随着"毁灭"的可能。项目组织只有形成协调有序、规范协作的管理机制,项目实施才有可能孕育出无限生机。

2. 项目协作体系运行的机理

项目协调的目的是为了化解冲突,协调系统稳定可靠是协作机制形成的基础,而完善的协作体系则是协调系统有效运行的保障。正如本章第一节所述,项目冲突处理包括正视、妥协、缓和、强制、退出等五种基本方式,这些方式的背后有冲突处理的根本遵循,即福列特极为推崇的整合。不断整合是项目协调的法宝,也是项目协作机制形成的关键。实质上,整合体现了项目管理模式的基本理念,以协调促进协作、以协作保障协调,项目协作与协调之间的内在关系是一致的,这既体现了项目协作的基本思想,也是项目协作体系运行的

机理所在。

项目实施过程按时序逐步展开，在任何一个情境截面上都可能存在冲突。而在不同层次和不同环节上，要实现步调一致，项目组织就必须建立一套理性的协作体系，以保证项目实施各项活动井然有序。具体而言，同项目控制与协调一样，项目协作体系运行的机理也包含着文化、方法、技术和行为四个维度，这是提高参与者行为的理性自觉，规范作业层的操作行为的基础。文化维度体现在思想、认识和观念上，即项目参与者的经验、情感和态度，这是协作的基础；方法维度体现在项目管理知识体系中，提供了项目管理的理念和方法，目的在于规范项目实施过程管理；技术维度体现在项目实践中，包括参与者的知识和技能，也包括工作规程、作业流程和工艺标准等；行为维度是落脚点，主要是为了规范项目参与者的行为。前三个维度都为规范参与者的行为服务，而行为维度则强调项目组织及其参与者"规范结构"与"行为结构"的内在统一。

3. 项目协作体系作用发挥的主体

组织目标、贡献意愿和协作机制是项目协作体系发挥作用的基础。为此，项目经理及管理层要努力在业务部门与项目团队及参与者之间营造良好的协作氛围。这涉及本书前文中巴纳德所指出的两个独立的观念，项目组织建立在参与者愿意贡献的基础之上，参与者只有在规范结构的引导下才能做出积极贡献。因此，使参与者树立贡献意愿和协作意图是项目协调的基本任务，也是形成项目协作机制和协作体系作用得以发挥的关键。项目组织工作界面清晰、协作机制明确，就能确保业务部门与团队相互配合，有利于形成和谐的协作氛围，使项目协作体系产生"协同效应"，实现整体大于部分之和的效果。

在项目实施过程中，高效团队是发挥项目协作体系作用的主体。群体协作能力建立在彼此心理认同的基础之上，观念决定着行为，只有革新项目参与者的观念，才能规范其行为。项目团队管理的重点应在于对参与者个体差异性的关注，因为项目参与者是个性与共性的综合体。参与者通过加入、磨合及规范等阶段，最后融入团队，建立彼此交流的途径，不断摒弃某些个体参与者的不良行为方式。只有众多参与者的群体感受、共同意志和协作行动相互融合，项目团队才能实现真正的有机统一，才具有更强大的战斗力。正所谓"团队因个性而精彩，因共性而强大"。

项目团队成员必须保持整体协同，只有具备这样的态度和共识，才能达成群体默契、形成集体信念并激发集体斗志，项目协作体系才能有效运行。项目团队协同作业，应注重以下三个方面：其一，强化沟通。团队管理的沟通网络应具有开放性和灵活性。其二，注重提升凝聚力。项目团队成员的合作意愿是推动项目实施的根本力量，心齐、气顺、劲足方能凝聚力量。其三，统一行动。管理层要把团队成员的思想认识和行动统一起来，把智慧和力量汇聚起来，这对项目团队集体协作至关重要。因此，项目经理应率领管理层深入了解团队运行的条件以及与相关成员的关系，给项目组织及团队创造一个顺畅的工作环境，为项目实施过程的有效协作打下坚实基础。

4. 项目协作体系作用发挥的关键

在项目实施过程中，管理者只有深入项目实施现场，分析问题，化解矛盾，才能更好地解决冲突。管理层深入基层，直面实施现场，能够为协同作战提供直接推动力，这是发挥项目协作体系作用的关键。协调项目冲突，通常不是通过外部或者"第三方"来解决，而是通过项目协作机制进行"自我调节"，并通过各层级负责人直接对各类事务履行协调职责来同步完成。影响项目人员行为的根本因素是管理层与作业层之间的关系，关键在于相互间是否达成心理契约。管理层要正视冲突，开展协调要直面作业人员，能够超前预见问题，善于发现问题，勇于处理问题。一般来说，随着项目实施活动逐步展开，内外部的挑战也会不断增多；实现三大目标的紧迫性愈强，调配资源出现困难的可能性就愈大——这是项目实施的普遍规律。

当今，各类管理者之间的联系已日益借助于智能化的信息技术，这种以智能化为标志的信息技术本质上是一种依托逻辑推演机器的数据程序化处理系统。通过项目管理系统及其信息管理子系统，管理者可以对大量的统计数据进行精确分析。然而，这种数据处理技术只是程序化的运行方式，仅能为管理决策提供便利，而不能代替管理者履行协调职能的职责。人是万物之灵，只有"人脑"才能进行全面、灵活而细致的观察和思考。项目组织的各项决策和计划安排，最终是由人主宰的。现实中，有些管理者过分依赖管理软件，以"电脑"替代"人脑"，置那些不能转换成逻辑化语言的要素于不顾，忽略了某些非常重要的非程序化信息，致使业务部门及其负责人失去洞察力。因此，为了有效发挥项目协作体系的作用，管理者就需要掌握实施现场的真实情况，运用信息手段，但却不能完全依赖于信息系统。否则，管理层"只见数据不见人"，这种"唯技术论"的倾向只会导致项目交流和协商的过程被无情地湮没于海量的统计报表和数据之中，使得管理者茫然无措，从而影响协作体系作用的发挥。

第六章 项目控制与协调的综合分析

> "故知胜有五：知可以战与不可战者胜；识众寡之用者胜；
> 上下同欲者胜；以虞待不虞者胜；将能而君不御者胜。"
>
> ——《孙子兵法·谋攻篇》

第一节 项目控制与其他管理职能

在项目管理过程中，一般管理中计划、组织、指挥、控制和协调等各项职能也在同时发挥着作用。对项目控制而言，计划是前提和依据，组织是保障，指挥发布指令，协调保证控制效果，各项管理职能之间紧密相连。项目控制系统在各项管理职能的相互作用中运行，因此，只有综合运用各项管理职能，才能充分发挥控制系统的作用。

一、项目控制与计划管理

计划是对未来行动的设想，控制是实现设想的保障手段。项目实施过程是在计划与控制的相互作用中实现的，项目计划与项目控制密不可分。二者的关系，主要体现在管理计划的执行与控制目标的实现两个环节上，从而表现出某种"计划控制"的功能。

1. 项目计划控制的特点

在项目实施过程中，由于种种原因，实际执行结果与计划要求往往存在差异，即出现偏差。为此，管理者要不断对项目计划方案进行分析，研判计划任务执行的结果。如果发现项目计划不能如期完成，则需查找原因，并运用反馈控制的偏差比较法，及时调整相应的计划指标数值。管理者只有充分发挥项目计划的导向作用，才能实现项目控制目标。

（1）计划为控制提供依据。项目控制活动依据计划方案展开，没有以计划指标为依据建立的控制标准，项目控制活动就没有起点和终点。项目计划一经编制完成，管理者必须将其作为奋斗目标，根据计划任务指标控制项目实施的各项活动。因此，所有的项目实施活动，事先应有周密详尽的计划。

（2）计划为控制确定尺度。计划指标决定着控制变量的基准，进而决定了项目控制执行的强度。与此同时，计划方案的实现由控制系统来监管，能否实现控制目标依赖于项目实施过程。因此，计划指标的设定应科学，相应的控制强度应合理。作业层完成各项计划任务的措施和资源配给应是合理且可靠的，以确保预期目标能够实现。

（3）计划为控制提供指导。项目实施计划方案决定着项目控制如何展开，因而计划控制应不断进行"将来"与"现在"、"应该"与"实际"的比较分析，这在项目进度控制中极为重要。因此，决策者、计划编制者和控制实施者应能够全面预测计划与实际之间的关系，分析"应该"与"实际"之间产生差距的原因。只有这样，才能真正发挥计划系统对控制系统的指导和调节作用。

2．项目计划控制的类型

计划控制又称为程序控制，即控制系统以计划指标为基准，对各项控制变量进行实时观察，及时发现、纠正二者之间的偏差，并采取相应的措施以保证项目实施过程状态不偏离计划指标的要求。通常，计划控制以假设执行任务的环境和受控系统的未来行为是稳定的、可预知的为前提，而在事实上，虽然项目实施系统未来运行时大部分因素是稳定的，但一些潜在的不确定因素仍会使系统运行偏离计划轨道，因此就需要通过不断的反馈以调整控制系统的运行状况。

项目计划控制可分为两种类型：一种是开环计划控制，另一种是闭环计划控制。开环计划控制也称作刚性控制，即将初始计划指标硬性地执行到底，不需要反馈。这种控制方式的有效性取决于计划的可行性以及前提假设的准确性，可行性与准确性越高，控制的有效性就越高。开环计划控制的优点是直面过程、简单明了，缺点是对环境变化的适应性较差。因此，开环计划控制一般仅适用于影响因素较为单一的项目管理过程。与开环计划控制不同，闭环计划控制系统采用反馈方法，即将系统当前的实际状态与计划预期的状态进行比较，如果发现二者存在偏差，就需采取措施，增大控制力度以纠正偏差。若难以奏效，则需调整计划指标，重新确立控制基准，将控制变量的新期望值输入控制系统，从而使系统状态重新回到预期的轨道。大型复杂项目的实施过程，通常采用闭环计划控制的方式，并呈现出"计划—控制—再计划—再控制"的特点。

3．项目计划控制的作用

项目实施不仅需要树立共同目标，统一行动，更需要项目计划指引方向。计划与控制之间关联的特点，可归纳为：不实施控制的计划方案仅是一种人为的设想，而没有计划指标的控制活动则是毫无意义的。项目管理实施计划控制，不仅能促使相关方形成目标认同，而且能够指引各方都朝着共同的方向努力。编制计划方案时的各种假设实际上包含着项目控制实施的理念。这些假设条件及管理理念不仅能培育项目组织的凝聚力，而且可以统一相关方的行为，形成项目实施的共同目标和行动。实践证明，项目成功实施需要所有相关方及参与者具有共同的努力方向。

项目计划系统规划未来，控制系统保障未来，两者相互依存，共同作用于项目实施的全过程。分析计划与控制共同作用过程的目的，是为了理清计划控制能够解决哪些问题，怎样才能达到项目控制所期望的结果，如何防止项目实施出现重大偏差甚至失控状况。运用计划控制解决这些问题，关键在于对环境变化的预测以及对有关资源计划指标的调整。在项目实施过程中，人们感到最为困难的莫过于对进度和费用的计划与控制。在传统施工组织管理模式下，工程项目管理理论认为在决定项目管理成败的进度管理中，计划和控制是关键。这两项职能相辅相成，必须共同发挥作用。

4. 项目计划控制的程度

编制项目计划有前提限制，具体包括分析制约项目实施的相关因素和假设条件。计划指标通常是具体的技术经济指标，偏重于刚性约束和硬性要求。特别在项目启动阶段，初始的计划方案与控制基准往往较为严格，施控者执行控制指令时通常过于强硬，而项目成员最为反感且不愿意接受的就是强制性命令。这就导致控制系统在实际运行过程中会产生副作用，项目控制效果往往可能事倍功半，甚至事与愿违。

一项切实可行的项目实施计划，应"刚柔并济"，即各项计划指标应有一个波动的区间，从而使控制系统能够按照这一指标体系确立合理的基准，以有效纠正偏差。在这种情况下，计划控制的程度就可分为三种情况：完全可控、基本可控和部分可控。因此，考虑到计划控制可能实现的程度，计划控制过程应把握以下三个环节：一是依据项目自身实际、相关定额和经验数据，制定各项目标任务的具体计划指标；二是根据现有条件和未来可能受到的干扰与影响，制定合理的控制变量基准；三是在实现控制目标的过程中，要不断预测随时可能出现的各类干扰因素，及时采取相应的预控措施。

5. 项目计划控制与人员管理

为了保证执行项目计划的效果，项目组织必须设计一套完善的控制系统，使之在实现计划控制过程中具有较强的动态校正功能。编制项目计划的过程，实际上是规划项目的投入和产出，引导管理层由计划预期向最终目标迈进的过程，因此注重计划系统与控制系统相互作用，可有效促进项目管理层、执行层与作业层之间的交流。格雷厄姆指出："计划、控制和人员管理是项目管理的三个基本方面，虽然把它们逐个列出，但彼此是相互依赖的。即，计划方式影响控制方式；计划和控制方式又影响人员管理方式。同样，队伍的人员构成也常影响计划和控制方式。"计划、控制和人员三者之间的关系，如图6-1所示。①

在图6-1中，计划、控制和人员之间密不可分，每一方面都对其他方面产生影响，所以应将这三个问题联系在一起综合考量。项目团队负责人、相关技术人员应积极参与初始计划和控制方案的制订。同时，在项目实施过程中，应不断分析计划指标、控制系统与作业

① 　R. J. 格雷厄姆：《项目管理与组织行为》，王亚禧，罗东坤译，石油大学出版社1988年版，第9页。（三角形外端的三大目标为笔者所加）

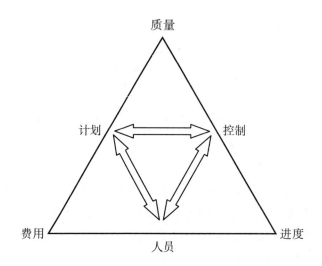

图 6-1　计划、控制、人员管理的关系

层人员之间的关系，以促进项目计划与项目控制的良性互动。

二、项目控制与组织管理

项目组织的使命是实现项目目标，而项目控制是实现目标不可或缺的管理手段。项目控制与组织管理之间的相互作用，是一个十分关键且不容回避的问题。项目实施的组织管理与项目控制关系密切，项目组织是控制系统运行的依托，具有"组织控制"的特征。

1. 项目组织控制的内涵

项目组织管理的首要任务是建立项目实施系统的秩序，而这种秩序的形成则有赖于项目管理系统中各个子系统的作用发挥，特别是控制系统的有效运行。由此，就产生了项目管理"组织控制"的概念，即控制系统以组织系统为依托，组织运用控制职能行使管理职责。项目组织为组织控制提供了一个平台，通过结构化、形式化和规范化的组织管理，项目人员的行为更加稳定，控制系统的运行更加有效。其中，结构化具有稳定项目组织结构体系的功能，形式化能使各个层级参与者的角色和关系更为具体，规范化则能促使控制系统对参与者行为的引导与约束更为有效。

在项目组织的管理构架中，组织系统与控制系统的相互作用，类似于传统组织中的科层管理体系。组织控制产生于项目组织结构体系，并不单纯地来自管理者和被管理者之间的关系。也就是说，项目控制系统内嵌于项目组织结构体系，而非单纯的技术控制。事实上，组织控制与技术控制同时发挥作用。技术控制根植于项目实施作业的技能层次，而组织控制则根植于组织管理体系的结构之中，包括组织成员职务设置、职责界定等方面。科层控制能建立起项目组织的基本"运行规则"，并以此作为技术控制系统运行的基础。同时，在组织管理控制过程中，还须有效激励项目各层级参与者争取劳动成果的积极性，塑造其忠诚进取的优秀品质。因此，真正有效的项目控制模式，是介于传统的科层控制与纯粹的技术控制之间的一种模式，或者说是对这两种控制方式的综合运用。

2. 项目组织控制的职权结构

项目组织通过管理系统的有效运行，依据目标任务层次控制项目实施的各项活动。尽管项目组织的结构层次趋于扁平化，但这并不意味着没有层次或取消了层级。相反，相较于传统组织，项目组织内部层级间的控制力度应更强，而非减弱。项目控制具有多级性、动态性特征，这些特征则要求项目组织必须建立层级化的管理控制体系。层级控制能够促使项目组织结构体系理性化，使从权力到权威的转化更为明确，从而使控制系统能够获得更多理性化的组织管理保障。

在项目实施过程中，虽然精细的技术控制能深入到各子项目的具体作业层次，但更全面的控制活动应深入到项目组织结构各个层级、各业务部门和团队的管理活动之中。尽管权力和权威通常被视为个人之间控制的基础，但是多层级控制的力量却来自其非个人化的特征。有效的组织控制，能将项目组织中的人际关系转变为工作职责之间的关系。当项目组织成功实施层级控制时，项目管理系统将从目标预期、管理方式和管理过程等多个方面，对参与者的行为予以规约。这样，项目组织就可建立规范的项目控制系统。

3. 项目组织控制的间接性

格雷厄姆指出："对于间接组织控制的抱怨常常被说成是针对'全体成员'的。这是一种微妙的控制。在获取信息以采取措施的意义上说，它不是真正的控制，而是一种行为期望形式的控制。"[①] 在很多情况下，组织控制体现为通过组织系统、指挥系统的规范运行来实现控制的目的。比如，项目经理虽然组建了项目式组织模式，但从原来职能部门抽调过来的人员可能依然沿袭旧的工作习惯和工作方式。这样，就会导致项目管理系统运行紊乱。特别是，随着项目管理方式的逐步推行，项目成员就会收到新旧理念混合的指令。如果项目组织容许这些不同的管理方式同时运行，就会持续地产生许多不必要的摩擦，导致项目成员无所适从。

值得注意的是，当上述现象产生时，往往是原来的处理方式占优势，这是因为大多数人习惯于原有的职能管理方式。这样，最终的结果会使项目管理控制缺乏统一的标准，控制效果大打折扣。为了避免这种情况发生，项目组织可以通过改变控制系统中的相关条件或参数而产生一种新的管理控制期望，并以此引导和控制项目成员的行为方式。这种期望既针对项目组织的行为，又针对全体参与者的行为。可见，从新旧混合管理方式中获取信

① R. J. 格雷厄姆：《项目管理与组织行为》，王亚禧，罗东坤译，石油大学出版社 1988 年版，第 134 页。

息并采取相应控制措施的管理方式,实际上是间接的组织控制,当然,它不是真正意义上的项目控制模式,仅是一种针对项目成员行为期望的形式化控制。

4. 项目组织控制中的高层干预

就管理而言,控制职能常被视为一种权力,高层管理者往往对拥有更多权力产生浓厚兴趣。组织控制中的高层干预,是指组织中某些高层管理人员出现的"越级"指挥。因为他们是项目战略目标和总体计划的主导者,因而高层干预现象较为普遍。就项目控制来说,尽管项目组织的管理层可以采取多种形式的技术措施,但却不得不谨防高层管理者的"干预"。当然,来自高层管理者的"指导"意见,有些是积极的,能对项目实施起到促进作用;但有些并不符合项目实施的实际情况,甚至可能导致某些具体实施活动偏离预定轨道。因此,在某些情况下,项目经理应保护其业务部门和团队免受这种干预。

针对上述问题,格雷厄姆以独特的视角展开深入研究,他并没有直接研究实际的控制系统,而是讨论人们应如何应用控制系统,如何与控制系统发生相互作用,以及这些相互作用所产生的某些消极后果,进而分析项目经理怎样才能减少相关干预所带来的消极影响。[①] 这就是说,项目组织应及早确定其组织控制的策略和程序,以应对来自高层管理人员的直接命令,保持高层管理者和项目经理及其率领的管理层之间关系的平衡。这种平衡主要体现在两个方面:项目管理层应接受高层管理人员行使权力,但高层管理人员也应尊重并认可项目经理行使权力;高层管理人员具有最终决策权和因目标未达成而果断处置项目管理事务的权力,而项目经理也应有权决定达到项目实施目标的路径。

三、项目控制与指挥管理

项目目标的强约束性以及实施过程的不确定性,使项目控制与项目指挥高度关联。在项目管理中,各级指挥者的指令贯穿于项目控制的全过程,项目控制与指挥者的能力和风格密不可分。正确的指挥是确保项目控制系统有效运行的关键,由此形成了"指挥控制"的概念。

1. 项目指挥控制的主要特点

项目指挥不是对管理权力的操纵,而是要以指导项目组织各个层级有效地完成项目任务为目的。在项目管理过程中,控制系统作用的发挥,依赖于正确的指挥,而指挥系统作用的发挥,则依赖于控制系统的有效运行。在项目实施过程中,指挥系统、控制系统汇聚了过程管理的大量信息,如果这两个系统不能有效配合,就会产生两种后果:指挥不当,导致控制系统运行紊乱;控制不得力,导致指挥系统失灵。而这种"紊乱"和"失灵"相互叠加,又会使作业层人员行为失序,最终使管理层掌控项目实施过程的能力全面下降。

---

① R. J. 格雷厄姆:《项目管理与组织行为》,王亚禧,罗东坤译,石油大学出版社 1988 年版,第 133—134 页。

　　项目实施每天都是"现场直播"，指挥与控制两项职能须臾不可或缺。俗话说"家有千口，主事一人"，而"令出多门"是兵家之大忌，也是项目实施中的大忌。项目经理及其率领的管理层统一、坚强的指挥，是落实各项控制措施的关键。有力的指挥有助于统一业务部门和团队人员的意志，可以营造高效的项目实施氛围。但是，过度的"集权"则会抑制项目人员的积极性，而形式化的"分权"又存在指挥层级增多、决策延迟等问题。因此，项目经理应合理把握集权与分权的尺度，使指挥与控制两项管理职能的作用同时得到发挥。

　　2. 项目指挥控制的实施模型

　　格雷厄姆指出："管理思想的发展历程，主要是沿着命令、指挥、控制的路线发展的。这种过时的思想是在研究了工业革命时期生产能力进步的情况之后得到的。这种进步的关键在于专业化。只有经理掌握工作的全过程，他指挥每个专业人员仅从事一部分工作，而自己控制着整体。"他认为，"指挥和控制的模型是：经理→雇员。从这种思想出发，我们可以概括出传统的管理职能为：计划、组织、指挥、配员和控制。对创新集体的假设之一是，经理可以不知道全过程和最终产品。这样，管理就更多地具有支持功能，而不是指挥功能。因此，在这种情况下，指挥和控制模型可能是：雇员 → 经理。使用这种模型，项目经理经常会感到是在操纵一艘没有舵的船。"[①]

　　格雷厄姆进一步指出："第一种模型对于激发创造性似乎指挥控制过甚；而第二种模型似乎失去了所有的指挥和控制。最理想的情况可能是在两者之间。这种中间模型称作三明治模型，其形式如下：经理→雇员←经理。根据这种模型，项目经理既要指挥，也要支持，从而有助于最大限度地发展创造性的气候。"这便是格雷厄姆对项目指挥与控制职能之间相互作用机理的精妙分析。笔者认为，项目实施过程普遍具有创造性，因而更为简明实用的指挥模型应为"指挥者⇌参与者"，即施控者与控制对象之间是互动的关系。

　　3. 项目指挥控制的基本方式

　　项目成功实施虽然取决于管理层、执行层和作业层的共同努力，但最根本的是指挥命令与控制指令要深入到项目作业层，并根据作业层的行为特点，选择合适的指挥控制方式：一是作业层对项目目标与计划的理解程度。如果作业人员对此理解得清楚，就可采取较为民主的指挥控制方式；反之，就要强化目标引导和指挥控制。二是作业层对工作独立性要求的程度。如果作业层业务能力强、独立程度高，那么就可采取较为民主的指挥控制方式；反之，过于民主的指挥控制方式就不会收到良好的效果。三是作业层行为规范的程度。如果作业层素质高、执行任务规范程度高，就可采取较为宽松的指挥控制方式；反之，就应采取严格的指挥方式。总之，指挥者的素质水平与被领导者的成熟度是项目控制获得成功的

　　①　R. J. 格雷厄姆：《项目管理与组织行为》，王亚禧，罗东坤译，石油大学出版社 1988 年版，第 163—164 页。

先决条件, 指挥控制应根据不同情况采取不同的方式。项目指挥控制的方式分类, 如图 6-2 所示。[①]

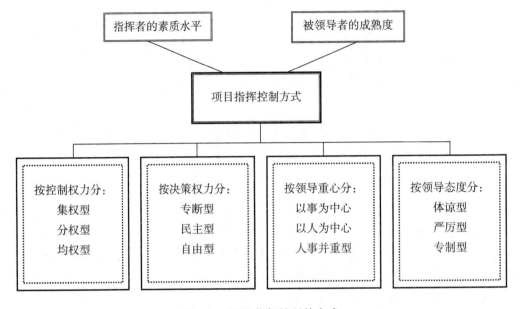

图 6-2　项目指挥控制的方式

4. 项目指挥控制的实施过程

指挥命令和控制指令的下达要从项目情境出发, 这是项目控制的基本要求。项目情境总在演变, 指挥命令与控制指令也应随之调整; 同样, 指挥命令与控制指令也会作用于项目情境, 使之发生改变。一般来讲, 指挥命令和控制指令与项目情境关系的处理, 首先要坚持福列特所提出的"命令客观化"和"发现情境中的规律"这两大管理理念。[②]"命令客观化", 即符合管理对象的实际; "发现情境中的规律", 即寻求管理过程中的基本规律。也就是说, 指挥命令、控制指令要尊重项目实际。比如, 在项目指挥控制中, 许多管理者都采用目标管理方法, 这种方法的特点在于: 是主动的而不是被动的管理; 是面向结果、注重成就的管理; 是专注于提高个体和组织效率的不断变革的管理。这就是说, 在目标管理中, 每个人都履行一种或者一部分职能, 由于职权源于职能, 此时职位的层级就无足轻重了。等级一旦被弱化, 具备知识和经验的项目成员便会成为关键人物。显然, 这种基于项目管理实际的组织管理结构体系的变化, 要求项目指挥者在项目控制过程中既要注重层级化和动态性, 又要采用更加民主和灵活的领导方式。

---

① 黄金枝:《工程项目管理——理论与应用》, 上海交通大学出版社 1995 年版, 第 95 页。

② 玛丽·帕克·福列特:《福列特论管理》, 吴晓波, 郭京京, 詹也译, 机械工业出版社 2007 年版, 第 42—46 页。

第二节　项目协调与其他管理职能

在项目实施阶段，项目协调作用的发挥，通常融合在计划、组织、指挥和控制等管理职能的综合运用过程中。同时，项目管理只有充分发挥协调管理的作用，才能更好地运用各项管理职能，为项目实施创造良好条件。因此，综合分析项目协调与其他各项管理职能之间的关系，是深化项目协调内涵的重要方面。

一、项目协调与计划管理

计划与协调都是项目管理的关键职能，制订项目计划可以理解为预先的协调。项目组织减少冲突的最好方法就是制定合理而详尽的项目实施计划，使各项目标任务分解后所形成的计划任务，特别是进度安排、预算安排、资源配置和质量要求等都在计划任务书中明确体现。因其类似于项目计划与控制的关系，计划与协调之间也表现出"计划协调"的管理特征。

1. 项目计划协调的内涵

编制项目实施计划的过程，就是项目组织明晰项目管理范围、理清目标任务之间的逻辑关系的过程。项目计划不仅是控制的基准，也是协调的依据。科学合理的计划方案，能缓解任务执行时沟通不畅的问题，有助于避免因任务安排不当而产生不必要的冲突。项目组织中各个层级的管理者都应依据项目总体计划，提出相应的分项计划方案与保障措施，并通过不断协调，促使各项计划任务顺利执行。

在项目实施过程中，计划与协调两项职能间具有密不可分的关系。当某阶段的目标任务完成，且需要调整项目计划时，各子项目、团队应对照调整后的项目总体计划，评价各自任务执行的实际状况。同时，项目经理通过对比计划任务实现的程度，使偏差值较大的子项目或团队成为管理层及业务部门关注与协调的焦点。这种落实计划任务的管理过程是项目控制的基础，也是"计划协调"的题中之意。因此，明确的项目计划是协调管理的基本依据，注重计划的协调性能督促业务部门、团队及其成员努力工作，并可减少整个管理层的协调工作量。

2. 项目计划协调的特点

没有人乐于接受目标不明确的任务。项目计划任务书不仅是各项计划任务产生的根据，也是管理者之间通报项目实施情况、协商相关工作的基础。不经过充分协商，就不能制定合理的计划；没有具体的计划指标，也不能开展各项协调工作。编制科学合理的项目计划，不仅可以增进各相关方之间的相互理解，也能促使项目成员更好地理解项目实施的目的，正确认识项目工作的意义，进而使其明确作业的时限和标准。因此，项目计划任务书是"活着的文件"，它确定的计划指标，不仅是项目控制基准，也是项目协调应达到的目标。所以说，计划管理既是落实协调职能的重要手段，又是被协调的对象。

项目实施进度、成本、资源配置、物资采购等各方面的计划，都由项目组织的业务部门编制。其特点是分解各项目标任务使计划方案逐渐细化，并将项目整体目标由上层向下层传导。因此，编制计划任务书的过程，就是一个上下联动的协调过程：上层计划范围要保持对下层计划细目的控制，下层计划范围要保证对上层计划任务的全面落实。大型复杂项目还存在长期计划和短期计划的协调问题事项：短期的阶段性计划安排，必须在业务部门的协调下，按项目总体计划方案的要求进行编制。

3. 项目计划协调的分类

程序协调和业务协调是计划协调的两种重要方式。程序协调是指管理者以计划任务书为依据，运用管理程序和流程开展各项协调工作。管理程序是项目组织本身的具体规定，也是概括性描述项目组织各层级成员之间的关系和行为的规章制度。西蒙指出："在某些情况下以计划协调替代反馈协调以减少日常沟通是可能的。由于这种替代的效力，组织在执行重复性活动时能包容各组成部分之间非常复杂的相互关系。有了程序，组成部分之间的协调并入程序，持续沟通的需要就相应减少了。随之出现的每种特定情境，大部分会被标准操作程序覆盖。"[①] 项目实施存在大量创造性工作，但在作业层面上依然拥有重复性工作，程序协调必不可少。

业务协调主要是指项目组织对各业务部门、团队及任务组工作关系的协调，它主要针对的是项目实施技术系统和作业层面的具体业务。程序协调构造出项目组织管理层的权力、权威关系的链条，并描述每个组织成员的行动范围，而业务协调则指定了每个业务部门及其项目成员的工作职责。在项目管理模式下，为了发挥专业团队的优势，技术性强的工作应由特定的技术人员来执行，这是业务协调的重要内涵。

4. 项目计划协调的实施

在项目管理模式中，总体计划方案和阶段性计划安排能够提升协调管理的针对性。在项目实施期间，计划方案指明了团队、任务组应完成的各项任务，建立了管理层履行协调职能的基础框架。在大型复杂项目实施过程中，管理层次多，人员复杂，管理层的主要任务就是将众多的参与者有机地结合在一起，形成项目实施的合力。项目实施初始计划通常是一种较为理想的预设方案，其目的是使各项目标任务清晰化。然而，这种人为的假设也往往会给项目实施的具体过程埋下隐患。为此，管理层应有效发挥计划系统和协作体系的作用，促使业务部门、团队及其成员之间不断沟通，使参与者充分理解计划任务执行的要求，使各项计划任务有条不紊地展开。同时，随着项目实施不断推进，各子项目、团队都应

① 詹姆斯·马奇，赫伯特·西蒙:《组织》，邵冲译，机械工业出版社2008年版，第146页。

及时更新计划,确保项目协作过程顺畅,这也是计划协调的一项重要任务。

二、项目协调与组织管理

项目成功实施需要各方的共同协作与努力。项目实施过程所产生的重大冲突,需要项目组织与组织中职能部门共同协商解决。为此,作为项目协调的主体,项目组织及其管理层要以项目管理系统为载体,充分发挥组织系统的协调作用。只有通过积极的组织协调,才能使项目协作落到实处,真正实现项目实施过程的协调有序。

1. 项目组织协调的内涵

在项目组织运行过程中,组织管理与协调管理的目标高度一致,管理各层次、各项目标任务和各类工作时,它们往往同时发挥作用。组织管理是充分发挥协调职能以及其他各项管理职能的基础,而协调管理既是发挥组织管理作用的前提,又是充分发挥计划、指挥和控制等管理职能作用的基础。因此,组织协调是项目管理最基本的手段,其作用范围包括业务部门、子项目、团队之间的相互调节,也包括明晰管理程序和流程、明确人员协作关系,以及落实工作责任和监督实施过程等诸多方面。

良好的沟通是项目组织运行的基础。实现项目实施的目标,必须使组织目标与个体参与者的协作意愿相结合。在项目实施过程中,只有通过组织协调,不断交流、协商,才能使业务部门、团队以及个体参与者联结和统一起来,项目管理才具有意义和效能。对于个体目标和组织目标不一致的问题,巴纳德强调了"组织效力"和"组织效率"两条原则。当一个组织系统协作得很成功,能够实现组织目标时,这个系统就有"组织效力",它是系统存在的必要条件。系统的"组织效率"是指系统中成员个人目标的满足程度,协作能力是个人能力综合作用的结果。这样就能够把正式组织的期望目标同个人的需求结合起来,为组织协调提供了基础支持。[①]

2. 项目组织协调的平台

项目组织是一个目标明确、利益共享和风险共担的有机整体,它所拥有的管理系统为项目协调提供了基础平台,为协调系统的运行和协作体系的构建提供了组织保障。项目组织开展组织协调的原因,首先是项目管理过程中各层级间的信息不对称,其次是项目成员个人动机与组织使命之间存在差异。编制项目计划、分派计划任务,通常依据管理层的分析与判断,而这种判断往往以管理者个人的经验和当前的信息为基础。在任务执行过程中,业务部门与子项目、团队之间的信息并非完全对称。在项目组织内部,分派工作任务往往是指令式的,通常是一种"口头"契约。尽管任务分派事先经过了认真的分析,但为了如期且保质保量地完成任务,仍需要通过组织协调不断地沟通和协商。

---

① 切斯特·I.巴纳德:《经理的职能》,杜子建译,北京理工大学出版社 2014 年版,第 62—72 页。

项目协作体系由众多相互协作的相关方及参与者组成。参与者基于个人动机可选择是否参与某项协作，项目组织则通过其影响力和控制职能来有意识地协调参与者的动机和行为。在项目实施过程中，参与单位多、人员广，他们之间具有非常复杂的关系。如果仅有组织目标而无良好的组织协调，将无法引导参与者为实现组织目标而采取合理行动。实质上，在项目组织中，最怕产生"谁也不觉得受到谁的指挥和协调"这种情况。如果这样，各子项目、各工作单元之间，以及各团队与任务组之间就会各自为战，形成"丛林战"——项目实施表面看似热闹非凡，但潜在的冲突和危机会接踵而至。因此，为使项目实施的各项工作符合总体的行动计划并形成合力，项目组织必须以项目目标为指引，以组织系统为平台，构建有效的协作体系和沟通网络，通过组织协调不断地为项目实施提供动力。

3. 项目组织与组织之间的协调

项目组织与组织之间存在着复杂的关系。项目经理及管理层不仅要处理好前文讨论过的"高层干预"，还应与组织中的高层管理者达成"心理契约"，具体体现在以下五个方面：一是组织作为项目发起者，是长期而稳定的，而项目组织是临时的，其骨干成员通常由组织选配。项目组织要主动适应组织的发展战略、运行方式、组织文化和运行管理机制等。二是两者之间存在的责权关系，决定着项目实施及其管理过程的独立程度。项目实施常常受到高层组织的干预，项目组织既要保证项目实施过程符合高层组织的战略，又要维护其自主权。三是组织资源通常是有限的，这就存在组织日常运行与项目实施之间、多个项目之间的资源配置问题。四是组织中职能部门和项目组织中业务部门之间存在管理职能交叉问题，两层组织中的管理系统之间存在着复杂的信息交流。五是项目骨干成员通常都肩负着项目实施和原职能工作的双重任务，甚至同时承担多个项目实施的工作任务，这就存在多项工作之间精力分配的优先级问题。因此，项目组织必须与组织建立顺畅的沟通渠道，以保障项目实施按组织的战略构想和总体计划正常推进。

三、项目协调与指挥管理

对项目管理而言，项目指挥与项目协调目的相同，目标一致，呈现出明显的"指挥协调"功能。指挥协调的作用是明确项目实施的目标和计划任务；研判并应对项目实施过程中的干扰因素；协调项目相关方的利益关系，保证项目实施的良好环境。

1. 项目经理与职能经理之间的协调

当组织确立项目后，任命并授权项目经理指挥项目实施，这一过程似乎顺理成章。但科兹纳敏锐地发现：组织中职能部门及其负责人对项目实施与管理过程的影响很大。项目组织开展各项活动，与职能部门是不能隔离的，二者的相互作用也会引起冲突。[①] 因此，有效

---

　　① 哈罗德·科兹纳：《项目管理——计划、进度和控制的系统方法》，杨爱华等译，电子工业出版社 2018 年版，第 208—216 页。

管理项目组织与职能部门之间的分歧，是项目指挥与协调工作的焦点之一。职能经理控制着组织的资源，尽管项目经理有权配置实施项目的各种资源，但这些资源通常由职能经理负责提供。因此，职能经理与项目经理不可避免地产生冲突，如项目经理可能会抱怨职能经理，认为他们提供的资源不足；而职能经理则认为项目经理常常改变主意，导致需要不断地投入更多的资源。为此，项目经理要不断与职能经理协商，促使他们积极配合，为实现项目目标而共同奋斗。事实上，各类组织中的职能部门经常有一种倾向，即在发现问题并寻求答案时，总是从其专一职能范围出发，难以跨越部门界限。为此，项目高层管理者应合理调整职能部门的工作职责和授权范围，并促使职能经理与项目经理直接沟通，这是解决两种管理职能脱节的有效途径。

2. 项目经理对管理职能的运用

项目经理的指挥职能是通过业务部门落实的，而成功地运用协调职能，则是其体现项目指挥统一性和权威性的核心。项目经理是完成项目实施目标任务的总责任人，同时，他还承担着协助高层管理者解决项目实施过程中关键问题的职责，肩负着化解职能经理和业务经理之间纠纷的责任。业务经理的职责是确定实现项目目标的详细任务；支持项目进度计划、安排预算分配及人员调配；应对项目风险，确认并处理内部纠纷和冲突。在项目任务执行过程中，项目经理既要直接与业务经理沟通和协商，指导其开展工作，又要协调职能经理，以保证合理地调配项目资源，使项目业务免受各种干扰因素的影响。

此外，当项目组织采用项目式管理结构时，由职能部门抽调到项目组织中的人员通常须向两个上级汇报：一个是职能经理，一个是业务经理。由于两种管理职能的职责和权限不同，各个层级、各个职位的负责人都是根据其自身的管理风格指挥工作，协调各种纵横交错的复杂关系。项目指挥者要成功地开展协调工作，就要与高层管理者、职能经理在落实计划任务措施和资源调配上达成高度一致。

3. 项目指挥协调的综合运用

项目指挥功能的发挥，在很大程度上依赖于项目协调的效果，因而在项目管理过程中，指挥协调处于统领地位。项目经理行使项目实施总指挥协调的权力，必须处理好四个方面的关系：一是与组织高层领导和职能经理的关系；二是与项目相关方，特别是各个项目实施单位的关系；三是与业务部门负责人的关系；四是与内外部环境之间的关系。此时，项目组织的办公室作为综合性业务部门，是项目指挥协调的"神经中枢"，协助项目经理统筹协调各业务部门对内、对外的关系。

在项目管理过程中，协调职能具有基础性地位，项目协调高度依赖于各级负责人的正确指挥。从表面上看，项目指挥与项目协调相互交错，但实际上它们正如项目指挥控制的关系一样，密不可分。如果项目指挥不到位，各类冲突自然不断，协调工作就难以开展；如果协调职能运用不充分，指挥者的指令则无法全面落实。这些都会严重影响项目管理系统的运行。实践中这些情况普遍存在,各种复杂的冲突和人际关系经常从制衡演化为制约,又从制约演变为掣肘,最终导致项目管理作用难以充分发挥,项目实施效率低下。

四、项目协调的基础作用

项目管理需要综合运用各项管理职能,其中,项目协调管理具有重要的基础性作用。这种基础性具体体现在其他各项管理职能作用的发挥,都要以充分发挥协调系统的作用为前提和保障。项目组织及其管理层只有充分发挥协调职能的统领作用,才能促进其他各项管理职能的作用得以充分发挥。事实上,项目组织开展协调活动的一个重要抓手,就是不断地召开各类协调会议。

1. 项目协调系统的统领作用

管理层开展协调工作的过程,就是运用协调手段宣讲项目宗旨、目标、计划和任务的过程。在项目管理系统中,协调系统统领着各个子系统,发挥着统筹与主导的基础性作用。从表面上看,协调工作是某个层级管理者的"本职工作",但实际上,它是由项目组织各个业务部门、团队及全体参与者共同完成的一项有目的、系统化的管理工作。正如指挥协调处于统领地位一样,协调系统在项目管理系统中也处于统领地位。项目组织制定决策、编制计划、分派任务、发现问题、解决冲突等都离不开协调职能的主导作用,只有协调职能的作用发挥到位,其他各项管理职能才能齐头并进,共同发挥作用。项目组织各层级管理者能否充分运用协调职能,发挥协调系统的统领作用,是对其管理能力的重大考验。

2. 项目协作体系的导向作用

在项目组织的结构体系和管理体系之中,协作体系具有导向功能,发挥着整合各项管理职能的基础作用。项目实施与管理要依靠业务部门、团队及参与者之间的相互协作,因为只有通力协作,才能如期完成项目任务。项目管理充分发挥协作体系的导向作用,激发业务部门、团队及项目成员的主动性,是保证项目顺利推进的关键。项目组织应注重协调职能的基础性功能,建立广泛的协作关系,通过共同的认知和理念来解决问题,通过共同的思考、讨论甚至争论来摒弃偏见,释放压力,统一思想,达成共识。

项目组织通过协作体系强化对协调职能的运用,处理好与各相关方纵横交错的关系,是项目成功实施的关键。管理层只有综合运用各项协调技术,才能针对项目实施中的具体问题,提出切实可行的解决办法,实现对项目人员、资金、物料等要素的统筹管理。事实上,项目协调的过程就是提升管理效能的过程,通力协作的过程就是提高项目实施效率的过程。如果管理层过度依赖各种报表,仅强调组织、指挥和控制等管理职能而不注重交流与协商,各层管理者就会被报表和信息裹挟,项目组织也会逐渐演变为行政机构,形成官僚化的管理模式。

3. 项目协调会议的推动作用

协调职能作用发挥的方式,体现在各个层次的协调会议中。协调会议是凝聚项目实施力量、有力推动项目进程的重要手段。其目的在于听取相关方及干系人的思想和创见，集中讨论并解决项目实施过程中存在的主要问题，推进项目顺利实施。

（1）协调会议的功能定位。项目组织通过定期或不定期地召开联席会议，安排各参与单位汇报工作，交流情况，分析项目实施推进过程中存在的障碍，并以此确定下一阶段需要重点解决的问题。相对于项目实施的实际进程，书面汇报通常总是慢半拍，而协调会议能够及时为项目实施与管理释放更多的信息。许多重要的协调会议就是因为项目实施情境紧迫，促使管理者必须当机立断，迅速提供解决问题的新思路、新方案。为此，协调会议要聚焦问题、主动解决问题。会议主持人要把握讨论主题，优化会议程序，明确讨论范围，并就会议研究的议题达成共识。

（2）协调会议的组织实施。成功的协调会议能使与会者产生共鸣，通过思想碰撞，酝酿出新思想。组织协调会议，应注重五个方面的事项：一是目的明确。会议负责人应明确召开会议的目的是什么，希望从会议中得到什么结果。二是主题鲜明。会议的议题即需要解决的问题，应该有一个总体性定义和说明，会议进程中不要转移"议题"。三是与会人员适宜。要开好协调会议就得确定会议议程及适宜的与会人员。四是气氛活跃。会议对重要问题应敞开讨论，引导与会人员直抒己见，集思广益，提出解决问题的办法。五是结论明确。会议主持者的总结至关重要，会议讨论的议题要有明确的结论，重要的协调成果应形成纪要。

（3）协调会议的作用发挥。在会议讨论过程中，各方平等、平和地交流协商，本身就可以消解不少分歧。通过听取项目各相关方及参与者的观点和意见，协调会议可以将各方面的情况与项目实施的整体进程结合起来。会议沟通的过程不仅要辨明是非、陈述事实，还须深入剖析项目实施中存在的"复杂而微妙"的资源配置问题，以及任务执行的责任问题。召开项目协调会议，时常会有冲突发生，也需要很好的协调。在项目协调会议上，产生分歧、争论的焦点大多是关于项目实施情境中的具体问题。这是因为与会人员的背景、经验和价值观不同，导致各方看待问题的角度不同。把问题摆到桌面上讨论，达成共识，统一思路，问题就更容易解决，这正是协调会议的价值所在。因此，会议召集者要树立一个观念：真正投入项目实际工作的人，才能提出值得争论的问题。

第三节　项目控制与协调的相互作用

在项目管理过程中，控制与协调两项管理职能的运用，不但与计划、组织和指挥等管理职能关系密切，而且它们两者之间也互为手段，共同对项目实施与管理产生影响。从职能作用的对象来看，项目控制与协调首先作用于项目三大目标的管控，其次表现为对项目实施过程的管控。因此，项目管理应综合分析控制与协调两项职能的功能和作用。

一、项目三大目标的控制与协调

项目实施目标明确,项目控制与协调的基本作用对象是项目三大目标。以三大目标为导向,进行有效控制与协调,是项目管理的核心内容。

1. 项目三大目标控制与协调的基本认知

大型复杂项目的实施是管理者运用科学知识与管理技能,能动地改造自然与社会的重大实践活动。项目实施成果的取得,好比涓涓溪流汇成江河,需要不断攻坚克难、逐步积累,但项目失败的降临,有时犹如电闪雷鸣,迅疾而令人措手不及。在很多情况下,项目控制可以力挽狂澜,而项目协调则能化腐朽为神奇。为此,项目实施与管理必须以目标任务为导向,综合考虑技术工艺规程规定与作业层实际操作能力之间的关系,充分发挥控制与协调职能的作用。

项目控制与协调要以三大目标为导向,紧紧围绕各项计划任务的执行过程。通常,计划任务的部署是自上而下展开的,而各项任务的完成则是自下而上进行的。在这个"双向"运动过程中,项目控制主要体现在对关键环节、关键路线以及里程碑事件等方面的管控上;而项目协调则更多地体现在整体工作进展与三大目标的平衡上。项目三大目标控制与协调的过程示意图,如图 6-3 所示。[①]

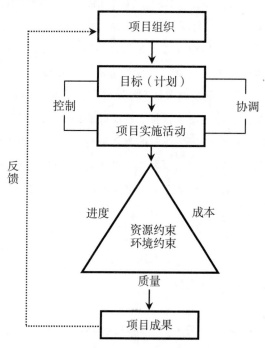

图 6-3　项目三大目标的控制与协调

---

① 席相霖:《现代工程项目管理实用手册》,新华出版社 2002 年版,第 36 页。

2. 项目三大目标控制与协调的影响因素

项目控制与协调的理想效果，体现为如期完成项目实施任务，实现既定的三大目标。影响项目三大目标控制与协调效果的因素很多，主要有以下五个方面：一是项目人员，这是执行任务的主体，其知识和技能对项目成功实施起着至关重要的作用；二是过程管理，这是项目成功实施的重要保证；三是项目管理的方法、技术和工具，直接影响着控制与协调的效率和成效；四是项目负责人的决策与指挥水平，卓越的项目领导者应能够合理调配资源，鼓舞士气，提高团队工作绩效；五是项目管理系统的规范性，高效的管理离不开管理系统的规范运行。管理层只有高度关注以上五个方面，严格控制并全面协调项目实施过程，项目三大目标才能顺利实现。

3. 项目三大目标控制与协调的理论模型

对项目控制与协调机理进行分析，一项重要内容是从目标管理的角度出发，通过建立系统模型来考察三大目标与相关影响因素之间的定量关系，进而优化控制与协调职能运用的过程。实现项目三大目标会受相关方以及内外部环境等多种因素影响，所以，项目三大目标控制与协调的模型是一个多变量、非线性的复杂函数。例如，针对工程项目，可以用如下函数式来描述项目目标系统的控制与协调：

$$F(\psi) = F\big[f(x_1), f(x_2), f(x_3), f(x_4), f(x_5), f(x_6), f(x_7), f(x_8) \big] \qquad (6\text{-}1)$$

上式中：$f(x_1)$、$f(x_2)$、$f(x_3)$ 分别表示项目实施中进度、成本、质量目标的函数；$f(x_4)$ 是表示项目组织的函数，即业主方的作用函数；$f(x_5)$、$f(x_6)$、$f(x_7)$ 分别代表设计、施工、监理三个参与单位的作用函数；$f(x_8)$ 表示环境的作用函数。[①] 这一函数式从项目控制与协调的整体出发，建立了一个概念性的分析方程。它表明项目管理者要有效调控各相关方之间的关系，实现三大目标，存在着复杂、多维的影响因素。函数式所建立的综合模型为控制与协调项目三大目标提供了数理分析工具，针对具体项目设定相关参数，运用数学分析方法对其进行求解，就能够得到相应的理论分析成果。

二、项目实施过程的控制与协调

项目控制通常是刚性的，体现了理性的管理思维，需要科学、规范的实施；与此相对应，项目协调则常常是柔性的，体现了感性的人本理念，既需要摆事实、讲道理，又需要情感的交流与共鸣。为此，项目管理者应认真分析项目实施的客观现实，将控制与协调并用并重的理念纳入到项目管理过程之中。

1. 项目控制与协调并存的认知

项目控制与协调职能的有效运用，有助于项目成员明确"谁在什么时间、什么地点、按

---

① 　赛云秀：《工程项目控制与协调研究机理》，西安建筑科技大学博士毕业论文，2005。

什么标准做什么，能做到什么程度、取得什么成果"。项目实施过程的规范管理，从技术与行为的维度上说，应以控制为主；从文化和方法的维度上讲，应以协调为主；而从项目整体管理的维度上看，应是两者并行。如果说控制是科学，协调则是艺术：前者求实，体现科学精神；后者求真，体现人文关怀。因此，项目管理者有效运用控制与协调职能，就要始终坚持以项目实施过程管理为重点，把管理的科学性和艺术性统一起来。

项目控制与协调的视角十分广泛，体现在项目管理的各个层次和环节上。项目决策、计划、指挥，运用规范规程，制定管理程序和流程，管控业务部门、团队、任务组及参与者的行为，管理项目范围、界面及合同，监督、检查、评估项目实施过程等，在每一个层次和环节上，都需要控制与协调及时跟进。因此，开展项目控制与协调工作，不能只关注局部，而应将科学化、系统化和规范化的管理思维融入项目实施过程的各个方面，时刻注意从全局的角度去分析和解决问题。只有将控制与协调职能有机结合起来，才能使各项管理工作与项目实施过程相融合，从而保证项目管理的效果。

2. 项目控制与协调并重的理念

项目管理要从全局着眼，使控制与协调两项职能同时作用于项目实施的全过程，二者相互依赖，如车之两轮、鸟之双翼，缺一不可。项目实施过程管理往往以控制始，以协调终。如果一味地实施高强度的控制措施而忽略了相应的协调手段，不仅不能彻底解决问题，还会引发新的矛盾。因此，在项目管理过程中，控制与协调要双轨并重，即以严格的控制为基础，并同步辅以有效的协调，刚柔相济，方能取得良好的管理效果。

无论是理论分析还是实践应用，准确地理解控制与协调两项职能之间的关系，都是十分重要的。在项目管理过程中，不少管理者会发现：在讨论相关问题或做某项决策时，虽然大家各执一词，但通过交流，大多都能达成共识。关键问题出在执行的时候，随着项目的推进，往往争议不断，变更较多。在一般管理中，这种现象尚可容忍，但在项目管理中则应坚决杜绝。项目实施的目标、计划和任务等，必须要严格执行，高强度的控制与持续的协调皆不可或缺。项目实施与管理不易，持续推进实施过程、提高管理效率更难。因此，要实现高效的项目管理，从单纯的命令式转向协作式，从以控制为主转向控制与协调并重的管理理念至关重要。

3. 项目控制与协调并用的路径

"目标、过程和结果"管理链，体现了项目实施过程管理的因果关系。在项目实施过程中出现冲突，必有原委，只有找到了原因，才能找到解决问题的最佳方案。正因如此，项目控制与协调活动通常沿着"刺激→响应→行为→结果"的路径展开。"刺激"，表示项目实施过程遇到了"干扰"，出现异常状况；"响应"表示管理层必须处理存在的干扰因素，发出解决问题的指令；执行层、作业层解决问题的"行为"，必然会产生相应的"结果"。在这个链条中，"刺激→结果"形成因果关系链的"始末"，同时，"刺激→响应""响应→行为""行为→结果"也都具有因果关系的属性。

以上述因果链为基本依据,开展项目控制与协调活动,主要有三种方式:一是仅注重控制,在技术系统、作业层等可以立竿见影,取得成效,但在处理冲突、调配资源等方面难以取得全面效果,此时应辅以同步的协调活动;二是仅注重协调,可以有效处理冲突、和谐人际关系、提振士气,但在过程管理、技术系统以及作业层面有时难以奏效,这时应辅以同步的控制活动;三是控制与协调双管齐下,以得到预期的结果。可见,项目冲突处理与运用控制和协调职能之间存在着目的和手段的辩证关系,即:项目实施过程发生的"偏差"或"冲突",为开展控制与协调活动提供了"缘由";项目控制与协调职能的并用并重,则能为预防、发现和处理各类偏差或冲突提供有效方法。

项目管理层应及时研判各种冲突,准确认识项目实施中存在的各种因果关系。其一,各类冲突发生时,其本身固有的因果关系。其二,冲突现象产生后,处理冲突与开展控制和协调活动之间的因果关系。其三,开展控制与协调活动时,对两项职能能否并用以及并用时的先后关系等问题,要因地制宜、因时制宜地进行分析。项目管理活动在矛盾与冲突中展开,因此,对以上因果关系的分析应常态化。

4. 项目控制与协调并举的综合平衡

项目控制与协调两大系统,既具有独立性,同时又互相依存、相互作用,在项目实践中二者必须并举。当然,不同的管理者在运用控制与协调职能时,会有宽严不同的标准。因此,控制与协调并用并重,还存在着把握尺度的问题:增大控制强度可确保任务按当前计划执行,但常常会出现新的干扰因素;强化协调能化解当下的冲突,但仍会出现新的矛盾。基于这种情况,控制目标应按计划指标的底线设置,即按最低限度设定控制基准;协调目标则应按能达到的最好项目实施状态确定。

项目控制与协调要注重整体和把握全局。通常,项目控制的强度越大,协调的力度就要越大;然而,控制的强度越小,相应的协调力度不一定就越小,反而应该增大。高强度的控制、集权式的命令,必须要有强有力的协调保驾护航。因此,控制多应用于技术系统,而协调多应用于人员管理。在现实中,究竟是采取刚性的控制手段还是采用柔性的协调方式,要视项目指挥者的管理风格、冲突问题的严重性以及计划任务的紧迫程度而定。在这方面,中医就是研究系统整体运行的典范。中医治病的基本原则是辨证施治,也就是说抓住了"证",就可以施治疾病。"证"的实质与中医对疾病的根本认识相关。项目控制与协调相互作用的机理,与中医施治的辨证思想极为相似,值得我们在项目控制与协调管理工作中借鉴。

三、项目管理过程控制与协调的综合分析

项目管理是一个持续的过程而不是一个单一的事件,因此项目控制与协调的核心在于

持续规范项目参与者的行为。项目控制注重科学性和规范性,常常使用刚性的技术和措施;项目协调强调系统性和全面性,通常采用柔性的手段和方式。正所谓"道之以德,齐之以礼",项目控制与协调统一于刚柔相济的管理之道,体现了科学精神和人本思想的统一。

1. 项目控制与协调的多元现实

格雷厄姆认为,必须承认项目实施中存在的多元现实,这是导致诸多冲突的根本原因。处理好"多元现实"问题是项目负责人行使权力以及控制、协调和评判项目的基本要素。他指出,"多元现实起因于组织的若干方面,并且具有重要后果。等级制度是首要原因。职务、专业背景、种族歧视、性别及其他差别等是另外一些原因。"[①] 项目实施必须高度关注"利益多元化",项目组织以外的干系人虽然不涉及项目实施过程的具体做法,但他们会追求项目共同的目标,也会关注并影响项目实施的命运和结局。

多元现实的产生,原因在于项目组织与相关方以及参与者群体之间的各种需求或利益得到满足的程度不同。项目实施的参与单位出于各自的利益,对项目成果会有不同的期望和要求,这就可能造成项目实施的各参与单位动机不一致,产生利益冲突,无形之中就会增加项目控制与协调的难度。项目组织既要照顾各方利益,又要平衡不同相关者之间的诉求。现实中,项目负责人关心的是如期完成项目实施的任务,参与单位通常关心的是利润,参与者个人关心的多是薪酬。同时,相关方之间也难免存在利益冲突,因此必须正视不同群体的要求,实现利益平衡。否则,项目就不可能顺利实施。在项目实施阶段,项目高层领导、项目负责人处理好多元现实,就能为项目实施生成共同的推动力奠定基础。

2. 项目控制与协调的实施维度

项目控制与协调的目的,不仅在于使项目组织建立起一个整体的管理体系,更在于实现项目管理系统的平稳运行,使项目实施过程管理形成一个完整的有机体。项目整体控制与协调的维度,与前面分析的控制体系和协作体系一样,也需要从文化、方法、技术和行为四个维度来考虑。这里不再赘述方法与技术维度,而文化维度,主要反映在项目参与者的思想观念上。管理是一种具有自身价值观、信念、工具和语言的文化,管理文化影响项目管理的观念。受管理文化的影响,人们会形成一定的习惯和行为准则,对项目管理理念及管理者的思维产生不同的影响,包括对项目目标、计划和任务的理解,也包含着参与者的价值观。因此,管理层要营造文化氛围,使项目管理系统及各子系统的运行同项目控制与协调的目标相一致,并使项目参与者个人的理想信念、价值观和行为同项目控制与协调的目标相符,最终使所有参与者的行为达到规范要求。

行为维度对项目控制与协调的作用,主要反映在项目参与者对规则体系的认知上,具体表现为参与者的行为是否理性和规范。从行为维度来讲,项目控制与协调的重点,是分

---

① R. J. 格雷厄姆:《项目管理与组织行为》,王亚禧,罗东坤译,石油大学出版社 1988 年版,第 188 页。

析参与者群体及个体的行为特点和表现方式,探讨个体参与者行为的非理性因素,核心在于通过规范过程管理来约束其作业行为。具体而言,对参与者行为的约束,体现在以下三个规范变量之中:"规则",是施加给参与者特定的要求;"角色",是对项目参与者个体工作的定位及其与项目组织关系的确立;"价值观",是项目参与者个体在观念与意识上对项目工作的看法和态度。项目控制的重要途径在于实现众多参与者的自我控制,即参与者个体自觉约束自身的非理性行为。也就是说,项目成功控制的基本条件并不完全在于控制系统多么精巧和强大,也在于项目成员与控制系统的契合程度,其中包括项目成员对项目控制的重视程度。

3. 项目控制与协调的信息沟通

项目实施产生的各类信息是进行沟通的基础,信息处理与有效运用是保证项目控制与协调效果的基础。在项目实施阶段,管理理念是引领,组织管理是保障,方法是关键,技术是支撑,信息交流则是基础。信息系统支撑着整个管理系统的运行,其中,信息交流、传递与处理发挥着基础性作用。特别是在当前,信息技术的快速发展,使信息的收集、处理和传递在过程管理中的作用越来越重要,对项目控制体系和协作体系的要求也随之提高。

信息传递与处理的方式,正在改变着管理工作的节奏和方式。维纳指出:"一个过度的反馈妨碍有组织的活动的严重程度,似乎和一个不足的反馈所造成的一样。"[①]项目管理必须正视信息技术的作用和力量,使其成为项目控制与协调的有力工具。一般来说,信息下达需要不断细化,而信息上传则需要不断浓缩。信息拥有者不仅对沟通有很大的影响,而且对决策、指挥和控制等也会产生很大作用。从某种程度上讲,现代信息技术在促进项目管理工作便捷化、规范化的同时,也对管理的程序、流程提出了更高要求。在项目管理过程中,尽管信息的采集、传递、处理和发布是一项耗费精力的工作,但是,管理层获得可靠、详细、有效的信息,始终是发挥控制与协调职能作用的基础。

4. 控制系统与协调系统的协同运行

在项目实践中,有些管理者对单纯的技术控制比较重视,但往往忽视控制职能与其他管理职能之间的配套使用。技术控制十分重要,但对其他方面进行全面控制更值得关注。一方面,技术控制离不开对计划、组织、指挥等各项管理职能的综合运用;另一方面,项目实施过程管控不但要强调目的先于行为,还应有系统的、可操作的控制方式。这就要求管理层以各项管理职能为抓手,不仅要灵活运用控制方法和技术,还要以技术系统、协作体系等各方面为支撑,形成合力,共同解决好项目控制与协调问题。

项目实施过程必须显示出理性管理的力量,管理层应把项目管理系统变成一套高效的管理流程。建立完善的项目控制系统和协调系统,形成良好的项目控制体系和协作体系是

---

① N.维纳:《控制论:或关于在动物和机器中控制和通信的科学》,郝季仁译,科学出版社 2016 年版,第 7 页。

发挥控制和协调职能作用的前提。项目控制效果可以立竿见影，而项目协调则"见效慢或成效难以显现"。在项目实施过程中，控制与协调职能并用并重，是为了形成一种渐进式的改进管理工作的状态。项目管理充分发挥项目控制与协调的作用，关键在于综合运用两项职能，即项目控制过程要充分发挥协调职能，而有效运用协调职能同样需要借助于控制手段。项目管理知识体系的指导框架理清了项目实施过程与各项管理工作之间的相互关系，明确了项目控制与协调两大系统之间的基本关系，促进了控制与协调并用并重机制的形成，为构建规范的项目管理秩序指明了方向。

第四节　项目控制创造理性神话

通常，项目实施过程并非一帆风顺，而是充满波折。在本书中，我们多次提到格雷厄姆的项目管理第一定律："按规定时间、不突破预算、不调整人员而完成的项目几乎没有，谁的项目也不例外。"实际上，这一定律绝非危言耸听，它不仅是一种"预言"，更像是一个"魔咒"。因此，项目管理必须面对过程管理，建立以控制系统为基础的理性控制机制。只有依靠科学的理性精神，项目实施才能做到目标明确、过程可控、结果圆满，实现项目控制的理性神话。

一、项目控制理性神话的认知

斯格特指出："理性是为了最有效地达成预定目标而以某种方式组织起来的一系列行为逻辑。"[①] 人既具有感性的冲动，又具有理性的冷静，且能在特定环境中实现感性与理性的有机统一。项目管理倡导理性精神，具有强调规则、突出规范管理和严格执行技术规程的含义。从这个意义上讲，缔造项目控制的理性神话，恰恰是人类管理控制能力的充分展现。

1.项目理性控制的内涵

人类天生具有感性的特质，但当人们有意识地建立某种组织形态时，又会表现出强烈的理性管控本能。百年前泰勒倡导的科学管理，通过让作业人员获知岗位职责、操作流程与作业标准，在车间管理的作业层面上取得了成功，既提高了劳动生产率，又展现了科学管理与理性控制的力量。科学、系统、规范地管理项目实施过程，与理性控制具有内在一致性。在管理活动中，理性并非抽象、教条和刻板的代名词，它与人们基于理想目标的能动精神和执着追求在本质上并不矛盾。但是，项目管理仅凭理想、追求和干劲还不够，还

---

①　W. 理查德·斯格特：《组织理论》，黄洋，李霞，申薇，席侃译，华夏出版社 2002 年版，第 31 页。

需要通过理性控制来有效推进项目实施过程。

　　项目管理不仅强调管理方法和技术的先进性、管理程序和流程的规范性，更强调项目控制的有效性。与一般管理相比，项目实施与管理极具特殊性和挑战性，诸多的规范、规程和标准，相应的管理规章和措施等都需要参与者群体的心理认同，而非完全依赖于管理层的强制执行。对项目管理而言，即使规则体系是健全的，控制系统中的程序、流程和步骤等是明确的，但由于现实中存在许多例外情况，项目控制依然面临着严峻的挑战。基于上述原因，项目控制需要形成一种建立在控制系统基础上的、符合项目控制体系要求的理性控制机制，以此来激发项目管理层、执行层和作业层人员共同的理性认知，使项目控制真正满足规范化管理的要求。

　　项目管理具有明确的目标，面对复杂的实施过程，管理层必须坚持和遵循理性诉求。在项目控制过程中，理性与非理性因素共同决定着项目组织、相关方及个体参与者的行为方式。项目参与者的行为是自身动机和价值观的综合体现，受个人动机的驱使，其行为不完全受组织目标的引导，也不可能完全受一般管理规范的支配。这就是说，项目参与者的作业行为并不完全是理性的，在一定程度上存在偶然性和模糊性的成分，这与科学管理的逻辑思维和规范管理要求并不完全一致。项目实施工作千头万绪，一旦在操作层面出现问题，纠正偏差的代价就会很大。因此，对众多参与者作业行为的规范管理，关键在于防范、约束和纠正。项目管理者不能凭借空洞虚华的言辞或冠冕堂皇的道理来说服参与者，而是要通过理性控制管理机制的建立与运用，从思想认识和实际行动上把参与者引领到理性与秩序的轨道上来。

　　2. 项目控制理性神话的提出

　　神话，是关于神仙或神化了的古代英雄的故事，是先民对自然现象和社会生活的一种解释和美好向往。在今天这个高科技时代，从理论构建与逻辑意义上讲，尽管神话和科学并不能被置于同一个解析框架之下，但是，神话能提供某些表征或描述，促使人们对未知现象或领域进行探索，并以此获得某种灵感和认知。从这个角度讲，它可成为科学思维的启蒙。席西民指出："高水平的管理有点像玩杂技。杂技演员高难度的技艺在常人看来很神奇，但这些令人眼花缭乱的表演，实际上是建立在科学规律和演员根据自身特点与能力对其创造性地运用上的。管理的神奇也主要体现在管理者根据自身特点和能力，以及其组织和环境的情况对基本管理原理的创造性应用上。"[①] 事实上，那些在常人看来无法想象、难以完成的表演动作，专业人员经长期训练后，表演时便能得心应手，这体现了理性控制的力量。古时万里长城、都江堰，今日三峡大坝、港珠澳大桥等，这些工程项目都堪称奇迹，创造了一个个项目控制的理性神话。

――――――――――――――

　　① 赵曙明，杜鹏程:《德鲁克管理思想解读》，机械工业出版社 2009 年版，（序）第XVII页。

斯格特指出，"一个设计完美的机器就是一个完整组织的缩影，也就是说，一系列相互关联的手段都是为了达成一个目标。……理想的机器中不应该有无关的部件和无关的运动，所有的部件和所有的运动都围绕机器的整体运作服务。"[①] 项目控制理性神话的本质，就在于设计出一套理性控制机制，使项目组织成为一架"完美机器"。此时，项目组织的管理系统和规则体系就能产生强大的管控力量，并对组织系统、控制系统和技术系统等产生有效的约束作用，进而可将项目实施过程调整到规范化的运行状态，项目作业人员的行为也将实现规范化。这样，便可实现项目实施过程管理从"有限理性"到"完美理性"的跨越，创造出神话般的奇迹。

3. 项目控制理性神话的特质

理性神话看似有神秘色彩，但它既不在"清晰思想"之外，更不与其对立。提出理性控制这一概念，并非意味着将"理性"神秘化或绝对化，其目的在于寻求"清楚明白"和"规范有序"的项目控制系统运行的管理之道。据此，我们就可在洞彻项目控制理念、方法和技术的同时，精准定位项目管理方法体系、技术体系和规则体系的功能，使它们对项目组织的规范运行产生强大的控制力量——既控制其组织构架又控制其运作过程。这样，在项目组织运行过程中，以理性规则设定规范的程序与流程，并通过控制系统将这种控制力量转化为对管理层管理行为、作业层操作行为的规范管理措施。此时，项目组织所有形式化的管理措施都会与人员行为牢固结合，并继而产生确保团队及个体参与者行为规范的结构功能；参与者遵从规则体系不仅是一种管理规范要求，也将成为其个人的自觉行动。同时，"理性化"不等于绝对的"标准化"，而是严格的规范化。通过持续的规范化管理，就能使项目实施过程达到"理性规范"的理想状态。从这个意义上讲，理性神话并没有违背科学精神，反而开启了超越一般理性之上的"完美理性"的大门。

斯格特指出："最好或最合适的组织管理结构依赖于正在进行的工作类型和组织面临的环境要求或条件。"[②] 项目管理不仅要高度重视项目控制的方法和技术，将项目实施过程视作一个闭环系统，实施全面的管控，而且还要注重发挥人的主观能动性。项目管理理性控制的关键在于既要有效发挥控制系统的作用，又要使项目参与者的技能发挥到最大程度，促使其创造性地完成工作任务。这一点既是理性控制的基础，又是创造理性神话的前提。而要实现这一愿望，就要充分发挥所有项目人员的理性精神和能动作用。为此，项目组织应创建有效的项目文化，使控制系统的程序、流程和标准成为项目参与者普遍接受并坚守的行为规范。

4. 项目控制理性神话的力量

在项目控制过程中，人们通常强调"目标导向"和"结果控制"的理念，而这一理念的

---

① 　W. 理查德·斯格特：《组织理论》，黄洋，李霞，申薇，席侃译，华夏出版社 2002 年版，第 31 页。

② 　同上书，第 213 页。

落实则依赖于"过程管理"。换句话说，理性控制不仅具有严苛的目标和成果约束，同时还要将其理念渗透到过程管理的每个环节。项目实施工作环环相扣，管理者只有把期望目标、过程管理和成果获取放在理性控制框架内，有效规范参与者的行为，才能使过程管控取得实效。也就是说，在项目管理过程中，只有形成明确的理性控制机制，才能既防止手段对目标的取代，又强化项目管理者对理性管理手段的持续追求。因此，项目控制要遵循目标导向的管理思维，使项目管理系统，特别是组织系统、技术系统和控制系统等能够有效应对与处理项目管理过程中的各种复杂问题。

在项目组织中，人的思想观念往往不尽相同。项目参与者的主观认识和精神状态决定其工作状态，因而管理者的作用在于通过理性控制机制的引导，尽可能把每个人的能力发挥到最大。典型的项目团队，犹如部队中的"特战队"，每个成员都是"万能细胞"。在一个高效团队中，每个成员的头脑中都会装有"项目实施蓝图"和自身的任务清单，当其接到工作指令后能够迅速而规范地开展工作。要做到这一点，项目组织应在规范过程管理的基础上，弘扬理性精神，并以这种精神激发、鼓舞、驱动参与者在工作过程中竭尽全力。在项目文化的引导下，理性精神会得到渲染和传播，如同电网中高速传导的电流，虽然奇特且不可见，但却客观存在并具有强大能量。此时，个体参与者的精神状态在团队中可以得到放大，并发挥积极的正面作用；反之，某些消极的情绪也会"传染"，并产生负面作用。这种观点并不是夸大主观精神的作用，也并非认为项目实施过程只受人的主观精神支配，而是相信人的精神追求和主观能动性的确可以产生神奇的力量。

二、项目理性控制与参与者行为管理

项目实施既要充分发挥参与者的能动性，又要严格规范其作业行为。项目控制在技术层面上，客观成分占主导地位；而在行为层面上，人的主观因素占较大比重。正如第四章所指出的，项目控制取得成功的关键在人。因此，理性控制的核心是对参与者的行为进行引导、约束和规范。

1. 项目理性控制与参与者的关系

格雷厄姆深刻地分析了项目人员与控制系统的关系。他认为，在通常情况下，任何控制系统的效果都是有限的，因为参与者为了自身的利益，能很快找到应对控制系统的办法。项目组织精心设计的控制系统，总会被某些"足智多谋"的参与者设法应对。因此，管理者应认真分析参与者的行为，弄清人员与控制系统之间的作用关系。这一问题的答案，一部分在于控制系统本身的技术性质，另一部分在于项目参与者对控制和控制系统的认识。[①]在项目组织中，控制系统对参与者施加影响的强度，或者说控制过程对个体人员影响的程

---

① 　R. J. 格雷厄姆：《项目管理与组织行为》，王亚禧，罗东坤译，石油大学出版社1988年版，第124页。

度,与受控者的职位高低及个人修养成正比,这种互动关系反映了控制系统与人员之间作用关系的本质。

项目控制系统是否成功,不仅取决于管理系统在技术上是否完美,而且还取决于项目经理能否充分利用信息并与成员们处理好关系。也就是说,项目经理采取不同的控制措施、不同的交流方式,将会引起参与者不同的反作用。同时,这种反作用又将导致项目经理采取新的管控措施。这似乎再一次验证了格雷厄姆提出的项目经理"种瓜得瓜、种豆得豆"的观点。[①] 项目理性控制必须依赖项目人员自身的动力。在理性控制机制形成过程中,应提升项目实施过程管理的规范性,其中明确管理层的职责以及对作业层行为的管控将成为焦点。因此,项目组织应完善管控措施,引导参与者对其自身行为方式进行重新定位。在大型复杂项目的实施过程中,项目组织必须制定规范的管理程序和作业流程,严格规范项目人员的管理行为和操作行为。

2.项目理性控制与参与者的行为

项目理性控制的目的在于寻找合理的控制方案,然而,项目实施的创造性过程,常常会打破参与者固有的思维方式和习惯做法,使其产生消极应对控制系统的行为。同时,由于个体参与者动机与项目目标之间的冲突,当其受到较为刚性的约束,或者当其发现管理层对其需求漠不关心时,就会引发不满情绪,进而消极应对,甚至出现对抗行为。参与者对理性控制的这种反作用,在某种意义上就来自弗洛伊德所讲的人类思想和行为中根深蒂固的非理性成分。在项目实施过程中,各种不确定因素可能会引起参与者的非理性行为。管理层缺乏号召力,参与者缺乏正确的动机,这些都是导致项目人员,特别是作业层人员难以将理性行为一以贯之的根源。此时,管理层应主动听取作业者的意见,并与团队共同设计理性控制方案。

现实中,某些"足智多谋"的参与者,总能够针对强加于他们的控制指令找到抵制的办法。这是因为,规范参与者的行为,绕不开"指令"和"规则"、"动机"和"服从"。针对这种情况,最好的解决办法是在项目理性控制框架内,重新定义项目管理的理念,即:"指令"并非命令,"规则"并非强制,"动机"并非仅是个人利益,"服从"并非完全被动。这样,在项目组织中,管理层与作业层之间经过一个快速的认知过程后,"领导与被领导""下达指令和服从命令"的思维方式就会发生变化,以此就可建立对理性控制的认同。总之,参与者"服从"的实现,要以其思想观念的转变为前提,只有参与者清楚其在项目组织中的工作职责和任务,进而才能"心悦诚服"地接受并服从管理规范及规程的约束。

3.项目理性控制与参与者行为管理的影响因素

尽管项目参与者的行为决定着理性控制的成败,但两者并非是完全对立的关系。只有

---

① R. J. 格雷厄姆:《项目管理与组织行为》,王亚禧,罗东坤译,石油大学出版社 1988 年版,第 131 页。

当理性控制成为公认的管理方式时，控制指令才可以落实到具体的作业过程和每个参与者的作业行为中。为此，管理层、执行层和作业层都需要培养理性管理的思维和态度，进而引导所有项目人员养成理性的行为方式。

（1）项目实施目标对参与者动机的影响。项目组织的目标要求和个体参与者动机之间的差异，会导致作业层出现行为失当。两者差异越大，行为失当的程度就越大。事实上，项目目标为项目团队及参与者群体提供了选择行为方式的指向和标准。对参与者而言，目标认同是行为动机的来源，这对理性控制的效果影响深远。

（2）项目管理方式对参与者行为的影响。项目管理的方式与参与者行为之间存在着密切关系。在推行参与式管理时，管理层必须理清管理层次、授权和分工等形式化的组织系统构架，继而合理解决目标与计划、权力与责任、分工与协作等问题。同时，在设计项目管理系统的各子系统功能时，应与管理层的风格、作业层的工作特点相结合，从而有效控制和协调复杂多变的参与者行为。

（3）项目控制系统对参与者行为的影响。传统管理观念认为，目的先于行为，意图早于行动，但在项目实施实际操作的过程中却不尽然。如果项目组织缺乏规范管理的氛围，行为管控尺度不严，便会直接导致个体参与者漠视组织管理规范，造成其行为方式的无序、任性，表现出心理防御或抵触等。特别是对项目组织中具备关键技能的参与者，以及从相关职能部门抽调的人员，往往难以驾驭。他们的逆反心态可能早已根深蒂固，会本能地试图绕过某些控制指令及程序，这是理性控制面临的最棘手的问题。因此，控制系统的运行应把握好刚与柔的程度，即在"严紧硬"和"宽松软"之间合理权衡，以避免引发个体参与者挑战规则的行为。

4. 项目理性控制与参与者行为的引导

在项目管理过程中，管理层要有意识地引导和管控参与者的行为。个体参与者的行为方式，一方面来自生理学，另一方面来自物理学，这与维纳在研究控制论初期所使用的"刺激"与"行为"等概念相近。项目理性控制的重点在于正确引导参与者的行为。例如，在轮船上作业的人员，必须按照各自的工作职责进行作业，而且都要服从船长的调遣与指挥。项目实施过程如远航的海轮，只有当每个参与者都意识到自身所承担工作的重要性时，才能使其由被动接受指令变为主动服从指挥，这是实现理性控制的基础。只有全体参与者树立规范自身行为的意识，项目组织才能有效控制项目实施的过程和结果。

项目实施是在特定环境中、特定人群之间开展的社会活动，必须建立一套理性的管理制度来规范参与者行为。项目实施演进的状态，有时犹如一架难以驾驭的战斗机，需要所有参与者协作并规范各自的行为。各种管理规章是管理层和作业层之间的纽带，效果体现在各自的行为上。然而，对于项目组织而言，制定理性控制规则常常是一个新概念，相应的规章措施远不如技术管理措施那么明确、成熟。斯格特在分析管理的制度环境时，提出了三种有助于结构同构的方法：强制、模拟或模仿、规范。他指出："强制方法与规章制度相联系，规范方法与规范制度相联系，模拟方法与认知制度相联系。"[①] 这就是说，项目控制应有章有法，形成制度环境和规则体系，以此促进项目人员进入规范的状态，且使其作业行为受到约束。在完成一般性的工作时，人们有疲劳的状态，也有松弛的阶段，而完成项目工作却并非如此。在较为顺利的情形下，各项工作井然有序，人人忙而不乱；当工作进入紧张阶段时，个个心无旁骛，更加争分夺秒地工作；遇到关键环节或节点，夜以继日更是常态。这种工作节奏与状态，皆依赖于规则引导下的理性控制过程。

5. 项目理性控制与参与者行为的规范管理

项目实施的"特定环境"是个体参与者选择行为方式的条件，对参与者行为的规范管理必须考虑项目实施的特定环境。项目组织应通过提供明确的任务目标、稳定的预期成果等，为规范个体参与者行为提供环境氛围支持，同时应做到以下三点：

（1）关注参与者的行为方式。根据西蒙的有限理性决策理论，人们在管理活动中并非要穷尽所有的信息，而是要按照事物自身应有的方式认真严谨地做好每一件工作。理性行为产生的核心是要摆脱人的主观行为，即防止潜意识行为对理性法则的破坏，谨防发生"一个螺丝钉影响一台机器"的现象。项目实施须以团队协作方式开展，而项目组织选调或招聘的参与者带有自身的工作习惯。要形成团队协作精神，就应既发挥规范管理的约束作用，又发挥项目文化的熏陶作用。管理层只有高度关注作业层的行为，经过不断引导，使所有参与者都乐于接受并服从于这种管控方式时，理性控制的目的才能达到。

（2）注重参与者的心理认同。从表面上看，项目参与者通过为项目组织作贡献，以换取工作报酬。但是，管理层必须承认参与者主观意识的存在，不能忽视他们的思想认识和精神追求。个体对组织目标的心理认同，是一种心理状态。心理认同可产生肯定性情感，能转化为个体的驱动力。项目参与者是行动者，只有当其认同组织目标时，才能充分发挥理性控制的作用。参与者一旦产生心理认同，自然会消除其对抗控制系统的行为。

（3）调动全体参与者的积极性。项目组织层级化的管理体系、理性化的控制系统，必须辅以完善的考核措施，以解决绩效评价问题。泰勒在其科学管理理论中，反复阐释"积极性加激励"的管理机制，然而，若将其利益分享的理念直接用于项目管理，则会因相关方复杂、参与者层次差异以及人员众多等原因而难以实际操作。项目参与者获得的报酬，与其自身的投入和贡献大小密切相关，因而注重激励应是一项重要的管理策略。尽管一般的项目组织不会奢望能完全调动全体参与者的积极性，但是大多数参与者对项目实施的热忱和对工作的认真态度应当是存在的，必须给予积极的鼓励。项目组织应有科学合理的绩效奖惩管理办法，这对调动作业层的积极性十分重要。有效的组织激励，能充分体现人文关怀，

---

① W. 理查德·斯格特：《组织理论》，黄洋，李霞，申薇，席侃译，华夏出版社 2002 年版，第 197 页。

使参与者心情愉悦地投身于项目工作。

三、项目理性控制系统的构建

项目理性控制包括形式理性和技术理性，形式理性体现在项目组织规范结构与管理规则方面，而技术理性则体现在有效运用控制方法和技术手段方面。全面强化和提升项目管理系统，特别是控制系统的运行效果，从而系统、规范、高效地把控项目任务执行过程，这既是构建理性控制系统的核心，也是形成理性控制管理机制的关键。

1. 项目理性控制系统构建的认知

斯格特在其组织理论中讨论控制系统时，详细分析了权力、权威、结构控制和组织文化等方面与控制的关系。他指出："设定目标是一回事，确保组织精力为实现目标而服务又是另一回事，为此，不得不运用控制手段。当然，所有集体都控制其成员。如同前面我们对集体下定义时所讨论的，如果没有证据表明组织拥有与众不同的规范结构和某些参与者行为的规则模式，我们甚至不能确定组织的存在。"他还指出："理性系统的理论家强调组织运作中正式权力结构的重要性。……形式化是把'个人'因素从个人之间的控制系统排除出去的重要途径之一。"[①] 这就是说，按照斯格特的观点，通过理性化的控制系统，可以将管理层的理念和目标变成规则和行动，从而引导并规范参与者的行为，使项目管理的路径变得更加清晰。此时，在项目实施的各个层次上，理性控制的信念将更具支配地位，这是构建理性控制系统的根本所在。

斯格特还特别分析了"作为理性系统的组织"的作用，他指出："从理性系统的视角看，组织是一种为了完成特定目标而设计的工具。工具的好坏取决于结构理性概念所包含的许多因素。在这里，'理性'是指其狭义上的技术或功能理性。换句话说，理性是为了最有效地达成预定目标而以某种方式组织起来的一系列行为逻辑。所以，理性并不是指目标选择而是指目标达成……"[②] 斯格特指出，尽管每个理论家在研究分析的层次上有所不同，但是，"理性系统的理论家给予控制以极大的关注，即上层参与者对下层参与者行为的决定权……很多理性系统的理论家认为，这些设置都是为理性服务的，即控制是为了达到特定目标而进行沟通和协调行为的手段。"上述分析表明，实现项目理性控制，必须依靠项目组织。组织控制所形成的权力结构会比权威结构表现出更为全面和稳定的系统控制趋势：正式权力依附于职位而不是个人，只有精细化的理性控制植入到项目组织的结构体系和职能之中，权力和权威才能同时发挥作用。项目组织只有形成规范的结构体系，使施控者与被控对象

---

①　W. 理查德·斯格特：《组织理论》，黄洋，李霞，申薇，席侃译，华夏出版社 2002 年版，第 288—291 页。

② 同上书，第 31 页。斯格特在组织研究中，将组织划分为理性系统、自然系统和开放系统三种形态，并通过理性系统与自然系统、开放系统与封闭系统等的对比，对各种组织形态进行了透彻分析。这种分层次且交叉分析的视角既复杂又全面。在本书的讨论中，引用了各种相应的表述观点，以利说明问题。——作者注

牢固结合，才能实现规范参与者行为的目的。

2. 项目理性控制系统构建的理念

只有形成科学、系统、规范的管理格局，项目组织才能形成构建理性控制系统的正确理念。"有意识的控制"是 20 世纪管理者的主导观念，体现了理性管理的信念。这种信念能呈现出非常特殊且强有力的管控方式——规章制度、规范规程以及有效运用专业知识和技能等。项目管理的控制体系能给"控制实施者与被控对象"提供互动空间，而有意识的理性控制能充分激发项目管理者严格开展控制活动的能动性，发挥规范管理的能动作用。对项目管理而言，规范化管理不应是抽象化的要求，而应是具体的管理措施。项目实施创造性活动的过程管理，不等同于管理标准化的工业生产流水线，虽难以做到绝对的标准化，但却可以不断地提高规范化水平，而高度的规范化又会无限趋近标准化。因此，项目理性控制应强化规范管理，向作业层推进规范化管理措施，使各项工作界限清晰、规矩严明。

我们在第四章第二节讨论项目控制系统时，谈到了格雷厄姆有关项目控制系统设计的三种思想，核心在于缓解干预、侧重结果、注重参与者。在此基础上，项目理性控制系统的设计还应坚持"形式化"和"规范化"原则，这是斯格特组织理论的重要概念。他指出："所有理性系统的理论家都认同形式化结构的存在及其重要性，但是很少有人能清楚解释形式化对组织行为理性所做的贡献。"他还引用西蒙的观点指出："结构的形式就是准确、清晰、系统地阐释控制行为的规范和独立描述在该结构中占有一席之地的个体之间的关系与个人特质。一般认为，通过标准化、规范化、形式化能使行为变得更为确定。反过来，形式化使团体的每个成员能稳定地预期其他成员在特定条件下的行为。这种稳定预期是对社会团体的行为后果进行理性思考的重要前提。"[①] 因此，项目组织在设计项目理性控制系统时，应注重自身的结构特性，选择适应理性控制的项目实施过程管控方案。

项目理性控制必须依靠形式理性与技术理性的共同作用，并以技术理性为主导，进而确保组织规范结构与作业层操作行为之间的有效联结。斯格特指出："从更广泛的意义上看，理性存在于结构本身，而不是个体参与者中。理性存在于规范中，规范确保了参与者的行为与达成既定目标的关联；理性存在于控制机制中，理性对行为进行评估并探测差异；理性还存在于系列标准中，通过这些标准来选择、替换和提升参与者。"[②] 斯格特的论述，指明了项目组织构建理性控制系统的基本理念，明确了项目组织形式理性和技术理性的存在形式。形式理性存在于项目组织结构体系之内，它通过规章、规范及相关措施，形成组织管理机制和规则体系，以约束参与者完成既定任务的行为。技术理性存在于项目控制体系以及控制系统的系列标准之中，它通过有效运用技术系统中的规程和标准，对参与者行为

---

①　W. 理查德·斯格特：《组织理论》，黄洋，李霞，申薇，席侃译，华夏出版社 2002 年版，第 33 页。

②　同上书，第 50 页。

进行客观的判定与评估，以提升参与者的理性认知并规范其作业行为。

3. 项目理性控制系统构建的目标导向

项目理性控制系统的建立，依赖于项目目标与计划的引导。西蒙指出，目标只是在行动者决定如何行动时才影响到行为。目标提供了隐含于决策背后的价值前提。[①] 通常，在项目管理过程中，管理层的决策会包含更多的价值因素，而作业层的参与者则更多地根据事实前提决定其行为方式。决策者考虑项目组织应该做什么，而参与者考虑更多的是操作层面的方式方法和技术手段是否适用。项目目标牵引着理性控制的过程，并从单纯地追求目的升华为完成项目任务的手段和终极价值标准。因此，在一般项目控制系统的基础上建立理性控制系统，应突出项目实施"目标、过程和结果"管理链中的因果关系，突出控制方法、技术和工具的有效运用，突出规则体系的要求和规定。

具有明确的目标导向是项目组织开展控制活动的优势所在，目标明确而专一能克服个体参与者认识的局限性。格雷厄姆指出："网络规划技术的应用强调个人工作的业绩，与此相应的控制系统也应强调结果而不是行为。这一概念称为目标控制。"[②] 反过来，如果离开已确立的项目目标，那么将很难设计项目组织的结构体系，也很难建立有效的理性控制系统。因此，项目管理逐级分解项目实施目标任务，实施理性控制，能在最大程度上指导各个层次的管理者重新审视管理对象。同时，依靠组织系统、计划系统和技术系统等，能把整个项目各层次、各部分的人员变成可控的行动者，进而使全体参与者成为"整体行动者"，这是构建项目理性控制系统的根本保障。

4. 项目理性控制系统的组织框架

斯格特给出了广义的"组织控制系统"，具体包括权力、权威、结构控制和文化。与一般组织相比，项目组织面临的突出问题是无法完全有效消除临时组织起来的人员之间的生疏感和紧张关系。这种复杂的人际关系牵涉多个方面的管理因素：组织结构和层级划分、组织目标和个人需求、规则约束和作业行为等。构建项目理性控制系统的核心在于将上述因素有机结合起来，科学设计项目组织的结构体系。

（1）组织结构体系。项目组织要使业务部门、团队彰显集体力量，就应根据工作要求与人员特点设计各层级人员的岗位与职责，并通过授权和分工，形成一个有机统一的组织结构体系。这样，项目组织的管理格局就能够适应理性控制的要求，并通过项目管理系统及其子系统、各子项目及其工作单元等，有效地承担管理控制的职责。

（2）组织结构控制。项目组织的结构体系包含各种规范管理机制，层级制、形式化和专业化等都有助于塑造管理层的理性思维、有效管控参与者行为。项目组织有两个主要优

---

① 赫伯特·西蒙：《管理行为》，詹正茂译，机械工业出版社 2004 年版，第 49—58 页。
② R. J. 格雷厄姆：《项目管理与组织行为》，王亚禧，罗东坤译，石油大学出版社 1988 年版，第 10 页。

势,可以帮助管理层获得稳定的结构控制。首先,管理者个人的控制权力优势被部分地隐藏起来,个体参与者从属于一个对所有人共同实施控制的规范结构中;其次,那些具有职位权力的管理层人员无法为个人目的而随意利用组织资源,各级管理者可以通过组织控制维护项目的整体利益。

(3)组织管理层级。项目组织扁平化管理并不等于没有层级。只有管理层级分明,业务部门和团队等才能承担起各自的责任。项目组织的结构形态,应能明确划分管理层、执行层和作业层人员的职责:管理层负责做出决策,执行层负责贯彻决策;管理者负责下达命令,作业者执行指令。这样,每个层级都具有特定的职责和作用,彼此界面清晰又相互承接,形成有机统一的责权结构。

(4)组织管理规则。项目组织的管理制度、规则体系规范了各级负责人的权力边界,限定了管理层运用权力的空间。事实上,被管理者作为个体弱于上级,但作为群体却可以对上级的权力进行某些制衡。管理规则为项目控制开辟了新途径,既可强化组织控制,同时又能允许管理者与被管理者开展充分的交流与协商,进而将控制尺度掌握在适宜的范围。

总之,项目理性控制系统与组织管理直接相关,并通过组织系统发挥作用。斯格特曾列出以下概念清单:权威、边界、科层化、集中化、合同、协调、文化、决策、规章、评估、形式化、等级制度、整合、内化、运作方案、权力、程序、常规化、法规、法令、社会化、监督,等等。[①]这些都是项目控制的某些特定表现形式和方法,是项目理性控制系统组织框架的重要构件,也是项目组织形成理性控制管理机制的核心所在。

四、项目理性控制系统的运行

项目管理的最佳境界是使众多参与者心悦诚服地遵从项目实施的规范和规程,信念坚定地服务于项目任务,进而达到"理性管理"和"理性控制"的预期。这一境界绝非空想,很多举世瞩目的大型工程以及一些"不可思议"的专项任务,通过这种理性控制系统达到了这一境界,充分展现了项目管理理性控制的强大力量。

1. 项目理性控制系统运行的核心

"目标、过程和结果"是项目管理的主线,项目三大目标分解后形成的各项计划任务与实现计划目标的手段,构成了明显的"目标 — 手段"链条,这正是项目理性控制系统运行的核心。项目组织作为一种独特的组织类型,它需要把以下两个方面结合在一起:一方面,参与者对项目实施目标成果与其个人期望的一致程度;另一方面,实现目标的手段或因果过程上的一致程度。这两个方面代表了项目实施与管理中的典型问题:目标是否达成一致,实现目标的手段是否明确可行。

---

① W. 理查德·斯格特:《组织理论》,黄洋,李霞,申薇,席侃译,华夏出版社 2002 年版,第 288 页。

"目标—手段"链条为引导和规范项目参与者的行为提供了指导依据。项目管理系统特别是控制系统，时常处在一个不断规范化的动态过程中，只有具备明确目标和科学的管控手段，管理者才能有效规范参与者的行为。项目组织内部的各种冲突常常造成控制系统运行弱化，这是项目管理最大的危机。为此，项目管理应注重目标与手段，并依据这一理念确立各个层级人员的职责，为规范人员行为奠定基础。同时，通过"目标—手段"链条，每个层级的管理者就可辨识哪些职责由何人负责更合适，从而使项目人员释放执行任务的潜能，并使作业层产生执行任务的现实动能。

2. 项目理性控制系统运行的基础

在项目实施与管理过程中，信息交流是理性控制系统运行的基础。通常，项目高层管理者、项目经理会不断地询问进展状态，这会引起作业人员的厌烦情绪甚至逆反心理。因此，只有当管理层与作业层之间通过有效的信息传递，建立高度互信时，才能有效发挥理性控制系统的作用。建立这种信任关系，可以采取四种措施：其一，信息传递互通。管理层在寻求信息的同时，应注重信息反馈，这有助于双方建立信任并达成共识。其二，创建沟通网络。管理层应明确作业层对信息收集、传递应承担的职责，明确表达所需信息的内涵。其三，定期认真听取汇报。作业人员如果感到管理层不愿意听取他们的意见，那么双方的交流就会变得草率和片面。其四，开好项目协调会议。项目组织应当定期召开协调会议，通过通报、沟通、协商等方式，鼓励各个层级人员进行相互交流。

强化信息交流具有双重的积极意义，它既能促使管理层把传递信息与实现项目目标联系起来，又能促进作业层强化信息处理能力，从而避免大量的统计报表涌向管理层。在此过程中，管理层应不断激励作业层提供真实的信息。否则，出于自身利益，作业层人员有可能会利用信息传递过程扰乱项目推进过程，或者有意无意地掩盖项目进展真相等。通常，管理层需要掌握项目实施进展情况，并在进展滞后时向作业层发出强化控制的指令，但当作业层接到指令时，可能会过滤、修饰甚至隐瞒需要上传的信息。这些行为会对项目实施造成恶性影响。在极端情况下，管理层很有可能长期得不到及时准确的项目实施信息，从而失去对项目实施过程的控制力。

3. 项目理性控制系统运行的关键

项目组织促使身份多重的参与者遵循管理规则，是理性控制系统有效运行的关键。参与者原来的社会身份是他们随身携带的"行李"，项目组织不可能完全消除这些"干扰"。对于理性控制来说，这是一个持续存在的挑战。值得一提的是，组织理论专家并不认为参与者的其他角色都具有破坏性；相反，他们认为这些特征对组织系统是一种极其重要的资源。事实上，项目组织既没有能力也不必尝试消除参与者内在的复杂心态和外在的多重身份，反倒可以利用这些特性为项目实施服务。为此，管理者应汇集参与者中同类管理经验和操作技能，对其进行分类梳理、加以提炼，并转化为项目管理的规章制度和操作规程，用以规范参与者的行为。这些面向参与者行为的规章制度和操作规程,是保证理性控制系统有效运行的关键举措。具体可以归纳为三个方面:第一,制定各类参与者的行为规范,以避免单凭经验行事;第二,科学地挑选参与者,并进行培训和教育,提升其职业技能;第三,管理层与作业层的工作职责和界面要清晰。管理层既切忌大包大揽,又要避免把所有的管理事务推卸给作业层。

4. 项目理性控制系统运行的落脚点

项目控制系统的指令要通过项目团队的行动变成现实。团队行动是群体行为,规范团队成员行为是项目理性控制系统运行的落脚点。项目参与者积极、真诚、合乎规矩的工作理念和行为,是团队建设的首要目标。要实现这一目标,依靠空泛的鼓励和刻板的说教是办不到的,唯有发掘参与者潜力,才能使每个人都各司其职,尽其所能,以规范、高效的状态开展工作。对此,科兹纳提出了项目团队"集体信念"的概念。他指出,尽管没有明确的定义,但是在项目参与者中可能存在一种集体信念,它是人们将热切的或理想化的成功渴望融进了整个团队和项目组织。集体信念对项目组织来说尤为重要,它能够保障一个理性的组织以持续理性的理念运行。当集体信念存在的时候,人们会基于他们所认同的信念选择行为方式;当集体信念逐渐成熟后,支持者也就被同化为持有特定集体信念的人。[①]

项目参与者对获取职业机会或良好工作环境的期盼,既能为理性控制系统的运行创造条件,又能使项目组织获得为其提供"投资"的机会。项目组织提供的专业培训和工作交流平台,不仅可以提高参与者的专业知识和技能,也能促使他们从整体的角度理解项目实施的目标和计划,乐于接受理性管理,进而为理性控制系统的运行打下良好基础。当参与者把自己的职业前景与项目成功实施的使命紧密联系起来时,就会大大降低冲突发生的概率,并提升自身行为的规范性。相反,项目组织如果采取命令化、强制式管理,就难以获得参与者的心理认同,而建立心理认同感恰恰是理性控制系统有效运行的基石和关键。

五、项目控制理性神话的实现

认识世界的目的在于改造世界,人类的实践史就是技术理性不断实现价值理性的实践过程。制定科学的项目实施方案,运用先进的管理方法和技术,保证项目目标如期实现,是项目管理者的根本任务。实现项目控制理性神话,只有依靠理性的科学精神,以理性管理思维为基础,项目控制才能实现从"实然世界"向"应然世界"的成功转变。

1. 建立项目理性控制的统一体

我们在前文中曾提到"统一体"这个概念。福列特指出,控制的性质取决于对统一体

---

① 哈罗德·科兹纳:《项目管理——计划、进度和控制的系统方法》,杨爱华等译,电子工业出版社 2014 年版,第 977—978 页。

的理解，"因为不理解统一体，我们就无法理解控制"。^①按照福列特的分析，控制在组织形成统一体的过程中产生；统一体的整合程度越高，理性程度也越高；控制系统的作用越大，指挥权也越大。关于统一体的内涵，福列特在其著作开篇第一章便声明，企业应是一个整合的统一体："它的所有部分相互协调，步调一致，紧密结合，各自的活动得到调整，从而互相锁定、互相关联，形成一个运转的整体——不是各个部分的简单堆积，而是一个功能整体或者整合的统一体。"^②在福列特看来，用权力及权威系统实施监控是相当复杂的，所耗费的成本很大，必须要寻找新的替换结构。在项目管理中，一个可行的替代结构就是以共同目标以及强烈的认同感为基础，形成有机统一的项目理性控制管理机制，即项目理性控制"统一体"。项目理性控制系统是在统一体形成的过程中产生的，项目组织统一体整合的程度越高，控制系统发挥作用的空间也就越大。

项目理性控制统一体可以被理解为一种管理格局，它能促使项目组织、团队及任务组寻求理性管理的运行方式。项目理性控制统一体可以削弱个体参与者动机的复杂性，形成团队统一行动的意愿，因而它是一种调解机制，能使迷失方向的个体参与者找到适应项目实施环境的正确行动方式。项目理性控制统一体的形成，能使技术理性与价值理性完美地统一起来，使规范化管理与人性化管理相结合，使创新创造的愿望与项目实施的持续过程相结合，并可消除管理层与作业层的对立情绪，最终实现理性控制目标。

2. 营造项目理性控制的良好氛围

项目实施所处的环境动态多变，存在着各种不确定性和干扰因素，使项目实施的过程难以完全按照预期的计划安排进行。因此，项目组织必须营造理性管理的氛围，及时准确地识别、分析和应对项目实施过程中的干扰因素，以确保控制系统平稳运行。

（1）创造理性控制的工作环境。项目实施所面临的环境是动态多变的。项目组织从一般管理的科层结构转换到项目管理格局，其结构体系、管理规章、信息处理等诸多方面将发生实质性的变化。如果不营造良好的工作环境，项目实施就会产生与环境有关的一系列问题。同时，在项目环境中，个体参与者难以掌握项目实施的全部信息，项目团队的能力很容易被分散化，项目理性管理的合力就难以形成。

（2）强化理性控制的行为基础。在项目实施过程中，严格的进度期限、操作指令和规范要求等，强烈地约束着个体参与者的行为方式。对此，大多数参与者会逐步适应，但有部分人员也会产生"不自在"及"被限制"的感觉，这正是项目理性控制必须正视的问题。在某些情况下，项目参与者常常缺乏将自身利益与组织目标紧密相连的积极性，这是理性控制背景下规范参与者行为的重要影响因素。项目经理及管理层作为理性管理的主导者，

---

① 玛丽·帕克·福列特：《福列特论管理》，吴晓波，郭京京，詹也译，机械工业出版社 2007 年版，第 195 页。
② 同上书，第 2 页。

应洞察各种异化的个体行为对项目实施的破坏力,规约这种不当行为对理性控制造成的危害。管理层通过对项目最终目标的强调以及对未来设想的解释,可以消除个体人员内心的疑虑和不良情绪。

(3)营造理性控制的文化氛围。开展理性管理、实施理性控制,创建并分享项目文化十分重要。在项目实施环境中,参与者通常能调整自己的工作态度,进而自觉约束自身的行为。产生这种群体化的"自觉约束"意识,意味着形成了团体文化。当项目参与者通过项目文化引导,融入项目组织后,会对其工作态度产生较大的影响,从而打破其原本自成一套的"自我信奉"约定,形成符合项目实施要求的规范行为。当众多参与者树立了这种经过矫正的思想观念和自我约束意识时,便会产生理性的"价值追求"。项目参与者基于这样的理念,自觉规范自身行为,正是实现项目理性控制的基础。

3. 重视项目理性控制的压力缓解

在项目实施过程中,各层级管理人员要控制项目进度、成本和质量,同时还要处理各种冲突,工作千头万绪,压力很大。同样,作业层任务重、时间紧,压力也很大。因此,管理层要鼓舞并激励所有参与者共同释放和消除压力,积极地将压力转化为动力。为此,应做到以下几个方面:

(1)注重管理格局的民主化。项目控制既要避免强调行政命令、过度监督、严厉惩罚等强硬手法,也要改变管理者高高在上的官僚作风。管理者只有树立民主管理思维,具备正确的管理理念和科学的管理方法,才能够从纷繁复杂的项目工作中,发掘项目管理的秩序、机制与规律,发现其中的奥妙。项目控制切忌过度生硬的刚性指令,以免产生管理者与被管理者之间"控制与被控制"的紧张关系。项目组织应将管理层、执行层与作业层的关系提升到同舟共济的高度,以避免运用持续高压的控制指令而引发接连不断的冲突与对抗。

(2)合理运用规则体系。项目实施必须构建规范参与者行为的管控机制,构建可行的规则体系。在项目管理知识体系的指引下,规则体系和理性控制措施恰似火车轨道的双轨,稳固地支撑着项目实施进程的快速推进。合理运用管理规则并实施规范管理,与理性控制的理念相辅相成。规章制度、规范规程绝不是简单生硬的控制指令。人们可以利用皮筋跳舞而不离其左右,而在缺乏弹性的钢丝绳上则不能。管理层应该看到,项目团队中绝大多数人都能够积极工作,有聪明才智和创造力,能够在规范指导下主动地完成工作任务。管理者在有意识地营造理性管理氛围的同时,应积极运用相关激励机制,增强参与者的主动性。只有通过塑造众多参与者符合理性精神的价值观念,增强心理认同,才能形成科学的理性管理机制。

(3)发挥组织控制的积极作用。权力和权威通常被视为个人之间的控制能力,其重要性不言而喻。但在理性控制系统中,管理层中个人的权力与权威应让位于组织结构化的权力系统，即让位于层次化的组织控制体系。只有这样，控制系统才能通过组织结构控制的布局，规范地深入到持续运作的管理系统之中，进入到项目实施与管理的各个层级，进而渗透到作业过程之中，达到理性控制项目实施节奏和规范参与者行为的目的。这些"内嵌式"的组织控制措施，既能缓解理性控制的压力，减少管理者对参与者个体的直接管控，又能把管理者的角色从"监工者"转变为解决实际问题的"参与者"。

4．提升理性控制系统运行的效果

项目理性控制的对象是所有相关方及干系人。因此，项目理性控制系统运行的效果，与项目组织规范结构的建立和个体参与者对自身行为的管控能力等直接相关。参与者进入项目组织后，对新的工作任务有更大的兴趣，常常会显得思想更为开放，也更乐于接受变化。在很大程度上，项目管理模式能激发个体参与者创新创造的兴趣，管理层决不能忽视个体参与者的这种"兴趣"和"意识"。在科层机构里工作的人员，其意识和行为通常更倾向于服从。但是，项目管理对参与者行为的规范与约束，不能是简单的观念灌输或直接命令，迫使其机械地服从。一般化的服从看似遵循管理规范，但却不一定真正符合作业规程的要求。如果采取生硬的控制手段，强行改变参与者的价值取向和行为动机，则可能会导致其被动盲从，这更具危险性。

项目组织只有通过科学有效的组织控制力，充分发挥控制系统的作用，才能体现理性控制的效果。虽然项目组织设定的规范结构具有诸多优势，但其内涵基本上仍是一种聚合模式，参与者个体甚至团体都可以拥有与自身相关的利益需求。因此，不能将项目组织的利益简单地看成是所有参与者利益的集合，认为具有不同价值取向的团体和个人可以在项目组织平台中自动聚合并从事某种交换。项目组织如果以常规方式管理，通常会产生两种后果：一种是其规范结构与行为结构的关系是松散的，组织规范并不能完全地约束参与者的行为；另一种是，如果规范结构过于刚性，对于行为结构而言同样起不到应有的作用。这两种情况最终都必定导致控制系统运行状态不稳定。

所有项目参与者的行为，都是从自身动机、行动目标以及管理者对其可能采取的管控措施出发，有意或无意地选择特定行动的过程。需要强调的是，这里所谓"有意或无意"的选择，是在项目实施特定环境下的客观存在。参与者的这种行为选择方式，很难用"是否科学"或"是否合理"来评判。在很多情况下，作业层人员选择行为方式、付诸行动的过程只是一种既定的条件反射行为。尽管技能娴熟的参与者在任何时刻都存在多种可选择的行动方式，但是，特定个体在特定时刻只会选择其中的某一种行动方式。因此，项目组织应高度重视参与者对个体行为的自控效果。只有充分发挥理性控制系统的引导与约束力量，才能指引个体参与者的行为，逐步缩小其备选行为方式的范围，最终只剩下一个合乎规程要求的、可供实际采纳的规范作业行为。如果所有的参与者都达到了这样的状态，那么项目控制就成功了。

5. 拓宽项目理性控制的实现途径

在项目管理过程中，人们一直努力建立一种高效管理模式，即一种"应该"意义上的理想化的管理模式。这种模式的核心在于升华参与者的精神和意志，重点在于发挥管理层的执行力和作业层的潜力。这种执行力和潜力一旦被激发出来，项目管理就拥有了自我提升的内生动力，所有的管理者会规范地开展管理活动，所有参与者会规范地开展各项作业，项目理性控制就能从"神话"变成现实。

（1）重视参与者理性行为的塑造。在项目实施阶段，各种人际关系纵横交织，从唤醒参与者理性意识的层面来探索项目控制的奥秘，意义十分重大。项目实施参与者众多，消除分歧，达成共识，首先应表现为思想观念上的认同，然后方能达到认知和行动的统一。只有在满足项目参与者的基本需求后，他们才能更好地遵循理性管理准则；只有满足个体参与者"自我实现"的愿望，才能充分发挥其自身的潜能。培养参与者的理性意识，应强调各个层级项目成员的角色意识，精准设计每个管理层级的职能角色，明确各个操作层面的作业标准。

（2）强化理性控制的文化氛围。人类出于本能，向往着一个自由、舒适和可独立掌控的工作岗位。一旦受到约束和控制，往往会产生逆反心理。因此，项目控制应关注参与者的思想动态，注重项目文化的支撑。这里的"项目文化"就是对项目期望成果的共同认识，对所肩负责任的一致认同和支持。如果削弱集体信念这一共同认识，缺乏项目文化的引导，就会导致一些项目参与者怀疑项目实施的意义，动摇项目成功的信心。如此，项目团队就不再是一个"整体"，不再感受到"集体精神"，就会影响项目进展，甚至会瓦解项目组织。出现这种情况时，管理层应当不断地强化项目文化的影响力，消除冲突和疑虑引起的不良结果，从而防止参与者产生消极情绪。

（3）高度重视关键成员的行为动向。项目实施与管理的成功，高度依赖于掌握关键技能的管理层和作业层人员的贡献。项目经理应高度关注这两个层面关键成员的思想动态、价值取向和行为方式，努力使项目目标成为其实现自我价值的目标。项目参与者不能仅是"由之"，必须要"知之"，进而"解之"，这是规范参与者行为的关键举措。项目成员"监管与遵循"，即"他律和自律"，二者缺一不可。参与者尤其是关键成员如果具备强大的内生动力，在关键时刻就能挺身而出，遇到急难险重任务就会迎难而上。

总之，实现项目控制的理性神话，项目组织必须从项目实施伊始就以极其鲜明的方式将这一主题呈现出来，使项目实施过程管理既具有严谨的科学精神，又具有以人为本的情怀，从而实现理性控制与人文关怀的高度统一。在历史的长河中，无数项目在理性管理信念的指引下，铸就了非凡的成就，实现了卓越的管理追求。项目管理只有充分发挥理性控制的能动作用，科学思想和管理规则才不再是抽象的理念，而将成为实现理性控制神话的生动实践。

第五节　项目协调缔造潜能奇迹

项目实施活动既要面对客观的自然系统，又要面对复杂的社会系统。对自然系统而言，项目管理可视为一种技术或工具；但对社会系统而言，项目管理则主要体现为对参与者行为的控制与协调。与项目控制着力创造理性神话一样，项目协调应努力缔造潜能奇迹，这也是"如何更好地开展项目管理工作"最重要的方面。古往今来，众多项目的实施与管理取得了辉煌成就，正是"理性神话"与"潜能奇迹"共同的展现。

一、项目参与者的职业特征

克雷纳指出："泰勒发现了工作，福特发现了大规模应用的工作，斯隆组织了工作。但他们都没看见，是'人'在完成工作。"[①] 项目管理在某种意义上更多地体现为对项目人员的管理，而非一般意义上的对方法与技术的应用。项目组织的创造精神与能动作用是保证项目成功实施的基础，而这种作用的产生体现在协调项目参与者的行动之中。

1. 项目参与者的职业动机

在项目实施过程中，各个层级的参与者，特别是一线的执行层、作业层人员，坚守基层工作岗位，这种能战斗、肯吃苦的顽强拼搏精神和品格体现出一种勇于奉献的职业特征。项目参与者需要获得社会地位和精神层面的激励，这是一种职业动机。同时，参与者会本能地希望得到高收入，使生活变得富裕，这同样是一种职业动机。为此，项目组织应尽力满足各层级参与者物质和精神层面的需要，并通过多种方式激发他们的认同感、获得感和荣誉感，使其自觉地将自身的技能投入到项目实施过程之中。

职业动机是实现一定职业目标的心理过程，是直接推动并维持人的职业意愿的重要因素。由于引发因素不同，存在着不同的职业动机。福列特指出："对大多数人而言，'职业'一词意味着具备科学基础和服务动机。也就是说，一种职业建立在一项被证明的知识体系之上，这些知识要服务于他人，而非仅仅达成自己的目的。"[②] 项目参与者的职业意愿建立在知识和技能之上，并与人际关系密切相关。同时，个体参与者具备多方面的角色和多种形式的意愿。例如，他既具有工作状态的角色和意愿，也会表现出生活状态的角色和意愿。项目参与者都有自己的交往圈子，各种人际关系纵横交错，其思想在任何时刻都可以自由地与一个或多个群体进行融合，这取决于他们的意愿和选择。因此，管理者应深入分析个

---

① 斯图尔特·克雷纳：《管理百年》，闫佳译，中国人民大学出版社 2013 年版，第 100 页。
② 玛丽·帕克·福列特：《福列特论管理》，吴晓波，郭京京，詹也译，机械工业出版社 2007 年版，第 285 页。

体参与者的职业意愿和团队群体行动之间的关系，从而选取适当的协调管理方式。

2. 项目参与者的职业特性

项目人员被普遍地称作"参与者"，而这种参与不是简单的"参加"，而是功能的联系。福列特指出："一个组织的首要任务是如何联系各个部分以形成一个运营的整体，然后你才能获得有效的参与。我们在前文中总结到，民主并不仅指所有人的参与，民主应该意味着组织，即相互联系的各方的合作，不是吗？这就是参与的定义。"[①] 一般情况下，参与者行为常常被限制在项目整体推进的不可变动的路线中，个体"角色"时常犹如机械系统中的一个"零件"。参与者进入项目组织后，项目工作的创造性、复杂性和互倚性等特点，使其可能从中得到支持，也可能会感到压抑。项目管理者为了解决各类冲突问题而努力工作，各个层级的参与者为了完成各自的任务而与时间赛跑。除此之外，环境及资源等方面的问题，加之项目成果倒逼，致使每个人都疲惫不堪，形成很大的工作压力。此时，项目成员与群体之间发生冲突的概率和程度，会比一般社会群体中成员之间产生冲突的机率更高，这也会给参与者带来各种有形或无形的精神压力。

项目参与者进入项目组织后，与团队及其他成员之间被各种或隐或显的人际关系紧紧地联系在一起，形成了一个特殊的工作环境。在项目环境中，个体参与者虽拥有自主意识和独立意志，但必须服从集体信念和共同期望。因此，管理层不应持旧观念，认为"管理层有头脑，作业层有体力"。实际上，各个层级的参与者都是推动项目工作的主体，具有主体意愿和精神意志，其行为动机表层是利益，深层是价值观。事实上，众多参与者虽然组成了一个群体，但并不都是心悦诚服地为项目服务。之所以出现这种情况，存在两个方面的因素：外因可能是为了获得工作职位，满足生存需求；内因则是希望实现个人的志向与抱负。项目协调的本质就是妥善处理好参与者个体与群体之间的关系，即在尊重参与者群体主体地位的前提下，不断激发个体成员的存在感和身份认同感，使其融入团队群体，并从中实现人生的价值和追求。

3. 项目参与者的职业行为

福列特指出："个体是多种反应的统一。但是个体不对社会做出反应。相互影响一方面构成了社会，另一方面构成了个体：在这一持续而复杂的行动和反应中，个体与社会共同进化。或者，更准确地说，个体与社会的关联不是行动和反应，而是无限的互动，从而使得个体和社会得以形成。我们不能说个体是否起作用或被作用，因为这种表达意味着他是一个明确的、给定的、完成的实体，使其成为一个行动主体或者受到作用的主体。我们不能把个体放在一边，把社会放在另一边，而应理解两者之间的相互关联。个体在社会进程中产生，并在其中发展进步。不存在自发形成的人。我们作为个体所拥有的源自社会，是

---

① 玛丽·帕克·福列特：《福列特论管理》，吴晓波，郭京京，詹也译，机械工业出版社 2007 年版，第 203 页。

社会生活的地基。我们一直都在不停地融入环境之中。"①

福列特上述关于个体与社会关系的论述，为辨明项目组织与参与者之间的关系，分析项目参与者的职业行为特征提供了理论支撑。项目参与者精神压力大，人际关系就变得紧张，摩擦系数就会变大。这种压力一旦受到某种外因的刺激，或突破临界点时就会爆发，从而引发冲突，影响其行为，进而对项目实施产生不利影响。项目协调的重点是人而非物。若协调工作不到位，持续不断的冲突所造成的伤害，不仅会影响参与者个体，更会影响到群体，紧张的气氛会自行渲染且产生放大效应，最终影响全体参与者的感知能力和行为方式。因此，管理层应换位思考，站在参与者的立场上分析问题，力戒对人的因素的轻视和工具化倾向，以免导致参与者对项目工作产生厌烦或劳资矛盾激化等后果。

二、参与者动机与项目实施效果

项目实施效果与参与者动机直接相关。动机和效果这对范畴所产生的命题，涉及项目控制和协调的深层问题。在项目组织中，个体参与者的动机与项目实施规范要求虽然不会完全一致，但应逐渐趋于一致，这需要通过项目组织和参与者共同营造而实现。②

1．项目参与者动机的特点

人的行为常常是由多种动机引发的。心理学对动机的分析，注重"知、情、意、行"这四个概念。"知"是人们通过对事物的感知和思考，进而揭示事物内在本质和规律的心理活动；"情"是人们在认知活动的基础上产生的对人、己、事和物的态度，以及在内心产生的相应体验；"意"是人们自觉地确定目标，并根据目标去调节行为，克服困难，实现预定目标的心理过程。除此之外，人不同于机械运转的机器，还要有意识地"行"。人的行动不仅要有能量支持，还要有内在的思想动力，这就是动机。理性动机是思维的产物，其本质特征在于人在行动之前就已经预料到了动机所产生的效果。从表面上看，动机的产生是主观的，实际上它却受到客观条件的影响和制约。动机的特点表现在三个方面：来源于目的；大动机里包含着具体的小动机；动机不是固定不变的。

通常，目的只是一个预想，当其还没有实现的时候，属于主观范畴，或者称之为预期目标。付诸行动后，结果可能达到预期目标，也可能达不到。效果则是实现目标的程度，属于客观范畴，因而目的与效果有着本质的区别。但是，如果"效果"是指已实现的目的，那么，目的与效果就可以等同。项目参与者的行为动机非常复杂，不能仅凭主观想象去分析。当我们审视参与者执行项目任务的行动时会发现，对于具体人员来说，可能存在多种动机。

① 玛丽·帕克·福列特：《福列特论管理》，吴晓波，郭京京，詹也译，机械工业出版社 2007 年版，第 250 页。
② 牛欣芳：《谈谈动机与效果》，知识出版社 1984 年版。该书通篇论述了动机与效果的关系，本文在其论述的基础上，结合项目管理的特点进行了浓缩和转化应用。——作者注

如果有人询问其动机，他可能会从中挑选一个听起来"冠冕堂皇"的具体动机，但其内心深处的动机可能十分复杂。一般地说，项目参与者的动机包括：经济利益、自身发展、兴趣爱好、创造热情、服务社会等。然而，在具体项目实践中，大多数参与者会以某种自然而然的状态完成工作，并非直接为某一种或某几种动机而工作。

2. 项目参与者动机与实施效果的关系

项目实施活动依靠参与者推动，项目组织管理层在制定各个层级的实施方案时，必须关注参与者动机与项目实施效果的关系，且要预测方案实施后的效果。

(1)动机与效果的关系。动机与效果之间的关系存在两种情况：其一，两者是一致的。在这种情况下，又可分为两种不同的类型：一种是好的动机产生了好的结果；另一种是不良动机产生了坏的结果。其二，动机得不到预期的效果，即动机和效果是完全不同的。这种状况也有两种不同的类型：一种是良好的动机产生了不好的效果；另一种是不良的动机反而产生了好的效果。总之，动机与效果并不总是一致的，有时甚至是相反的。在项目实施过程中，项目管理者追求的应该是"好的动机如何取得好的效果"。

(2)"动机与效果一致"的动因。项目参与者所形成的动机，既要符合项目实施的需要，又要符合团队集体行动的需求。项目管理要求项目人员"动机与效果一致"，有三个方面的原因：第一，如期完成项目任务的需要。项目实施活动都有明确的目标，项目参与者在行动之前应有正确的行为动机，充分体现"凡事预则立，不预则废"的科学思维。第二，取得项目既定成果的必然要求。明确"动机与效果一致"的要求，便会激励项目参与者优化任务安排，力争实现最好的结果。第三，统一全体参与者意志的需要。动机体现了意志，意志决定着行为，行为则是效果的保证。

(3)"动机与效果一致"的作用。实现动机与效果一致的过程，能使参与者更为深刻地理解项目实施的目标和要求，其积极作用体现在三个方面：第一，能够坚定信念。在项目实施过程中，如果参与者的动机正确，符合项目实施的客观规律，那么就绝不会出现动机与效果不一致的情况。第二，能够加深对过程管理规范性的理解。项目实施过程，尤其是大型复杂项目，如果参与者的行为动机端正，就会更加深刻认识规范实施过程和自身行为的重要性。第三，能促使管理层持续改进管理工作。在项目实施阶段，管理层绝不能因参与者动机与效果达到一致需要一个过程，就放弃实现两者一致的努力。

3. 实现动机与效果一致的过程

在项目实施阶段，项目成员动机与效果一致并不总是一种必然，而是一个持续形成的过程。在项目目标宣讲、过程管控以及成果取得的过程中，项目组织要坚持追求参与者群体动机与各项活动效果的统一。

(1)"动机与效果一致"的开端。在项目启动之初，项目实施的整体进度目标已昭告于外界。这种昭示的过程，可看作"项目宣言"，它是项目组织行为动机的源头。然而，在现实中，组织的动机与个体或群体参与者的动机是不尽相同的。因此，对项目组织及其管理层而言，努力实现"宣言"和"动机"一致，进而促成"好的动机取得好的效果"就成为一项重要的任务。

（2）"动机与效果一致"的条件。动机与效果趋向一致，有三个方面的条件：第一个条件是动因。动机能不能与效果一致，首先要看所形成的动因正确与否。动因是行为的出发点，动因是否正确，是决定动机与效果能否一致的前提。第二个条件是动力。项目参与者如果缺乏推动各项活动前进的力量，就不能确保动机与效果的一致。第三个条件是手段。若没有合理而有效的手段，动机就无法实现，更谈不上效果。

（3）"动机与效果一致"的过程。从动机的形成到行动效果的产生要经过一个持续过程，这个过程会受到项目实施过程的影响。这种影响的程度，从时间上来说，有长有短。完成一项重大任务，一般需要经过较长时间才能看到效果；如果项目任务简单，那么效果显现所需的时间就相对较短。但不论时间长短、费力大小或过程繁简，动机和效果相一致总有一个过程，大体上都要经过产生动机、付诸实施、显现效果这几个环节，表现为"动机 — 过程 — 效果"的实现过程。

4．实现动机与效果一致的措施

众多参与者实现动机与效果一致，是取得项目实施预期成果的重要保证。只有认识到这一点，项目管理者才能正确处理过程管理中面临的各种问题。在项目实施过程中，即使难以保证每个参与者对每一项工作的动机与效果都一致，但是，管理层做出积极努力必定有助于在关键环节上取得一致。

（1）强化引导。引导项目参与者树立正确的动机，应注重两个方面：首先，管理者要清楚认识到，只有当项目人员的动机符合项目实施规律时，才能够实现动机与效果的一致。其次，只有当所有项目参与者具有正确认识时，才能处理好个人需求与项目实施目标要求之间的关系，其工作动机才有可能是正确的。具有正确动机的参与者，才能把个人成就与项目成果相结合，将实现项目目标视为自己的职责，竭尽全力投身于项目实施之中。

（2）优化方法。项目成功实施必须依靠参与者的集体智慧和通力协作。通俗地讲，项目管理成功必须具有三个条件，即情况明、意志坚、方法对。"情况明"指对事物有正确的认识；"意志坚"指要有战胜困难的毅力；"方法对"指要有恰当的管理手段。这三者之间具有内在的联系，其中，管理方法是实现动机与效果相一致的根本保障。正确的管理理念、科学的管理方法能为保证动机与效果一致指明方向、提供有效途径。

（3）付诸行动。按预定计划完成项目任务，必然会遇到很多困难，要在项目实施过程中实现"动机与效果一致"，管理层必须要有克服困难的勇气、毅力和精神。具备良好动机和科学方法，而缺乏切实的行动，等于把动机束之高阁。项目参与者的工作动机要转化为效果，需要一步一个脚印地实干。只有顽强拼搏，才能将理想变为现实。

三、项目参与者的潜能

项目参与者作为劳动者，通常具有丰富的实践经验与一定的作业技能。项目成果来自参与者的辛勤劳动。因此，调动参与者的主观能动性，激发并充分发挥其潜能，既是项目协调的重点，也是确保项目成功实施的关键所在。

1. 项目参与者潜能的产生

项目参与者"做什么"，应以"为什么要做"为基础。项目组织帮助参与者正确理解项目工作的意义，使其树立正确的工作动机，是激发其创造力和潜能的基础。如果全体参与者能一致认同所要达到的目标，明了项目实施的最终成果，那么其工作效率就会得以提高。在项目实践中，当项目组织的期望与个体参与者的需求有冲突时，一般参与者会本能地认为组织的利益应大于个体的利益，并自愿为组织牺牲个人利益。当然，这种局面只有在项目成员达成一致目标并相互信赖的情况下才能形成。这就要求管理者应当给予参与者更多的交流机会，并允许他们在相应场合证明这种信赖。

人的意志力是一种精神品格的体现，也是一种宝贵资源。能动精神是实现项目计划的动力，项目参与者的精神追求和主观能动性是推动项目顺利实施的"软"实力。一般情况下，人的行为会受"利益杠杆"的引导，但对很多人来说，经济利益并非人生追求的终极目的，而是一种手段。在谈到商业的主要职能时，福列特指出，人类的活动应既增加生活的有形价值，也增加其无形价值；既要生产出可见的有形产品，也要致力于生产其他产品。① 这里的"无形价值"可视作项目参与者的奉献精神，而基于这种精神培育参与者的创造力和潜能，正是项目协调所追求的最高境界。

2. 项目参与者潜能的挖掘

人类的创造力是无限的。人的潜能是指人体内蕴藏的极为丰富的肌体动能和精神力量，它既是自然进化的结果，又是社会文明的沉淀。通俗地说，潜能是人类本身已具有而尚未被开发的能力，通常是以往积淀和储备的能量。人都有一定的潜质和潜力，这涉及人的天赋、素质和能力，表现在能动性和创造性等方面，具有被激发和拓展的可能性。

个体参与者对角色、规则的适应程度不同，对项目工作的态度也不尽相同。在项目管理过程中，管理层的导向是互相渗透的权力与权威，而不是单纯的强制权力；大多数项目参与者都愿意从事具有挑战性的项目工作，因为这种工作能焕发其精神力量，使其个人的素质和能力达到更高境界；同时，没有人愿意干"不明不白"的工作，项目参与者同样需要一个"理由"来说服自己为项目工作贡献力量。基于上述原因，在项目组织中，如果个体参与者感到被信任，其积极性就能够被充分调动起来，潜能才能被激发出来。在这种情况下，

① 玛丽·帕克·福列特：《福列特论管理》，吴晓波，郭京京，詹也译，机械工业出版社 2007 年版，第 292 页。

其才华就有机会获得充分施展,个人成功的机会也就更大。此时,个体与组织不再是单纯的服从关系,而是共生共长的关系,彼此之间就能相互成就,共同创造价值。

项目组织及其团队要"团结紧张、严肃活泼",项目成员之间要坦诚相见,保持良好的沟通交流氛围,只有这样才能最大化地整合并发挥个体参与者的能力。一个人无论多么有才能,与整个团队拥有的知识能力和力量相比,都是渺小而有限的。项目组织的力量在于发现并发挥每一个参与者的长处,并使其个人抱负与项目目标相融合,从而最大限度地发挥参与者的潜能。这种实实在在的融合,既是参与者发挥能动性的源泉,更是缔造潜能奇迹的关键。

3. 项目参与者潜能的展现

项目参与者是否具有优良品格和顽强拼搏的精神,其关键在于个人潜能发挥的程度。项目管理模式的优越性以及项目组织的结构特性,为参与者发挥并展现潜能提供了平台。当参与者融入项目组织后,会意识到自己所处的环境是一个具有共同信念和共同利益的团队,其适应岗位和相互协作的能力都会得到提升。与此同时,在项目实施的创造性过程中,参与者的创造能力,特别是创新意识会得到充分激发和释放。

为了激发参与者的精神意志和潜在能力,唤起他们本身的动能,优秀的项目经理应将参与者各种潜在的力量挖掘出来,聚集起来,展现出来,以保持项目团队的创造力。人的精神体现于意志,表现在多个方面,如:价值取向,包括品格、价值观和利益诉求等;职业意愿,包括职业愿景、职业规划和发展动力等;职业精神,包含意志力和工匠精神,以及忠诚、敬业和诚信等;个人荣誉,包括获得物质奖励和内心的成就感等。在项目实施过程中,经常会涌现出一批能力出众的管理者和作业人员,他们往往具有非凡的感召力、意志力、创造力,拥有矢志不移和坚韧不拔的品格,富有自我牺牲和利他精神。正是他们身上的这种可贵品质,推动着项目实施一步步走向成功。

四、项目参与者潜能激发的协调管理机制

项目成功实施的基础是参与者作业活动的稳步推进。项目实施的关键环节、隐蔽工程等是影响项目成败的重点部位,要靠规范的作业活动完成。缔造潜能奇迹,既依赖于充分发挥参与者的能动性,又依赖于规范的作业过程。因此,项目管理必须以协调系统和协作体系为基础,着力建立有效激发参与者潜能发挥的协调管理机制。

1. 项目协调管理机制建立的理念

项目实施的内外部环境通过"人"这一中介发生联系。树立"以人为本"的管理理念,是管理学发展的大趋势,现代项目管理模式正是顺应这一趋势而发展的。项目管理理性控制系统具有自身作用的边界,而项目协调的力量却能使参与者挑战自我,并跨越其生理和心理上的障碍,甚至达到极限状态。从表面上看,项目管理的对象是"事",但在本质上却

是"人"。人是项目实施成败的关键。这是因为参与者并不一定是项目投资者，无法实现"利益分享"。一旦管理层与作业层陷入泰勒分析的"资方"与"劳方"的关系，就会产生两个不同的利益群体，并形成价值观念对立的局面，这对项目实施极为不利。为此，项目管理的任务不是去"改变"参与者，而是要发现每个人的长处，充分发挥其聪明才智。

项目管理层应真正成为"人的事务"的管理者，这不可避免地会受到人为因素的影响和干扰。比如，项目控制措施运用不当，往往会导致实际结果与计划期望不符，这从管理层角度看，是采取纠偏措施的问题，而对于参与者来说，则会引发诸如泄气、沮丧、怨怼甚至无助等负面情绪，进而对团队精神面貌和工作状态产生不利影响。项目协调就是要"调节"并"纠正"参与者各种认知和行为上的"偏差"，在充分信任的基础上，采取刚柔相济的管理措施。这正如麦格雷戈分析的"X 理论和 Y 理论"：X 理论会导致刚性控制思维，绩效赏罚分明且管理层次森严；Y 理论导向信任和授权，依赖管理者的协调，充分发挥控制系统的力量。项目控制不存在绝对刚性的管理措施，项目协调也不存在一般化的柔性手段，而是要综合应用 X—Y 理论，避免在对参与者行为进行规范管理时走向极端。

2. 项目协调管理机制构建的核心

斯格特曾透彻地分析了组织中"结构"与"技术"之间存在的主要关联，包括：技术越复杂，结构就越复杂；技术不确定性越大，则组织形式化和集中化程度就越低；技术的互倚性越大，就要投入更多的资源用于协调。[①] 在此基础上，斯格特还提出了管控工作流程的结构体系的几种形式，它们同时也是构建项目协调管理机制的核心所在。

（1）规则与计划。组织完成工作主要依赖自身的管理规则和工作计划。规则常包含在组织的相关制度和规范之中，制度规定了应搜集哪些信息或完成哪些活动，并在规范与程序的指导下，调节复杂性及某些不确定性，特别是活动秩序的不确定性。工作计划体现了在完成工作之前就应做出决策，并对完成什么工作、如何完成工作等达成一致意见。

（2）时间表。在同一个场所进行各种不同活动或当活动间存在接续性互倚工作时，就需要有严格的时间表。时间表除了表明应完成什么工作以及如何完成工作之外，还增加了"何时完成工作"的时间节点，规定了工作事项持续的有效期限，因而可使多项工作有条不紊地并行作业或交叉展开。

（3）部门化。组织必须做出的最为困难而又关键的决定是如何划分工作部门。人们通常将相似的活动放在同一个部门，然而，确定这种相似性时常常会产生各种冲突。根据互倚程度将工作分类，可以采用如下原则：将"交互性"互倚工作放在相同或紧密相邻的部门；将"接续性"互倚工作放在相互关联不太紧密的部门；将"目标性"互倚工作放在最不毗邻的部门。这是因为协调交互性互倚工作需要消耗较多的组织资源；而用于处理接续性互倚

---

①　W. 理查德·斯格特：《组织理论》，黄洋，李霞，申薇，席侃译，华夏出版社 2002 年版，第 215—218 页。

工作消耗相对较少。按部门把工作归类，可以将协调工作量及成本降到最低。

（4）等级关系。等级关系通过两种方式对不断增长的信息流量做出反应。首先，如法约尔和其他 20 世纪早期的管理理论家强调的，通过高级职员对"意料之外"或"不正常"的事件进行协调。当然，只有在意外情况出现不太频繁时，这种做法才能达到令人满意的效果。其次，可利用等级关系将工作归类。每个上级层次并非简单地高于下级层次，而是更大范围的相互交错或相互依赖的单元集合，其目的是为了理顺信息的反馈和处理，协调超出单一组成单元范围之外的工作。

（5）合理授权。在面临日益增加的复杂性和不确定性时，组织不可过分严密地控制所有参与者的工作，也不能要求所有的决策都由高层制定，而应授予各个层级管理者一定的自主权。斯格特将这种做法称作"确立目标"，即协调的达成不是对工作程序无穷无尽的规定，而是明确指定所期望的结果。在以专业团队为主完成任务的情况下，管理人员分布在纵横交错的组织管理系统中，掌握好尺度，可以使授权达到最大程度。

上述五个方面，都是复杂的正式组织普遍存在的特征，斯格特将其总称为"基本协调机制"。一般组织正是依靠这些传统的组织结构特征形成协作机制，满足组织管理和信息处理的要求。斯格特的分析，对于项目组织解决目标任务安排、计划任务执行、信息处理流程等问题，特别是解决专业化团队的组织协调，形成有利于发挥参与者潜能的协调管理机制，都具有重要意义。

3. 项目协调管理机制形成的导向

福列特在论述整合时指出，理解与合作是"参与"的两大基石。整合面向未来，它不是牺牲个人利益，而是通过"参与"使各方都得到满足，从长远来看，组织的优势也将成为个人的优势。[①] 项目实施不应伤害参与者的利益，但也不能假设他们都拥有共同的目的和统一的行为。为此，项目管理应强化沟通和协商，创造和谐的团队氛围，使全体参与者达成共识，以项目实施目标为纽带，共同完成项目任务。参与者是项目组织有机体的组成细胞，只有当每个细胞都健康并发挥应有的作用时，才能确保项目顺利实施。在项目实施过程中，参与者怎样工作，最关心什么，哪些因素会影响人员的士气，如何感受到激励，等等，这些都是培育参与者精神意志的重要方面，也是项目协调管理机制形成的基本导向。

项目协调管理机制的导向作用十分重要，既要克服管理系统，特别是技术系统、作业系统中的某些缺陷，又要充分激发个体参与者的潜能优势。在许多具体工种上，作业层人员通常比管理者更娴熟、更专业，只要目标任务明确、心情愉悦，他们不仅会安排好自己的工作细节，而且会做得很好。对于从事某些新工作的参与者，需要进行专门培训，使其具备相应的作业技能，按规范要求开展工作。为此，管理层就要尽可能地细化作业单元，明

---

① 玛丽·帕克·福列特：《福列特论管理》，吴晓波，郭京京，詹也译，机械工业出版社 2007 年版，第 210—212 页。

晰作业层的目标任务，并以此形成协调管理层次，激活各个层级参与者的能动性，充分发挥项目管理的优势。

4. 项目协调管理机制运行的关键

人的潜质在于其对物质和信息的存储容量与反应能力，具体表现在：处理信息时的反应速度和灵活性；遇到特殊情况时的创造性；面对挫折时的定力和韧性。项目实施的紧张氛围可以唤醒并激发参与者的斗志，为参与者意志的培养和潜能的挖掘创造条件，这正是形成项目协调管理机制的根基。要用一个人的"手"，必先用其"脑"。认识和观念是行动的先导，毅力和意志是行动的保障。项目参与者的观念虽然是复杂的，但在项目团队中可以互为补充，为团队奉献各自的力量。这种力量可形成团队"向心力"，进而形成团队的集体信念。因此，参与者树立正确的认识和观念、具有顽强的意志和毅力，共塑团队集体信念，既是参与者潜能相生相成的源泉，也是项目协调管理机制运行的关键。

在项目工作中，参与者有成就也有挫折，尤其是在工作任务繁重、身心高度紧张、思想压力过大的情况下，其拼搏意志难免会受到削弱。这时，管理层应发挥团队的力量，激发正能量，营造参与者之间互相勉励、相互促进的良性氛围：一方面要理直气壮地鼓舞并激励任劳任怨、无私奉献的人员，另一方面则应"体察实情"，给予参与者切实的关心和爱护。项目组织及团队形成倡导理性争论的氛围，有助于缓解参与者压力，形成集体信念，更有利于解决冲突问题。事实上，项目冲突有时也可以转化为一种优势，如通过争辩把问题讲透彻，消除争议，进而营造出通力协作的氛围。理性对待冲突，还有助于发展项目文化，激发团队成员的创造力，进而凝聚为意志力。这些方面都是项目组织激励参与者潜能发挥，实现项目协调管理机制高效运行的重点。

五、项目协调潜能奇迹的缔造

项目管理最重要的任务是统筹协调，激发参与者的能动性和创造力。项目组织形成统一体，构建完善的协调管理机制是提升管理层协调能力的关键。只有强化参与者的目标认同、重视激励潜能发挥的策略、创新协调管理方式、发挥团队作业的整体力量、促进参与者行为与规范要求相融合，项目协调才能有效，项目组织才能真正缔造潜能奇迹。

1. 建立项目协调管理的统一体

我们在前一节较为系统地讨论了项目组织统一体，这个统一体既是项目理性控制的统一体，也是项目协调的统一体。参与者潜能的发挥与项目组织统一体的运行效果密切相关，因而项目组织只有建立真正意义上的统一体，才能从根本上确保项目协调机制的高效运行。统一体的作用具体体现在以下四个方面：

（1）有利于强化协作体系。项目组织形成统一体，既是项目控制的基本要求，也是项目协调的最高境界。然而，摆在管理者面前的现实问题是项目组织如何形成有机统一体。

解决这一问题的答案,体现在对立统一的两个方面:项目组织只有形成统一体,才能有效发挥协作体系的作用;与此同时,只有充分发挥协作体系的作用,项目组织才能真正形成统一体并全面展现其功能和作用。现代项目管理模式的广泛应用,正是以同时发挥项目组织有机"统一体"和规范"协作体系"的作用为基础的。

(2)有利于促进参与者相互协作。项目实施是将蓝图变为现实的过程,项目成果是集体协作的结晶。在项目实施过程中,一方面,参与者协作的意愿源自执行项目任务的要求。管理层应围绕目标、计划和任务,在多元包容、求同存异的氛围下,引导参与者按规范要求完成项目实施任务。另一方面,管理层,特别是业务部门要为团队及参与者的作业活动创造有利条件。项目组织只有通过建立统一体,实现管理层、执行层、作业层良性互动,才能营造项目实施的有利条件,创造出属于项目团队的理想工作氛围。

(3)有利于调动参与者的能动性。只有形成统一体,项目组织中各个层次的参与者才能拥有共同的价值取向,心悦诚服地为项目实施贡献才智。以利驱人、以权驭人的管理理念已经过时,管理者要切忌将项目文化等同于商业文化。项目管理只有消除管理层与作业层之间的分歧,彼此信任,建立起稳固的统一体,才能在共同目标的指引下达成共识、凝聚合力,激发各层级人员的能动性和创造性。

(4)有利于激发参与者自身的潜能。加里·哈默认为,人们的能力可以从最低端的"顺从",经过"勤奋""智慧""自主自发性""想象力"几个层级,发展到顶端的"激情"。他指出:"激情、想象力和积极性,是天赋之物,不能购买,也无法管理,是员工带给企业的礼物。"[①] 项目组织形成统一体的过程,正是参与者激情迸发的过程。此时,庸者被淘汰出局,强者得以提升,平者得以奋进,这会促使众多的参与者产生协作的意愿,并通过挖掘自身潜能,拥有主动服务项目工作的"满腔激情"。当项目组织统一体形成后,项目实施的作业系统就不再是机械而合乎逻辑的"主观实体",而是演化为一个众多参与者同时发挥主观能动性的"客观实体"。项目协调统一体是这种主观实体与客观实体的统一,它实质上是一个"共同体",既关乎项目实施的命运,又体现着项目参与者的利益。

2.强化个体目标与组织目标相统一

项目实施必须面对"多元现实",依靠集体智慧,通过协作产生合力,为项目实施提供强大的力量。项目实施要关注不同利益相关方的诉求,创造共同行动的基础,从而促使所有相关方主动交流并积极解决问题。对于那些影响项目进展但又不受项目组织控制的工作环节,要给予更多的关注,充分估计这些干扰因素对项目实施带来的影响。只有这样,才能不断增强积极因素,减弱消极因素,为缔造潜能奇迹营造良好的环境氛围。

在个体目标与组织目标的关系上,西蒙主张把"控制参与者加入或留在组织内的个体

---

① 加里·哈默:"以互联网思维重塑管理——如何打造高创造力公司",《清华管理评论》2016年第3期,第10—18页。

目标"与"可能对参与者个体决定产生影响的组织目标"区分开来,并明确把这种个体目标称为动机。^① 在分析目标的不同作用时,斯格特指出,"理性系统分析家强调,目标提供了从可选择的行动方向中进行创造和选择的标准","自然系统论分析家则强调,对参与者而言,目标是认同和动因的来源"。^② 需要指出的是,西蒙和斯格特所提出的将个体目标和组织目标区分的观点,并不是将二者严格对立起来。

在一般组织中,经常存在个体人员的追求与组织目标相对立的倾向。项目管理的目的恰恰是要通过发挥协调管理机制的作用,将这种"对立"转化为"统一"。依靠项目组织所搭建的平台,实现个体参与者目标与组织目标的融合,促使参与者动机与组织要求相统一,是管理层的重要职责。虽然某些具有关键技能的参与者肯定会将自身的价值取向带入项目组织,但管理者应有能力借助组织优势将其个体利益与组织目标结合起来,并使其与项目实施同向而行。当项目目标与参与者个人追求相统一、管理者与作业层人员有机融合时,最真实的集体信念就产生了,参与者的潜能就能发挥出来了。

3.注重激励参与者潜能发挥的策略

项目组织行为的特殊性,根源在于组织机构的临时性和项目任务的一次性。为此,管理层应从项目协调的内外部环境以及项目实施所要达到的目标出发,充分发挥项目组织的统筹协调功能,努力激发参与者的潜能。

(1)建立共同的期望和信念。凯文·凯利曾言,直到60岁时,他才顿悟:世间万物都需要额外的能量和秩序来维持自身,无一例外。^③ 项目组织与参与者就项目目标达成共识,项目实施就能正常推进;而激发出参与者的潜能和创造性,项目组织就获得了额外的"能量和秩序"。基于此,项目参与者就会拥有分担困难与挫折的理性认知,进而为创造项目协调的潜能奇迹打下坚实基础。不可否认,管理者和被管理者之间确实存在着实际利益的对立,一般的管理方式无法从根本上消除这种对立。项目管理之所以能消除这种对立关系,就依赖于组织与参与者建立的共同信念。

(2)关注各层级参与者的意愿和需求。对项目组织而言,需要参与者为其做出贡献;对个体参与者而言,需要把组织当成实现个人抱负的平台。泰勒指出,管理人员与工人亲密无间的协作,是现代科学管理或任务管理的精髓。项目参与者不是抽象的符号,而是具体的人:有血有肉,有情感,有梦想,也有内心的困扰。人们从事社会活动的最大动力,就是将所从事的工作看成是自己的事业。管理层尊重参与者的意愿与需求,充分发挥他们的主观能动性,是缔造潜能奇迹的前提。当管理者和被管理者的目标紧密结合,并融合成统

---

① 赫伯特·西蒙:《管理行为》,詹正茂译,机械工业出版社2004年版,第82—101页。
② W.理查德·斯格特:《组织理论》,黄洋,李霞,申薇,席侃译,华夏出版社2002年版,第271页。
③ 凯文·凯利:《必然》,周峰等译,电子工业出版社2016年版,第3页。

一目标时，便会产生真实而理性的动力和激情。项目实施能否成功，取决于项目组织获取参与者最大贡献的能力。为此，项目组织系统中的各种策略应保持项目文化的完整性，使每个人都具有共同的理解和期望。当项目成员体验到项目组织是一个有机整体时，人们的集体观念和共同价值观才会增强。当团队成员怀着集体信念为共同利益奋斗时，项目团队的整体作用就能得到充分发挥。

（3）重视激励参与者的精神力量。应用项目管理模式的优势在于能更好地发挥管理者和作业人员的能动性，使所有项目人员勇于克服艰难险阻。充分尊重和听取项目参与者的不同见解，是项目组织激发参与者潜能和能动性最为有效的方式。精神层面的力量是无法估量的，项目人员必须具有不被困境和挫折吓倒的坚韧精神品质。让参与者真正产生冲锋陷阵、不惧艰难的动机，一定不仅仅是物质刺激，而是某种精神的力量。激发这种精神力量的一个重要途径，就是荣誉激励。军队最先产生荣誉制度，把荣誉体现在服饰上，反映在军人职业生涯的全过程中。项目协调亦应如此，通过不断完善荣誉奖励和激励制度，鼓舞参与者在物质待遇合理的前提下，发挥自身最大潜能，为项目建设贡献自身的才华。这既是管理者的能力体现，也是项目管理的最高境界。

（4）充分调动参与者的主观能动性。项目实施是一个艰辛的过程：用"坎理论"来描述，就是要过关卡、迈台阶；用进度管理的术语来说，就是要紧抓各项里程碑事件；而从项目协调的视角来看，最根本的就是要调动参与者的能动性。引导参与者树立正确的动机，通过培训提升其技能使其在内心深处甘愿奉献，是实现潜能奇迹的关键举措。深层的价值观能够激发参与者的进取心，项目组织只有激起所有参与者的激情、斗志和拼搏精神，才能为项目顺利推进注入源源不断的动能。同时，能动性是参与者具有创造力的前提。只有充分激发参与者的创造性潜质，才能充分发挥其潜能。否则，潜能就只能停留在尚未被开发的状态。项目组织中的管理人员、作业人员如果不被管理层重视，在一定程度上会抑制他们的能动性和创造性潜质。因此，持续地调动参与者的能动性，催生其创造力，激发其潜能，就成为管理层最为重要的工作。

（5）积极发挥协作体系的整合作用。项目参与者共享协作的价值观念，形成共同的目标追求和顽强的意志力，发挥出人性中最具战斗力的精神力量，对激发潜能十分重要。项目组织要运用好项目协作机制，充分发挥通报、沟通、协商和谈判等协调技术的作用，通过协作体系整合各子项目及任务团队的力量。这既是发挥参与者潜能的重要基础，也是实现潜能奇迹的重要途径。通力协作的理念一旦得到全体项目参与者的积极响应，就能极大地激发参与者的工作热情，并使项目发起者、项目管理者和所有相关方及参与者达成一致信念，进而如期且保质保量地完成项目实施的目标任务。

4. 聚合团队作业的整体力量

一个人成就的大小，很大程度上由组织平台决定。平台的影响力越大，个人的成就便会越高。项目组织是一个广阔的平台，参与者借助这一平台，可以从中获得个人事业上的满足，其特征主要包括：共享利益、归属感、高度信任、相互依赖和有效沟通等。需要强调的是，这些特征与团队整合密切相关，项目经理必须营造能够满足这种需要的氛围。团队组织面对计划性极强的项目任务，具有压力传导的作用。调动项目团队的积极性，充分发挥参与者潜能，是保质保量地完成项目任务、促进项目实施迈向成功的关键。

项目团队面对项目任务，核心是按规范要求完成项目实施作业任务，为此应注重以下四个方面：其一，齐心协力，尽职尽责。团队负责人应着力引导每位成员以身作则，积极主动地履行其在团队中的职责。其二，勇于担当，分担责任。分担责任意味着团队所有成员要荣辱与共，共同面对成功与失败。当项目实施面临挑战时，所有人员应群策群力，共同承担压力。其三，相互信任，互相支持。团队成员应精诚合作，相互信任和支持，这是高效团队的灵魂。其四，严格要求，规范作业。不同的团队成员有着相异的工作风格，成员的适应性和技能水平是团队的宝贵财富，而严格要求、规范作业是团队战斗力发挥的有效保障。项目团队只有在规范性与能动性发挥之间保持平衡时，才更具生机和活力。

5. 实现规范要求与行为方式的统一

项目管理的重心在于着力规范参与者的行为，实现规范要求与行为方式的有机统一。当项目组织致力于管理一个项目实施过程时，应既见"物"又见"人"，且关键在"人"。项目组织选调或招募的参与者，有与项目实施目标高度契合的积极响应者，也有怀抱各种目的而非心甘情愿的加入者。因此，管理层要尽可能地为所有参与者提供机会、创造条件，让具有不同背景的参与者呈现出深层的潜能特质，即超越自我。我们可以将这种超越自我的特质称之为"理想"。全体项目人员形成共同理想、通力协作是项目组织建立有机统一体的思想基础，也是充分发挥参与者自身创造能力的基础。

发挥参与者的潜能，不仅依赖于项目管理系统的规范要求，而且要求项目组织必须营造出激发集体协作精神的氛围。只有高度重视参与者的集体协作精神，项目组织及其管理者才能真正做到"以人为本"，从而激发出参与者的潜能和奉献精神。为此，项目组织及其管理层要将参与者的工作态度、忠诚奉献等融入组织管理体系中，为参与者注入相互协作的理念，使参与者的个人行为归属于整个项目组织的协作体系之中。同时，项目组织扁平化的管理方式会使项目参与者感受到被重视和重用，从而激发出他们开展创造性工作的积极性，并为规范其行为方式打下坚实基础。正如《大国工匠》《超级工程》等专题片中采访的项目作业人员，无不表现出自豪感——"这个项目是我干的"。这些例证充分体现了组织利益与个人利益相统一的良性互动关系，是项目理性控制系统和协作体系中参与者动机与效果相契合的真实写照，也是项目协调缔造潜能奇迹的最好诠释。

第三篇　项目管理综合分析

本篇主要围绕项目管理的综合分析而展开。项目管理活动由来已久，项目实践丰富多彩。实践经验的积累必然导致人们认知发生质变，这就到了将实践理论化并以新的理论形态指导项目实践活动的时候了。只有通过理论总结，才能实现项目管理模式的创新发展。时至今日，项目管理的理念和方法已成为各类组织推动其发展战略实施的重要手段，广泛运用项目管理模式具有重大意义。本篇各章节所讨论的问题与项目管理基本内涵之间是总分关系，为了便于读者系统认知项目管理实践过程，将分三章进行具体讨论。

第七章，项目管理要素与相关问题分析。本章主要讨论项目文化、人才、技术等项目管理要素，分析项目组织人员与团队管理、参与者行为管理以及项目管理的有效性与全面性等问题。现代项目管理模式有别于传统项目管理模式的关键，就在于它以项目管理知识体系为指南，将项目管理理念、方法和技术贯穿于整个项目实施过程，有效发挥了项目管理各项要素的作用。全面运用项目管理模式，不仅依赖于管理文化的支持，管理人才与管理技术的支撑，还取决于对项目团队及参与者的有效管理。

第八章，项目管理模式的运用与推广。本章主要讨论项目管理知识的学习与理解、工程项目及其他各类项目的实施与管理、项目管理的成败以及项目管理模式的推广应用等问题。"管理学是一门大学问"，从某种程度上来说，项目管理学如今已发展为一门应用范围广泛、管理体系完备的新兴学科。项目管理的理念、方法和技术引领着各类项目实施活动，积极推广项目管理模式，不仅具有重要的学术价值，更具有深远的社会实践意义。

第九章，项目管理与经济社会创新发展。本章主要讨论项目管理与创新活动、社会治理创新、企业创新发展、创业活动之间的关系。"管理改变着世界"，经济社会的创新发展离不开有效的管理。项目管理模式作为一种先进的管理方式，肩负着重要的社会责任。社会治理变革、企业创新发展，以及大众创业等各类创造性实践活动的开展，几乎都以项目及其实施活动作为载体。项目管理模式已成为各类社会组织核心竞争力的构成要素，运用项目管理的理念和方法规范项目实施活动，已逐渐成为组织创新发展的重要途径。

第七章　项目管理要素与相关问题分析

"工欲善其事，必先利其器。居是邦也，
事其大夫之贤者，友其士之仁者。"
——《论语·卫灵公》

第一节　项目管理文化

人类实践活动无不深深地打上文化的烙印，管理活动更是如此。项目管理模式的形成与发展，蕴含着人类文明和管理文化的传承与演进。项目管理不仅是一种社会实践活动，更是一种文化活动，管理文化对项目实施活动具有规约作用。在项目管理活动中，管理文化与各项管理要素相互作用，将形成一种新型的项目管理文化，即"项目文化"。

一、项目文化概述

伴随着项目管理模式的发展，项目文化是从组织文化体系中衍生出的一种管理文化。项目文化产生于管理文化母体，其内涵体现在精神文化、制度文化、物质文化、行为文化和团队文化等方面。理解项目文化的作用，就是要从文化的角度来审视项目管理行为，分析项目管理思想、理念和方法所承载的文化内涵。

1. 项目文化的产生

各类社会组织的文化积淀，影响着人们的思想和行动，使人们形成了一套有关管理活动的认知、理念和行为规范。德鲁克把管理与文化明确地联系起来，认为："管理是一项社会职能，同时体现在传统价值观、习俗、信仰以及政府和政治体系中。管理会受到也应该受到文化的影响；反过来，管理和管理者也会影响文化和社会。因此，管理虽然是一个知识体系，但它不管在哪里也都是一种文化。"① 在德鲁克看来，所谓管理文化，是指某一特定时代的文化特征在组织管理活动中的体现，因而，它源于组织文化的积淀，其核心是管理者的价值观念，主要包括管理理念与管理方式等。管理文化这一概念的形成，标志着人们把组织

---

① 彼得·德鲁克：《管理》，辛弘译，机械工业出版社 2018 年版，第 12 页。

管理格局从技术层面上升到了文化层面，将管理行为和文化现象之间的联结视为组织运行和发展的生命线。

项目管理行为根植于管理文化之中，体现着一定的文化特征。作为管理文化的子文化形态，项目文化在项目组织运行过程中孕育而成，是对管理文化的继承、弘扬和创新。项目文化是项目管理理念、方法以及管理者行为特征的集中体现，是基于项目确立及其实施管理的特点和要求，对管理文化不断升华的成果。项目文化渗透于项目实施与管理中，可产生强大的精神力量，将其转化为现实生产力，则能为项目组织注入生机与活力。项目文化有其特殊的形态与历史演进逻辑，其成熟的关键在于建立项目组织统一体，并以此来整合力量，形成"为完成项目实施任务而共同奋斗"的合力。

2．项目文化的内涵

每个时代的社会经济发展特征，都会通过人们的思想观念、行为规范等体现在相应的管理文化之中。同样，一定社会时期的管理文化，又必然会彰显于各类社会组织的项目文化之中。项目文化体现在项目组织及其管理层开展计划、组织、指挥、控制、协调以及人员激励等各项管理活动的行为中，其核心是对项目管理活动产生有意识、有目的的影响，以使项目组织形成与项目实施活动相匹配的组织管理方式，并具有提升和强化项目管理方法与技术的作用。良好的项目文化是支撑项目组织及其参与者行动的共同信念，它能引导项目人员的思想观念和行为动机，使其自觉地在行动上与项目实施的核心使命相契合，与项目实施的目标相统一，与项目实施过程的管理规范相一致。

项目文化并非个体参与者的追求，而是项目组织确保项目实施有序推进的群体性认知，主要体现在集体信念和共同遵循之中。项目文化是一种先进的管理文化，具体体现为项目管理具有稳定的管理模式，建立了完善的知识体系，使项目实施的过程管理具有科学性、系统性和规范性。项目文化的内涵，具体表现在五个方面：其一，先进的管理思想和观念体现为精神文化，蕴含在项目管理理念和理论体系之中；其二，科学、系统的组织管理规范体现为制度文化，蕴含在方法体系以及管理系统之中；其三，有效的管理激励方式体现为物质文化，蕴含在规则体系及管理实践之中；其四，高效的管控方式体现为行为文化，蕴含在技术体系及实施过程的作业行为之中；其五，和谐的文化氛围和强有力的执行力体现为团队文化，蕴含在项目团队管理和人际关系之中。

3．项目文化的作用

格雷厄姆指出："在监控项目进度时，要保证由项目组本身提供的产品得到共同的'项目文化'的支持。这里的'项目文化'就是对所期望产品的共同认识、对所负责任的一致赞同和了解。"[①]项目文化潜移默化地影响着参与者的思想观念和行为方式，有助于凝聚团

---

① 　R.J.格雷厄姆：《项目管理与组织行为》，王亚禧，罗东坤译，石油大学出版社1988年版，第186页。

队力量,进而使项目组织形成有机统一的共同体。项目文化的作用,集中体现在三个方面:一是能使项目组织明确自身使命,对执行项目任务和获取最终成果做出庄严承诺;二是有助于项目参与者形成为实现项目既定目标、完成项目实施任务的共同价值追求;三是能使项目参与者产生正确的行为动机,从而为实现项目预期目标形成团队合力。

项目文化与项目管理模式相生相伴,并为项目组织的运行及项目目标的实现服务。然而,在项目管理过程中,文化要素与方法、技术等要素不同,其作用往往是隐性的,不易被人们察觉,致使项目管理文化属性的主导作用常常被某些管理者忽略。实际上,项目管理活动是否具有系统性、规范性,在很大程度上取决于项目文化要素的强弱。项目组织形成特色鲜明的项目文化,不仅有助于管理层树立正确的管理理念,更有助于作业层规范其自身行为,这对于提升项目管理效能具有十分重要的意义。

二、项目文化与传统文化

几千年来,我国传统文化薪火相传,延续至今。从本质上讲,项目文化与传统文化并不属于同一范畴,但传统文化始终以多种形式渗透于项目管理过程中,反映在管理者的行为之中。在项目管理的框架体系内,项目文化与传统文化并非对立关系,它们之间虽存在某些冲突,但二者通过相互融合,都可汲取对彼此有益的元素。

1. 项目文化与传统文化的关联

从根源上讲,我国传统文化产生于以自然经济为基础的宗法社会,其组织载体为家族。项目文化产生的源头,可追溯到现代公司化的组织机构。公司化组织作为一个基本经济单位,是对宗族式家庭生产组织的变革和创新,它更符合现代生产方式的需要。从这一角度讲,项目文化和传统文化具有本质的不同,但在现实中二者实际上解决了项目组织管理文化不同层面的问题,并在项目管理过程中共同发挥作用,即:在"术"的层面上,项目文化以现代公司化组织的管理文化作为基础,注重应用科学管理的理论和方法;在"道"的层面上,项目文化重视传统文化中有益成分的教化功能,以强化项目管理者价值观的培育,增强参与者的共同价值取向。当然,很多项目管理者也都注意到了项目文化与传统文化的差异。在项目管理过程中,根深蒂固的传统文化会造成很多障碍。例如,等级观念、集权化思维、因循守旧等都与项目文化是相悖的。因此,项目文化与传统文化之间存在既相互融合又相互冲突的辩证关系。

2. 项目文化与传统文化的冲突

从本源上看,项目文化与传统文化分属两个不同的历史坐标和文化系统,当它们在项目实践中不期而遇时,其冲突在某种意义上是客观存在的。当然,在这里我们使用"冲突"这一概念,是为了确立某种视角,以更好地分析这两种文化的内在关系。也就是说,我们进行分析的目的,并非要将二者之间的冲突绝对化,而是要在承认冲突的前提下,寻求二者可能存在的契合点。具体而言，项目文化与传统文化的冲突，主要表现为其与传统文化中封建文化之间的冲突，如表7-1所示。

表7-1 项目文化与封建文化的冲突

封建文化	项目文化
君本、人治	人本、法治
神秘、模糊	公开、透明
集权、专制	分权、授权
科层、等级	民主、平等
防范、猜忌	交流、诚信
复古、守成	创新、创造

从表7-1可以看出，项目文化与传统文化之间的冲突，集中表现在以下五个方面。

(1)法治与人治。人本观念常停留在抽象的说教上，并没有将其转化为切实可行的管理理念、可实操的行为准则和规范化的管理制度。管理者往往将被管理者视作监管对象，而被管理者对此也习以为常，正所谓"劳心者治人，劳力者治于人"。尽管传统文化对"天人合一"的"道"的追求从未懈怠，却一直没能找到组织形态上的理想管理方式。这导致我国当前在项目管理工作中，对决策者缺乏明确的责任约束，管理者多凭主观意志和经验处理问题，"长官意志"司空见惯。

(2)谋略与算计。目的与手段时常脱离，管理者常居中道，"泰然"处之，有所谓"以不变应万变"之弊。其消极影响表现为：有算计心态，如在合同中采用模糊化的语言描述有关条款；有自保心态，如项目参与各方互相推诿责任，在风险发生时只顾己方利益；有防范心态，如合作时彼此缺乏信任；有"和稀泥"心态，表面上和和气气，而实质上没有立场和原则；有"科层与等级"隔阂，存在神秘色彩，相关信息未按管理层级予以公开，管理规范表述模糊化，等等。

(3)担当与弄权。某些管理者缺乏担当，彼此互不信任，说两面话、言行不一。组织的职能部门与项目组织之间，有时存在弄权现象。职能部门习惯于控制项目资源，而项目经理又试图自主地调配项目资源，双方都希望自己的管理范围成为一个"独立王国"。同时，组织及项目组织的管理层拥有权力，优越感十分明显，与相关参与单位签订的合同对其自身的约束力小，有时甚至存在"霸王条款"，这些都会严重影响项目承包商、供应商等参与单位的积极性和创造力，给项目实施各方的合作埋下隐患。

(4)创新与守成。许多管理者的认知与理念虽有与时俱进的一面，但就整体而言，仍在保守文化的环境与氛围中艰难前行。很多管理者在决策时往往瞻前顾后，因循守旧，墨守成规；工作过程中不善于沟通，要么缄口不言，要么心存城府，不交底或留一手；对项目团队的管理草率马虎，致使规范管理流于形式。

（5）履责与失责。很多项目社会责任不明确，缺乏对环境和历史负责的态度。在项目实施与管理过程中，参与单位之间、参与者之间的信任度低，各方不能完全信守合同约定。管理者社会责任的缺失和诚信危机，严重阻碍了项目管理规范化的进程，导致各类项目实施成本普遍偏高，且易引发项目进度拖后、费用超支、质量事故频发等后果。

3. 项目文化与传统文化的融合

在传统文化背景下如何建设我国现代工业文明，是晚清以来学术界孜孜以求的时代命题。费孝通先生一生游走于中学与西学之间，早年他将西学作为一种工具，践行"学术救国"之路，晚年则"取道西方又返回中国"，在"心"的研究中，提出了传统文化的现代性问题。[①] 当今，传统文化历久而弥新，离我们既"近"又"远"。近，是因为它所凝结的五千年中华文化基因早已融入我们的骨髓与血液；远，是基于近现代一系列文化运动的阻断与区隔，今人对传统文化产生了疏离。因此，项目文化与传统文化的融通是现实与历史之间的一种对话，而要实现二者的理性对话，关键是要在项目文化建设中，充分发掘优秀传统文化资源，为项目管理提供不竭的精神源泉。

中华传统文化绵延五千年，影响极其深远。在项目文化建设中，传统文化中天人合一、和谐共处，重义轻利、义利并举，心存社稷、精忠报国等优秀文化基因，都可予以借鉴和吸收。应该看到，我国传统文化蕴含着丰富的哲学思想、处世智慧和人文精神，包含着许多古朴而先进的管理思想和理念，其核心在于彰显人的尊严和价值。所以，在项目文化建设中，我们要强化对传统文化中管理智慧的深挖细掘与转化运用，在传统与现代、本土与外来文化的相互融合中，寻求项目文化与传统文化的最大公约数。

三、项目文化与组织文化

各类社会组织都有其自身的组织文化体系，项目文化是组织文化的延伸。组织文化包含的要素很多，其中很多方面都会对项目实施与管理产生影响，并在一定程度上决定着项目文化的发展方向。

1. 项目文化与组织文化的关联

格雷厄姆指出："组织文化是指普遍存在于组织中的生产生活方式，它由一系列科学的规则、规范和信念组成，这些都是关于工作的组织方法、工作的范围和在给定的组织中如何进行工作的规定。"[②] 古拉蒂指出，对组织文化最简明的描述是一个组织中的成员表现

---

① 杨柳："费孝通思想探微——谈文化自觉及对文化的作用"，《社科纵横》2010年第25（7）期，第145—146页。
② R. J. 格雷厄姆：《项目管理与组织行为》，王亚禧，罗东坤译，石油大学出版社1988年版，第4—5页。

出的独特而共同的思考、感受和行为方式。[①]也就是说，组织文化向员工提供了一套工作如何完成、成员间如何相处的指南和规则，反映了人们对组织稳定性、一致性和存在意义的基本需求。项目都是在既定的社会组织中发起的，组织文化是构建项目文化的基础，组织相关的管理体系、管理系统以及管理者的行为特征，都会对项目文化产生持续的影响。一般而言，组织文化可以分为三个层次：第一层为"表层文化"，也称"标识文化"；第二层为"中层文化"，也称"行为文化"；第三层为"深层文化"，也称"精神文化"。

2. 职务文化与任务文化的辨析

传统官僚组织运行倾向于科层制，通过职能部门开展管理工作，这就形成了"职务文化"。项目管理则侧重于特委会管理方式，直接面向项目目标任务，通过业务部门开展管理工作，进而形成了"任务文化"。职务文化的作用在于保持组织运行的连续性和稳定性，而任务文化的形成却要应对专项任务执行过程中的各种变化。在特委会的管理方式下，管理者应具有一定的应变能力，以适应新工作岗位的要求，且善于协调各个层级人员之间的人际关系。也就是说，对于项目管理者而言，他们不应受到部门隶属关系的严格约束，其相应的职务文化也应转变为一种适应项目实施与管理需求的任务文化。

在项目文化中，项目成员需具备多种技能，能够胜任多种工作岗位，而不是仅扮演某个单一角色。而且，项目成员还要在规定时间内完成特定任务，并能在多专业工种组成的任务组中发挥作用，以适应项目实施的需要，这是任务文化的本质内涵。职务文化和任务文化有着明显的不同，其差异性如表 7-2 所示。[②]

表 7-2　职务文化和任务文化的对比

范畴	职务文化	任务文化
管理思想	逻辑性与合理性	完成任务
工作规范	重视工作描述，按程序进行所描述的工作	工作强调个人价值、人员的敏感性和自我控制
权力来源	职务规定的权力	掌握工作知识的专家权力
利　弊	适于常规，不适于创新	适于创新，不适于常规
主要问题	变化	控制

3. 组织文化异化对项目文化的影响

实践证明，集权制对于组织解决其内部管理问题是行之有效的，但这种制度设计也经

---

①　兰杰·古拉蒂，安东尼 J.梅奥，尼汀·诺里亚：《管理学》，杨斌等译，机械工业出版社 2014 年版，第 184—185 页。

②　R.J.格雷厄姆：《项目管理与组织行为》，王亚禧，罗东坤译，石油大学出版社 1988 年版，第 5 页。

常会导致组织文化的异化,从而对项目文化的形成产生不利影响。集权本身无可厚非,项目组织也需要集中领导。但是,过度强调权力的集中,集权制则会异化为专权化,进而使组织文化官僚化,这就与项目文化的基本宗旨背道而驰。

(1)专权化。专权制组织大都具有少数人掌握决策权的特征。专权型决策是一把双刃剑,一方面它是组织运行能量的来源,但另一方面它也可导致权力异化。项目管理强调分层管理和分级授权,但受专权化思想的影响,项目高层管理者总喜欢大权独揽,不愿意或不放心将相应的权力授予项目经理,其结果可能是管得越多,问题越多。同时,在专权化背景下,组织对项目的支持多集中于高层领导,当项目实施陷入困境时,因管理层级多,又缺乏相关职能部门的支持,致使高层管理者无法及时对项目组织提供全方位的支持。

(2)官僚化。在项目实施过程中,项目负责人需要经常与组织内的相关职能部门及其负责人沟通,以获得相应的信息和资源,这种沟通应在横向和纵向两个层面顺畅无阻。但在传统官僚体系中,组织等级森严、条块化的职能设置使部门间形成了稳定的权力划分格局,将部门利益凌驾于组织信息和资源共享的管理目标之上,极易造成部门间各自为政,导致资源垄断和信息在传输过程中被扭曲。在这样的文化环境中,项目经理难以获得必要的信息和资源,无法全面掌控项目实施的进展。

(3)潜在行为。与专权化和官僚化相关联,某些组织中的职能部门常常存在懒政、推诿及腐败行为,这无疑会打乱项目管理的正常节奏。一般来说,组织要根据其内外部制约因素制定项目目标和计划,并假设项目管理活动以规范化的方式推进。但事实上,由于专权化和官僚化现象的存在,在项目管理过程中就会存在某些异常行为,使项目实施受到一定的制约,如:部分职能部门及相关负责人为了自身利益,或明或暗地阻碍项目实施;组织的政策体系已经落伍,但项目管理者却不得不遵守等。此外,在项目管理过程中,还常常存在"潜规则",如某些招标及采购活动往往不是授予最合适的任务承接单位或供应商,而是通过暗箱操作给予一些有利益关系的指定投标人。

四、项目文化建设

项目文化建设是一项综合性的复杂系统工程。项目文化源于传统文化、组织文化和管理文化,它是在传承组织管理文化的基础上,结合项目实施与管理的特点,通过运用管理文化的元素,为项目组织的规范运行提供正确的管理理念、价值取向和制度体系,进而形成良好的团队氛围和协作机制。

1.项目文化的构成要素

向项目组织注入管理文化的要素,形成开放、合作的文化氛围,是项目文化建设的关键。针对这一问题,科兹纳给出了一个企业组织背景下项目文化构成要素应具备的结构模型,并从两个层次、十个方面阐述了项目文化的构成要素,具体包括:组织、社会化、环境、授权、团队工作,以及沟通、合作、信任、高级管理层和技术等。项目文化构成要素示意图,如图7-1所示。[①] 可以看出,企业文化的基本元素是构建项目文化的基础,而项目文化又是企业文化的延伸和创新。在企业文化的基础上形成的项目文化,蕴含于项目组织、团队及管理者的思想观念和行为方式中,在精神层面上表现为重塑参与者的思想认识、价值观念、工作态度和行为习惯等。

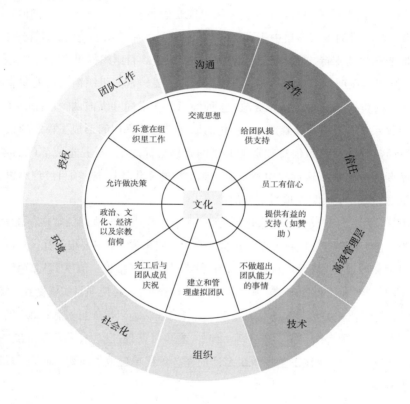

图7-1 项目文化的构成要素

科兹纳认为,由于企业性质及竞争环境不同,项目文化存在着不同特性,其典型形式包括以下五种:一是合作文化,这种文化以相互信任和有效沟通为基础;二是不合作文化,在这种文化氛围中,不信任是主流思想,参与者更多考虑的是个人兴趣,而不是组织的利益;三是竞争文化,这种文化迫使项目团队为了争取公司有限的资源而与其他团队进行竞争,特别是当某些参与者同时为多个项目工作时,更多的制约因素就会产生;四是隔离文

---

① 哈罗德·科兹纳:《项目管理——计划、进度和控制的系统方法》,杨爱华等译,电子工业出版社2018年版,第68页。

化，当大型企业组织允许其职能部门培养自己的项目文化时就会产生这种文化，从而形成大文化环境中的小文化；五是分裂文化，当团队中的某一部分在地域上及组织结构上与其他部分相分离时，就会产生这种文化。[①]

2.项目文化建设的基本遵循

项目文化建设应注重项目管理理念、方法与文化要素的有机结合，但由于文化构成要素的复杂性，各种异化的项目文化在现实中依然存在。为此，项目组织要坚持正确的价值导向，在项目文化建设中应遵循以下几个方面：

（1）以优秀传统文化为根本。中华优秀传统文化中蕴含的管理文化精髓，可以充实和提升项目文化。在项目文化构建中，应准确把握项目文化与传统文化的关系，对于传统文化既不能简单照搬，也不能全盘否定，而是要去粗取精、去伪存真。只有立足项目管理实际，创造性地将其加以转化和运用，才能建立与项目管理方法体系相适应的项目文化。

（2）以项目组织有效运行为基础。对项目任务的理解以及对项目成果的展望是项目文化建设的基础。项目组织中的业务部门、团队为完成项目实施任务，依组织结构划分职责，进而相互配合协调。这种特定的项目组织架构，通过有效的运行规则、控制体系和沟通方式等，可以强化项目文化的活性，并直接反映项目实施过程中的管理格局、管理理念和文化氛围等内容，体现着项目管理者的价值取向。

（3）以项目实施过程为载体。项目组织及其管理层应加强以项目实施过程为载体的文化建设。在项目实施过程中，只有将项目管理这种特定的管理理念和文化氛围从"无形"转变为"有形"，并植根于众多参与者的头脑中，才能逐步培育项目文化，进而规范参与者行为。也就是说，项目文化建设是项目组织通过对其成员施加精神、物质的影响，从而能动地营造文化氛围的过程。

（4）以秉持项目管理理念为导向。项目建设是社会活动，虽然项目投资的目标是获取相应的经济收益，但项目文化并不是单纯的"赚钱文化"。当前，一些投资机构和项目孵化机构等，打着"项目"的旗号，行"圈地""圈钱"之实，比如某些异化的 PPP 项目、金融衍生品等，严重歪曲了项目文化，形成了潜在的社会风险，应予以警惕和防范。因此，建设健康的项目文化，既能体现管理文化的功效，又能促进项目实施活动的有效开展，更能拓宽组织的发展空间。

3.项目文化建设的过程

项目文化建设关键在人，重心在于调动和凝聚参与者的积极性，目的是将项目组织打造成一个展示智慧、汇聚正能量的舞台。具体建设步骤包括四个方面：首先，加强组织文

---

① 哈罗德·科兹纳：《项目管理——计划、进度和控制的系统方法》，杨爱华等译，电子工业出版社 2018 年版，第 67—68 页。

化建设，使各层次参与者在其职责范围内树立项目文化的理念；其次，强化管理文化建设，使管理层转变传统职能部门的工作作风和习惯；再次，将项目组织建设成为一个"学习型"组织，定期开展专业知识、管理技能等方面的培训；最后，应突出任务文化建设，在作业层营造任务文化氛围，以保证完成项目实施的目标任务。

强化项目使命、重塑参与者行为的过程，就是建设项目文化的过程。为此，项目文化建设应注重三个方面：其一，项目经理要有正确的认识，高度重视并切实履行项目文化构建者、推动者和实践者的职责，始终将精神文化建设作为重要的管理任务；其二，管理层要紧密围绕项目实施进度、成本、质量和安全等目标，把业务部门的制度文化建设与项目实施规范管理结合起来，既发挥规范化管理的导向与约束作用，又发挥管理文化的引导和激励作用；其三，项目团队要以倡导精神文化、落实制度文化为重点，以行为文化建设为落脚点，保证文化建设活动全员化、常态化，在潜移默化中重塑参与者行为。

4. 项目文化氛围的培育

项目组织业务部门、团队及其成员之间的相互信任关系，在很大程度上取决于项目文化氛围。项目组织要努力创造这种文化氛围，使相关方和参与者均能感受到自身存在的价值，这是项目文化建设的重心所在。项目文化培育的主阵地是业务部门及团队，管理层应努力增强其实现项目目标的使命感和责任感，以使团队成员树立共同的价值取向。凡是项目文化建设的成功典范，都十分尊重广大参与者的主体地位，倡导以人为本的管理方式，并在实践中充分发挥参与者共同创建项目文化的主动性。因此，参与者的价值认同和行为自觉是培植项目文化的关键。

项目组织要积极引导项目成员自觉参与项目文化建设，形成共建共享的和谐局面。建设项目文化的过程，就是对组织管理文化继承与创新的过程。宣传项目战略构想，描绘项目愿景，推动项目顺利实施，是项目组织形成独特文化氛围的基础。项目文化氛围的培育有赖于以下三个方面：项目组织稳定的运行模式和完善的规章制度是前提，管理层高效的决策机制和有效的执行力是关键，融洽的团队氛围是保障。总之，项目文化氛围的培育，不仅是单纯地达成共识和转变观念，还要将其付诸实践，使所有参与者拥有共同的价值观和集体信念。项目组织只有以共同的信念聚合参与者，进行卓有成效的文化塑造，才能从命令式的传统组织管理方式成功转向广泛参与、团队协同的现代项目管理模式。

五、项目文化创新发展

科学管理需要人文关怀，科学与人文互为表里。作为项目管理要素的项目文化，亦是科学精神和人文关怀的复合体。项目文化的创新发展，应注重精神文化、物质文化、制度文化和行为文化建设，重点是促进管理者转变思想观念、提升工作执行力、提高管理的规范性，进而营造科学与人文携手共进的项目文化新天地。

1. 项目文化创新发展的基础

现代项目管理模式的形成与发展，是对传统管理文化的突破和创新。目前，项目文化创新发展面临的首要问题是如何处理"传统"与"现代"之间的关系，实现二者的理性对话。毋庸讳言，项目文化建设既不能照搬我国传统管理文化，也不能囫囵吞枣地照抄西方管理文化。国外的项目管理著作，大都以西方大公司的项目实践为案例，其价值观念、思维方式和管理理念与我国的管理文化差异较大。因此，项目文化建设既要博采各国管理文化之长，更要适应时代、立足国情进行创造性转化，以时代精神激活中华优秀传统文化的生命力。

立足国情建设项目文化，主要源于以下考量：一是管理行为具有独特性，因为不同地域的文化风俗、经济发展水平以及经济体制不同，其管理行为也不同；二是管理文化具有价值取向，管理活动并不是一种缺乏价值判断的、纯粹的理性活动，而是扎根于不同时代的文化，体现着不同文化背景下人们的价值追求；三是管理者的风格及其行为具有差异性，管理者在不同文化背景下，虽然有共性的追求，但也存在管理思维和管理方式的差异；四是项目管理具有较强的归属性，各国的项目管理模式及其管理经验多源于本土实践，不同组织中项目管理者的文化背景、参与者的行为特征等具有明显的差异性。实践证明，只有根植于本土的项目文化才是鲜活的，才更具持久而顽强的生命力。

2. 项目文化创新发展的遵循

项目文化创新发展是一项塑造人的精神品质的系统工程，其主要任务是统一具有不同文化背景的项目成员的认识，建立起规范化行动的行为准则。这就要求项目组织从一开始就应积极培植、创建和保持正确的管理理念和方法体系，并注重遵循以下四个方面，从而开辟项目文化创新发展的独特路径。

（1）以知识体系的引领为导向。项目文化的形成及其作用的显现，不仅在于项目管理模式本身的特质，更在于其拥有一套完整的知识体系和管理系统。以项目管理知识体系为导引，项目管理者就可以树立正确的管理理念和方法，使项目管理过程步入科学化、系统化和规范化的轨道。

（2）以协作体系的建立为核心。创建项目协作体系，是项目文化建设的重要方面。建立规范的协作体系，有助于项目团队成员形成潜在的心理契约。在项目文化建设过程中，组织有关项目实施的各种设想和主张将受到检验，项目组织必须促使项目成员形成追求项目既定成果的信念，进而建立项目组织的行为准则和团队协同作战的文化氛围。

（3）以行为准则的制定为关键。管理层预测并规范参与者的行为是项目管理成功的关键，项目组织应把项目实施规范和规程的要求定义为集体行动的标准，形成有效的组织文化和行为准则，这不仅是规则体系的核心要义，也是项目文化建设的关键。虽然在某些特定情况下，项目文化与参与者行为的差异所导致的冲突在所难免，但项目组织为了保障项目任务如期完成,必须要建立起能使所有参与者统一行动的行为准则。

(4)以团队精神的培育为根本。项目团队管理不是培养一般的"可操纵群体",而是通过创建项目文化,激发团队的群体力量。团队是项目文化形成的载体和潜在力量来源,其核心是培养集体信念,本质是所有参与者形成群体动机、树立共同目标、分享一套共同的行为准则。项目组织要立足项目团队,以团队成员一致的动机来推动其行为的规范化,创建富有朝气和生命力的项目文化。

3. 项目文化创新发展的内容

文化是一种信念,具有独特的力量。今天,我们不仅有优秀的传统文化与现代文明带来的自信,而且还有改革开放以来积累的大量项目实践的成功案例。在此基础上,我们应积极探索项目文化创新的内涵,并通过对精神文化、制度文化、物质文化和行为文化的建设,努力开创项目文化建设的新局面。

(1)精神文化建设。精神文化建设重在重塑项目组织、团队及参与者的价值观和精神风貌,并充分体现项目文化的人本性和开放性等特点。项目文化虽然会受到传统文化、组织文化的影响,但其自身也蕴含着为项目实施而努力的独特价值观和精神追求。针对具体项目的实施过程,项目文化要具备以人为本的特质和开放性特征,在突出任务文化的基础上,应着力提升精神层面的内涵。

(2)制度文化建设。在项目管理模式下,制度文化建设的关键在于塑造规则体系的权威性,核心在于实现项目管理的科学化、系统化和规范化。培育项目成员的正确价值取向,就要健全各种规章制度。项目组织只有将制度文化置于主导地位,才能对项目成员的行为起到调节和规范作用。特别要说明的是,传统文化中的中庸之道对国人影响至深,其言成理,持之有故,这对一般管理的影响或许不大,但对项目管理却极为不利。不重视制度建设,甚至认为规章、规范等都可以变通,是国内很多管理者习焉不察的思维惯性。

(3)物质文化建设。物质文化建设依托组织文化,其内涵是项目组织结构特征、运行机制和人力资源管理体系等诸多方面的积淀。建设物质文化,首先,应重视提升项目组织的执行力,提高各项活动按计划要求完成的效果,保证项目成果的质量。其次,应强化团队的能力建设,形成辐射功能,提升团队的凝聚力,塑造团队的创造力。再次,还应注重激励,提高物质待遇,激发参与者的个人潜能。

(4)行为文化建设。行为文化体现在对项目成员行为方式的规范约束上,这是项目文化建设的落脚点。行为文化建设,应包括以下三个方面:其一,应为项目成员提供更多的参与决策和讨论计划安排的机会,使其充分理解项目实施的意义;其二,增强项目成员的工作责任心,明确参与项目活动的动机,使其对本职工作认真负责,并就相关工作通力协作;其三,以规范要求调整项目成员的态度和意志,指导其按行为准则开展项目活动,以规范的行为高质量地完成项目实施任务。

4.项目文化创新发展的重点

文化因素渗透于项目管理的各个方面,文化氛围营造贯穿于项目实施的全过程。在项目文化创新发展中,项目组织必须紧紧围绕项目目标任务,把文化建设融入项目实施的各个环节之中,从各个层面上有效地规范参与者的行为。

(1)转变思想观念以凝聚共识。在项目组织运行过程中,管理层对整合参与者文化意识起着主导作用。项目文化是思想观念和行为方式的结合体,项目实施使命必将促使参与者认知的变化。项目成员加入项目组织后,其更新观念、聚合知识、提升技能的过程,是一种逐步统一思想认识的渐进过程。

(2)聚焦执行力以激发潜能。项目管理者的执行力,源于对项目管理模式的有效运用。这种管理模式的突出优势,并不是管理者简单粗暴地施加个人的领导意志,迫使他人服从,而是通过管理文化的传导,激发人们的自主意识和主观能动性,力求使所有参与者以最佳的精神状态,朝着一个共同的目标奋进,以形成群体行为的内在动力。

(3)强化规范性以提高管理成效。项目管理要达到预期目标,就必须依赖完善的方法体系和规则体系,以实现对项目实施过程的规范化管理。建设项目文化,管理者应注重管理方式革新,强化管理系统的规范运行,在充分发挥项目参与者主观能动性的基础上,着力规范作业层的作业行为,不断提升管理效率,保质保量地完成项目实施任务。

第二节　项目管理人才

人才是指凭借一定专业知识或专门技能,进行创造性劳动并对社会做出积极贡献的人。项目管理人才作为各类组织中最重要的人力资源,其地位和作用越来越突出。目前,国内项目管理正朝着集成化、专业化、职业化的方向迈进,无论在宏观层面还是微观层面,对项目管理人才的需求均十分旺盛,加大此类人才的培养力度,已成为项目管理模式推广应用的关键之举。

一、项目管理人才的特点

人才是人力资源中能力和素质出众的劳动者。拥有高水平的项目管理人才,是项目实施取得成功的关键。项目管理人才应具备多方面的技能,除了要系统掌握并熟练应用项目管理的方法、技术和工具外,还应具备扎实的管理知识并熟悉相关领域的专业技术。一般而言,项目管理人才具有创新性、结构性和层次性等特点。

1.创新性

项目实施依赖于项目组织和团队,而只有通过创新型人才的支撑,项目组织和团队才富有生机与活力。心理学家斯坦伯格提出的"智力三元论"，强调智力构成包括三个层面：分析能力、创造能力与实践能力①。项目管理人才，正是突出这三种才能的"集合体"。项目管理者应富有活力、雄心和创造性，并充分展现自身的创新能力和才华。项目管理极具挑战性，单纯的技术专家难以胜任项目管理工作，而不懂专业技术的管理人员更是力不从心。现实中，各类组织中具有部门管理经验、按部就班从事日常管理的人才很多，而项目管理人才是具备多方面知识和技能的创新型人才。项目实施能使管理者成就不平凡的事业，项目实践所提供的创新空间，为创新型人才的培育提供了沃土，易于管理者积累管理经验、提升创新能力。

2．结构性

人才的知识结构决定了其类型，通俗地讲有"十"字型与"王"字型之分。②"十"字型结构的人才，有以下几种类型：一种是"一"字型，意思是知识面很宽，但仅是略知一二，知之不透；一种是"I"字型，即在一个专业方向上研究精深，但知识面很窄，不能由此及彼、触类旁通；一种是"T"字型，即知识面较宽，在某一方面也能深入钻研，取得了一些成就，这是一种比较好的知识结构；最好的一种是"十"字型，不仅知识面宽，而且在某一方面有较深入的研究并有所建树。从以上分析来看，"十"字型结构的人才更符合当今社会对项目管理者特性的要求。

与"十"字型人才相比，"王"字型的知识结构很具象："王"字的上面一横代表"正确的科学理论"，如果缺少这一横，就是个"土"字，表示凭经验工作的管理者；中间一横代表"现代科学技术知识"，如果缺少这一横，就是个"工"字，只能代表操作层面的技术型员工；下面的一横代表"把握全局的能力"，没有了这一横，就是一个"干"字，只是实干家；中间一竖代表"道德素质"，如果缺少这一竖，那就是"三"字，这种人才只是一个道德情操有欠缺的"三流人才"。

3．层次性

根据工作层次，项目管理人才又可分为综合型、复合型和一般型人才。对应于这三种类型，项目组织的负责人应是能够体现综合性的"全才"，中层管理者应是能够体现复合性的"通才"，一般管理者则应专博兼备，是具备一定知识和技能的"干才"。

（1）项目经理——"帅才"。项目组织的负责人应为帅才，体现项目人才的综合特征。这里的"帅才"指的是"全才"，而不是在某一个领域或方面的"专才"。全面而综合性的人才，便是"十"字型与"王"字型相结合的高级管理人才。从本质上说，项目负责人应符合两类人才的特点，即懂技术的管理人才或懂管理的技术人才。这里的技术指的是与行业相

---

① 李侠，周正："创新人才多与少的悖论"，《光明日报》，2016年1月29日第10版。
② 方杰，舒海燕："新人才观与优化知识结构"，《出国与就业》2010年第7期，第15—16页。

关的科学技术,须具有先进性、实用性、可靠性;管理则主要指经济管理方面的知识和技能,要讲究章法、效率、效果;懂,主要指理解、掌握,并能灵活应用。只有能力全面、意志坚强、才智过人的帅才,亦即"全才",才能统揽全局,胜任项目管理工作。

(2)执行层——"将才"。项目组织的中层管理者应为将才,是具有"十"字型或"T"字型知识结构的复合型人才。近年来,我国很多从事多种经营的大型工商企业已突破行业边界,在国内或国际范围内运作各类项目,对既懂专业技术又懂管理技术的通才产生了巨大需求。专才和通才之间本身并不矛盾。德鲁克指出:"所谓'通才',应该也是一位专家,是一位能将其所专的某个小领域与其他广大知识领域普遍联系的专家。"[①]可见,管理者只有将所精专的知识有机融合,且能运用于具体管理过程,才称得上是通才。执行层应能整合项目管理所需知识,并通过自身努力使项目成员之间相互协作,以保证项目组织高效运行。

(3)一般管理者——"干才"。项目组织的一般管理者应为干才,专博兼备,以专为主。他们应具有创新精神、开拓精神和责任感,须不断提升自身的知识层次,改善知识结构。当今社会,项目实施的专业化程度越来越高,项目组织及团队中既要有通才,更要有干才。项目管理者既要具备宽广的理工文管法等知识,又要具备精专某一学科领域的专业知识,并做到"以专取博,以博促专,专博结合"。

二、项目管理人才的品质

项目实施任务重、节奏快、风险大,这就需要项目管理者勇于迎接挑战,奋力开拓进取,以保证项目任务如期完成。实践证明,在项目组织中有所作为的人,都是那些能力超群、勇于担当、重视贡献的人。他们之所以能做出贡献,不仅因为其勇于顽强拼搏,更由于其富有创新精神,能迅速适应新职位的变化,符合项目管理人才的品质要求。

1. 项目管理人才的知识与素养

项目组织人才与一般企业中的人才并不相同,他们通常具有较高的知识涵养和综合素养。企业人力资源配备是在稳定的组织结构、成熟的生产经营模式中进行的,而项目管理则是在临时性组织以及项目实施过程中开展人员整合管理的。项目组织是典型的"知识型"组织,项目管理人才是典型的"知识工作者"。理解项目管理创新性特征,实现项目实施规范有序,就要关注知识工作者的基本特征。

德鲁克认为:"在一个知识型组织中,主要有赖于知识不同和技术不同的专业人员组成的团队,工作才能有效。"[②]通常,知识工作者并不生产"实物",其产出是构想和观念,

---

① 彼得·德鲁克:《卓有成效的管理者》,许是祥译,机械工业出版社 2009 年版,第 62 页。
② 同上书,第 64—65 页。

新知识就是知识工作者的"产品"。知识工作者要考虑他们的产出供什么人使用,应了解用户如何有效使用他们的产出。从本质上来说,专业知识价值很高,它们是显性知识或者是关乎"知其然"的技能,可以被系统地整理成知识库。相较于专业知识,管理技能则属于隐性知识,这往往是关乎"知其所以然"的知识,更多地依赖于具体情境和个人素养,而这些隐性认知很难形成文字、写入手册,也无法单纯地从书籍中习得。

2. 项目管理人才的职责和使命

在项目组织里,以知识工作者姿态出现的个体参与者,凭借其职位和技能,能实质性地影响项目实施与管理的效果。知识型管理者或技术人员居于不同层级,具有特殊的职责和使命,不仅要执行管理层的指令,同时还须下达作业层的操作指令。项目组织是一个能使个人才干增值的平台,个体参与者的知识一旦被组织吸收利用,就可以成为项目实施与管理的资源和动力。项目组织盛产"打工皇帝",他们是"食脑族"——靠智慧吃饭的人。项目参与者将才智与时光奉献给项目,既能不断迸发新创意,又可以实现个人的理想与抱负。同时,项目组织形成凝聚力、发挥团队优势,有赖于知识工作者的心理需求、社会需求与组织使命的融合。项目组织的人力资源优势是由其全体成员的知识和技能构成的,它不仅指知识和技能交流的程度,还包含其在组织中传递和发挥的程度。因此,项目组织必须强化对知识工作者的引导,充分发挥他们的积极性和创造性。

3. 项目管理人才的潜能与贡献

德鲁克之所以提出"我可以做出什么贡献"的命题,目的是为了挖掘管理者在工作中尚未发挥出来的潜能。他所定义的"贡献",在不同场合有不同含义。"一般机构对成效的要求,往往表现在以下三个方面:一是直接成果;二是树立新的价值观及对这些价值观的重新确认;三是培养与开发明天所需要的人才。"[①]项目管理者要做出贡献,也应在这三方面下功夫:强调为项目目标实现提供直接成果;不断适应项目团队化管理的内外部环境的变化;在项目实施与管理过程中为组织培养和发现未来所需的高水平管理人才。

项目管理人才只有注重贡献,才能充分发挥其自身的潜能。通常,知识型参与者个人潜在能力越强,就越愿意承担责任并做出积极贡献;同时,其所看到的项目实施的情境也越有可能与其主管者不同,由此产生的个性化程度也越高。为此,管理者应把注意力集中在贡献上,将项目管理活动由技术层面升华到文化层面,实现组织与个体参与者价值观的统一,进而使众多知识型参与者由"个性化"的思维转变为"团队化"的思维。管理层要带头担负起责任并着眼于贡献,因为只有这样,项目实施才会既注重"计划与过程",更着眼于"目标和结果",这一点对项目管理者潜能的发挥更为重要。

---

① 彼得·德鲁克:《卓有成效的管理者》,许是祥译,机械工业出版社 2009 年版,第 54 页。

三、项目管理人才的需求

项目实施与管理需要多种资源投入，而人才投入最为关键。充分发挥管理层和专业技术人才的能动性，是解决项目实施过程中复杂问题的前提。目前，各类社会组织对管理人才的需求与日俱增，而高水平项目管理精英则是"一才难求"。

1. 项目组织对管理人才的需求

项目组织拥有优秀的管理人才，就能确保决策正确、计划周密、控制与协调全面有效，保证项目目标如期实现。项目组织在成立伊始，都希望选用既具有较强管理能力又具有丰富专业技术知识的人才，但是，一般社会组织中这种复合型人才的供给并不充足。而就整个社会而言，有很多人"怀才不遇"，而项目组织却"一才难求"，项目管理人才供求的结构性矛盾十分突出。面对这种情况，项目组织一方面应加大现有人才资源的整合力度，另一方面应根据自身人才的需求，在更大的范围内加大人才招聘的力度。

当前，国内高素质项目管理人才的数量缺口较大，而各行各业、各类组织金字塔顶端的人才也较为匮乏，复合型高级管理人才更是奇缺。不少管理者只能驾驭传统管理业务，而对于创新型业务则力不从心。熟悉金融与市场的人才不够，通晓项目管理理论知识的人才也不多，能够引导企业进行项目投资的人才更是寥寥无几。培养具备项目管理知识与技能的复合型人才，一方面要依靠自身学习，另一方面需在实践中培养。对于具有项目管理潜质的人，组织应为其搭好平台，重点培养。只有尽快培养和造就一大批具有战略管理思维、综合素养高和系统管理能力强的项目人才，才能满足项目建设对人才的迫切需求。

2. 项目实施对技术人才的需求

项目实施是一个持续的过程，需要精细化管理，科学态度、先进理念、专业知识是实现规范管理的前提。高水平的专业技术人才是项目成功实施的根本保证。项目实施过程通常需要多种专业人才共同参与，项目管理系统的有效运行依赖于管理精英，管理层的综合素养和管理能力直接关乎项目组织的高效运行。特别是其技术系统的有效运行更依赖于专业技术人才，只有管理技能过硬的专业人才，才能有序推进项目实施，保障项目实施取得预期效果。现实中，各类组织遴选合适的项目管理专业人才仍然不易，而当组织同时实施多个项目时，则需要大量的专业技术人员，此时问题就会变得更为复杂。因此，组织拥有一批优秀的专业技术人才，既是自身创新发展的迫切需要，又是其实施与管理各类项目工作的必然选择。

3. 项目化管理对综合性人才的需求

近年来，项目管理已成为企业提升核心竞争力的重要战略。推动企业项目化管理，需要一批管理能力强、一专多能又勇于开拓创新的综合性人才，项目管理人才需求从来没有像现在这般活跃。目前，我国的产业结构已开始向全球经济价值链上游延伸，高水平项目管理人才缺口不断增大。同时，随着经济全球化，不少国内企业已逐步走向世界，对通晓国际规则与法律事务的综合型项目管理人才的需求日趋旺盛。

人才结构决定着企业的技术体系和产品结构，高水平项目管理人才已成为各类工商企业中最为稀缺的人力资源之一。技术创新项目要统筹管理技术系统、工艺过程、质量体系等，而一般专业人才的综合能力与企业创新发展的需求往往难以匹配。然而，企业中专才不少，全才却不多，而项目管理特别是技术创新项目的实施与管理，需要的恰恰是涉猎面广的全才。如果企业中有一批管理者具备这样的能力，无疑会促进企业管理文化的创新发展，建立独具特色的项目管理方法体系。

四、项目管理人才的培养

项目管理在经济建设和社会发展中的巨大作用，已被近几十年来国内外大量的项目管理实践所证实。目前，项目管理与其他相关专业领域交汇融合，新方法新技术层出不穷，这对项目管理人才提出了更高要求。加大项目管理人才培养力度，提升项目管理水平，已成为推广现代项目管理模式的当务之急。

1. 项目管理人才的供需结构

对项目管理人才数量"多与少"的评判，直接反映了管理类人才供需的匹配度。高校作为人才供给侧，通常是按照既有的专业设置培养管理类人才，因而项目管理人才供给与需求存在着结构性矛盾。同时，因供需双方对项目管理人才的评价标准存在差异，使得人们对该类人才数量在"多与少"的认识上也存在偏差。当前，所谓管理人才数量"多"，本质上是基于某些经管学科人才培养的知识结构单一造成的人才"过剩"；而人才数量"少"，则体现为现实中的复合型高端管理人才的匮乏，这是相对于各类组织实际需求而言的。同时，从需求侧来说，也存在项目管理人才存量不足，人才市场或明或暗的条块分割与垄断等问题，造成人才流动不畅、供给严重不足的局面。

项目管理人才的供需失衡，具体表现为以下三种情况：其一，客观地说，真正属于高风险、难以控制管理过程的项目并不多，而当下许多用人单位动辄引进"高端人才"，这极易造成管理人才资源的浪费。其二，国内很多企业尚未完成管理模式的结构转型，项目化工作大多仍沿用一般管理模式，因而会陷入"越是没有，越不需要项目管理人才"的怪圈。其三，当前高等学校经管类专业知识培养多偏重于理论，与现实需求脱节，企业只有通过持续的培训，才能有望使其将理论知识转化为应用技能。但由于不少高端管理人才契约意识薄弱，频繁跳槽，致使企业不愿意承担知识转化和人才培养的风险成本。

2. 项目管理人才的培养现状

改革开放 40 余年来，我国高等教育事业取得了长足发展，培养了大批各类专业人才，人才培养模式也已趋向多元化，为经济社会发展提供了坚实的智力支撑。然而，人才能力的构成是多维的,我国教育体系尚热衷于智力认定,导致所培养人才的知识结构较为单一,这种整齐划一的培养方式不可避免地导致了教育对象创新创造能力的缺失。事实上,我国管理人才缺乏,不是因为各类组织不需要高层次的管理者,而是由于社会环境、学校学科设置等方面的制约所致。目前,国内相关高等院校大多开设《项目管理》公共选修课,以学科交叉的视野培养项目管理人才。但从人才培育过程来看,还存在培养理念与时代特征不符,单纯"重术轻道"或"重道轻术"以及"重同抑异"等问题。此外,很多经管类本科生、研究生获得的知识仅局限于较窄的专业领域,欠缺基本的人文素养和实践经验。究其原因,主要在于培养方案中课程设置面过窄,理工科学生缺乏文史哲知识储备,而文科学生的数理化基础普遍薄弱,科技素养相对欠缺。

目前,项目管理已成为一门新学科,其方法与技术的应用已发展成为一个专业。泰勒、法约尔、福列特等都是管理培训的早期倡导者。早在一百年前,他们就已指明,领导能力和管理知识是可以传授和习得的,而在我国,人们长期以来认为管理工作主要依靠"经验",对下属的要求主要是"服从"。很多组织,包括政府机关、企事业单位等都是按照既定的惯性模式运行,对项目管理人才重视不够。由于高层管理者对新知识的认知参差不齐,加之缺乏对项目管理理论知识学习氛围的营造,致使项目管理理论与实践的鸿沟难以逾越。同时,人们对管理培训的看法见仁见智,不少人片面地认为在实践中自然就能够学会管理。面对如此困境,项目管理人才培养要在加大力度的基础上,积极发挥专业化组织、用人单位等多元评价的作用,建立科学的评价机制,使愈来愈多的项目管理人才脱颖而出。

3.项目管理人才的培养模式

推广和应用项目管理,最关键的是人才培养。一方面,可通过培训扩大项目管理人才的规模,以缓解当前人才短缺问题;另一方面,要通过系统的学历教育,为各个行业培养项目管理专门人才,以满足经济社会长期发展的需求。培养项目管理人才应依靠全社会的力量,使之成为高等教育、职业教育的延伸,与理工科教育齐头并进。近年来,国内很多高校开展的项目管理专业硕士教育便是一个很好的开端。对于有条件有能力的院校和研究机构,应当积极开设"项目管理"专业,分层次培养学士、硕士或博士等专业人才。

"致天下之治者在人才,成天下之才者在教化"。当前,国内参加项目管理专项培训的各类人员越来越多,这表明人们迫切需要学习项目管理知识,以获得项目管理的专业资质。对于管理人才,应坚持长期培养,只有在实践中长期积累并注重自我提升,才能练就扎实的基本功。同时,培养项目管理人才要立足本土,创新观念,既注重提升管理理念又重视提高业务能力。只有这样,才能构建科学的项目管理人才培养模式,从而不断满足人才可持续发展的要求。

第三节　项目组织人员与团队管理

优秀的管理者、复合型的专业技术人才和技能过硬的作业人员是项目顺利实施的基本保障。在大型项目实施过程中，参与单位众多，参与者的组织属性、角色定位以及工作任务等各不相同。因此，对项目组织人员与团队的管理，须以项目目标为导向，重视对各层参与者的职责定位，强化对其行为的引导与规范。

一、项目组织人员的构成及其职责定位

对项目组织中人员的管理，核心在于明确各层次人员的职责。项目组织不仅要使人们遵从项目管理的方法和技术，还要将项目管理的理念以及项目文化等融入到协作体系中，以使全体项目人员的个人行为归属于整个项目组织及团队。

1. 项目组织的人员构成

我们在第三章讨论项目组织的结构特征时已经明确，其管理层次较为分明，可以分为管理层、执行层和作业层三个层面。其中，项目经理及其率领的业务部门、子项目和团队的主要负责人构成了管理层主体；各业务部门的负责人及其率领的一般管理者构成了执行层主体；各子项目负责人或团队负责人及其率领的作业人员构成了作业层主体。与此同时，在项目实施与管理过程中，一般也可将项目人员划分为管理者群体和作业人员群体。其中，管理者群体主要指项目组织内部的管理人员，具体包括管理层、执行层的管理者，其职责定位、工作成效直接决定着项目管理的成效。作业人员群体以子项目或团队为主，具体包括子项目负责人或团队负责人、技术管理人员和一般作业人员，他们是项目实施的主力军，其职责定位、工作成效直接决定着项目实施的成果。需要再次强调的是，上述各个层面的所有人员，在项目管理语境下，都是"项目参与者"。

2. 项目管理者的职责定位

在项目组织中，管理者的职责主要包括制定决策、编制计划、人员管理和信息管理等方面。其中，在决策制定方面，主要是确立决策程序、科学决策、推动决策实施；在计划管理中，主要是确立项目实施方案，合理配置项目资源；在人员管理方面，主要是强化指挥与协调，调解各方矛盾，以使各层级之间保持良好的关系；在信息管理方面，主要是有效地获取、处理和发布信息，保持信息沟通渠道畅通，确保信息系统正常运行。具体而言，项目管理者包括以下三个层次：

（1）项目经理。项目经理是项目组织的总负责人，是整个项目实施与管理的核心人物。他应具备丰富的管理经验和相关的专业知识，且须从一般职能管理的角色转变为样样精通

的"多面手"。他还应具有整体思维,是项目组织与相关方联系的焦点人物,应关注项目管理的各个方面,不能只关注项目实施的技术系统而忽视其他方面。

(2)业务经理。业务经理是项目组织中业务部门的负责人。他们既承担参谋职能,即提供决策信息、咨询意见和建议,又担负着相应的管理职责,即接收并下达指令,实施检查、监督和评价,负责其所管辖业务部门的日常管理工作。他们是承担项目组织管理职能的中坚力量,应注重创新、勇担风险,聚力项目愿景实现。

(3)一般管理者。一般管理者为项目实施提供管理服务,负责项目实施过程中事务性工作的管理。一般管理人员是项目管理的行动者、具体业务的承办者,应勤恳敬业、处事谨慎、按章办事,其行为特征受团队化管理方式影响较大,对项目组织整体功能的发挥具有重要作用。

3.项目作业层的职责定位

在项目实施过程中,子项目、团队负责人具体负责项目实施某个方面的作业任务。他们不仅要履行组织、计划、控制和协调等管理职责,而且要接受业务部门的直接领导。他们是项目实施的中坚力量,应注重实际、重视过程、勇挑重担。项目实施牵涉面广,通常包括大量的作业人员,他们以团队方式开展作业活动,其职责主要体现在按计划要求以及规范、规程标准完成作业任务。对于大型复杂项目,项目实施的参与单位,主要包括项目的设计单位、实施单位、物资供应单位等。其中,依据项目规模大小,一般包含数个项目实施单位。项目实施的成效直接体现在团队及作业层参与者的作业效果上,对其进行有效管理是项目成功实施的关键。

二、项目经理的职责定位

项目经理即项目负责人,是项目实施与管理的总指挥,其主要职责是实现项目目标。因此,项目经理及其率领的管理层应高度关注项目实施的目标任务、计划方案和可利用资源等。项目经理在履行职责时,最关键的两个方面是制定决策和协调关系,因而组织领导、统筹谋划、处理冲突和综合业务管理等是其关键职责。

1.组织领导

项目经理的组织领导职责主要体现在决策、指挥、控制和协调等方面。卓越的项目经理应明确自身的角色与职责定位,注重组织管理和人员管理,强化项目控制与协调,注重项目团队管理。

(1)明确角色定位。在本书第三章讨论项目经理指挥职能时,曾涉及角色定位问题。项目经理应是一个"建筑师",具有三个基本的角色:其一,决策制定者,承担项目目标任务执行和资源分派的决策;其二,人际关系协调者,以组织系统为抓手,力促沟通网络和协调系统的有效运行;其三,信息汇总与发布者,作为代言人来发布信息。

（2）注重组织与人员管理。项目经理应明确项目组织内部的职责定位、层级关系和人员管理措施，具体包括以下四个方面：一是指导管理层开展工作。督促业务部门制定详细的工作日程表，建立工作绩效评价标准。二是支持与关心项目成员。与项目成员建立友好信任的关系，关心他们的需求及事业发展。三是参与讨论问题。遇到问题能及时征询团队中相关人员的意见建议，鼓励项目成员参与决策过程，发表见解。四是确立工作成就导向。信任项目成员，为其设置有挑战性的任务，激励其尽力完成工作任务。

（3）注重项目控制与协调。项目经理应参与制定项目控制与协调的程序和流程，能直面冲突，具有控制项目实施大局的意识。在项目实施过程管理中，项目经理应有效履行项目控制与协调职责，并在调整计划、落实任务、配置资源等工作中投入足够精力。

（4）重视团队管理。组建高效的团队是项目实施成功的关键，这是项目经理的一项基本管理职责。它要求项目经理能协调各种不同的团队及任务组，指导团队成员从传统职能组织的工作状态转入项目管理模式。项目经理必须致力于维护团队内部和谐的人际关系，使团队树立集体信念，具备完成项目实施任务的专业技能。

2. 统筹谋划

项目经理的统筹谋划职责是制定并全面落实项目实施计划，创造顺利执行项目任务的条件，督促并落实各个层次的目标任务。统筹谋划能力体现在对各项工作的安排部署中，尤其是在大型复杂项目的管理过程中，规划并展现一个项目从立项到成功实施的路线图至关重要。为此，项目经理应着重抓好以下工作：主导并建立项目管理系统；细化并落实各项计划任务；合理配置项目资源；善于沟通、协商及谈判；有效地处理信息；准确把握可度量的里程碑与衡量成果的标准等。

项目管理时间节点非常明显，这就要求项目经理必须及时、大胆地做出抉择，优柔寡断必将贻误良机。在项目实施过程中，新情况、新问题层出不穷，项目经理应有能力调配好各种资源，保证人员、资金和物料等按进度计划供给。切实可行的项目计划有利于资源配置，计划任务书的各个部分类似于"工作说明"，它为资源需求与分配提供了遵循。在确定项目进度计划和预算安排时，项目经理需反复权衡资源调配与平衡的方案。通常，在项目实施的关键阶段，子项目、团队和任务组之间竞争意识强烈，常常因争夺资源而产生冲突。此时，项目经理要在有限条件下，竭尽全力去寻求实现项目目标的最佳方案。

3. 冲突处理

不断分析各类冲突产生的原因，对项目经理有效处理问题极为重要。格雷厄姆指出，项目管理不适于意志薄弱的人。[①] 项目经理面临的最大问题是对项目实施中的各种"问题"不能说"不"。在项目实施过程中，项目经理需要判断潜在的冲突及其发生的时间和产生

① R. J. 格雷厄姆：《项目管理与组织行为》，王亚禧，罗东坤译，石油大学出版社1988年版，第7页。

的破坏力，其权力凸显在解决冲突的能力上，更多地体现为责任和担当。在冲突处理过程中，应注意三个方面的问题：一是高度关注与项目目标、决策和计划有关的有效沟通；二是充分认识冲突产生的原因及其持续时间；三是把握组织管理与行为结果之间的相互作用关系，建立有利于团队行动的工作环境。

项目经理比常规组织中的负责人更显"忙碌"，其精力常常被那些所谓的"新问题"所损耗。这要求项目经理应具备高超的领导艺术，富有想象力和创造性，充满活力和自信，善于找到处理冲突的举措，善于管理"时间"和协调人际关系。项目经理要倾心于项目管理系统的稳定性，为项目组织的有效运行负全责；必须妥善处理好项目实施的内外部环境问题，持续追求项目的最终成果；应在各种不同的看法中，不断激励相关方积极协作。项目组织沟通网络是否"艺术"，是对项目经理的最大挑战。

4. 综合管理

项目经理应具备管理技能和专业知识，尽管他不可能全面掌握项目实施所需的全部专业知识，但必须熟稔技术系统，并为作业层营造良好的工作环境。在现实中，有许多技术能力很强的项目经理，因过分注重专业技术而忽视管理协调，从而导致项目进展不顺利。在项目实践中，职能管理和技术系统之间通常存在着微妙的界限，项目经理要在二者之间寻求平衡。

项目经理应足智多谋，具备宽广的知识和丰富的经验，具备知难而上、坚韧不拔的优秀品质。首先，优秀的项目经理应具有以下品质：有抱负，拥有进取心和自信心；有想象力和说服力，具备创新能力和应变能力；具有广泛的兴趣，多才多艺，能处理好人际关系；能够权衡项目技术问题，在项目控制上投入足够精力；决策力强，能及时发现问题，善于协调；具有长远眼光，有激情和耐力，能为实现项目预期目标坚持不懈。其次，项目经理应具备较强的综合能力，工作中应顾全大局、深谋远虑；具有系统管理思维，重视工作分解；具备统筹者的影响力，具有独立思考和判断能力；具备人文情怀，注重管理参与者的行为。此外，项目经理还应能够研判并消除内外部环境中各种对项目实施不利的影响因素。

三、项目团队管理

项目团队通常是临时性的集体组织，对其成员进行管理，不仅体现在运用项目管理方法和技术上，还体现在项目团队的组建与高效运行之中。项目实施的核心力量源自团队，建设高效项目团队的目标，是实现其成员行为规范有序，并富有朝气和活力。

1. 高效项目团队的组建

项目团队中的成员多来自不同的职能领域，存在着知识、经验和技能等方面的差异，团队内部要形成为项目实施而奋斗的共同信念，这是组建团队最为重要的因素。构建高效团队，消除其内部运行障碍是项目组织及其管理层努力的方向，项目团队中个体参与者的意志最终必须汇聚并凝结为团队的集体意志。组建一支团结协作的团队需要确立一套与成员们原有习惯不同的行为规范。如果在团队组建初期不能形成规范管理的氛围，团队运行将会一盘散沙，难以塑造团队及个体参与者的集体信念。

人们往往会误认为团队意识是强调团队成员的同一性，认为个性太强的人在团队中不受欢迎。事实上，只有同一性而没有差异化，或者说，没有个性成员参与的团队就不是最优秀的团队。关于团队领导力的理论很好地说明了这一点。[①] 这一理论认为，在一个团队中有四种角色：领导者、支持者、反对者和旁观者。只有领导者，而没有支持者肯定是不行的。但是，当方向错了，需要旁观者去发现，然后再由反对者提出。这四种角色是动态变化的，是"存在于团队中的能力"，或者类似于一种氛围和气场。团队中表现出色的成员，通常是独立思考、个性鲜明的人。团队组织只有把每个成员的积极性都充分调动起来，才能富有战斗力。因此，真正的团队意识与成员的个性张扬不仅不冲突，反而相辅相成。有理性思考能力的成员在项目团队中最具价值，拥有不同特质成员的团队最具活力。

2. 项目团队的群体特征

斯格特指出："集体是社会组织的一个特例——社会秩序中可辨认的'集合'。"判断集体存在的标准是："被限定的社会结构，即社会关系的有限网络；适用于以网络连接起来的参与者的规范秩序。确切地说，所有集体都拥有和其他组织系统相区别的边界。"[②] 在项目组织中，团队属于群体性组织。项目团队的规模有大有小，主要依据所要实施项目的性质、规模及持续时间等因素来确定。

项目团队群体特征的变量，可以分成四个具体维度：一是与项目工作有关的行为结果变量，包括目标任务按时完成的技术能力、创新动能以及应变能力；二是与人际关系相关的变量，它们影响团队内部的行为，包括相互信任、集体协作和行为结果的责任等；三是与团队成员相关的变量，如实践经验、专业技术和精力投入等；四是与组织运行相关的变量，包括规范管理的氛围，如权力结构、控制力、规则、文化及价值观等。所有这些变量会以一种错综复杂的形式影响团队行为。项目组织通过明确方法体系和规则体系，提供规范团队群体行为的基准，以确保团队行为处在理性管理的框架结构之中。

3. 项目团队的目标导向

卡增巴赫和史密斯将团队定义为："由少数有互补技能、愿意为了共同的目的、业绩目标和工作方法而相互承担责任的人们组成的群体。"[③] 在团队组建初期，要分析项目实施过程中可能遇到的各种复杂问题，确立一致的目标、集体行动的工作流程以及绩效衡量标准。

---

① 于兰："团队意识和个性如何一起培养"，《光明日报》2016年10月23日第8版。
② W. 理查德·斯格特：《组织理论》，黄洋，李霞，申薇，席侃译，华夏出版社2002年版，第171页。
③ 乔恩·R. 卡增巴赫，道格拉斯·K. 史密斯：《团队的智慧》，侯玲译，经济科学出版社1999年版，第41页。

团队集体行动的关键是整合每一位成员的期望，使之与项目目标相统一。项目团队的能力则是每个成员主动适应项目目标的结果。最重要的是，需要让团队成员理解并明白，团队目标是大家共同的目标，而不是个人目标，实现团队目标依赖于群体的工作成效。

项目团队集体的行动目标和协作关系应得到大家的普遍认可，否则在行动中会面临许多困难。在团队中形成协作体系，就可通过控制群体行为，从而达到规范个人行为的目的，把集体行动的目标同个人的目标以及行为方式统一起来。项目团队既是具有严密结构与层次关系的群体，又是行动力最大化的集体。若目标不明确、资源不充足或配置不合理，将会削弱团队的执行力，影响团队成员潜能的发挥。团队负责人既要运筹帷幄、冲锋陷阵，又要充分调动和发挥每一位团队成员的潜能，使其清楚自身的工作任务及其意义，从而引导全体成员规范高效地工作。

4. 项目团队的行为管理

团队行为是群体行为，团队负责人要积极整合团队成员的行为方式，以保证团队整体平稳高效运转。项目团队对其成员行为的影响体现在形成自身的凝聚力以及个体成员角色功能定位等方面，因此应在最大程度上聚集团队群体的经验和智慧，建立一种包容而又富有建设性的管理模式，充分发挥集体信念的力量。团队的品质决定着工作执行效果。组织良好、团结协作，可以显著提升团队的整体作业水准。团队具有凝聚力，就会形成一种群体性的洞察力，能够及时发现和解决作业过程中存在的问题，规范团队成员行为，有条不紊地推进各项作业活动。

如果项目团队缺乏有效管理，那么即使其拥有高素质的成员，也不能形成高水平团队。在高效团队中，成员之间工作任务界面清晰，活动空间布局合理，这些因素都有利于规范团队群体的行为。在现实中，项目团队内部常会不可避免地产生争论，但争论的核心议题应始终围绕如何规范高效地做好项目实施工作；争论的焦点应是"如何干"以及"如何干好"。只有统一团队群体的认知，才能规范团队群体的行为。一般管理允许"求同存异"或"和而不同"，而项目团队管理则要尽可能"求同去异"，追求"和而同之"，以达到齐心协力、步调一致的良好状态。

5. 项目团队的沟通管理

在稳定环境下，如在传统职能部门中，各种规范常表现为约定俗成的具体规定。而项目团队管理从事的是富有创造性、挑战性的工作，其所涉及的权力和责任、目标和计划、委派和执行等诸多方面需要一个反复磨合的过程，实质上都涉及复杂的人际关系。具体而言，存在以下四个层面的人际关系：团队和项目组织之间、团队和业务部门之间、团队和环境之间、团队内部。项目经理和团队负责人强化沟通、协商与整合是处理好以上关系的关键。在项目实施的快速节奏中，团队负责人应指导成员适应这种工作节奏，发挥沟通网络的作用，最大限度地优化人际关系，实现相对独立的自我管理。

项目团队的凝聚力需要内生推动力的催化，这种推动力与团队沟通密切相关。团队成员间缺乏交流与沟通，会挫伤人员的积极性，削弱团队的意志力，这是团队管理之大忌。项目团队的沟通，应注重以下六个方面：一要明确沟通的目的。在作业层面进行沟通时，目的越明确，范围越具体，沟通成功的可能性就越大。二要有精确的表达。团队负责人要把自己的想法用适宜的方式准确地表达出来，使成员们明白团队对自己的期待是什么。三要考虑团队成员的背景。要根据团队成员的知识背景和经验水平来确定沟通方式，以使成员们能够准确地理解和执行。四要选择好沟通的时机。选择适当的时机，把握好时效与尺度，以增强沟通的效果。五要知己知彼。团队负责人要充分考虑团队成员对沟通内容的接受和理解程度。六要追踪沟通效果。每次沟通之后，应进行效果跟踪。在经历了一系列挫折和磨合之后，项目团队会逐渐变得稳固和成熟。

6. 项目团队的综合管理

项目团队综合管理的重点，主要包括五个方面：一是达成共识，统一行动。成员们怀揣理想进入团队，唯有共识才能迅速统一成员的见解，进而形成团队的整体特质。二是激发潜能，破解问题。强化创新意识和担当精神，锤炼团队成员肯打硬仗的胆识和敢涉险滩的魄力，发现问题及时改进，绝不贻误项目实施的时机。三是协同作战，注重实效。项目团队与一般群体行动的关键区别在于：前者既关注技能运用的规范性，又关注"做对的事情"，后者往往仅关注"把事情做对"；前者不仅关注"效果"，而且关注"效率"，后者往往仅关注"效果"。四是建立规范，注重规则。项目团队为了充分发挥成员的长处，往往会打破常规，但这不等于不守规矩。建立团队管理规则要以目标和成果为导向，形成集体信念，有明确的工作规程和行为规范。五是构建团队文化，提升执行力。构建团队文化包括人员培训、绩效考评、激励措施等，其目的在于提升项目成员的执行力。

第四节　项目参与者行为的管理与塑造

参与者是项目实施与管理中最具活力的因素，对其行为进行有效管理是项目实施过程管理中最重要的内容。格雷厄姆指出："项目一旦开始，你就不只是和各种构想打交道。这时，你应该研究人们的感受。当人们感受到其他人的行为时，就会对其所持的各种构想产生影响，从而影响到他们的价值观念和现实感。"[1] 在本书第六章中，我们强调引导和规范参与者行为是实现项目控制理性神话的基本条件。本节将在此基础上，进一步探讨项目参与者的行为特征及其影响因素，探寻参与者行为塑造的基本路径。

---

[1]　R. J. 格雷厄姆：《项目管理与组织行为》，王亚禧，罗东坤译，石油大学出版社 1988 年版，第 193 页。

一、项目参与者行为分析的背景

项目实施活动存在于特定的时空之中，项目参与者的行为是在项目实施与管理的过程中发生的，具有多重维度，不能简单地把传统行为学的研究成果直接移植到项目参与者行为的分析之中。为此，对项目参与者行为管理的研究，应考量参与者行为产生的背景，结合项目实施的特点，认真分析参与者行为管理所面对的挑战。

1. 项目实施时空的独特性

与一般管理相比，项目实施与管理最显著的特点是受特定时空的约束。时间、空间的约束性，分别与项目任务执行进度、项目作业过程直接相关。参与者在特定时空中，以团队形式开展项目实施活动，进行情感联结、心理认同以及信息交换等群体互动，而这种相互依赖性和群体互动性会影响甚至改变参与者的思维及行为方式。项目实施活动的这种特性，一方面是由于工作职责及环境的变化，改变了个体参与者的认知视野，众多的参与者可获得与原来不同的知识、技能和信息；另一方面关乎参与者的自身角色定位及其与项目组织、团队的关系，影响甚至限制其自我认知的范围和人际关系，迫使其不断地调整工作状态和行为方式。

项目实施活动所独有的物理时空，具有抑制个体参与者自我心理活动的作用，这是项目环境带来的参与者社会认知和自我控制的新特点。这里的"抑制"，可定义为一种因项目实施活动工作环境而使参与者行为受到的约束。这种约束可被描述为对项目环境某些方面认知的缺乏，或从相反的角度看，又可视为对群体意识认识的变化，进而产生"抑制效应"。在项目环境中，由于存在抑制性影响，参与者的行为往往表现出两种倾向：一种是在其未能融入群体之时，难以真诚地对待工作中的某些问题；另一种是因工作职责、任务紧迫性等方面压力，易引发其不适宜、不恰当的情绪，发生某些行为举止失当的现象。

2. 项目组织行为的独特性

项目管理知识体系是人类管理历史上最为系统规范的管理体系，它所涵盖的管理理论、方法和技术，不仅全面地影响并改变着项目参与者的行为方式，而且深刻地影响着项目组织中人际互动和群体行为的实现方式。在本书第六章第五节中，我们曾经分析了目的、动机和效果的关系，认为动机是目的与效果相统一的关键环节。项目组织的动机，是引起、支配和维持参与者个体行为的动力源泉。组织动机具有三个方面的功能：其一，激发功能，激发个体产生某种行为；其二，指向功能，使个体行为指向一定的目标；其三，维持和调节功能，使个体行为维持一定的时间，并调节行为的强度和方向。项目组织的动机决定着个体参与者的努力程度、行为持久程度以及遇到困难挫折时的执着程度，这是管理者应高度重视的问题。组织动机明确，众多参与者则会具有非常强烈的动机意识，愿意为项目实施付出努力，且能长久坚持而不倦怠，甚至会表现出任何困难挫折都难以阻挡的坚定信念和意志。

从项目管理的使命出发，项目组织及其管理层必须认识到，参与者的行为方式与其做出的贡献关系密切。一般管理中命令式的控制方式，因缺乏针对性和目的性，致使参与人员的认同感、成就感不足，难以激发其创造活力。项目组织只有得到足够的个体参与者的贡献，才能保证项目顺利实施，参与者也可从中获得应有的回报。可喜的是，项目实施与管理的实践过程，能够敏锐地反映出管理层运用管理职能的行为方式和作业层操作过程中的行为方式，这为分析项目组织及其参与者的行为特征奠定了基础。今天，我国正在实施的项目数量众多，管理层、作业层人员所展现的行为方式多姿多彩，这为研究项目组织及参与者行为提供了充足的样本。积累并分析样本的性态和数据分布，就能客观地反映项目组织及其参与者行为方式的基本规律。

3. 项目参与者行为的独特性

项目参与者的行为是指其与项目实施活动相关的各种心理活动和行为表现，具体包括管理层、执行层参与者的管理行为和作业层参与者的操作行为。项目实施活动的过程管理存在于一个复杂的动态时空之中，各层级参与者的认知、态度和行为等体现于多个层面：物质层面、心理层面和社会层面。在物质层面，参与者会将项目目标、工作任务以及完成项目工作的期望等与个人的报酬、福利、社会地位紧密联系在一起；在心理层面，参与者很容易将项目实施活动看作自身思想认知和人格特质的延伸；而在社会层面，参与者则会关注项目实施的结果以及自身目前的定位和未来的职业前景。

在项目实施的空间中，大部分参与者认为自己与他人的沟通是直击心灵的碰撞，能让彼此的思想观念和行为方式等较快地融为一体。此时，个体参与者可能会热衷于分享自身经历或者独特见解，甚至做出某些标新立异的举动。这种展示个性心理特征的做法，会成为项目参与者行为的一个显著特点，也使其行为方式具有较大的复杂性。当项目组织及团队规范运行之后，参与者个体之间的心理界限就会变得模糊，知识和技能的融合成为其新的存在形式，并由此影响参与者的行为特征。在这一过程中，项目组织着力规范参与者行为，参与者的行为方式也会发生明显改变。与此同时，参与者群体行动的结果又反作用于项目实施过程。这种作用与反作用的交互关系是项目组织与参与者之间关系的核心。从项目组织组建一直到完成项目实施的使命，这种交互作用循环往复，对项目组织和参与者的行为产生着持久的影响。

二、项目参与者行为的基本特征

项目实施活动作为参与者行为发生的平台，展示出与一般作业活动不同的特性，从根本上影响着项目参与者的行为方式。从行为属性上来说，这些特性反映了项目实施活动与人员相互作用产生的新特点，这是传统管理的环境和空间所不具备的，也为重新审视和分析项目参与者行为提供了新的维度。

1. 项目参与者价值取向的多样性

对一般参与者来说，只有当项目目标与其个人的价值观和抱负一致时，他们的积极性才能充分发挥出来。项目组织一方面要依靠个体参与者的能力，另一方面要关注众多参与者思想认识和价值观的统一。项目实施的各项活动、各道工序相互依赖，执行计划任务时需要项目成员相互配合。在执行不考虑资源限制的计划任务时，人们能充分表露各自的目的和想法；而当存在资源约束，项目成员做出某些工作优先权的选择时，则需要按照相互协作、个体让步于整体的原则调整工作计划和资源配置。此时，参与者的价值取向和行为方式就会多样化。一个广泛存在的现象是，项目经理们精心描绘的项目价值宣言，一旦到了作业层，就可能被束之高阁，即使对参与者进行了培训，这些理想化的宣讲也时常停留在口头上。此时，项目团队是否拥有集体信念，个体参与者是否拥有正确的价值观和行为动机，就成为能否化解项目危机的关键所在。

2. 项目参与者人际交往的同步性

由于个人价值观与集体信念存在差异，个体参与者在项目空间里可以暂时隐藏个人的人格倾向，表现出新的人际互动方式，也可能变换自己的个人特征，选择在何时及在多大程度上表露个人的真实态度。然而，与一般作业过程中个体工作性质不同的是，项目参与者能够利用项目实施这个平台，进行自我认同体验，重塑个人性格，增强与群体交流的能力，增进人际关系和谐。

在现实社会中，人际交往和互动交流并不一定同步进行。在项目实施环境中，可以通过便捷的沟通方式，使人际交流达到较大的同步性，即在时间节奏上的即时性和跨越性。然而，同步性也会限制项目参与者的交流方式和互动空间：个体成员不能随时终止或者开始沟通，有时也没有足够时间选择合适的回应方式。因此，同步性应以项目实施活动的节奏为基础，在这一过程中，参与者可以同时与多个对象进行沟通，团队中个体成员虽在沟通过程中受到了更多的限制，但却能从中获得群体智慧。此时，个体参与者在心理上可以随时面对群体智慧，同步获取信息，强化与群体间的互动关系，积极贡献个人的创造力，共同提升团队协作能力。

3. 项目参与者行为规范的约束性

项目组织是一个开放的系统。其中，由于个体成员的复杂性、群体间联系的紧密性以及工作任务的特殊性，使个体间时而联合，时而离散，所以参与者之间的相互协作和行为规范就成为项目管理的主要问题。如果这一问题处理不好，参与者就会不按规范要求从事工作，其行为方式或武断或随意，甚至可能出现避重就轻、消极怠工等情况。因此，杜绝"磨洋工"倾向，同样是项目管理面临的一个重要问题。项目管理的本质是提高效率，而效率包含组织效率、团队效率、个人工作效率等，其中，组织效率始终是关键，其高低取决于团队及个体参与者的工作效率和协同性,因而提高对参与者行为的强约束性就显得尤为重要。

在项目实施的特定时空中,项目参与者开展各项管理工作和作业活动。一般参与者因在局部时空中,其心理体验及其行为产生的影响力较小,但是,若将团队中参与者群体的行为作为一个集合来考量时,某些个体参与者的行为特征便会产生群体效应,会对项目实施产生较大的影响力。当项目实施活动全面展开后,参与者不同的看法逐步显露,意见分歧凸显,管理层要及时发现并承认所面对的现实问题,努力引导和规范参与者的行为。个体参与者经常会有不少"开发性"和"探索性"的冲动行为,使项目管理富于创造性。这里的"开发"是指参与者要具有新思维、新理念,不断强化自身的知识与技能,不断挖掘自身的潜能;而"探索"则是指参与者面对新的环境和工作岗位,积极探寻新知识和技能,不断创新解决项目实施中出现问题的方式方法。因此,既要规范参与者的行为,又要最大限度地发挥其能动作用,这是项目组织及其管理层的艰巨任务。

三、项目参与者行为的影响因素

行为,即人们的行为举止,主要是指其受思想支配而表现出来的外在活动。从心理学上讲,行为是有机体在各种内外部因素刺激下所产生的活动。长期以来,人们在项目管理过程中过于强调和依赖组织结构与物质资源的作用,却忽视了人的行为因素,这实际上是压缩了参与者行为规范管理的空间,影响了参与者能动性和创造力的发挥。

1. 项目组织及其结构体系

众多项目参与者的背景不同,进入项目组织后,组织的结构特征、运行体系、管理格局等因素将不可避免地影响其行为。巴纳德定义了"参与者"的概念,他明确指出:"组织的参与者是指那些出于各种原因而为该组织做出贡献的个体。"斯格特强调,"参与者首先是社会行动者。正是他们的努力、遵循或不顺从,构建和决定了组织的结构"。斯格特认为:"'参与者'概念有助于我们纠正一个普遍的社会学偏见:过分强调现存社会结构的重要性,而贬低个人的想象力和创造力。"[①]

项目参与者包括直接参与者和间接参与者。直接参与者是指项目工作人员,是"局内人",他们在各个层次上执行项目实施的工作任务;间接参与者是指通过生产配套产品、供应原材料、提供服务等间接地支持项目实施的人员,如工程项目中设备、钢材、水泥等的生产者。在项目组织中,参与者的"参与"并非单纯的"参加",而是指其工作与项目实施工作有一定的关联。项目组织不能将个体参与者简单地理解为项目"工作人员"或"劳动者",因为他们在项目实施活动中投入了情感和智慧,蕴含着个人的兴趣、志向和抱负,实践着各自不同的理想信念和价值观。

---

① W.理查德·斯格特:《组织理论》,黄洋,李霞,申薇,席侃译,华夏出版社2002年版,第18页。

2.项目管理模式及其管理风格

项目管理模式的系统性和规范性超越了一般管理的认知范畴，其本质的作用体现在管理层与作业层参与者的交流与互动中。通常，人们对项目参与者的行为做出某些基本假设，如假定他们的行为是规范的，能满足项目实施的要求。但是，理想化的假设在现实中往往并不存在。项目参与者的思维方式和行为习惯具有独特性，并与管理层特别是项目指挥者的管理风格存在着某种关联。从社会层面上讲，项目组织结构形式是层级化的，因而真正影响参与者行为的深层次原因，不仅包括其自身利益诉求，还包括其对项目管理方式以及项目任务的认同。

项目管理模式广泛地影响着参与者行为的原因，在于其规范化的过程管理能够渗透在项目实施活动的各个层次并充分地发挥作用。对于管理层而言，要充分认识到个体作业人员从来都不只是"被雇佣的劳力"，他们携带着个人的理想与抱负加入项目组织，给项目团队带来了不同的价值观、经验和技能，并为之付出了自己的智慧和情感。尽管项目管理模式、指挥者管理风格等因素会影响参与者的行为，但参与者的观念和行为也会反作用于项目组织及其管理者。特别是在矩阵式的项目组织中，对身兼数职的项目管理者与作业人员而言，始终存在如何分配时间和精力，以及怎样安排工作任务的优先级等问题，这些都会影响他们的工作态度和行为方式。

3.项目实施过程及其内外部环境

项目实施的环境深刻影响着项目组织及其参与者的行为。与项目实施物理空间相映射，参与者可以在自己的头脑里创造一个多彩的认知空间。在一个独特环境中开展项目实施活动，其中很多元素，包括参与者自身的价值观念、行为方式等都与这个现实空间相关。项目管理知识体系指明了规范项目参与者行为的基本准则，个体人员在项目实施活动中的行为方式以及与其他参与者之间互动的行为，都要遵循这一规则体系。

在项目实施过程中，参与者个体的差异明显。人内在的心理状态深刻影响着其外在的行为方式。在项目实施环境中，因项目组织融合了参与者不同的思想和认知，参与者的内心体验和行为方式，包括其生理反应、心理认知过程和行为表现方式等，也会影响项目组织的管理活动。因此，分析项目管理过程中参与者行为的影响因素，就必须探索个体参与者行为的方式及其演变规律。当今，科学技术飞速发展，使项目实施的环境复杂多变，从人机互动到人与环境的互动，项目实施的时空俨然已成为一个更加丰富多彩的世界，其中孕育着更多的生机与活力。

4.项目管理的激励与约束机制

项目实施面向成果，项目管理重在行动。项目管理的关键是规范各层级参与者的行为，整合参与者的知识和技能，汇聚力量实现项目目标。项目实施目标明确，过程管理不能打折扣。管理层应有效激励、约束参与者的行为，这既是影响参与者行为的关键因素，又关乎项目管理的有效性。

在项目实施过程中，有效的激励是参与者产生内生动力的重要措施。所有项目组织面临的共同战略问题是：如何招募优秀的参与者并发现他们的能力，同时尽量避免或减少因其个人追求与组织目标存在差异而产生的风险。项目参与者产生正确动机的基础因素是在自己的技能和工作要求之间寻求最大程度的契合，进而使其能力和收入达到最佳匹配。只有当项目组织的物质待遇、工作环境、管理模式以及文化氛围等因素与项目成员的价值取向一致时，才能充分激发参与者的积极性，项目实施才能获得成功。科兹纳在其著作中就专门对人员的绩效衡量、经济补偿与奖励、道德与伦理、职业责任、内外部合作关系等方面展开了专题讨论，其重点是针对人员，包括项目经理及普通参与者的责权利关系。[①] 因此，在设计参与者的岗位职责和薪酬体系时，组织和项目组织必须有明确的标准，以激励各个层级的参与者，并促使参与者将那些与项目利益不一致的消极因素的影响降到最低。

四、项目参与者规范行为的塑造

规范项目参与者的行为，是保质保量完成项目实施任务的前提。格雷厄姆明确指出："项目管理主要在于人员管理，而不仅仅是计划系统和控制技术。"[②] 在这里，格雷厄姆强调项目管理的重点是人，而非物。项目实施的主角是人，项目组织层次多、人员多，参与者行为的塑造是项目管理最为复杂和关键的工作任务之一。

1. 项目参与者行为的规范引导

推动项目实施的力量，来自团队与个体参与者之间的相互作用。根据人与环境的关系，人类的行为主要有三种方式：反射行为、习惯性行为和那些可通过施加影响而发生改变的行为，如图 7-2 所示。[③] 在项目实施过程中，处于工作状态的参与者，其行为应属于经过校

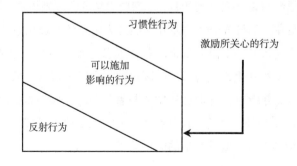

图 7-2 人类行为与激励方式

---

① 哈罗德·科兹纳：《项目管理——计划、进度和控制的系统方法》，杨爱华等译，电子工业出版社 2018 年版，第 227—249 页。

② R. J. 格雷厄姆：《项目管理与组织行为》，王亚禧，罗东坤译，石油大学出版社 1988 年版，第 I 页。

③ 此图为引用，但未寻到相关参考文献。——作者注

正后的规范行为。事实上，项目参与者个人行为具有较强的可塑性。尽管个体参与者是其自身行为的担当者，但从项目工作的整体要求来看，其行为结果却不属于个人，而属于群体。在项目实施期间，参与者彼此信任的程度，决定着其选择行为方式并遵守协作承诺的效果。管理层如果能科学地管理项目任务执行的过程，并注重引导和规范参与者的行为，就会提高其相互之间的信任度。这对项目文化中内在契约关系的形成非常重要，对参与者行为方式的塑造与规约亦十分关键。

项目组织为实现组织目标，必须制定一套能够有效完成项目任务且与参与者群体信念和意志相匹配的行为指导框架。参与者行为的塑造，重点在于行为指向的一致性，这与个体参与者知识、技能以及作业方式的多样性并不矛盾。在承认参与者个人正当利益诉求的前提下，管理层应通过项目文化建设等形式，使参与者了解项目愿景，理解其所承担的角色和任务的重要性，将自己作为实现组织目标不可或缺的一部分，进而树立正确的行为动机，使参与者具备契约意识和职业忠诚度。在项目实施的关键时期，比如在工程项目的主体施工阶段、制造类项目的总成阶段、活动类项目的高峰时期等，项目总指挥及管理层要施行使参与者认可的"特殊"手段，即斯格特所讲的"感召魅力"——拥有超强精神意志和深邃思想的特殊人物所具有的"号召力"。拥有这种号召力的管理者能力非凡，能够统一参与者的认识，将其激情和才干充分释放出来。

2. 项目参与者精神意志的锤炼

实现项目既定目标是项目组织的崇高追求，也是全体参与者的共同理想。规范参与者行为、实现项目目标，既是参与者行为塑造的出发点，又是其最终归宿。组织的有效性取决于个人接受命令的程度。巴纳德分析并提出了个人承认指令的权威性并乐于主动接受指令的四个前提条件：能够真正理解指令；相信指令与组织宗旨是一致的；认为指令与其个人利益并不矛盾；体力和精神上能够胜任。[①]项目经理应当充分描述项目目标和最终成果，从而确保参与者能理解并认同。参与者目标不明确、行为动机不端正、过分追逐自身利益等是项目实施最大的潜在危机。

巴纳德指出，组织的生命活力在于组织成员贡献力量的意愿，而这种意愿要求有这样一种信念，即共同目标能够实现。[②]在项目实施过程中，参与者如果发现目标无法实现，那么，这种信念就会逐渐削弱并降到零，其有效性也就不复存在，做出贡献的意愿也随之消失。同时，意愿的持续性还取决于成员个人在实现项目目标的过程中所获得的满足感。如果这种满足感不足以回报个人的付出，意愿也会随之消失，组织就没有效率；反之，如果个人的满足感超过其付出，做出贡献的意愿就会持续下去，组织效率就会很高。这就是说，

---

① 切斯特·I. 巴纳德：《经理的职能》，杜子建译，北京理工大学出版社 2014 年版，第 121—122 页。
② 同上书，第 62 页。

对于项目组织而言，能否实现项目目标取决于个体参与者的贡献，而个体是否愿意积极地作贡献取决于共同目标是否明确，二者互为前提，只有借助不断的引导与激励、沟通和交流，才能实现参与者的贡献意愿与项目组织共同目标之间的动态平衡。

3. 项目参与者行为能力的培养

项目在启动之初，管理层就要制定明确的人员培训计划，促使各级人员及时储备知识、提高技能水平。开展技能培训，一方面，要合乎项目参与者的经验和认知，即对参与者现有观念、经验以及行为方式等方面的积极因素进行总结；另一方面，要对参与者缺乏的知识、技能进行补充，对其不规范的习惯和行为进行纠正。这两方面的作用都会在全体参与者有意识的实践中体现出来。

当今，项目管理模式正有力地推动着项目组织对参与者能力和行为培养方式的改变。在新培养模式下，要以提升个人技能为切入点，鼓励项目参与者相互学习，促使其在项目情境中做出理性判断，进而学习更适合项目工作的知识和技能，而非仅仅关注个人现有技能的提升。这种培养模式强调开发典型的项目实施案例，注重结合案例进行教学与研讨。与传统培训方式相比，这种培养模式针对性更强，不仅能提高参与者使用科学方法的意识，而且可以促使作业人员与管理人员进行密切协作，共同筹划并完成项目任务。

4. 项目参与者人格品质的塑造

与传统组织中的人员相比，项目参与者面对的是一种全新的工作环境和管理方式。目前，项目管理已经发展成一种以快捷、民主、高效等特征为内核的管理模式。为了适应这种管理模式，需要对项目参与者进行系统而全面的人格塑造。与此同时，对项目参与者行为的研究也需要从组织、群体和个体等多个层面进行解读。注重"项目人员"的特点，塑造其"项目人格"特质是项目管理者的重要职责，也是形成团队风格、树立集体信念的基础。从外延上说，集中作业的场所、统一的着装、集体生活等都是"项目人格"的体现；从内涵上说，"项目人格"是项目参与者的职业操守、敬业精神和人格魅力，具体体现在目标认同、协作过程和规则意识等方面。

项目参与者的人格特性不是天生的，而是其在项目实施过程中逐渐形成的。参与者"项目人格"的塑造，目标是达成精神默契，具体的实现方法有二：一是重视激励，物质奖励与精神鼓励相结合，将激励机制长效化，营造昂扬向上的项目文化，促使众多参与者乐于将个人才干贡献于项目实施全过程；二是强化以成果为导向的管理方式，规范项目实施过程管理，使项目组织各层级人员凝心聚力，统一行动，为实现项目目标而努力。项目的价值能否实现，与参与者个人理想息息相关，项目组织应给予参与者的贡献意愿以充分肯定和崇高敬意，从而增强其自我控制的能力。项目组织使命和个人理想一旦交融并契合，则能极大地增强参与者的内生动力和集体认同感。

第五节　项目管理技术

所谓技术，是指科学知识或相关科学原理在实际工作中的系统运用。斯格特在谈到技术系统时认为："只有当工作被分成许多部分，而这些部分'同科学知识或工程知识的某些既定领域相联系时'，这种运用才成为可能。"[①] 项目的确立与实施，从表象上看是一种社会经济活动，而从本质上说，它是一种技术行为。与一般管理相比，项目管理的技术特征尤为明显，不仅体现为对管理技术的全面运用，还体现在科学技术的有力支撑。也就是说，项目管理技术包括管理技术与科学技术两个方面，这两大技术要素共同决定着项目管理技术体系的基本框架。

一、科学技术在项目管理中的运用

在影响人类经济活动的诸多因素中，组织、人员和技术为三大核心要素，它们同样也是项目实施与管理的重要支撑要素。组织和人员是项目顺利实施的基本条件，而科学技术则是引领、支撑和推动项目确立及实施的基础要素。

1. 科学技术引领项目立项

科学技术提升了人类改造自然与社会的能力，提高了劳动生产效率，扩大了经济活动规模，提升了经济运行质量，进而催生了众多新项目。科学技术重在积累和创新，每个社会组织都拥有自身的技术内核，且根植于组织结构体系中，但不同类型的组织对科学技术的理解以及应用存在差异。斯格特指出："强调组织的技术就意味着要把该组织当作一个完成某类工作的地方、一个利用能量处理物质的场所和一种将输入转化为输出的机制。"[②] 各类组织要发起新项目，必须拥有与之相符的科学技术作支撑。项目立项时所确定的目标首先在技术上要具有可行性，即项目能够付诸实施，否则，它只能是科学设想。这个"技术"指的就是对科学技术的运用。

科学技术支撑项目立项，技术系统决定着项目成果的产出质量和效率。科学技术，如技术标准、规范规程等，更多地体现在工程类项目、制造类项目及工业类项目之中。对于这几类项目，项目发起者应根据科学技术进展和组织现有的技术状况，实事求是地确定项目实施的目标和范围。项目确立既要依托政策、资金和人才的支持，更要依靠技术创新的支撑。原始创新、集成创新以及消化吸收再创新等，都是企业确立自主创新项目，生产拥有

---

① 　W. 理查德·斯格特：《组织理论》，黄洋，李霞，申薇，席侃译，华夏出版社 2002 年版，第 143 页。

② 　同上书，第 19 页。

自主知识产权产品的基础。相反,现实中很多项目投入运营后,效益不佳,其根源是缺乏核心技术的支撑。事实上,在项目立项时,如果决策者仅将重点放在项目投资及进度安排上,而对项目实施技术系统的风险分析不透、重视程度不够,项目必定难以成功。在现实中,很多管理者仅凭借自身经验,对项目实施的技术路线、工艺过程和质量措施提出概括性的要求,而且认为技术系统是可驾驭的,这就有可能为项目管理埋下隐患。

2. 科学技术支撑项目实施

知识经济与信息技术不断地拉近了项目实施与科学技术之间的距离。科学技术的迅猛发展使众多科技成果转向了大规模工业生产,也给项目实施的过程管理带来巨大的机遇和挑战。项目实施的独特过程,通常会涉及科技创新,存在着或综合或专门的技术工艺要求。项目管理系统中的技术系统是项目实施与管理的核心子系统,是对项目投入转化为成果所需的各种技术与技能的总称,即将项目实施的输入转换成输出的系统。

项目种类繁多,其对科技成果的具体应用方式形态各异。只有当管理者真正理解了项目实施的技术与工艺时,才能更好地优化工艺过程,降低技术系统的风险。理解科学技术对项目实施的支撑与助推作用,首先要明确两方面:一是项目实施技术系统核心业务的深广度和难易度;二是由谁来执行核心技术,不能片面地认为只要花钱就能雇佣技术人员和管理人员。我们可以引进大型成套的技术装备,但却很难买来项目实施的整个技术系统。技术系统与特定的目标任务直接相关,支撑着整个项目的实施过程。科学技术对项目顺利实施的引领与推进作用不可估量,重视科学技术的应用,能使各类组织有能力实施比以前规模更大、技术更复杂的项目。譬如,100年前人类不可能登上月球,也不可能建起一座核电站,我国也难以建设三峡大坝和数量众多的长江大桥,因为在当时有太多的技术障碍难以逾越。

3. 科技进步助推项目管理

在项目管理模式发展过程中,现代科学技术得到了充分的应用,特别是项目管理知识体系中各项知识领域为管理者运用科学技术提供了广阔的平台。项目实施的技术系统蕴含着参与者的知识和技能,植根于活动及作业之中。通常,项目实施所运用的科学技术,都是由专业人员所拥有的"专业知识和技术"来支撑的。专业技术人员既可以存在于相关业务部门,也可以在作业层的特定领域出现。"专业技术"既是个体参与者从事项目实施工作的必要条件,又是运用相关科学技术的载体。

对项目管理者来说,技术专长具体包括:科学素养和科技知识;相关技术参数与指标;工艺方法和过程技术;特殊的作业技术和操作技能;科技领域的发展动向等。专业技术能将先进的科学知识、技术原理运用于项目工作中,有助于增强管理工作的确定性及可预测性,有利于规范作业层人员的行为。然而,更为重要的是,先进的科学技术能优化项目实施的技术工艺流程,从而提升执行目标任务的合理性,加速项目实施进度、提高项目实施质量。为此，在项目管理过程中，管理者应高度重视专业技术，使项目管理真正从科技进步中获益。

二、管理技术在项目管理中的运用

通俗地讲，项目实施的"管理技术"就是过程管理的技艺和能力，体现在项目管理的指导思想、管理理念和管理手段中。当前，尽管项目管理技术尚未引起人们的足够重视，但随着科学技术的不断进步和项目管理理论的不断发展，它终将以某种"硬科学"的面貌出现，进而达到与科学技术同等重要的地位。

1.项目管理技术的基本内涵

项目管理面对的是项目实施的计划任务和具体的实施过程，需要相对独特的管理知识和技能。项目实施的过程管理具有相对独立的管理体系，不仅有相应的规范要求，而且有具体的程序、流程和步骤，这些都呈现出明显的"管理技术"特征。因此，从狭义上说，项目管理中的管理技术是指人们为了满足管理项目实施过程的需要，在项目实践中逐步积累起来的管理经验、管理知识和管理方式，是管理项目实施活动的基本手段。管理技术是项目组织的软实力，属于个体管理者的管理技能。它往往看不见、摸不着，人们也很难描述其对项目实施过程的具体影响，但通过比较各类项目实施的效果，我们便可以真实地感受到它的存在和力量。

项目管理综合性很强，仅单独强调运用管理技能或科学技术的一方面，则难以正确理解项目管理模式的精髓。因此，广义地说，项目管理技术应包括管理技术和科学技术两个方面。也就是说，项目管理技术所构成的技术体系，实质上包含着一般意义上的管理技术和科学技术。需要强调的是，管理者对项目管理技术的运用，体现在项目实施过程管理之中，其作用通过整个管理系统来承担；而对科学技术的运用，具体体现在对规范规程、技术标准、工艺要求等方面的遵循，其作用通过管理系统中的技术系统来承担。在项目实施过程中，管理者在运用狭义的项目管理技术的同时，也需要运用现代科学技术。科技进步推动着管理方式的变革，现代高新技术正在全面重塑着这个新时代，也支撑着诸多重大项目实施的过程管理。港珠澳大桥工程是集桥、岛、隧为一体的超级工程，其施工技术复杂，施工过程极具挑战性，项目管理的难度显而易见。这其中所需要的工程组织管理、科技成果转化应用、项目控制与协调等各方面的能力，花钱购买不到，只能通过全面发挥项目管理技术体系的作用来实现。

2.项目管理技术的基本特征

项目管理的技术体系包含着管理技术的总括性义理，而对科学技术的应用则体现在项目实施的技术系统之中。本书对项目管理技术的称谓是广义的，而在对项目管理方法、技术等具体问题进行分析时，则多指狭义的"管理技术"。深刻认识项目管理技术的基本特征，应关注以下三个方面：

（1）管理技术的表征。项目管理技术中的"技术"，常常与一般意义上的"技能""技艺"等概念混淆，因而在很多情况下，人们对项目管理技术手段的表达是含糊不清的。具体来说，"技能"是一种综合而通俗的表达方式，侧重于能力和技巧；"技艺"一词虽符合项目管理的意境，但偏于感性描述，且不全面；"技术"这一概念虽与约定俗成的科学技术、工程技术等术语相近，却有忽视管理的艺术性之嫌。但相对而言，"技术"一词能够较好地体现项目管理的科学性、系统性和规范性。因此，本书将项目管理模式的管理体系和管理系统中所涉及的"管理技能""管理技巧"等，统称为"管理技术"。

（2）管理技术的特性。科学技术应用于物理系统，通常可以直接被标准化，而管理技术应用于管理系统，常常无法被完全标准化。管理技术要趋近并实现所谓的"标准化"，其前提是要实现科学化、系统化和规范化。在科学化、系统化的基础上，只有通过不断地"规范化"，才能实现相对的标准化。为此，项目管理者在应用管理技术时，要有清醒的认识，必须按照"标准化"的要求，充分发挥管理技术对科学技术的导向作用。如果管理技术缺乏专业性，无论是科技方面还是管理方面，都无法系统深入地管理项目实施活动。现实中，很多项目经理因成长于专业技术领域，所以会本能地关注项目实施技术系统中的细节问题，客观上弱化了对项目管理技术的运用，缺乏从整体上把握项目实施过程的技能手段，致使在全面掌控项目进展上出现障碍和困难。

（3）管理技术的综合性。如前所述，一般管理技能与科学技术的融合是形成项目管理技术的关键。因此，在某些初次接触项目管理的人员看来，传统的管理观念、知识与技能似乎很难直接应用于项目管理过程。但是，在深刻理解并系统运用项目管理方法和技术之后，就会发现项目管理既离不开传统的管理技能，也离不开科学技术的支撑。在大多数情况下，项目管理的成败取决于能否正确地、综合地运用各种技术手段。因此，项目管理者不仅要积累管理知识，而且要研习相关科学技术，只有这样才能融会贯通并全面掌握项目管理技术。

3. 项目管理技术的实践运用

项目实施过程管理的效果，取决于管理者运用管理技术的能力和水平。管理技术既可助力又能阻碍项目实施的过程管理。在这里，之所以"助力"，是因为它能支撑项目实施任务执行的过程，提高项目实施的效率和项目成功的概率；之所以"阻碍"，是因为项目管理是一种独特的管理技能，如果运用不当，会令参与者难以适从。因此，科学技术的应用须接受管理技术的支配。没有目标管控的科学技术是不可能发挥作用的，甚至会南辕北辙，丧失其应有的价值。实践证明，项目管理技术使管理者拥有更强的能力，可将项目管理工作任务化难为易。这并不是技术决定论，因为人可以整合技术，技术却无法整合人员。客观而论，管理技术是工具性技术，它改变了不同时代人类对自身及社会的认知，并且这种改变会融入人类思想之中并更好地传承下去，人类社会就是这样一步步才走到今天的。

20世纪80年代，美国学者在分析日本战后成功崛起的原因时，认为管理技术起着至关重要的推动作用。我国改革开放的历程表明，诸多行业领域的成功，多以投资拉动为基础。时至今日，即便随着管理理论不断完善、技术水平不断提高，但由于人们对管理技术的作用认知不足，管理者的地位仍未得到应有的重视。由此可见，发挥管理作用仍有很大的潜力。在项目实施过程中，提升项目组织各个层次管理者的快速反应能力和决策能力是保证项目实施持续性的关键。项目组织通常采取扁平化的结构，通过消除传统组织中大量的中间层级，可使项目组织的内设部门及管理人员直接为项目实施服务，从而充分发挥管理技术的作用，达到高效管理项目实施过程的目的。

三、项目管理两种技术的综合运用

在科技成果的运用过程中，管理技术的作用无处不在。项目成功实施需要管理技术和科学技术的共同支撑，只有将二者融为一体，才能在项目管理过程中充分发挥技术系统的作用，使项目实施过程平稳有序推进。

1. 充分施展管理技术的作用

项目组织必须明确项目目标任务，科学地分派计划任务，创建协作机制，有效地落实任务。从表面上看，这是在组建项目组织、构建组织运行机制，但实际上，这正是以管理技术为支撑的项目管理活动。项目管理模式及其所形成的管理技术能帮助人们完成复杂性更强的特定任务，可靠而适用的管理技术，不仅能启发管理者的思维，而且能规范管理者及管理对象的行为。项目管理活动与人类拥有的先进管理手段紧密相关，或者说，项目管理的过程和效果是被某些管理技术和工具所推动的。项目管理技术水平的发挥，展现在管理过程中，体现在目标任务管理的程序和流程中。

项目管理成效的提升，需要充分运用先进的管理技术，实现项目组织绩效与个人成就的统一。项目组织要积极整合参与者个人的贡献，设法使项目成员的知识与技能成为推动项目实施的积极因素。项目组织的管理格局、管理层的风格和言行，对其他参与者具有潜移默化的影响。科技专家、工程技术人员对管理技术的理解与应用往往局限于自己熟悉的特定领域，需要管理层对其加以引导，以有效发挥专业人员的才干。当下，技术发展突飞猛进，项目管理必须积极地面对管理技术和科学技术所带来的挑战，处理好技术变革与技术复杂性之间的关系。同时，项目管理者还要面对项目实施资源限制、工期紧迫、质量风险等方面的压力，就更需要对项目管理技术给予足够的重视。

2. 有效发挥科学技术的作用

今天，我们生活在一个史无前例的技术变革时代，迅猛发展的科学技术必将极大地影响项目实施的结果。积极运用科技成果，不仅是专业技术人员的本职工作，更是项目组织及管理层的不懈追求。规模巨大的项目,其实施过程错综复杂,技术冲突不断,需要运用各种专项技能。若项目实施专业技术力量不足,则会增加各种人为管理因素的风险。在项目管理中,能否真正发挥技术专家的作用,直接关系到能否有效规避项目的技术风险。项目实施活动必须以科学技术作支撑,以规范的管理流程作保障,对项目组织中掌握核心技术的人员,尤其要强调其作业过程的规范性。

技术通常是指人类用以改造世界的实践经验、技巧和手段。技术实践是指人类运用技术改造自然、创造物质环境的有组织的活动。技术行为是指技术主体根据一定的技术规则和技术方法对技术客体进行的设计、制造、操作、监控等有目的的活动。在项目论证及实施管理中,很多人错误地认为科学技术独立于管理系统之外。斯格特在分析组织特性时指出,组织在某种程度上可被视为"技术系统"。也就是说,与一般社会组织相比,项目组织可以被看作一种将项目投入转化为项目成果的"技术系统"。项目实施的技术系统是否先进合理,直接关系到项目实施的成败。倘若项目实施专业技术力量不足,就容易产生技术障碍,致使作业层效率不高。不少高层管理者经常将资历、经验等与专业技术能力画等号,致使项目管理者的专业能力成为笼统的概念,这在某种程度上弱化了项目组织对科学技术的应用。

3. 正确理解两种技术的关系

关于两种技术相互作用的关系,有"七分在管理,三分在技术"之说。[①] 管理技术是科技为生产建设服务的桥梁,技术革命也会促进管理方法和模式的创新,管理技术与科学技术既彼此独立又相互依存。

(1)项目实施作业需要两种技术共同支持。通俗地说,项目实施有三大支柱,即管理技术、科学技术和项目团队。项目组织本身并不一定拥有所有的技术,而是通过组织系统从环境中获取各种技术。斯格特指出:"科学技术一词的内涵是狭隘而固定的……组织的技术通常部分地植根于机器和机械设备之中,同时又包含了参与者的知识和技能。"[②] 如果对科学技术的理解及运用有偏差,那么项目作业效果就会受到影响,管理技术的作用也将难以充分发挥。

(2)项目实施与管理需要运用两套控制系统。从管理技术层面来说,项目管理者要运用管理系统及控制系统来引导和规范参与者的行为,使项目实施作业形成协作体系。与此同时,"技术控制"以技术系统为依托,贯穿于项目实施的各个层面。在技术控制过程中,还应充分考虑技术环境和制度因素的影响,原因在于技术系统并非独立于项目组织规范结构之外,恰恰相反,它紧紧依赖于组织管理的规范运行。技术层面的控制,主要反映在组

---

① 王柏江:《现代管理基础》,中国铁道出版社 1998 年版,第 1 页。

② W. 理查德·斯格特:《组织理论》,黄洋、李霞,申薇,席侃译,华夏出版社 2002 年版,第 19 页。

织结构体系、管理者以及作业人员的知识和技能上。专业技术人员的管理思路、方法和措施对项目控制有着深远而广泛的影响。

（3）项目管理系统与技术系统的相互作用。在项目实践中，项目组织主要通过管理系统开展各项管理工作，并通过技术系统，特别是控制系统、协调系统等掌控整个项目实施的作业活动。一般而言，项目实施的技术越复杂，组织结构就越繁杂，管理难度就越大；技术系统的不确定性越大，则组织形式化和集中化的要求就越高；技术的互倚性越大，投入技术控制的资源就越多。在项目管理过程中，控制系统是技术活动过程的中枢神经，协调系统则是管理活动联系的枢纽。只有及时将技术系统的运行情况反馈到管理系统中，才能对项目实施成果进行检验，并对实施过程发生的偏差进行调整。

4．大力推动两种技术的融合应用

科学注重人们认识世界的方式和方法，解决"是什么""为什么"等方面的问题；而技术是人们改造世界的方式方法，解决"做什么""怎样做"等方面的问题。科学革命一般不能直接变成生产力，但它却是技术革命的先导；技术革命以科学革命为前提，直接推动着生产力的发展，进而产生广泛的社会变革。近现代以来，科技创新成果异彩纷呈，科技进步带来的产业革命如火如荼。在人类改造自然的实践活动中，科学技术展现出巨大的创新活力，并与管理技术一起成为人类智慧的结晶，是推动经济社会持续发展的不竭动力。

需要强调的是，管理学本身具有"科学性"，若将其有效应用于实际管理工作中则体现出"技术性"的特征。一般情况下，科学技术所追求的目标是恒定的，结果通常是确定的；而管理工作不仅要面对物化的对象，更要面对活生生的人，管理效果表面上看似确定，实则变化多端，难以预料。在项目实施过程中，管理技能与科技素养相互影响、相互促进。科学技术的运用离不开管理技术，而管理技术的发展与运用也离不开各个学科的科学理论。管理能力和技术专长本身并不矛盾，复合型人才要么是懂管理的技术人才，要么是懂技术的管理人才，两者都是项目管理者的最佳人选。为此，项目组织一方面要充分重视并发挥专业技术人员的管理作用，促使各领域的专家和工程师们成为懂管理的技术专家；另一方面又要全面培养高水平管理者，使其成为懂技术的管理专家。只有将管理技术与科学技术有效融合，方能使项目实施进入快车道。

第六节 项目管理的有效性与全面性

本章以上各节分别讨论了项目管理的相关要素及项目实施过程中的有关问题，分析的目的和落脚点都在于如何提升项目管理的成效。与一般管理相比，项目管理对象固定，项目管理者承担的任务复杂艰巨，运用的管理手段综合多样。因而在项目实施过程中，具体的管理工作如何开展,如何提升管理的有效性,如何发挥管理工作应有的作用,这些问题都涉及对项目管理职能、责任、成效,以及项目实施的全面管理等方面的分析。

一、项目管理的职能

管理职能是管理者开展管理工作所运用的方式和手段。法约尔把管理描述为一项专业职能,称作"管理职能"或"管理功能"。项目管理对管理职能的有效运用尤为重要,项目管理知识体系与一般管理的职能体系相辅相成,形成了项目管理的两类职能。对这两类管理职能进行讨论,有助于项目管理者明确地承担相应的管理职责,扮演好自身角色。

1.项目管理职能的认知

本书第一篇的第二章和第三章以及第二篇的各章,分别讨论了项目管理的知识领域和一般管理的五项管理职能。从一般管理中管理职能内涵的演变过程来看,法约尔提出了"五要素论",即计划、组织、指挥、协调、控制,这是对管理职能最经典的概述。然而,项目管理作为一种系统的专项管理活动,其管理职能究竟是定位于项目管理知识体系中的十项"知识领域",还是一般管理的"五项要素"?这是一个必须要明确回答的现实问题。事实上,知识领域为项目管理理论体系所独有,其在实质上发挥着管理职能的作用。也就是说,在项目管理过程中,各项知识领域是项目管理特有的管理职能,构成了项目管理专门的"职能领域"。与此相应,一般管理的五项管理要素则是项目实施过程管理的"基础职能",两大职能体系同时发挥着作用。同时,职能领域可视作纵向的管理职能,它们是项目管理的基本职能,而基础职能可以视作横向的管理职能,也贯穿于项目实施的全过程,两类管理职能都具体指导着项目实施的管理工作。关于这一点,我们将在第十章第四节做进一步的理论分析。

2.基础职能作用的发挥

在项目实施过程中,一般管理的五项管理要素作为基础职能,不仅构成了一个履行管理职能的完整过程,而且与项目实施的启动、规划、执行、监控、收尾五个过程组交相辉映,贯穿于项目实施的各环节。只有充分运用项目管理的基础职能,我们才能全面解剖项目实施过程管理的特征。

(1)计划是基准。项目实施,计划永远在先。泰勒指出:"预先安排好的工作构成一项任务"。科学管理的本质,就是要预先制定任务计划并实施规范管理。事实上,明确计划职能是现代项目管理模式发端的基础,其本质是为了确定项目实施的目标任务。项目计划任务书所描述的各项计划任务,既是项目组织行动的目标,又是管理者开展管理活动的基础依据。

(2)组织是保障。组织系统是项目实施与管理的中枢,项目组织通过业务部门和团队,将全体参与者有效地组织在一起,并实施统一领导。项目任务表现为子项目、里程碑式工作节点等,有重要性区分和优先级安排,应前后有序衔接。项目成功实施的关键在于充分发挥组织职能的作用。

（3）指挥是关键。卓越的指挥者能保持项目组织运转良好,确保项目团队高效运行。通过组织赋予的权力,项目经理有效运用指挥职能发号施令是完成项目任务的重要管理手段。当然,指挥不能单凭职位权力,还需要有效运用管理艺术。

（4）控制与协调是核心。对项目实施各项活动进行有效控制和协调是项目管理的核心。有效的项目控制意味着确定标准、执行标准、衡量执行结果并采取措施努力纠正偏差的一系列工作。有效的项目协调应通过协作体系,使项目实施系统中各个要素具有整体性,并凭借充分发挥协调职能的作用,有机地组合其他各项管理职能。

3. 职能领域作用的发挥

在本书第二章,我们全面分析了项目管理知识体系中的十项知识领域,但那是将其视作"被管理对象"而讨论的。这里,我们着重强调的是将各项知识领域作为"管理职能"的属性,讨论如何充分发挥它们的职能管理作用。在项目管理过程中,将"知识领域"既作为项目管理的"管理对象",又作为管理者履行管理职能的"职能领域",这在认识论上是一个重大的突破。这一关键认知,既是项目管理思维方式的转换,也是项目管理作为分支学科的独特标志。

（1）注重基础保障,系统把握项目整体管理。第一,重视整合管理。这是项目成功实施的关键,管理层不能仅局限于具体事务,还要清楚地分析项目实施所处的内外部环境,按照整合管理的要求规范管理项目实施过程。第二,注重项目范围管理。项目实施一旦启动,管理层若不细化目标任务,执行各项任务所产生的冲突将接踵而至,管理者就会被牵着鼻子走,常常充当"救火队员",实难做到"谋定而动"。第三,理顺相关方关系。项目管理者只有充分运用相关方管理这一职能,处理好与项目各相关方之间的关系,才能精准把握项目实施的大局。第四,管控项目风险。项目实施必须考虑内外部环境变化所带来的各种不确定性,否则极易引发冲突和风险,对项目实施造成不利影响。

（2）坚持目标导向,始终关注三大目标管理。衡量项目实施进展的标准有三把尺子:进度、成本和质量。在项目实施过程中,项目负责人必须始终紧盯"三大目标",并将其作为项目管理的重要职能来运用。管理层分析问题的着眼点,解决问题的思路,都要持之以恒地围绕项目三大目标。有关项目实施三大目标的管理,我们在第二章已进行了较为透彻的分析,这里不再赘述。

（3）强化资源保障,高效推进项目实施进程。第一,强化沟通管理。项目实施过程环环相扣,交流、沟通和协商也要随之层层深入。交流贵在交心,沟通贵在行动,协商贵在真诚。项目组织只有通过不断地沟通和协商,才能做好人力资源管理,充分发挥协作体系的作用。第二,做好采购管理。形成项目实施合力,须高度依赖物质资源保障,这建立在有效采购管理的基础之上。第三,重视资源统筹管理。资源管理的核心在于筹划和配置资源,集中体现在对项目实施过程中人财物的管理上,而其中最为重要的是对人员的管理。

二、项目管理的责任

盛田昭夫在分析企业战略管理时认为,"管理是责任的终点也是起点"。[①] 有趣的是,项目实施本身具有明确的起点和终点,"责任"也就成为了项目管理的关键。加强项目管理的责任管理,核心是赋予各层级管理者以明确职责,激励其自觉承担管理责任,尽职尽责地为项目服务。

1. 管理责任的认知

关于项目管理责任的讨论,涉及以下几个概念:职权,是指组织赋予个人的、对下属的行动做出最终决定的权力;职责,是指任职者为履行一定的组织职能或完成一定工作使命,所负责的工作范围和承担的一系列工作任务,以及完成这些工作任务所需承担的相应责任;负责,是指对于完成某项特定任务负有完全责任,即负责等于职权加职责。项目管理责任是职权与职责的结合,必须既强调业务部门、团队的责任落实,又注重各层级管理者个人的责任担当。只有这样,才能把一般管理的官僚体系转化为项目管理体系。

从项目管理责任的内涵来看,管理者所担负的责任,不仅取决于其在项目组织中的层级和职位,而且取决于其所承担的管理任务。项目管理工作环环相扣,部门、团队群体责任与管理者个体责任同等重要。项目管理者的角色与职责并不是独立的,工作任务由上而下地布置,由下而上地落实,牵涉纵向指令和横向协作。管理者履行管理责任,要敢于直面制约项目实施的瓶颈问题,关键在于夯实执行任务的过程。管理者仅"尽职"还不够,还应做到"尽责",即要有角色意识和责任担当。诸如,工程类项目中的安全事故、活动类项目中的关键设施不到位、研发类项目中的基础数据有误等,其责任属于"个体"还是属于"群体",有时很难简单做出判断。责任往往体现在"细节"之中,尽管"麻绳拣细处断""一只苍蝇坏了一锅粥"等描述似乎不够文雅,但"细节决定成败"却是大家的共识。

2. 管理责任的确定

在很多情况下,项目实施都强烈地表现出"背水一战"的意味。明确项目组织及其管理层的责任是项目管理成功的关键。项目经理必须明确各个层级及其管理者应承担的责任:下一层要对其上一层负责;每个管理者应对其岗位负责。管理责任与完成目标任务直接关联,划分责任应与管理者的岗位职责相对称。项目组织具有专业化和团队化的组织架构,实施统一指挥、分层管理,必须明确责任体系,通过分工和授权等方式划分各层次的管理责任。明晰责任能使管理层清楚自己的基本职责及相互间的配合关系,认识到自己在组

---

① 斯图尔特·克雷纳:《管理百年》,闾佳译,中国人民大学出版社 2013 年版,第 126 页。

织中所起的作用,强化各层级管理者的主人翁意识,增加其接受管理责任的自觉性。

项目管理要直截了当地描述责任关系,使各层级责任清晰无疑,进而使每个业务部门、团队及个人准确地理解目标任务、工作期望及执行工作时的规范标准。项目管理者要把工作责任与工作绩效联系在一起,个人应对自身的行为负责任,即要对行动的后果负直接责任。德鲁克认为"责任保证绩效",而绩效考核是提高员工工作责任感最有效的管理方法。评价工作责任时,需要重视工作完成情况的反馈。只有不断地反馈,成功实现最终目标的把握才更大。责任不落实,项目计划不完善,资源管理措施不恰当,都会打乱项目实施的节奏,使项目人员在各个层面上"磨洋工"或"窝工"。这在一般管理中可用"持续"的管理措施加以改进,而在项目实施中,事项、节点、里程碑等都是一次性的,一旦错过时机就再也没有"改进"的机会了。

3. 管理责任的落实

建立和完善责任体系是项目管理的"牛鼻子",项目负责人牵住了这个"牛鼻子",就等于抓住了项目管理的关键。项目管理的基础管理职能和职能领域为建立健全岗位责任体系指明了方向,强化了项目实施过程中的协作关系。项目组织建立协作关系,可以强化项目成员的责任认同感。责任体系与管理职能背离,通常表现为两种情况:一种是决策效率低下。具体表现为团队和作业人员虽能打起精神干,而管理层决策却跟不上。另一种是组织管理失调。即高层管理者和作业层很着急,但执行层却抓得不紧,形成了"两头热,中间凉"的被动局面。故项目经理应事先明确管理层以及业务部门、项目团队及个体成员的职责边界。

项目组织及其管理层应具有群体责任的理念,但在现实中,过度地强调群体责任,又往往会导致对个体管理者责任的关注不够。这样,工作一旦出了差错,"责任"往往由"大家"承担。对于项目工作来说,"失责"所引起的损失不可挽回,"亡羊补牢"确实为时晚矣。项目管理必须克服"推卸责任"的心理,更要避免形成所谓的"推卸文化"。现实中常常存在两种现象:一是出现问题一定先把责任推出去,或者先从别人身上找原因,自己永远不承担责任;二是怨天尤人,不是抱怨规章制度,就是抱怨上级或下级,总想把自己的责任推脱干净。这对项目管理极为不利。管理层如果一味地责怪下属,不但解决不了实际问题,反而会激化矛盾。"有言在先",这是我们的老话。因此,项目管理要对事不对人,责任应事先约定好,而不是一味地事后追究,这可视作项目管理的一个法则。

三、项目管理的成效

尽管各类项目目标和规模不同,实施过程的投入和产出也不一样,但都会面临一个共同的问题,即如何评价实施过程的管理成效。所谓管理成效,是指在既定的投入下,通过一定的运作过程,实现预期产出的程度。管理成效是项目成功实施的保障,衡量它一般有两个评判标准：管理的有效性和管理的效率。

1. 管理有效性的认知

德鲁克认为，重视贡献是有效性的关键。"所谓有效性，表现在以下三个方面：一是自己的工作，包括工作内容、工作水准及其影响；二是自己与他人的关系，包括对上司、同事和下属；三是各项管理手段的运用，例如会议或报告等。"[①]他还指出，有效性首先表现为：必须"做正确的事"，"用正确的方法做事"，使有限的资源发挥最大的效用。如果一个组织能够很好地利用其拥有的资源去实现自身目标，则说明它的管理是有效的。不过遗憾的是，大多数管理者都做不到这些，他们往往重视员工的"勤奋"，而忽略其工作成果。

心理学家马斯洛提出并阐释了有关"开明管理"的问题，这对项目管理的有效性研究具有启发意义。它主要包括以下三个方面：一是价值观，他说："我真是觉得奇怪，一本又一本的书声称对组织理论、管理理论做出了这样或那样的新发展，但却对价值观和目标言之不详，含含糊糊地还比不过高中生。"二是目标和愿景，他说："在我看来这很清楚：如果企业里所有人都对组织的目标、方向和长远目标有着绝对清晰的认识，那么其他所有的问题几乎都变成了用什么方式实现目标这样简单的技术性问题。但是，如果组织的长远目标混乱、相互矛盾、只有少数人理解，那么，所有关于技巧、方法和手段的讨论都派不上什么用场。"三是团队合作，他说："慷慨不会减少财富，而能增加财富。在团队里，你给别人的影响力和权力越多，你自己拥有的也越多。"[②]与一般管理相比，项目管理最大的优势在于克服了目标的不确定性，实现了团队合作。正是这种面向期望成果的"开明管理"，体现了项目管理模式的有效性特点。

项目管理成效以执行计划任务的效果，即以贡献为衡量标准。从投入和产出角度来看，管理效率就是投入既定产出最大，或产出既定投入最小。项目管理的绩效和效率是对立统一的，不能只讲绩效而不讲效率，或者只讲效率而不注重绩效。有成效的项目管理应该是既有良好效果，又具有高效率；既能达到组织的目标，又能充分利用各类资源。管理效率和效果的关系，如图7-3所示。[③]

2. 项目管理的绩效

在项目实施阶段，如何定义管理绩效，用什么方式评估管理绩效，这涉及项目管理工作各个方面。尽管对项目管理绩效的某些方面难以精确衡量，但我们仍然可以通过组织管理绩效、目标管理绩效和整体管理绩效对其进行分析。

（1）组织管理绩效。从组织管理绩效的角度看，项目组织是达到目标的手段，绩效标准更倾向于关注产出的数量、质量，以及从投入转化到产出的实现程度，并把组织的特定

---

①　彼得·德鲁克：《卓有成效的管理者》，许是祥译，机械工业出版社2009年版，第51页。

②　斯图尔特·克雷纳：《管理百年》，闾佳译，中国人民大学出版社2013年版，第111页。

③　尤建新，绍鲁宁：《企业管理概论》，高等教育出版社2015年版，第13页。

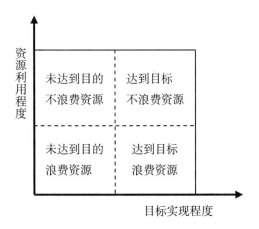

图 7-3　管理的效率和效果关系

目标作为产生绩效标准的基础。具体的项目管理工作绩效衡量标准，包括进度、成本、质量的实现结果，这三项指标能系统地反映项目组织管理的绩效和效率。

（2）目标管理绩效。目标既可用于促进和引导组织行动，也可用于评估组织行为。如果使用含糊而宽泛的目标来引导项目组织行为，而同时使用明确的标准来评估其工作绩效，结果必然是将注意力从最初定义的目标偏移到评估体系中所包含的一组不同或更狭隘的目标群上，从而忽视那些较难定量化评估的工作任务。

（3）整体管理绩效。项目管理必须重视整体管理效果，项目组织应构建科学的绩效管理体系，注重各类管理绩效指标的确立和定量化运用。项目三大目标要通过具体的分解指标来实现，管理过程也需要具体的衡量指标作支撑。管理指标按作用可分为定性指标、定量指标；按性质分为数量指标、质量指标；按项目运作过程可分为投入类指标、过程类指标、财务类指标及成果类指标等。例如，项目总投资额、总成本额、利润总额等属于数量指标，而项目质量达标率、资本节约率等指标则属于质量指标。以上指标均可量化，因而称为定量指标。相反，那些只能用文字表述，不能以数值表达的指标便是定性指标，如绩效目标的合理性、绩效指标的科学性等指标。

3.项目管理绩效的评价

评价项目工作及其管理绩效，既是项目组织的使命，又是衡量项目成果的关键。斯格特认为，组织获得生存的正统途径是内部效率。他指出，对组织绩效进行评价的指标一般有三种，分别以结果、过程和结构为基础。[①]

（1）结果指标反映项目三大目标的实现程度。结果指标常被视为反映绩效的重要指标。但是，如果结果指标能够准确反映执行工作的谨慎程度和准确性，以及反映组织的投

---

① 　W.理查德·斯格特：《组织理论》，黄洋，李霞，申薇，席侃译，华夏出版社 2002 年版，第 340—344 页。

入、产出环境的特征，那么它就不仅仅是纯粹衡量组织运作质量的指标了。在一般管理中，当组织有能力对其投入、产出进行管控，即当组织能够很好地应对来自环境的冲击时，以上问题就显得无关紧要了。在项目环境下，结果数值是评估项目组织运作数量和质量的重要指标，而三大目标便是集中的体现。

（2）过程指标反映项目组织管理的运行状态。过程指标"代表一种不考虑产量的、对投入或能力的评估"。这种评估试图回答的问题是"你做过什么"及"你做得怎么样"。过程指标评估的是工作状态，而非结果本身。过程指标不仅评估工作数量、质量，也评估管理过程运行及质量控制的方式和手段。

（3）结构指标反映项目组织有效运作的质量。结构指标建立在对组织管理绩效产生影响的管理体系特征之上，对项目组织而言，就是目标系统，包含目标任务、计划任务。结构指标衡量的不是组织要执行的工作，而是完成工作的能力；不是组织成员实施的行为，而是他们从事此项工作的资质和水平等。

总之，针对上述三种评价指标体系，尽管项目组织初期关注的重点往往在结构指标上，实施过程注重过程指标，但结果指标最为关键。项目管理绩效评价，切忌将"过程"和"结果"混为一谈。如果二者模糊不清，便会产生一种变异的逻辑假定：活动越多、越复杂，过程越长，结果就越好。关注过程而忽视结果，实际上是一种"目标替换"，这在一般管理中较为普遍。规范的过程管理往往会产生较好的结果，但过程并不能代表结果。

4. 项目管理效率的提升

管理效率是评价管理者工作绩效的重要标志，也是决定能否实现项目目标的关键。管理效率的高低，主要取决于人们能否以最小的代价、最快的速度做好事情。借鉴德鲁克有关有效性研究的成果，项目管理者的工作效率主要取决于以下四个方面：

（1）善做有效决策。有效的决策关乎是否有条理和有秩序地处理事务，即如何按正常的秩序，采取正确的措施。项目管理需要的是正确的决策，而不是令人眼花缭乱的战术。现实中，项目决策总是在"争论"和"争议"中做出判断。在项目实施过程中，特别重大的决策数量并不多，但各类决策事项的叠加，则会形成连锁反应，这就要求管理层，特别是项目负责人要思路清晰，善于做出有效的决策。

（2）专注重要方面。优异的管理绩效产生于卓越的过程管理。德鲁克提出，"卓有成效如果有什么秘诀的话，那就是善于集中精力。卓有成效的管理者总是把重要的事情放在首要位置先做，而且一次只做好一件事。"[①] 在项目管理过程中，工作头绪多，时间有限，集中精力尤为重要，管理层要按照任务的轻重缓急设定优先级，并遵循优先次序。

（3）重视参与者贡献。项目参与者往往是"庞大机器上的螺丝钉"，但他们都能为项目

---

① 彼得·德鲁克：《卓有成效的管理者》，许是祥译，机械工业出版社2009年版，第97页。

实施贡献力量。项目组织应重视每个人的贡献,做到"人尽其才,才尽其用"。这样,不仅能充分发挥项目管理模式的优势,又能给项目实施带来生机。

(4)注重时间管理。很多项目过程管理不佳,其原因在于:第一,低估了完成项目任务所需的时间。总以为万事顺利,却常有意外情况发生。第二,高层管理者喜欢赶工期。安排过于紧张的工期,反而会欲速则不达。有效的管理者不能总将工作视为赛跑,而要张弛有度,循序渐进。第三,有些管理者喜欢同时着手几件要事,结果对每一件事都无法投入足够的时间。一旦一件事情受阻,其他事情也都跟着受影响。

总之,提升项目管理的效率,管理者应规范地开展各项管理工作,并将有限的项目资源投入到创造项目实施的未来中去。项目管理者不能为已失去的时间而懊恼,要摆脱"过去"的困扰,着眼当前实际并积极预测未来趋势。过去的决策和行动,不论当时看起来如何睿智,都有可能造成当前的困难和危机。管理者要正确地看待过去,理顺当下,面向未来,成为项目实施的主宰。

四、项目实施的全面管理

项目管理不能只关注局部,而应围绕项目目标,将整合管理的思想融入项目实施各个环节,时刻从全局的角度关注项目实施的整体进程,实施全面管理。项目全面管理的对象是项目实施的整个系统,包括目标、计划、决策、指挥、控制、协调,以及技术、资源、信息和文化等诸多要素,同时还涉及项目组织及团队等,它们之间相互作用、相互制约,共同主导着项目实施全面推进的过程。

1. 组建精干的项目组织

从本质上讲,项目组织是一个指挥协调机构,它赋予参与者理想和抱负,同时也对其行为进行规范管理,从而使行为特征各异的参与者能够适应项目工作。项目组织的职能设置应形成合理的职权结构和职责关系。没有授权,或者授权不当,往往会导致项目组织缺乏活力。同样,项目管理需要在充分发挥权威作用的同时,实施集中统一指挥,以控制和协调各项工作正常进行。项目组织应处理好人员、技术、信息及物质资源等各项要素之间的关系,明确管理层、执行层和作业层之间的协作关系,从而创造一个生机盎然的项目实施管理机构。

2. 确立明确的实施目标

项目管理的首要问题是确保各参与单位要有一个明确的目标和清晰的计划。项目实施目标为解决各种问题指明了方向,有助于培养项目成员的进取精神,能使众多的相关方及参与者保持行动一致。明确项目目标能促使项目指挥者带领参与者向实现项目成果迈进,管理层能否实现项目控制与协调任务,关键在于是否具有明确的目标指南。项目管理明确"目标与路径",有助于项目人员理解项目目标的导向作用。如图7-4所示,项目组织及管

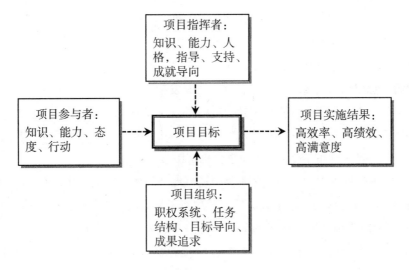

图 7-4 项目管理目标—路径导向示意图

理层的作用在于明确各部门、团队及其参与者职责,指明工作目标,建立报酬体系,使个人目标与组织绩效挂钩,并通过指导、支持、参与、成就导向等方式,消除团队及参与者在通向高效工作道路中遇到的各种障碍,促使项目实施达到满意的绩效水平。

3.制定完善的实施计划

项目经理最重要的职责是整合目标任务、编制项目实施计划并加以落实。一项好的计划,可明确项目实施方案,保障各项工作秩序井然。项目实施期限越严格,计划就越重要。科学合理的项目计划不仅在内容上应完整、周密,各项计划指标之间也要协调。计划子系统能够显示各部门之间的配合关系,也能为项目控制和协调系统提供基础依据。项目经理只要严格执行计划、合理分配资源、明确监控程序,协调好各单位、各专业工种之间的关系,项目实施便可正常推进。

4.建立科学的决策机制

项目组织建立后,一个不容回避的问题是建立科学的决策机制。决策是理性行为,项目实施的过程就是一个不断决策的过程,所有管理者都要在不同的层级上进行决策。在项目实施过程中,设计方案、实施方案、技术路线、资源配置等,都随着项目内部条件和外部环境的变化而变化。出现变化或变更是正常的,关键是要通过科学决策,妥善处理好这些问题。所以,项目决策是整个项目管理过程面临的重大挑战之一。

5.实现统一的项目指挥

项目实施需要由能力非凡的指挥者来进行统一的领导和指挥。项目指挥者是管理层的主心骨,在管理活动中居主导地位,起核心作用,其思想观念及管理方式对项目管理效果的影响十分明显。史蒂芬·柯维指出:"要牢记管理与领导迥然不同。从本质上说,领导是一种高效率的右脑型活动，常被人们称为一门艺术，其基础是一种哲学理念。"他关于提高人员效率的格言是："左脑进行管理；右脑进行领导。"[①]卓越的项目指挥者应发挥好领导者的作用，充分认识项目组织及团队的推动力和存在的障碍，不断采取各种激励措施，营造有利于项目实施的良好工作环境。

6. 培育高效的项目团队

项目管理是基于团队管理的项目经理负责制，项目成果依赖于团队的努力来实现。团队负责人应是经验丰富、素质高、能力强的优秀管理者，能够为团队成员创造良好的工作环境。高效率集体的特征在于使其团队成员建立集体归属感、荣誉感和成就感，虽然每个成员都有各自不同的任务，但他们均有一个共同目标。团队的集体信念和战斗力依赖于成员如何看待个人目标与团队目标的关系。高效项目团队的特征，集中表现在：心存项目目标、胸怀一致承诺、拥有高超技能、具有良好沟通、建立相互信任、获得有效支持等。

7. 应用先进的科学技术

项目实施的组织管理系统是完成项目实施任务的平台，它所拥有的技术系统是一个利用项目资源开展作业活动的支持系统。项目实施与管理的最终目的是交付高质量成果，只有采用先进的科学技术，项目实施才能做到低投入、高产出，并创造出优质的产品。对于大型工程项目、制造类项目而言，运用先进的科学技术更是项目成功实施的关键。同样，涉及复杂的系统开发和研制的项目，技术开发是其最核心的工作内容，需要融合最前沿的科技成果。

8. 共享畅通的项目信息

信息是项目组织管理系统运行的基础。项目管理各项工作的高效开展，需要准确、畅通和共享的信息作为支撑。当今是信息爆炸的时代，面对海量信息，管理者必须从中甄别出有价值的信息。项目规模越大、越复杂，信息量就越大，管理层从中筛选有用信息的难度也就越大。项目负责人身边时常充斥着各种各样的数据资料和报表，如何利用有限时间获取最有效的信息，做出最优决策，是其必须面对的关键问题。在项目实施过程中，信息量大，且交互频繁，要实现高效管理，就要使信息的采集、获取、存储与处理具有完整性、及时性和准确性。

9. 创建良好的项目文化

项目组织的文化氛围，影响着项目成员的态度、理想和价值观，影响着管理层的理念和决策、执行层的反应和行动，决定着作业层的行为。文化维度对项目实施的影响反映在项目管理高层的管理理念和思路上，它对实施期较短的项目影响并不十分明显，但对于以项目运作为主要战略的组织则影响巨大。项目组织要增强内部的凝聚力，必须形成强有力

---

① 史蒂芬·柯维：《高效能人士的七个习惯》，高新勇，王亦兵，葛雪蕾译，中国青年出版社2010年版，第160页。

的项目文化,提升项目管理软实力。项目实施依赖于所有参与者的通力协作,调动参与者的积极性和创造性,需要依托项目文化的正确导向,这是项目成功实施的重要法宝。

10. 营造和谐的项目环境

任何项目都存在于某一特定的经济、科技和文化环境中,都是在一定的社会大环境下完成的。项目环境是项目组织获得资源输入的源泉,也是其成果输出的场所。项目实施能否顺利实现预期目标,往往取决于其与环境系统的契合程度。项目管理要创造和保持一种使项目顺利推进的良好环境,如果管理层忽视环境变化的影响,项目实施必然会出现障碍和困难。因此,项目实施过程必须与外部环境相协调。

以上我们讨论了项目实施过程全面管理应注重的十个方面,结合之前在第二篇中分析的项目控制与协调,即实现理性的项目控制,追求卓越的项目协调,这十二个方面共同构成了项目实施全面管理的基本内容。

第八章　项目管理模式的运用与推广

> "阵而后战，兵法之常，运用之妙，存乎一心。"
>
> ——《宋史·岳飞传》

第一节　项目管理知识的理解与运用

管理科学蕴含着巨大的力量，《哈佛商业评论》中文版副主编程明霞在《管理百年》序言中明确指出："管理，现代管理，尤其是现代良性管理，不仅是确保企业正常运转、健康发展、基业长青的基本工具，也是推动技术升级、经济增长与社会进步的燃料，更是发现并升级个人之价值，激发和释放个人之创造力与想象力，并最终让个人获得成就感、尊严和自由的核心保障。"[①] 与一般管理相辉映，项目管理以其显著的特质，渗透于当代经济社会的各个方面，深刻影响并改变着人们的思维方式和管理行为。管理者若能深刻理解项目管理的理论知识，并坚持学以致用，就能拥有一把开启管理世界大门的金钥匙。

一、系统辨析项目管理的相关概念

迄今为止，项目管理学科在其发展过程中形成了一个系统完整、逻辑严密的知识体系，产生了一系列相互联系、相互贯通的新概念。管理者准确理解这些概念，有助于正确理解项目管理的基本理论，从而为掌握和应用项目管理的方法和技术打下坚实基础。

1. 项目管理概念的认知

概念是人脑对客观事物本质特征的认识，是逻辑思维中最基本的单元和形式。任何新的管理思想和理论都必须借助于一套新的概念系统加以表述，项目管理也不例外。建立一门新学科，需要以概念系统为支撑，犹如构造建筑物离不开梁、板、柱等基本构件一样。项目管理学科新概念层出不穷，如项目管理知识体系及其包含的知识领域和管理要素等，都是通过过去半个多世纪的"概念化"过程而生成的项目管理新概念。

实践证明，对于一些在项目管理知识体系中出现频率很高的关键性概念，应及时地加

[①] 斯图尔特·克雷纳：《管理百年》，闾佳译，中国人民大学出版社 2013 年版，第 Ⅳ 页。

以抽象概括,明确其内涵。概念定义清晰,可消除歧义,彰显项目管理学的普适性。反之,如果不及时提炼项目实践中的经验性知识,使其升华为精准的概念和理论知识,项目管理的方法和技术等将难以显性化,人们在表述此类问题时就会产生概念混淆或逻辑混乱,项目管理学科便如无本之木,既难以立足管理学之林,也经受不住实践的检验。

2. 项目管理相关术语的界定

在学术话语表达中,术语的通用性和普适性是理解该术语具体内涵的前提。项目管理是一门新兴学科,在理论分析中,应尽量采用已有的、较为通用的管理学术语,以增强项目管理理论的普适性。今天,管理学的概念系统非常丰富,在很大程度上,已有的术语系统能够表达项目管理的基本内涵,故不必"创造"过多的新词汇。特别是,通过系统地归纳及定义,各个国家已建立的项目管理知识体系,都将项目实施与管理的相关术语聚合在一起,形成了一个整体的概念集合。这样,人们在学习和应用项目管理知识体系时,便会清晰地理解所涉及的概念系统。

术语是在特定学科中用来表示概念称谓的专门用语,不同的学术观点对同一术语的内涵、外延和特征的描述,会有不同的侧重。因此,在术语使用中应结合具体情况予以准确界定。以本书为例,需要辨析大量的词汇,如:项目、项目实施、项目管理、项目实施与管理,项目管理思想、观念(理念)和认识(认知),项目管理知识、理论、方法、技术和工具,项目管理模式、管理体系、知识体系、理论体系、方法体系、技术体系和规则体系,项目管理职能及其所涉及的项目计划、组织、决策、指挥、控制和协调,项目沟通、沟通网络、协调系统和协作体系,管理层、执行层和作业层,项目人员、项目成员、项目参与者、项目干系人等。上述每个名词都表达着项目管理基本内涵的某个方面,用于不同的情境以表达不同的意涵。对于初学者来说,开始可能会因理论阐述庞杂、概念名词众多,而感到无所适从,这在所难免。在学习项目管理基本原理时,只有以项目管理知识体系为轴心,深刻理解项目管理理论体系、方法体系、技术体系和规则体系中的核心内涵与关键术语,并将其基本含义融会贯通,才能准确理解概念系统的基本内容,并可在实践中相互交流。

3. 项目管理概念使用的原则

目前,国内存在将西方项目管理术语直接"拿来"或"移植"的现象。尽管这些术语都已被翻译成中文,但从术语的起源上讲,这些概念都是"舶来品"。由此,很多外文原著中的概念表述并未达到汉语原有的精准"意境",易引发词义混淆、理解错位等问题。例如,对于项目组织及项目实施过程中的各类人员,格雷厄姆将其泛称为"项目人员"或"项目成员",而更多的学者将其统称为"参与者"。事实上,参与者是一个范围很广的名词,其外延远远广于项目人员所指的范围,它是项目"干系人"的统称,不仅包括从管理层到作业层的所有对项目实施做出贡献的人员,即项目实施与管理的直接参与者,还包括供货商、生产商及其他为项目实施做出贡献的间接参与者。显然,对有些概念而言,最关键的是要搞清楚外文概念的真正内涵，并找到与之相对应的精准汉语表达，切忌采用直译的方式。从表面上看，这是一般性的翻译工作，但在本质上是对项目管理知识体系和理论体系进行正本清源和规范提升的过程。

对于项目管理学科而言，学术话语的延续性和稳定性十分重要。国内外各种各样的概念、名词不少，中文或外文的表达林林总总，令人眼花缭乱，故及时建立相应的学术话语体系，则可减少或避免某些直译过来的所谓"中西结合"概念的出现。在将西方话语准确转换为中文话语时，首先要保证相关术语符合汉语的规范要求，确保其概念语义的精准性。特别是对于新启用的概念，在翻译过程中，应重新对其正名或界定。例如，在科兹纳《项目管理——计划、进度和控制的系统方法》第 11 版（2014 年）译本中，"直线经理"贯穿全书，但在汉语词汇中并没有直线经理这一名词。实际上，科兹纳所讲的直线经理是指项目组织内部的业务部门经理和一些专业小组的技术负责人。他运用直线经理这一概念的主要目的在于区别组织中职能部门负责人——职能经理。项目组织是纵横交错的扁平化结构体系，运用"直线经理"这一称谓比较合理，能将项目管理模式的意蕴表达得更精准。然而，在该书第 12 版（2018 年）译本中，又将直线经理翻译成"部门主管"或"职能经理"，且在大多数情况下使用了职能经理。[①] 事实上，区分这一概念，关键在于明确组织与项目组织的功能。因此，笔者认为，在项目管理的相关论述中，应将组织中的中层部门负责人定义为"职能经理"，而将项目组织中的业务部门负责人定义为"业务经理"。这样处理既不与一般管理的表述相悖，又便于人们理解和运用相关概念。

4. 项目实施过程中的情境

在项目管理过程中，分析、研判、解决问题都要从项目实施的实际情况，即从过程管理的"情境"出发，而不是从项目计划的假设与推断出发。这主要是因为在项目实施与管理过程中，管理层落实各项计划任务与项目情境紧密相连，而正确研判项目情境既是决策和计划的前提，又是控制和协调的依据。

（1）项目情境的产生。项目管理者要在项目实施过程的情境中把握项目推进的方向。为此，首先要了解项目实施当前的总体境况，并准确描述这一状态；其次，在项目推进过程中，要不断地重新审视一个接一个的实际状态，分析如何连续不断地从一个总体境况转向下一个总体境况，直至实现项目的最终目标。描述事物变化的场景，通常有三个概念：情形、情景、情境。"情形"，多表述某一时刻的某种状况，通常是一种概括性的描述；"情景"，应是某种情形的具体展现，它给予人们的是场景的静态面貌，虽具有"画面感"和"真实感"，但多表述的是局部景象；"情境"，则多为具象所指，是对某种现实状态的写真，可以表述

---

① 哈罗德·科兹纳：《项目管理——计划、进度和控制的系统方法》，杨爱华等译，电子工业出版社 2018 年版，第 11 页。

整体的景象。项目实施的实际情况，不是人们的主观想象，而是客观存在。因此，项目推进的实际状态，应采用"情境"来描述。

（2）项目情境的内涵。项目实施情境是对过程状态的客观概括，它反映着项目实施的形象进度、实际资金支出以及已达到的质量性能等，是项目实施境况的真实写照。李怀祖指出："在管理研究中，真正使我们产生亲切感的，是管理实践中具有生命力的现象和事实。"[①]这种现象和事实就是情境的基本形式。事实上，情境是项目实施某一时刻真实场景的一个截面，是实实在在的状况，而不是人为加工过的用以描述过去状态的统计报表、进展报告等。项目情境，可理解为工程项目建设过程中"形象进度"的立体场景。项目管理面临的很多问题，其有效解决都需要对项目情境进行分析和把握。项目实施当前的情境，既是对过去状态的展现，也是下一个情境的起因。项目实施不仅要管控好当前情境，而且要精准预测并创造出下一个情境。

（3）项目情境的运用。项目情境是一种实境而非心境。监控项目实施过程中的情境，可以弄清项目的实际进展，进而研判原先的推断或假定是否成立，并在此基础上做出正确的决策。项目一旦开始实施，其愿景、目标便可分解为两大部分：一是主观上人为的筹划、部署等，属于理想和愿望；二是客观上实现的程度，属于现实进展，即情境。项目实施的总体情境，有顺境也有逆境。管理层预测项目情境的演化进程，关乎项目成果的实现。"百闻不如一见"，管理者坐在办公室里"境由心起"，这是心理的过程；而到了项目实施现场，一切都是鲜活的，项目实施的状况因果了然，看待和解决问题的角度就不一样了，这正是项目情境的价值体现。

二、正确认识和理解项目管理的基本内涵

在项目管理过程中，有很多管理者虽勤奋努力，使出浑身解数，结果却事倍功半。客观地看，出现这种情况的原因很多，主要原因是其没有真正领会项目管理的基本理论，对项目实施过程的管理缺乏系统性。因而正确认识项目管理的理论、方法和技术，应穿过"皮肉"深入"骨髓"，其落脚点应放在对项目管理基本原理的准确理解上。

1. 领悟基本原理

项目管理知识体系为人们全面认识项目管理基本规律，系统理解项目管理模式的基本内涵和原理开启了一扇大门。对于初学者来说，知识体系是一组预设的概念，是项目管理知识的大观园，它不仅是"知识套餐"，更是"知识大餐"。它的诞生，在某种程度上打通了项目管理学科本身知识结构的"断点"，标志着人类找到了项目管理知识在不同领域横向交流和运用的有效途径。项目管理知识体系是一种规范性指南，在这一体系之下，管理方

---

① 李怀祖：《管理研究方法论》，西安交通大学出版社 2004 年版，第 104 页。

法和技术融为一体。然而，在项目管理实践中，如果管理者的思想认识不到位，对知识体系内涵的理解不深刻，就会阻碍其对项目管理方法和技术的掌握和运用。

人工智能领域里有一个概念，叫作"深度学习"。从某种程度上说，深化对项目管理知识体系的系统理解，就是一种深度学习。管理者只有通过系统而深入的学习，才能把这种将项目管理知识结构化的管理方式融入其自身的认知和行动之中。事实上，从项目管理知识体系入手，犹如旅行中有导航指引，可以畅行无阻。项目管理者掌握了知识体系的基本内容，就能将项目管理的基本原理融会贯通。目前，全国各行业、各层次的管理者，对项目管理知识体系的学习和理解已逐步深入，但仍有不少管理者对知识体系的内涵一知半解，误以为掌握了某些新概念，就能做到"心中有数"，或者以为仅凭自己丰富的"老经验""老主意"，就能做到"以不变应万变"。这种错误认识的根源，就在于管理者主观上对项目管理知识体系重视不够，未搞清知识与能力的关系。"磨刀不误砍柴工"，管理者要想成功地管理项目，就应首先掌握项目管理知识体系这一理论武器。

2. 理解方法体系

现代项目管理模式的方法体系是管理者扩展事业路径的基础，项目管理能力是组织战略管理的核心竞争力。科兹纳指出："20 世纪 40 年代，部门主管曾经'跨界'管理项目。每个部门主管都顶着项目经理的头衔，完成所辖部门内的项目任务，一旦工作完成，就立即把'球'踢出自己的管辖范围，期待别人能接收这个烫手山芋。一旦'球'已脱手，部门主管立马撇清关系，不想负责。如果项目失败，所有罪责都会落在此刻拿着'球'的那个接盘侠身上。"他认为："这种传球式管理的问题在于，没有专人对接客户。信息传递缓慢，浪费了客户与承包商的宝贵时间。客户想要第一手信息，必须先找到当时拿'球'的部门主管。如果项目不大，这还行得通。一旦项目规模大并且较为复杂时，这种沟通方式就变得十分困难了。"[1] 应该说，这种分析一方面肯定了项目管理模式的作用，具有帮助管理者正确认识项目管理基本内涵的意义，另一方面也表明管理者运用项目管理模式需要正确的方法体系，应具备相应的专业知识。管理者只有深刻理解项目管理理论的基本内涵，才能有效地运用其方法和技术。

通常，人们总是以自己的方式来观察和认识现实世界，但在认识特定事物或事物的特定方面、特定层次时，就需要遵循与之相适应的方法和途径。项目管理不是单一的理论与方法，而是一个以思想与理念为内核的层次分明的科学管理体系。因此，认识和理解项目管理的基本内涵，应从思想与理念、知识与理论、原则与方法、技术与工具这四个层面展开。在现实中，有些管理者在认识和理解上往往存在两种错误倾向：一方面，把项目管理方法

---

① 哈罗德·科兹纳：《项目管理——计划、进度和控制的系统方法》，杨爱华等译，电子工业出版社 2018 年版，第 35 页。

看成"神秘玄妙"的管理程式,认为与自身的管理工作相去甚远;另一方面,认为掌握一般管理的技能即可满足项目管理要求,以为不用再深入、系统地学习项目管理方法和技术,同样也可以从事项目管理工作。事实恰恰相反,项目管理是一门"技术活",专业性极强,管理者只有从上述四个层面正确理解并准确把握项目管理的内涵,才能全面理解项目管理方法体系所具备的解决复杂管理问题的智慧,进而提升项目管理能力和水平。

3. 树立科学管理理念

管理者的思维方式必须与时代发展同步,正如张中行先生所言,"头脑也要锻炼"。运用项目管理模式,就得脚踏实地地从理解基本原理入手,循序渐进。很多管理者初步接触项目管理知识体系时,都会觉得其知识领域广、管理要素多、理论框架复杂、管理理念深奥,一时难以掌握和运用。其实,管理者只要真正领会了项目管理的基本原理,就会豁然开朗,不仅能开阔视野,拓宽知识面,转变管理思维,还能更新管理理念,把握项目实施与管理的基本规律。

古人云:"理者,物之固然,事之所以然也。"管理理念是管理者行动的先导,是其管全局、管方向、管长远的根本遵循,是正确运用管理手段的基础。管理者树立科学正确的管理理念,方法运用得当,就不会出现系统性错误。目前,社会上广泛流行的"管理法则""经典谋略"及"成功学"等,大都是某些成功人士的处世哲学和经营管理理念,这些个体经验具有独特性,且往往难以被简单复制和推广。人们在头脑中确立项目管理认知和理念时,需要一个实践化的过程。因此,理解项目管理基本内涵的核心在于树立正确的管理理念,系统掌握基本理论,并从思想深处确立对项目管理的理论自信与行动自觉。

三、深入学习并正确运用项目管理模式

人们的管理知识并非与生俱来,需要后天学习和积累。项目管理以一般管理为基础,是更具系统性、规范性的管理方式。学习并运用项目管理模式,既要研读理论知识,重视学习方法和技术,又要注重对规律性问题的思考,学以致用且做到知行相长。

1. 研读理论知识

学习并积累知识,是人的求知本性。时代的进步,要求人们不断增长各方面的知识,包括专业知识、管理知识等。其中,管理知识与时代同行,立于社会发展前端,最终体现为各个层次管理者的能力与水平。项目管理知识体系所概括的方法体系是先进的管理模式,是对一般管理方法的精进。这种"精进"表现在两个方面:一是专门针对项目式工作,专攻项目实施的管理方法;二是在具体的管理过程中,理念清晰,方法得当,技术过硬。

学无定法,贵在得法。我们在前文讨论项目管理人才问题时曾指出,从知识结构上分析,不能简单地讨论理工与文管孰强孰弱。在基础教育阶段,人为分科过细,使不少管理者知识结构缺乏完整性,影响了其对项目管理理论知识的准确理解和全面应用,导致其在

管理思维、管理方法和技术手段上缺乏科学性、系统性和规范性。然而，不论大学或研究生阶段属于哪个学科，学习项目管理都可"单刀直入"，即从自己可以接触或直接参与的某一类项目开始，就其实施管理中的问题进行专门的深入观察，穷其究竟，得其要领。当然，一般而言，具有理工科背景的管理者，学习项目管理可由工程项目管理入手，但须以管理学、经济学等为基础，进而不断扩大知识面；而具有文科背景的管理者则须大量阅读项目管理的具体案例，注重提升自身的工程实践素养。

2. 重视方法与技术

管理学是一门大学问，古今中外的管理理论灿若星河、不胜枚举，因此，学透管理知识并将其灵活应用于实际管理工作并非易事。经验丰富的管理者或长期从事技术管理工作的人员，可按项目管理知识体系提供的思路，先学习基本方法与技术，再延伸至管理学、行为学、经济学等领域，这样便可触类旁通、了然于胸。项目管理的学问就是这样，通过某一方面的学习与实践，深入进去，便会越学越活，越积累越深厚。研习管理学问，重在领悟，贵在专注，得于细修，成于精研。管理者掌握项目管理知识、方法和技术并不会弱化自身原有的一般管理技能，相反，还能强化和加深对一般管理作用与价值的理解。

名实相符显思想，理聚方圆显智慧，方法独到显效果。掌握项目管理方法体系、技术体系，核心在于深入研习项目管理知识体系。大多数人历经数年，研读项目管理仍不能融会贯通，盖因未能抓住知识体系中"方法体系"和"技术体系"这两条主线。因此，学习者应注重以下四个方面：一要入乎其中，系统学习，学懂弄通；二要出乎其外，反观其内，总揽全局；三要持之以恒，融会贯通，应用自如；四要透彻领悟，强化实践，掌握精髓。在学习项目管理方法体系时，有人越学越杂，始终不得其门；有人浅尝辄止，更难致知致用。这不仅与学习者的知识积累程度有关，更与其学习方式休戚相关。因此，管理者应结合实际，把握各类管理工作的特质，对于项目式工作要按项目管理模式来解决，而对常规工作则可按一般管理的原则来处理。

3. 思考规律性问题

现代项目管理模式揭示了项目及其实施与管理的基本规律。项目管理模式，特别是其管理知识、理论和方法，从表面上看文义不深、道理不难，但要真正领悟其妙实属不易。重视项目管理理论，把握其规律，并在实践中灵活运用，才是每个管理者走向成功的保证。学习项目管理，重点在于系统掌握知识体系所阐明的基本原理，关键在于深入学习理论知识，核心在于思考并把握基本规律。只有掌握了其基本理论、把握了规律，才能厘清项目管理与一般管理的差别，避免产生"学不学一个样，工作中慢慢就会了"的错误认识。

我们在第七章第六节讨论过，项目管理具有自身发展规律，存在两类管理职能，即项目管理知识体系中知识领域构成的"职能领域"和一般管理五项管理职能构成的"基础职能"。这两大职能体系同时发挥着作用。这种理解，恰巧能解释一种现象：很多初学者对项目管理理论知识，一看就懂，一学就会，但在实践中一用就走样，往往又会回到一般管理的老路上。因此，初学者应注重对项目管理规律性问题的深入思考，具体可分为四个阶段：一是确立信念。有了运用项目管理的信念，就能产生坚持学习的兴趣。二是深入理解。树立了信念，理解即为要门。只有透彻理解了项目管理方法、技术和工具的意义，才能系统掌握项目管理知识，对相关理论也不再感到晦涩难懂。三是注重运用。将项目管理的方法和技术主动应用于自身的工作，是深入理解项目管理基本规律的关键。四是综合提高。初步应用取得成效，即可进一步深入思考，积极探索，进而加深应用的程度，直至系统地掌握项目管理知识体系，并在新的实践中更加得心应手，运用自如。

4．学以致用且知行相长

项目管理对象和环境的复杂性，决定了应用项目管理模式的灵活性和创造性。项目管理学是一门实践性很强的学问，它源于实践，并在实践中不断发展壮大。研修项目管理，应学而习之，知而行之，方能学得通、悟得深、用得活、见长效。"知之愈明，则行之愈笃。"管理之道，不外乎"知"与"行"两个方面："知"是前提和基础，"行"则是重点和关键。研习项目管理，要解心中之惑，就应与自身的工作实际相结合。项目管理知识可在实践中学习、在学习中实践；或根据工作需要，急用先学；或参加专业培训，专题学习，集中一段时间研修。"深入方能浅出，博观方可约取。"知识与本领的核心在于专与精，正如明代王廷相所言"君子之学，博于外而尤贵精于内"。学习项目管理知识，通常有两种路径：一是由博到精，或曰"由面到点"；二是由精到博，或曰"由点到面"。初学者应循序渐进，先集中精力学习知识体系，再集百家之长。

掌握项目管理的基本知识，需在工作中"历事炼心"。"历事"就是要经受实践锻炼。很多管理者都参与过项目式工作，只是当时没有意识到，仅将其作为一般管理对待，或者，虽然认识到了，却仍按一般管理的方式处理。至于"炼心"，便是要不断思考和总结，凝练和升华，直至上升到对规律性问题的把握。正所谓实践出真知，历练长才干。只有建立在实践经验基础上的知识，才更鲜活、更扎实。"知者行之始，行者知之成。"来源于眼的知识可以很丰富，但来源于手的技能则更扎实可靠。管理技能不能仅靠读书学习或依赖实践而得到，更需要个人的不断领悟和总结。学习和掌握项目管理理论知识，须经过"实践，认识，再实践，再认识"的学习过程。这意味着向内自省，反观自身，"切问而近思"。不论针对何类项目，只要参与其实施过程，就会对其感悟渐深，理智昭显。

总之，社会的深刻变革要求人们的思维方式和知识结构必须与时俱进，而各类组织的管理者更要引领这个时代。只有将项目管理的理念、方法和技术与项目实践精妙地结合起来，管理者才能真正悟透其理论精髓，用活方法与技术。项目管理模式可悟可学，知识和理论可知可言，方法和技术可行可用。通过不断地总结思考，掌握这些"不可言尽"的管理思想、观念、认识和"可言传"的知识、方法、技术，就可以将项目管理工作做得更好。

第二节　工程项目及其实施与管理

人造工具的出现，是人类社会从史前时期跨入文明时代的重要标志。随着农业和手工业的不断发展，人们生产协作的规模不断扩大，人类建造的各类工程也越来越多。工程项目是人们最为熟悉和关注的一类项目，它虽属于建筑业，但与其他众多行业密切关联。因此，本节专门讨论工程类项目实施与管理的相关问题。

一、工程项目管理的认知

工程建设项目历史悠久、规模巨大、数量众多，具有独特的管理特点。古埃及雄伟壮观的金字塔、古罗马气势宏大的斗兽场等，都是西方古代工程项目的代表作。我国的都江堰水利工程、万里长城、京杭大运河等则是中华文明不同历史时期工程项目的杰作。至今仍令人们叹为观止的欧洲古代城市建筑，以及我国古代众多的经典建筑，都是大家耳熟能详的大型工程项目。

1. 工程项目的基本特征

通常，"工程"并非指一般意义上的工作对象或劳动场面，而是指最终成果，是一个具有一定形态的"实体"。这里的实体，一般以建筑物或构筑物的形式存在。工程类项目是指通过特定的劳动，建造某一工程实体的过程和所形成的成果，其基本特征主要体现在以下几个方面。

（1）以形成固定资产为目标，具有相应的约束条件。工程是在一定的约束条件下，人们建造特定建筑物或构筑物，以形成确定的固定资产。工程类项目建设的约束条件主要包括三种：进度约束，即建设工期目标；资源约束，即人员、资金、设备、物料等；功能性约束，即每项工程都有预期的服务功能要求，如建设规模、技术要求和质量水平等。

（2）建设管理程序性强，建设过程周期性特征明显。工程项目要形成工程实体，就必须明确基本建设的管理程序。一项工程从提出建设构想、拟订方案、决策评估、勘察设计、施工建设、竣工到投入使用是一个完整有序的过程，这就是工程项目建设的整个生命周期。

（3）项目投资额大，建设过程一次性特征突出。工程项目一般投资额度大，一次性特征鲜明，工程建设的管理活动复杂艰巨，项目管理者肩负着重大的使命。具体表现为工程设计和建设施工都是一次性的，虽然建设场所固定，但资源配置通常应突出施工机械设备的专用性及施工作业的流程性等特点，所以运用项目管理模式的特征十分明显。

2. 工程项目实施与管理的特性

自有社会组织以来，人类就在持续实施着各种形式的工程项目。与其他类型的项目相比，工程项目建设周期长、涉及面广，其实施过程更为复杂，影响因素众多，风险较大。例如，高铁项目就是一个典型、复杂的工程建设项目，它包括土木建筑、装备制造、动力供电、通信信号、智能控制等子项目，联结各环节、各部分的难度大，项目实施过程极为复杂。当前，我国各类在建的大型工程项目还有很多，这无疑为现代项目管理的理论研究和实践应用带来了新的机遇和挑战。

工程项目的实施与管理，蕴含着先进的科学管理理念。工程项目实施不是一种单纯的技术活动，而是工程技术与经济、政治、文化及社会环境等诸多因素相结合的产物，对其进行管理需要综合运用自然科学、社会科学等多门学科的知识和理论。当前，我国工程项目管理已进入到科学化管理和创新发展的新阶段，在丰富的管理实践中，形成了很多原创性的成果。这些成果既有投融资建设项目的管理形式，又有设计、施工及采购一体化的管理方式，呈现出专业化的项目管理模式，对进一步推动工程项目管理理论研究和实践应用的持续创新，具有十分重大的意义。

3. 项目管理与工程管理的关系

建设工程通常是项目，而项目却不一定是工程。工程的损失或失败源于管理，项目的损失或失败则源于技术。[①] 在工程项目实施过程中，管理技术与科学技术如同鸟之两翼、车之双轮，同等重要。大量的实践表明，不少工程项目无法达到预期目标，并不是因为工程技术不够先进，而是在工程管理方面出现了问题。管理不善，过程把控不严，造成技术规程和质量标准难以全面落实。我国的许多重大工程项目，如鸟巢、水立方、港珠澳大桥等，之所以成为经典工程，除了工程设计优良、施工技术先进外，工程管理的科学化、系统化和规范化才是关键。

由于种种原因，部分管理者对项目管理与工程项目建设关系的认识还不十分明晰。在项目实施过程中，很多工程重技术轻管理，认为运用好工程技术就等于管好了工程，甚至是等于应用了项目管理。这种认识上的偏差导致很多工程项目建设质量不高，特别是有些建设项目未能完全达到设计标准，工程投入运营后难以达到预期的功能效果，甚至给民众的生命和财产安全带来了重大的安全隐患。2008 年汶川大地震瞬间将数万人推入死亡的深渊，这其中天灾是主要原因，但某些"人祸"的因素也不容忽视。这些沉痛的教训告诫我们，在工程项目实施过程中不重视工程管理，工程质量达不到技术规范的要求，就是对生命的漠视，也是对科学技术的践踏。所以，工程项目建设与项目管理是不可分割的，只有将科学、系统、规范的管理措施融入工程项目实施的各个环节，项目建设才能规范有序，项目成果才能经得起历史检验。

---

① 赛云秀：《项目管理》，国防工业出版社 2012 年版，第 381 页。

二、工程项目的管理模式及其发展历程

我们在第一章讨论中国项目管理的发展历程时，初步讨论了施工组织管理模式与现代项目管理模式之间的区别与联系。当前，我国工程项目管理正在由施工组织管理模式向现代项目管理模式转化。施工组织管理模式是苏联所运用的一种工程项目管理方式，在20世纪中期才被引入我国。从本质上讲，施工组织管理模式与现代项目管理模式所倡导的理念与方法并不矛盾。今天，施工组织管理模式虽从整体上已逐步退出历史舞台，但其所形成的许多管理方法和技术仍然为人们所沿用。在某种意义上，将两种管理模式有机融合，能为"中国版本"的工程项目管理理论贡献力量。

1. 施工组织管理模式的起源与演化

1928年，苏联在建造第聂伯河水电站时，施工人员编制了第一个较为完善的施工组织设计方案。此后，苏联又组建了专门的研究机构，进行施工组织理论研究，施工组织管理模式逐步形成，并随着工程项目的日益大型化和复杂化而得到进一步完善和发展。20世纪50年代，我国引进施工组织管理模式并首先在建筑行业中大规模应用，随后又在工业建设项目中全面推广。在国家实施"一五"计划的156个重大项目建设中，国家建设委员会以工业化为重心部署基本建设计划，从政治、组织、经济和技术等方面全面推进国家基本建设，明确提出要借鉴苏联基本建设方面的先进管理经验和科学技术成就。由此，"施工组织管理模式"成为当时我国政府管理部门着力推广的项目建设基本管理模式。

20世纪60年代，华罗庚将网络计划技术引入我国，将其称为"统筹法"。利用这一技术，人们可以进行工程排序并确立关键路线，有效编制工程建设整体计划方案，这既能优化工程工期，又能指导工程实施者的具体操作，使施工组织管理模式获得了快速发展。20世纪80年代中期，国内引入"项目法"施工管理方式，施工组织管理模式又融入了项目管理的理论和方法，管理方法逐渐从原来的纯技术型管理方式，转变为技术与管理并重的方式。至此，施工组织管理模式的视角已延伸到项目组织结构、目标管理、控制与协调等多个方面。应该说，在当时计划经济体制下，这种管理模式适应了政府管理部门通过行政手段配置项目资源的管理要求，体现了国家发展经济、统筹建设大项目的实际需求，具有鲜明的行政管理色彩，并在我国工业化的起步阶段显示出了极大的优越性。

2. 施工组织管理模式的特点与局限

根据施工组织管理模式的要求，从总体上讲，工程建设活动一般分为三个阶段：首先，由项目建设单位即甲方委托工程设计单位完成工程建设的"方案设计"或"初步设计"；之后，甲方依据初步设计以及工程建设相关批复文件等，完成建设工程总体"施工组织设计方案"；最后，工程承建单位即乙方，依据项目初步设计、施工组织设计方案和施工图设计等，做出单项工程或单位工程的施工组织设计，并依此管理工程建设活动。在这一过程中，

工程建设与管理的核心是施工组织设计，故有些文献也将施工组织管理模式直接称为"施工组织设计管理"。

施工组织管理模式最大的特点是根据政府的计划指令管理在建项目，其过程管理以组织、计划、控制等职能当先，并统筹协调设计与施工、技术与经济，以及工程施工中各阶段、各层次乃至各工种之间的关系，从而使工程建设活动建立在科学管理的基础之上。总之，施工组织管理模式突出了工程施工组织管理，其优势体现在两个方面：一是以一般管理职能和工程施工技术作为支撑，主要针对人、财、物进行统筹管理；二是具有浓厚的"计划及指令"色彩，依赖行政管理的支持，可以统一调配各类资源。

在计划经济背景下产生的施工组织管理模式，突出了组织管理、计划指令导向，强调以完成预期的工程建设目标任务为重点，故可将其视作现代项目管理模式的雏形。但是，该管理模式更多地强调技术与工具因素，行政管理色彩明显，在很大程度上忽视了项目管理的系统性和规范性。项目建设单位目标任务的分解、计划任务的确立，以及项目进度、成本和质量管控等工作，多由技术人员承担，这种"技术依赖型"管理模式难以满足项目建设整体管理的目标要求，且不可避免地导致许多项目进度拖延、投资突破预算，甚至不少项目还存在质量问题。同时，由于在施工组织管理模式中未能明确项目整合管理、沟通管理、风险管理等方面的要求，这使项目三大目标的控制与协调演变成为项目"领导者"的责任，而众多的施工单位及参与者仅为被动接受指令的执行者和作业人员。

3. 两种管理模式的联系与区别

从 20 世纪 50 年代中期至 21 世纪初，我国工程项目建设一直采用施工组织管理模式。囿于以往积累的工程管理经验，加之某些惯性思维因素的影响，该管理模式在诸多行业一直沿用。更为有趣的是，不少工程项目管理者今天依然倾向于用原有的施工组织管理框架来审视当前的项目管理模式及其知识体系。诚然，这种依赖和审视是正常的，管理模式都是在继承中创新，我们不能全盘否定原有的管理模式。

追溯历史，施工组织管理模式和项目管理模式都是在"二战"前后发展起来的，虽然产生的背景不同，但二者在工程项目实践中并无本质差异，更不存在矛盾，很多具体的管理方法和技术都是共通的。比如，在划分项目结构层次时，虽然名称各异，但其基本遵循大体相近：在施工组织管理模式下，建设工程被分成单项工程、单位工程、分部工程、分项工程；而在项目管理模式的框架下，项目分为大型项目（program）、项目（project）和子项目（subproject），还可依项目规模再进一步细分，如次级子项目等，如图 8-1（a）所示。[①]

在项目管理模式下，大型项目是指项目的集合，包含若干单个项目，单个项目又可划

---

① 赛云秀：《项目管理的发展与应用》，陕西人民出版社 2012 年版，第 256 页。

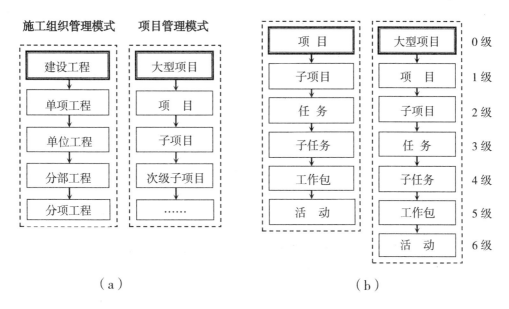

图 8-1　项目结构层次划分示意图

分为子项目、次级子项目以及再次级子项目，直至适宜的"管理单元"。每个管理单元还可以继续细分下去，如任务、子任务、工作包、活动等，直至最基层的"任务单元"，如图 8-1(b)所示。这是现代项目管理最为重要的系统管理理念，其中的子项目、次级子项目等各层次任务的管理方法与单个项目相同。在具体管理工作中，上述项目结构层次的划分可与项目工作分解结构(WBS)和网络图相配合，为过程管理中逐级明确目标、分解任务、制定计划、强化控制与协调、监控实施过程，以及有效管理项目三大目标，提供了具体的操作方法和行动指南。

4. 两种管理模式的融合与发展

时至今日，施工组织管理模式已在我国工程项目建设中成功施行了几十年，目前正逐步被现代项目管理模式所取代，这是时代发展的大趋势。需要强调的是，这两种模式并非简单的替代关系，而是共存、互补关系。施工组织管理模式作为一种历史的定格，为构建和完善我国工程项目管理体系积累了宝贵的经验，其所倡导的重视组织管理、强化计划与工程控制的管理思维和理念，以及强调以技术管理为先导的优良传统应被高度重视和继承。唯有实事求是地对待两种管理模式的融合与发展，才能不断地为我国现代工程项目管理的理论创新注入活力。

管理之大道，不能墨守成规，更不能走回头路，应沿着人类文明的轨迹前行。在我国工程项目管理模式的转型期，两种管理模式并行是不可避免的现象。从施工组织管理模式到项目管理模式，不是非此即彼的思维转换，而是管理模式的创新与提升。工程项目管理模式的转换，从积极的角度看，是向前走了一步，但从消极的角度理解，在新旧模式交替与并存阶段，也可能会引起某些项目过程管理混乱。当前，新管理模式尚未系统地建立起来，一旦抛弃原有的管理模式，便会导致工程项目管理机制的缺失，使工程设计和施工单位无所适从。为此，应加快推广项目管理模式的步伐，积极制定新的项目管理体系，促进工程项目管理理念、方法和技术的革新，大幅提升运用项目管理模式的水平。

三、工程项目管理的引领示范作用

工程学是一门应用科学，它主要研究自然科学在各行业中的应用方式。当前，随着工程活动范围的不断扩大和工程项目建设复杂性的不断增加，工程学已成为众多管理者必备的基础知识。特别是缺少工程实践经验的管理者，应有意识地了解一些工程学的基本知识，这如同从事工程管理的技术人员要了解历史与地理常识一样重要。

1．工程建设活动蕴含传统管理智慧

从根本上讲，建筑是人类生存和发展的基本需求，传承着人类的智慧，是人类社会文明与进步的重要标志。工程项目承载着人类繁荣发展的精神财富和物质财富，从建造万里长城、金字塔，到实现登月、建造空间站等，各种各样的工程建设活动从未间断。大型复杂的工程项目建设队伍庞大，牵涉众多的学科和行业，其实施过程的每一步都涉及工程管理问题。因此，在某种程度上可以认为，工程项目管理方法和技术主导着现代项目管理模式的发展方向。

回顾数千年的历史，在工程设计、施工作业、过程管理等环节，我国传统的工程建设活动已形成了较为系统完整的营建管理体系。工程组织管理，包括设计、施工、物料采办等都由"匠师"一体化完成。许多设计方法、测量手段和施工技术等与现在我们使用的方法和技术高度相似。例如，我国清代主持皇家建筑设计的工匠，其匠心独运的烫样，与现代建筑的三维空间设计原理如出一辙，所采用的测绘技术与现代测绘的二维到三维的等高线原理一致。"样式雷""平格法"等传统建筑设计方法和技术，则体现了我国建筑工程设计、施工及工程管理的特质，展现了传统的中国式营造思想和理念。目前，这种传统的工程建设管理体系已被分割，很多工程项目设计与施工分离就是例证。

2．工程建设活动引领项目管理发展

在过去的半个多世纪，各类项目，特别是工程项目、工业项目的管理取得了历史性进步，其中施工组织管理模式起到了引领作用，统筹方法发挥了巨大的推动作用。通过统筹方法，工程项目管理可合理利用项目资源，大幅提高施工效率，有效缩短工程工期。20世纪60年代中期，华罗庚以某焦化厂1500毫米斗式提升机检修为例，运用统筹方法分解工序，确立检修任务顺序，画出工序流线图，平衡进度与人员安排，优化工作流程，顺利高效地安排了检修工作。他在总结中说，检修斗式提升机虽然是一个小项目，但是从中也能体会到统筹方法的优点，包括：可以找出一个最好的计划方案；能说明应该采取什么样的调

整措施；便于对工作进行控制和管理；流线图、网络图更能反映客观事物的内在联系。[①]

从本质上讲，工程项目与其他各类项目的管理模式是相通的。统筹方法可广泛地应用于各类项目，其突出优点是可以估算完成项目任务的工期，这正是每一个项目发起组织所关心的主要问题。通常，以估算方式得出的项目任务或工序完成日期，仅是一个可能的完成日期。正如本书第二章公式（2-1）所示，华罗庚用工期的均值和方差等数学方法解释了其中的原因。他指出，当给定了一个预设完成日期，在网络图所有的路径中，按照预定日期完工的可能性最小的才是主要矛盾线。通过应用网络计划技术，我们能清楚地掌控哪些工作或任务，或哪个子项目是主要矛盾。网络图不仅可以标明某项工作的用时、最早开工时间、最晚必须开工时间、时差等参数，而且能够反映工作之间、工序之间的逻辑依赖，特别是在反映各工序之间的相互联系、相互影响关系上，具有突出优势。

3. 工程项目管理模式具有示范效应

工程造福人类，科技创造未来，工程科技是改造世界的重要力量。工程项目是项目的"活化石"，体现着一般项目的基本特征。从远古的半坡遗址到今天的港珠澳大桥，工程项目一直是最为常见、最为典型的项目类型。工程项目管理极为复杂，涉及项目的决策与计划、组织与指挥、控制与协调等一系列活动，因其实施及管理活动具有完整性、系统性、稳定性等特点，在实践中易形成一些具有普适性的方法和技术，从而为其他类型项目的实施与管理提供借鉴与参考。我国是一个项目建设大国，正在进行史无前例、规模空前的工程建设活动，许多项目管理著作在论述项目管理的基本理论和应用时，都是以工程项目为主体进行阐述的，本书中的相关讨论也不例外。

工程思维是科学、系统的，它能帮助人们认识和把握项目管理的基本规律。从管理过程来看，工程项目的工作单元基本上都有成熟的定量化技术经济指标，大多有规范标准或定额可寻。相比之下，活动类、研发类项目工作单元的预算、支出则较难把握，只能通过类比或市场询价后的估计来完成。然而，抛开这些技术层面的因素，在抽象意义上，各类项目实施与管理的思维和逻辑几乎完全一致。因此，加强对工程项目管理经验的总结与推广，能够提高各类项目实施与管理的水准，也有助于拓展项目管理学科的学术领域。各类管理者都应注重提升工程素养，学习工程项目管理理论知识，熟悉工程项目实施与管理的基本过程。如果管理者具备了管理工程项目的基本素养，便能更好地理解项目管理的内涵，领悟现代项目管理模式的先进性，感受贯穿于项目实施全过程的理性精神，从而自觉将项目管理模式灵活地应用到更广阔的领域。

---

① 华罗庚：《统筹方法平话及补充（修订本）》，中国工业出版社1966年版，第71—74页。

第三节 其他各类项目的实施与管理

不同类型的项目，其目标要求、实施路径、成果形式等不尽相同。在第一章中，我们将项目分为五种类型，包括工程类项目、制造类项目、研发类项目、活动类项目和产业类项目。在上一节，我们专门分析了工程项目管理的相关问题，本节将对其余四种类型项目的实施与管理做进一步讨论。

一、制造类项目

制造业是将原材料、技术和信息等资源，通过制造过程转化为可供人们使用和消费的产品的产业。制造业发展水平是反映国家科技发展水平和工业化程度的重要标志，在制造业创新发展过程中，项目管理具有普遍的适用性。实现由"中国制造"迈向"中国创造"，既要依靠科技力量的支撑，更离不开项目管理模式的推动。

1. 制造业产品的生产方式

制造业可划分为多种不同的类型，根据产品在生产过程中使用的物质形态不同，可将其分为离散型和流程型；根据使用制造产品的行业不同，又可分为食品装备制造业、工业装备制造业和工程装备制造业等数十个门类。而按照产品生产量及其组织方式进行划分，其结果具体包括以下四种类型：

（1）单件生产。产品个性化特征明显，通常按订单设计、按客户需求进行生产，零部件组成多，技术复杂，研发与生产周期一般都较长。这种生产方式的成本和利润较高，风险也较大。重大技术装备是这类产品的代表。

（2）小批量生产。包括大中型装备、为重大技术装备配套的标准设备、市场规模较小且需求变化较大的特种专用装备等，如大型风机、压缩机、起重运输机械，以及专用矿业机械、电气传动与控制设备、特种仪器仪表等均属此类产品。这种生产方式具有针对特定领域、特定用途和多品种小批量等特点，通常每一批产品都应根据特定用户的需求进行设计和改进，产成品具有不同的性能特点。

（3）大批量生产。产品是标准的、通用的，可按统一的技术和质量标准定型生产。这类产品多以流水线方式生产，属于定型的系列化产品，如规格相同的或通用的大众化装载机、拖拉机、汽车、摩托车、冰箱、洗衣机等，产成品具有大批量生产的特性。

（4）大规模定制。由于市场发展日趋多样化和个性化，用户大多希望其所购买的产品具有个性化特征。于是，在大批量产品生产线上出现了个性不同的产品，趋向于多品种小批量生产，以满足不同客户的需求。这种生产方式的生产组织形式仍是流水线作业，但产品配置多种多样，且在家用电器、汽车产品生产企业中较为成熟。

2. 制造类项目的分类

制造业产品生产实施项目化管理，是制造企业管理模式演化和发展的必然趋势。在实践中，由于产品种类繁多、覆盖面广，产品的研发、生产过程和组织管理形式差异较大，所以应充分结合制造行业的特点，遵循项目管理的基本要求，采取不同的管理方式确立项目并组织实施。

（1）按订单设计型项目。按订单设计型（Engineering to Order，简称"ETO"）项目是指根据客户需求，对产品进行个性化设计和生产。该类项目具有典型的项目管理过程，且每个订单就是一个项目。针对不同顾客的需求，产品开发设计、项目实施流程重组和技术工艺改造等，都应注重对项目范围的界定和任务分解。这种制造方式在传统行业中属于非标设备制造，企业针对每一批次的订货都要进行专门的设计和制造。如通信行业、智能家电、军工产品以及相关系统集成产品等，其生产与管理多采用这种方式。

（2）按订单制造型项目。按订单制造型（Manufacturing to Order，简称"MTO"）项目是指根据客户需求量组织生产，每个批次的订单同样可视作一个项目。这种制造方式是重复性过程与一次性过程的混合体，产品设计、工艺流程、生产设备均针对相对固定的主体，并根据用户的不同需求做相应调整。MTO与ETO相似，但其实施相对简单，是制造业项目化管理的主导模式，具有多批次、多规格和多项目并行的特点，因而在该类项目实施中应注意采用集成管理、信息系统整合、建立项目办公室等方式。其代表性行业是大型重装设备制造行业、通信行业、智能家电行业等。另外，高端汽车制造也有采用这种管理方式的发展趋势。

（3）按订单装配制造型项目。按订单装配制造型（Assembling to Order，简称"ATO"）项目是指根据客户需求量或下游销售预测量组织装配生产，每个订单或生产批次就是一个项目。这种制造方式属于协作型或零配件装配制造型，其技术工艺和生产流程往往相对稳定。在导入新产品时，这类项目采用项目化管理方法是最有效的组织方式。目前，大型制造业，如飞机、汽车、成套机械设备等制造企业都可采用这种管理方式，某些非标设备的制造也可采用类似方式。

3. 制造类项目的实施与管理

制造业产品门类众多，生产组织及管理复杂，导致不同形式的制造项目在投资规模、技术应用、工装设备，以及原材料与半成品的供应等方面差异较大。同时，由于不同产品制造的生产计划任务安排、质量控制流程、标准化认证等各不相同，所以在项目实施过程管理中，应统筹考虑并协调好以下几个方面。

（1）"三大目标"管理。尽管制造类项目成果不同，产品制造工艺过程各异，各工种之间配套关系不同，但每个项目都同样包含着进度、成本和质量这三大目标。因此，制造类项目的实施应突出目标管理，以进度管理为主线，理清产品生产计划、生产工艺流程设计以及生产过程组织；以成本管理为驱动，明晰资源配置，特别是关键零部件的采购数量、价格与生产周期等；以产品质量管理为导向，规范运用关键技术工艺、质量控制标准和过程管理措施等。

（2）采购与物料管理。制造类项目的采购管理及物料管理特色鲜明。项目管理者应对采购可能发生的直接成本、间接成本、采购评标能力等进行比较评判，并决定所需原材料和零部件的采购与供应方式。同时，采购管理还涉及采购计划编制、合同管理，以及对采购过程的控制与监督等诸多方面。

（3）风险与内控管理。制造类项目的风险管理贯穿项目实施全过程，存在于各层级和单元之中。具体可分为三个层次：一是企业高层管理者应从项目战略层面制定风险防范的方针和策略；二是职能部门提供项目风险管理计划、风险应对措施，具体包括财务分析以及遵守相关的法规和标准等；三是项目组织或项目团队须制订风险处置措施，管控对象包括技术风险、工艺风险、安全生产风险、物料供应风险以及偶发风险等。

（4）控制与协调管理。制造类项目一般进行集中生产，在项目沟通与协调方面具有先天优势，但由于制造类项目协作层次与并行任务多，配套关系复杂，常常导致项目协调与控制任务繁重，工作量大、制约因素多。因此，项目负责人应将分解后的工作任务落实到具体的团队、小组或个人，明确界定其在项目组织中的工作职责，从而形成一个符合产品生产工艺流程管理的控制与协调责任体系。

4．制造类项目的管理模式

制造业是强国之基，大型制造企业的组织结构与管理体系的转变涉及面大，企业高层必须转变管理思维，以项目化管理理念，重塑制造企业产品设计和加工制造的组织管理方式，实现我国制造业高质量发展。

（1）产品设计和生产项目化。传统制造企业大批量生产的规模效应已日渐式微，相比之下，多品种小批量生产模式更符合市场需求。为此，企业应建立产品升级与订单式生产相结合的新型管理模式，及时克服因同类产品大规模制造而导致的过程管理粗放的弊端。按项目化管理方式，可将每一批次产品的设计和生产视为一个项目。这样，产品的开发、设计、制造、交付等任务，就构成了一个相对独立的项目化管理过程。

（2）组织管理体系矩阵化。面对日益激烈的市场竞争，制造企业应建立以项目化管理为核心的产品生产组织架构。比如，采用矩阵式组织结构体系，使企业决策层直接参与制造项目的战略分析和总体规划，完善相关的管理规范和流程。同时，适度调整企业原有职能部门的职责，强化其服务与支撑功能，在技术创新与管理创新融合的基础上，使整个企业按项目化管理模式优化配置资源。

（3）管理模式体系化。运用项目化管理对我国传统制造业进行管理模式再造，应力求做到以下三点:其一,完善企业组织管理体系,特别是生产经营信息处理与反馈系统,形成快捷有效的科学决策机制,实现物流、资金流、信息流和工作流集中统一管理;其二,理顺产品研发、生产管理程序和流程,实现产品设计、生产、销售等基础数据的统一生成、维护和管理;其三,建立以客户为中心的动态信息反馈和监控体系,实现对每项生产任务从合同签订、设计、采购、生产到售后服务全过程的动态跟踪管理。

(4)客户参与深度化。信息技术与智能制造技术的快速发展使制造企业与客户的关系日益密切。从广义上讲,每一款产品从构思到成品都将是一个完整的项目。企业引入项目管理模式可整体优化企业的管理格局,形成便于客户参与的新型产品生产管理模式,使客户能够便捷地参与产品设计与生产的全过程。

二、研发类项目

研发即研究与开发,是指人们创造性地运用已有知识,为获得新的科技知识或实质性改进技术、产品和服务而进行的具有明确目标的系统性创新活动。研发类项目属于创新项目,其形态具体包括科技研发型项目、新产品开发型项目和创意型项目等。其中,新产品开发型项目将在第九章中进行讨论。

1.研发类项目的特征

与一般项目不同,研发类项目在启动时,其实施目标大多尚处概念化状态,事先很少有成熟或完全确定的实施方案。因此,对研发类项目的管理,应更加重视并明确其研发思路和技术路线,这决定了该类项目具有以下基本特征:

(1)项目确立源于某种构想。研发人员一般并非以生产有形的具体产品为目的,他们的任务是思考与探索,不断提出新构想和创意,并确立研发项目。研发项目来源复杂,只有通过项目这个载体,各种新构想和创意才能产生结构化的知识,进而转化为新成果。

(2)项目目标难以清晰确定。面对未知世界,研发类项目创造性强,研究目的有时存在一定的不确定性和模糊性。项目目标的确立,应以某种具体研究构想或现实需求为基础,以研究成果的期望目标为导向,确定研发进度、经费和质量指标等。因此,该类项目目标的确立应切合实际,因为在进度预测、经费支出等方面,通常会受到项目研究时机和环境因素的影响。

(3)项目实施过程难以有效控制。研发类项目实施的风险较大,建立理论预期与分析模型,并不意味着一定会获得研究成果。在项目立项评审、过程管理、成果验收等环节中,项目化管理难以全面实施,其规范管理难度很大。原因在于研发类项目的实施过程常常难以有效控制,不少项目不能按期结题验收,项目"烂尾"现象也屡见不鲜。

(4)项目成果难以客观评价。研发类项目成果的不确定性很大,从立项、实施、取得成果到产业应用的全过程,包含以理论成果为标志的研究阶段,以小试、中试为标志的开发阶段和批量生产推向市场的商业运作阶段。这些阶段的成果形式不同,其结果有时难以用量化指标衡量和评价,这意味着对项目成果的整体评价存在诸多困难。

2.研发类项目实施与管理的特点

研发类项目内涵丰富,量多面广,对其规范管理不容小觑。大多数研发类项目的目标一般定位为基础性研究或基础应用性研究,同时,对该类项目通常采用目标管理方式,其进度管理以里程碑成果为准。

(1)管理对象是知识型参与者。科技人员是研发类项目最主要的人力资源,与一般参与者不同,他们是知识型员工,是一个特殊群体。对科研人员的管理需要具有柔性和灵活性,项目团队需要适当的授权和民主管理。

(2)管理信息具有不完全性。研发活动的特殊性,主要表现为研究过程的技术路线及成果常存在于项目成员的头脑中,有时难以直接表达。对此,管理者要完整地采集和确认信息就比较困难,管理效果也难以显现和评价。由于各种原因,科研人员一般不愿意公布项目研究的全部信息,这样会使管理者难以获得项目执行的全部情况,造成信息失真,导致管理难度加大。

(3)管理过程呈现动态性。项目管理强调计划的刚性和控制的严格性,而研发项目的过程管理则强调柔性和动态性,着重以协调为主,辅以适度控制。特别是基础研究阶段需要大量的时间与资金,其管理过程的动态性更强,通常也难以估算其资源消耗量。

3.科研项目的实施与管理

科技研发型项目即科研项目,这类项目的实施属于创造性活动,其不确定性较大,同类可借鉴的成功案例往往不多。对科研项目而言,由于项目实施的过程进展、经费投入等因素的影响,加之项目完成质量缺乏明确的标准,因而难以用简单方式对其进行评价。因此,科研项目管理切忌采取"一刀切"的方式,尤其要注意遵循科学研究的规律。与一般项目相比,科研项目应以过程管理为主,其具体实施过程可分为申请立项、课题研发、课题验收等若干阶段。

与工程类项目相比,科研项目在项目目标、过程进展和成果预期等方面的非显性特征,使其过程管理更具特殊性。目前,尽管很多科技研发工作以科研项目的形式立项,但并未按"项目"实施管理。为此,在科研项目具体管理过程中,应注重以下三个方面:首先,实施动态管理。对科研项目管理要进行全过程的动态管理,要根据研究进程及内外部环境变化不断优化管理流程,调整资源配给。其次,实施任务管理。由课题主持人即项目负责人进行研究任务分解,对研究成员的工作职责进行具体划分。最后,实施目标管理。以目标为导向,把项目实施过程当作一个完整的系统,强化过程管理。以项目立项报告为基准,对项目进度、成本和质量目标实施管理,其要求与一般项目对三大目标的管控过程是一致的。

4．创意型项目的实施与管理

创意是对建立在创新意识或创造性活动基础上的构思、想法及点子等各种思维活动的统称，它也属于重要的科技生产力。目前，在各个领域中，各种形式的创意型项目增量很大。作为一种先进的管理方式，项目管理具有有效的组织管理方式、面向客户需求及资源利用高效性等特点，能较好地满足创意型项目实施与管理的实际需要。

（1）创意型项目的产生。需求是技术进步的原始动因。当人们的各种需求可以明确表达时，创意型项目的雏形就产生了。创意对相关政府部门、社会团体、事业单位来说，可能是一种新的管理思想、管理理念；对一般工商企业来说，可能是某种技术研发思路、新产品构想、新型营销模式；对制造业来说，可能是一种新系统、新机型的构思，等等。进一步而言，国家出台各种改革方案及配套政策，其发端也可理解为一种创意。确立某种创意，定义一个创新项目，其要点如下：一是从各个层面重视新想法、新构思，这是创新源头，也是企业产生自主知识产权的根源；二是积极扶持各类研发部门、新产品开发公司、管理咨询公司等；三是积极探索此类项目的运作规律。

（2）创意型项目的内涵。创意型项目内涵丰富，具体体现在技术、工艺、产品研发及其管理等方面，被广泛应用于建筑艺术、工艺品、音乐作品、媒体宣传等领域。在知识经济与信息技术时代，创意的产业化已经成为各国产业发展的趋势，不少国家和地区都把创意产业作为其重要的战略部署，不遗余力地出台各种政策措施推动其发展，以达到提升国家或区域综合竞争力的目的。发展创意经济，可以带动经济增长方式从要素驱动向创新驱动转变，实现经济、科技和文化的协同创新，其本质是一种发展理念和发展模式的转变。

（3）创意型项目的特征。创新是科学研究的灵魂，也是新产品开发的重点，而创意是创新之源泉，因此，创意型项目的本质特征即创新。各种小发明与大创造都能通过创意型项目这个载体来实现，凭借一个新想法、新技术，就能获得投资，实施项目，开创事业。这些新生事物的出现，标志着各种新的思维观念、经营方式以及管理时代的到来。所谓的"智慧未来"，靠的正是"创意＋信息技术"。

（4）创意型项目的过程管理。创意型项目也是比较典型的研发类项目，其初始阶段可能仅仅是一个念头、一种想法，甚至是某种概念性假设，因而对其很难直接运用项目管理方式来管理。但是，如果从起初的想法到取得最终成果的整个实施过程来看，它可被视作一个创新项目，需要对其进行进度、质量和成本三大目标的考量。这里的"质量"指的是创意型项目的内涵和功能，对其可以按项目管理的方式进行管理。当然，一个充满智慧的创意，有时虽能创造出巨大价值，但实施创意项目的成本费用却很难被准确估算和评价。

三、活动类项目

在现代社会中，举办各种活动已成为人们交流与合作的重要手段和平台。任何一个有特定目的、需要统筹管理,特别是需要策划才能产出最终成果的一次性活动,都属于活动类项目。虽然该类项目在内容和形式上千差万别,其具体组织方式也不尽一致,但其过程管理却有规可循,仍可运用项目管理的理念和方法对其实施有效管理。

1. 活动类项目的特征

影响活动类项目过程管理的因素颇多,且可能在其全生命周期的任何阶段出现项目变更。活动类项目数量众多,具有目的鲜明、程序特殊、参与广泛和实施严谨等基本特征,因而对其进行规范管理就显得十分必要。

(1)目的鲜明。具有明确的目的是活动类项目的基本特征,大型活动最为突出的特点就是其宗旨明确。从专业策划的角度来说,确立活动类项目的内容和实施目标,是主办方决策者与项目策划者思想的交汇点,若能准确找到这个交汇点,项目策划就具备了成功的前提,项目目标就会清晰而具体。

(2)程序独特。活动类项目的程序、流程和步骤常常都是人为确定的,其实施过程往往程序性较强。需要强调的是,这类项目实施的持续时间,主要包括项目前期准备和项目实施两大阶段。例如,一场庆典活动,其前期准备工作往往需要数天或数月,但活动展示本身却只有数小时。通常,确定项目进度计划、成本预算等,多以管理者的经验判断做出,很难精确预测,有时甚至难以通过"类比"方法进行估算。

(3)多方参与。活动类项目一般具有广泛的社会性、公众性和人文性,能够吸引社会各界的广泛参与,并能产生较大的社会影响,因而受政府职能部门的政策指导和规范约束较强。大大小小的节庆、集会、检阅等都是活动类项目。这类项目"工作范围"之杂,参与面之广,有时令人难以预料。

(4)实施过程严谨。活动类项目具有较强的时效性,其过程管理须严谨有序,如活动的议程安排、场地布置、设备器材准备等,如果在具体安排的任何一个环节上出错,都极有可能酿成项目风险,进而影响整个活动计划的顺利实施。可以说,活动类项目组织工作的复杂性和繁琐性决定了其实施操作应有的严谨性和细致性。

2. 活动类项目实施与管理的要求

活动类项目面对的是各种一次性活动,小至某个特定的仪式或一台文艺晚会,大至举办奥运会、世博会、G20峰会等。其中,对于政府及各类组织举办的大型活动类项目,特别是国际性、公众性的大型活动,除具备上述特征外,其实施还要满足以下要求。

(1)活动形式应合规。按有关法规规定,大型活动类项目,尤其是人员密集、流动性强的大型活动类项目,需要首先向当地公安、消防等部门办理相关审批手续,活动的主办方要主动与政府相关部门沟通。对于涉外活动,其审批程序则更为严格。因此,大型活动的项目审批是一项很重要的工作。

(2)管理机构应明确。大型活动类项目涉及范围广,沟通、协商难度大,活动形式、文化差异、语言交流等都会影响活动效果。项目前期筹备阶段需要协调的资源复杂多样，项目实施阶段对各节点的控制要求也极为严格。因此，在该类项目启动之初，就要建立一个明确且完善的组织管理机构。

（3）管理活动应有序。在项目实施阶段，由于大型活动涉及面广、工作任务复杂，从项目整体的策划宣传、筹集资源、布置场地，到确定活动议程、接待人员等工作繁杂琐碎，因而应突出管理的层次性，强化计划性。另外，虽然项目实施中的各项任务之间的逻辑依赖性不强，技术要求不高，但其不确定性却非常大，所以，必须对活动实施的内容和环节进行高度集成，做到严密有序。

3. 活动类项目的组织管理方式

通常，活动类项目不直接提供有形产品，其成果通过开展活动的质量和效果来衡量。在很多情况下，活动类项目组织实施所面临的主要困难是，人们并未将一次重要活动当作一个项目来看待。提升活动类项目实施的效果，关键在于建立项目组织，重视管理模式，注重活动内容策划，运用系统的管控方式。

（1）管理模式。北京奥运会、上海世博会、国庆阅兵等规模宏大的活动项目，向人们展示了活动类项目的独特魅力。商业宣介、文化宣传、体育竞技比赛等方面的活动很多，但从总体上看，这类项目的管理模式还没有引起人们的足够重视。其原因在于：一是对于此类活动，人们没有自觉地、有意识地按真正意义上的项目管理模式去运作；二是活动类项目形态复杂，相应的管理规范和程序等亟待完善；三是人们没有充分认识到活动类项目的基本管理规律，系统管理经验的积累相对欠缺。活动类项目表面上看似比较复杂，实际上其管理重点在于理清头绪，分清层次，对各项活动进行分类管理。与其他类别的项目相比，活动类项目对组织、策划和指挥的要求更高，管理者应具有较高的综合素质。

（2）活动策划。一般而言，活动类项目需要周密的策划，其策划过程要同时注重活动安排的技术性和艺术性。项目策划的艺术性，体现在对活动内容与社会、市场及民众响应之间的准确定位上，通过有效的策划充分展现项目活动的艺术功效，并把项目所有事项、节点纳入其中。大型活动项目的技术含量体现在策划中，如活动内容的确立及整体计划，项目实施的控制与协作，人员管理及资源调配，等等。项目策划不仅要围绕项目目标，而且要在策划方案中体现市场营销、赞助活动等内容，并要通盘考虑媒体宣传的具体要求。

（3）管控方式。活动类项目必须实施系统管控，管理者不能存有"随机应变""临时抱佛脚"的侥幸心态，需要明确每个阶段的具体任务，并做好相应的管控预案。活动类项目的程序是明确的，管理定位也应该是清晰的。这就需要制定严谨而周密的工作计划，以整体定位引导项目顺利实施。同时，在项目实施过程中，因其控制节点多，在关键节点上的时间约束性非常强，有时甚至要以分秒来计量，且可能存在多节点接续或并行活动，所以应分阶段管控活动内容和资源配置，动态协调项目整体的管理控制方式。

4.活动类项目实施的过程管理

虽然各种形态的活动类项目的目标定位可能不同,项目实施过程中工作任务的可比性也不强,但在该类项目鲜明目的的主导下,其整体管理框架与思路却大致相通,这就决定了活动类项目也可以采用项目化管理方式进行管理。活动类项目的实施过程,可分为论证、启动、筹划、实施和收尾五个阶段。

(1)项目论证。在提出项目具体设想之前,首先要进行必要的调研和可行性研究,这是项目初期策划阶段的主要工作。在这个阶段,要通过分析项目的内涵及要求、内外部环境、拥有的资源平台等,初步确立项目目标,选定主要的客户群,并估算项目实施的损益。之后,便可形成项目建议书,申请立项。如果项目获得审批,就要进行具体策划。不少公益性活动虽不以营利为目的,但亦须考虑成本因素,其论证仍可借鉴上述做法。

(2)项目启动。活动类项目的复杂性和综合性,使其启动环节尤显重要。活动类项目的目标一般要经过反复讨论才能最终确定。一个大型活动类项目的产生,从简单的创意到立项审批,涉及识别创意、定义活动内涵、分析实施条件和初步规划等诸多方面。一项活动想获得圆满成功,就要在相应领域具有先进理念和较高的管理水准,依靠良好的组织协调,且应充分考虑项目客户和赞助商的需求,并符合国家相关法规及政策。

(3)项目筹划。项目筹划是在明确项目宗旨和策划的基础上,确立展览的时间、地点、宣传等事项。相比项目策划,项目筹划更具系统性和周密性。比如,某个互动性展览项目,要由专业的策划人员对展览的风格和内容进行设计,明确观众定位、市场预测、经费预算等事项。事实上,项目筹划更多的是运用管理知识,比如,组建项目管理团队,制定进度计划、资源筹集方案和质量规划,并对策划内容进行适宜地分解和落实,等等。

(4)项目实施。正如工程类项目中桥隧先行一样,活动类项目也应做到关键工序先行、要事优先,先抓耗时长的关键性活动或工序,避免"眉毛胡子一把抓"。对项目实施控制就是按照项目管理规划,把项目策划与筹划的内容一步步变为现实。在活动类项目实施中,要高度重视实施结果的不可逆性。比如,一次展览、一台演出,即使不是现场直播,对于现场的观众来说其结果也不可能修改。特别是某些大型活动由于没有实战彩排的机会,因而具有较多风险点,一个环节的疏忽就可能导致"满盘皆输"的结果,产生巨大负面影响。

(5)项目收尾。活动类项目的收尾虽相对简单,但也是必不可少的一个阶段。收尾阶段应做好善后工作,包括撤离人员、恢复场地、处置设施设备、跟踪宣传报道等。最后,还应进行总结,这对积累更多管理经验非常重要。

四、产业类项目

正如第一章项目分类时所述,除了单独列出的工程类、制造类、研发类和活动类项目之外,我们将其余形式的项目统称为"产业类项目"。产业类项目既体现了经济社会产业结构的基本面貌，又具有一般项目的基本特征。这类项目种类繁多，在实施过程中，应注重顶层设计和统筹兼顾，综合运用现代项目管理理论、方法和技术。

1. 产业类项目的认知

关于什么是产业类项目，目前尚无确切的定义。根据产业经济学等理论，产业是介于宏观国民经济和微观经济单位之间的、具有某种同类属性的经济活动的集合。[①]产业具有多层次性，广义的产业是指国民经济的各行各业，狭义的产业则特指生产某种同类产品或劳务的集合体。与此相对应，产业类项目亦有广义和狭义之分。一般而言，广义的产业类项目是指为达到某种产业发展目的而完成的一组创意任务或活动集合，具体分为：从事物质资料生产并创造物质产品的产业类项目，包括农业项目、工业项目、建筑业项目等；而只提供非物质性服务的产业类项目，包括运输邮电业项目、文化项目、商业项目、教育项目、医疗卫生项目、金融项目、保险项目、咨询项目等。狭义的产业类项目是指某类创意任务或活动的集合，其目标是提供某一特定产业的产品或服务。

2. 产业类项目的分类

根据国际上较为通行的三次产业分类法，第一产业为农业，第二产业为工业和建筑业，第三产业为服务业，包括除第一、第二产业以外的其他产业。根据该分类标准，可将产业类的各种项目大致分为农业类项目、工业类项目和第三产业项目，以方便分析每一类产业项目在其实施与管理过程中应遵循的要点。

（1）农业类项目。当前，农业开发建设项目众多，构建现代农业产业体系、生产体系和经营体系，建设生态文明，实施乡村振兴，提升农村人居环境，完善农村基础设施等，都催生了大量农业类项目。农业类项目按产值链可分为农业生产项目、改善农业生产条件项目、农产品加工项目、农业基础设施建设项目等；按产业属性又可细分为两种：一种是以农、林、牧、副、渔等为主要领域的涉农基础项目，另一种则特指以发展种养殖为主要目标的农产品经营开发项目。一般来说，对农业类项目的可行性分析，应广泛听取各方意见，组织专业技术人员参与项目的策划、评估和论证工作，确保项目规划及实施方案具有扎实可靠的基础。在农业类项目的实施过程中，对于项目的配套条件和需要解决的关键问题，如生产布局、土地、良种、肥料、饲料、农药等，都要进行统一协调，妥善解决。

（2）工业类项目。工业类项目是最典型的产业类项目，是经济社会发展的基础。我国工业类项目主要包括采矿业项目，制造业项目，电力、热力、燃气及水的生产和供应业项目。目前，尽管我国工业类项目管理的体制机制、政策法规、立项审批等都较为成熟，管理体系也较为完备，但在该类项目的实施与管理过程中，还存在三方面问题：一是认识不到位，对现代项目管理模式还不适应，仍未摆脱计划经济背景下工业企业建设的思维定势；二是

---

① 苏东水：《产业经济学》，高等教育出版社 2010 年版，第 4 页。

创新不到位，项目管理大多沿用施工组织管理模式，缺乏应用现代项目管理方法和技术的主动性；三是管理不到位，没有处理好科学技术与管理技术之间的关系，重技术而轻管理。工业项目的突出特点在于项目建设中技术系统的先进性和成套化，核心是对技术工艺、质量标准等方面的统筹管理。

（3）第三产业项目。近年来，以通信、金融、交通、文化、旅游、教育、体育、医疗、娱乐等为主的第三产业的产值，在国民经济中所占比重迅速上升。同时，传统服务业产值比重下降，现代服务业产值比重上升，尤其是生产性服务业产值比重上升比例较大，第三产业呈现高端化发展趋势。第三产业项目细目繁杂，集研发类、活动类项目特点于一身，又涉及工程类、工业类项目的部分内容，项目发起者及实施者的层次差异较大，项目立项及实施呈多样态。这类项目实施与管理的关键在于科学决策和系统运筹，核心在于要切实发挥项目管理模式及方法体系的导向作用。

3. 产业类项目实施与管理的重点

产业类项目反映着国家整体发展战略，受国家宏观经济政策、产业政策的影响。尽管我们在上文中对产业类项目进行了大致区分，但在实际操作中，具体项目门类的划分不宜过粗，应细化到行业的中类或小类。同时，由于产业项目的实施主体仍然是微观层面的企业或社会组织，这类项目又会受人才、资金、技术、产品及市场等多重因素的制约，所以产业类项目的管理应注重以下五个方面：

（1）明确实施目标。明确产业类项目的目标，是项目实施与管理成功的关键。通常，项目应具有进度、成本和质量三大基本目标，且都可以用定量的技术经济指标来表示，如农业类项目的粮食种类、面积、亩产量等，工业类项目的门类、规模、投入及产品属性等。产业类项目反映着国家产业布局与经济发展的战略导向，对该类项目进行可行性分析，既要考虑经济效益，又要考虑社会效益。

（2）做好投资概算。产业类项目的投资概算比较复杂，一种方法是根据项目目标核准概算，另一种方法是根据资金价值最大化原则核准概算。在实践中，第二种方法更符合产业类项目的特点，使用较为广泛。然而，由于一些产业项目的成果具有公共产品与公益属性，项目最终目标是社会价值而非资金价值最大化，这就意味着按资金价值最大化确定概算往往会产生较大偏差。另外，实施产业类项目牵涉政府、行业和企业等多个层面，且预测投资涉及的领域广泛，项目成果不全都呈现为可直接交付的具体产品和服务，更多的是需要在社会检验中体现其价值，这些都会影响项目概算编制的准确性。

（3）规范过程管理。产业类项目一般由各级政府部门及各类社会组织、社会团体确立，项目相关方之间的关系相对松散，项目成员并不完全依赖职能关系的约束。因此，尽管产业类项目的管理应体现出一定的弹性，使其能够适应内外部环境的变化，但对其具体实施过程的管理则应强化规范管理。

（4）理顺相关制约因素。产业类项目的实施涉及政府和市场，不完全是企业的自主行为。这类项目的战略部署受国家经济发展政策的直接引导，管理机制受到政府和市场的双重约束。确立产业类项目管理模式的基本依据是把产业活动视作项目，以体现其市场化运行机制；同时由于这类项目带有明显的政府导向特点和社会公益属性，其设计方案应遵从政府的产业规划。因此，与工程类、制造类等项目相比，产业类项目在实施过程中面临更多的不确定性，需要妥善处理和应对政策、市场、资金、人才、技术、产品等多重因素的影响，项目实施与管理的难度也更大。产业类项目实施与管理涉及的相关制约因素，如图 8-2 所示。

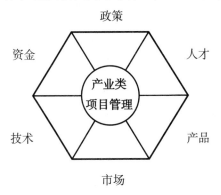

图 8-2　产业类项目影响因素示意图

（5）强化科技支撑。改革开放以来，全国各地通过兴办各类产业园区，获取了大量的招商引资项目。这类产业项目依托区域资源优势和特色，强化定向、定点推进和相关产业链延伸，且围绕高新技术产业，孵化了大量位于价值链高端、技术含量高、附加值大的龙头企业，极大地提升了区域产业竞争力，有力推动了经济社会发展。然而，我们应清醒地认识到，尽管招商引资项目以吸引投资为主，但其核心是对先进技术的引进。以拥有知识产权的核心技术作支撑，项目就能立住脚，产品在市场上就有竞争力，企业就能持续稳定向好发展，就能实现区域经济繁荣。项目是载体，资金是关键，人才是根本，技术是核心，信息是前提，管理是保障，文化是底蕴，这是招商引资项目从发起、实施到成功的关键。因此，各类开发区应立足自身特点，在科技成果转化、科技资源开发、科技金融结合、人才智力集聚、资源集约利用、产业集群发展等方面发挥示范引领作用。

4.产业类项目实施的过程管理

产业类项目承载着推动区域经济发展的使命，其实施与管理涉及众多专业领域，需要政府部门、行业协会及企业等各方面人员的共同参与，项目负责人及各级管理者均应严格依据现代项目管理的模式和理念进行规范管理。

（1）项目启动。产业类项目决策立项较为复杂，通常由各相关方共同规划并投资发起。在项目启动阶段，需要解决以下问题：第一，要明确项目的实施主体，通常以项目牵头的社会组织或企业为主成立项目组织；第二，要辨清并识别已确立投资项目的具体产业领域，分析项目实施可能存在的具体问题；第三，要确定项目的内涵及边界，明确具体的目标任务和相应的执行计划。

（2）项目计划。产业类项目的实施计划通常由项目组织负责，并由多部门协同、多领域专家合作编制完成。产业类项目的实施计划包括：第一，项目进度计划。这需结合产业及项目的实际状况，落实项目规划并对项目目标任务进行分解。第二，项目费用计划。项目预算通常包括评价项目需求与目标任务，在此基础上结合具体产业领域的工艺流程、技术进展和规范规程，方可确定项目成本。第三，项目质量管理计划。编制项目质量管理计划要充分了解所涉及产业领域的工艺流程，据此确定项目实施的技术系统、工艺方案及质量要求，且以行业规范规程确保项目实施质量。完成上述三个专项计划编制后，最终即可形成项目实施计划任务书。

（3）项目实施。实施产业类项目的过程就是落实项目总体计划的过程，通常涉及多个相关方的互相承诺及期望，这就要求项目发起者、项目组织共同明确各相关方的责任与义务，确认项目实施的目标与计划，以保证项目实施过程的通畅。同时，执行产业类项目计划的过程，尽管是一个项目管理而非企业管理的过程，但是，这类项目实施不能单纯依赖于通用的项目管理模式，还需要考虑相关产业政策以及地域环境等因素的综合影响。

（4）项目收尾。产业类项目的收尾是对项目实施的成果进行验收与评价的过程，也是项目交付运营的过程。在这一阶段中，交付的主要成果有：项目背景分析资料与项目实施规划大纲，项目实施所形成的工艺流程与技术能力，项目投入运营后的目标产品、生产系统的技术功能及性能要求，项目实施过程的相关资料等。

第四节　项目实施与管理的成败

古语云："一胜一负，兵家常势。"但是，项目承载着组织的战略目标，其实施成败事关重大。回顾过往，成功的项目名垂青史，成为人类文明的重要标志；失败的项目折戟沉沙，被湮灭在历史的长河之中。在今天这个"项目化时代"，各类项目数量繁多，或成或败，共同绘就了经济社会发展的鲜活画面。就项目实施过程而言，项目成功多源于管理者运用先进的项目管理理念和方法；项目失败多是因为管理者陷入了以"错误的方法"管理项目实施过程的泥潭。项目成功的经验需要总结，项目失败的教训更需要汲取和反思。

一、失败的项目实施与管理

格雷厄姆指出，项目通常不会按规定时间、初始预算完成。20世纪80年代，他结合研发类项目的特征，专门讨论了"未采用项目管理的项目"这一敏感问题，并指出"这是一些管理过许多项目的项目经理的经验荟萃"。[①]格雷厄姆系统解释了某些管理行为是如何发生的，管理者如何支配项目计划及实施过程。他的研究成果，深刻揭示了某些失败项目过程管理中存在的共性原因，从反面强调了项目管理应遵循的策略和原则。

1. 项目实施失败的基础影响因素

失败的项目，主要表现为四种类型：按时却不保质、保质却不按时、既不保质又不按时以及中途放弃。导致项目失败的原因很多，最主要的是项目内外部压力和时间约束，以及由于任务和时限失调所引发的某些不确定性，干扰和冲击着项目过程管理。

（1）外部压力导致管理节奏失控。外部压力源于三种情况，第一种是市场竞争的压力。许多项目，尤其是与新产品开发有关的项目，大多数是为了适应市场竞争才确立的。当组织得知竞争对手开发新产品时，为了保持自己的竞争优势，于是决定投资竞争性项目。这样，项目实施工期往往不是取决于项目执行本身，而是受限于竞争对手推出该类产品的时间。第二种是资金不足的压力。许多组织发起项目的设想虽然由来已久，但立项之后却没有充足的实施资金，而当项目资金落实后，项目实施时间已所剩无几。第三种情况是政策、文化及科技等方面的变化，导致市场需求及资源供给渠道发生变化而产生的压力。

（2）内部阻力导致过程管理失控。导致项目实施缺乏充足时间的内部阻力，主要表现在以下三个方面。第一，源于决策者的盲目乐观。管理者常常低估完成某项任务所需的实际时间。当项目团队按不切实际的预定日程去完成既定任务时，尽管作业人员已经感到十分紧迫，但管理者却总是抱怨项目成员不够努力，并没有意识到最初的时间安排并不充裕。第二，源于对领导者意志的屈从。制定项目进度计划时，经常受到来自上级压力的影响，致使规定的工期时限不切实际。第三，源于团队成员完成任务的经验与技能。人们对于熟悉的工作所需的时间，能做出较准确的估计；反之，对于一项全新的、需要学习和建立新概念的工作，其估算时间的准确性就会大大降低。

（3）任务和时限失调导致进度管理失控。项目经理最头疼的问题之一，就是没有充足的时间来完成项目任务。产生这种情况的原因，主要是管理者对任务完成工期的时限性认识不足。对此，格雷厄姆提出了额定时间和实用时间的概念，并给出了一个经验性的结论，即实用时间与额定时间的关系大致为："实用时间等于额定时间的两倍"。同时，他还认为，完成项目任务的工期与时间期限应有一个合理的关系。项目实施实际所用时间与已完成任务程度之间存在着三种对应关系，如图8-3所示。[②]图中直线 A 表示任务完成的百分比与实用时间的百分比呈正相关关系，这是最理想的状态。这种直线关系通常只有在重复过多

① R.J.格雷厄姆：《项目管理与组织行为》，王亚禧，罗东坤译，石油大学出版社1988年版，第21—36页。
② 同上书，第24—25页。

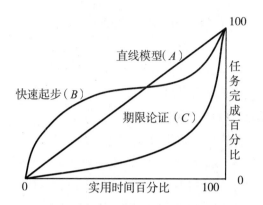

图 8-3 项目实用时间和任务完成程度之间的关系

次的项目中才会出现。曲线 B 代表快速起步模型：开始进展迅速，之后受到阻滞，经过一段时间，通过对问题进行研究与破解，项目工作迅速完成。曲线 C 代表期限论证模型：开始进展缓慢，额定时间已用掉大约 80% 以后，项目进展才会明显加快，而在最后期限之前，项目任务以指数级速度完成。

2. 项目实施失败的管理方法因素

完整地实施并真正交付一个项目，是项目组织的根本使命。为此，项目管理者就要确保在项目实施的每一个重要环节上，不能出现管理方法的失误。在现实的项目管理过程中，不少好的管理措施之所以难以付诸实施，最根本的原因就在于管理层还没有真正理解并建立正确的方法体系。换言之，如果缺乏规范的方法体系，或将其束之高阁，就会出现以感性取代理性、蛮干替代科学的错误管理行为，项目实施注定失败。

科兹纳总结了失败项目的方法体系，具体表现在以下几个方面：抽象化、务虚的措施太多，急于显露水平；对具体方法内涵的宣讲和引导不够；应用方法出现偏差，相关管理措施不能解决关键问题；忽视行业标准和最佳实践；虽有令人满意的方法体系，但缺乏与项目实施具体业务之间的整合；使用非标准的项目管理术语；没有绩效衡量标准；官僚体制使各类工作执行过程繁琐冗长；等等。此外，项目实施中还会出现以下情况：环境因素已经改变，但仍硬性地遵循原定计划，缺乏变通；侧重单向思维，未能倡导创造性思维；不接受属于原始需求的附加变化；项目团队忽视相关方存在的问题；方法体系使用起来耗时太长，对于市场、客户和相关方来说过于复杂；方法体系缺乏正确的衡量标准；等等。[①]

3. 项目实施失败的进度管理因素

进度管理是项目实施与管理的主线，当项目进度失控时，最好的做法是先查找原因，

---

① 哈罗德·科兹纳：《项目管理——计划、进度和控制的系统方法》，杨爱华等译，电子工业出版社 2014 年版，第 76—79 页。

而不是急于追究责任。网络计划技术是解决进度管理问题的一剂良药,其应用虽可保证项目计划的科学性,却无法完全确保项目成功实施。对此,格雷厄姆通过分析进度管理中存在的四个方面的基本问题,进一步揭示了项目进度管理失败的原因。

(1)进度计划安排不切实际。如前所述,因为时间估算方面的困难,在项目实施初期,管理者往往只能制定一个初步的计划或安排较为重要的事项,难以充分考虑各工序之间的相互衔接,导致任务或工序的持续时间模糊不清,计划进度不切实际。缺乏明确细致的进度计划,工作事项未能具体落实,进度拖延成为必然结果,团队的合力也将失去方向。

(2)进度落后引发相互指责。追查责任是管理工作中常见的做法,但却不是最好的管理方式。项目经理是负责按时交付最终产品的人,当计划进度出现较大延误时,如果一味强调限制、监控和指责,则会影响人们工作的积极性。整体计划不能如期实现,很少是由于某个个体成员的过错造成的,如果一定要追责,项目经理应是第一责任人。

(3)相互指责更加延误工期。如果某部门的人员指责其他部门延误工作,则会导致相互埋怨并使项目组织笼罩在紧张气氛中。当某个部门受到指责或攻击时,其负责人会产生本能的防御行为来保护自身利益。在许多情况下,人们会以牺牲其在项目组织中的临时职务为代价,以保护其在原职能部门中的长期职务,这是扼杀项目组织士气的元凶。另外,在许多项目组织中,存在某些长期被指责为"延误项目进度的部门",即存在"替罪羊"现象。明智的项目经理应心中有数,及时出面为这些部门"主持公道"。

(4)管理方法作用发挥欠佳。在某些情况下,项目进度落后常常会导致方法体系的作用发挥不佳。通常,项目进度滞后是由团队成员缺乏知识和技能造成的,项目成员业务不熟或水平不高,项目管理方法体系就难以真正发挥作用。有些管理者会想当然地认为项目成员具有完成其工作所必需的知识和技能,但事实并非完全如此。

4. 项目实施工期拖延的原因

项目实施失败的表现,除其成果不能符合质量标准和严重超支外,最突出的就是工期延误。项目实施工期拖延现象非常普遍,主要原因可归结为以下四个方面:一是项目组织结构不健全,导致项目决策、计划、指挥等方面存在问题;二是项目组织缺乏规范的管理系统,信息管理功能不健全,信息传递不畅、使用层级不明等,导致系统或子系统运行紊乱,工作落实随机性大;三是管理者缺乏相应的技术手段,安排工期、统筹资源等方面存在问题;四是团队成员责任不明,即使项目团队人员配备齐全,但如果职责划分不清,各环节、各道工序之间的衔接不够紧密,也会导致时间浪费。

另外,项目实施之所以会拖延工期,还常常因为管理者对项目进度管理缺乏正确的认识和理解。有些管理者仍以管理常规任务的方式,管理项目实施的工作任务。此时,管理层往往以"总工期""子项目任务"或"任务工期均值"等进度管理方式下达任务执行的指令,而作业层需要的是执行具体任务的时限要求,与管理层要求的宏观进度指标数值往往不一致，从而在任务落实、信息交流等方面造成管理层与作业层之间难以统一，各子项目之间进度目标难以衔接。这样，虽然各业务部门产生了大量的报告和报表，但计划、财务、工程等部门之间的信息隔离，致使实际进度与预期计划难以一致。

5. 项目实施失败原因的综合分析

引起项目失败的原因很多，有些原因只有在特定的项目中才会出现，而有些原因则是共性的。对此，格雷厄姆、科兹纳等学者都曾进行了深入的分析。其中，格雷厄姆的分析可归结为七个方面：第一，选择了一个不合适的项目。项目执行过程通常只有一次，如果选择一个没有良好基础或条件不成熟但不得不做的项目，就有可能导致项目失败。第二，选择了不适合的项目经理。在很多情况下，被选中的项目负责人只是项目实施的执行者，其工作重点并未放在项目整体的布局上，而是仅关注技术方面的细节。第三，项目未得到高层管理者的全力支持。项目发起者未对某些重大决策做出快速反应，或者职能部门未能给予项目足够的资源支持，项目组织及团队无法采取有效行动。第四，项目整合管理出现失误。相关方对项目实施过程干扰太多，导致项目范围频繁变更，而项目发起者又未能及时提供整体管理策略。第五，项目目标任务的定义和描述不够充分。缺乏详尽的项目范围描述，未能合理界定目标任务的技术经济指标，项目控制系统无法保持三大目标的平衡。第六，项目计划安排失衡。项目目标分解不当，计划编制粗糙且未经讨论和审查。第七，外部环境影响导致项目失败。未能正确评估环境因素的影响，也未能及时从相关方获得批准和授权。

科兹纳总结了项目失败的六点原因：一是项目相关方支持的缺失。项目客户没有全程参与，极少或没有干系人支持；相关方的需求不明确，与项目合伙人的资产不匹配；基层不理解发起项目的目的。二是项目的确立缺乏多方论证。项目商业论证薄弱，期望结果不明确；项目确立源于人为设想，而不是基于规范的科学预测；相关假设条件不切实际。三是制定项目计划缺乏科学依据。项目缺乏整体计划，计划基于不充足的数据，计划过程不系统；缺乏定期修正计划；不准确的估计，尤其是在资金方面；时间估计不足，截止日期不明确。四是项目资源需求难以得到充分保障。项目资源需求计划不完整；资源匮乏，缺乏资源管理经验，资源配置未被完全理解；不断变化的资源需求。五是项目管理技术运用失当。项目实施缺乏成本控制或仅有松散的成本控制，预算超支，造价失控；对项目组织和人员方面缺乏关注，团队成员需求冲突明显；参与者不断变更，沟通不畅；团队管理力量薄弱，成员没有很好地理解管理体系。六是其他原因。例如：风险评估不准确，环境因素变化引起项目范围过时，技术目标比商业目标重要等。[①]

---

① 哈罗德·科兹纳：《项目管理——计划、进度和控制的系统方法》，杨爱华等译，电子工业出版社 2014 年版，第 960—961 页。

二、成功的项目实施与管理

按规定期限、不突破预算、保质保量完成的项目，可以称为"成功的项目"，这是格雷厄姆所界定的项目实施成功的基本标准。[①]目前，在各类项目的实施过程中，项目管理模式已得到较为广泛的应用。掌握并遵循项目管理的方法体系，是项目成功实施的前提条件。

1. 成功项目的标准

项目管理的目的在于成功地实施项目并提升项目价值。这主要体现在四个方面：项目实施的效率、对客户满意度产生的影响、对组织当前业务产生的影响以及为组织未来发展开创的新机遇。具体而言，评判项目成功的标准，大致可以分为主观标准和客观标准两大类。主观标准包括相关方的满意度和组织及个人的成长度等；客观标准包括进度、成本、质量三大目标实现的程度以及整体管理绩效等。由此可以看出，对成功项目标准的定义，某种程度上来自人们对项目实施过程与结果的预期。

项目成功是指项目实施的所有工作按计划保质保量地完成。在长期的项目管理实践中，人们常常试图将项目组织的管理系统理解为如牛顿经典力学意义上的物理世界，即在这个世界中，所有事物都处于有规律的运动与变化之中，未来事件的发生都完全取决于过去已发生过的事件。尽管我们无法奢望这种物理世界的运动规律一定会在现实的项目实施过程中发生作用，但是，这并不影响人们以理想的状态确定项目成功实施的判断标准，即格雷厄姆强调的"按规定期限、不突破预算、保质保量完成项目"。基于这种认知，项目成功的基本标准具体来说就是：在限定的时间、规定的质量标准以及既定的预算成本内，在项目范围变化特别是目标变化能得到各方接受的情况下，项目组织通过科学、系统、规范的管理，使项目实施的结果达到项目发起者和相关方的期望与要求。

2. 成功项目的管理

本质上讲，项目实施成功与否，取决于内部因素和外部环境的综合影响，其中最关键的是对项目实施过程的科学管理。这涉及三方面的内容：目标明确、过程规范、结果可期。对于这一问题，我们在第二章、第三章及第十章等均有涉猎。需要强调的是，大多数管理者重目标轻过程，或只注重三大目标的技术参数而忽视将其落实在过程管理之中。项目组织的运行是建立在一系列正确管理方法与规范运行基础之上的，坚持做到这一点，项目管理就能步入正确的轨道，项目成功的概率就会增大。

在上文中，我们分析了项目实施失败的关键因素。与此相应，项目成功的关键因素，则体现在高层支持、目标明确、计划科学、执行果断、相关方有效参与、信息交流畅通等诸多方面。在项目管理过程中，运用正确的理念、方法和技术至关重要。项目实施与管理"尽

---

①　R. J. 格雷厄姆：《项目管理与组织行为》，王亚禧，罗东坤译，石油大学出版社1988年版，第2页。

在掌握之中"，源于按计划执行三大目标。成功的项目管理有规律可循，其关键在于严格遵循项目管理知识体系。特别是在大型复杂项目的实施过程中，要使项目任务的执行过程规范有序，必须依靠项目组织的力量控制进度，按计划和工作清单抓落实；必须强调预算、定额的权威性，使费用控制体现在各项工作任务中；必须依靠团队集体努力，规范作业行为，提升并保证项目成果的质量。

3. 成功项目的保障

对于有生命力的项目，衡量其成功与否的标准是项目最终的成果，即产品或服务。系统分析项目成功的影响因素和失败的原因，可以更好地引导项目实施走向成功。如果存在困难的环境条件或不可预测的影响因素，就需要通过更加深入的分析，以便尽早识别、破解问题，及时制定相关防范预案。具体而言，项目成功实施的四个保障要素为：发起组织支持、项目组织支撑、团队努力、内外部环境顺畅。同时，项目成功的保障还与外部供给有重要关系。如果项目成果或产品附件需要依靠组织以外的力量来提供，那么就会相应地削弱项目组织的力量。特别是有些制造类项目，当其关键零部件或运行系统主要依赖外部提供时，项目组织的力量就会受到牵制。在这种情况下，项目实施的某些关键环节也就无法自主控制，项目组织则只能对其施加影响。此时，赖于外部提供的成果就成为项目实施成功与否的关键，这正是项目管理比一般行政管理或企业管理等更具难度的原因之一。

三、项目成功实施与管理应关注的问题

通过以上分析，我们在审视项目实施成败的过程中，更能看清成功项目应具备的基本条件。改革开放以来，我国在各个领域实施了不计其数的项目，成功的大型复杂项目倍受关注，失败的项目令人唏嘘不已。现实中，"楼歪歪"或"桥塌塌"等失败的项目并不鲜见，究其原因，主要是人们尚未形成科学的管理理念，缺乏对项目管理模式的深刻理解与认识，缺少系统规范的管理措施，这提醒我们必须高度重视项目管理的理论研究。

1. 项目实施目标是否明确

项目成功自有其理由，项目实施失败也绝非偶然。我们需要从正反两方面总结经验教训，从而正确认识项目成功实施应具备的条件。这其中，确立明确的项目实施目标，是推动项目任务执行最重要的因素。对于这一问题，我们已在第二章进行了深入讨论。这里需要进一步强调的是，只有当项目实施具有清晰的目的、明确的目标时，具体实施过程才有可能走向成功。具体而言，明确项目目标的价值，主要体现在三个方面：其一，项目的价值与投资方向及风险程度相关，组织通过实现项目既定的目标获得利益；其二，项目发起者或投资人力求通过项目成果获益，但却需承担项目实施过程中的风险；其三，项目管理的价值，是通过管理者有效落实目标任务、充分利用资源以及有力控制项目风险等关键要素实现的。

项目只有满足已识别的各种期望，同时尽力满足相关方的要求，才能为其实施过程打下坚实基础，进而获得期望成果。为便于理解项目目标明确的重要性，下面举一个人们普遍关切的例子。医院对一位危重病人的诊治，可视为一个不大不小的"项目"。在其实施过程中，主治医师是"项目负责人"，而会诊专家、造影师、药剂师以及护理人员等都是参与者。在医治患者的过程中，所有参与者以专业人员的身份各尽所长、各负其责。该项目实施的结果，有三种可能性：治愈、转入"慢性病"、死亡。患者治愈，皆大欢喜；转入"慢性病"，无可厚非。但如果患者不治身亡，患者家属则很有可能会将其归结为医治的"责任"。实际上，在诊治过程中，项目负责人及所有参与人员可能都"尽职"了，也许谁都没有"责任"。问题的症结在于，这个"诊治"项目可能一开始就没有立好项，医患之间沟通不到位，未能明确项目实施的目标和期望成果。因此，项目立项与确立目标对于项目实施至关重要，是项目走向成功的起点。

2. 项目范围管控是否得力

很多管理者没有充分认识项目范围管理，特别是三大目标管理的重要性，仍习惯于采用传统组织管理模式。不少项目因目的不明、目标不清而导致工作范围频繁变更，致使项目范围不断蔓延或萎缩。一般来说，越是大型复杂的项目，其范围发生变更的可能性就越大。项目范围发生变更，不仅与商业环境和技术工艺相关，有时也与管理方式相关，归纳起来主要包括以下四个方面：

（1）对项目需求的定义不够确切。在未明确到底要做什么时，草率启动项目，必然导致各种冲突不断。没有明确需求定义，项目实施就会面临大量假设。当项目实施进入中后期时，就会发现最初的某些假设不再成立，致使项目无法按原定计划推进。

（2）对项目复杂性的认识不够充分。项目越复杂，理解与分析项目本身的特性就越重要，否则，对目标任务的分解能力就会变得薄弱，范围蔓延或萎缩的影响因素就越多。比如，项目管理者只关注最终需求，而缺乏对具体任务的细致分解，在实施过程中必然导致项目范围发生变更。人们有时过于有雄心并自信可以提供超出能力范围的项目成果，其最终结果往往事与愿违，造成项目范围萎缩，使项目实施达不到预期效果。

（3）项目沟通不够有效。若项目经理与相关方之间缺乏有效沟通，会导致项目需求模糊，对范围产生误解。不论如何定义项目需求和范围，相关方都会对项目实施的结果有所期望；若不提前了解这些期望，项目范围就会不断产生变更，进而导致项目实施成本持续不断地加大。

（4）"镀金项目"依然存在。部分项目在建设过程中，功能完美主义和形象工程倾向较为严重。项目实施中，对项目附加修饰物，或者增加不必要的特征和功能，或者为了超越某些特殊规格要求，这都会引起项目范围变更。同时，项目范围变更需要更多的资源，这在某些高层管理者看来会显示其自身拥有更大的权力，并可在这种权力欲望的引导下追求所谓的"政绩"。

3."项目式"工作的管理认知是否确切

不论哪类组织，其管理工作可大致分为两大类，即"运作式"工作和"项目式"工作。如果借用帕累托定理对其进行划分，两者大致为二八开，即前一类占80%，后一类占20%。一般管理者会认为这20%左右的项目式管理工作是组织管理过程中的"例外"，主张按所谓"例外原则"对其进行管理。其实，真正有意义的恰巧是对这些"例外"工作的管理。原因是，在通常情况下，日常重复性的运作式管理工作在数量上可能约占总工作量的80%，但管理者所需投入的工作精力也许只占到20%左右；项目式管理工作尽管在数量上仅占总工作量的20%，但管理者投入的工作精力一般要占到80%，甚至更多。当然，这里不是强调管理工作在数量上的差异，而是试图说明管理项目式工作的独特性和重要性。一般情况下，管理者对于日常重复性管理工作，可按管理层次交由下属完成，无须事必躬亲。对于项目式工作，情况则完全不同，它是具有特殊使命和独特目标的工作，需要管理者建章立制，做好监管工作并全身心投入其中。

项目管理者的工作，主要是例外性的"项目式"管理工作。在一般管理中，例外性的问题是在特殊情况下偶然发生的，具有不确定性，而项目实施与管理是具有独特目标的一次性任务，"特殊情况"与"偶发事件"将贯穿项目实施的整个过程。在项目实施过程中，为了排除不确定性因素的干扰，需要严格按照项目管理模式，依照项目实施规范进行过程管理。只有这样，管理层才能牢牢抓住项目实施与管理的纲要，以不变应万变。

4.项目管理的认识是否深刻

在人类社会的发展历程中，众多成功或失败的"项目"，都是人们为改造自然和社会而做出的努力。探寻项目管理的成败得失，是同一个问题的正反两面。经验值得总结，教训亦应汲取。在项目实践中，实施过程与管理过程不可分离，项目实施需要规范管理。"泛管理化"固然不对，而"去管理化"更不可取。从理论上讲，在项目启动时应由项目发起方的高层领导来倡导和规范项目管理模式，项目经理应是积极的执行者。但目前国内的实际情况是，项目发起组织对管理模式认知模糊，重视不够，项目管理缺乏顶层设计，从而导致项目组织功能不健全，运行不规范，整个项目的实施过程未能充分体现项目管理模式的优势，项目经理有时并不能有效控制局面，仅能发挥一些外在的影响作用。

当项目启动后，能够高质量且不突破预算地按期完成各项任务，是全体项目参与者的共同心愿。然而，在现实中，项目实施取得成功的时机和条件却十分复杂。当项目实施的资源和环境条件具备后，成功的关键在于管理者技能的充分发挥。管理者拥有经验与凭借经验行使权力是两个不同的概念。丰富的经验能使管理者少走弯路，但狭隘的经验也会带给人们错误保守的观念或者偏见。现实中，各类组织应用项目管理模式的差异很大。当组织筹划并实施项目时，高层管理者不仅要根据外部环境的变化制定管理策略，更要采用科学规范的管理方式。最终能否有效采用项目管理模式，既取决于组织高层管理者的认知和理念，也取决于项目相关方参与管理的能力，以及各方对项目初始设想和最终成果整合的能力。

第五节　项目管理模式的推广应用

20 世纪 80 年代，格雷厄姆指出："一个组织兴盛的程度往往取决于它适应活动环境的能力。因为项目是适应环境变化的普遍方式，故而一个组织的成功与否将取决于其管理项目的水平。"[①] 今天，项目管理已成为最具生命力的管理模式之一，项目管理的能力和水平形成了各类组织创新发展的核心竞争力。历史的孕育、社会的进步，为项目管理模式的普遍应用提供了广阔舞台。推广普及项目管理模式，对于整个社会，特别是对各类工商企业具有十分重要的现实意义。

一、项目管理在我国的实践应用

20 世纪 60 年代前后，著名数学家华罗庚和著名科学家钱学森针对我国项目及其实施特点，分别倡导统筹法和系统工程理论，为我国应用现代项目管理模式奠定了良好基础。两位先生在倡导学术研究的同时，也始终致力于推广科学理论与应用技术，既推动了现代项目管理的方法和技术在我国大型工程项目中的广泛运用，又提高了各类组织对项目管理的认识。

1. 项目管理实践应用的回顾

从新中国成立至 20 世纪末，短短的半个世纪，我国依托各类重大项目建设，建立了较为完整的工程项目管理体系。特别是统筹方法和系统工程方法的推广应用，取得了巨大成就，开启了我国现代项目管理的先河。时至今日，这两种方法依然是我国工程项目管理方法体系的核心要素。

（1）统筹方法的广泛应用。20 世纪 60 年代初，华罗庚将网络计划技术引入国内，并结合我国"统筹兼顾，全面安排"的指导思想，创立了"统筹法"。这种方法首先在铁路、桥梁、隧道等工程建设中试点应用，取得了成功。1965 年 7 月，华罗庚出版了《统筹方法平话及补充》（修订版），重点介绍了肯定型、非肯定型网络图的应用方法。1970 年，华罗庚等人在上海炼油厂"酚精炼扩建改建工程"中应用统筹法，原计划需停工一个多月才能完成的扩建改建工程只用了 5 天便顺利完工。1980 年后，华罗庚等人开始将统筹法应用于国家

---

① R.J. 格雷厄姆：《项目管理与组织行为》，王亚禧，罗东坤译，石油大学出版社 1988 年版，第 2 页。

特大型项目中，如 1980 年中国科协联合 5 个部委、7 个学会启动的"两淮煤矿开发"项目，投资达 60 亿元；1983 年启动的"准格尔露天煤矿煤、电、运同步建设"项目，投资 120 亿元。统筹法的应用，使这些项目的管理水平提升到了一个新的高度。

（2）系统工程方法的普遍应用。现代项目管理的理论体系、方法体系和技术体系是在系统工程理论的基础上发展起来的，并在实施国防项目、大型工程项目以及大量一次性复杂任务中取得了骄人成果。钱学森等先驱长期致力于推广系统工程的理论和方法，十分重视在大型工程项目过程管理中的应用。1956 年 2 月，钱学森运用系统科学的思想方法，对如何发展我国导弹航天技术，从组织、科研、设计、试验和生产等方面，提出在国家层面组织实施大规模高科技工程项目的总体思路和方案。此后，我国组建了学科专业齐全、研制工作配套完整的导弹航天产业体系，实现了我国导弹航天事业从仿制到自行研制的历史性转变。经过这些既艰辛而又光辉的历程，科技工作者成功研制了近、中、远程等多种型号的导弹系统和航天器，为我国跻身世界国防科技强国奠定了坚实基础。

（3）现代项目管理模式的推广应用。20 世纪 70 年代后期，上海宝钢工程、北京电子对撞机工程、秦山核电站工程等许多大型工程相继采用了项目管理模式，应用了系统工程方法，保证了这些重大项目的如期完成。20 世纪 80 年代，我国项目管理的应用取得了新成果，如航空工业在研制国产战机项目中推行系统工程，实行了矩阵管理。1984 年，利用世界银行贷款建设的鲁布革水电站项目在国内第一次采用了国际招标，中标的日本建筑企业由于运用了项目管理方法，不仅缩短了工期，而且降低了造价，取得了显著的经济效益，这给当时我国的整个投资建设领域带来了很大的冲击。在这一背景下，原国家计委等五部门于 1987 年 7 月发布了《关于批准第一批推广鲁布革工程管理经验试点企业有关问题的通知》，要求在一批试点企业和建设单位采用项目管理施工法，并开始建立我国的项目经理认证制度。此后，鲁布革水电站项目管理的经验迅速在全国许多大中型工程中推广，二滩水电站、三峡水利枢纽建设和许多大型工程建设都采用了项目管理这一科学管理方法，取得了良好的管理效果。

2．项目管理实践应用的现状

近 30 多年来，国内学术期刊发表了大量的项目管理案例，虽然有些案例尚未完全应用项目管理知识体系，仅探讨了某些单项或几项知识领域的应用方法，但也同时表明各行各业已开始广泛应用项目管理模式。当前，项目管理模式已从"星星之火"发展成"燎原之势"，其巨大的应用价值使人们对其先进性深信不疑。

（1）实践应用初见成效。目前，国内应用项目管理模式之现状，大多是在传统组织环境中派生出一个项目组织，或在其职能部门之间衍生出项目组织。不同的行业领域都在实践中积累着自身的经验，并充分理解项目管理的价值所在。比如，政府部门对活动类项目、科技研发部门对研发类项目都积累了丰富的管理经验，而众多的生产企业，对工程类项目管理以及项目化管理同样也积累了丰富经验。总体来看，项目管理方法在诸多行业中的应用效果已经较为显著，诸多行业相继以"国标"或行业标准等形式颁布了项目管理规范，应用程度正逐步深化，应用价值日益凸显。

（2）传统行业成绩突出。各类组织引入项目管理方法体系的过程，实质上就是对组织管理系统流程再造的过程。国防、建筑、钢铁、煤炭、电力、水利、化工等众多传统骨干企业，已经从不同的方面建立了较为完善的项目管理规范，将项目管理的方法和技术作为提升核心竞争力的重要手段，发挥出了巨大的作用。从整个传统行业的现状来看，项目管理模式应用的水平、取得的成效都是显著的，项目管理的方法与技术得到了很大提升，如大部分建筑企业的基层组织"项目部"改变了过去施工组织管理模式的常态，在项目管理模式应用中成绩斐然，项目管理的整体作用已经得到充分发挥。

（3）应用范围日趋广泛。近年来，随着科技迅猛发展和市场竞争日益激烈，项目管理的应用已经渗透到各行各业，电子信息、能源交通、石油化工、机械制造、金融保险、商务流通等领域的企业，越来越多地采用现代项目管理的理念和方法。"一切都将成为项目""企业项目化管理"等理念，已经成为各个行业众多管理者的共识。例如，在神舟飞船研制项目中，运用现代项目管理的理念和方法，并对其加以改革和创新，形成了具有中国特色的系统化国防工程项目管理体系；在举世瞩目的港珠澳大桥工程中，针对工程规模宏大、涉及面广、技术问题复杂、施工强度大等特点，工程建设委员会运用项目管理方法和技术成功实现了对特大型工程项目的全面管理。

3. 项目管理实践应用的前景

目前，项目管理已突破传统行业，逐步扩展到信息技术、智能制造、新能源技术、新材料、生物医药、节能环保等新兴产业领域。各类新兴的商业组织将其商业运作模式与项目管理模式紧密结合，项目化管理已成为新兴产业发展的突出特征。例如，在电子信息行业，项目管理已广泛应用于产品的研发、生产、销售等环节；在电子商务领域，项目管理在系统开发、物流管理、客户管理等方面，也发挥了巨大作用。此外，在新兴的数字信息技术领域，互联网技术使当今世界变得越来越小，通过获取大量高素质的人力资源，可以组建高效的团队和任务小组，采用"项目式"管理方式开展研发工作。新兴行业领域、新兴商业组织的主导者希望在原有管理体系的基础上集成项目管理方法体系，并运用项目团队来完成各类创新任务。

随着项目管理方法与技术的迅速发展，更多组织特别是企业组织中的高级管理人员开始接受项目管理模式，项目实践已经大踏步地走在了观念的前面。人工智能与互联网的广泛应用，使得人们的创意变成最有价值的财富，传统的资产所有权对创造财富的影响力却在不断下降。新兴商业组织注重获得信息、处理信息的方式，更加重视提升创新管理的能力。与此同时，各类工商企业的管理模式正由传统组织管理方式向多元化方向转变，这些变化本质上是一场市场利益驱动管理模式的变革,为广泛运用项目管理模式提供了更为广阔的前景。然而,由于认识的局限性,先进的项目管理方法、技术和工具还未被更多的管理者所掌握。在变革和创新的时代背景下,管理者如果仍然漠视项目管理的价值,因循守旧地主张某种单一的所有权模式、某种简单的管理方式,而不在组织管理模式上进行大胆探索与创新,最终将被时代所淘汰。

二、项目管理推广应用的必要性

随着知识的积累、创造和应用,人类的管理思想也在不断前行。现实中,由于各类项目的目标与结果相异,人们对项目管理的认知也存在着某些差异。推广项目管理模式,实质是普及项目管理知识体系这一"共同知识",目的是为管理者提供先进的管理理念,并促进其管理思维的改变、管理方式的变革和管理能力的提升。

1. 管理思维改变的需要

不同管理者能力与水平的差异,根源就在于职业习惯与思维方式上。人们思考问题的过程,通常在思维功能和情感功能之间游走。思维功能依据概念和判断来认识事物,情感功能则根据价值和好恶来理解事物。人的思维具有渐进性特征,决定了管理者接受和应用项目管理的知识、理论、方法也将是一个渐进的过程。强化对项目管理先进理念的理解和应用,重点在于改变人们以往固有的思想观念、思维习惯和管理方式。革新管理模式,关键在于更新人们的思想观念,实现思维方式的转变。管理者只有树立创新管理的思维,才能在实践中不断寻求管理方法的升华与突破。

人类特有的理性思维能力是构成认识和改造世界能力的关键性因素。项目管理模式不仅有助于人们提升理性思维能力,更能实现思想观念的转变。习惯成自然,制度体系、管理体系等与管理思维之间关系密切,思维方式的变革是最大的动能,习惯的改变是最强的力量。梁漱溟曾言:"我看一个人,就是一团习惯;一个社会什么都没有,亦不过是一团习惯而已。中国社会之所以成为中国的社会,即是因为中国人有中国人的习惯。吾人须知道人类与其他动物不同,人类受后天影响极多,极大,而其他动物则不然,以先天所形成者为多。人类之生长,即习惯之生长,此在稍稍了解教育学、心理学者,类皆能知之也。吾人一举一动,一颦一笑,皆有其习惯;所谓'习惯',换言之即是'路子'。"① 这段话意味深远,虽然当今众多管理者的思想观念已经发生了深刻变化,但广泛运用项目管理模式仍需不断努力。

2. 管理方式变革的需要

时代在前行,各类组织的管理体系也要与时俱进。项目管理模式发展至今,特别适用

---

① 梁漱溟:《我是怎样一个人》,当代中国出版社 2012 年版,第 37 页。

于各种大型复杂、环境多变和不确定性因素多的项目，其方法体系对于各类组织以及各个层次的管理工作都具有重要的借鉴意义。项目管理模式不仅可以改变管理者的思想观念和思维方式，还能促进管理方式的变革。管理方式的变革，首先要突破一种人们称之为"定式"的思维模式。时下"互联网＋"已得到人们的广泛认同，项目管理模式也可发展为"项目管理＋"。管理者树立这种认知和理念十分重要，因为这种认知过程将会提升人们运用项目管理知识体系的具体方式。

从社会发展的角度来看，运用项目管理模式，首先体现为管理方式的转变。科兹纳指出："项目管理原本被当作一种局限于某些职能领域的经营理念，而且仅被人们看成对某些事物有作用的方法，如今已经演变为影响公司所有职能的企业管理体系。……那些曾经与项目管理唱反调的组织，如今却开始提倡项目管理理念。"[①] 过去，人们从事项目管理工作，大多依靠实践经验和感性认知。全面应用项目管理模式和项目管理知识体系可以使管理者做到有"章"可循，有"法"可依。当前各类组织不能很好地应用项目管理的原因，于上有源头，于下有干系。在有些组织中，虽然高层管理者已意识到项目管理的重要性，但部分中层管理人员尚心存疑虑；而在另外一些组织中，中层管理人员或技术骨干虽有运用项目管理的热情，但高层领导却未做出回应。毋庸讳言，这些来自各个层面管理者的认知阻力和思想障碍，其根源就在于管理者固有的惯性思维和对管理方式变革的顾虑。这种顾虑包含管理职责变化带来的工作压力，以及人事关系、薪酬体系潜在变化形成的影响等。古人云"志不强者智不达，言不信者行不果"，思想意志影响思维方式，观念决定着行动。

3. 管理技术提升的需要

在今天这个项目化的时代，提高各层级管理者的管理技能已迫在眉睫。提高认识、转变思维、改变方式，是应用项目管理的前提，而提升管理技术则是保障各类项目实施成功的关键因素之一。能否紧跟时代步伐，对各类组织都是极大的考验。当前，国内诸多重大项目正从政府主导型向市场导向型转变，项目管理可为这种转变提供全新的管理理念。我国作为世界上最大的发展中国家，仍有许多亟待解决的问题，其中管理技术能否紧跟时代步伐则是最大的问题之一。国家有决心在各个领域赶超发达国家，重大战略目标明确，重点项目布局清晰，但具体行动却要靠项目管理技术来支撑。

当前，项目管理知识体系日臻成熟，充分展现了项目管理模式的优越性，也凸显了项目管理方法和技术的普适性。在当今社会，拥有知识以及应用知识的技术能力显得尤为重要，管理思想和理念相较于资本变得愈发重要——一个好的项目创意，胜过单一的资本价值。改革开放以来，我国各类项目的投资规模稳居世界前列。规模大小虽代表了一个国

---

① 哈罗德·科兹纳：《项目管理——计划、进度和控制的系统方法》，杨爱华等译，电子工业出版社2018年版，第V页。

家的竞争力和影响力,但这不是发展的全部,在保证质量前提下的规模扩大才是发展的核心。众多管理者能够正确掌握和运用项目管理的方法和技术,是时代进步的标志。20 世纪 80 年代,现代项目管理方法体系进入国内后,发展速度迅猛,但全面应用项目管理技术的效果尚不理想,原因是各类组织对项目管理知识体系本身的接受程度参差不齐,各个行业、各类组织中管理人员运用项目管理技术的能力也亟待提高。

三、项目管理推广应用的阻碍因素

尽管项目管理的发展在我国方兴未艾,但受管理文化、组织结构和社会环境等因素的综合影响,项目管理模式的应用并没有及时转化为众多管理者的自觉行动。许多影响深远的新思想、新观点自出现伊始,都会有怀疑者和反对者。对项目实施过程管理而言,新旧管理模式转换所带来的不确定性,以及由此产生的对管理成本、失败风险、职业习惯改变等因素的顾虑,致使部分管理者仍对项目管理模式持观望态度。概括而言,人们的担心主要表现在以下四个方面,进而阻碍了项目管理的推广与应用。

1. 管理成本增加

通常,组织管理体系的发展与变革在取得收效的同时,都要付出相应的"代价"。为了实现组织"整体利益"的提升,往往会带来某些"局部利益"的牺牲;对"长远利益"的追求,常常意味着对某些"眼前利益"的舍弃。毫无疑问,按项目管理模式实施项目,在筹划阶段需要耗费一定的管理成本,如制定项目管理方法体系、开发项目管理系统等,在项目实施阶段也需要投入其他额外的资源,这些都属于显性成本。除此之外,采用项目管理模式,势必会引起资源重新配置,这也会导致管理成本增加。因此,尽管组织已经明确认识到应用项目管理的诸多益处,但付诸实践还是少不了费一番周折。事实上,对于大部分项目而言,应用新管理方式的管理成本额度,一般占项目总成本的百分比很低,而其带来的项目成果的总体收益却远大于管理本身的支出。无疑,组织用极小的代价换得管理模式的变革,无论从组织整体利益来看,还是从长远发展来看都是值得的。

2. 管理实践能力不足

当前,由于人们对项目管理知识体系缺乏深入了解,不能正确地认识项目管理方法体系在管理实践中的重要作用,因此,许多管理者常常不能主动运用项目管理模式。只有当组织的高层领导充分认识到项目管理模式是组织发展战略、管理策略和行动计划等方面的重要组成部分时,才能积极推进项目管理方法体系在组织中的应用进程。目前,许多组织中的高层管理者已逐渐理解并感受到项目管理的优势,并开始研究如何全面应用项目管理模式。但是,高层管理者往往担心中层管理者缺乏系统管理的思维和能力,因为组织在应用项目管理方法体系时的最大顾虑是职能部门能否系统筹划并配合项目组织有效管理项目实施的各个方面。

事实上，各类组织在应用项目管理模式的过程中，存在这样一种情况：项目整体计划对目标任务分解缺乏系统性和规范性，在估算计划任务的工作量、持续时间、成本消耗等方面存在问题，项目控制变得非常困难，最终导致任务执行不力，管理效果难以显现。缺乏系统筹划、过程管理不规范是那些初次应用项目管理模式的管理者常犯的错误，加之其管理能力等诸多因素的影响，致使其最终又不得不重新回到了原来的管理模式上。

3. 项目失败风险

项目实施与管理本身的复杂性，是项目管理模式尚未被一些组织接受的另一个重要原因。关于项目管理不能被传统组织结构采用的理由，简略地说，主要有以下五个方面：管理者虽然对技术水平很满意，但项目实施不能满足时间、成本或其他要求；管理者在获取项目时决心很大，但在如何更好地满足项目管理的绩效要求上却犹豫不决；项目团队中的专家感觉到不能施展才华；某些技术团队或个人常常因不能满足项目范围说明书的要求或不能按期交付项目资料而互相责备；项目按时、按计划完成，但团队和个人仍对所取得的成果不满意。

现实中，由于种种原因，不少项目启动伊始就已困难重重，其实施过程更是举步维艰。此时，项目失败的原因虽不能归咎于是否应用项目管理模式，但人们就会对项目管理方法的有效性提出质疑。这就是有些高层管理者虽不反对但也不积极支持项目管理的主要原因。这种情况在政府机构及传统企事业单位中最为常见。有些高层管理者不能正确看待项目实施与管理的成功经验和失败教训，相关职能部门也跟不上形势变化，慑于失败的风险，没有人愿意对已有的组织管理模式和管理体系进行调整，最终使既定的管理模式固化为所谓的"永恒"法则，并最终变成组织管理体系创新的绊脚石。

4. 职业习惯固化

当前，尽管许多人对项目管理表现出强烈兴趣，但真正全面系统地运用项目管理方法和技术的管理者依然较少。因为对于各类社会组织来说，其管理压力主要在决策层。由于高层管理者的工作重心是决策，而决策又面临许多风险，所以决策者要比普通管理者承受更大的压力。普通管理者常认为决策是否合理、项目实施是否成功与自身关系不大，这会导致其缺失责任心。因此，管理者更倾向于沿用旧的工作思路和行为方式，自觉或不自觉地重复过去的某个动作、行为，这种动作和行为就慢慢变成了习惯。"重复过往"或"模仿他人"都会导致"路径依赖"。但是，在当今时代，更多的管理者在不断地寻求新突破。当他们发现新技术、新流程能带来更大利益时，就会冲破原来的路径。

推广普及项目管理应主动引导管理者致力于具体实践，把学习理论知识内化为行为习惯，把创新思维内化为工作习惯。惯性思维和路径依赖在各种管理活动中极为常见。项目管理知识体系形成的各项知识领域和管理要素，是一个指南性的参照系，它假定人们的认识和观念以及道德与行为不存在机会主义倾向。如果管理者思想认识不到位，或将产生道德和信用危机，管理模式就会失范。因此，管理者不改变自己的职业习惯和管理思路，应用项目管理方法体系就不会取得实效。当前，各类组织中的中层管理人员身上的传统管理影子仍挥之不去，对项目管理的理解仍停留在执行"上级命令"层面；组织中的作业层则因过分强调专业工种等技术能力，而忽视管理能力与专业技术能力的平衡。要克服这些不利因素的干扰，就要更新管理者的职业习惯。

四、项目管理推广应用的主要策略

项目在人类社会发展中一直扮演着重要的角色，项目管理承担着重要的使命。项目管理模式汇集了迄今为止人类管理智慧的精华，在未来更为丰富的项目实践中，必将延续并发扬光大。进入 21 世纪，项目管理已成为一个热门话题，受到了广大管理者的广泛关注。推广项目管理最主要的是要重视扩展其应用范围，发挥好政府部门及行业的主导作用，并在此基础上大力推进全面应用。

1. 重视应用领域的扩展

各类组织的管理体系，通常都是其高层管理者在实践过程中的创见，是管理经验的积累和升华。项目管理的理念、方法和技术，不论是过去的施工组织管理模式还是如今的项目管理模式，都是众多项目管理先驱在实践基础上形成的，这为各类组织普遍应用打下了坚实基础。目前，项目管理方法体系逐渐成为一种行之有效的管理方式，已得到众多工商企业和政府部门的普遍认可。许多行业的管理部门和咨询机构都引入了项目管理模式，各行各业、各类组织应用项目管理技术的能力日益增强。特别是近年来，我国在工程项目中广泛应用项目管理技术的同时，已逐渐向企业管理、社会治理等领域延伸。引入项目管理的理念，掌握项目管理的方法和技术，实施项目化管理已成为现代组织管理的共识。

当前，虽然初步运用项目管理模式难度不大，且在某些领域已取得了很大的成就，但我们必须清醒地认识到，在各类组织的管理体系中广泛应用仍困难重重。扩展项目管理模式的应用范围，提高各类组织的项目管理能力，任重而道远，面临的挑战依然巨大。扩展项目管理模式的应用范围，重点在三个方面：一是传统的工程项目领域，主要是深化建筑与军工行业应用的程度；二是各类社会组织，主要包括各级政府管理机构及各类企事业单位；三是新型经济组织和新型社会组织，主要为民营企业、新兴业态等。传统行业领域中项目管理人才储备多，推广基础好；民营企业和新业态相关人员大多在管理理念、组织管理体系变革等方面具有优势；居于中间的政府管理机构和各类企事业单位，现有的管理体系完备，管理者众多，推广普及前景广阔。

2. 发挥行业的主导作用

推行现代项目管理模式，首先需要来自政府主管部门有力的政策支持。同时，政府部门也要带头全面推广项目管理模式，深入研究和推动各级政府相关工作的项目化管理。这不仅是推动项目管理学科发展的要求，更是现代政府机构科学化、规范化、高效化管理的需要。为此，政府管理者应高度关注项目管理的发展趋势，从中汲取先进的管理理念、方法和技术，拓展运用项目管理的范围，解决好社会发展过程中面临的各种管理问题，从而更好地提升经济社会全面发展的效能和质量。

在我国改革开放的历史进程中，很多行业及相关的企业组织在提升生产能力、改进生产方式上尽心竭力，而在改进管理方式方面的努力却明显不够。进一步推行项目管理模式，对行业的影响和作用巨大。目前，不同行业运用项目管理模式的程度不同。尽管各个行业都有项目审批与建设管理的法规，但有些法规是以国家标准形式颁布了行业管理规范，有些法规则是以部（委）局标准的形式颁布了相应的管理指南或规范，而更多的行业并未制定系统的管理规范。实际上，各个行业均可制定并颁布行业自身的项目管理规范体系或指南，并与现行的有关项目管理的规范规程、行业标准和验收规范等管理规章相衔接，形成对整个行业全方位的指导意见，以此大力推动行业广泛应用项目管理模式。制定项目管理规范是一项从根本上解决问题的有效举措，有利于解决目前行业项目管理体系缺失的问题，可有效提升行业项目管理的水平。

目前，国内应用项目管理走在前列的两大行业，是建工领域和军工领域。建设行业当前已是大规模、全方位应用，而军工领域则是局部率先、稳步推进。原建设部于2002年1月颁布的《建设工程项目管理规范》（GB/T 50326—2001），使我国的工程项目管理率先走上规范化管理的道路，对在全国范围内应用项目管理模式起到了示范作用。2006年6月，原建设部和国家质量监督检验检疫总局又共同颁布了更新后的《建设工程项目管理规范》（GB/T 50326—2006），进一步促进了建设工程项目管理的科学化、规范化和制度化。2017年5月，国家住房和城乡建设部与质量监督检验检疫总局又联合颁布了新版的国家标准《建设工程项目管理规范》（GB/T 50326—2017），并于2018年1月正式开始实施。至此，我国工程项目管理形成了比较完整的管理体系。近年来，水利、煤炭等行业也先后出台了行业内项目管理规范，并分别在各自的行业领域进行了推广应用。

3．大力推进全面应用

目前，各类工商企业的高层管理者面临越来越多的复杂挑战，这源于日益提高的人员薪资水平、原材料价格等方面的压力。虽然这些挑战和压力一直存在，但从未达到今天这样严重的程度。如今，大多数的高层管理者已达成共识，认为解决绝大部分该类问题的关键在企业内部而不在外部，要提高管理效能，要靠更好地控制及使用现有资源。作为从企业内部解决问题的一种尝试，众多高层管理者瞄准了改进企业管理活动的方式，其中应用项目管理模式是最重要的途径之一。实质上，推广普及项目管理模式，应由高层带动，以中层为主。中层以上的管理人员应注重更新管理理念，熟练掌握项目管理方法和技术。高层管理者绝不可因噎废食，过分担心应用项目管理模式可能带来的失败，而应全面分析组织自身的状态,清晰辨识组织管理模式存在的问题,积极促进管理创新,运用好项目管理模式。

古人云:"知之不若行之。"管理是实践的艺术,要知道梨子的味道,就得亲口尝一尝。管理者只有克服各种障碍,真正完整地成功实施一个项目,才能切身体验到项目管理的优势。项目管理侧重于行动,建立有效的行动路径是推动全面应用项目管理模式的关键,项目管理知识体系为建立具体的行动路径奠定了基础。全面推广项目管理,首先要实现思维方式的突破:一是要充分认识项目管理理念、方法和技术的先进性;二是要大力宣传国家重大项目建设的成功经验;三是政府机构应重视全面推广应用项目管理模式;四是要加大力度培养项目管理人才。另外,普及项目管理方法与技术,能够同时提升组织及个体管理者的能力,有利于各类组织总结项目实施所取得的成就和经验,理解知识体系的内涵,准确把握项目管理的推广应用前景,科学谋划组织未来的战略发展路径。

4. 管理学界应大有作为

推广普及项目管理模式是管理学者的神圣使命。积极投身项目管理理论知识的普及和人才培养服务,是项目管理学界和众多实践者的共同职责。项目管理学者不能局限于坐而论道,还应学而悟道,更应起而弘道。学界要努力促使管理者做到学以致用、以用促学、知行相长,逐渐拓宽应用领域,逐步提升应用效果。

(1)加强项目管理理论推介。目前,我国各类组织,特别是众多工商企业中现实的管理问题很多,可供学者提供咨询服务并发挥作用的余地也很大。项目管理是一项专业性和技术性很强的工作。项目实施要想顺利实现预期目标,对实施过程的管理必须科学化、系统化、规范化。只有通过理论指导规范过程管理,才能使众多的管理者摆脱依靠经验管理的现状,达到专业化的管理水准。项目管理学者在做好理论研究的同时,应坚持不懈地宣讲项目管理模式的优势,用理论成果指导项目实践。当前,由于路径依赖效应,很多企业被紧紧地锁定在粗放式发展模式中,这也是当前推广和应用项目管理模式的最大困境。所以,学者们应面向基层,主动提供咨询服务,破解现实中的管理难题。学者还应深入厂矿企业,开展宣传普及和学术讲座,撰写通俗读物,引导大众逐步走入项目管理的知识殿堂,使学术成果在众多的项目实践中落地生根。学术界只有给众多项目管理者提供正确的、易于接受的理论知识,才能促进项目管理模式的广泛应用。

(2)促进项目管理理论实践化。推广普及项目管理,学界应在讲授理论知识的同时注重实践应用。深入推广项目管理模式,应特别注意倡导理论与实践的结合,具体应注意以下三个方面:一是注重理论知识这个着力点。推广应用项目管理,首先源于管理者对理论知识的精准理解。理解并运用项目管理模式,首先,学者要从思想观念上加以引导,促使管理者接受项目管理的理念;其次,应以讲授项目管理知识体系为主线,帮助管理者掌握基本理论;最后,要促使管理者掌握方法体系和技术体系。二是注重理论与实践并重这个核心点。项目管理"知易行难",缺乏理论指导的实践是盲目的,而没有实践经验支撑的理论则是空洞的。例如,在工程项目建设领域,至今仍有不少基层的项目部,工地上挂的是项目管理的"新帆",实践中走的却是施工组织设计的"老路",理论与实践脱节。三是注重实践检验这个关键点。管理知识寓于实践之中:没有脱离实践的管理理论,也没有脱离理论指导的有意识的实践。学界纯粹地传授理论知识,会使一些管理者一头钻进概念和原理堆里,用意识虚妄地看待项目管理活动,而不能充分理解理论知识的精髓。管理者通过实践,自己真正有了体悟,再来温习理论知识,就能提升认知境界。

（3）提高项目管理培训成效。推广项目管理的理念、方法和技术,提升实践应用的规范化管理水平,需要阐明项目管理的基本原理和方法手段。政府机关的管理者,大多注重认知和理念、原理和方法等;实业界的管理层则喜欢直奔主题,希望短期内就能掌握项目管理方法和技术。当前,国内项目管理的专业培训本身面临许多问题,针对不同层次的培训对象,仍缺乏优秀的培训教程和课程体系。这就需要针对不同的培训对象来确定讲授的内容。如今,各类项目管理讲座较多,有的仅注重书本知识,专业面太窄,听来枯燥乏味;有些看似注重实践或案例,实则哗众取宠,"娱乐性"过强;也有一些内容浮浅粗糙,理论性、系统性不够,针对性不强。当然,纯理论知识的讲座,数小时内难以讲授透彻,听众在较短时间内也难以理解。因此,学者应积极探索和开发适宜的培训授课内容和教学方式,注重现实针对性,将严谨性与实用性结合起来,把丰富而庞杂的项目管理知识以生动灵活的方式传授给学习者。

第九章　项目管理与经济社会创新发展

"天下之治，有因有革，期于趋时适治而已。"
——《宋史·徐禧传》

第一节　项目管理与创新活动

项目管理能否取得预期效果，往往与项目实施的创造性过程密不可分，而各类创新活动、创新项目的实施过程又与项目管理模式的应用紧密相连。实际上，在当今这个"项目化"时代，各种创新活动的开展大多以创新项目为载体。因此，分析项目管理与创新活动之间的关系，对于进一步推动项目管理理论研究与实践应用具有十分重要的意义。

一、创新活动

创新是人类特有的认识和实践能力，是推动经济发展和社会进步的源动力。当今世界，创新理念已被人们广泛接受，创新活动已成为推动经济社会发展的关键要素。创新活动依赖于创造性思维，需要依托创新项目来推进。因而，对创新活动进行有效管理，在某种程度上就是对创新项目进行有效管理。

1. 创新活动的内涵

创新一词在古汉语中亦作"刱新"，一指创立或创造新的，二指首先。而在拉丁语中，创新的含义有三：其一，更新；其二，创造新东西；其三，改变。关于创新活动，我们可以通过被人们广泛引用的创新的经济学内涵来认识。美国经济学家约瑟夫·熊彼特首先提出了创新的概念，他认为，经济的发展是由于经济自身存在一种既破坏均衡又恢复均衡的力量，这种力量就是创新。具体而言，熊彼特给出了创新的五种形式：引入一种新产品，或者引入一种新的产品质量；采用新的生产方式；开辟一个新市场；获得一种原料和半成品的新来源；实现一种新的企业组织形式。[①] 可以看出，创新是人类的创造性实践行为，只要在

---

① 约瑟夫·阿洛斯·熊彼特：《经济发展理论：对于利润、资本、信贷、利息和经济周期的考察》，叶华译，九州出版社 2007 年版，第 1 页。

经济活动中注入新的要素，如运用新的科技成果或管理方法，使经济运行过程发生量或质的变化，均可称之为创新。

当前，尽管人们对创新的内涵见仁见智，但较为主流的观点认为，创新是人的思维出现了有别于常规模式的变化，并在这种新思维方式的指导下，利用现有知识和资源，在特定环境中改进或创造新的事物、方法、元素等，并获得一定有益效果的创造性行为。随着社会的发展、科学技术的进步和经济水平的提高，人们对创新的认识也不断扩展和深化，从经济到科学、政治、文化、教育等各方面都出现了许多新概念，如知识创新、科技创新、组织创新、管理创新、制度创新等。衡量一项创新活动是否具有价值，往往取决于它能否在实践中取得成功并促进生产力的发展。

2. 创新活动的载体

创新，首先表现为思维创新，其次表现为知识创新。然而，新思维、新知识并不能直接转化为产品和社会财富，它们通常仅为人们在方法论意义上提供认识和改造世界的前提条件与可能途径，只有将其形成创意，并使创意转化为创新项目的原始构想，再通过创造性过程实施创新项目，最终才能转化为现实生产力，创造出新产品或提供新服务。这一复杂过程表明，创新是经济社会的重要发展形式之一，其活动的载体在今天常常是以一个创新项目的形式出现。只有通过确立并实施创新项目，才能将人们的创新思维、意愿和行为与创造性过程及创新活动的组织管理有效地联结起来。开展创新活动，实质上就是确立并实施一个创新项目。与此同时，各类项目的实施过程本身也蕴含着丰富的创新活动。因此，在某种程度上，创新活动与项目管理具有相同的目标和使命。

创造性是创新活动的灵魂和标志。创造性活动不仅是个体行为，更是一种组织行为。根据组织性质及结构体系的不同，人们对创造性活动的认知也存在较大差异。但总体来看，创造性活动顺利开展的关键，在于引入项目管理模式：一是高层管理者要提高思想认识，打破因循守旧的管理思维模式，形成良好的创新氛围；二是充分发挥创新组织管理体系的能动作用，抓住创新活动的关键要素，鼓励各类创造性活动，提高组织整体的创新水平；三是有效管理创新项目，强化创造性活动的过程管理，及时发现并消除阻碍开展创新活动的各种不利因素。

3. 创新活动的管理

创新活动既要"仰望星空"，又要"脚踏实地"。开展创新活动的关键，既要树立创新思维，创造新知识和新理念，又要注重创新组织管理模式。创新项目是开展创新活动的载体，项目管理模式是转化科技成果的桥梁，这已成为人们的共识，也被大量的创新实践所证明。近年来，在科技创新实践中，知识向价值的转化主要体现为科技成果的转化，这其中，项目管理发挥了重要的促进作用。改革开放以来，我国经济发展的重要依托是各类开发区和科技园区，而众多园区的快速发展普遍以项目实施活动为支撑；同时，日益频繁的国际商贸、金融、军事等各领域的合作，大多数也是以创新项目为依托并借鉴项目管理模式进行管理的。

当前，在新一轮科技革命的大力推动下，经济社会各领域不断创造出新的发展空间，各种新需求、新业态不断涌现，使得作为创新主体的社会组织，特别是各类工商企业，处在不断变化的环境中。面对这种情况，如何解决企业管理中不断出现的新问题，无先例可循。对此，企业高层管理者应充分认识到不能用传统组织管理方式重复性地开展管理活动，而是要树立新理念、寻找新方法、探索新流程，不断提高管理创新活动的成效。项目管理是面对一次性任务的管理方式，其特点是针对目标任务，一事一议，一事一策；其本质是一种动态化、规范化的管理方式，与创新活动具有天然的耦合性。正确运用项目管理的方法和技术，能极大地强化创新活动的过程管理，有效聚合组织中人才、资金、技术等创新要素，保障创新活动取得实效。

二、创造力

创造力是指产生新思想以及发现并创造新事物的能力，它是成功实施创新项目以及创造性活动所必需的心理品质和能力素质。创新意识是一种思维活动，而创造力则表现为一种能力和行为。格雷厄姆对如何管理创造性活动进行了较为深入的分析，并引用罗杰斯的研究成果，深刻阐述了创造力的内涵及其产生过程。[①]

1. 创造力的内涵

开展创新活动的关键在于激发个体人员的创造力。罗杰斯认为："一种新的、相关产品的出现，一方面源自个人的独特素质，另一方面源自各种材料、事件，周围的人或其生活环境。"在罗杰斯看来，创新活动一部分源于客观条件，另一部分源于个人因素，个人的"独特素质"被认为是其自身的"创造力"。这就是创新活动总是带有个人印记的原因。事实上，在既定客观条件下，组织中个体创造力的大小及其开展创新活动的效果，决定了组织的创新能力。有创造品格的人，大多倾向于以自身特有的工作节奏，去寻求自身的价值。通常，这种个人创造力并非仅来自对财富的渴望，更因为它能使人获得满足感和成就感，从中实现自我价值并被社会认同。

创造力是人类特有的一种综合性本领，它由知识、智能及个性品质等复杂因素综合构成。知识是创造力的基础因素，获取、理解和运用知识的过程正是创造力发挥作用的过程。任何创造和发明都离不开知识，丰富的知识不仅有利于提出更多、更好的创造性设想，而且可以对设想进行科学的分析、鉴别、简化和修正，这正是创造力的重要内容。智能是智

---

①　R. J. 格雷厄姆：《项目管理与组织行为》，王亚禧，罗东坤译，石油大学出版社 1988 年版，第 158—161 页。

力因素和多种能力的综合，它是一种主观内在素质，既包括敏锐而独特的观察力、高度集中的注意力、高效持久的记忆力和灵活自如的操控力，还包括创造性思维能力，这些智能因素是构成创造力的重要部分。优良的个性品质包括精神意志、情操修养等方面，是在个人生理素质基础上和一定社会历史条件下，通过社会实践逐渐形成和发展起来的，是在创造性活动中表现出来的优异素质，也是构成创造力的重要部分。总之，由知识、智能和个性品质构成的创造力要素，相互作用、相互影响，决定着个人创造力水平的高低。

2．创造力的产生

人们普遍认为，创造力蕴藏于个体的潜能之中。罗杰斯指出："个人产生创造力的动机在于人们实现自我、显示潜力的愿望。这种定向趋势在所有有机物和人类生活中都是明显的——包括个人的扩展、消耗、发展、成熟，以及显示与活跃机体本能的种种冲动。"事实的确如此，每个人都有与生俱来的创造性冲动，但大多数人因防御心理而将其埋藏于内心深处，只有当条件成熟时，它才有可能被释放出来。激发创造力的条件，主要包括以下四个方面：

（1）重视经验知识积累。开展创造性活动要重视经验知识，注重对实践过程中现实情境的分析和对感性知识的整合，而不是一味地强调未来的愿景。同时，创造性活动更要扩展视野，不能僵化于已有的概念、知识、直觉和假设等。创造过程应当容许某些"模糊认识"的存在，避免凭经验武断地对一些特定的情况做出轻率的结论。

（2）注重新概念运用。从创造性活动的本质来看，个体创造力产生于个人的思维活动，他在"把弄"某些元素和概念的过程中，往往能产生出具有重大意义的新发明、新创造。具有创造性的人，善于将各种已知元素置于看似不可能的排列之中，提出某些"天马行空"的假说，且常常将一种组合形式转释为另一种形式，并以新的概念做出各种不同寻常甚至"不合常理"的解释。

（3）尊重内在评价。通常，对创新成果的价值，不应因他人的褒贬而被简单评价，应由创造者自己来决定。创造者会向自己发问，拷问其创新活动是否已创造出使自身满意的成果。当然，这种内在的评价并不意味着创造者不会在意外界的评价，仅是说明评价创新活动的动力和价值基础在内部而非外部。

（4）重视协作与交流。创造者、革新者开展的创新活动，往往都是前人从未做过的工作，他们希望与他人沟通，希望找到一个可以协作的集体，能够与之交流思想，分享自己的创造性过程与创新成果。

3．创造力的培育

每个人认识世界的方式不同，也存在着对客观世界的独特看法。但是，一般组织对个体成员的独特看法常常并不予以鼓励，因为组织管理者总是希望其成员能以相似的甚至是一致的方式认识和理解事物，以便获得所谓的"协同行动"。为此，组织会制定各种规章和规范，并要求所有成员共同遵守。应当承认，"规则"本身对组织的稳定运行是有益的，但有时却会对组织中某些个体成员的创造力形成掣制。这是因为在有些管理者看来，创造性冲动意味着对组织既有秩序的一种"威胁"，独创性或"与众不同"，常被认为是影响组织稳定发展的"危险"因素。正如罗杰斯所说，组织在某个方面严守规矩，就会对其所有领域产生影响，对创造力也是如此。结合罗杰斯的研究成果，格雷厄姆进一步指出，社会系统和传统习惯都会强调"一致性"，这就使个体创造力受到限制成为普遍现象。

事实上，各类组织正是基于个体成员的创造性，才产生了各种新见解，才能够重新组合资源要素，并由此推动了组织及社会的创新发展。但从"协同行动"的原则出发，很多组织常常会不自觉地抑制组织本身及个体成员的创新能力，也使得对创造力的培育困难重重。鉴于这种情况，组织应积极倡导并营造一种鼓励个性发展的氛围，使人们能够解放思想，敢于打破常规，勇于探索未知世界。创新活动本身多带有极强的探索性质，且创造性过程的失败率也较高，因而有时为了加快进度和提高成功率，还需要同时探索多个试验方案。比如，企业在开发新技术、新产品的项目中，针对多个新的构思和设想，需要对其进行严格的审查、筛选和淘汰，以确保最终技术和产品的优良性能。然而，被淘汰的方案也并非一无是处，它可以成为企业内部的技术储备。通常，这种储备越多，企业适应外部环境的能力就越强。

三、创造性活动的管理策略

从项目管理的视角看，创新的过程本质上是一种创造性活动，而管理创造性活动，实质上就是对创新项目进行管理。在创新思维、创新活动、创新项目、创造性过程和个人创造力联结而成的这个创新链中，创新思维和创造性过程会引起原有组织管理模式的不适应，导致创新人员与组织的冲突。因此，对创造性活动的过程管理，需要创新管理方式。梅雷迪思等对创造性活动的管理与控制问题进行了初步探索，认为它是一项复杂的系统工程，因为创造力既难以培养又难以奖励，但它可以被管理。[①]

1. 确立目标导向

创造性活动所设立的最初目标，一般源于创造者个人的构思。但是，组织及其高层管理者应当清醒地认识到，这类活动虽然形式多样、纷繁复杂，但在本质上都具有"创新项目"的属性，所以对其应有明确的目标要求。创新项目目标的设定，一般应满足以下要求：范围适当，具有挑战性；要切实可行，不能过于复杂，应是现实且可达到的；在可获取的资源范围内，与预期可得到的资源相匹配；可度量，可被验证；符合组织相关的政策法规。

创造性活动的开展是一个渐进的过程，也是从构想到认知，从认知到实践的创新过程。

---

① 杰克·R.梅雷迪思，小塞缪尔·J.曼特尔：《项目管理：管理新视角》，戚安邦译，中国人民大学出版社 2011 年版，第 515—516 页。

因受多重因素影响，创造性活动目标的衡量标准具有较大的不确定性和模糊性，这使得人们对其管理过程的认识也比较模糊。但总体来看，创造性活动及其所形成的创新项目具有三个特点：第一，目标越笼统，创新过程越复杂，创造性工作越多，项目成果的不确定性也就越大；第二，尽管创造性活动的实际成果或多或少地带有某种不确定性，但创新项目的实施过程通常却是明确的；第三，开展创造性活动要把握好过程管理的尺度，严苛的控制措施不宜过多，否则，会阻碍创新活动的实施。

2.注重过程管理

通常，创造性活动是组织中的"新生事物"，对其实施过程进行管理，实质上是对创新项目实施过程的管理。管理创造性活动会呈现出持续改进、精益求精的过程管理特征。这种管理方式的过程与一般项目实施的过程较为相似，具体可划分为以下五个阶段。

第一阶段是启动过程。创新项目的启动是一个对创造性活动进行定义的过程，该阶段的主要工作是形成创新项目的概念，确立基本目标，确定大致的工作范围。第二阶段是筹划过程。通常，由于创新项目在启动阶段存在一定的模糊性，往往会导致项目计划中相关目标任务指标的不确定性较大，计划方案的可预测性较差。因此，创新项目目标任务的计划指标应具有一定的弹性，且需要相关理论成果及案例的支持，特别是要善于从以往实践中汲取有益经验。只有这样，才能通过详细的筹划确立项目目标任务，落实计划方案。第三阶段是实施过程。这个阶段主要针对创新项目实施过程中遇到的障碍以及不利因素，通过运用先进的管理方法，分析相关创新项目的成功案例，进而寻求一个最优的管理方案，促使创造性活动顺畅实施。第四阶段是监控过程。创造性活动的潜在回报率越高，对创新项目实施过程风险管控能力的要求也相对越高。考虑到创造性活动实施过程的不确定性，可以从过程控制方面进行监控。第五阶段是收尾过程。这个阶段既是交付创新项目成果的阶段，又是一个对创造性活动进行绩效评价与总结反馈的过程。

3.强化管理控制

对创造性活动进行有效管控，主要是为了实现创新项目的最终目标。创新项目的过程控制虽具有较强的约束性特点，但控制措施并不一定必然与创造性过程对立，创造性活动也并非完全不可管控。在具体应用项目控制方法时，应侧重于引导，既要关注过程管理的系统性和规范性，又要注重发挥个体创造者的潜能，通常可采用过程评估、人员再分配、调整资源投入等主要控制方法。

（1）过程评估控制。对创造性活动进行过程评估，主要目的在于关注实现成果产出的过程，而非成果本身，因为创新项目成果的产出，部分地取决于实施创造性活动的程序和流程。创造性过程虽然具有较大的不确定性，但其实施过程的基本程序和流程却是可控的。因此，能否有效管理创新项目的实施过程，关系到能否实现创造性活动的预期成果。例如，在研发项目中，尽管研究者不可能保证研究成果完全符合预期目标，但是，可以肯定的是，他们应该对执行项目的研究方案、预算和进度计划负责。也就是说，即使无法控制研发项目的精确产出，但却可以系统地控制研发过程。需要强调的是，里程碑节点往往是研发项目控制的基准点和最佳时机，在每一个里程碑节点上都应实施控制。同时，由于来自管理者单方面的判断往往不易被研究人员接受，或者达不到预期的控制效果，故而评估过程应是多方参与式的。

（2）人员再分配控制。控制创造性活动的实施过程，还可以通过调整项目人员进行，即通过人员再分配来实现控制目的。通过调整人员、重新分配工作任务建立精英团队，激励高效率的成员，调离低效率的成员，从而促使项目团队赢得更好业绩。采取这些技术性措施，核心在于明确地识别并划分处在工作效率正常范围内的成员，通过强化团队管理调动所有成员的积极性，保护其创造性思维，激发其潜能。当然，管理者运用这种控制方法时应把握好尺度，管理措施切忌太过精细，以免束缚项目成员的想象力和创造力。

（3）资源投入控制。围绕资源投入强度的调整开展控制工作，重点是为了提升研究人员的工作效率。管理者将项目资源投入强度与产出成果紧密结合在一起，可以有效地控制项目实施的节奏，提高项目工作质量。虽然项目成员的工作效率不能简单地等同于创造能力，即创造性不能直接等同于工作效率，但创造性活动也不能无限制或一味地消耗资源。也就是说，对创新项目的资源投入应有一个合理的区间。当然，创造性活动的成果大多是"智力成果"，资源投入力度与成果产出量之间往往呈现出非线性关系。多数情况下，在项目研发的当期，其产出效果可能并不显著，但随着研发的深入，相关研究成果则会发生"井喷"现象。这就是说，创造性活动的成果产出时常具有偶发涌现的特征。因此，管理者应十分谨慎地确定资源调整的时机，合理控制资源投入强度，以便获取期望的项目成果。

在上述三种方法中，第一种方法关注过程，管理者可以有效地对其施加预期性影响。第二种和第三种方法关注效率。在项目成果形成的过程中，管理者可通过分析资源投入与成果产出的关系，以合理确定后续资源投入的强度。优秀的项目经理可以同时采用这三种方法，也可以有选择地随机组合，从而科学管控创造性活动的实施过程。

4．重视成果评价

分析创造性成果的价值，只能通过其本身对科技进步的影响度进行评估，这恰恰是最难认定的，因而对其评判也最为困难。为此，对创造性成果的评价应特别注重以下两个方面：首先，就创造性活动及其实施过程而言，产出成果必须是某种"实实在在"的、有形的成果。创造者新颖的构思、设想和创造成果，除非能以某种文字、形态或实绩等展示出来，或者能转化成一种发明成果，否则，创造性成果的价值就难以体现。其次，评判创造性活动的社会价值，不能仅依靠分析其成果当前的价值。在很多情况下，有些创造性活动的成果，只有在长期应用过程中才能显示出巨大的社会价值和经济价值，才能得出最终结论。罗杰斯认为："在一项创造性成果产生时，没有哪一个同时代的凡夫俗子能做出满意的评价。成果越新,这句话就越真实。"[①] 这就是说,创新成果越具有独创性,其影响往往越深远,但容易被同时代的人所忽视甚至否定。因此,在评判创造性成果时,应具有包容心态和前瞻性眼光,重点关注该成果是否能正确反映事物发展的客观规律,是否实现了新构想以及其是否具有潜在的应用前景。

第二节　项目管理与社会治理创新

尽管社会管理是个老话题,但社会治理却是个新命题。当前,推动社会治理创新已成为提升国家治理能力的一项重要举措。从项目管理的视角看,社会治理的各种专项活动体现为形式不同、规模不一的项目,即社会治理活动的载体大多以创新项目的形式出现。因此,项目管理模式构成了社会治理体系创新发展的核心内容之一。

一、社会治理的基本内涵

目前,我国已在国家层面上提出了推进国家治理体系和治理能力现代化的宏伟目标,从战略上明确了共建共治共享的社会治理新格局。为此,我们应首先提高对社会治理内涵的认识,并以社会管理为基础,提升社会治理创新能力。

1. 社会治理的认知

社会治理涉及政府、市场和社会三个基本层面,需要在政治、经济、文化等诸多领域全面协调推进。从本质上讲,社会治理是指一个包括从个人到公众、从各类社会组织到各级政府等多元主体,以治理项目为载体,通过互动和合作,采取一致管理行为的过程。其目的是满足社会成员的需求,实现社会持续、和谐、健康、有序发展,最终实现公共利益的最大化。社会治理的过程,是政府和各种社会组织为促进社会系统协调运转,以法律、行政、道德等手段,对社会公共事务进行组织、协调、服务和监督的过程。社会治理的关键,是要树立适应社会发展要求的治理理念,即在社会治理活动中要明确为什么要治理、治理什么、由谁来治理、如何治理等问题。其中,"为什么要治理"主要回答社会治理的背景和意义;"治理什么"主要讨论社会治理的对象和内容;"由谁来治理"主要明确社会治理的主体;"如何治理"主要探索社会治理的方法和技术。

当前,我国社会发展正处于从数量型增长到质量型增长的转型期,这种转型解构了传统社会的发展理念与组织形式,致使原有的社会管理模式难以满足当前经济发展与社会进步的实际要求,从而出现了一系列新问题、新矛盾。主要表现为:一是注重经济增长,而

---

① 　R. J. 格雷厄姆:《项目管理与组织行为》,王亚禧,罗东坤译,石油大学出版社1988年版,第159页。

轻视社会全面协调和持续健康发展。过分看重经济指标，导致社会整体发展进程滞后于经济发展进程。二是治理观念滞后，价值取向错位。社会治理往往从"政府本位""权力本位""治理主体本位"出发，缺乏"社会本位""公民本位""权益本位"的创新理念。三是治理主体单一，社会组织发育迟缓。政府作为治理主体，其行为涵盖了社会治理的各个层面，某种程度上挤压了社会组织的治理空间。四是对治理活动认知不明，缺乏全面系统的管理手段。受"社会治理官僚化"因素影响，政府在管理社会事务的过程中，存在既管得过多过细又失职缺位的现象。同时，不少社会管理者将个人或部门的看法、主张及要求等视为治理之"道"，在社会治理活动管理过程中，原则性的指导意见较多，缺乏行之有效的方法和技术。为了解决上述问题，就要完善和创新社会治理模式，构建包括理论体系、制度体系、方法体系和技术体系等在内的全方位的社会治理体系。

2. 社会治理的基础

从本质上讲，社会管理和社会治理都是一种组织、协调和监控社会事务的过程。从历史演进上讲，从"社会管理"过渡到"社会治理"，反映出人们对政府、市场和社会三者关系的重新思考与定位。社会管理是社会治理的基础，社会治理要以科学化、系统化、规范化的社会管理平台为依托。两者的关系表现为：社会治理的内涵和外延应建立在社会管理的基本范畴之上；只有实现卓越的社会管理方能促进社会治理体系的整体提升，如果离开了基本的社会管理活动，社会治理就成为无源之水、无本之木。社会治理与社会管理一脉相承，时代的发展和进步要求社会管理的内涵与外延、模式和手段等必须与时俱进，从而为实现从社会管理到社会治理的转化奠定坚实基础。

从现实来看，虽然社会治理和社会管理面临的根本问题并无本质差异，但在其具体实现方式上，两者又有所不同。社会治理更契合时代要求且特色突出：一是聚焦于激发社会组织活力、预防并化解社会矛盾、保障民生和健全公共安全体系等关键领域；二是强调"鼓励和支持各方面的参与"，重视社会组织力量的作用，而不是单一的政府管控；三是强调制度建设，倡导用法治的思维和方式化解社会矛盾。总之，社会治理希望达到一种"善治"的状态，提升社会治理的系统性、规范性和有效性，旨在突出法治、参与、共建、共享、公平与公正等现代社会治理新理念。

3. 社会治理的创新

考虑到当今社会问题的复杂性、社会需求的多样性和社会价值多元化的现状，以及政府与社会、政府与市场、社会与市场等之间多维交叉的关系，社会治理创新必须依托一个新型载体，而项目管理正好为其提供了一种可资借鉴的实现方式。社会治理活动采用项目管理模式，可明确各项目标任务，不仅可以形成一套规范的实施方法，而且还能够进一步实现其管理理念及体制机制的创新与变革，能将治理活动的过程管理塑造为一个可量化评价的综合性管理系统，从而使社会治理活动在质与量、优与劣、快与慢等各方面有章可循。

项目管理可为现代社会治理提供一整套科学规范的理论、方法和技术，能有力促进社会治理体系的建立和完善，具体体现在三个方面：一是以项目管理的理念推进社会治理理念的革新。项目化管理可提升社会治理者的认知水平，优化政府职能定位，促进治理方式的整体革新。积极借鉴、运用项目管理模式，可以构建现代社会治理项目运作的方法体系、技术体系和规则体系，可使社会治理项目的管理程序、流程和步骤融入社会治理的制度体系之中。二是以项目管理组织方式推进社会治理组织结构创新。借鉴项目组织框架，可以调整多元治理主体之间的关系，从而加快建立以政府为主导、以社区自治为基础、以社会组织为中介、公众广泛参与的多元化治理新格局，培育基层社会的"自治基因"。三是以项目管理知识体系促进社会治理组织及其参与者能力的提升。社会治理的核心要素是人，关键在于提高治理者的管理能力。社会治理活动按照项目管理知识体系中各个知识领域的具体要求，可以组建专业化的管理团队，不断提升其规范化管理水平。

二、社会治理的管理制度创新

社会治理制度是社会治理体系的核心内容，它既包括约束人们行为的各种法律、法规、规章等规范性文件，又包括符合大众或群体利益诉求的各种约束性管理措施。社会治理制度建设的过程具有明确的目标和进度要求，这与项目管理理念相一致。因此，运用项目管理模式推动社会治理制度建设，是社会治理制度体系创新的重要途径之一。

1. 制度建设导向

当前，我国社会治理制度体系亟待完善和创新。系统完善的社会治理制度体系是构建现代社会治理新格局、推进社会治理体系现代化的重要组成部分，是全体人民共享社会治理成果的基础保障。建设社会治理制度，必须与社会治理活动的目标、过程和结果相适应，关键在于构建社会治理的政策法规和管理规则。建设、完善和创新社会治理制度的过程，既是发现、分析和解决问题的过程，又是创建社会治理理论体系及其方法体系的过程。首先，要注重科学性、系统性和规范性，突出制度体系的可执行性。其次，应紧跟时代步伐，紧扣时代主题，注重层次性，把治理体系从技术性的"器物"层面上升到规范性的"制度"层面，从而实现更全面的治理。再次，要总结我国成熟的社会管理经验，把真正有效的改革政策转化为法规制度，同时汲取发达国家建设现代社会治理制度的有益经验，将各国社会组织自治、共治的成功做法批判性地运用于我国社会治理的制度体系中，形成系统化的制度成果。最后，现代社会治理制度应是一个开放的制度体系，通过完善相关政策与法规，使制度建设更具开放性和包容性，以增强协同治理的力量。

2. 制度建设过程

建立一项新管理制度，其起草、审定、颁布及落实的过程，可视为一个创新项目的实施过程。比如，构思与研讨一项新制度的过程，属于一次性任务，可视作"研发类"项目的确立过程；制定这项新制度，其所形成的目标要求、过程管理和成果期望就是在实施这个研发项目。同时，宣传、贯彻和落实这项新制度的过程，就是一项综合性的项目化管理过程，本质上是在实施一个"活动类"项目。事实上，在制定社会治理制度时，管理者既要体现国家意志，又要融汇相关部门或行业的治理思想，这种目标、过程和结果的管理链，实质上已构成了一个制度建设创新项目的全过程。以项目管理模式管理制度建设项目，最重要的是以项目化管理思维和理念，明确建立该项制度的目标要求，抓好过程管理，通过强有力的落实举措，以达到预期效果。

3. 制度执行过程

社会治理制度的执行关乎治理成效，制度创新既要体现制度体系自身的规范性，又要符合制度贯彻执行的有效性要求。一方面，要分析制度设计是否具有针对性和可操作性，能否满足经济社会发展的要求；另一方面，要检验制度运行能否促进人们主观能动性的发挥，使人们在不断与社会环境进行物质、能量和信息交换的过程中，稳步提升社会治理实效。社会治理制度的运行涉及三个重要变量，即制度环境、制度执行力和制度绩效。从这三个变量之间的内生关系出发，可以考察制度体系运行的效果，具体包含四个方面：一是制度体系是否具备自我调适能力，能否为社会治理提供稳定秩序；二是制度体系能否促进社会治理系统结构和功能的优化，使社会治理活动有序运行与和谐发展；三是制度体系能否提供多元共治的有效参与方式以及相关意见、建议表达渠道，凝聚共识，形成良好的利益诉求机制、协调整合机制，使不同利益群体在充分参与的过程中，形成社会治理的最大公约数；四是制度体系能否促进社会公共产品或服务的有效供给，不断增进人民福祉。

三、社会治理的管理体系创新

社会治理管理体系的创新，关键是治理理念和方法的革新。一旦社会治理活动与项目管理相融合，这种革新将成为可能。社会治理的管理体系创新，应从整体上把握社会治理的基本原则，积极运用项目管理模式，大胆借鉴项目管理理论、方法与技术，不断提升社会治理能力，全面推进社会治理体系现代化。

1. 更新社会治理理念

项目管理的理念是解决社会治理顶层设计问题的一种有效手段，其方法和技术是有效管理社会治理项目的一把利器。社会治理最核心的问题，是要突出对社会事务全要素、全过程、全方位的综合治理，并把项目管理的理念融入政策制定、工作部署和任务落实的各个环节。当然，由于社会治理项目大多具有鲜明的公益性，各级政府应加强对该类项目的引导和监管，特别是在确立项目时不能以经济收益最大化为目标，不应过分依赖市场化的自由竞争调节机制。

目前，我国社会治理项目量大面广，各类治理项目在目标任务和投资规模上都具有较大的差异，项目实施与管理的效果亦参差不齐。为此，各级政府应以规范项目建设为引导，构建政府主导、多元共建的社会治理项目规范管理体系，特别是要加强对社会治理项目立项的科学管理。通过规范治理项目立项审批，明确治理项目的"三大目标"和治理主体的责任，从而实现社会治理项目建设由管理型向服务型转变，为"善治"打下坚实基础。同时，面对治理对象的复杂性和治理主体的多元化，在社会治理项目决策、执行和监管过程中，应厘清政府、社会组织及运营企业等利益相关方的责任边界，有效整合各方力量，共同承担社会管理和服务职能，最终形成政府主导、多元共建共享共治的社会治理新格局。

2. 明确社会治理目标

作为基本的社会管理过程，社会治理要统筹规划，循序渐进。也就是说，在社会治理活动中，需要划分具体的"领域""区域"及"层级"，并将其逐步分解，分门别类地形成"治理项目"。与一般项目的管理过程一样，社会治理项目的管理也应具有明确的三大目标，即进度管理、费用管理和质量管理。

（1）进度管理。社会治理项目存在治理的周期、阶段及进程等时间要求。这里的"进度"，不仅是指时期与时限要求，而且包括对治理对象进行规划设计，使其转变为相应项目实施的时间限制，即进度及工期要求的时间节点。进度管理体现了社会治理的进程，实质是在特定时期内，治理主体运用各种力量和资源，有效管理项目实施的过程。社会治理项目的进度管理，应注重以下方面：一是着力把控项目进度计划，提高治理项目的时效性；二是把握重要时间节点，做好冲突应对准备，避免出现问题后陷入被动；三是要处理好项目进度、费用和质量三大目标之间的关系，在保证质量、节约资金的前提下确保项目进度。

（2）费用管理。目前，财政投入是社会治理项目的重要经费来源，合理确定项目投资是费用管理的关键要素。从国家层面看，政府必须充分考虑各种社会治理成本，力求在促进社会公平与保持经济增长之间寻求平衡。因此，社会治理的重点之一是合理安排财政资金的投入强度与费用支出结构：第一，发挥社会治理项目投资对经济增长的乘数效应，建立项目融资与经济增长相互促进、相互补充的良性循环机制。在财力和社会承受力允许的范围内，各级政府要增加支出规模，实现跨地域、跨部门的资源优化配置，最大限度地发挥社会治理项目对经济增长的促进作用。第二，完善社会治理项目支出结构，提高财政投入对社会全面发展的贡献度。根据社会治理的新要求，不断优化支出结构，提高项目支出对社会全面发展的支撑作用。第三，各级政府应着力保障社会治理公益项目启动时的"资本金"，不能单纯依赖市场机制。对于政府直接投资的治理项目，应有严格的利益约束机制，建立健全项目论证和实施责任制，规范项目投资行为，确保投资效果。

（3）质量管理。社会治理的目标是提升"社会公共服务的质量"，因此要有针对性地构建社会治理项目质量规范体系。社会治理的质量目标须兼备人本取向和社会取向，在立足个体"社会性"回归的同时，强调个人尊严与社会公平相契合，个人利益与社会福祉相一致。

当前,我国社会治理的导向应由单方面重视物质生活向全面关注人民群众幸福美好生活转变。提高物质层面的生活水平并不是幸福生活的全部内涵,当物质诉求得到基本满足后,民众便会表现出对未来美好生活的持续向往,从而关注更高层次的生活质量。因此,在社会治理过程中,必须同步注重提升民众生活质量与社会发展质量两个方面。

3. 完善社会治理机制

社会治理能力是社会管理者思想认识、管理理念和管理手段等诸多方面的综合体现。由于项目管理本身蕴含着清晰的管理机制和管理方式,所以相关政府部门借鉴这种管理方式逐渐形成了"项目制"社会治理方式。实际上,项目制主要体现在民生工程和公共服务事项方面,其管理内涵本质上以投融资管理为主,并非真正意义上的项目管理。与项目制管理方式不同,社会治理活动全面应用项目管理模式,是一种规范化的现代社会治理管理方式,即依照社会治理项目所涉及目标任务的内在逻辑,在限定时间、限定资源的条件下,充分运用项目管理的理念、方法和技术,以有效完成"具有明确预期目标的社会治理项目"的管理任务。此时,具体的社会治理项目涵盖面广泛,可以是某类独特的公共产品,也可以是某些特定的社会服务事项。

现代社会是一个多元化的社会,虽然政府始终是社会治理的主导力量,但经济、文化、科技以及城市化进程中的诸多项目的实施,却需要各类社会组织协同推进。运用项目管理模式,可将政府投资通过规范化、专业化的途径,分解和分配到社会治理的各个领域。这样,各类治理项目就能充分发挥项目管理模式的优势,使项目的筹划、确立、实施和监控等一系列的环节和过程,具有超越单个项目所具有的事本主义特性,成为整个国家或某一社会领域治理活动的有机组成部分。特别是,政府购买公共服务项目应成为项目化社会治理的主要方式,主要有以下三种形式:一是政府委托经营。政府将治理活动打包为项目,将某些公共设施建设和服务事项委托给相关社会组织进行经营管理。二是政府购买服务。创新公共服务生成方式,对可购买的社会服务事务,由政府出资购买相关服务而不再直接承办。三是政府提供补贴。这主要是按项目化管理模式,通过政府财政部门拨款给相关社会组织,由其承担相应的社会服务事项。也就是说,为了广泛吸引并鼓励社会资本参与,由政府和社会组织合作提供的社会服务事务,政府部门应提供相应的财政补贴。

4. 创建社会治理平台

各种研究成果表明,未来的社会治理将是一种"合作治理",而合作则要有相应的管理平台。张康之指出:"合作是人的社会实践中的普遍行为,在每一个时代,人类的共同生活都会造就出一种合作精神。……在20世纪后期以来'人类合作治理'模式的成长中,提供了人类合作精神再度出现的契机。"[①] 可以预见,在未来多元治理主体并存的条件下,先进

---

① 张康之:"论社会治理中的协作与合作",《社会科学研究》2008年第1期,第49—54页。

的多元合作治理模式将取代传统的"政府治理、公众参与"模式,各类社会组织可以发挥更为重要的作用,而各级政府的主要任务是为合作治理提供更加广阔的舞台。

目前,我国社会组织的发育还不够成熟,社会治理组织缺失现象比较严重。产生这种现象的原因是多方面的:其一,社会治理行政色彩浓厚,具有影响力的社会组织自主性不强,且大多数对政府主管部门的依赖程度较高;其二,结构布局不合理,功能发挥有待提高,互益性社会组织,尤其是公益性社会服务组织的发展相对滞后;其三,相关的法律法规体系尚不能系统规范社会组织的治理活动,有待健全;其四,对社会组织功能认识不足,没有将其真正纳入到经济社会发展的总体布局之中。因此,要解决上述问题,就需要广泛运用项目管理模式,进一步完善社会治理制度体系,建立规范的社会治理平台,并形成政府统筹、各类社会组织合作互动的新型社会治理格局。

5. 创新社会治理方法

社会治理的项目化管理模式与传统治理方式有着本质区别。社会治理的对象包括与物质生活和精神生活相关的各类事务,涉及通信、交通、教育、医疗、住房、养老等诸多领域。各级治理主体应根据不同领域社会治理项目的特点,有针对性地运用项目管理的方法体系。在构建社会治理方法体系时,要在项目管理理念的指导下,不断推进分层分类治理,优化管理工作程序和流程,确立正确的过程控制方案及管控效果评价体系,精准掌控治理成效。然而,囿于传统社会管理制度的"路径依赖",我国地方政府对社会事务的管理习惯于事无巨细,大包大揽。基于此,政府管理部门应不断更新理念,发挥项目管理方法体系的规范引领作用,创新并完善社会治理方法体系。

在项目管理知识体系中,整合管理、范围管理、三大目标管理、资源管理、沟通管理、风险管理、采购管理和相关方管理等诸方面所构成的方法体系,是各类社会治理项目实施与管理的根本依据和基本遵循。实际上,在社会治理的诸多领域,只要以项目化的管理思维为导向,以项目实施为载体,在项目立项、实施及运营各个阶段,按项目管理模式稳步推进,规范管理,就能从根本上解决上述问题。

6. 改进社会治理技术

有效的社会治理,离不开各种管理技术的应用。在传统的社会治理实践中,我国积累了从"礼""法""公约"到"典章"等各个层次的社会管理规范,也形成了丰富多彩的治国理政之术。时至今日,社会分工日趋细化,社会事务日趋复杂,如果仅依靠传统社会治理方式,不仅难以形成管理合力,而且也不利于运用专业管理方式进行社会治理项目的立项、实施和监管等,在实践中更易形成各自为政的弊端。毋庸置疑,封闭的国家治理体系早已被打破,建立适应现代化社会治理的技术体系势在必行。其中,信息化对治理方式的转变具有重要的促进和带动作用,可以作为改进社会治理方式的一种技术路径。社会治理的系统化要依托网络平台,需要广泛运用大数据、云计算和人工智能等新技术,使各类社会治理项目实现精细化运行，进而推动治理方式和管理技术的不断革新。

在构建社会治理项目实施与管理的技术体系时，要注意以下三个方面：一要明确技术体系定位。构建多维社会治理项目的技术经济指标体系，应以民生需求为导向，坚持定性分析与定量分析相结合，科学设置管理指标，持续提升社会治理项目评价的水准。二要深挖管理技术内涵。通过理念引导、机制创新、多元主体参与，在提升管理技术和工具的内涵上下功夫，在运用技术手段与破解治理项目冲突的结合上寻求新突破。三要建立科学有效的管理流程。程序、流程和步骤彼此紧密相连，而科学合理的管理流程能把项目管理技术和工具灵活运用到社会治理项目的工作计划、资源配给和绩效考核等各个方面。

总之，创新社会治理体系，本质上是一种社会管理模式的革新。我国现阶段的改革开放已进入体制改革、机制创新的深水区，加快完善社会治理管理体系势在必行。当务之急，应以提升社会管理能力为基础，抓住改革创新的大好时机，以项目化管理统筹运作，不断深化研究现代社会治理的理论体系，逐步完善制度体系，规范方法体系，运用好技术体系，从而实现社会治理模式的创新发展。

第三节　项目管理与企业创新发展

企业是各种创新活动的主体，而创新是推动企业持续发展的不竭动力。近年来，项目已成为企业实施重大战略的载体，项目管理模式备受企业管理者青睐，项目管理方法体系也逐步成为企业组织管理体系创新的基本手段。在企业管理体系中引入项目管理方法体系，并不是在传统企业管理职能之外再建立一套新的管理体系，而是要将项目管理的理念、方法和技术全面融入企业生产经营管理的过程中，促进技术创新和产品研发，从而推动企业管理科学化、系统化和规范化水平不断提高。

一、企业项目化管理的背景

回顾历史，项目化管理原本只是一种局限于某些特定领域的管理理念，经过半个多世纪的发展，已经演变为影响企业管理体系及管理职能的重要因素之一。大量实践表明，企业兴盛的程度，关键取决于其适应环境的能力，而项目管理模式是企业适应环境变化的普遍方式。企业引入项目管理的理念和方法，不仅能对典型的项目任务实行有效管理，还可将一些传统的"运作型"业务转化为项目式工作，并对其实施项目化管理。此时，企业项目化管理就诞生了。

1. 学科融合发展的需要

管理学、企业管理、项目管理所关注的都是经济社会发展中的管理问题，三者的内在逻辑关系密切。首先,从发展脉络上看,管理学最早出现在企业管理中,然后才发展延伸至包括项目管理在内的其他领域。其次,从管理对象来说,管理学可以应用于各个类别和层次的管理对象,而企业管理和项目管理则各有其独特的管理对象,即分别针对企业经营管理和项目实施的过程管理。最后,从三者的学科内涵和知识体系来看,管理学提供了各种管理知识的基本框架,企业管理主要针对企业生产经营活动,项目管理则是针对“项目式”工作或专门任务的实施。因此,管理学、企业管理都是项目管理学科发展的基础,它们直接推动着项目管理模式的持续发展,企业管理更是项目管理创新发展的沃土。

2. 企业战略发展的需要

项目体现着企业战略发展的意图,是企业实施战略目标的重要载体。项目管理理念先进,方法体系和技术体系可靠,是企业应对各种复杂多变环境、提升发展能力的有力武器。项目管理知识体系的基本框架适用于所有企业,但在具体应用时,企业应建立符合自身特点的管理系统、方法体系和技术体系,这是目前企业项目化管理面临的主要问题。企业高层管理者应在充分吸收国外著名企业项目化管理体系建设成功经验的基础上,及时建立符合自身特色的项目管理体系,以项目化管理推动企业不断发展。

概括而言,企业中很多先进的管理理念大多不是设计出来的,而是其技术体系、生产工艺、营销方式等方面集成创新的结晶,是对社会环境和市场形态观察与适应的产物。如今,智能化信息技术快速发展,网络营销模式抢占先机,几乎成了某些企业“赚钱的道场”。深思这类工商企业兴盛的原因,最根本的是其管理模式紧跟时代步伐,融合了管理学、经济学、信息科学等众多学科的新成果,满足了运用现代高新技术的需求,实现了科学技术、信息技术与管理技术的高度融合。当前,传统企业管理模式形成的组织结构体系之所以无法完成创新型任务,原因就在于未能顺应时代发展潮流。现代企业应摆脱以资金投入和产品产出为导向的传统管理路径,要将技术创新、产品创新、管理模式创新等视为一个个“创新项目”,并对其实施项目化管理。

3. 社会生产发展的需要

如今,几十年不变的同质化产品制造已成尘封的历史,个性化生产的特色愈来愈鲜明,以创新求发展是企业行稳致远的必然选择。科兹纳指出:“项目管理的发展可从许多不同的角度来追寻,如角色和责任、组织结构,权力委派和决策,尤其是企业效率。20年前,企业有权选择是否采用项目管理的方法,但今天还有少数人愚蠢地认为他们仍有这样的选择权;事实再清楚不过了,企业的生存很大程度上取决于以多好和多快的速度来实施项目管理”。[①]经过长期的实践应用,企业项目化管理已成燎原之势,其卓越表现有目共睹。

---

① 哈罗德·科兹纳:《项目管理——计划、进度和控制的系统方法》,杨爱华等译,电子工业出版社2014年版,第40页。

作为一种科学管理思想和实践创新的方式，项目管理模式已成为企业保持自身优势的必然选择。

(1)知识经济带来新机遇新挑战。当今时代，人类知识呈现指数级增长，新知识、新技能的涌现，增加了企业实施各类项目的复杂性。这种变化正在改变传统工商企业的管理理念，使其对项目化管理产生了强烈需求。在全球竞争环境下，企业面临着严酷的竞争压力，需要以项目化管理来应对这种挑战，不断推出各种新技术、新工艺、新产品。

(2)产品生命周期快速缩短。当今，产品更新换代越来越快，生命周期不断缩短，消费者个性化需求也越来越高。众所周知，30 年前产品具有 10—15 年生命周期，而现在平均是 1.5—3 年。开发新产品的一个共同经验是：延迟项目进度，就会极大地减少产品的市场份额。研发新产品，缩短产品设计与制造周期，正是发挥项目化管理优势的关键所在。

(3)组织管理模式面临变革。随着市场竞争的日益加剧，企业中创新型活动越来越多，但部分企业还没有充分认识到项目化管理的重要性，仍旧采用一般管理方式，将创新项目归于相关职能部门进行管理。事实上，创新项目的实施往往需要调动多部门管辖的资源，相互协调通常是职能组织中困难最大、效率最低的工作。官僚化的传统组织管理模式使企业难以应对瞬息万变的社会环境，正在被先进的项目管理模式所替代。

(4)管理文化发生嬗变。进入 21 世纪，传统的企业管理文化已很难满足企业创新发展的需要。以项目文化为先导，以开发新技术、新产品为平台，企业的管理文化就能适应不断变化的外部环境，形成一种新的企业管理文化形态。这就是说，企业只有坚持创新发展思维，将自身的管理文化与项目管理理念相融合，建立管理文化的新格局，才能为项目化管理提供坚实的支撑，促进组织结构与管理模式的变革。

二、企业项目化管理的内涵

项目化管理是组织管理模式在社会生产力发展的有力推动下发生变革的产物。企业项目化管理是指企业更新管理理念，运用现代项目管理模式，实现企业生产经营管理方式从过去"满足部门工作要求"转变为"满足项目要求"的重大变革。

1. 项目化管理与项目管理的区别

项目化管理并不完全等同于项目管理，二者的区别在于：项目管理是企业管理者直接运用项目管理方法和技术管理企业已确立的项目及其实施过程，侧重于管理企业投融资、技术引进或改扩建工程等典型项目；而项目化管理主要针对企业中的运作性任务和复杂性强且具有一次性特征的工作，建立新的管理机制，统筹协调各类资源，以项目管理方式进行管理。换句话说，项目管理的对象是强调已经明确立项的典型项目，而项目化管理的重点则是强调将企业中运作性任务和具有创造性特征的工作任务，按项目管理模式进行系统管理的一种管理方式。

需要强调的是，企业项目化管理是一个渐进的过程，它并不是抛开原来职能式组织管理体系，而是从原有管理任务中明确分离出项目式工作任务，成立项目组织及团队，实施一次性任务或创新活动。这样，传统组织管理模式与项目管理模式融合共生，以便保持组织稳定运行与创新发展之间的平衡。企业项目化管理与企业项目管理的主要区别，如表9-1所示。[①]

表9-1　项目化管理与项目管理的主要区别

属　项	项目化管理	项目管理
管理内容	跨职能的任务	典型项目
资源来源	内部资源为主	内外部资源
组织结构	矩阵式结构，兼职团队	项目式结构，专职团队
管理方式	"职能加项目"双重领导	项目经理领导
评价方式	职能绩效加项目成果双重指标	项目实施目标与成果
典型案例	新技术、新工艺、新产品开发，生产流程再造，订单式生产等	新厂房与基础设施建设，投融资、企业并购等活动

2. 企业项目化管理的特征

项目化管理的实质是"按项目管理方式进行管理"，核心是运用项目管理的组织管理体系，对企业中的运作式工作任务进行管理。企业项目化管理的前提是要不断地进行"项目化"，使企业组织管理由传统的"职能管理"转向"项目式工作管理"，形成"运作＋项目"管理方式。由此，项目化管理就能渗透到企业的组织架构之中，涉及技术创新、产品研发、生产制造、采购供应、产品营销等各个环节。企业管理运用项目管理的理念和方法，依靠项目团队来完成研发、设计和生产过程中的创新活动，不仅能从数量、质量、时间上为完成任务提供保障，而且能为企业持续发展提供一个崭新的管理平台。

具体而言，企业项目化管理的特征，主要体现在以下六个方面：第一，其指导思想是将企业战略发展目标进行分解，形成若干项目；第二，其管理理念是站在企业顶层设计的高度，考虑企业发展战略与确立各类项目之间的关系；第三，其管理机制是建立以企业项目管理体系为指导的新型管理程序和流程；第四，其核心目标是充分发挥企业资源优势，努力实现研发设计、生产制造等环节的高效管理；第五，其组织保障是构建项目式工作的管理机构，如项目管理办公室（PMO），为各类项目的实施与管理提供支持；第六，其人力资源管理是在充分发挥现有职能部门人员作用的基础上，以跨职能的项目组织及团队为主体实施各类项目。

---

① 赛云秀:《项目管理的发展与应用》，陕西人民出版社 2012 年版，第 267 页。

3. 企业项目化管理的意义

企业运用项目管理模式能够全面革新原有的组织管理体系，能对各类资源进行系统化、结构化整合，彰显管理创新的效果。项目化管理能解决企业日常管理活动中的以下事项：重新定义工作任务与活动，重组或兼并新业务；培育管理新业务的机构，开发新业务领域或新产品；重新设计管理工作流程，革新或创造企业组织管理的格局与模式。在运用项目管理方法与技术时，管理者应结合企业自身特点，把项目管理知识体系本土化，使之与企业的研发、生产、销售等环节相结合。从历史演进来看，项目管理模式最初只存在于项目驱动型部门。在这些部门中，项目经理要对盈亏负责。实际上，在谋划盈亏问题的过程中，就能潜移默化地促进企业项目管理的专业化。近年来，在非项目驱动型和混合型部门中，项目管理模式逐渐被采纳并快速发展。现今，项目管理已不再局限于项目驱动型部门，它正在向市场营销和生产经营管理等领域迅速拓展，其变化过程如图9-1所示。①

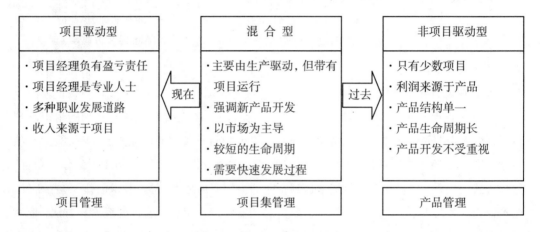

图 9-1　企业项目化管理进程

三、企业项目化管理的实施

企业实施项目化管理，管理理念与格局是引领，创新管理体系与管理机制是关键。在企业管理过程中，职能管理与项目管理交织在一起，项目管理理念难以渗透到企业管理体系之中，有时甚至很难明晰项目工作与日常管理工作之间的界线。这就需要不断地将项目管理的理念和方法，通过创新管理体系转化为具体的应用手段。

1. 实施项目化管理的机理

项目化管理是一种处理"项目式工作"的基本方式，它由企业内部管理机制演化而来，

---

① 哈罗德·科兹纳：《项目管理——计划、进度和控制的系统方法》，杨爱华等译，电子工业出版社2014年版，第49页。

其核心是以先进的项目管理模式解决企业管理中遇到的新问题，从而为现代企业管理注入活力。企业项目化管理的基础，是将企业运行中具有战略地位的、例外性的，或是具有明确目标的复杂任务，从原有的职能式管理流程中分离出来，组建跨部门的项目管理机构，按照项目管理方法进行处理；其本质是把企业中的"一次性任务"和"创新活动"按创新项目进行管理，实现从职能式管理向项目化管理的转变；其核心是以项目目标为导向，围绕项目实施任务调配资源，保证实现项目目标，进而实现企业长远发展的战略目标。

尝试以项目管理理念引领企业发展，就要敢于打破传统企业管理的思维定势和行为习惯。实施项目化管理，关键在"化"上。"化"在汉语中有变化、转化、变革的意思，其核心含义是转化。只有通过管理模式的"转化"，才能使企业管理以突出"管理项目式工作任务"的方式区别于一般管理的常规管理方式，进而将企业中技术革新、单项工作任务和工程活动等分散孤立的管理活动，上升为一次性任务整体管理的新格局。按照项目的重要性和复杂程度，项目化管理可分为三个级别，即企业级、部门级和小组级；按照项目的特性和创新程度，项目化管理又可分为保持、改善和创新三类。这样，企业就可以在内部形成各种层级和类型的项目化管理方式。总之，企业项目化管理必须以创新发展为导向，而不是以管控约束为目的，即应强调什么可以改变，而不是限制革新。

2. 实施项目化管理的组织机构

企业实施项目化管理，要树立新思维、新理念，采用新型项目化组织管理模式，这能极大地促进技术创新、产品创新，为企业生产经营创造跨职能的管理平台。传统的企业组织结构是一种自上而下的垂直管理体系，集计划、控制和协调等管理职能于一体，并不能完全适应运用项目管理模式时横向交流的需要。然而，项目化管理以"项目式工作"作为相对独立的任务单元，确立新项目，并以项目实施为纽带强化横向交流。同时，在项目实施与管理过程中，项目化管理以企业实施一次性任务为导向，强调职能部门之间的沟通和协调，并通过减少管理层级实现组织结构的扁平化，从而最大限度地满足企业生产经营的需求，拓展企业管理的形态、内涵和思路，最终形成企业创新发展的新理念、新模式。

项目化管理既包括运用项目管理方法、技术和工具，也包括统筹运用企业传统的职能管理方式。为此，笔者构建了一个初步的"项目化"管理职能组织机构，将企业职能部门与项目管理知识领域结合起来，如表9-2所示。① 其中，"项目管理办公室"是新构建的"项目组织"的核心部门，其他相关业务管理部门，诸如计划部（规划发展部）、人力资源部、财务部、技术部（工程部）、质检部和物资部（后勤保障部）等，仍可为企业原有的职能管理部门，它们须在项目管理办公室统领下履行项目管理职责。

---

① 赛云秀：《项目管理的发展与应用》，陕西人民出版社2012年版，第268页。

表9-2　企业项目化管理职能部门的构成

企业部门	知识领域
项目管理办公室／计划部	整合管理／相关方管理／沟通管理
计划部／技术部	范围管理
技术部／计划部	进度管理
财务部／技术部	成本管理
质检部／技术部	质量管理
人力资源部	人员管理
计划部／财务部／技术部	风险管理
物资部／技术部	采购管理

3. 实施项目化管理的策略

项目化管理的运作方式会对企业现有组织机构和管理方式产生较大影响，如在项目执行期间，项目实施与管理的各项事务归于项目管理办公室，而不是各个职能部门。从人员管理和成本控制的角度来看，这些影响是长远的。为此，企业在具体应用项目化管理的过程中，应关注以下几个方面：一是重视管理创新，理念当先。以理念引导行动，旨在抢占战略制高点。二是高层管理者带头，落实在先。领导重视，带头落实，能发挥表率作用。三是有的放矢，融入本土。企业立足自身发展需要，对已立项的项目，明确要求按项目管理模式实施。四是培养人才，知人善用。企业应积极培养、引进高层次管理人才，并挖掘内部具有"项目式"工作经验的人才。五是循序渐进，不断提升。企业项目化管理要想取得实质进展，必须结合自身实际，在项目管理模式与传统组织管理模式的融合中持续推进。

企业生产流程再造是项目化管理的关键问题，它比革新管理流程更为复杂。尽管各类企业应用项目管理模式的程度在不断深化，但其组建项目管理机构却涉及实施策略或流程再造等问题，会受到较多因素的制约。原因在于项目化管理有可能在企业组织结构革新和管理能力维持中产生新的问题，特别是在管理流程改造中会涉及工艺流程改造，而管理层、作业层人员配置的牵涉面也较大。例如，某大型胶带厂，生产增强型、强力型和普通型三大类定型产品，其原来的生产线是按产品类型建造的，共有三条，即加钢丝的增强型、加纤维的强力型及不加增强材料的普通型产品生产线。在实施生产流程再造时，可将前期作业放在一个车间，排布钢丝、纤维的作业放在一个车间，布胶作业放在另一个单独的车间，甚或有更细的分工。这样，每个车间就不需要都配备机械、电气作业工种，也不必都设置布胶锅炉。这就是生产流程的"项目化"再造。可见，企业采用项目化管理，其有效的推进方式应该是自上而下、由浅入深、从小到大的方式。当然企业也可采用跨越式的应用方式，即先从某些大中型项目的规范管理做起，再整体推进企业的项目化管理工作。

四、项目管理与企业技术创新

技术创新往往是更深层次产业变革的先声，也为各类项目，特别是为研发类项目的确立与实施提供了沃土。目前，以"互联网＋"为标志的技术创新方兴未艾，通过创新项目这一载体以及项目化管理，深深地改变了人们的管理思维和对管理方式选择的价值取向。技术创新引发管理创新，而管理创新又能催生技术创新项目管理方式的变革。在这一过程中，创新项目、项目管理模式起到了媒介作用。

1.技术创新引领企业发展

产品的生命周期长短取决于企业创新能力的强弱，而技术创新则是企业实现可持续发展的生命线。熊彼特认为，技术创新是一种生产函数的转移，是生产要素与生产条件以从未有过的新组合进入生产体系。[①] 从本质上讲，技术创新是企业适应市场环境变化的具体表现，而当创新技术转化为现实生产力时，必然会引发产品结构的变革，提升企业的市场应变能力。因此，技术创新是企业发展的直接推动力，追求长期稳健经营的企业必然要不断适应市场环境的变化，进行有效的自我变革，并以此形成创新发展的变革路径。

人类历史上，技术创新从未停歇，如电灯、电报、电话，火车、汽车、飞机，以及计算机、互联网等都可称为近现代伟大的技术发明。20 世纪中叶以来，空间技术、通信技术和计算机技术等突飞猛进，新科技成果已经超越过去两千多年的总和，人类社会正悄然经历一场史无前例的变革。在企业创新发展过程中，技术创新起到了关键的促进和支撑作用。对新兴产业而言，技术创新则更具引领作用。当今，企业收益的实现已不再完全取决于资本投入，而是更多地取决于技术创新。经济全球化催生了更大的市场空间和更加专业化的市场领域，只有通过技术革新，不断提高产品质量、持续开发新产品，才能不断满足市场需求。换言之，技术创新已经成为当下影响企业创新发展的关键因素。

2.技术创新催生领域性项目

企业生产是将投入转化为产出的过程，而技术系统是这一过程的保障。技术创新、产品创新等，都需要以市场为导向，以企业为主体。科技进步与经济发展相融合，高新技术与产业对接，关键技术转化为先进生产力，这些都已成为推动企业发展的源动力。18 世纪以来，世界范围内发生的几次重大科技革新，都引发了重大的产业革命，催生了许多新的产业领域，并由此改变了经济社会发展的格局。

技术创新活动是一种研究与开发活动，目的是革新生产工艺、创造新产品，旨在提高生产效率、改进产品质量。技术创新的本质是通过研究开发，将科技新成果、新发明输入生产系统。这一过程是企业重组生产要素，建立效率更高、成本更低的生产工艺系统的过

---

① 约瑟夫·熊彼特：《经济发展理论》，何畏，易家详等译，商务印书馆 2011 年版，第 3 页。

程。从项目管理角度来说,技术创新活动不仅符合研发类项目的基本特征,而且在项目实施期间,相关创新活动、创造性过程又会产生诸多子项目。实质上,技术开发、技术转让、技术咨询和技术服务等都可被视为项目。同时,重大科技成果展示、评估、拍卖,以及各种形式的技术交易等又可催生一系列新项目。所以,科学技术的重大发现与技术工艺的重大革新,都能带来众多的"领域性"项目,进而推动整个行业的产业革命。

3. 技术创新呼唤管理变革

企业开展技术创新活动,不仅需要投入人员、资金等资源,而且必须同时在其科学价值与商业价值上实现双突破。同时,研发成果是否成功,还要接受两方面的检验:一是大规模生产的技术可行性;二是市场的需求。只有同时通过这两方面的检验,研发成果才能被引入企业生产技术系统,最终转化为现实生产力。可见,在技术创新的过程中,开展研究与开发活动、转化研发成果等都要与企业组织管理体系相适应,需要先进的管理方式与之相配套。

当前,以信息技术为代表的新技术革命,正在全面改写20世纪形成的大工业组织格局,迫使人们不断探寻更加优化的企业创新发展模式。技术创新不仅包括改进原有产品,而且还包含革新原有的生产经营方式。目前,很多企业技术研发机构建设相对滞后,技术创新力量不足,而且技术创新与管理创新的结合也不够紧密,由此导致先进的科技成果难以转化为核心竞争力。虽然原因复杂,但一定与企业自身管理模式存在的问题相关。国内不少大中型骨干企业长期涉足某个固定行业,一直处于政府直接或间接的管控之下,对政策法规的依赖度较高,缺乏适应市场变化的主动性。这不仅削弱了企业创新管理模式和自我革新的动力和能力,也说明众多企业尚未完全形成现代经营管理模式的事实。

五、项目管理与企业产品创新

如今,市场需求瞬息万变,企业只有推陈出新,不断扩大产品种类,提升产品品质,才能适应市场变化,与经济社会发展同频共振。企业若想提升产品开发能力,推进产品创新,就应优化组织结构、重视产品创新过程管理、强化技术支撑,并以产品创新项目的管理方式变革为突破口。

1. 产品创新过程的认知

格雷厄姆在分析产品创新项目组合分类时,依据三个变量,即产品本身的特征、产品生产过程和组织项目文化的发育程度,对产品开发项目进行分类。这种分类方式可以通过上述三个变量构成相应的过程示意图,帮助我们对产品创新过程管理有更深层次的认识。[①]

---

① R. J. 格雷厄姆:《项目管理与组织行为》,王亚禧,罗东坤译,石油大学出版社1988年版,第7—9页。

（1）创新产品本身的特征。有些研发项目产生的产品是全新的，已知程度很低；而另一些项目则针对先前已有的类似产品，已知程度较高。以此构建第一维度，即根据产品本身的特征，将创新产品区分为旧产品和新产品，如图9-2所示。

旧产品　◀━━━━━━━▶　新产品

图9-2　产品特征

（2）创新产品生产的过程。在某些情况下，产品生产过程事先完全明了；而在另一些情况下，产品生产过程则需要边探索边推进。再者，生产某种已知产品的项目，有时也要采用新的工艺。因此，产品创新的第二维度是过程特征，产品生产的过程将项目最终产品划分为过程已知和过程未知两种情况，如图9-3所示。

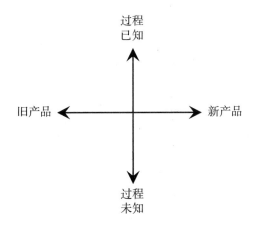

图9-3　产品特征-过程特征的关系

（3）组织项目文化的发育程度。一方面，如果一个企业组织中很少发起新项目，那么人们就可能不习惯在项目团队中工作，不容易建立和适应跨职能管理的相互关系准则，这种情况称作弱项目文化。另一方面，一些组织具有组建项目式工作团队的传统，人们习惯于在跨职能、复合交叉的基础上工作，这表示组织存在着一种强项目文化。因此，第三个维度，也就是项目文化维度，可用来分割图9-3，进而组成一个三维图像，产生四个象限及八个卦限。这样，产品开发项目的最终分类如图9-4所示。

格雷厄姆认为，产品特征的已知程度越低，越要加强计划；产品生产过程越不清楚，越要加强控制；组织项目文化越弱，越要加强人员管理。按照项目管理的观点，最简单的是产品特征已知、生产过程已知、组织项目文化强的项目，不过这种情况极为少见；最困难的是产品特征未知、生产过程未知、组织项目文化弱的项目，这就需要加强各方面的管理，幸运的是这种情况也并不多见。

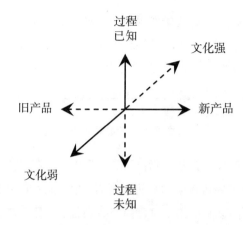

图 9-4 项目文化分割产品特征-过程特征的关系

2．产品创新的组织结构

与传统企业组织结构不同，按照项目管理模式的要求，企业产品研发与生产的单元可以采取纯产品型的组织结构，如图 9-5 所示。[①] 在这种组织结构中，产品经理即项目经理，负责产品的研发与生产，对整个项目实施拥有指挥权。产品经理不仅分配任务，而且负责资源调配和业绩审查，每个成员只向产品经理或小组负责人汇报，整个管理过程渠道通畅，反应快捷，协调工作量小。

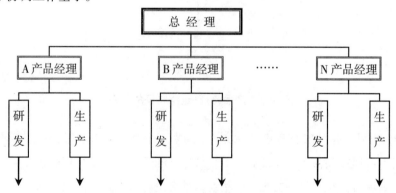

图 9-5 纯产品型组织结构示意图

可以看出，图 9-5 表明了项目管理和产品研发管理之间的关系，即在纯产品型组织中，项目经理与职能经理融为一体，产品研发管理与项目管理融为一体，产品经理与研发团队融为一体。此时，企业总经理作为项目发起者，成为整个组织的焦点，产品经理成为执行团队的负责人。这样企业就可以充分调动各方面的积极性，从而建立起一个强大的产品研

---

① 哈罗德·科兹纳：《项目管理——计划、进度和控制的系统方法》，杨爱华等译，电子工业出版社 2018 年版，第 82 页。

发帝国。

3．产品创新的技术支撑

通常，科技创新活动投入大、见效慢，有时甚至投入与产出不成正比，因而科技研发与产品开发常常难以紧密衔接。产品的生命周期可大致分为：研究和开发阶段、引入市场阶段、成长阶段、成熟阶段、衰退阶段以及消亡阶段。现实中，科研成果转化与产业发展相脱节，是长期困扰科技创新活动的一大难题。大量的研究者长于理论研究，拙于产品开发，而诸多的企业家虽有实力，却往往苦于没有好的投资项目。

正如第三章图 3-2 所示，推进科技成果转化，实现知识向财富的转化，应注重两个方面：知识群体应大胆往前走一步，在从知识到创意的过程中下更大功夫；企业家群体也应往前迈一步，在应用新技术、创新工艺上增加投入，在成果研发的中试及孵化等环节下功夫。可见，实现知识群体与企业家群体的紧密结合，是科技成果转化的关键。虽然实现两者之间的有机结合存在"打通最后一公里"的衔接问题，然而一旦衔接成功，创意就能转变为新成果，企业家就能获得具有自主知识产权的新项目，理论成果也就能转化成可靠而实用的新技术、新产品，知识群体则能为社会做出更大贡献并实现自身价值。鉴于从知识到成果的转化存在着复杂的创造性过程，本书在研发类项目中，单独列出了创意型项目，以增强技术创新、产品创新的可持续性。

4．产品创新项目的管理

产品开发项目是典型的创新项目，应根据相关基础研究成果以及市场需要，或应用新材料，或采用新设计，研发出满足市场需求的新产品。在产品开发项目的实施与管理活动中，须重点明确以下几点。

（1）项目经理是核心。产品开发项目的项目经理不同于一般项目的负责人，他不仅负责产品开发过程的管理工作，更重要的是，他还要在产品开发过程中兼任技术路线指导者的角色，以确保产品开发项目实施方向的准确性和可实现性。

（2）注重创新是关键。产品开发项目的本质在于其创造性过程，孵化、培育和创造新产品既依赖于团队成员的创造力，又须高度重视科技新成果的转化应用。因此，在项目前期策划中，要十分重视科技成果的信息采集和管理，这是创新管理方式并使新产品具有创造属性的重要途径之一。

（3）目标管理是重点。在实施产品开发项目过程中，对项目目标需要不断进行确认和修正，而围绕目标实现技术工艺上的突破无疑是成功的关键。受技术开发进度的影响，项目实施的时间约束变得难以确定，管理者很难在计划阶段明确整个项目研发的生命周期，因此必须以目标管理为重点，将项目进度管理体现为对相关里程碑节点的控制。

（4）知识管理是基础。实施产品开发项目是知识转化的过程，它不仅要提高输入信息的质量，而且还要提高将输入信息转换为有价值产品的信息加工能力。在大部分产品开发过程中,都将有用的信息隐含于组织技术系统之中,形成一个"知识库"。通过有效的知识管理,提高"知识库"的利用率,就能助推产品开发项目的成功。

(5)团队协作是保障。团队协作在产品开发项目中发挥着重要的保障作用,这就要求对项目的组织管理运用灵活的结构体系,以鼓励团队整体创新能力并激发参与者的主观能动性,进而提升团队产品开发的能力。同时,采用合理的组织结构形式和团队管理方式,还能营造浓厚的创新创造氛围。

六、项目管理与产品品牌缔造

企业创新发展不仅需要对自身管理体系和营销策略等进行创新,还应努力提升产品品质,缔造产品品牌。创造出符合消费者需求的好产品,形成支撑企业持续发展的知名品牌,是企业发展的硬道理。品牌的培育和营销是一个渐进的过程,项目化管理是企业打造品牌的有效手段。为此,企业应强化品牌管理认知,树立缔造品牌的项目化管理思维,提高品牌管理能力。

1.品牌缔造的管理认知

资本、技术和市场等方面的优势是企业发展的根基,除了这些硬实力之外,品牌也是企业赢得生存与发展的关键因素。构建大众认可并信赖的品牌,实现从产品制造向品牌缔造的转型升级,进而提升整个国家经济发展的质量,应是企业家群体的理想和抱负。打造产品品牌,首先,应注重培育有市场前景的自身品牌。系列品牌汇集成群,可以产生较大的品牌效应。其次,要看准方向,注重行动。目前很多企业存在的问题,不是缺少"创意",而是缺乏实施创新项目的执行力。再次,应该认识到缔造品牌是企业自身的使命。

品牌是企业自主创新能力的重要载体,对品牌的创造和拥有,已经成为世界各国取得竞争优势和提升综合国力的关键因素。唯有赢得品牌价值评价的话语权,品牌发展之路才会畅通无阻。改革开放以来,我国在诸多领域的产品生产能力和规模迅速扩大,但提供优质产品的能力并不强,品牌战略也未形成明显竞争优势。我国是制造业大国,虽已有千余种产品位列全球出口数量第一,但科技含量高、附加值高的产品还不多,能列入世界级品牌的更是屈指可数。这说明我们的产品溢价能力不够强,不少企业仍停留在拼资源、拼成本的传统发展模式阶段。世界一线品牌大多来自欧美发达国家,我们应学习其品牌缔造的管理经验,努力提升国内品牌的知名度和美誉度,以品牌升级撬动企业产品结构的加速转型升级。

2.品牌缔造的管理策略

品牌是企业技术能力、管理水平、文化积淀乃至整体经营管理风格的综合体现,优质品牌就是效益,就是竞争力。产品从仿造到自主研发,从普通功能到智能化,是一个渐进的过程。同类产品的差异，体现在规格、质量、包装及服务等方面。提品质、创品牌的关键在于创建品牌化的管理模式。当下，由于品牌定位的缺失，导致国内众多企业没有形成恒定的主业，更无须说战略定位、稳定经营、持续发展等相关问题。赶潮流或跟风随大流、重复生产、恶性竞争，导致市场上的产品良莠不齐、问题丛生。品牌树立不起来，不单纯是工艺、技术、生产的问题，而且还是企业经营管理模式滞后、缺乏品牌缔造的项目化管理思维和策略的问题。

事实上，"缔造品牌"所形成的创新项目，由三个子项目组成：品牌孕育、品牌培育和品牌哺育。这三个子项目三位一体，也体现了品牌缔造的三个阶段及过程：其一，品牌孕育需要长期积累，绝非一日之功。缔造品牌的源头在于原创技术。一个成功品牌的背后，一定拥有原创技术或别人无法复制的工艺流程。其二，品牌培育过程艰辛。企业对产品品种、品质、规格的培育和提升，是一个复杂而艰难的过程。其三，品牌哺育需要时日。"酒香也怕巷子深"，成熟的品牌同样需要有力的营销宣传，也需要将其推向市场并得到广大消费者的持续认可。总之，缔造品牌项目的实施是一个持续渐进的过程，三个子项目间也是并行实施的过程，即完成项目任务应采用平行作业而非顺序作业方式。这要求在缔造品牌的初期，项目整体计划就要考虑研发周期、生产工艺以及市场营销的要求。当然，这种并行工程概念在加速发展品牌产品的同时，也会带来潜在的成本风险。所以，三个阶段的综合权衡与合理规划是品牌缔造项目得以成功管理的关键。

3．品牌缔造的管理能力

缔造品牌是产品研发、质量控制和营销宣传相结合的产物。产品特色鲜明、质量优等是成功品牌的标志，也是企业最重要的无形资产。事实上，对于许多产品的实际差别，消费者无法从表面上直接辨认，而品牌可以帮助消费者辨识细微差异。欧洲人信奉"魔鬼在细节里"这句谚语，达·芬奇有句名言："所有的知识都来自直觉，所有的成功都来自细节。"当以"精益化生产、精细化管理、精良化建议"的管理文化推动品牌缔造时，企业就拥有了发展潜力。虽然每个企业成功背后的原因各不相同，但始终坚持把产品长久做下去的愿望却是相同的。也就是说，每个企业都想使自己的品牌长盛不衰，能够持续满足民众需求。而要品牌屹立不倒，则需要良好的品牌管理能力。企业只有不断提升自己的品牌管理能力，才能在国际市场树立好中国品牌的形象。

总而言之，提升品牌管理能力，应从以下几个方面着手：一是引入项目化管理模式，使目标、过程、结果更加明晰；二是坚守行业理念，保持主导产品的核心地位；三是适应市场需求变化，提高产品科技含量及生态属性，增加产品的附加功能；四是创建先进企业文化，以厚重的历史积淀、丰富的文化底蕴和人文精神扩大品牌知名度；五是加强市场营销，开拓销售渠道，创新销售模式，稳固消费群体；六是建立市场反馈机制，做好市场动态调研和用户反馈工作，注重品牌评价，不断提升品牌的美誉度。

第四节　项目管理与创业活动

当前，大众创业已上升为国家战略，呈现出技术要素深度融合、成果转化更为活跃、创新创业生态更趋完善的显著特征。推动创业活动向纵深发展，离不开创业者认知能力的提升、创业项目的支撑和创业者管理能力的提高。创业活动的顺利开展，既要靠项目又要靠管理。创业者不仅要更新创业理念，关键还要有相应的管理平台和技术手段作为支撑。

一、创业活动的基本认知

经济社会的发展过程是合理配置资本、劳动、知识、技术和信息等生产要素的过程，由此也催生了众多创业者。创业活动的最大作用在于激起人们探寻新生事物的兴趣和热情，从而激发市场活力，形成要素聚集、资源开放、形式丰富的创业生态。开展创业活动，要树立正确目标，瞄准创业方向，贴近社会需求，获得人才支持。

1. 创业活动目标的确立

推动大众创业万众创新，必须激发创新创业活力，创造新供给，释放新需求，尤其是要推动新技术、新业态、新产业蓬勃发展。创业者不能仅凭一腔热忱，盲目模仿他人，而应充分考虑自身实际，结合自身的特长和爱好，选择自己熟悉的行业及市场领域，找到合适的切入点。归根结底，确立创业活动目标就是要弄清自己做什么产品或服务以及为什么做这类业务，并在想做什么、擅长做什么和能够做什么等方面做好选择。只有选择合适的目标市场，才能形成清晰的创业模式。创业行动要特别关注自身与经济社会发展的融合度，应将创业理念定位于为社会创造价值，为消费者提供新产品、新服务。

当今，创新创业已成为推动社会经济发展的新引擎，众多新产业不断兴起与更迭，其中信息产业就是最好的例证。在过去几十年中，信息技术、互联网技术是实现创业梦想的大舞台，这源于众多创业者对社会发展潮流的清醒认识。从20世纪80年代的"攒机商"，到之后的计算机代理销售公司，直至今日的互联网公司，众多繁荣的经济现象都来自信息产业的创新创业舞台。90年代初期，西安市雁塔路的赛格电脑城，犹如早期的北京中关村、深圳华强北商城，它们都曾孕育了大量的商机，为众多创业者提供了诸多门槛较低的创业机会，既满足了人们对信息技术的迫切需求，又培育了众多百万、千万富翁。同时，也使众多软件公司、网络公司借助互联网之东风扬帆起航。

2. 创业投资方向的选择

与创业目标的确立相关联，创业活动顺利开展的关键，是确立正确的投资方向。常言道，"隔行不取利"。在市场激烈竞争的背景下，创业活动如何在市场重构或更新中发掘新机遇，选准新的投资方向，这些都极为重要。创业者需要面对的问题是如何创造具有市场潜力的新产品或新服务，而服务业就是重要的投资领域。一般的生产企业经常会被产品的性能及特性、销售及售后服务等问题搞得焦头烂额，原因在于当今的消费者选择余地很大，而"服务端"存在的问题却此起彼伏。实际上，消费者真正需要购买的是耐用、可靠、放心的产品，追求的是选择简单、服务贴心的消费体验。故而，创业要面向社会需求，其产品或服务要能够真正满足客户的需要。

创业投资方向是多方位的，通常没有优劣高下之分，农工商等样样皆可，切忌一窝蜂地去选择某类产品或服务模式。确立创业投资方向实质上是在找"创业项目"。创业项目可大可小，大到高精尖的科技创新项目，小至衣食住行的便民服务项目。比如，围绕"衣"，有种养、纺织、成品加工等项目；围绕"食"，有种养殖、食品加工及餐饮服务等项目；围绕"住"，要在城乡协同、商品房装饰装修及租赁等方面下功夫；围绕"行"，要在汽车维修、租赁服务等领域做文章。总之，随着时代变迁，人们在生产生活方面的诸多需求已呈现出个性化、便捷化、精细化的特点，这实质上是对生产领域与消费市场的一种细分，其中蕴含了巨大的创业空间。

3. 创业活动需求的创造

创新与创业原本是两个不同的概念，创新主要用于科研和技术领域，创业主要用于经济领域。熊彼特的创新理论以企业家精神为载体，首次使创新与创业紧密联系在一起。现今，一些有趣的事情正在发生：优步（Uber）作为世界上最大的出租车公司，却不曾拥有任何出租车；脸书（Facebook）作为世界上最大的社交媒体平台，却未见制造任何媒体内容；阿里巴巴（Alibaba）作为当前最有价值的零售公司，却没有任何货库。真正强大的商业帝国，拥有更高市场价值的发明创造。改革开放40多年来，我国经济社会发展走的是规模经济道路，而创业活动应紧贴社会需求，以生产个性化、小规模及独创性产品为主。这类创业项目的特点是投入小、起步快，其核心有两条：一是要有独特创意、独有工艺技能和独到服务模式；二是要有明确的市场定位，产品或服务要有特定服务对象，服务范围可以是小众，也可以是大众。众多的小众便可形成大众化消费需求。

新产业或新商业领域的诞生，有两种途径：一是新技术催生新领域，如蒸汽机的出现诞生了火车，电子管的出现诞生了电视机；二是原有技术的创新发展催生新领域，如集成电路集成度的提升，使电脑、手机、3D打印机等产品相继问世。良好的创业理念，能使创业者发现可能涉足的新领域，并通过创业活动的投入，运用新技术，研制新产品。而关键核心技术的突破，又能为选取创业投资方向和技术研发平台提供条件。良好的创业理念，还能促进一些行业中现有业务领域的交叉融合，催生更大范围的新领域。例如，美国电子商务鼻祖亚马逊，就是在电脑、互联网和商业经营等成熟领域交叉融合，开启了对社会发展影响深远的电子商务新领域。

创业行动的核心竞争力,关键在于发现市场新领域、开发新产品、发掘新服务方式,重点在于创造新商业模式的创新理念。创业可以从身边开始,采取小众化方式,这更能把握并获得新机遇。创业的机会要通过新发现取得突破,因为"新发现"是从观察市场和满足消费者新需求中产生的,而不是靠设计人员的想象创造出来。所谓观察市场,主要是通过市场调研发现新机遇;所谓满足消费者需求,是要能生产新产品,提供新服务,满足消费者期待。创业活动应关注人本、注重民生,此乃立国之本,更是创业之源。当前市场存在一种现象:一方面,许多行业产能过剩,商品销售不畅;另一方面,有不少领域的有效供给不足,尤其是物美价廉的文化产品及美观大方的日用品等,依然相对匮乏。总之,创业行动应贴近社会需求,注重对新产品、新服务模式的开发与应用。

4. 创业活动的人才保障

在创业活动大为盛行的今天,我们应重视创新创业的"主角"——人才。没有人才作支撑,即便资金再充裕、设备再先进,也不可能创造价值。创业者初期的所有想法都从构想开始,若要把构想变为现实,不仅需要寻找合作伙伴,更需要人才的支撑。创业者要为创业行动先做一个预案,并做好充分的前期准备,其中,聚合人力资源是关键。创业要寻求志同道合的合伙人,只有三观趋同的伙伴才能携手并肩,风雨同行。特别是在创业的起步阶段,最关键的不是谁强谁弱,而是要看在创业运作过程中,谁的适应能力和驾驭能力更强。

优秀的创业型人才,主要包括两类:懂管理的科技人才和懂科技的管理人才。创业行动需要稳定的经营环境,要有商业翘楚和技术专家的指导,更要有潜力型创新人才的努力拼搏。在发现、挖掘和引进创业人才的过程中,不能只顾"高大上",而忽视"小微创"。实际上,世界范围内大多数新兴商业领域,起初都不是由已经功成名就的企业家和技术专家创造的,而是由那些眼光独到、适应能力强、综合能力强、敢为人先的创业者缔造的。

二、创业活动的项目支撑与管理

创业行动的理念以及获取创业项目的机遇,大多是在市场中孕育而成的,并非闭门造车苦思冥想获得的。事实上,创业活动的实施是孕育新技术、新产品和新服务的行动,极具创造性。创业项目的选择应具有正确的导向,适宜的规模,有坚实的技术支撑。

1. 创业项目的选取导向

把握创业前景的关键在于市场需求,因为消费者对新产品的心理需求,常常是难以捕捉的,但它对产品创新具有重大意义。所以,开发新产品应回归到研究消费者的实际需求上来,以消费者的行为选择为依据确立创业项目的方向和目标,而不是产品生产本身。为此,确立创业项目目标,确定创业产品开发的品类,应贯穿"最好的竞争是无竞争"这一理念,即通常所言的"人无我有,人有我精,人精我特"。其实,在产品形制、规格、质量及服务等方面，只要能形成同类产品的细微差别优势，就能提高新产品的竞争力。

创业者确立创业项目，既要借鉴已有创业公司的发展经验，更要汲取相关的历史教训。教训之一：目光短浅。多数创业公司的最初管理者缺乏长远眼光，不注重产品开发。不少创业公司的掌门人原先是做销售工作的，他们带着市场份额来创业，其初衷就是单纯的赚钱。正因如此，一些人在赚到钱以后便迷失了方向，不再关注产品的核心技术研发，导致主营业务缺乏市场竞争力，逐步被市场淘汰。教训之二：无视诚信。一些创业公司在拼下市场份额后，不再注重后期技术投入、产品研发和生产管理，甚至通过偷工减料的方式压低生产成本，造成产品品质和客户满意度不断下降，最终导致大量客户流失。教训之三：忽视风险。一些创业公司的管理者不能未雨绸缪，忽视经营风险管理，在公司运营状况良好时，未考虑通过提升产品质量或研发新产品、新工艺来巩固市场地位，因此一旦整体经济环境不景气，其潜藏的危机便集中爆发，导致公司难以为继。

创业公司解决上述问题的关键，在于不断地提质增效。这里的"质"是指产品的品质，"效"则是公司管理运行的效能。当前，许多创业公司的产品品质不高，主要原因是受过去传统经营管理理念的影响。很多创业公司都是从"来料加工"起家，起初得益于劳动力成本低廉，而随着人口红利逐步消失，劳动力价格逐步提高，劳动力的成本优势减弱使创业企业难以为继。另外，不少经营者仍然抱有官本位思想，依靠人情、关系拉订单，一味地满足掌控订货权力者的要求，而没有真正用心在产品符合市场需求方面下功夫。因此，新起步的创业者，应以开发适销对路的优质产品为导向，确立好自己的创业项目。

2. 创业项目的确立过程

在全社会创新创业热情高涨的背景下，从管理角度看，创业者寻求规模适宜、产品适销的投资项目至关重要。创业从无到有难，从有到优更难，创业活动走向成功绝非朝夕之功，在其发展的每个阶段都包含着大量的项目式工作，都需要项目运作方式来支撑。尤其是创业之初，各种形式的创业构想，本身就是一个创意型项目。创业项目的确立依赖特色创新项目的支撑，其确立过程多与开发新产品和创建新服务等创新项目实施的可行性相关。

创业项目的确立，应注重以下几个方面：其一，选取正确的项目投资方向。创业项目应考虑长远，不为眼前短期利益左右。好的创业项目能为创业公司技术能力的发展提供机会，并为未来业务的成长奠定基础。其二，关注客户需求。传统的企业为不同用户提供标准化的产品和服务，而创业项目以客户需求为导向，目的是为了满足不同客户群的特定需求。其三，把握项目投资风险。项目投资风险在所难免，创业公司抵御风险的能力尤为薄弱，因而在构思、设计与实施创业项目的过程中，项目负责人不仅要在预算和进度的约束下整合各类资源，还要与创业团队的"主角"们一同管控项目风险。其四，努力培育优质项目。创业公司如果能将一个创意培育成新产品开发项目，并最终被市场接受，则会为创业活动打下坚实基础，也会为未来发展积蓄创造潜力。

创业项目多为小型项目，能填补诸多行业中新产品制造、新服务方式开发的空白。各种层出不穷的行业分支领域，能孕育出一个个新概念，而每一个新概念很有可能催生出一个新项目。当今社会，新产业、新业态、新模式不断涌现，经济增长的牵引力不断加大。铁路、公路、机场等基础设施的建设项目，医疗、教育、文化等民生方面的投入项目，智慧城市、微电网、大数据应用等现代化服务平台建设项目，等等，都是为提升公共服务水平、改善生产生活环境而进行的大型投资活动。围绕这些大项目，会产生众多的配套项目。在经济社会发展过程中，产业链中不同环节的专业化分工，给行业及产业整合带来巨大挑战，也给中小型创业公司带来前所未有的发展机遇。

3. 创业项目规模的合理把控

对于中小型创业公司，切忌在主业未做精做强之前，就向相关行业或陌生领域盲目扩张。不少创业公司主业做不深、做不精，其根源就在管理思维和市场调研上先天不足。管理理念跟不上，摸不清市场需求，就梳理不清生产规模与投入产出之间的关系。前些年，国内企业连锁、并购等风气盛行，不少企业在不具备相应管理能力的条件下，生搬硬套某些西方大公司的做法，胃口很大，失败的教训极为深刻。对于创业公司而言，所谓"规模扩大有利于提高技术效率"的理论，不足为训，因为在扩大规模过程中需要运用更先进的设备、实行更精细的分工、拥有更高的技术创新能力。规模经济模式往往并不适用于新兴的创业公司。

确定创业项目的规模，要认清区域资源优势和市场需求空间，立足于当地的自然环境、经济发展状况、社会现实和已形成的产业优势。一方面，创业要以创新和创意为基础，如图 9-6（a）所示。另一方面，要充分认识到，创业构想的诸多创意，比如在新点子、新想法中，只有很少一部分能够落实为创新活动；在实施创新活动时，也只有很少一部分能转化到具体的创业行动中，如图 9-6（b）所示。创业活动圆满成功属于小概率事件，取得成功需要在一定时期、多个方面做出正确的决策。创业者应清醒地认识到，创业行动并非一帆

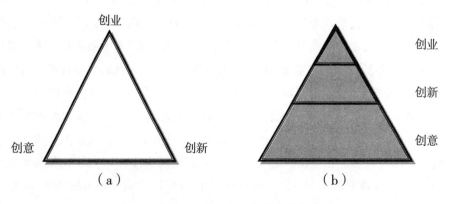

图 9-6　创意、创新、创业相关关系示意图

风顺,而是充满失败的风险;创业项目绝不是纸上谈兵的商业计划书,而是持续的智力与资金投入;经营创业公司并非人人可为,需要敏锐的眼光、精明的头脑和顽强的毅力。因此,在创业初期,要以自身创意的独特程度和市场需求为出发点,以创造出的新产品或独特服务的价值来决定创业项目规模的大小。

4.创业项目实施的技术支撑

正如管理技术与科学技术共同支撑项目实施一样,创业活动及创业项目也需要这两种技术作支撑。创业项目的价值并不在于其规模大小,而在于是否拥有核心技术的支撑。这种核心技术可能是一门传统的手艺或技能,也可能是某一项新发明或新技术。许多创业项目投资失败,有时并不是投资策略缺失或不当造成的,而是缺乏技术与技能的支撑。以日常生活中的例子来说,张三开了个泡馍馆,生意兴隆、门庭若市;而李四开个包子铺,却生意清淡、门可罗雀。深究其原因,二者的根本差别是张三比李四拥有更加可靠的技术"秘籍"。古老的手艺、技法以及现代科技手段都可以支撑创业项目。在央视《财富》栏目展播的经典案例中,养鸡、养羊、养牛等都有成功致富的例子,但这并不能说明在这些领域的创业项目都会取得成功。不少创业者对待创业项目往往重大轻小,其短板在技术创新和管理理念上。社会发展至今,我们必须强调项目与某些核心技术的关联特征,正确理解资本、技术和人才之间的关系。实际上,创业者只有吸引到足够优秀的人才,创业起步阶段的技术创新才有可靠保障。技术跟着人才走,应将创业活动打造为聚集人才与创新技术的过程,以提升创业竞争力。

当前,服务业已成为创业者的首选目标,教育培训、健康养生、旅游度假等各类服务,都可成为创业项目。选择创业项目应具有独到见解,关键是利用自身的专业知识和独特技能,开发独具特色、具有核心技术的新产品。专业知识可以转化为有效的技能,包括有效的管理经验、最佳的专业服务或信息分享技术等。在创业活动中,管理技术与科学技术并重并用,更能彰显特色。比如,日本不少著名企业,其创始人都是以相关技术研发立身,在企业做大做强做优之后,大多以独特的管理理念和管理模式著称于世,如"丰田方式""索尼法则""松下模式"等。实际上,大部分小型创业公司都需要以技术驱动、管理立身。技术本身具有两面性,合适的技术支撑创业项目,不适宜的技术则损害创业行动。创新创造的脚步永不停歇,在面对愈演愈烈的挑战时,创业者必须跟上科技发展的步伐。

三、创业活动的管理策略与途径

人们创造新知识、开发新技术,以期研发新产品、提供新服务。然而,并非所有的新知识和新技术都能有效地转化为产品或服务,并创造财富。为此,创业活动应依据创业项目这一载体,建立新的管理机制和平台,确定正确的经营策略,突出项目驱动并注重管理保障。

1. 确立管理平台

从管理角度来看，创业活动应以管理平台建设为导向构建创业新模式，以消费需求为导向开发创造新产品，以市场流通为导向开辟创业新路径。当前，我国正迈入一个新的创业黄金期，减税降费等举措为营造良好的创业环境助力，有力推动了中小微企业的健康发展。目前，为鼓励更多的人加入到创业行动中，国家已确立了以知识、技能、管理等创新要素参与利益分配的政策机制。为此，创业者要破除思想障碍，树立新理念，确立具体目标，实施好创业项目，使创业行动顺利起步。

创业活动依赖资金与技术，而办好创业公司则要靠管理。创业公司要依托管理平台聚集英才，聚合新知识，创造新技术、提供新服务。在某些情形下，创业活动是寻求新知识与新技术的有机结合，或是寻求各类资源要素的重新组合，而在其实现途径中，最为有效的管理手段是项目管理的方法和技术。通常，人们从事生产服务工作的传统组织形式，可以是企业、公司、合作社或作坊等。创业者可以由其中的一个平台起步，而以公司形式起步的创业活动，可以利用各级政府创建的开发区、产业基地、微创空间、孵化基地等。我国各类高新园区、工业园区、经济开发区的科技支撑引领作用日益凸显，它们在管理模式、管理机制等多方面起到了先行先试的作用，这些都是创业公司可以利用的平台。

创业行动多属于创造性活动，本质是生产新产品或提供新服务，可按项目化管理方式对其进行管理。创业项目的成本、进度、质量三大目标，体现于项目实施的各个阶段和全过程。创业项目如何定位这三大目标，如何开展过程管理，都需要深入思考。例如，近年来从国家到民众都极为重视的文创产业和文创产品，它们既能展现中华优秀传统文化的内涵和魅力，又能满足当今大众的文化消费需求，因而极具创业前景。这类创业项目看似简单，真正实施起来并不容易，最关键的是要构建项目实施与管理的平台，使各种创意有效地转化成文创产品和服务。创业活动如果缺少稳定的管理平台和先进的管理方式，即使创业组织拥有资金和技能，也会因缺乏管理机制和激励措施而难以为继。因此，要解决创业活动本身的问题，就需要及时构建项目管理平台，运用创业项目这个载体，以项目管理模式进行筹划和实施。

2. 创建管理机制

创业行动的一项重要工作是创建管理机制，创新管理运行方式。创新产品要满足市场需求，创业者需具备敏锐的市场洞察力，要对拟进入市场领域的走向进行长远预判，这需要具备独到的发展眼光和决断能力，因而确立创业公司的组织管理模式是创业行动最关键的环节。创业型组织要想提升竞争力，须依赖于先进的组织结构、管理模式和运行机制，以促进技术研发和产品持续创新，而创新产品依赖于创意与研发、加工与制造、销售与服务等环节。创业公司、创新产品的竞争力及其内涵之间的相关关系，如图9-7所示。

创业活动不可能在封闭环境中进行，而是在市场化大环境中实现的。在开放的市场环

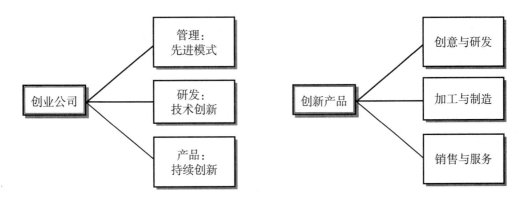

图 9-7　创业公司竞争力及其内涵

境中，创业公司的组织运行方式将会发生根本改变，它需要搭建一整套新的组织管理体系，以整合并充分发挥人才、知识、技术等各项要素的优势。当前，"互联网＋"是最流行的创新活动术语，其本质在于通过互联网的广泛应用，形成各领域的交叉融合，激活社会资源、盘活市场要素。乔·欧文指出了网络创新时代的五种组织运行方式：创建联盟，使竞争对手和合作伙伴之间的界限日渐模糊化；通过收购来积累知识，而不仅仅是扩大规模；选取价值链上的竞争点；与供应商建立合作关系，而不仅仅是买卖关系；把客户当成合作伙伴。[①]总之，创业者应运用新的组织运行方式，以统筹创造性活动及创业行动。

3．**突出项目驱动**

商业革命从未停止，尽管它的关注点可能从一个领域转向另一个领域。在这个开放的世界经济格局中，各国之间的贸易往来、人才交流和资本流动等，都可以广义地、深层次地视为项目运作。创业公司涉及技术创新、产品研发、质量检测、知识产权、电子商务、资金筹措、人才培训等诸多方面的工作，这些工作或由新产品项目驱动，或由某些项目化的服务活动支撑。产品驱动型创业项目主要体现在新产品开发、加工制造、种养殖等项目中，而以服务模式驱动的创业项目，近年来发展较快，如物流配送、礼仪婚庆服务等。

分析项目驱动与非项目驱动特征，有助于创业公司明确自我定位。在项目驱动模式下，创业活动以项目式工作为主要特征，每个项目独立核算，有各自的盈亏报告，进而积累创业总利润。对于一些非项目驱动的创业公司，如技术含量较低的某些加工制造企业，其确立项目仅是支持产品研发或管理职能的需要。非项目驱动型创业公司或许也存在很多固定的小型项目，但它们仅为提高效率而设计。有些项目是为了满足客户要求而设立的，例如：引进规范和标准提高过程控制，引进新工艺改善产品品质，引进新方法增强产品稳定性等。在实施创业项目时，如果管理者缺少管理项目实施过程的经验，会导致对主营业务和产品生产管理不到位。

---

① 乔·欧文：《现代管理的终结》，仇明璇，季金文，孔宪法译，商务印书馆 2011 年版，第 151—154 页。

4. 确定市场定位

由于市场环境的复杂性,使很多创业者不能准确定位市场需求,因而难以确定合适的经营管理模式。这既有认知问题,更有经营策略问题。现今社会已摆脱计划经济时代的强约束性和确定性,充满竞争的市场瞬息万变,机遇稍纵即逝。所以,创业投资一定要深入思考,找准市场定位并当机立断。通常,创业活动应清晰地定义所选取的市场领域,创业公司能获得的市场份额与创业者的经验积累、技术水平和涉及的客户群体有关。我国经历了多年的经济高速增长之后,当前各类创业者都是基于一个存量市场展开激烈竞争,这势必对某些创业行动提出更高的门槛要求。

如今买方市场已经颠覆了生产者的地位,那种生产者高高在上,在某种特许下,消费者才能购买物品的时代已成为历史。当前,创业者在准确把握市场定位的基础上,制定可行的经营策略和营销计划至关重要。新的项目机会需较长的孕育期,规模大的项目甚至需要好几年来筹划。创业项目必须要创新管理模式,注重创业理念、资源筹措、技术准备和有效的客户联络等方面。这种赢得新市场份额的经营策略,需要规范化的管理方式作支撑,要具有明确的行动方案和实施步骤,如图9-8所示。

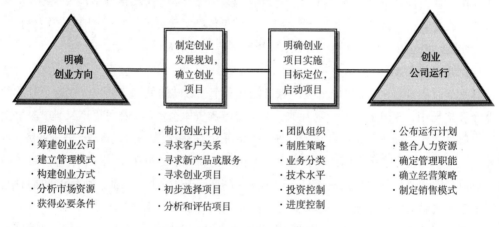

图9-8 创业行动方案和实施步骤

5. 注重管理保障

进入新世纪,不断增长的社会需求创造了更多的市场机遇,也推动了企业生产经营管理模式的变革。乔·欧文指出:"就管理方面来说,根据个人观点不同,全球化将使世界更加刺激、危险或复杂。说它更刺激,是因为它为个人和企业创造了更多机会;说它更危险,是因为在全球化的世界中,公司和管理者的工作都因世界范围内的竞争而充满风险;说它更复杂,是因为管理全球价值链比管理当地价值链要困难得多。"[①] 通常,创业活动从零开

---

① 乔·欧文:《现代管理的终结》,仇明璐,季金文,孔宪法译,商务印书馆2011年版,第92页。

始,技术选择、技术门槛和技术风险等都较复杂,加之资金投入、人才支持的压力也很大,因此,创业公司的管理能力应与其运用科技成果的能力相匹配。

当前,国内产业升级、产品结构调整正如火如荼,第三产业发展迅猛,这无疑给众多创业者提供了前所未有的机遇和挑战。所谓"机遇",多是指创造新产品或新服务的原始生产资料极大丰富,在某种程度上为重新组合生产要素带来了新契机;所谓"挑战",是指各类组织管理方式的不断重组与变换所带来的新问题。创业公司不论是抢抓机遇还是应对挑战,管理保障都十分重要。项目管理方法体系既能适应技术革命带来的产业集聚与分化,又能为丰富多彩的创业项目的实施提供管理保障。有能力的创业公司,可通过引入规范化的项目管理模式,为产品开发和创立新服务模式提供有效的组织管理框架体系。

当今社会,新兴产业公司的成功不仅来源于技术创新,更多地来源于管理创新。创业活动应以各类新技术及新产品研发项目为依托,大力推进知识、信息与管理的有机融合,激发创业者的创造性,释放有益于社会进步的创造活力,实现创业愿望。大众创业尽管不会保证所有的参与者都能功成名就,成为"亿万富翁",但却能使千千万万个创业者行动起来,特别是能使年轻一代主动融入社会,达到一种积极进取的精神境界,共同塑造现代公民特有的创新精神与集体人格。

第四篇　项目管理理论研究

理性思维是人类正确认识和改造世界的关键。项目管理知识体系集中体现了人类从事项目管理工作的智慧，但项目管理理论的内涵究竟是什么，国内外现有的研究成果尚未给出系统而全面的解答。世界各国在推广项目管理模式的过程中，大多以项目管理知识体系为载体，以方法、技术及工具为基础。严格地说，项目管理理论体系尚在建构之中。当前，项目管理模式的阐释力不足，本质上是因为缺乏与时俱进的理论武器。项目实践永不停息，理论探索也应迎头赶上。我们应深化理论研究，并深入探究项目管理的理论体系、方法体系、技术体系和规则体系，积极推进项目管理学科走向成熟。

第十章，项目管理与一般管理的比较分析。本章在对管理学及其重要性分析的基础上，将对项目管理的发凡、项目管理的格局、项目管理与一般管理的关系等内容进行具体讨论。事实上，在理论研究中，如果仅单一地分析项目管理模式自身的特质，则不具深刻性；同样，如果单纯地讨论项目管理的理念、方法与技术，则不具全面性。只有在与一般管理的比较中，才能深刻揭示项目管理的基本内涵，全面把握项目管理模式的特质。

第十一章，项目管理的价值分析。本章在分析项目管理模式价值、项目管理知识体系价值的基础上，探究项目管理理论体系、方法体系、技术体系和规则体系的价值。目前，项目管理模式的先进性、优越性已为人们所熟知，但对其科学价值、理论价值和应用价值的认识还不够深入。本章重点对项目管理模式及其知识体系，以及项目管理理念、方法和技术等方面的价值进行系统分析。

第十二章，项目管理的发展与应用。本章将较为深入地探究项目管理理论研究的内容、方法以及相关的重点问题，讨论项目管理的科学性和艺术性，并从本土出发，构建我国项目实施管理体系，分析如何进一步提升我国项目管理水平。深入分析项目管理场域的特征，不断加强项目管理学术研究，构建独具中国特色的项目实施管理体系，提高项目实施过程管理的规范化程度，是全面提升我国项目管理水平的现实要求和必由之路。

第十章 项目管理与一般管理的比较分析

> "国弈不废旧谱，而不执旧谱；
> 国医不泥古方，而不离古方。"
> ——清·纪昀《阅微草堂笔记》

第一节 管理学及其重要性

自人类社会出现有组织的生产活动，管理活动就随之产生了。但直到20世纪初，人们才对管理学的内涵进行了科学意义上的界定，这意味着管理学作为一门独立学科正式诞生。在这一过程中，泰勒、法约尔和韦伯等人厥功至伟，他们创立的古典管理理论，以及在此基础上发展起来的行为科学理论和现代管理的各个学派，标志着人类已从经验管理阶段步入全新的现代科学管理时代。

一、管理学概述

管理学是对人类管理活动的理论化总结，是在对实践经验高度提炼的基础上，吸收和运用其他相关学科的成果，经科学归纳而形成的系统的管理知识和理论。作为一门综合性学科，管理学旨在探究管理活动的基本规律，总结人类管理活动与管理行为的一般原理和基本方法。

1. 管理及管理学的认知

在西方语境中，管理表示对一项活动的管控，其词源可追溯到拉丁文，意指手工操作。之后，"管理"的词义随着生产实践的发展而进一步扩展，到16世纪初期便引申为掌控、负责、指挥，17世纪因其应用于商业和金融领域而衍生出协调、控制等含义。在汉语词汇中，管理一词由"管"和"理"两个语素组成。"管"的本义是吹奏竹制管状乐器，意谓音乐演奏时音阶、韵律、节拍要协调得当；另一个含义为钥匙，即关键，后引申为处置、掌管、管辖。"理"的本义是把原始玉石按其纹路雕琢成玉器，后由治物之理引申到治国领域而使其具有整理、处理、治理等含义。

中西方管理词义的演进，反映了人们对管理活动认识的不断深化。从本质上讲，管理学是揭示管理活动本质和规律的一门科学。1911 年，泰勒《科学管理原理》的出版具有划时代的意义，标志着管理学作为一门学科正式登上了历史舞台。泰勒将"管理"界定为"通过建立目标，然后用最好的方法经过他人努力来达到目的的艺术"，他强调解决实际问题的实践操作。在 1916 年出版的《工业管理与一般管理》一书中，法约尔则更多地关注管理的本质这一深刻理论命题，指出管理就是实行"计划、组织、指挥、协调和控制"。在此基础上，他最早提出"管理学"这一概念，认为管理学是一套独具一格的管理哲学，进而将管理学定义为"一门系统地研究管理活动的基本规律与方法的科学"，这在一百年前是非常伟大的创见。法约尔对管理学的定义，奠定了西方管理学的学理基础，为之后整整一个世纪的管理学理论研究提供了范式。

管理学的产生，源自人们对各种管理活动和管理者行为普遍规律的探索。在管理实践中，尽管各类组织的特性不同，但在管理学的视角下，无论是管理一个大型企业、一个行政部门、一家连锁店还是管理一个小型公司、一个行政社区、一家零售店，其所遵循的原则和方法等的差异，远比人们想象的要小得多。正如克雷纳在《管理百年》一书中所述："不管你管理的是软件公司、医院、银行还是童子军，你的工作内容只会有 10% 的不同。"[①]这就是说，虽然人们的管理方式千差万别，手段也不尽相同，但其背后的"管理之道"却具有普遍意义。为揭示这一管理之道，并借助于形式逻辑将其范式化，管理学就应运而生了。

2. 管理活动的要素

管理活动是任何组织都不可或缺的，管理行为渗透在经济、政治、文化、军事等各个领域。管理活动、管理者的行为，与管理目标、管理过程和管理绩效紧密相关。管理目标是促使组织正常运行和高效发展的关键，而管理活动的开展，有其基本的主体、对象、组织、过程、环境和成果。

（1）管理主体。管理活动的主体通常是指组织中各个层级的管理者。管理者不应单纯地"为管理而管理"，而应为实现组织目标进行管理。组织运行的绩效与管理主体的能力和素质密切相关。

（2）管理组织。组织是管理活动的载体，管理主体的管理行为与组织结构体系相互依存。管理活动不能脱离组织管理体系而单独存在，没有组织这个平台，管理活动就无从开展；同样，没有管理主体和管理活动，组织就形同虚设。

（3）管理对象。管理对象包括人力、物力、财力等各类资源。管理活动在管理过程中实现，管理者通过综合运用组织中的各种资源来实现组织目标。也就是说，管理者的作用是把资源转化为成果，将投入转化为产出。

---

① 斯图尔特·克雷纳：《管理百年》，闫佳译，中国人民大学出版社 2013 年版，第 8 页。

（4）管理过程。管理活动是实现组织既定目标的过程，此过程由一系列相互关联、相互依存且持续进行的管理行为构成。管理实践过程不仅需要明确的目标，且只有在组织运行的过程中，才能发挥管理者应有的作用。

（5）管理环境。任何管理活动都依存于一定的社会环境，组织内外部环境既为管理活动的开展提供了契机，也给管理工作带来了挑战。管理者应针对组织内外部环境的变化，审时度势地开展管理工作。

（6）管理绩效。管理活动的目的在于提升组织运行的效能，高效实现组织的既定目标。管理工作有效与否，其效果优劣，都应以组织整体效益最大化为衡量标准。

3. 管理学的发展历程

管理是人类社会的一种组织方式。有史料记载的管理思想和管理实践已有数千年，但早期的管理活动主要停留在经验管理阶段，并没有形成系统的管理理论。现代管理学是在近代社会化大生产，以及社会科学和自然科学不断发展的基础上逐渐形成的，其发展大致经历了以下三个阶段：

（1）古典管理理论阶段。它起源于20世纪初，其代表人物为泰勒、法约尔和韦伯等。这一时期的管理思想强调理性和效率，并将管理者视为安排工人与机器工作的工程师。古典管理理论主张对人和物实行严格的管控，并通过科层组织、规范的管理过程和计件工资制度等，来提高工人的劳动生产率。之后，在20世纪20年代至40年代，出现了新古典管理理论，它虽然仍注重组织的结构与管理功能，但更多地强调尊重人性以及群体间的互动。这一时期，企业不再将员工视为一种单纯的生产工具，"命令"不再是管理者进行管理的唯一方式。该理论的代表人物是巴纳德，其对管理学最大的贡献，是把"人性"纳入到了组织管理体系之中。

（2）行为科学理论阶段。古典管理理论片面地强调对个人行为进行组织控制和规范，而忽视了生产过程中人的能动因素以及和谐人际关系的重要性，无法充分调动员工的积极性。在这一背景下，20世纪50至60年代，以梅奥、马斯洛、赫茨伯格、麦格雷戈等为代表的学者，结合社会学、心理学、人类学等诸多学科的知识，从人的需求、动机、行为，以及人与环境关系的角度，对管理行为进行了大量的分析探讨。于是，有关行为科学的管理理论应运而生，其内容主要包括人际关系理论、激励理论和领导理论等。

（3）现代管理理论阶段。20世纪70年代以来，随着经济全球化和新技术革命的发展，理论界百家争鸣，空前繁荣，孔茨将其形象地描述为"管理理论的丛林"。这一时期较有影响力的管理学派有：以卡斯特等为代表的系统管理学派，以西蒙和马奇等为代表的管理决策学派，以德鲁克和戴尔为代表的经验主义学派，以伯法为代表的管理科学学派，以卢桑斯为代表的权变管理学派等。各个学派的成就异彩纷呈，使管理学的内涵更为充实。

在上述发展历程中，管理学经历了从"物及物化的人"到"人性化"的转变。现代管理在本质上是对"人"的行为的管理，人是管理学发展命题的核心要素。在管理活动中体现"以人为本"的理念将成为管理学发展的必然趋势。

4.管理学的主要特点

历经百年积累，现代管理学已发展成一个宏大且较为完备的知识体系。作为一门"经世致用"之学，管理学不仅蕴含抽象概念，还包括理论、方法和技术，以及开展管理活动的基本规范。作为一种普遍的管理原则、理论和方法，管理学具有以下四个显著特点：

(1)客观性与主观性。管理学所形成的理论、方法和技术是人类长期实践创造的产物，可广泛适用于不同国家、地区及各类组织，这是其客观属性。同时，管理活动是在具有一定社会形态的组织之间以及组织内部人员之间进行的，必然体现管理者的意志，因而又具有明显的主观色彩，属于社会关系的范畴，这是它的主观属性。

(2)理论性与实践性。管理学的理论、方法和技术，是人们对管理活动实践经验的不断总结和持续升华。反过来，管理学理论提供的基本原理和科学方法，又能指导人们更好地进行管理实践。因此，管理学是一门应用性科学，不能脱离社会实践而独立存在。

(3)科学性与艺术性。管理既是科学，也是艺术。假若将组织运行的环境看作自变量，那么管理的方法、技术和措施就是因变量。在此基础上，如果组织对管理活动提出了明确的目标和规范性要求，具体的管理工作就会呈现出科学性特征。但是，当组织的资源要素和环境条件发生变化时，管理者就需要灵活采用不同的管理方式和手段，这是管理艺术性的重要表现。

(4)发展性与创新性。社会的不断进步和科技的迅猛发展，持续地影响着各类组织的结构形式、管理体系和运行方式。由此，各类组织产生了大量新的管理问题，需要不断地寻求解决办法，促进管理学的发展。与此同时，管理学在解决这些现实问题时所产生的新理念、新方法，又推进了自身的理论创新。

二、管理学在我国的发展与应用

在我国传统文化中，管理学历来崇尚价值理性，是"正己正人之学"，这与西方管理崇尚工具理性截然不同。[①] 因此，在我国管理学创新发展过程中，既要明确肯定中国传统文化对管理学的影响，又要充分借鉴西方管理学百年发展的理论成果，努力实现价值理性与工具理性的统一。

1.传统管理思想的传承与发展

我国传统管理思想是沿着华夏文脉的主线发展起来的，它发轫于先秦，繁荣于春秋，兴盛于汉唐，绵延至宋元明清。先秦时代是中国管理思想的萌芽与源发时期。《周易》中

---

① 孙健，郭海龙：《管理哲学读本》，金城出版社 2014 年版，第 33 页。

"简易""变易"和"不易"的"三易"思维，直接影响了春秋以来的学术发展。之后，老子以朴素的辩证法为基础，提出"无为而治"的管理哲学；在孔子、孟子、荀子的传世经典著作中，"内圣外王"的儒家管理思想体系蕴涵着从"自我管理"到"家国治理"，再到实现"天下大同"的社会管理逻辑层次；法家主张"法、术、势"三位一体，墨子提倡"尚同""节用"，而孙子提出的"道（义）、天（时）、地（利）、将（才）、法（治）"，探讨了与战争相关的一系列矛盾的对立和转化。自秦以降，上述诸子的管理思想历经汉、唐、宋、元、明、清诸朝，分化演绎，归纳融合，逐渐形成了与西方完全不同的管理思想。比如，我国传统管理思想倡导和而不同、修己安人、辩证施政，在管理实践中突出一个"治"字，强调驭治、治理、管辖等含义，这些都是我国传统管理独特的思想理路。

应当看到，在现代管理学昌明的今天，我国传统管理思想依然是一份宝贵的文化遗产，需要"旧说新解"，特别是其中抽象、辩证的特征，恰恰是构建当代管理学理论体系必不可少的元素。当然，我国古代管理哲学与管理理念往往注重原理和原则，长于神秘的直觉、顿悟以及笼统的综合，拙于方法和技术的归纳分析，更多地体现为一种"只可意会，不可言传"的神秘观念，难以完全反映实践层面理性管理的要求。另外，在我国古代管理哲学中，最典型的方法是反省内求的"悟"，悟的对象是某种"不可说"的形而上本体，在方法上强调"能近取譬""举一反三"。这种认知模式，难以形成对经验知识的系统归纳和理论总结，对管理实践的指导也存在一定的局限性。

2. 科学管理思想的引入与启蒙

清末民初，在西学东渐的大背景下，科学管理思想亦逐步传入我国，早期的主要传播者是著名学者穆湘玥（字藕初）、杨铨（字杏佛）等。穆藕初赴美留学期间，曾结识了科学管理的创始人泰勒，并与之共同探讨了有关现代化大生产中的科学管理问题。1914年，他着手翻译泰勒的《科学管理原理》，1916年由中华书局以《工厂适用——学理管理法》的书名出版。这是我国近代史上最早的一部管理学译著。杨杏佛积极倡导科学救国，其于1915年1月创办的《科学》月刊是20世纪初期中国最具影响力的综合性科学刊物。在《科学》第一卷第11期，杨杏佛发表《人事之效率》一文，并提出"效率之名，新语也，其源出于科学实业，晚近始有美人泰乐施之人事"。[①]1918年，杨杏佛又在《科学》封面上以要目头条推出了《科学的管理法在中国之应用》一文，指出科学的管理法"第一着为分工""第二着则为专职"……"用力于料当求最少，收效当求最良"，进而将管理法概括为三类：习行之管理法、有条理之管理法及科学的管理法。

穆、杨两人以敏锐的眼光，将科学管理思想引入国内，为我国建立现代企业管理模式奠定了良好基础，也使国人在这一几乎完全陌生的领域得到启蒙，逐步开始应用科学管理

---

① 穆藕初译著中将"泰勒"译为"戴乐尔"，杨杏佛则译为"泰乐"。——作者注

思想方法。之后，20世纪30年代创立的中国工商管理协会，也为传播科学管理思想起到了积极的推动作用，使其逐步成为实业界普遍接受的管理理念。该协会的贡献主要包括：第一，编印《科学管理丛刊》，出版了一批有影响力的科学管理著作，如：王云五著《科学管理法的原则》(1930年出版)，曹云祥译著《科学管理的实施》(1931年出版)，刘鸿生等人的论文集《工商问题的研究》(1931年出版)，等等。第二，创办《工商管理月刊》，把当时已成为"实业(诸)要素中心"的管理科学推向社会。第三，开办中国工商管理补习学校，培养管理人才。[①]

3. 计划经济时期的实践与探索

从新中国成立到改革开放前，真正意义上以企业为主体、以市场作为资源配置基础手段的现代管理理念在我国基本付之阙如。这一时期，国内的管理理念更多地体现为政府主导的计划经济，与"苏联模式"的经济体制类似，形成了一种严格的以行政指令为指导的管理模式：在1949—1952年国民经济恢复时期，探索劳资两利的新民主主义企业管理模式；在1953—1957年第一个五年计划时期，全面学习和推广苏联的计划经济模式，以适应快速建立独立的国民经济体系的管理需要；在1959—1978年社会主义企业管理探索期，建立了适应计划经济体制特点的企业管理模式，如党委领导下的职工代表大会制度等。不可否认，这种参照苏联管理体制和管理模式的做法，部分地吸收了西方现代管理科学与我国传统管理思想的相关理论，形成了诸如计划管理、按劳分配、经济核算、生产责任制等管理方法，适应了当时国民经济发展的需求，其基本管理内核至今依然深深地影响着人们对管理学内涵的认知以及我国管理学发展演进的路径。

4. 改革开放后的学习与借鉴

在整个20世纪，管理学蓬勃发展并迅速成长为一个专门的学科，克雷纳称之为"有趣、创新和进步的100年"。从20世纪70年代末至90年代末，伴随着改革开放的步伐，我国现代化进程迅捷而富有成就，社会各阶层开始大规模学习并引进西方现代管理学。在这一时期，无论是在宏观国民经济管理方面、中观产业经济管理领域，还是在微观企业管理中，西方发达国家的各种管理模式与管理方法在我国均得到了重视和应用。然而，值得注意的是，在实践中大量引进西方的管理理念和方法，使得管理学界充斥着"进口"的理论模型，甚至一度催生了管理学研究与应用"全盘西化"的倾向。诚然，"拿来主义"的确弥补了当时我国现代管理理论的不足，客观上也提升了国内各类组织特别是企业的管理水平，但同时又在一定程度上导致人们对西方管理理论的过分"迷信"和"依赖"，忽视了我国传统管理理论独有的问题意识、结构旨趣和文化底蕴。时至今日，国内管理学界依旧存在片面地沿用西方管理学概念解释国内管理问题的现象，仍未能及时提出相对完整的理论框架去阐

---

① 邢福承，刘贵平："民国时期科学管理思想在中国的传播和推广"，《时代经贸》2008年第6期，第85页。

释"中国经验"和"中国模式"，由此导致对许多基本问题的解释还不够清楚和透彻。这种认识上的局限，也从客观上反映了国内管理学理论发展的滞后。

5. 新世纪以来的反思与创新

西方管理学不可能完全准确地解释或回答我国的管理问题。进入 21 世纪后，国内在继续学习借鉴西方管理理论的同时，陆续出现了批判性的反思与创新，中国管理学的发展开启了"消化、吸收、再创新"的新阶段。随着管理理论研究本土化的不断深入，我国传统的哲学思想和管理思维不断引起主流管理学界的重视。一些学者从中国古代的管理哲学以及传统文化出发，结合当代企业管理实践，在创建我国自身的管理理论知识体系方面，做出了有益探索。礼治、中庸、道治等具有深厚文化积淀的管理哲学，与国内丰富的管理实践交相辉映，极大地拓展了管理理论的视域，立足国内的管理理论与方法随之不断涌现。目前，我国管理学已开始迈入"中国管理学"或"管理学中国学派"时代。

在管理学的学术探讨中，我们必须重新认识中西方管理模式和理念的差异。具体应关注四个问题：第一，尊重管理学理论的科学性，重视管理理论所揭示的客观规律及其价值，不能随意怀疑甚至轻易否定管理学经典理论。第二，认真分析并探究现代西方管理理论对我国的适用性，取其精华、去其糟粕，切忌生搬硬套；同理，对待我国传统管理思想，也应予以积极扬弃。第三，不断吸收经济学、组织学、行为学等相关学科的知识，充分利用学科交叉融合，推动管理学发展。第四，注重理论与实践的结合，联系实际，切不可依葫芦画瓢。总之，只有有机整合国外与本土经验，归纳并演绎东西方优秀管理思想精髓，才能创建出适合国情的中国现代管理学。

三、管理学在项目管理中的重要性

管理学是人们对管理实践的经验总结和理论概括，蕴含着管理科学的基本规律。譬如泰勒的《科学管理原理》、法约尔的《工业管理和一般管理》、韦伯的《经济与社会》等皇皇巨著，都是指引人类管理活动不断前行的灯塔。管理学的基础地位，决定了项目管理者只有深刻理解并掌握管理学的理论知识和管理技能，才能洞悉项目管理过程，更好地胜任项目管理工作。

1. 基础平台和管理职能不可或缺

个人在组织中所处的状态，要么管理他人，要么被他人管理，而在更多的情况下是二者并存。学习管理学，不仅要掌握如何有效地管理他人，还要了解如何更好地接受他人的管理。无论是管理者还是被管理者，学习管理学都有助于其更好地把握自身的行为方式，懂得如何调整自己的行为，主动适应组织运行的环境，更出色地完成工作任务。各层级的管理者只有拥有了组织管理这个平台，具备了完善的知识结构和管理能力，掌握了管理学的各项职能，才能充分发挥个人才干，增强自己在组织中的竞争力。

　　通常,项目管理者只有广泛涉猎管理学知识,并将管理职能融会贯通,才能不断增强管理智慧,提升项目管理能力。然而,不可否认,现实中也的确存在这样的案例:有些管理者并没有系统地接受过专业训练,在实践中也未能系统地应用管理职能,但其管理水平却出类拔萃。出现这种情况,其来有自。因为在这些管理者身上,往往具备卓于常人的禀赋:其一,天资颖慧,善于思考,勤奋肯干,与时代发展脉搏相契合;其二,有某种特殊本领或过人之处,如文化底蕴深厚、专业技术过硬等;其三,有丰富的实践经验或工作阅历,善于总结归纳,其管理方法和手段在某些方面很好地契合了管理实践的基本规律;其四,大都经历过挫折,甚或付出过沉重代价,并由此积累了管理经验和教训。事实上,这类案例并不具有普遍性,特别是对大多数项目管理者而言,仍需借助项目发起组织的管理平台,方可应对项目实施过程管理的复杂局面,进而发挥自身的管理能力。

　　2.基础知识和基本理论必不可少

　　在有明确的"管理学"定义出现之前,人们往往认为管理知识就是"常识"。早在百年前,泰勒就曾形容"科学管理"是"75％的科学加25％的常识"。实际上,不管是作为"科学"还是"常识"的管理知识,并不是高层管理者的专属品,人人都可以学习并掌握。管理学是一门具备系统知识构架的学问,能使个人素质、能力得以提高,增强其对工作岗位的适应能力。掌握了管理知识,各层级的管理者在工作中就能抓住重点,游刃有余。管理知识不可能被其他领域的知识所取代;管理学的革新与社会发展一样,虽不可能每天都有明显的变化,但其发展进程却不可阻挡,并在日积月累中形成推动社会进步的巨大力量。

　　项目管理活动虽千变万化,但始终离不开管理学基础理论的指导,系统掌握管理学基础理论是适应项目管理工作的本质需要。管理工作的魅力在于管理活动复杂而综合,且高度人性化。基本的管理知识,随时随地可听、可看、可读。正所谓"处处留心皆学问",唯有日积月累,方可底蕴深厚,达到学以致用的目的。当前,社会经济的不断发展对项目管理工作提出了更高的要求,这就需要管理者通过不断提高自身素养,掌握管理学的基础理论,具备全面的管理能力,理性地开展管理工作,有效地完成所承担的工作任务。

　　3.基础地位和作用不可动摇

　　管理学是一门大学问,只有深刻理解其地位和作用,才能透彻明了项目管理的精髓。管理工作无处不在,人们时刻都会感受到管理的作用和效果。学习管理学,不仅能够提升各级管理者的能力和素质,而且还能提高各类组织的管理效能。有效管理是一切组织正常运行的前提,任何一个有组织的集体活动,无论其目的、性质如何,都只有在管理者对它加以管控的条件下,才能按照所预期的方向前行。有效的管理会起到放大组织整体功能的作用,使组织的整体功能大于各要素功能之和。在相同的资源和技术条件下,由于管理水平不同而产生组织运行效率、效能和效益上的差别,正是管理主体作用发挥程度的生动体现。组织制定发展战略、完善管理制度和措施,正是为了寻求各个方面、各个环节与管理手段的最佳组合，充分发挥生产要素的最大潜能，以使组织在运行过程中人尽其才、物尽其用，达到最理想的管理状态。

程明霞在为《管理百年》中文版所作的序言中指出："管理不仅难以定义，而且，在中国，它还被严重误解和低估。……"[①] 的确，目前很多人对于管理学的认识，在某种程度上尚处于"日用而不知"的懵懂阶段。本书第八章第一节专门强调了学习项目管理理论知识的重要性，这里必须指出，管理学是项目管理的基础，若一般管理的知识底蕴不足，必然会阻碍人们熟练掌握项目管理理论知识，应用项目管理模式的效果也会大打折扣。掌握管理学的理论知识是提升项目管理能力的基础，项目管理学与其他各门科学一样，知其所以然方能得心开悟，明心见性才能应手见效。

第二节 项目管理的发凡

作为一门新兴交叉学科，项目管理经过长期的实践积累和理论创新，目前已形成了较为系统的管理模式和内涵丰富的知识体系，步入了现代项目管理的新发展阶段。从历史的角度看，现代项目管理的发展，经历了从知识到理论、从方法到技术的演进过程，是对包括管理学在内的多门学科相关知识、理论、方法和技术的融合与创新。

一、项目管理知识

人类社会的不断向前发展，首先得益于知识的不断积累。早期的项目管理理论探索，主要展现了两种方向不同但目的一致的路径：知识的探求与知识的应用。一方面，人们积极探寻项目管理的本源性，通过抽象的理论研究，寻求能够准确诠释项目管理的新知识，以获得"纯粹的知识和理论"；另一方面，受项目实践经验和管理学理论成果的激发，人们又不断地探索项目管理理论知识的应用问题，并由此形成系统的管理方法和技术。

1. 项目管理知识的由来

从广义上说，各种管理方式的形成，都是人们有效运用相关管理经验知识的结果。最初，人类增长管理知识和延续管理技能的基本路径主要靠经验传授。然而，这种以经验为特征的管理方式虽然会不断积累和传承，但经验知识如果不经过系统总结，就难以永久留存，终将湮灭在历史的长河中。针对这种情况，德鲁克提出了"知识工作者即为管理者"的概念，指出了知识产生的专业化问题，认为个体的技能只会越来越趋于专业化。这就是说，相较于百年前，由于知识膨胀与专业化趋势，当今形成某些专业知识的路径是整合，而非

---

① 斯图尔特·克雷纳：《管理百年》，闾佳译，中国人民大学出版社2013年版，第II页。

仅仅来自于个体的专注。

知识是认识论的一个核心概念，"知识是经过证实了的真信念"。[①] 根据其反映深度的不同，知识可分为感性知识和理性知识；根据其抽象程度的不同，知识可分为具体知识与抽象知识。感性知识和具体知识亦即经验知识，是对客观事物的直接反映；理性知识和抽象知识，亦即理论知识，带有过程性和建构性，主要指普遍的原理性知识。经验知识开启了主观认知的大门，是人们通过实践，对客观事物发展特性的初步认知；而理论知识则是人们在理性思考的基础上，通过定义而建构的抽象知识。就本质而言，与一般管理知识相同，项目管理知识亦源于人类从事项目管理活动的劳动创造，经历了从感性认识到经验知识的积累，再到概念化定义和知识建构的复杂过程。换言之，项目管理知识是人们对长期以来分散的个体管理经验和技能进行专业化和结构化总结而形成的。

2. 项目管理知识的建构

实践所获得的经验知识乃知识的初级形态，通过理性分析、归纳与总结而建构的知识，才是知识的高级形态。通常，"建构知识"尤其要关注其理论范式的场景，因为"所谓建构知识，即一种位置，在这个位置上，人们把所有知识看作是相互关联的，是他们自己创造了知识，创造了获得知识的主观及客观策略的价值观。"[②] 在现实中，多数项目管理者应用的知识通常来源于个体经验。不可否认，这些基于个体经验的知识非常重要，但从认识论上讲，它仅是构成项目管理知识大厦所需的"基础元件"。只有将它们以知识领域和管理要素的形式进行结构化处理，丰富多彩的经验知识才能转化为理性的建构知识，进而形成规范的项目管理知识体系，科学有效地指导人们的实践活动。

随着现代项目管理的快速发展，其从思想、观念和认识上孕育出了一种新的管理知识形态，即在管理学及相关学科的理论知识中，提炼出一组项目管理的"专门知识"，并以"知识领域"和"管理要素"的形态表达，从而将分散的、与项目管理密切相关的管理知识，凝练为系统科学的项目管理知识体系。重视实践积累和经验知识的总结，注重理性知识的建构并打破管理知识的壁垒，以"知识体系"形态整合项目管理知识的内涵，这些正是项目管理学者注重知识运用、提高理性认知能力的重要体现。比如，美国项目管理知识体系的十项知识领域，源于对 1983 年归纳的六项知识领域的逐步积累和扩充。现今该知识体系包含十项知识领域、49 项管理要素，在这个项目管理知识"大观园"中，各种有关项目管理的知识都被置于知识领域和管理要素的结构性框架体系之中，脉络清晰，功能定位准确，为人们学习和掌握项目管理理论知识提供了索引。

3. 项目管理知识的应用

进入新世纪，现代管理学正经历着最剧烈、最富有创造性的变革。相比以往，今日的

---

① 胡军：《哲学是什么》，北京大学出版社 2002 年版，第 209—212 页。

② 艾尔·巴比：《社会研究方法》，邱泽奇译，华夏出版社 2009 年版，第 40 页。

管理者所掌握的理论知识比过去任何时期都丰富，因而学会甄别和运用知识尤为关键。管理者的实践经验只有与结构化的知识相结合，其认知和技能才会生发出无穷的管理能量。经过半个多世纪的持续研发，如今的项目管理知识体系不但能够为项目管理模式提供基础性的理论支撑，也可为具体管理过程提供先进的技术手段，进而精确衡量管理效果。比如，虽然项目管理知识体系中知识领域多属于定性的分类描述，但其结构化框架体系却内嵌了极为丰富的量化分析技术，并以管理要素的形态呈现出来，体现了项目实施注重精细化过程管理的要求。

乔·欧文指出了一个有趣的悖论："论及人类知识的总和，与祖先相比，我们整体上更聪明，但个体上却更无知。""基本上每 20 年，人类知识的总和就会增长 1 倍。与信息的发展一样，我们从知识匮乏的时代，进入知识过剩的时代：知识太多，以致过剩，任何个体都不胜全解。"[①] 项目管理知识体系极大地推动了项目管理模式的实践应用，其最大的贡献在于有机地整合了项目管理的各种经验知识，并通过结构化建构，回答了项目管理知识的来源、构成和功能等问题。在知识体系中，各项知识领域和管理要素有机联系、共同作用，使相关管理知识与技能产生聚合效应，形成了一个完整的项目管理体系，这为管理者普遍应用项目管理知识打下了坚实基础。

二、项目管理理论

管理理论的产生和发展皆源自社会实践，但又具有其独特的规律性。从经验知识到基本理论，现代项目管理理论并非只是反映项目实施过程中某一方面的管理原则，而是系统总结并深刻揭示了项目管理的基本规律。项目管理理论是对其自身理性知识的逻辑建构，并能为项目管理方法和技术的归纳总结与实践运用奠定基础、提供指导。

1. 项目管理理论的形成

李怀祖指出："理论是一组结构化的概念、定义和命题，用来解释和预测现实世界的现象。理论须由三个要素组成：概念框架；说明各种特性或变量关系的一组命题；供验证的背景。"[②] 同样，项目管理模式的发展历程表明，项目管理的基本理论也是由一组结构化的概念、定义和命题组成。项目管理理论的产生，经历了由分散的经验知识到系统化、结构化的理论知识的总结归纳过程。

总体来看，项目管理理论的形成，大致历经了如下四个阶段：其一，在长期的项目实践中，通过众多管理者的实践积累，产生相应的经验知识，从而形成了项目管理理论知识的基础；其二，从感性认知以及实践经验中凝练出理性知识，形成项目管理的某些原则，并通

---

① 乔·欧文：《现代管理的终结》，仇明璇，季金文，孔宪法译，商务印书馆 2011 年版，第 143 页。

② 李怀祖：《管理研究方法论》，西安交通大学出版社 2004 年版，第 65 页。

过逐步深化的理论探索，产生了项目管理的某些特定概念和命题，进而形成了项目管理理论的基础；其三，经过不断地概念化定义，形成丰富的理论知识，当知识积累达到一定程度时，提炼其精华要素，进而形成结构化的概念、定义和命题，即项目管理基本理论的架构；其四，通过新的实践去验证已形成的理论架构，深入分析项目管理的基本原理和理论品质，逐渐形成系统化的理论成果，即项目管理基本理论。这四个阶段循环往复，推动项目管理基本理论不断取得新突破，这就是项目管理理论形成与演进的基本轨迹。

2. 项目管理理论的架构

在项目管理理论产生的过程中，知识和理论的关系始终是被关注的焦点。首先，知识与理论在概念上具有一定程度的重叠。从本质上讲，知识既包括感性知识，又包括理性知识，而理论是理性知识的结构化、系统化展现。其次，就项目管理理论产生的逻辑过程而言，人们首先积累并形成了感性知识以及具体的方法和技术，然后才逐步探索理论知识和基本理论。事实上，人们在探索项目管理理论的过程中，首先是对理性知识进行了归类和定性，分析其基本组成要素，然后在此基础上构建项目管理理论的架构，进而产生基本理论，最后在实践过程中不断地进行丰富、检验和完善。

科学理论是对客观事物本质和运动规律的正确反映。李怀祖指出："一项新的理论并非指发现个别新概念或命题，更不是一两个新名词，而是若干新的概念和命题组合，也可能是若干新的概念与原有的概念和命题组合在一起，使得原来未曾发现的现象之间的关联得以连通。"[①] 项目管理理论不仅关注目标管理的知识和技能，还强调整个项目实施过程中必须满足过程管理的需求和期望，因而其内涵不仅包括管理思想和理念，还包括相应的方法、技术和工具，具体体现在已形成的项目管理知识体系的知识领域和管理要素中。以美国项目管理知识体系的理论架构为例，其知识领域的基本内涵及功能构成了项目管理基本理论的雏形，如图 10-1 所示。

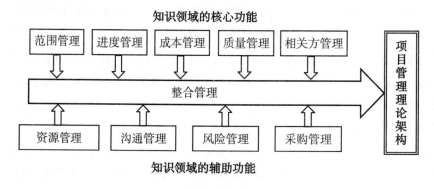

图 10-1　项目管理的理论架构示意图

---

①　李怀祖：《管理研究方法论》，西安交通大学出版社 2004 年版，第 66 页。

从图 10-1 可以看出，在美国项目管理知识体系的十大知识领域中，以范围管理、进度管理、成本管理、质量管理和相关方管理为核心的知识领域，构成了项目管理的目标体系和核心内容；以资源管理、沟通管理、风险管理和采购管理为辅助的知识领域，是实现项目目标的辅助管理手段；中间部分表示项目整合管理，其功能是发挥知识体系整体的集成作用，使各项知识领域互相作用，以形成管理合力。以上这种理论架构为项目管理基本理论的不断创新提供了逻辑架构。

3. 项目管理理论的发展

项目管理理论的发展，经历了从传统管理方式向现代管理模式的转变过程。这种转变主要表现在两个方面：一是项目管理模式逐步形成且趋于完善；二是项目管理知识体系的应用范围不断拓展。知识体系的建立，深化并拓展了项目管理模式的内涵。具体转化过程，如图 10-2 所示。[①] 相较于传统项目管理，现代项目管理的内涵更为丰富，结构更为合理，方法手段更趋完善，既包括针对项目工期、造价和质量三大目标的管理，又增加了项目整合管理、范围管理、相关方管理以及四个辅助管理功能等专项知识领域。由此，现代项目管理在其知识、理论、方法和技术的良性互动中，建构了一个完整而开放的管理体系。

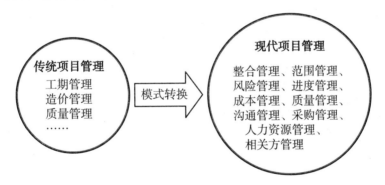

图 10-2　项目管理模式内涵的转化

现代项目管理理论、方法和技术的发展，还表现在其应用范围的不断扩大。如图 10-3 所示，传统项目管理仅应用在工程建设和国防项目等领域，而现代项目管理理论已被广泛应用到经济社会发展的各个方面。从工程建设项目到工业企业项目，从科研项目、新产品开发项目到各种创造性活动的实施，从组织管理体系变革到社会治理项目，从小型庆典活动到盛大的国际化赛事及活动，在其实施过程中，我们都可以看到项目管理的身影。今天，项目管理知识体系已走出象牙塔，成为各类项目实施与管理的行动指南。

---

① 戚安邦：《项目管理学》，科学出版社 2007 年版，第 31 页。

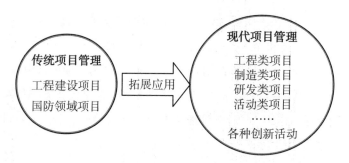

图 10-3 传统项目管理和现代项目管理应用领域的对比

4.项目管理理论的应用

通常,成熟的理论具有三个功能:一是以理论指导人们系统地开展实践活动,预防人们的侥幸心理;二是合理地解释实践中所观察到的现象,并能完善观察结果;三是建立学术研究的形式,指出实证观察可能有所发现的方向。[①] 由此,我们可以看出,项目管理知识体系所反映的项目管理理论的核心内容,与项目实施过程管理的基本规律是一致的。现已形成的项目管理理论并不是个体分散式管理经验的简单堆积,而是通过系统化理论建构,将项目管理的方法和技术以理论知识准确地表达出来。

乔·欧文指出,"现代管理不堪自身矛盾之重负,正一步步走向终结。""战略、金融和领导学中的简单法则,曾经充斥于旧时代,而今面对革命也无能为力。"[②] 由于一般管理的各种管理理论在形成过程中所依赖知识的侧重点不同,因而每种管理理论都有其"最适宜的应用领域"。面对项目实施过程管理中层出不穷的问题,一般管理不可能"包治百病"。项目管理理论专门针对项目及其实施过程管理,其指导作用的发挥,应以知识领域和管理要素为导引,并在实践基础上不断寻求和开发新的方法和技术,以逐步拓宽项目管理理论的应用范围。

三、项目管理方法

在长期的项目实践中,项目管理的手段不断得到改进和完善。与此同时,人们在创新项目管理理论的过程中,也在不断致力于开发项目管理模式特有的管理方法。今日,项目管理的基本方法已趋成熟,形成了指导项目实践的基本手段,其核心内涵已深嵌于项目管理知识体系的各项知识领域和管理要素之中。

1.项目管理方法的形成

方法即解决问题的手段和行为方式。项目管理的方法源于实践创造和理论归纳:其

---

① 艾尔·巴比:《社会研究方法》,邱泽其译,华夏出版社 2009 年版,第 32—33 页。
② 乔·欧文:《现代管理的终结》,仇明璇,季金文,孔宪法译,商务印书馆 2011 年版,第 5 页。

一，在长期的项目实践活动中，人们在感性认识和经验总结的基础上，逐步摸索出某些"经验做法"和"经验方式"，形成了项目管理方法的雏形；其二，随着实践认知的升华与管理理念的革新，这些"经验做法"和"经验方式"逐步固化为某些"经验方法"和"经验模式"；其三，经过进一步实践创新和理论总结，"经验方法"上升为普适的"基本方法"，"经验模式"演进为稳定的"管理模式"。

在以上三个阶段中，从经验做法、经验方法到基本方法，从经验方式、经验模式到管理模式，每一步提升都反映了人们认识水平的飞跃，而基本方法成熟的标志则是项目管理知识体系的确立。当然，由于项目实施涉及的专业领域十分宽广，知识体系所提供的方法论不可能成为指导所有项目实施的"万能钥匙"，它只能以综合性、框架性的面貌出现，对项目实施过程提供整体性指导，并在一般意义上阐明项目管理基本方法的总括性义理。

2. 项目管理方法的内涵

项目管理的基本方法源于实践创造和理论创新，其内涵具体体现在四个方面：其一，以管理学的一般原理、原则和方法为基础，注重各项管理职能在项目管理中的基础作用，从而夯实了项目管理方法的根基；其二，综合多学科的方法，特别是吸收组织学、运筹学等学科的先进成果，从而提升了项目管理方法的全面性和应用效果；其三，以知识体系中知识领域构成的职能领域为基础，形成了项目管理独有的方法体系，并通过应用方法体系开发形成了技术体系；其四，依托相关应用领域的专业技术，注重方法体系、技术体系与行业管理规范相结合，拓展了项目管理方法的应用空间。

回顾历史，在20世纪80年代以前，项目管理方法相对单一，主要是针对项目工期、造价和质量等方面的管理。随着项目管理模式的不断发展，项目管理知识体系日臻成熟，人们逐步整合了项目管理相关方法手段，形成了一个针对项目实施特点，以三大目标管理为导向的方法体系。前文及图10-2局部呈现了项目管理方法体系的演进过程。如今，项目管理方法已发展成为一种系统性、综合性很强的目标管理方式，其核心内容如图10-4所示。

项目管理方法的特征，可归纳为三个方面：一是突出模式化管理特色，从项目目标和计划任务开始，基于"整体—分解—综合"的系统思维，指导管理者通过分解目标、编制计划和任务分派等过程，有效部署和落实各项目标任务；二是以知识体系为指南，遵循其知识领域与管理要素的要求，综合运用基础职能和职能领域，从而将方法体系贯穿于项目实施全过程；三是将管理方法与管理技术及工具相结合，以方法引导技术，以技术支撑方法，从而使方法体系与技术体系融为一体，图10-4充分展示了这种运用过程。

3. 项目管理方法的运用

项目管理是一门实践性很强的科学，尤其强调理论与实践相结合。项目管理知识体系通过各项知识领域和管理要素所形成的科学管理方法，使项目实施与管理过程清晰可辨，体现出方法论的特征，这对于提升项目管理水平、促进项目实施过程的规范化管理具有重

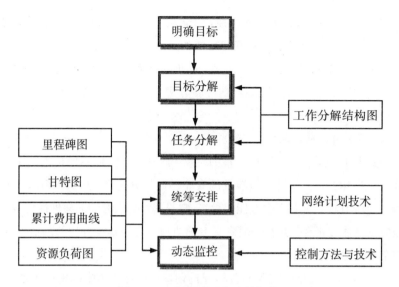

图 10-4　项目管理方法的框架

要意义。管理者在运用项目管理方法时,应在具备丰富的感性知识的基础上,正确理解知识体系中的理论知识,以便在实践中融会贯通,灵活应用。

科学管理的本质不在于物,而在于方式方法。科学的管理方法体现在规范化的管理流程之中,程序、流程能促使项目管理过程中各项工作有序开展。凯文·凯利指出:"在过去两百年里,我们最伟大的发明恰恰是科学流程,而非某个特定的工具或玩意儿。一旦我们发明了科学的方法,就能立即创造出数以千计的神奇事物,而这是用其他方法所做不到的。这种能够产生持续改变和改进的方法性流程要比发明任何产品都强上百万倍,因为自这种流程发明以来,我们已经借助它生成了数以百万计的新产品。正确掌握某种流程,它就能源源不断地带给我们好处。我们所处的新时代,流程完胜产品。"[①] 项目管理方法与技术、规则相结合,明确了管理过程中的程序、流程和步骤,这是其科学性的直接体现。

四、项目管理技术与工具

长期以来,人们以构建和完善项目管理知识体系为载体,通过不断的实践创新,使项目管理与一般管理的要素及职能相融合,并结合相关学科中诸多成熟的方法、技术及工具,打造了一个日臻完善的项目管理技术体系和"工具箱"。现代项目管理技术和工具不仅体现和遵循一般管理的基本原理和原则,而且涵盖了项目管理所特有的技能和手段。

1. 项目管理技术的形成

概括地说,与管理方法的产生相呼应,项目管理技术的发展嬗变,大致经过了四个阶

---

① 凯文·凯利:《必然》,周峰,董理,金阳译,电子工业出版社 2016 年,第IX页。

段。一是经验管理阶段。这一时期，各类项目实施的管理活动，基本上凭借管理者个人的认知和经验。同时，在项目管理经验知识不断积累的基础上，各种专项的管理技术也不断产生。二是科学管理阶段。进入 20 世纪，伴随着工业化大生产的脚步，一些规模宏大的工程项目以及大型工业项目逐渐增多，项目管理技术逐步由单凭个人经验和技能上升到运用系统化的科学管理方式和技术的阶段。三是项目管理技术的形成阶段。20 世纪中叶以后，在管理科学走向成熟的同时，项目管理强调运用控制论、系统论和信息论等学科领域的成果，极大地丰富了其技术和工具的内涵。四是现代项目管理技术的成熟阶段。20 世纪 90 年代以后，在与现代管理科学紧密结合的基础上，项目管理逐渐从管理学母体中分化出来，其技术体系日趋完善成熟。

　　项目管理的认知与理念来源于长期的观察和思考，管理原理与原则依赖于知识和理论的积累和创新。事实上，众多的项目管理技术手段由来已久，然而，在项目实践过程中，以个体经验和技能积累为基础形成的各种单项管理技术，常常带有某种局限性。因此，科学的管理技术必须在理性思考的基础上，将项目管理的知识、理论和方法，转化为明确的管理程序、流程以及相应的操作方式，即系统化的管理技术。在这种不断演进和完善的过程中，项目管理技术体系与方法体系相伴而生。项目管理技术的形成路径示意图，如图 10-5 所示。

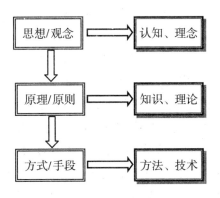

图 10-5　项目管理技术形成的路径

2. 项目管理技术的特点

　　正如本书第七章第三节中对项目管理技术内涵的具体分析，虽然很多单项的管理技术通常是针对解决项目管理过程中的某些具体问题而产生，但作为一个技术体系，各种项目管理技术的运用必须有机配合、相互支撑，共同作用于项目实施与管理的全过程。为此，项目管理知识体系通过构建知识领域和管理要素，将技术体系显化为具体的管理手段。其主要特点体现在以下三个方面：

　　（1）开放性。进入 21 世纪，新一轮科技革命和产业革命方兴未艾，人类需要更加深刻地审视项目管理活动所面临的挑战，努力探索针对大型复杂项目的管理技术，以此应对过程管理中的诸多不确定因素。项目管理技术体系在其自身不断发展的同时，吸纳了各种跨学科、跨专业的新成果。目前，随着项目管理理念和方法日益成熟，新的技术手段得以不断补充，项目管理技术体系的系统化程度也在不断提升。

（2）可靠性。技术的可靠性通常是指在限定条件下完成规定功能的能力。从某种程度上讲，项目管理技术的可靠性是以管理系统运行的稳定性、管理流程的科学性以及管理者行为的规范性为基础的。项目管理知识体系中知识领域、管理要素所包含的各种管理技术以及各项专门工具所构成的技术体系，已经具备了基本的可靠性特征，并经受住了实践的检验。同时，项目管理目标的确定性为管理技术的可靠性奠定了基础，很多使用一般管理技能难以达到的目标，都可以通过项目管理方式来实现。

（3）综合性。项目实施活动的复杂性决定了项目管理技术的综合性。正因如此，本书将"技术体系"确定为整个"项目管理技术"的概括称谓，它不仅包括管理技术和科学技术，还包括项目管理系统中所运用的技能技术、过程管理的基本手段以及相关的管理工具。项目管理知识体系对知识领域和管理要素概念及内涵的结构化表述形式，体现了项目管理技术体系的集成性、综合性特点，即项目管理技术从计划、组织、决策、指挥、控制和协调等一般管理的职能出发，综合运用知识体系中各项知识领域和管理要素，作用对象涵盖并突出了项目进度、成本、质量、风险、采购等各个方面。

3. 项目管理工具

技术作用于管理对象必须通过工具来实现。目前，随着项目管理技术的发展，其管理工具日新月异，丰富多彩，令人应接不暇。针对具体的管理活动，管理者能否在"十八般兵器"中选择合适的工具，关键是要看其能否理解并驾驭这些工具。中、美两国的项目管理知识体系都内嵌了大量的管理工具，现简要分析四种较为常用且有效的工具。

（1）工作分解结构图。项目工作分解结构，即"Work Breakdown Structure"，简称为"WBS"，它在项目整体管理、范围管理中十分重要，类似于工程管理或车间管理"分解工序"的方法。WBS是将项目的整体目标任务分解成系统化的层级及更小工作单元的一种工具，可为整体任务、具体工作事项和每项具体活动提供结构层次上的框架。工作分解结构框架层次，如图10-6所示。[①]

在图10-6中，最上层是项目层。随着层次下移，项目被分解为子项目，子项目可被视作新的"项目"，且能继续分解为次级子项目或任务，任务又可细分为子任务、工作包和工作单元等。经过这样的层层分解，项目整体的目标任务就细化为各个层级的计划任务，从而使项目实施与管理工作层次清楚、脉络清晰、重点明了。大型复杂项目目标任务的分解

---

① 哈罗德·科兹纳：《项目管理——计划、进度和控制的系统方法》，杨爱华等译，电子工业出版社2014年版，第447页。

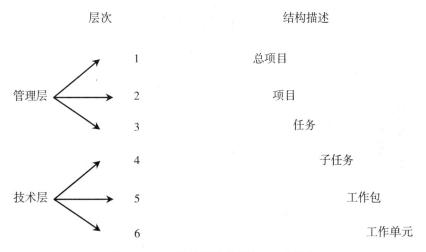

图 10-6　工作分解结构图（WBS）层次

是一项很重要的工作，工作分解结构图不仅是项目计划过程的中心，还可为成本管理、质量保证、资源配置、职责矩阵以及风险分析等各环节提供技术支撑。

（2）网络图。项目工作范围的复杂性，会影响不同层面计划任务展开的逻辑与路径。项目实施的计划任务可由一系列相互关联的工序组成图解表示，各项工序及其相互之间的逻辑关系构成了项目任务的网络图。这种图示不仅标明了每道工序的持续时间，还确定了各道工序之间的次序和逻辑依赖关系。计算网络中的负荷，可以明晰各道工序与费用、资源配置等的关联关系。在实践应用中，网络图不仅是编制项目计划的重要工具，而且是项目控制的基准，同时也是技术人员工作交流的重要手段。

（3）横道图。横道图是用水平线条表示工作流程或活动安排的一种图形，又称"甘特图"或"条形图"。通常，图中横向线条表示某项任务或某道工序的时间进度，其长度表示作业持续时间，线条间可加入箭头线，表示作业过程中各道工序之间的逻辑关系。横道图主要反映了各道工序的持续时间和工序间的衔接关系。这种图示工具简单、直观、易懂，便于各个层级的管理人员掌握应用。

（4）责任矩阵图。责任分配矩阵图实际上是一种工作任务分派图，它以矩阵的形式列出工作任务责任归属，明确各项计划任务执行过程中的责权关系。它可以清楚地标识任务分派以及责任小组或责任人等，避免因责权不清而导致任务衔接不畅，从而成为安排项目实施目标任务、预防和解决冲突时强有力的图示工具。以分解后的目标任务为基础，责任矩阵图从具体的工作事项等细节入手到最终达成总体的实施方案，承载并展现了项目管理工作任务的真实性和复杂性。

4．项目管理技术的应用

项目管理的技术及工具都是人类管理智慧和技能的结晶。技术以工具为载体，工具的发展反映着技术的进步，对二者的综合应用是提升项目管理科学化水平的一把利器。目前，项目管理技术和工具日趋成熟，能够满足管理者的需要，在具体应用时应注意以下三个方面：

（1）深刻理解。"工欲善其事，必先利其器"，而"利其器"的前提是"识其器"。近年来，项目管理技术发展迅猛，各种管理工具层出不穷，管理者应充分了解其适用范围和条件。在项目计划编制过程中，网络计划技术能发挥重要作用。网络图、横道图等所提供的工序安排，能够为各项计划任务的分层管理提供具体的作业指南，能清楚表述里程碑事件及活动的时间节点，便于更直观地纵览项目实施的全貌。项目管理者只有真正理解各类技术和工具的功能，应用时才能得心应手，事半功倍。

（2）全面掌握。管理工作需要通过可靠的技术和工具来实现，管理者只有全面掌握它们，才能以规范性的尺度衡量各类管理问题的重要程度并解决各种难题。比如，管理者应充分利用工作分解结构图并配合网络计划技术等，进行目标任务分解、计划编制以及各类资源及物料的调配。俗话说"熟能生巧"，只有熟练掌握项目管理的"十八般兵器"，管理者才能洞悉各项项目管理技术与工具的特征，并在实践中运用自如。

（3）科学应用。随着项目管理理论的发展和方法的创新，项目管理的技术及工具日益丰富。项目管理者切勿追求以简驭繁，当然，也不应被各类复杂的管理工具所羁绊。技术复杂、专业性强的问题，可交由专门的技术人员负责解决。当今，很多管理知识和理论之所以不能有效地指导实践，原因就在于管理者未能科学地运用相关的管理工具。总之，理解和掌握理论知识仅是基础，只有当众多的管理者广泛地运用项目管理技术和工具时，项目管理模式才能够走向实践大舞台，大行其道，并不断释放出改造世界的强大力量。

第三节　项目管理的格局

在项目实施特定的场域中，项目管理模式形成了特色鲜明的管理格局，并以其强大的生命力建构了项目管理的新秩序。格者，究其细；局者，成其大。格局，域境、形态也。现代项目管理形成了自身的知识体系，在思想和认知层面上体现为明确的管理理念，在实践和行为层面上体现为稳定的管理模式，由此孕育出了管理学的一个重要分支学科——项目管理学。

一、项目管理的基本特征

项目实施与管理具有明确的目标和计划，是约束性极强的一次性综合管理活动。项目管理活动的对象具有明确的指向性，其过程管理紧扣项目三大目标，具有很强的技术性、专业性和创新性，这些都彰显出项目管理模式的优越性和先进性。

1. 目标性和计划性

项目实施具有明确的目标，因而项目管理的基本特征是突出目标性，并通过"目标、过程和成果"这一管理链明确管理路径的导向，有计划地完成项目实施的管理任务。具体而言，项目管理的本质是在特定目标的约束下，针对特定的条件和环境，通过充分运用项目管理的知识和技能，有效保障项目实施活动顺利开展。其独特优势在于：它能明确项目及其实施活动的目标任务，并合理地确立项目实施的方案；制订详细周密的项目实施计划，有序地启动并完成项目实施活动；有效地管理项目实施的各项计划任务，并对项目实施过程进行系统控制和协调。这些特质既是项目管理突出目标性和计划性的体现，也是其有别于其他管理活动的重要标志。实践证明，那些通过传统组织管理体系难以达到的管理目标，借助项目管理模式，往往能够顺利实现。

项目管理的理念、方法与技术能够把宏观的整体目标分解成若干具体且易于实现的子目标，突出目标与计划的导向性，使得项目实施活动的各个方面、各个环节更加可控，管理效果更为突出。具体而言，项目管理的计划性体现在三个方面：一是能科学地运用一般管理的基础职能，特别是计划、控制和协调等职能，以有效管理项目实施的整个过程；二是能充分运用项目管理的职能领域，面向"目标、过程和成果"开展各项管理活动，特别是能按计划方案有效地控制和协调项目实施过程；三是能有效规范参与者的行为，包括管理行为和作业行为。以上三个方面体现在时间、知识和保障三个维度上：时间维以进度管理为主线，在项目实施过程中注重对计划任务执行期限的规范管理；知识维以项目管理知识体系为指南，运用职能领域系统管理各项具体活动；保障维突出基础职能和职能领域的综合应用，能有效配置项目资源。这三个维度体现了项目管理的本质特征和明确指向，突出了项目管理的目标性和计划性。

2. 系统性和规范性

项目管理面向目标、过程和成果，系统性很强，具体的管理活动牵涉多个相关方，需要各方面、多层次通力协作。按照系统工程的方法，项目可划分为若干子项目，子项目又能进一步划分为若干次级子项目，即项目实施活动面对的是由若干层次组成的复杂任务系统，因而对其开展管理也必须体现系统化的思维。项目管理知识体系提供的方法、技术和工具，保障着项目管理系统的可靠运行，使项目实施活动形成具有自身特色的管理机制，以适应环境的不确定性和过程管理的复杂性，进而充分展现项目管理格局整体的系统性。

由于项目实施技术的综合性和环境的复杂性，其过程管理也必定会展现出较强的系统性和规范性。项目实施过程管理的系统性特性，迫使人们必须采用特定的管理流程，注重规范性。项目管理以管理技术的面貌出现，可以提高管理流程的可见度，使项目管理者的责权更加明确。项目管理职能领域所确立的方法和技术，辅之以特定的流程，便能使管理者专注于特定的目标、过程和成果。现代项目管理模式通过知识体系揭示项目管理的基本机理,并以系统的方法体系和技术体系确保项目实施过程管理的规范化。

3.技术性和专业性

项目实施与管理具有较强的技术性特征,主要体现在项目管理技术体系对管理技术和科学技术的综合运用之中,这为落实项目实施的各项任务提供了可靠保障,也为提升管理效率插上了翅膀。真正意义上的项目实施活动不仅需要管理技术作为保障,更离不开科学技术的支撑。管理技术通过管理体系体现于系统思维、规范化管理之中,而科学技术则通过技术系统根植于规程及技术措施之中。管理技术"统筹""协调"并"支配"着科学技术,这是项目管理模式的一大特点,两种技术的有机融合体现了项目管理的基本特征。

项目组织及其管理层通过一个临时组建的专门组织,运用基础职能和职能领域,对项目实施全过程进行动态化管理,这一管理过程集科学性、系统性和规范性于一体,是一项专业性极强的管理活动。管理者如要顺利实现项目预期目标,对项目实施的过程管理必须做到科学化、系统化、规范化。只有通过理论指导和规范过程管理,才能使管理者摆脱依靠经验管理的现状,达到专业化水准。在项目实施过程中,引入专业化的团队管理方式,能在很大程度上提升项目实施与管理水平,进而实现项目的预期目标。越是大型复杂的项目,越能凸显专业团队的优越性,体现项目管理的专业性。

4.创新性与实践性

管理学理论是在实践积累和理论创新基础上不断发展壮大的,各种理论都有其核心内涵和指导思想。项目管理实践的特征,决定了任何项目实施活动都要从零开始,而实施过程的一次性和创造性特点,使项目管理活动具有普遍的创新特征。项目管理格局的创新性是由有效管理项目实施过程的内在要求决定的,这缘于在项目实施过程中,仅依靠一般管理中常规职能部门的管理方式,将无法从时间、数量及质量上达到创新性工作的要求,也难以在不同职能部门之间建立有效的协作关系。

项目管理的理论和方法,只有在实践运用中才能体现其价值。项目管理格局更加注重实践理念,突出实践性。如上一节所述,项目管理博采众长,吸收了相关领域的成果,不断完善自身的知识、理论、方法、技术和工具,不断提升管理实践的效果。尽管项目管理活动有其自身规律,但在应用层面上,还要与具体的项目实践相结合。项目管理所具有的管理模式和知识体系虽然具有一定的普适性,但在具体实践中,管理者在应用管理方法和技术时,还应因时因事而异,使其在日益丰富的项目管理实践中不断创新和发展。

5.优越性和先进性

项目管理格局的优越性和先进性,以项目实施过程管理的科学性、系统性和规范性为基础,具体体现在组织与指挥科学化、决策与计划最优化、控制与协调有效化三个方面,如

图 10-7 所示。

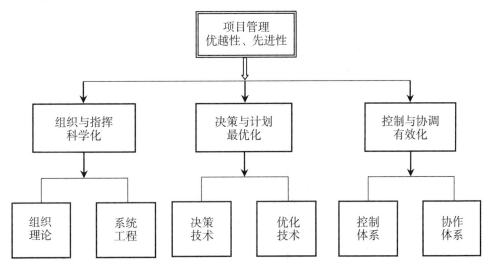

图 10-7　项目管理模式的优越性和先进性

（1）组织与指挥科学化。在项目管理过程中，组织管理的科学化是项目管理先进性的前提。具体而言，项目组织的科学管理方式，表现在其结构形式、运行机制和绩效管理三大方面。不论项目组织的具体结构形式为职能式、项目式还是矩阵式，其科学化程度都体现在合理的结构体系、规范的管理制度以及最优的人员调配上。同时，项目实施是一个执行多层级系列任务的过程，指挥系统是中枢环节，必须通过统一的指挥系统传递指令，使项目实施按照规范要求开展。指挥的统一性是项目管理先进性最重要的体现，它通过组织结构的扁平化、目标的明确化、过程的透明化、指令的单一化等措施来实现。

（2）决策与计划最优化。项目决策的关键是筹划，项目管理先进性体现在项目计划方案所具有的前瞻性和可执行性上。计划方案的确立，既取决于内部条件和外部环境，又取决于管理层把控全局的能力。通常，编制项目计划的困难和风险较大，但与此同时，科学合理的计划方案潜力也很大，并且这种优势在执行项目任务时就会展现出来。这就是说，只有实现项目决策和计划的最优化，才能保证实现各种资源调集和配置的最优化。

（3）控制与协调有效化。项目控制与协调的有效性既是提高项目管理成效的关键所在，又集中体现了项目管理的先进性。在项目管理模式下，控制与协调的高效化，使这两项最为重要的管理职能落到了实处，也使项目管理过程具备了系统性和规范性。在项目实施过程中，存在着大量的界面及结合部，包括组织与人员、目标与任务以及项目组织与环境之间的关系等。只有首先理顺这些界面及结合部的关系，项目管理者才能有效地控制、协调并化解界面管理中存在的矛盾，合理组织任务及工序间的衔接，保障项目实施活动高效有序开展。

二、项目管理的基本理念

人类通过语言诠释现象，即在说明事与物时，所归纳或总结出的思想、观念、概念与法则，称之为理念。有目的的管理活动都需由一定的管理理念来引领，项目管理理念是人们从项目实践中抽象而来的普遍且被公认的看法、见解和观点。理念是行动的先导，以正确的管理理念为导向能够达成共识，汇聚力量，同心协力推动项目顺利实施。

1．管理理念的特性

作为普遍性的哲学范畴，理念是指在理性认识基础上形成的观念，它不同于直观、体验等感性认识，而是从具体事物中抽象出来的思想或认识。理念与观念具有内在的关联性，上升到理性高度的观念即是"理念"。观念通常是指人们的主观认识和客观评价的系统化集合体，它属于认识范畴，是思维活动的结果，即认识和思考的产物。理念是对观念的再提炼、再澄澈、再表达，可以理解为成熟的观念，即各种观点、看法、想法在条理化基础上进一步系统化的结果。也就是说，理念是从观念中提升出来的"本质"，而本质是事物成其为自身的内在根据。

管理理念产生于实践，是在感性认识基础上概括、抽象出来的。成熟的管理理念包括观念、判断和推理等理性认知形式，对管理实践活动具有能动的指导作用，其特性主要表现在四个方面：其一，概括性。管理理念的形成，是人们对现象已有认知成果的抽象概括，其概括性越高，所认知的信息内容就越深刻。其二，客观性。管理理念是对管理实践的本质或特征所做的整体性诠释，是对管理客观规律的正确认识。其三，逻辑性。诠释现象信息的内容，反映出管理理念是一种抽象的理论认知，表明理念中陈述的客观规律遵循着一定的逻辑架构。其四，深刻性。理念的产生源于透过现象看本质。管理理念是一种通过思考对信息内容进行加工的思维活动，是一个去粗取精、去伪存真，由此及彼、由表及里的思维过程。这一过程使人类在管理经验、管理观念的理性化演进中，生成了一种认知上的突变，产生了新的管理观念、概念或法则。

2．项目管理理念的内涵

以科学的管理思维创新管理理念，是项目管理理论发展的永恒追求。项目管理理念是项目实施与管理的指导思想，为项目管理活动提供了行动指南。现代项目管理的基本理念，源自项目实践的长期积累，其基本内涵具体，特征鲜明，主要包括以下四个方面：

（1）全局性、系统性与综合性管理观念。项目组织要完成项目实施任务，就必须有全局观念，注重整体管理。依据系统论"整体—分解—综合"的原理，项目管理首先应将整体工作，即项目整体目标任务分解成为若干子系统、若干层级和任务单元，进而系统管理各项计划任务的执行过程。这样，各子系统、各层次任务的承担者就能按照项目总体目标的要求，完成相应的工作任务，以此汇聚成整个项目的最终成果。毋庸置疑，管理者在做出决策、编制计划和付诸行动时，必须从全局的角度全面地看待项目管理活动，把项目实施看成一个有始有终的综合性管理过程。

（2）科学化、系统化和规范化管理过程。科学化理念就是依照项目实施的客观规律，运用科学的管理手段，对项目实施活动进行有效管理。系统化理念就是要注重过程管理的逻辑关联及整体性，重视项目管理系统功能与作用的发挥，对项目实施系统的运行状态进行有效的管控。规范化理念体现在项目实施"目标、过程和结果"管理链之中，贯穿于项目实施的决策、计划、组织等各个环节。树立科学化、系统化、规范化的管理理念，可以使管理者在应对各种不确定性问题时能够做到：认识程度和思维方式有理可依；分析和研判问题的态度有据可凭；解决问题的方式和手段有章可循。

（3）社会化、专业化及团队化管理方式。项目实施的过程管理在整个经济社会大环境中展开，项目组织作为一个临时性的社会化管理组织，必须要面向社会以获得相关项目实施的资源。同时，管理大型复杂项目，需要相应的专业技术力量和专业化的项目团队作支撑，并由专业管理机构提供相应的咨询服务。

（4）层级化、民主化及高效化管理氛围。项目管理注重分层指导、参与式管理，这是对以人为本的管理思想的继承和发扬。团队及相关任务小组参与决策过程，能够激发团队及参与者强烈的责任感和成就感。同时，项目管理的民主化、高效化理念，还体现在能够运用科学的方法体系和规则体系来规范项目组织及其参与者的行为，协调组织内部各层级之间以及与外部环境之间的关系，以确保整个项目实施的管理过程具有时间观念、质量观念、成本观念和效率观念。

3. 项目管理理念的先进性

管理理念引导着方法和技术的运用，进而影响着项目管理的格局和模式。因此，项目管理的认知和理念是否正确，体现在它能否客观真实地反映项目实施与管理的基本规律。艾尔·巴比指出，在谈到社会规律时，有三种论点值得探讨。第一，有些规律过于微不足道。这主要说明规律的重要程度及其作用大小。第二，反例的存在说明，"规律性"不是百分之百的规律。第三，在规律性中的人只要愿意，就可以颠覆整个规律。① 从这三个方面可以看出，项目管理知识体系中的知识领域和管理要素是切实可行的，具有深刻的科学义理，体现着项目管理过程中实证与思辨、感性与理性的多维研究的统一，不仅能正确反映项目管理的基本规律，而且能充分表达项目管理理念的客观性和先进性。

项目管理理念是项目管理实践背后的"实在"，其先进性集中体现在三个方面：其一，现代项目管理是一种集专业性、技术性和创新性于一体的先进管理模式，它不仅能与一般管理的基本职能相结合，还能充分发挥项目管理知识体系的指导作用；其二，现代项目管理方法和技术的综合性特点，完整地体现了项目管理模式科学性、系统性和规范性特征，

---

① 艾尔·巴比:《社会研究方法》，邱泽奇译，华夏出版社 2009 年版，第 13 页。

适应了新时代项目实践的需求；其三，项目组织结构体系及其规范化运行过程，保证了项目文化导向、业务管理流程以及绩效评价等方面的先进性，使各项管理活动能够紧扣实现项目既定目标这一核心任务，充分发挥管理者的能动性和创造性。

三、项目管理的基本模式

项目管理格局是通过其管理模式展现出来的，即真正意义上的项目管理都是通过规范的管理模式展开的。项目管理模式是项目实施过程管理的基本遵循，管理者运用项目管理方法体系和特定管理流程的过程，就是运用项目管理基本模式的过程。完善的方法体系和特定的管理流程所形成的管理方式，是项目管理模式形成的基础。

1. 管理模式的形成过程

模式是结构主义用语，通常用来说明事物结构的主观理性形式。管理模式依托于管理理念，是管理者思想观念、管理行为的集成形式，也是管理理论与管理实践之间的桥梁。项目管理模式是人们表达项目管理思想、认知和理念的载体，是项目管理知识体系及其所形成的管理理论、方法和技术等构成的结构化管理体系的运用方式。在项目实践活动中，通过管理模式这个载体，管理者可以将项目管理理念与具体的项目实施活动相结合，进而体现项目管理的方式和手段，并使管理方法和技术更具操作性和稳定性。事实上，模式化管理在某些领域，如在建筑行业和国防工业中，已逐步形成并发展为一种特有的管理格局。我国所实行的工程项目管理的施工组织模式，以及近几十年来国内外广泛运用的工程项目"交钥匙"（EPC）模式、"融资运营性项目"（BOT）模式等都是较为典型的项目管理模式。因此，项目管理模式既是对管理理念的高度概括，更是一种实践应用方式。

项目管理方式最早为满足管理者工作之需而产生，多为经验主导的流程化方式。在长期的管理实践中，某些应用范围较为普遍的方法逐渐固化为较为稳定的管理方式。各种创新创造活动、一次性任务都可依照流程化的管理方式去实施，这是项目管理模式形成的基础。项目管理模式的应用，意味着项目组织及其管理者能形成有效的组织管理体系，可以强化管理职能、管理技术的应用效果。如今，管理学流派众多，管理知识碎片化现象严重。然而，现实中的管理工作不是思想观念的简单堆砌，也不是方法、技术的平铺罗列，而是一种管理价值取向，重在对具体管理方式进行选取。这如同爬山一样，只要有路径，无论东西南北，不论步行或乘车，最终都可登顶，这个"路径"就是对管理模式的形象化描述。在理性管理思维指导下，项目管理模式是对项目管理过程中共性方式的抽象，它所表达的系统管理思维、先进的管理理念、有效的管理方法和技术，可使项目管理者达到"知其然，更知其所以然"的实践目的。

2. 管理模式的理论源泉

项目管理模式是一种开放的管理格局，其基本架构依托多门学科而构建。特别是以系统论、控制论和信息论为代表的"三论",是项目管理模式形成与发展的理论源泉,为项目管理奠定了理论基础和方法论,极大地促进了其理论、方法和技术的创新发展。

（1）"三论"奠定了项目管理的基本理念。"三论"提供了项目管理科学化的思维导向,为项目管理模式的形成与发展提供了正确的管理理念。实践证明,将"三论"的方法应用于项目管理,能更加科学有效地解决各种复杂的管理问题。项目管理模式的成长、知识体系的构建,与"三论"科学思维的运用密不可分。项目管理的根本目的是以最佳的组织方式运用人力、财力和物力,以推动项目实施的各项活动达到最优状态。要达到这样的目的,就必须从系统论的视角,把管理活动作为多影响因素和参数时变的动态系统对待;从信息论的视角,把信息作为分析系统内外部联系的基础,动态调整过程管理;从控制论的视角,把过程控制作为实现系统优化的手段。这三个方面的有机统一,就形成了以整体管理、计划管理、过程管控为基本内容的现代项目管理模式的最大优势。

（2）"三论"奠定了项目管理的理论基础。"三论"是20世纪人类最伟大的理论成果之一,它把科学问题引向人体、思维、社会等复杂领域,扩大了管理命题的广度和深度,极大地提高了人们认识世界和改造世界的能力。"系统"是指相互联系、相互作用的多项元素的综合体,"三论"的思想观念、思维特征和理论成果,极大地推动了项目管理理论体系的形成:开展项目管理活动所形成的项目管理系统,体现了系统论的基本原理;管理系统的有效运行需要建立项目控制系统,体现了控制论的基本原理;而控制系统的运行依赖于对项目信息的处理,这又体现了信息论的基本原理。由此可见,"三论"为项目管理理论、方法和技术提供了思想源泉和理论内涵,极大地提高了人们科学管理各类大型复杂项目的能力。

（3）"三论"奠定了项目管理的方法论。"三论"为项目管理提供了方法论,项目实施是一个大系统,项目管理方法体系和技术体系是对"三论"的综合运用。"三论"具有一般方法论的指导意义,它所研究的范围,既不是客观世界中某一种物质结构,也不是物质的某一运动形态,而是从横向综合的角度探究和揭示物质运动的共同规律,是"横断科学"。它不仅是一种具体的科学方法,更是包括自然科学和社会科学在内的科学方法论,因而被誉为"全科学的方法"。这种方法不仅深刻反映了客观世界的真实情境,而且具有精细的组织形式和严格的管理程序,在应对项目实施复杂系统的管理方面,显示出无可比拟的优越性,为项目管理思想格局及管理模式的形成奠定了坚实的方法论基础。

3. 管理模式的思维特征

现代科技发展日新月异,新概念新知识层出不穷。知识经济与信息技术的交互,信息技术与各行各业的融合,均以不可逆转之势推动着项目管理模式的变革。项目管理模式的思维特征,体现在三个方面:一是构建"以实现项目预期目标为中心"的整体管理格局,改变了一般管理中职能部门条块分割的弊端;二是建立系统化的方法体系,并将项目及其实施管理活动视作一个系统,使其中的各个要素有机地结合起来,建立适应项目管理要求的组织管理结构体系,形成特定的管理程序及流程;三是以科学的思维方式确立项目管理理念,并与先进的管理方法和技术结合起来,对项目实施过程进行有效管控。

管理者能力与水平的高低,在很大程度上取决于其思考问题的方式。不可否认,在项目实施过程中,管理者的自信心和执行力固然重要,但如果缺少科学管理思维的指导,就难以有效运用项目管理的方法和技术。现实中,人们对管理者能力的评价,大多只看其管理思路与做法,或仅用一般的管理标准来衡量;而在评价其管理水平时,往往却关注其处理复杂事务的能力和效果。其实,对同层次管理者在某个时段的管理绩效进行考察,需要关注其管理效果上的差异。因为管理者的能力,在很大程度上往往依赖于其认知、理念与管理方式的融合程度。实践经验丰富、知识储备充足的管理者,在项目管理工作中都会自觉或不自觉地受到管理思维的支配。

4. 管理模式的基本纲领

项目种类繁多,不同的项目虽有不同的预期目标、任务分解结构和资源约束条件,但其实施的过程管理却具有共性。项目管理模式的形成、项目管理知识体系的确立,为有效解决项目管理的共性问题提供了明确答案。知识体系所表述的知识领域、过程组和管理要素,为项目管理模式提供了基本纲领,构筑了管理格局。因此,在项目管理模式中,明确的管理理念、系统的管理思维、清晰的管理思路是基础,而由知识体系形成的理论体系、方法体系才是灵魂。对项目管理模式的理解,核心是准确把握知识体系的整体功能和理论内涵。管理者如果不了解项目管理知识体系的理论内核,就不能全面理解项目管理模式的基本特征;如果没有充分理解知识体系构筑的方法体系的整体特征,在实际应用项目管理模式时就会被知识体系中的"条条框框"遮蔽。

当前,各种所谓的"项目管理模式"丛生:有的是在实践中逐渐积累形成的;有的是为赶潮流,在未能系统掌握项目管理理论的情况下,而对一般管理模式的改良;有的是对某些项目式工作的应景之作。之所以出现这些情况,是因为管理者未能规范地运用项目管理知识体系,忽视了项目管理模式基本纲领的统领作用。"举一纲而万目张,解一卷而万篇明。"只有深入分析知识体系的演进脉络,才能抓住项目管理模式的本质。无论是工程类项目,还是其他类型的项目;无论是大型项目还是中小型项目,都应遵循并应用这一共同的管理模式和知识体系。许多人喜欢借用阿基米德的名言:"给我一个支点,我就能撬动地球!"实际上,在项目管理者眼中,通过杠杆不只可以撬动地球,所有的物质、信息和能量都可处于人们的理性管控之下,而项目管理模式的"支点"正是项目管理知识体系。

5. 管理模式的技术手段

"业有分工,术有专攻。"不同的管理思想和理念,决定了不同的管理方法与措施、技术与工具。通常,管理理念是抽象层面的路径与举措,而管理方法和技术则是实践应用的手段和工具。项目管理模式能为管理者提供正确的管理理念、方法和技术，赋予人们具体的管理手段，进而使项目组织结构清晰，管理者角色定位、职责及分工明确，过程管理流程规范。实践证明，只有方法与技术科学有效，才能充分发挥管理模式的优势。稳定的管理模式能为项目组织执行任务提供一个可靠的过程管理方式，实现对管理方法和技术的有效运用。

在现实中应用项目管理模式效果不佳、不得要领、成果不理想的直接原因，是缺乏正确的技术手段。实际上，项目管理模式的技术手段蕴含在项目管理知识体系中，只要深刻理解了知识体系的内涵，就能体会到管理模式中技术手段的重要作用。在具体应用项目管理模式时，许多管理者未能遵循项目管理模式的基本流程，究其原因是没有真正建立起基本的方法体系，也没有充分运用技术体系。总之，通过运用系统的管理理念、方法、技术，项目管理模式不仅能够以独特的方式对项目实施的各种活动进行决策、计划、组织，对任务执行过程进行有效指挥、控制和协调，还可明确各相关方的责任，并使众多项目参与者以强烈的责任感投身于项目实施活动，从而达到事半功倍的效果。

四、项目管理的学科属性

泰勒曾指出："科学管理是过去就存在的各种要素的'集成'，即把原来的知识收集起来，加以分析、组合并归类成规律和规则，从而形成一门学科。"[①] 具备科学管理特征的项目管理学科，在其形成与发展的过程中，借鉴了多个相关学科的理论成果，集成了众多学科的方法、技术和工具，是对项目实践经验与理论成果的高度总结和概括。时至今日，项目管理已经形成了相对独立的学科体系，已成为管理学科的一个重要分支。

1. 项目管理学的产生

经过半个多世纪的发展，项目管理学已具备了较为成熟的理论基础和方法体系，并在实践中得到广泛应用。作为一门实践性很强的学科，项目管理学的产生既顺应了时代发展的要求，也是管理学自身深化与发展的必然产物。

（1）在现实需求中萌生。项目管理最早起源于美国。"二战"后期，出于战时需要，美国设立了很多军工项目，其中一些重大项目不仅技术复杂、参与人员众多，而且研发与生产时间紧迫。在这种背景下，管理者开始思考如何在有限的时间内，在规定的预算和具体的产品质量目标要求下，快捷而有效地完成产品生产任务。自此，"项目管理"这个新概念、新模式开始逐渐被人们认识和接受，众多的管理者开始着力探寻项目管理的技术体系。到 20 世纪 50—60 年代，全球工业生产进入了以产量为主要目标的繁荣时期，在这一新的

---

① 弗雷德里克·温斯洛·泰勒：《科学管理原理》，马风才译，机械工业出版社 2007 年版，第 107 页。

社会背景下，项目管理的方法体系开始受到重视。70年代后期，愈来愈多的工商企业开始关注项目管理，并着力将项目管理方式运用于企业管理之中。在此过程中，项目管理这门新兴学科开始进入大众视野，并逐渐风靡全球，项目管理的方法体系和技术体系也逐步得到完善和发展。

（2）在理论思考中完善。到了20世纪80年代，项目管理已经被公认为一种有生命力的、便于实现复杂目标任务的先进方法和技术。这一时期，随着相关理论著作相继出版，人们开始关注项目管理的理论研究。近几十年来的实践表明，项目管理学是对经济社会发展过程中管理问题进行理论思考的必然产物，且已成为管理学一个重要的研究领域。今日，各类项目层出不穷，并呈现出丰富性、多样性和复杂性等特点，为项目管理的理论和实践创新提供了丰厚的土壤。因此，将日益成熟的项目管理的理念、方法和技术概括为"项目管理学"，是当代管理学者对项目管理理论创新发展的重大贡献。

（3）在知识整合中成熟。众所周知，人们在20世纪见证了管理学的诞生及其蓬勃发展。20世纪90年代，项目管理知识体系整合了项目管理的方法、技术和工具，为项目管理模式建立了理论与实践的规范性指南，也使项目管理理论体系、方法体系、技术体系得以快速发展，这标志着项目管理实现了从经验管理走向科学化、系统化、规范化管理的重大转变。进入21世纪，随着项目管理知识体系的不断完善，项目管理逐渐成长为一个相对独立的研究领域，项目管理学亦在当前的管理学学科体系中占据了一席之地，成为一个基本成熟且具有广阔前景的重要分支学科。

2. 项目管理学的内涵

正如管理技术是一项"基础国力"一样，目前，项目管理模式在经济、政治、文化和军事等各个领域，以及各个行业和各管理层次上，发挥着愈来愈重要的作用。项目管理学的产生、发展和广泛应用，有其深刻的社会背景和实践基础，它所需的知识、理论、方法和技术是社会生产力和项目实践发展到一定阶段后，管理学科不断创新发展的产物。确立项目管理学这个新兴学科，明确其基本内涵，可以促使人们从理论层面上，以多维视角深入探索项目管理模式的规律性问题。

管理学是我国目前设置的13个学科门类之一，项目管理学作为管理学门类的分支学科，主要研究专题性的项目管理活动，是对管理学的细化和拓展。目前，项目管理已具备了作为一门学科的基本特征：有特定的研究对象和研究范围，有一系列含义明确的基本概念，有基本的理论和方法，并经受了实践检验。从项目管理学发展史来看，其学科内涵主要包括三个方面：一是关注项目生命周期的各个阶段，即项目立项、实施、运营的完整生命周期，从中寻求项目管理的基本规律；二是理论研究已进入普遍性阶段，其所具有的理论、方法和技术已逐步走向成熟；三是对各类项目特征的研究已进入深化阶段，人们不断寻求各类项目实施与管理的共同规律。

3. 项目管理学的特点

项目管理学涵盖着项目管理的思想观念、理论体系、方法体系和技术体系，是一个崭新的分支学科领域。它提出并创立了一种科学化、系统化和规范化的管理模式，提供了一种针对一次性任务的新的管理理念、方法和技术，其特点具体反映在以下三个方面：

(1)多学科交叉融合特性鲜明。项目管理学具有很强的跨学科性，项目管理过程的复杂性决定了其在发展与应用过程中，需要不断借鉴和吸收相关学科的研究成果，这也使其成为一门综合性很强的学科。因此，在项目管理理论探索和实践应用的过程中，学者、管理者除了要掌握管理学的基本原理，还应具有经济学、组织学、行为学等多方面的知识储备。可以预见，未来项目管理学在理论、方法和技术上的不断完善与创新，将会更多地借鉴这些学科的发展成果，多学科交叉融合的趋势会愈发明显。

(2)定性和定量分析方法兼备。马克思曾指出，任何一门学科"只有当它利用了数学的时候，它才达到了完善的程度"。在持续发展过程中，项目管理模式积极应用了许多学科的量化分析技术，并通过消化、吸收与创新，形成了适合于项目管理的专门技术和工具，构成了项目管理学中的定量化内容。但也要看到，在理论探讨和实践应用中，与一般管理一样，项目管理学领域中某些方面具有不能完全被量化的特点。如项目参与者行为的复杂性，使项目实施过程管理在许多方面都难以被量化，只能进行定性分析。可见，认识与理解项目管理，不但要掌握自然科学的原理，还要有效运用社会科学的法则。正因如此，项目管理学才被定位为一门软科学。

(3)应用性和实践性特征突出。项目管理学的突出特征是应用性，在应用层面上要与项目所属领域的专业技术相结合。项目管理学的发展，主要取决于三个方面的基础因素：思想与认识的提升、方法与技术的完善以及理论与实践的结合。项目管理学的知识、理论和方法来源于人们的管理实践，是对实践经验的概括和总结。同时，正如任何科学理论都必须接受实践的检验一样，项目管理学的理论和方法也必须在实践中彰显其价值。

4. 项目管理学的发展

项目管理学科的创新发展需要多种养分，只有不断地坚持对实践经验进行理论总结，才能在实践检验的基础上构筑起自身的理论架构。项目管理学要成为真正意义上的分支学科，还须经得起以下四项标准的检验。

(1)建立独立的概念体系。概念，特别是基础性概念，是学科划分的根本标志。科学的理论是由一组命题构成的，一个重要命题可能导引出一个重大理论。一般情况下，一个学科也是由一组命题构成的。然而，命题是针对某些问题做出的论断，形成命题首先要界定概念，并通过概念及其关系来表述。可见，确立项目管理学科要从界定概念着手，概念和概念体系是建立学科的根本依据。

（2）具有正确的理论体系。要形成项目管理学学科，就必须具有对"项目及其实施过程管理"这个研究对象的本体论思维，也就是说要在本体论意义上解读项目及其实施活动的管理本质。对学科的理论概括必须建立在理论基石之上，就像马克思的政治经济学是建立在劳动价值论的基础之上、爱因斯坦的整个物理理论是建立在相对论底座之上一样，项目管理学之所以能成为一门学科，就因为它是以管理学为基础，由多学科交叉融合、不断创新发展而来的一个新的独立完整的管理理论。

（3）拥有革新性的方法论。理论的革命，都是以方法的革命为先导，并以概念的革新为标志。项目管理之所以成为新管理学说、新方法论，首先在于它独有的概念范畴与管理体系，就像工商管理、公共管理等一样，它们都体现了一个领域的创新理论和方法；其次是因为它具有独特的思想、认知、理念和知识体系，并以一种独立的眼光探索项目管理领域所应具有的方法论，进而引申出全新概念和崭新观点。

（4）获得实践检验和认可。管理学是应用性很强的学科，项目管理学也不例外。历史上成功的项目实施案例，包括近年来我国各类大型复杂项目的成功实施，充分证明了项目管理具有重大的理论和应用价值。同时，学术界在过去几十年间也开展了一系列有开拓性和影响力的项目管理个案或专项研究。虽然这些研究各有侧重，但其最终结果都表明，项目管理学的理论和方法能够很好地回应当今时代的项目管理重大课题，具有重要的科学价值、理论价值和应用价值。

根据以上四项标准，目前项目管理学仍是一个成长中的年轻学科，要达到真正成熟并根深叶茂，尚需进行艰辛的理论探索和持久的实践积累。理论界和企业界都应充分关注并支持项目管理学科的成长与发展，以使项目管理理论研究与实践应用百家争鸣、百花竞放，在管理学的大道上高歌奋进。

第四节　项目管理与一般管理的关系

项目管理虽属于管理活动，但它是一种专项的管理活动，与一般管理又有明显的不同。在一般管理中，几乎所有的管理任务和管理工作都是常规性的，管理者通常要做的是照章行事。而在项目管理场域中，项目实施的目标任务是一次性的，过程管理具有较强的创新性。这就意味着项目管理与一般管理既有联系又有区别，更需彼此融合。

一、项目管理与一般管理的联系

孔茨认为："管理就是设计并保持一种良好环境，使人在群体里高效率地完成既定目标的过程。"[①]项目管理在一般管理的哺育下茁壮成长，其方法和技术从一般管理中发展而来，并进一步丰富了一般管理的内涵。正是由于不同时期各种管理思想的演进与碰撞，才形成了今天的项目管理理论、方法和技术。

1. 管理理论与方法同源

泰勒开创的科学管理方式，是人类第一次尝试以科学的手段来考察管理问题，为人们探讨管理理论和管理模式提供了方法指引；法约尔管理理论分析的成果，以及他所构建的管理要素和管理职能，经受了实践检验并且得到普遍认可；韦伯的组织管理学，开创了组织管理理论的先河。这些管理学的经典理论，为项目管理模式的发展和理论创新奠定了坚实基础。项目管理根植于管理学的深厚土壤，是管理学理论发展和实践创新的必然产物，也是组织学、行为学等相关学科基本理论应用于项目实施过程管理的重要成果。

项目管理与一般管理是继承与创新发展的关系，它们在管理学大道上相辅相成、相伴而行。强调项目管理的特殊性，不等于要把它划至一般管理之外，更不应使其脱离管理学的基本范畴。项目管理中的很多方法，都可以在一般管理中找到源头。一般管理中有关事业部、矩阵组织和团队管理等方面的研究成果，对项目管理的成长都起到了重大推动作用。比如，通用汽车公司第三代总裁斯隆，在20世纪20年代探索了精干而全新的高度专业化团队管理方式，创建了事业部制。[②]泰勒完成了管理活动的底层改造，法约尔提出了管理的要素和职能，而斯隆则把管理的决策与指挥等变成了一套高效可靠、科学规范的管理流程，这一切都为项目管理模式的产生和发展奠定了坚实基础。

2. 管理原则与职能互补

项目管理理论是对诸多相关传统学科理论成果的深化与创新，其管理理念和方法的产生，与一般管理一脉相承，两者的管理原则及管理职能互用互补。古典管理理论、管理科学学派与现代管理理论，对项目管理原则和职能的形成影响深远。其中，泰勒科学管理的思想，对项目计划管理与过程控制产生了积极影响；以法约尔为代表的管理组织理论，为如何明确项目管理活动的职能提供了理论基础；管理学中其他各支脉的理论成果，也为项目管理理论的不断完善提供了丰厚的养分。

今天看来，泰勒、法约尔等人的主张朴实无华，以致很多人对一般管理的"科学性"产生了怀疑。然而，正是因为有了他们所提出的管理要素，才形成了稳定的管理职能。实际上，一般管理的思想观念、原理原则包容性强，管理方法和技术具有普适性，为项目管理理论框架的构建提供了科学的基础。同时，管理学的一些基本管理原则，甚至以"公理"的形式被人们接受和应用，在今天依然闪耀着光芒。所谓的职能互用，是指管理学的基本要素

[①]　哈罗德·孔茨，海因茨·韦里克：《管理学》，张晓君，陶新权，马继华，金晶鑫译，经济科学出版社1998年版，第2页。

[②]　斯图尔特·克雷纳：《管理百年》，闾佳译，中国人民大学出版社2013年版，第80—85页。

和职能，如计划、组织、指挥、控制、协调等完全普适于项目管理的基础性管理工作。相应地，项目管理所形成的各项"知识领域"，也同样具有管理职能的属性，拓展了一般管理的理论框架和创新发展方向。

3. 管理手段与过程相通

一般管理具有普适性，项目管理具有专题性，二者的联系还表现在都注重过程管理，且基本管理手段是相通而并用的。对项目管理而言，项目实施过程管理既要充分发挥职能领域的作用，又要确保一般管理的基础职能作用得以充分发挥。比如，法约尔对于管理的原则、职能和过程的相关阐述，揭示了社会化大生产条件下过程管理的一般规律，对于项目实施的过程管理依然具有普遍的指导意义。

不可否认，项目管理与一般管理在管理格局、规则体系等方面存在着明显的差异，但二者在管理技术和工具等方面又是相通的。从泰勒最初的工序时间测定、甘特的横道图，到后来运筹学形成的关键路线法、计划评审技术，以及不断完善的风险管理和信息管理等方面的理论成果，都在项目管理技术体系中发挥着重要作用。项目管理的方法和技术是在管理学理论基础上发展起来的，其具体管理手段不可能脱离管理学的基本原则。正因如此，人们在初次接触项目管理时，往往觉得它与一般管理差异不大。究其根本原因，除了没有真正认识到项目管理的独特性之外，还在于项目管理学本来就属于管理学的范畴。

二、项目管理与一般管理的区别

项目管理不能脱离一般管理的基本原理，但从本质上说，它又具有自身独特的组织管理方式。一般管理的运作模式通常针对的是日常化的管理过程，管理者行为的展开方式是职能化的，管理者与被管理者之间是安排任务与执行任务的关系。项目管理基于确定的管理对象，管理流程以执行目标任务为牵引，趋于单向性和强约束性，且由于环境的不确定性以及各部分工作之间衔接的紧密性，管理者与被管理者之间更多地体现为互动和协作。

1. 管理目标与任务不同

项目管理的目标及其任务具有独特的存在方式。狄海德认为，在一般管理与项目管理之间存在一个过渡状态，即"专项管理"，这是一个非常有意义的启示，如图 10-8(a) 所示。[①] "专项管理"类似于我们常说的"单项任务""专项任务"或"专门工作"，是形成项目管理模式的基础。这种过渡状态的存在，说明了三个问题：一是人们在 20 世纪 50 年代定义"项目管理"这个专门概念之前，就已经具有了处理"项目式"工作的理念和方法；二是项目管理模式是在处理"专项任务"的管理经验积累中成熟起来的；三是解释了项目管理和一般管理两种管理方式之间存在的内在联系和区别。受其启发，笔者将这三者的关系

---

① 　狄海德：《项目管理》，郑建萍等译，同济大学出版社 2006 年版，第 7 页。

用图 10-8(b)来表示。[①]

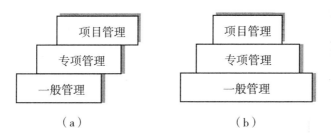

图 10-8　一般管理和项目管理的层次关系

从图 10-8 可以看出,在这种关系下,一般管理无处不在,专项管理只是其中的一种"例外"情况,而项目管理则是在实现具有既定目标的专项管理过程中形成的一种特定管理方式。三者的管理对象范围逐渐缩少,但在管理目标与任务的复杂性上却逐渐增大。项目管理不仅给许多目标独特的"专项工作"的实施注入了新活力,更重要的是它开辟了一个崭新的管理研究与实践的场域,即项目管理的思想格局和管理模式。

2. 管理理念与路径不同

通常,一般管理只注重处理好以下几对关系:部署与执行;检查与监督;落实与深化;当前与长远。基于此,德鲁克指出,传统管理者会表现出两个方面的突出特征:一是管理者的时间往往只属于别人,而不属于自己。管理者是组织的"囚徒"。二是管理者往往被迫忙于"日常运作",除非他们敢于采取行动来改变周围的一切。[②]

与一般管理不同,项目管理采用团队管理方式,各层级的管理者能将科学的管理理念、方法和技术贯穿于整个项目的实施过程中。项目管理的理念与路径表现在整体性、系统性,以及规范化、高效化等方面,并通过层级管理和授权,支持各级管理人员及团队独立自主地开展工作。在一般管理模式下,上层对下属主要是控制;与此相比,项目管理更注重规范和引导,管理层主要是引领并支持各子项目和团队工作,注重项目整体的控制与协调。项目实施有时很像丛林战,尽管各个层级的负责人是管理者,但他们既是指挥员又是战斗员,这与一般管理中很多管理者只作为阵地战"领导者"的身份完全不同。

3. 组织结构与成员不同

项目实施与管理是一次性的,项目组织是临时性机构;而一般管理的活动是持续的,其组织机构是长期而稳定的。在组织结构体系与人员构成上,两者差异明显:一是职责不同。项目组织中人员的工作职责与任务并不完全固定,而是随项目实施过程不断变化;一般组织则是通过划分管辖范围,把管理者的职责限定在某一固定范围之内。二是管理体系

①　赛云秀:《项目管理》,国防工业出版社 2012 年版,第 152 页。

②　彼得·德鲁克:《卓有成效的管理者》,许是祥译,机械工业出版社 2009 年版,第 10—12 页。

不同。项目组织内不仅有管理层次，而且遵循层次分明的授权原则；一般组织偏重于等级森严的官僚制体系，强调服从与执行，权力大多建立在领导者个人意志基础之上。三是管理规则不同。项目管理的规则体系针对项目实施的特点而建立，用以指导、约束和规范项目参与者的行为，因此是具体明确的；一般管理中，组织的管理规则常以制度或规章等形式存在。四是组织成员发挥作用的方式不同。理论上讲，项目组织参与者所拥有的经验、能力和技术等属于个体，但项目组织通过运用团队作业形式，能形成强大的群体力量；一般管理中的组织成员，靠自身经验积累和个人努力，按其"岗位"和"职责"发挥作用，对组织的贡献多属个人化的"职务贡献"。五是人员聘用方式不同。项目成员不可能被长期"雇佣"，项目组织要为当前和项目实施结束后人员的归属和职业发展着想；而一般管理中的人员，则是"永久"职员。

4. 管理对象与职能不同

一般管理常表现出连续性特征，其管理对象多样，管理过程具有重复性的特点；而项目管理通常专注于特定的使命，其管理对象基本固定，管理过程表现为一次性，且具有较强不可逆的特点。项目经理、项目成员在某一时段只能为某个具体项目服务，有特定的管理职能和管理流程。所以，格雷厄姆认为，项目管理是计划、控制和对临时组织在一起的人员进行管理的过程。项目管理的核心在于计划、控制和人员管理，通过这三个重要方面来完成项目管理的核心使命，体现出项目管理的有效性和先进性。[①]

相比一般管理中职能部门松散的合作方式，项目管理运用富有创造力的团队作业方式，更能营造出执行项目实施任务的创新氛围。项目管理既具有一般性，又具有特殊性。一般性表现在它以包括管理学在内的相关学科的知识、理论、方法和技术为基础。特殊性表现在两个方面：一是它不仅借鉴和沿用了一般管理职能，还拥有自身独特的管理职能；二是它拥有自己独特的管理手段。项目管理知识体系所形成的理念、方法和技术，在很多方面都超越了一般管理中已有的知识。特别是知识体系所构建的"知识领域"，既是项目管理专有的"职能领域"，更是项目管理模式形成与发展的关键所在。

5. 管理过程与成果要求不同

项目具有生命周期性，其实施过程具有明显的阶段性特征，而一般管理活动不存在明确的生命周期，是一种持续的管理活动。因此，相较于一般管理，项目管理既关注目标和成果，也关注过程。其一，组织目标明确程度不同。项目管理目标具体明确，而一般管理的目标通常只是某种概括性的要求。其二，管理过程不同。项目实施是一个完整而独立的过程，而一般管理工作特别是部门管理工作，虽然有阶段性，但其管理过程具有循环往复的特点。其三，成果要求不同。项目管理对项目实施结果的预判，虽然有或然性，但项目

---

① R. J. 格雷厄姆：《项目管理与组织行为》，王亚禧，罗东坤译，石油大学出版社 1988 年版，第 1 页。

成果必须与预期目标相符。而在一般管理活动中，组织的目标与结果之间有一定的弹性空间，未必若合符节，人们可以根据以往的经验预测最终结果，其目标实现的程度可能与期望成果相符，但在较多情况下并不完全相符。

三、项目管理与一般管理的融合

如今，项目管理模式已融入经济社会发展的各个方面，广泛地渗透在经济、政治、文化和军事等各领域的管理事务之中。项目管理虽从一般管理中脱颖而出，却仍是管理学大家族中的一员。因此，项目管理在不断创新发展的同时，应注重与一般管理的交互融合、创新共享，以进一步提升自身的发展水平。

1. 知识与理论的融合

一般管理的知识、理论和方法都是人类智慧的结晶，持续地为项目管理提供着基础养分，其基本概念、理论知识以及基本管理原理、原则等，都是项目管理理论体系创新发展的基本构件。只有以管理学为基础，兼收并蓄，项目管理学科才能真正获得长足发展。同时，项目管理知识体系又是对一般管理基本理论的实践拓展与概括总结，它不仅引领了项目管理模式的发展方向，而且拓展了一般管理知识和理论的阈限。

一般管理为项目管理理论体系提供了诸多显性或隐性的知识，而项目管理知识领域和管理要素则具备了管理方式与手段的显性功能。但是，最有用的知识未必都是显性的。隐性的知识蕴含于个体经验之中，也蕴藏于对一般管理的理论、方法和技术的理解之中。尽管一般管理的发展相对缓慢，难以满足管理者的特定预期，但它的基本功能、基础作用仍不容忽视。因此，我们既不能无限推崇项目管理知识体系而置一般管理的基础知识于不顾，也不能固守一般管理的经典学说而漠视项目管理模式的发展成就，而应将二者有机融合，并在相互融合中共同发展。

2. 理念与职能的融合

项目管理是管理学、经济学和工程学等多门学科交叉产生的学科分支，这种交叉更多地体现在管理理念与管理职能的"继承""融合""拓展"等方面。一般管理的五项管理职能构成的基础职能，与项目管理知识领域构成的职能领域相结合，既可以清楚地表明项目管理和一般管理之间的联系，也有利于明晰项目管理模式的管理思路。一般管理中计划、组织、指挥、控制和协调五项职能，既与过程管理的程序直接相关，又与流程和步骤紧密相连，只有将其与项目实施管理过程相结合，项目管理方法体系、规则体系才能在项目管理过程中迸发力量。项目管理基础职能与职能领域的融合，如图10-9所示。[①]

---

① 赛云秀：《项目管理》，国防工业出版社2012年版，第154页。十多年前笔者为研究生选题时草勾此图。当时项目管理知识体系是第四版，并无"相关方管理"。——作者注

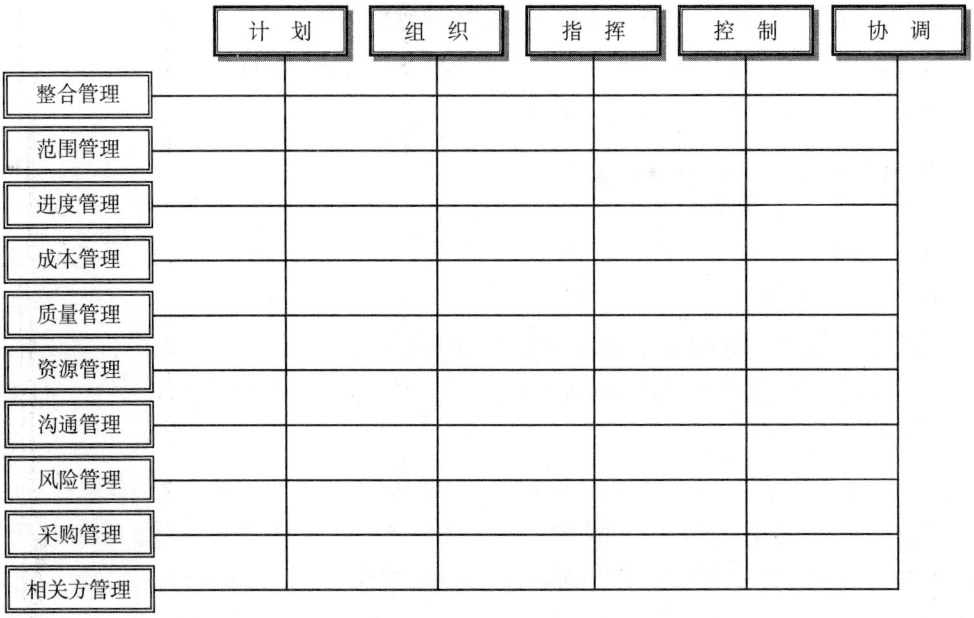

	计 划	组 织	指 挥	控 制	协 调
整合管理					
范围管理					
进度管理					
成本管理					
质量管理					
资源管理					
沟通管理					
风险管理					
采购管理					
相关方管理					

图 10-9 项目管理基础职能与职能领域的融合

在图 10-9 中，纵、横二维直观地表明了项目管理与一般管理之间所呈现出的相通相异关系。横排五项基础职能，体现了一般管理职能在项目管理中的作用；纵列十项，体现着项目管理独特的职能领域与项目管理模式的作用。在项目管理过程中，两类职能纵横交汇，隐显共举，缺一不可，共同发挥着重要作用。认识并理解这种联系意义重大，它表明项目管理只有与一般管理有机结合起来，才更具推广应用价值。

3. 方法与技术的融合

管理职能是方法与技术的载体，从图 10-9 中我们还可以清楚地看出，一般管理的基础职能与项目管理的职能领域交叉发挥作用。如果将二者人为分离或割裂，则项目管理的职能不能纵横相通，方法和技术也难以交融。通常，五项基础职能既适用于宏观方面的管理，也适用于微观方面的管理。借助于各项知识领域所形成的职能领域，既能明确项目管理的努力方向，又能使基础职能沿着正确的方向发挥作用。基础职能是具体的管理手段，职能领域则具有导向性功能。基础职能是具体的，在确认项目范围与整合管理、分解目标任务与编制计划、部署工作与落实任务等方面发挥着重要作用；而职能领域所显示的导向性作用是系统化的，代表着项目管理特有的方法和技术，表明了其管理的基本方略。

对于初学者而言，项目管理方法体系似乎并不深奥，但在具体管理过程中，如果不能深刻认识职能领域和基础职能之间的功能互补关系，就无法在脑海中形成经纬交织的项目管理路线图，也就不能正确运用项目管理的方法和技术。事实上，项目管理一方面按照十项知识领域指引的路径向前推进；另一方面，一般管理的五项职能又如影随形。从管理效能的角度看，同时运用职能领域和基础职能是过程管理的两条主线，它们一显一隐，相得益彰。显性的主线是知识体系内嵌的知识领域和管理要素；隐性的主线则是五项基础职能。在项目管理过程中，这两种管理职能紧密结合，突出了项目管理的方法和技术，彰显了项目管理模式最大的优势。

4．理论与实践的融合

在管理学丛林中，项目管理与一般管理以特殊性和普遍性的关系共同存在、共同发展。项目管理既普遍运用一般管理的基本原理和原则，又实践着自身独特的理念、方法和技术。项目管理者必须将两者结合在一起，融会贯通，熟练掌握，灵活运用。否则，就无法真正领悟项目管理理论与实践的精髓。项目实施过程管理的一般性与特殊性共存，正确的做法应该是，用一般管理的视角审视项目实施活动，以项目管理的方法和技术解决项目实施过程中的具体问题。

在项目实施与管理过程中，项目管理模式与一般管理的组织管理体系应双管齐下、并驾齐驱，不能人为地在两者之间设置鸿沟，而应如图 10-9 那样，架起桥梁谋划全局，实现统筹促进协调。项目管理的思想格局和管理模式是对一般管理理论的深化和创新，它并不是要推翻已有的管理秩序，而是在一般管理的基础之上，聚焦于"目标、过程和结果"这一主线，构建新的管理秩序。同时，在一般管理中，对单项事务或创新活动的管理，不仅可以广泛借鉴项目管理的方式方法，而且项目管理的不断发展与广泛应用也能赋予一般管理以新理念、新内涵、新思路，促进一般管理由"点的突破"转变到"面的提升"。

第十一章　项目管理价值分析

> "……极深而研几。唯深也，故能通天
> 下之志；唯几也，故能成天下之务。"
> ——《周易·系辞上》

第一节　项目管理模式的价值

现代项目管理成功形塑并确立了自身的管理模式，而管理模式走向成熟的重要标志则是项目管理知识体系的建立。项目管理以知识体系为基本纲领，逐步形成了其特有的理论体系、方法体系、技术体系和规则体系，呈现出"一总四脉，五位一体"的整体管理面貌，体现了项目管理思想格局和管理模式的基本特征和独特价值。

一、项目管理模式的思想基础

项目管理模式的形成，建基于项目管理活动背后的认知和理念具有独特的思想内核，即对项目管理的本体论诠释，我们称之为项目管理的思想格局。这种思想格局不断地推动着项目管理模式的发展，形成了指导项目实践的强大精神力量。分析项目管理模式的价值，首先要揭示其思想格局与理论范式的重要意义。

1.管理模式溯源

人们对项目管理规律的认识，不能用认识自身来证明其对错。在长期的实践积累和理论总结基础上，项目管理逐步从经验管理方式演变为系统规范的管理模式。管理模式是承载项目管理规律的基架，有了这个基架，人们就能整合项目管理实践与理论研究中的各种认识成果。管理模式的形成，涉及项目管理的战略性和全局性，包含了项目管理的管理理念、管理内涵和功能指向。具体而言，管理模式是对项目管理理论体系的高度概括，是项目管理方法体系和技术体系的集中表征，也是项目管理规则体系的实然呈现。

项目管理模式不是抽象的概念集合，它依托于项目管理知识体系和相应的管理系统，对项目实践具有重要的引领作用。项目管理模式源于一般管理中的各种"专项""专题"等项目式工作的管理实践，其形成、发展和完善皆依赖于其自身的管理格局。这个管理格局就是项目管理模式基架的实然形态。经过半个多世纪的发展,现代项目管理模式科学有效,其所运用的管理方法和技术业已得到实践检验,并成为设置项目组织结构体系、发挥管理体系作用的基本依据。管理者运用项目管理模式,不仅可以有效确立项目实施的目标任务,而且能够成功完成项目实施的各项任务。同时,模式化管理还可以引导管理者总揽全局、有的放矢、协调各方,有效弥补一般管理在目标要求、过程管理和成果追求等方面的不足,合理化解资源调集与配置等方面的冲突。

2. 管理模式与思想格局

"思想是人的本质规定和存在方式。"[①] 这意味着,我们对项目管理的认知须由表及里,深入本质,触及其规律层面。项目管理的思想格局是项目实践创造和理论创新的产物:从实践层面看,它是对项目管理思想观念和实践认知的总结与升华;从理论层面看,它是项目管理理念和方法论的集成,是项目管理知识、理论、方法、技术等体系化建构的产物。可见,项目管理思想格局不仅能够反映对象、认识对象,更为重要的是能够解析对象、再造对象,即在去粗取精、去伪存真的基础上,对项目管理模式进行加工改造和观念制作。项目管理实践表明,在其思想格局形成的过程中,理性的实践认知和科学的管理理念是基础,先进的管理方法和可靠的管理技术是关键。

思想格局的意义不仅在于揭示项目管理对象的本质与规律,还在于它能赋予管理者坚定的信念和执着的追求,为人们规范地运用项目管理模式提供方法论指导。尽管没有一种固定的思维形式可以作为"模具"来铸造管理思想,但作为一种思辨路径,项目管理思想格局具有自我熔铸、自我锤炼的持久性,往往成为影响项目参与者行为的恒久精神力量。它的作用在于,当人们开展项目管理活动时,可以保证这项活动的目标、过程和结果是科学可行的。在项目管理过程中,管理模式与思想格局相辅相成、相得益彰,即:一旦拥有清晰的思想格局,管理模式就具备了科学的管理思路;同时,只有依靠成熟稳定的管理模式,思想格局才能被明确表征。更进一步讲,管理模式是思想格局的载体,它承载着项目管理的理念、方法和手段等;而思想格局对项目管理模式的指导作用,则体现在项目管理的思想观念中。思想引导观念,观念反映认知的成果,明确的观念能廓清思想认识的迷雾。思想观念影响着人们对待项目管理的态度,也引领着管理模式的创新发展。

3. 管理模式与范式

作为当代科学哲学的代表人物,库恩认为:"范式是示范性的以往成就""范式是共有的范例"。他在研究了 19 世纪科学教科书所阐发的公认的理论之后,所给出的"范式"定义既复杂又深刻:"它们的成就空前地吸引一批坚定的拥护者,使他们脱离科学活动的其他竞争模式。同时,这些成就又足以无限地为重新组成的一批实践者留下有待解决的种种

---

① 胡军:《哲学是什么》,北京大学出版社 2002 年版,第 36 页。

问题。"基于此,库恩指出:"凡是共有这两个特征的成就,我此后便称之为'范式',这是一个与'常规科学'密切相关的术语。我选择这个术语,意欲提示出某些实际科学实践的公认范例——它们包括定律、理论、应用和仪器在一起——为特定的连贯的科学研究的传统提供模型。"[①]在库恩看来,范式具有两种含义:"一方面,它代表一个特定共同体成员所共享的信仰、价值、技术等构成的整体。另一方面,它指谓着那个整体的一种元素,即具体的谜题解答;把它们当作模型和范例,可以取代明确的规则以作为常规科学中其他谜题解答的基础。"[②]

通常,自然科学对范式的理解,多以公认的定律或者定理呈现,是我们进行科学思考的依据,且在相当长的时期里保持不变。而在社会科学领域,范式则以基本假设的方式展现。这个基本假设即价值观,它与思想格局直接相关,决定了我们对事物真实性的判断。项目管理理论研究范式的形成,同样建立在一个假设的基础上,这个假设就是其思想格局与管理模式的既存。在项目管理实践应用中,范式可以理解为一种特定的程序化、流程化管理方式,这种管理方式被固化下来,即可被视为模式。模式蕴含范例、规范或法则之意,因而便具有范式的作用。项目管理的思想格局可被视为管理范式的型构。这种型构一部分来自人类已有的管理思想,另一部分则来自项目管理模式整体内涵的演进。也就是说,项目管理的宗义以其思想格局及管理模式为指引和依托,而项目管理模式兼具格局与范式之意。项目管理在其思想格局指引下所建构起来的共通范式,即项目管理模式,是由项目管理理念、方法、技术以及工具等组成的管理行为结构体系,也是人们判定项目管理指导思想和理论体系价值的重要标准。时至今日,项目管理模式所取得的成就,已吸引了一批坚定的拥护者,并为今后在实践中发现与解决问题奠定了基础。

4. 管理模式与管理格局

项目管理的思想格局与管理模式共同铸就了项目管理格局,而管理格局诠释着项目管理模式的本质特征,是促进项目管理模式内涵不断深化的核心力量,不但决定着管理模式的发展方向和运作方式,还决定了管理者如何运用项目管理的理念、方法和技术。事实上,管理格局既是管理模式结构特征的实然呈现,又能指导管理者正确运用管理模式。它能帮助人们形成一种全新的管理思维,使人们明确应该秉持何种理念、采用何种方式去管理项目实施活动,对于提升管理者的战略思维、综合决策、系统管理和全局掌控能力具有重要的引领作用。

项目管理的发展,是在其思想格局和管理格局的指引与规约下,通过模式化的管理方式,建立了知识体系,形成了一整套合乎科学思维的管理理念和管理法则。应用项目管理

---

① 托马斯·库恩:《科学革命的结构》,金吾伦,胡新和译,北京大学出版社2012年版,第8页。
② 同上书,第147页。

模式，首先要准确理解其管理格局和知识体系，掌握观察项目实施活动的立场、观点和方法。比如，在传统组织管理模式下，项目管理活动大都采用金字塔式的科层结构，这种管理方式涉及的管理层次较多，往往难以保证完成任务的进度和质量，成本也居高不下，而项目管理模式恰恰能克服这些弊端。它通过扁平化的组织结构，压缩了管理层次，理清了工作界面，明确了管理者的责权，保证了管理工作的优质、高效。项目管理格局及其先进的管理理念，能够指导人们建立一种新型管理方式，构建科学有效的项目管理体系，有助于各类组织实现项目的投资效益。

二、项目管理模式基础价值的体现

项目管理模式深刻揭示了项目实施与管理的本质特征，将人们业已掌握的项目管理知识、理论、方法和技术系统化，使项目管理机制法则化、行为规范化、评价客观化。管理者只有深刻认识项目管理模式的基础价值，才能全面理解项目管理的价值。

1. 管理机制法则化

项目管理模式不仅分析特殊性问题，更注重探究普遍的规律性问题。项目实施与管理具有明确的目标，追求既定的成果，因而分析各项管理要素的作用，揭示管理法则是项目管理理论研究的核心任务。管理法则即对管理规律的呈现和运用，只有透彻观察和分析管理对象，才能在尊重客观事实、发现客观规律的基础上，揭示管理规律，形成管理法则，进而形成各类项目通用的管理模式。以法则化的管理理念构建的项目管理知识体系，揭示了项目管理模式的内在机理，系统地表达了项目实施与管理的运行机制，充分体现了项目管理格局的本质特征。

掌握项目管理规律的最高境界是构建管理机制和法则。项目实施与管理作为一种专项管理模式，必须建立一套完整的管理体系和管理流程，以体现对管理法则的重视。项目管理在思想格局指引下，为人们提供了一套具有丰富理论内涵的模式化的管理方式，使项目管理活动形成了完整的"目标、过程、结果"管理链。运用这一管理链提供的管理思维，对项目实施过程实行严格的计划、统一的指挥、有效的控制和良好的协调，是项目管理法则显性呈现的基础。掌握项目管理规律，拥有明确的管理机制，就能激活管理者的思维，使各种管理程序透明化，使项目实施过程中各种影响因素清晰可辨，使管理理念、方法和技术明确而具体，从而保障各种管理手段转化为现实生产力。

2. 管理行为规范化

从本质上讲，项目管理模式虽融合了一般管理的原理、原则和方法，但又不等同于一般管理，也有别于企业生产流水线中的标准化管理方式。项目管理强调规范化，旨在将各层级管理者的行为规范落实，即管理者应以规范的管理行为为主导，将"目标、过程、成果"管理链始终贯穿于项目实施全过程。与一般管理相比，项目管理模式更强调其自身管理体系、管理系统、管理流程的科学性、系统性和规范性，并以此来规约项目管理场域的秩序，进而实现项目实施过程管理的规范化。

在推动项目管理规范化的进程中，有效运用管理模式至关重要。规范化以科学化、系统化为基础，科学化基于理论层面的认知，系统化体现为实践层面的关联有序。与传统组织运行相比，项目实施所动用的资源更为集中，各项计划任务的实际作业过程时间约束性更强。因此，管理层只有将这些科学的理念和方法应用于管理活动，保证管理系统规范运行，作业层才能在具体操作过程中注重作业过程的精准化。也就是说，项目组织正确运用项目管理模式，既可避免自身管理运行的僵化，提升管理效能，又能通过规范管理层、执行层和作业层人员的行为，有效弥合规范要求与实践操作之间的鸿沟。

3. 绩效评价客观化

在项目实施过程中，管理者通常很难把握自身所面临的真正问题。项目管理者在面对复杂的管理任务时，应准确区分各项计划任务的主次和轻重缓急，这需要确立一套客观且完整的判断标准。在一般管理中，由于目标要求较为宽泛，成果形式也时常缺乏具体的衡量标准，高层管理者往往根据个人偏好和所谓的"客观"观察，对各个层级人员的工作业绩进行评价。然而，项目管理则不同，一方面，由进度、成本和质量三大目标所构成的"铁三角"作为项目管理的核心，既是项目管理的中心任务，又是评价管理者工作绩效的基础。另一方面，项目管理模式的形成，极大地转变了项目管理者的管理方式和管理行为，从而将管理层的决策与计划有效地转化为作业层的积极行动。由此可见，与一般管理相比，项目管理模式能够运用明确的行为准则和绩效评价标准，精确考量各个层级人员的工作绩效，确保绩效评价的客观性。

三、项目管理模式指导价值的体现

项目管理模式的指导方略是思想格局，基础架构是管理格局，基本内涵是项目管理知识体系，运行载体是项目管理系统。项目管理模式全面深刻地概括了项目管理的普遍原理，是项目管理理念、方法和技术的集中体现。项目管理模式的确立，使项目管理格局清晰、管理体系规范、管理规则明确，为项目管理实践的科学化、系统化和规范化提供了指导。

1. 管理格局清晰明了

在项目管理模式的形成与发展过程中，思想格局体现于理念层面，管理格局则体现在实践层面。项目管理格局来源于对实践经验的总结与提炼，但它一经确立便会独立于人们的主观意识，并具有一定的客观性。项目管理的理论认知、实践理念、方法体系和技术体系等，都是管理格局的具体体现。如果对项目管理的认知仅停留在技术层面上，就无法全面领会管理格局的基本内涵，更难以用先进的管理模式来确定项目管理方式。只有具备了明晰的管理格局，管理者才能真正运用项目管理模式，并将科学的方法和技术有效应用到实际管理工作之中，实现管理方式的根本转变。因此，应用项目管理模式，必须首先转变思想观念和思维方式。

项目管理格局清晰明了，得益于项目管理知识体系的系统性。项目管理知识体系既是一种理论范式，也是一个预设的概念系统，其基本内涵是知识领域、过程组及管理要素的集合，并由此形成了项目管理知识与技能的范畴体系。这一范畴体系集中代表了预设的概念，其内涵表明了项目管理的"体-用""本-末"关系，展现了管理格局的方法手段，也体现了预设概念和期望结果之间的关系。项目管理的思想格局和管理模式是开展项目管理工作的向导，而由知识体系所展现的管理格局和管理体系则相当于一种人为设置的轨型，使项目实施如高速行进的列车一般奔向前方，它们共同构成了项目管理基本理念以及理论体系、方法体系、技术体系和规则体系的观念总源和价值中心。

2. 管理体系系统完备

项目管理模式的发展，大致上经历了经验方式、经验模式和稳定模式三个阶段，同时，在其功能意义上又经历了四个发展过程，即实践开端、科学转向、理论引导和实践回归。20世纪中期前后，是人们探索现代项目管理规律与模式的"实践开端"，其重要标志是苏联大型工业建设项目和美国大型军工研发项目的实施。前者直接产生了工程项目施工组织管理模式，后者则形成了现代项目管理模式的雏形。管理模式的"科学转向"，源自人们在科学管理思想的指导下，发现了项目管理的基本方式，即针对项目实施计划、组织、控制等共性的管理问题，以及对项目进度、成本和质量三大目标的管理。管理模式的"理论引导"是指人们在上述两个阶段的基础上，建立了项目管理知识体系，形成了特定的管理格局。管理模式的"实践回归"则是指今天人们开展项目管理工作时，可运用业已成熟的管理模式，并将其管理理念、方法和技术直接运用于项目实践。可见，通过这"三个阶段、四个过程"，项目管理的思想、认知和理念日益清晰，其管理体系亦渐次规范。

项目管理知识体系的建立，以及由此形成的理论、方法、技术和规则四大体系，使项目管理模式通过"一总四脉、五位一体"的整体管理体系，有力地推动了项目管理的科学化、系统化和规范化进程，为解决项目管理问题提供了整体方案。如果没有这一整套管理体系，就难以从根本上改变传统项目管理的固有方式，难以形成完善的理念、方法、技术和规则，也不可能产生现代项目管理模式的独特价值。举一纲而万目张，"一总四脉、五位一体"的项目管理体系是指导项目实施与管理的系统理论。它不仅奠定了项目管理的思想基础，同时也有力推动了项目管理的实践革命，彰显着项目管理模式的引领价值。

3. 管理规则有据可依

项目管理的格局和模式、原则和方法、规范和规程等，绝非管理者"天马行空"臆想的产物，而是管理者在项目实践中不断总结经验的结果，是在理性观念中获得的"项目式"工作的管理之道。项目管理模式突出科学性、系统性和规范性，明确了管理规则以及相应的管理程序,从而能高效地计划、组织、控制和协调各项项目活动,为各项管理技能的充分施展提供了广阔舞台。

要掌握项目管理的规律,必须建立管理原则和规则体系。管理秩序、规则与管理模式直接关联,项目管理模式通过知识体系为规则体系的建立提供了指引。项目管理知识体系的建构,既为管理模式提供了具体的管理原则,同时又为规则体系的形成奠定了基础。换言之,知识体系通过知识领域、过程组和管理要素的架构,蕴含了项目管理的秩序和规则;同时,明确的管理原则、运行机制和规则体系又能促进知识体系不断系统化,推动管理模式不断完善。当然,在现实的管理世界中,人们很难找到普适性的规范和永恒的规则。在通常情况下,某一种特定的规范或规则只能针对某一类问题,并在一定时期内行之有效,但这并不能否定规范管理、规则体系的力量。高效的组织,如可口可乐、微软、华为、海尔等公司,其获得成功的最大秘笈便是组织管理体系规则化,并以此形成了清晰的管理模式和规范的管理格局。

四、项目管理模式目标导向价值的体现

突出项目实施三大目标,以目标管理为导向,是项目管理区别于一般管理的显著特征。各种类型的项目,其目的、特性和行业背景虽不尽相同,实施过程亦千差万别,但它们都有一个共同特征,即在管理过程中十分注重进度、成本和质量三大目标的高度统一。项目管理模式明确提出"目标导向"的管理理念,不仅是对项目管理实践经验的总结,也是重要的理论创新。

1. 管理目标与任务分解具体化

项目管理模式明确了项目实施的三大目标并将其具体化,抓住了项目管理的关键。斯格特在分析理性系统的特征时,关注的重点就在于目标具体化。他指出:"毫无疑问,理性系统理论家强调的主要特性,也是组织区别于其他聚合体的特征,如目标具体化和形式化,因为这两个要素对组织行为的理性化具有重要贡献。"在分析"目标具体化"时,他又进一步指出:"目标就是要达到的目的。在不同情况下,这些概念的精确性和具体性有所变化。具体目标为选择相应的行动提供了明确的标准。在经济学家或决策理论家看来,目标可以转化为一系列代表相应结果的价值优先权或实用功能。如果没有清晰的优先次序,理性评估和选择就不可能发生。""具体目标不仅为选择相应的行动提供了标准,而且对如何设计组织的结构起着指导作用。……模糊的目标不能为正式组织提供牢固的基础。"[①]

项目管理目标具体化、计划任务清晰化的过程,实质上就是一个选择目标任务实现途径的过程:每个低一层级的计划任务,都是实现上一层级目标任务的路径;只有通过项目

---

① 　W. 理查德·斯格特:《组织理论》,黄洋,李霞,申薇,席侃译,华夏出版社 2002 年版,第 32—33 页。

总目标任务的引导,项目实施与管理才能具有明确的目的性;只有选择的行动方案有助于达到既定目的,行为方式才可能是理性的。人们对项目管理目标和任务的认识过程,经历了一个重要的"认识转向",即从传统组织管理模式发展到现代项目管理模式,从一般管理的五项基础管理职能发展到项目管理的十项职能领域,从关注人财物的管理上升到三大目标的管理。在这个转向过程中,项目三大目标被锁定为一组引领性的目标变量,使项目实施与管理活动具有了明确的行动路线和以目标实现为中心的绩效衡量标准。

2. 管理目标与实施过程契合化

项目的一次性特征决定了项目目标的独特性,正是这种独特性指引着项目实施与管理的方向。正如生物学家根据基因差异来解释生物的特质一样,抓住项目实施目标的这一特质十分重要。只有细致分析并筹划项目目标的实现途径,管理层才能抓住项目管理的要害。项目组织中业务部门、团队及参与者都应充分理解项目目标和计划任务,并在实践中强化目标实现与实施过程的结合。只有牢固树立以目标为导向的管理思维,项目管理者才能摆脱以"事务"为中心的管理思维,项目成员就会自觉地比较现状与目标之间的差距,增加危机感,增强行动的自觉性,充分体现以目标为导向的价值。

当项目实施的目标确定后,需由人去实现它。管理工作追求的目标不同,管理的方法与过程就可能相异。在项目实施过程中,进度、成本、质量这三大目标难免存在短期失衡,但为了保证项目成功实施,必须重建三者之间的平衡。目标提供了项目实施的愿景和个人努力的方向,是参与者行动的指南。项目人员在组织内部的行为方式必须以目标为导向,符合行为准则的要求。在项目管理过程中,明确的目标要求会带来行为方式的有效整合。从管理者的角度来讲,目标明确就能选择正确的行动方案;从参与者角度来讲,目标明确就会产生正确的行为动机和规范的行动方式。通常,个体参与者会将其个人目的或动机一同带进项目组织,但这些动机并不一定与项目组织的行动目标完全契合。因此,管理者必须注重项目目标与参与者个人追求的契合度。项目管理模式提供的管理格局,具备了机制性的导引力量,其特定的组织结构体系和管理动能,能够产生"磁化"效应,进而使参与者的个人目标融入项目目标。

3. 管理目标与成果评价一致化

在项目管理中,目标、计划与过程管理相辅相成,体现了团队及个体参与者"应该完成什么任务"以及"怎样去完成任务"的规范管理要求,进而明确了项目管理者的使命和努力方向。在一般管理中,调研观察和收集基础数据是薄弱环节,而项目管理模式由于具有明确的目标导向以及规范的过程管理,可使成果检验与实施过程同步展开,使衡量成果实现程度的方式得到实质性改善。一般管理对管理效果的评判往往以相同属性的事例作为参照系,而项目管理绩效考评除了与相同属性的项目案例进行比较外,更注重与自身实施方案和计划要求做比较,即与项目目标任务的期望值比较。

项目管理突出目标导向是为了全面实现项目成果。一般管理中，人们多关注涉及人财物等方面的目标，而在项目管理中，进行进度、成本和质量多目标之间的常态联动，强化绩效考评则成为管理工作的中心。项目管理模式的优势是突出目标、重视过程、注重结果，具体表现在：第一，强化管理绩效的内涵要求，明确项目实施与管理的三大目标；第二，强化项目控制与协调，能有效建立与绩效考核相对应的奖惩机制；第三，保证项目成果获取的途径，使过程管理为目标和成果服务。运用以上管控措施，对项目管理绩效的衡量，便可实现在许多方面从定性分析转向定量分析，即通过不断分析项目实施情境，在过程管理中充分运用技术经济指标数据，以此精准显示项目成果核心指标的实现程度。

第二节 项目管理知识体系的价值

"目的与知识的结合使人类获得了巨大的力量。"[①] 无疑，项目管理知识体系的建立实现了管理目的与管理知识的紧密结合，这是项目管理学科发展过程中的一个里程碑。项目管理知识体系揭示了项目管理之道，为理论研究和实践应用提供了基础导向，体现了项目管理价值的核心要义。其中，美国项目管理知识体系尤具代表性，它通过构建知识领域、过程组以及管理要素，使项目管理模式"见事见人见思想，可说可鉴可应用"。为此，本节主要以美国项目管理知识体系为参照，全面分析项目管理知识体系的价值。

一、管理思维系统化的价值

在项目实施与管理过程中，系统化的管理思维贯穿始终。项目管理知识体系的一个突出特点就是充分运用系统化管理思维，使各项管理要素与管理过程既相互联系又互为条件，形成了一个有机整体。时至今日，各国所建立的项目管理知识体系，其整体框架结构虽然简约，但系统化的管理思维却一以贯之，简约而不简单，明晰而不繁琐。

1. 形成了系统化的管理知识

凯文·凯利指出："科技的动向推动我们永远追求'新'，但'新'总是转瞬即逝，在永不停息的变化中被更新的事物所取代。"[②] 科技、信息等引领新的社会文明，永无休止地升级，被凯文·凯利称作"形成"，这也许是信息社会变化的真正开端。科学技术的迅猛发展迫使人们不断扬弃已有的理论成果，不断地追求"新知识""新理论"，以持续满足创新管理的需要。正是这种不满足、不停歇，激发了人们不断进行创新创造的热情。"二战"以后，

---

① 胡军：《哲学是什么》，北京大学出版社 2002 年版，第 31 页。

② 凯文·凯利：《必然》，周峰，董理，金阳译，电子工业出版社 2016 年版，第 6 页。

以美国为主的一大批项目管理专家，以新视野、新思维、新价值取向，率先创建了项目管理知识体系，给出了项目管理的各项知识领域，使项目管理知识以系统化面貌呈现出来。这一项目管理知识体系既继承了前人的理论成果，又以系统化的创新思维开创了项目管理规范化的先河，引领项目管理模式进入了新境地。

项目管理知识体系既包含很多已有的管理知识，又借鉴了许多新知识、新理论，涵盖了项目实施与管理的各个方面。它是一个内部结构与层次设置系统科学的有机整体，而不是由各种方法、技术及工具等堆积而成的新概念的"大杂烩"。全面认识项目管理知识体系，需要明了项目管理发展的历程、管理模式形成的过程、项目实施过程管理的机理等问题。正因如此，审视知识体系的建构理念，是正确把握项目管理模式思想精髓和基本特征的前提。通过确立知识领域和管理要素，知识体系全面展示了人们系统思考项目管理问题的成就，且系统地呈现了项目实施过程管理的各种知识。

2．创建了系统化的管理手段

俗话说"一脉不顺，周身不畅"。管理者只有以正确的立场和科学的态度来认识纷繁复杂的项目实施过程，才能掌握项目管理的正确方法。认识项目管理知识体系的价值和意义，应着眼于其所提供的科学化、系统化、规范化的管理方式和手段。在项目管理过程中，管理者只有具备了系统思维能力，才能有效运用管理方法和技术，理清过程管理中的关键问题；只有树立科学系统的管理理念，提高辨别力，才能举一反三、触类旁通，不被项目实施过程中涌现的各种矛盾与冲突所迷惑和困扰。

解决管理问题的原理、原则，体现在管理手段的运用之中。项目管理在理论思考中通过寻求科学规范的方法、技术和工具，形成了系统化的方法体系与技术体系。在不断完善的过程中，项目管理知识体系始终以实践理念为基础，以系统化的思维方式解释项目管理基本问题；以结构化的形式呈现项目管理内涵的基本面貌，充分展示理论研究的最新成果。实现项目管理知识体系的结构化，必须要提出概念，寻找新的建构要素，进行系统化的理论分析，并对各种管理手段采用简约、实用、有效的表达方式。在寻求管理手段的过程中，美国项目管理知识体系树立了成功典范。这一知识体系经历了创建、充实、完善等过程，通过渐次修订，较为全面地概括了各类项目实施与管理的共同特质，形成了系统化的方法体系，具备了方法论特征。

3．确立了系统化的管理职能

项目管理知识体系最可贵之处，在于它不拘泥于概念解释，而是以知识领域明确了项目管理的基本范畴，形成了"职能领域"这一形容项目管理职能形态的独特概念。知识体系通过各项知识领域，明确了项目管理职能的基本内涵；通过各项管理要素，明确并强调基础职能的作用，使过程管理有了具体的"抓手"。管理者只有系统理解项目管理知识体系的整体内涵，并以全面的理论视角分析知识领域、过程组及管理要素的特性，才能深刻认识其系统化的理论构想、层次化的逻辑思维，进而深刻理解项目管理职能领域和一般管理基础职能的差异性、关联性和侧重性。

项目实施与管理面对的内外部环境十分复杂，当管理者树立了系统化管理思维之后，就能洞察项目实施的本质特征，抓住要害，有效解决过程管理中存在的问题。反之，管理者如果缺乏系统化管理思维，就不能正确运用项目管理的职能，难以战胜各种错综复杂的困难，无法应对各种预料不到的风险。项目管理者通常想法多、思路广，而具体的管理工作时间紧、弹性小，能否系统规范地运用管理职能就显得至关重要。系统管理，意味着部门之间、各管理层次之间的协调配合；规范管理，意味着职能运用的程序、流程及步骤合乎规范要求。管理者在全面理解项目管理知识体系的结构特征，真正掌握了项目管理的方法与技术后，就会顺畅地"料理"好各项知识领域、管理要素和过程管理，建立项目管理系统，熟练运用各项管理职能。

二、管理理论结构化的价值

理论对于实践的意义，在于指导实践，矫正实践过程中的偏误。解决项目实施过程中的管理问题，必须注重理论指导，运用结构化的理论知识。项目管理模式整合了项目管理的实践经验和理论成果，构建了结构化的知识体系，为有效解决项目实施与管理过程中的各种问题提供了科学依据。

1. 构建了项目管理的概念体系

时至今日，各国所构建的项目管理知识体系，总结了项目管理模式的规律性问题，形成了项目管理理论的概念体系。通过这一概念体系，人们就能达成思想共识、明确管理理念、丰富理论内涵，全面凸显管理模式的基本特征，进而将现代项目管理推向一个崭新的发展阶段。

（1）达成了项目管理思想共识。人的大脑就像一个分门别类地储存着巨量资料的信息处理器，每份资料都有一个"标签"。人的大脑中的印象不能直接用来交流，表达印象的抽象术语和存储于头脑中的资料标签就是所谓的"观念"。人们通过每份资料的标签来交流彼此观察到的事物和代表事物的观念。与观念有关的标签使我们可以相互沟通，还可以就标签的含义达成共识，这一过程被称为"概念化"。达成共识的结果，表现为"新概念"的产生。[①] 可以说，项目管理知识体系就是人们对项目管理规律思想共识的概念化呈现。

（2）明确了项目管理基本理念。创建、完善知识体系的过程，是一个持续不断地厘清项目管理相关概念的过程。事实上，只有那些达成共识的"概念"，才具有现实、正确和客观的含义，才能表达正确的管理理念。若没有知识体系，项目管理的概念体系就无从建立，

---

① 李怀祖：《管理研究方法论》，西安交通大学出版社 2004 年版，第 42 页。

人们在管理过程中进行交流时，所使用的专业术语不统一，含义不明确，管理理念就难以明确地表达出来。确切定义知识领域和管理要素，就是要将这些模糊的管理理念概念化、明确化。这一过程为人们理解这些特定概念指明了基本路径与标识。

（3）丰富了项目管理理论体系。项目管理学科所形成的理论体系由诸多新概念组成，项目管理知识体系是由众多概念、多项命题组成的集合，是项目管理理论体系及方法论的源头。概念是研究对象意义的载体，理论借助概念诠释现象。新概念一旦被公认，其所形成的公理就成为理论的基本主张，也构成了理论内涵的基础。命题则是对判断的陈述，如："运用项目管理知识体系可以提高管理效率"，这便是由命题出发的假设，可称之为"假言命题"。项目管理理论体系的基本假设是基于对经验真实性的基本判断而做出的对客观事物的假定说明，是从命题中发展出来的，并应能够被实践检验。

（4）凸显了项目管理模式基本特征。项目管理模式基本内涵形成与发展的过程，本质上是通过知识体系来确定并构建项目管理概念体系的过程。知识体系的建立，来自思维建模，即观念的形成。观念是主观认识与客观评价的集合，它上升到理性维度便是理念，而理念须依靠稳定的概念体系来支撑和表达。也就是说，精确定义各项知识领域及管理要素，是准确定位项目管理模式理念、方法与技术的关键。项目管理知识体系选择了一组由新概念产生的观测变量，即知识领域、过程组及管理要素，并赋予这些管理变量以"真实含义"，使其在表达项目管理理念的同时，也清晰表述了管理模式中所蕴含的方法和技术。

2. 奠定了项目管理的理论基础

有人说，管理的学问"只可意会，不可言传"。项目管理知识体系的建立，打破了这一偏见，它使项目管理方法和技术既可"意会"，又可"言传"，更可"操作"。项目管理知识体系是一套概念和术语、知识和理论、方法和技术的集合，各项知识领域以其独特的实践认知与理论视角，廓清了项目管理的知识范畴，蕴含着项目管理的基本原理和原则，构成了项目管理理论体系的基础框架。项目管理知识体系的理论特性，主要有以下三点：其一，它集中体现了项目管理模式的理论思考成果和实践创新成就；其二，它展现了一个开放发展而非僵化封闭的理论指导纲领；其三，它能引导人们以全新的管理思维、科学的管理方式、可靠的管理系统破解项目管理的种种难题。

剖析项目管理知识体系的价值，关乎人们是否能够系统总结已有的实践经验，能否以现有的认知水平管理好未来的重大项目。尽管项目管理过程纷繁复杂，但其管理活动和管理者行为却有规可循。项目管理知识体系以实践经验和理论概括为基础，在发现规律性问题的过程中，有着鲜明的理论取向。透过表象探寻项目管理的内在机理，发掘科学的管理方式，是项目管理理论形成的源头。在管理学研究中，"事实"通常指观察到的现象，具有客观性；"原理"是对各类事实的通则性概括，具有普适性；而"原则"是关于"为什么要这样做"的依据，具有约束性。项目管理知识体系在提炼"事实"的基础上所构建的知识领域、过程组和管理要素，就是项目管理模式"原理"和"原则"的集中体现。

3. 确立了项目管理的理论域限

项目实施是一项系统工程，其过程管理必须服务于项目整体目标的实现，使执行各项计划任务的过程形成内在秩序。在项目管理知识体系中，尽管各项知识领域和管理要素出于人为预设，但这并非凭空臆造，而是源自以往的实践经验。以各项知识领域作为导引，人们就可以有目的、有指向地构建项目管理系统，从而增强项目管理模式的稳定性。当然，由于项目类型不同，人们对各项知识领域、管理要素在管理系统中发挥的作用会有不同的认识。比如，第五版美国项目管理知识体系增加了"干系人管理"，第六版对十项知识领域又做了调整，如将时间管理更改为进度管理、人力资源管理更改为资源管理、干系人管理更改为相关方管理等，这些新认知使各项知识领域的指向性更加明确，项目管理基本理论的框架更加完善。

与实践应用过程情况相似，理论分析因着眼点以及看待项目实施过程的视角不同，会导致理论成果的深广度存在差异。同时，项目管理的理论知识源头庞杂，其技术体系具有管理技术和科学技术并用并重的特征，这就要求项目管理的理论成果，既要具备宽广的知识涵盖面，又要具备精深的问题穿透力。现今项目管理理论的形成，大多以案例分析为基础，并在实践中不断地充实、修正和完善，但理论成果一旦构成了原则、体系或法则，就要考虑到"特殊情形"，因而管理原则、理论体系的建构就会走向复杂，进而影响项目管理方法和技术的推广应用。针对这种情况，项目管理模式较好地解决了这些问题，其知识体系不仅具备了理论上的深度与广度，同时又突出了实践应用的简约与明了。

三、管理体系模块化建构的价值

如今的项目管理知识体系是一个业已成熟的管理体系，其所定义的知识领域既界定了项目管理的对象和范围，又明确了项目管理的基本内涵。同时，每项知识领域中所设置的各项管理要素又彰显了方法体系、技术体系的精髓。知识领域及管理要素构成了知识体系的基本构架和管理变量，对它们进行定性和定量分析，是充分理解项目管理理念、方法和技术的基础。

1. 创立了管理体系模块化建构新范式

"大道至简"，从整合管理到相关方管理，十项知识领域是支撑项目管理知识体系框架的核心构件。美国项目管理知识体系的建立，创立了项目管理体系模块化建构的新范式。各项知识领域虽表述通俗、用语浅易，但其所蕴含的管理理念却十分深邃，有稽可考，有源可溯，具有广泛的推广应用价值。管理者只有通过对项目实践的透彻体验，才能深刻体会蕴含于各项知识领域中的管理真谛和力量。正是因为知识领域的建构，项目管理理论体系和方法体系的内涵才更加丰富，技术体系和规则体系的作用才更加突出。

从 1996 年至今,美国项目管理知识体系的每一次修订再版,都体现了管理思想的继承性;每项知识领域的调整,都蕴含着丰富的管理智慧和经验积累。各项知识领域的相互关联清晰,作用明了,充实了项目管理的基本内涵。分析项目管理知识体系的建构历程,就要研究设置这十项知识领域的思考过程,解知其背景深义。只有透彻分析项目管理知识体系中的各项知识领域,我们才能具备解释复杂管理现象的能力。同时,深刻地理解、剖析每项知识领域,也是掌握项目管理知识体系的核心和关键。

2. 明确了管理变量定性分析范围

项目管理知识体系的框架犹如"指南针",而其各项知识领域则是"定盘星"。在项目管理模式发展过程中,人们总是期望以某种尺度去丈量管理理念和方法的优劣,但由于管理对象的复杂性和特殊性,在管理研究中,对管理理念与方法层面的问题,人们很难建立量化分析的数学模型。从这一角度讲,项目管理研究中的定性分析就显得尤为重要。实际上,清晰地确立各项知识领域和管理要素,从整体上明确各项管理变量,既有定性的属性,又兼具定量的含义。只有首先将项目管理的要素以明确的管理变量定性的表述出来,管理者才能总持而活用,掌控项目管理的大局。

知识体系中知识领域与管理要素有机结合,以丰富的内容、严密的内在逻辑,建构了项目实施的管理机制。从定性分析的视角看,一方面知识领域与管理要素的确立,明确了项目管理内涵定性分析的整体范围;另一方面,各项知识领域相互贯通,各项管理要素互补递进,可以对其进行单项分析,也可分析其相互之间的关系。例如,明确了整合管理和风险管理,管理层就可以从全局上准确把握项目实施的整体状况;掌握了范围管理和三大目标管理,管理者就能充分发挥目标导向的作用;熟知了沟通管理和资源管理,管理者就能更加有效地调配并发挥资源的效能。显然,每一个知识领域及管理要素的功能定位,都体现了项目管理变量定性分析的成果,也为进一步定量分析打下了基础。

3. 建立了管理变量定量分析型构

要准确考察知识领域、管理要素及其相互关系,还需要进行定量化的分析。只有对知识领域中各项要素进行量化并收集过程管理的实时数据,才能对项目实施过程管理的可操作性以及管理效果进行客观衡量。如果不进行知识领域及其管理要素之间的量化分析,就无法准确地确定其相互关联性。在这里,我们将知识领域定义为项目管理过程的基本变量,并通过建立数学模型,以函数的形式定量化地分析知识领域及其管理要素的作用。

若以十项知识领域为基本变量,建立函数关系,便构成了一个抽象的概念模型。这样,通过控制某些变量来观察其他变量的变化,进而用现实情境来预测未来某一时刻问题的函数解,就可以提高预测和控制的精确程度。以本书第一章表 1-3 中所示的美国项目管理知识体系为例,从整合管理到相关方管理的十项知识领域,构成十个基本变量,即 $X_1 \sim X_{10}$。每一个基本变量中又有若干要素,如:整合管理为 X_1,其包含 6 个管理要素,即构成六项二级变量，分别为 $x_{11} \sim x_{16}$ ；以此类推，相关方管理为 X_{10} ，其包含 4 个管理要素，即四项二级变量，分别为 $x_{101} \sim x_{104}$ 。变量选取后，便可对照知识体系列出一组函数方程：

$$Y = F(X) \tag{11-1}$$

$$Y = \{Y_1, Y_2, ..., Y_{10}\} \tag{11-2}$$

$$X = \{X_1, X_2, ..., X_{10}\} \tag{11-3}$$

$$\left.\begin{aligned} Y_1 &= f_1(x_{11}, x_{12}, ..., x_{16}) \\ Y_2 &= f_2(x_{21}, x_{22}, ..., x_{26}) \\ &\quad\cdots\cdots \\ Y_{10} &= f_{10}(x_{101}, x_{102}, ..., x_{104}) \end{aligned}\right\} \tag{11-4}$$

$$\left.\begin{aligned} X_1 &= (x_{11}, x_{12}, ..., x_{16}) \\ X_2 &= (x_{21}, x_{22}, ..., x_{26}) \\ &\quad\cdots\cdots \\ X_{10} &= (x_{101}, x_{102}, ..., x_{104}) \end{aligned}\right\} \tag{11-5}$$

在方程（11-1）至（11-5）中：Y 为项目管理过程因变量，X 为自变量；Y_1 为项目整合管理因变量，Y_2 为项目范围管理因变量，依此类推，Y_{10} 为项目相关方管理因变量；X_1，X_2，…，X_{10} 分别代表十项知识领域的自变量。在这组函数中，方程（11-1）具有概念函数的属性，X 持续地影响着 Y ；与此同时，由于管理者的能动作用，Y 也持续地影响着 X 。方程（11-2）至（11-5）则表明某个或某几个管理领域与整体管理相关联的数量关系，在具体理论分析中可结合不同的理论假设或项目实际约束条件，进一步构建更为具体的变量函数关系，以满足解析知识体系中有关定量化关系的分析。

同时，在上述方程中，$x_{11} \sim x_{16}$，…，$x_{101} \sim x_{104}$ 等 49 个管理要素作为最终的自变量，持续地影响着 X_1，X_2，…，X_{10} ，而这 10 个中间变量既是管理领域函数的因变量，又是过程管理函数的自变量，进一步影响着项目管理整个过程的因变量 Y 。整体函数关系如下所示：

$$\left.\begin{aligned} \{x_{11}, x_{12}, ..., x_{16}\} &\xrightarrow{f_1} X_1 \\ \{x_{21}, x_{22}, ..., x_{26}\} &\xrightarrow{f_2} X_2 \\ &\quad\cdots\cdots \\ \{x_{101}, x_{102}, ..., x_{104}\} &\xrightarrow{f_{10}} X_{10} \end{aligned}\right\} \xrightarrow{F} Y \tag{11-6}$$

显然，以上方程是从整个管理系统角度建立的概念化函数。当然，在现实中，因众多自变量具有一定随机性，各变量之间的关系常常是非线性的，同时又由于这些变量边界条件的确立往往较为困难，因此，上述方程组通常是难以求解的。但是，有了这样一组概念函数，就可以穷尽目前人们已掌握的项目管理的影响因素，即通过 49 个自变量、10 个中间变量，我们就能明确项目管理的范围和尺度，也可进行各有侧重的数值分析。需要指出的是，这组函数并没有标记出知识体系中过程组的影响变量。过程管理不但与时间的持续性有关，而且与时间的起始点及选取截面的时效有关。为此，设置时间变量，可选用某一时间段来体现，比如截取一周、一旬或一个月这样的时间段，作为项目情境的一个基本参数。这样处理的基本思路类似于差分法。截面研究隐含着过程阶段的逻辑关系，同时也为研判项目推进的趋势提供基础性的定量数据。通过剖析截面参数，便能以确定的数值定量分析过程和结果之间的关系。只有掌握具体的阶段或系列节点时段的截面参数，我们才能把样本数值赋予该组函数变量之中。例如，有些技术经济指标用均值表示，有些则用高、中、低，或优、良、差等定性定量相结合的方式表示。

总之，定性与定量分析相结合是评判项目管理效果的主要方式，而将管理的机理视作函数，则更多体现的是管理变量间的关系。过程参数的确定及精确赋值较难做到，这是定性分析存在的理由。然而，采取定量化的模型分析方式，能够使某些管理变量的最优化更易实现，这是采取定量分析的根本原因。方程（11-1）到（11-6）虽仅给出了知识体系中知识领域及管理要素对项目管理过程最简单的数学概念表达，但却是一个全景图。在实际应用中，可根据研究工作的需要，并采用定性和定量相结合的分析方法。

四、管理格局明晰化的价值

项目管理知识体系的一个重要作用，就是通过对知识领域和管理要素的整合，明确了项目管理格局，将项目管理模式推向了规范化运行的轨道。知识体系的建立，能使人们从各方面的相互联系中思考项目实施的过程管理，并在更新观念、创建方法、完善技术的过程中，揭示项目管理的基本规律，明确项目管理的基本内涵，贯通项目管理理论与实践场域，突出项目文化的容涵性，从而有效规范项目管理模式的运作方式。

1. 揭示了项目管理的基本规律

管理研究最有价值的科学发现是揭示管理规律，获得概括性的原理、法则，形成相关管理原则和管理体系。项目管理知识体系的形成，源于对以下问题的思考：在成千上万的一次性项目实施与管理过程中，是否具有可遵循的共同规律？个体项目实践的管理经验、知识技能，能否形成具有推广价值的一般性理论？答案是肯定的。项目管理研究者抓住了项目实施与管理的共有特征，从高度概括的理论视角，综合了各类项目实施过程中的管理经验，将其以"知识体系"的形态呈现出来，形成了项目管理所特有的管理体系，揭示了项目管理模式的基本规律。

项目管理知识体系是对项目管理规律的正确认识和把握，作为对项目实施与管理规律的学理化总结和归纳，它为项目管理预置了"秩序"的概念，在这一概念下，一切有秩序的项目组织，其管理方法与技术皆寓于其中并总摄于一本。项目管理知识体系的意义在于，它以确切的"知识领域与过程组相结合并辅之管理要素"的结构形式出现，高度概括了项目管理所需的知识、技能和工具，使各种管理问题的表达和解决有了共同的遵循。长期以来，对于项目管理的各种复杂问题，我们固然还不能给出诸如"1+2=3"那么简单直观的答案，但是，项目管理知识体系所创建的由知识领域、过程组及管理要素所组成的结构化框架体系，无疑是一个反映时代特征的、行之有效的管理体系。

在项目管理知识体系中，知识领域的确立、管理要素的设定，体现出人们对项目管理内涵和功能指向的洞察力；过程组的定义，体现出人们为追求清楚明白的过程管理而对项目实施过程施加的管理举措。知识领域、管理要素和过程组的整体结构设置环环相扣，反映出人们对项目管理思想格局、管理模式和基本理论的深刻认识。由此可见，项目管理知识体系完整、系统、精妙，它全面归纳了项目管理的知识、理论、方法、技术和工具，不仅揭示了项目管理模式的基本规律，形成了项目管理的法则，而且以结构化的形式将这些规律和法则，统摄于一个简洁精确、严谨强大，内部和谐、外部精巧的框架体系之中。

2. 阐释了项目实施的管理之道

项目管理知识体系开启了人们洞悉项目管理模式奥秘的"众妙之门"。它不仅具有"术"的形骸，更具有"道"的质地。它显化了项目管理模式的管理之道，涵盖理论、方法、技术及工具等全方位的管理知识范畴，使人们对项目管理的要义达成了共识，为项目实践提供了规范的指南。完善项目管理模式，必须夯实理论基础，否则，具体的项目管理过程就会失去章法和规矩。知识体系确立了项目管理的基本纲领，概括了理论体系，凝练了方法体系，整合了技术体系，明确了规则体系，为项目实践提供了管理原则和指导方略。

项目实施的过程管理是复杂的，单项管理技巧的突破解决不了整体性问题。如今，结构化、系统化的项目管理知识体系，阐明了项目管理的基本内涵，在一定程度上被公认为是科学系统的管理范式。比如，美国项目管理知识体系就具有较强的针对性，它以知识领域和过程组为指引，纵横双向挖掘项目管理的思想观念、知识基础和方法手段，有效地解决构建项目管理体系的关键问题。在该知识体系中，项目管理的方法与技术已从整体上合二为一，进而使其所提供的方法论当之无愧地成为管理创新的集大成者。这种通用的管理指南，辅之以具体的知识领域和管理要素，既关注了知识体系自身的科学性和实用性，又从整体上诠释了项目管理模式的基本内涵，揭示了项目实施的管理之道。

3. 架起了理论与实践之间的桥梁

项目管理知识体系之所以能够得到理论界的普遍认可和专业管理人员的广泛接受，最主要的原因在于它能适用于不同的行业领域。它所归纳的项目管理体系以及所表达的知识和技能要素，具有较强的针对性和广泛的应用性，清楚地表明了项目管理者应具备的基本素养，很好地解决了管理理论与实践应用相脱节的问题。在项目管理模式发展的道路上，知识体系的产生，标志着项目管理理论研究摆脱了"纯理论范式"和"实用主义"两种片面认知，将理论体系的研发、理论成果的阐释与各类项目的实践应用融为了一体。

项目管理理论与实践，通常"和而不同"。后者解答项目实施情境中的具体问题，追求预期的管理效果，关注什么管理方式"管用"并"好用"等问题；而前者则要阐明"好的管理方式应该是什么样"的问题，需回答"是什么""为什么"，即"事实是什么""规律是什么""在什么样的约束条件下，将会发生什么"等问题。通常，关于"什么是好的项目管理方式"，不同的实践者结合现实情境，会给出不同的答案。项目管理理论体系本身并不受任何单一现实情境的影响，而是借助于概念、原理及相关理论知识，寻找并解答普遍性问题。只有这样，项目管理模式才能既揭示基本理论，又凸显实践理论，进而贯通项目实施与管理的场域，架起理论研究与实践应用之间的桥梁。

4. 突出了项目文化的容涵性

项目管理既涉及项目实施的创造性过程，又涉及参与者的信念与价值观。因此，管理者单纯运用逻辑思维是行不通的，还要运用直觉判断和洞察力，以充分彰显人文精神。这就是说，项目管理方法体系不仅牵涉方法手段，还应以项目文化作支撑。一方面，项目管理方法体系以系统运用知识体系为基础，通过组织文化和项目文化的双重支持，使项目管理模式能更好地适用于各类项目。另一方面，现代项目管理模式建构的方法体系，不仅能融入各类组织的管理体系，还可通过提升组织的管理文化，支持项目文化的构建。

项目管理知识体系所蕴含的管理理念具有较强的针对性，人们一旦接受了这种新的管理方法，就会产生相应的管理文化，而一种新的管理文化往往孕育着相应的管理方式。如果项目管理方法体系不能与组织的管理文化相契合，或者是组织文化不支持项目文化，那么该管理方法也将无法被管理者普遍接受。因此，项目管理方法体系的有效运用，主要依赖于组织文化与项目文化的相互融合。如今，很多企业已开发出契合自身特点的项目管理体系，以保证项目文化与企业文化的有效匹配。这种基于企业自身特点而开发的项目管理方法体系，远比简单地引进一套千篇一律的方法与程序更切合实际需求。

五、管理实践科学化的价值

挖掘项目管理知识体系的理论内涵，特别是阐发蕴含其中的管理理念、方法和技术，最终目的是为了指导项目实践。项目管理知识体系准确把握了项目管理的基本规律，提高了管理方法的针对性、增强了管理技术的可靠性、强化了过程管理的规范性，为管理者的实践应用打下了坚实基础。

1. 提高了方法体系的针对性

项目管理知识体系是一个通用的管理指南，它既归纳了项目实施过程中的各种管理问题，又开出了解决这些问题的良方，指明了破解项目管理难题的基本路径。知识体系通过各项知识领域和管理要素指明了项目管理的方法手段，覆盖了项目实施的各个方面。以知识体系为纲领形成的项目管理方法体系，并不是各种管理方法的简单堆积，而是体现项目实施与管理规律的"大智慧"。它不仅注重管理过程中事和物的管理,还注重对项目人员的管理,是一种科学完整、系统综合、规范可行的方法体系。这一方法体系使各项知识领域、过程组和管理要素共同作用,指引管理者运用专业化的管理思维谋划并实施项目,因而具备了方法论的特质。

在一般管理中,各种管理方式丰富多彩,并无绝对的优劣之分。只要使用得当,任何一种方式都有助于解决实际问题。然而,项目管理要分析项目实施过程中的矛盾和冲突,给出解决具体问题的途径和手段,其管理方式应具有极强的针对性。项目管理知识体系就是一个具有明确针对性的方法体系,它在每一个知识领域中都设定了相应的管理要素,体现了具体的管理方式。管理者运用项目管理模式,就要将管理认知和理念演变为管理手段,知识和理论转化为具体的管理方法,且要与具体的管理对象相结合。项目管理知识体系对象明确,在知识领域设置时突出了进度、成本和质量管理,使项目管理过程致力于实现三大目标,由此提升了方法手段的针对性,实现了项目管理方法论的突破。

2. 增强了技术体系的可靠性

项目管理知识体系是由一系列的原则、方法和手段构成的"理论知识与实践技能"的集成,它使项目管理模式的理念、方法和技术形成条理化的管理系统,并在运用管理职能及相应管理工具的基础上,进一步将管理流程和步骤明确化,由此提高了运用项目管理技术体系的可靠性。科兹纳对此曾做过明确说明,比如,有一个受欢迎的具体规则;使用通用的模式;规范化的计划,可靠的进度和成本控制技术;标准化的内部报告和客户反馈形式;能够灵活应用于所有项目并快速改进;便于客户理解和使用;为众多公司普遍接受和采用;使用标准化的生命周期阶段,并在阶段结束时提供反馈;以指导方针而不是以政策和程序为基础;建立良好的职业道德规范等。[①]

以项目管理知识体系为基础所形成的方法体系、技术体系,其最大的特点是内涵丰富,且具有开放性。各类组织可以结合具体项目类型的特点,选择适合自身特性的管理方法体系,并构建特定的管理流程和步骤,充分发挥管理技术与工具的作用。需要强调的是,项目管理技术体系是针对各类项目的,各类组织特别是企业组织均能凭借项目管理模式,结合自身管理体系的特点,对产品或服务趋同的各种项目,制定一套专门的方法体系,以实现管理技术与科学技术的有机统一。这就是说,基于企业的长期管理策略、规章和程序可以形成专门的项目化管理体系,使其方法体系和技术体系融入项目管理模式,进而提高管理方法的可操作性和管理技术的可靠性。

3. 强化了过程管理的规范性

在项目管理知识体系中,过程阶段作为横向坐标轴,通过管理要素这一纽带与纵向坐

---

① 哈罗德·科兹纳:《项目管理——计划、进度和控制的系统方法》,杨爱华等译,电子工业出版社2014年版,第72页。

标轴的知识领域相互联结，从而使管理要素在知识领域和过程组的框架下，以各种方式相互渗透，将决策转变为计划、计划任务转化为实践过程。因此，在具体的项目实施过程中，仅仅分析各项知识领域和管理要素本身，将不足以深刻理解整个知识体系的作用和价值，还必须深入分析在各个过程组，即过程阶段背景下各项知识领域及管理要素的相互作用关系。只有这样，才能形成项目实施过程管理路线图，项目管理者才能找准管理工作的着力点，不断改进并提升管理工作效能。

对项目实施过程进行明确的阶段划分，有助于管理者聚力于过程管理的核心措施，明确哪些管理程序和流程是必不可少的，哪些步骤是必须经历的。这种思考跳出了传统组织职能管理的范畴，从一般管理的过程管理转向了项目实施活动的流程管理。比如，美国项目管理知识体系将项目实施过程划分为"启动、规划、执行、监控和收尾"五个过程组。虽然在实践中人们很难严格地将每一个项目实施的具体过程阶段都独立划分出来，但是，拥有了过程阶段划分的概念性定义，众多管理者就可以运用科学的方式，在每一个过程阶段有针对性地运用规范实施的管理流程，使项目实施活动始终沿着预定路径前行。

第三节　项目管理理论与方法的价值

现代项目管理模式的发展过程，本质上是通过建构知识体系，有机整合并阐释、运用各种管理知识的过程。项目管理始终紧紧围绕实现项目实施三大目标这一要务，融合各种管理知识和理论成果，逐步形成了自身的理论学说和方法论。理论体系与方法体系是项目管理基本理论创新发展的基础与核心，探讨项目管理的价值，势必要分析这两个方面所具有的价值。

一、项目管理理论体系和方法体系的形成

项目管理理论体系和方法体系的形成，是人们将经验管理逐步上升为理性管理，将经验知识不断提炼为理论知识，并逐渐将理论知识结构化，进而产生项目管理方法论的过程。对项目管理的认知，如果仅停留在经验层面，说明理论探索还没有及时跟进；而基本理论如果没有上升到理论体系和方法体系的高度，则说明理论研究尚缺乏表达范式。项目管理理论体系和方法体系的形成，并不是简单的概念拼凑，而是按照项目管理基本模式这一管理范式对理论知识进行有机整合的产物。

1. 从经验知识到理论知识的升华

历史上管理学的经典理论，都是对社会和各类组织运行以及管理活动本质的探索。德鲁克指出："从现在起，知识才是关键。这个世界将不再是劳动密集型，不再是原料密集型，

也不再是能源密集型了，而是知识密集型。"① 这充分肯定了知识在管理活动及经济社会发展中的作用。知识是经过证实了的真实信念。信念是知识形成的基础，亦即信念是构成知识的必要条件，但却不是充分条件。也就是说，知识一定源于信念，但信念却不一定是知识。人的信念指向客观的物，而物向人反映出来的便是知识。②

项目管理的基本理论和方法论源于知识的长期积累。项目实践所获得的经验知识是项目管理理论知识的来源，长期的知识积累奠定了项目管理理论的坚实基础。在感性经验积累的过程中，人们不断地总结正反两方面的经验和教训，对项目管理过程中的各个方面、各种管理要素进行反复的实践检验，由此凝练出更加真实可靠的理性认知。人们不断丰富的理性认知，极大地促进了理论知识的有效积累，进而促成了项目管理知识体系的建立，最终形成了项目管理基本理论的雏形。

2. 从私有知识到公用知识的转化

对于一般管理，人们讨论的重点通常是以怎样的方式和途径获得知识。大多数的管理者都会积累各方面的"管理知识"，并将其中的大部分视为"真理"，储存于自己的大脑之中。项目管理则不同，它所关注的重点不仅仅是如何积累经验知识，更在于如何整合知识，进而建构理论知识。通过这种方式所形成的项目管理理论知识，并非某种形态的方程式，而是由一系列概念组成的管理知识的有机整体，项目管理模式的力量就蕴含在这种管理知识的有机整合与系统建构之中。

李怀祖指出，概念"公用"，但概念化过程"私有"。人们通过一组心理活动形成概念的过程被称作"概念化"。③ 依逻辑学发端之理，在长期的项目实践过程中，人们的语言或思维中本已存在着某些管理技巧和技能形式，如果不对它们进行适当的理论加工，相关概念和术语的使用就会陷入混乱。在项目管理理论建构过程中，人们通过概念化过程对各种管理知识进行积累与创造、借鉴与转化，就此形成概念体系和知识系统，进而建立知识体系，并将众多的个体管理者所拥有的知识转化为大众公有的知识。如今的项目管理知识体系是多学科门类交叉融合的结果，凸显了集成与整合项目管理知识的作用，使经验知识上升为系统的理论知识。

3. 从理论知识到理论体系和方法体系的跃升

经过长期的项目实践，尽管项目管理知识积淀日益深厚，但从逻辑角度讲，知识本身并不能直接产生理论。科学的理论是由问题与假设推理而产生的，其特点与要求在于：第一，理论由若干个，而不是一个命题组成；第二，理论必须能构成一套演绎体系，即要求这种理论在形式上是由多层次、不同等级的抽象命题构成，而且，理论的概括性和抽象性越

---

① 彼得·德鲁克：《管理未来》，李亚等译，机械工业出版社 2009 年版，第 238 页。

② 胡军：《哲学是什么》，北京大学出版社 2002 年版，第 210—213 页。

③ 李怀祖：《管理研究方法论》，西安交通大学出版社 2004 年版，第 42—44 页。

强，其价值就越大，这就是指它的演绎性；第三，理论要能解释现实，即理论揭示事物发生的原因、机理，不论其表达如何抽象与概括，都要经受实践的检验。[①] 项目管理理论针对项目实施的现实命题，通过不断总结项目实践中的经验和教训，并在持续积累的基础上实现了创新发展。

项目管理知识体系建构的过程，就是理论体系和方法体系形成的过程。知识体系中的知识领域、过程组和管理要素是理论体系和方法体系内涵的主要构成要素，由此，人们就可以采用通用的、共识性的词汇来系统表达项目管理的理论和方法。在项目管理理论与方法形成的过程中，只有正确地定义管理变量，才能辨析其相互关系；只有借助概念化的定义和可操作性的方法，才能准确描述和度量管理对象的各个方面。项目实施过程管理中要素的名称，首先来自对管理对象概括基础上形成的概念性定义，然后是操作化定义，最后才能形成新概念和新变量。此过程一直持续往复，直到变量名称与其对应的管理事物相吻合。通过概念化过程，项目管理知识体系中各项知识领域以及管理要素得以产生，进而体现项目管理模式的整体风貌。基于此，便能以系统化、结构化的管理方式，准确界定项目管理理论体系和方法体系的基本内涵。

二、项目管理理论体系的价值体现

项目管理知识体系全面揭示了项目管理模式的本质特征，项目管理理论体系是正确认识项目管理规律的基本途径。项目管理理论体系的形成过程，严格贯彻了科学理论应坚持的要求，其价值不仅体现在其所包含的概念系统和知识内涵中，而且体现在其自身的继承性、严密性、时代性和开放性特征中。[②]

1. 体现了项目管理理论的继承性

项目管理理论的继承性，体现了其理论体系"向上的兼容性"，反映了理论体系自身的基础价值。任何一种科学理论都是人类认识客观世界的长期积淀和持续升华，绝非人类文明发展大道之外的"灵光一现"。在人类认识发展的历史进程中，概念、范畴既是认识的积淀和结晶，又是认识发展的"阶梯"和"支撑点"，即：它们既是认识的成果，又是推进认识前行和深化的前提。同理，项目管理知识体系中的各项知识领域、管理要素，就是人们推动项目管理理论的"阶梯"和"支撑点"。

理论基础越深刻、越坚固，其影响力就越广泛、越持久。充实项目管理理论体系必须珍视前人成果，并在继承中不断总结提升。作为人们认知项目管理的结果，项目管理理论体系从表面上看是理论研究的成果，而其本质则是对管理学已有理论成果的继承与创新。

---

① 李怀祖：《管理研究方法论》，西安交通大学出版社 2004 年版，第 67—68 页。

② 孙正聿："注重理论研究的系统性、专业性"，《光明日报》2017 年 1 月 9 日（第 11 版）。该篇文章从哲学研究的视角，论述理论研究的系统性问题，本节将其相关观点引用于项目管理理论研究。——作者注

也就是说，作为项目管理研究的基础，已有的管理学理论直接构成了项目管理专业化研究不可或缺的前提。正是在这种"前提"和"结果"的辩证运动中，项目管理理论研究才实现了自身的发展。同时，项目管理研究具有何种程度的继承性，在何种程度上构成理论自身的系统性，也直接决定了项目管理理论体系具有怎样的理论价值和创新发展的力量。

2. 展现了项目管理理论的严密性

项目管理理论的严密性，是指其理论体系"逻辑的展开性"，反映了理论体系的内在价值。项目管理理论逻辑展开的过程，是将理论条理化、系统化并进一步引向清晰、确定和深刻的过程，也是构成理论体系概念、范畴矛盾运动的过程。在项目管理理论自身的论证过程中，建构理论体系的任何一个"术语"，都不仅仅是一个指称对象的"名词"，其在本质上乃是一个具有确定思想内涵的"概念"，是在特定的理论体系中获得的自我规定和相互规定；理论论证的任何一个环节，都不只是一个抽象的规定，而是在概念生成的矛盾运动中获得越来越具体、越来越丰富的规定，以达到"许多规定的综合"的"理性具体"。辨析逻辑关系的过程，是一种获得知识的途径、组织知识的程序和确立检验知识标准的过程。项目管理理论确立了具有逻辑有效性的理论体系，意味着它获得了一种系统化、结构化的品质。严密的逻辑关系使项目管理知识体系简洁、精妙、严谨，并就此产生了理论体系的结构性张力。

理论的系统性绝不是罗列条目式的"散漫的整体性"，更不是"凑句子""找例子"式的"原理＋实例"的"外在的反思"，而是逻辑与事实相一致之由抽象上升到具体的论证过程。项目管理理论通过构建知识体系的过程，科学地"蒸发"掉了一般的影响因素，抽象出其中各个方面、各个层次、各种矛盾的"规定性"；以一组具有明确指向性的"术语""名词"和"概念"，按照项目管理过程中既存的逻辑关系构建出各项知识领域；以项目实施启动、规划、实施、监控和收尾五个过程组所蕴含的全部矛盾的"胚芽"，辅之以具体的各项管理要素，作为理论体系展开的抓手。通过这种循序渐进的方式，知识体系、理论体系的内涵得以层层展现，直到项目管理的所有内涵全面而系统地"在思维中具体地再现"，从而以"理论的彻底性"揭示出项目管理的基本规律。

3. 凸显了项目管理理论的时代性

项目管理理论的时代性，是指其理论体系所体现的"时代的容涵性"，反映了理论体系自身的创新价值。推陈方可出新，任何一种理论都是"思想中所把握到的时代"。从根本上说，管理学的理论成果是特定时代的产物。每个时代都会产生新的管理现象和问题，当已有的理论不能对其进行科学解释时，理论创新的时机便成熟了。任何重要的理论发现，都源于对重大现实问题的思考；同样，任何重大现实问题，都蕴藏着发现重大理论的机遇。在项目管理理论研究中，既要用现实"活化"理论，又要用已有的理论成果"点亮"现实。从重大的项目实践中发现和探索重大的理论问题，又以系统的理论成果回应和破解之，这是项目管理理论研究的主要内容和根本途径。这一过程对"理论"提出了双向要求：既要以系统化的理论去把握现实及其所蕴含的问题，对现实做出系统性的理论回答，又要在回应现实的过程中更新已有的理论知识，拓展和深化理论体系。只有这样，才能既使"朴素"的现实变得厚重多彩，又使"灰色"的理论变得熠熠生辉。

虽然我们很难确立管理理论严谨性和可信性的标准，但可以肯定的是，任何浮夸和脱离实际的范式、模式和体系都是僵化的教条，既经不起实践的验证，又无法指导人们的管理活动。唯有不断深入到实践中深刻地分析问题，以创新思维进行理论探索，才能跨越理论和实践的鸿沟。项目管理的思想、认知和理念，催生了项目管理知识体系，奠定了理论体系的基础。项目管理理论以知识体系为载体，包含着大量充满时代气息的新方法和新技术，集中体现了项目管理理论体系的时代特征和创新价值，这也是 20 世纪中叶以来管理学最重要的理论成果之一。

4. 昭示了项目管理理论的开放性

项目管理理论的开放性，是指其理论体系"思想的开放性"，反映了理论体系自身兼容并蓄的价值。在拓展和深化理论自身的过程中，必须实现自我批判、自我革命和自我更新。因此，每一种理论体系都需要经历一个黑格尔式的"正—反—合"的辩证发展过程，这表现为自身"建构—解构—重构"的否定之否定的螺旋式上升过程。肯定性的"建构"是理论上升为理论体系的过程；否定性的"解构"则是理论体系自我变革的过程；至于否定之否定的"重构"则是理论体系自我更新的过程。

在人类文明进程中，面对层出不穷的管理问题，理论思考和实践探索从来都是"剪不断、理还乱"。没有哪一种理论体系能够无懈可击、一劳永逸地解答变化中的全部现实问题。任何一种系统化的理论成果，总要面对两大矛盾：一是理论体系与经验事实的矛盾；二是理论体系内部的逻辑矛盾。通过项目管理知识体系的不断完善，项目管理理论体系的发展过程，既是不断总结已有理论成果而实现更深刻的"向上兼容性"的过程，又是为了不断地回应现实管理问题而实现更充实的"时代容涵性"的过程，也是不断地调整自身的概念体系而实现更严谨的"逻辑展开性"的过程，还是在管理实践和理论探索中不断实现自我更新的"思想开放与兼容性"的过程。正因如此，项目管理的理论体系才彰显出勃勃生机和重大的现实价值。

三、项目管理方法体系的价值

从经验知识到理论知识是一个不断归纳总结的过程，而从理论到方法则是一个从抽象到具体的反复实践过程。项目管理方法体系的形成与理论体系的建构直接关联，理论体系的作用在于揭示项目管理的基本规律，而方法体系的价值则体现在依据这一基本规律，形成项目管理模式实践应用的基本方式。

1. 展现了管理理念的明确性

目前,管理学的发展方兴未艾,新的管理方法不断涌现。明确的管理理念和先进的管理方法已成为项目管理模式得以广泛应用的关键。事实上,无论使用何种方式和手段,管理者所追求的目标都是不断提升管理智慧和管理效果。在国内,传统管理文化的惯性常导致管理者要么缺乏科学、系统、规范的管理理念,重实际经验而不重理论归纳,务实而不务虚;要么只讲形而上,重思想观念而不重实践应用,务虚而不务实。这两种倾向使传统管理表现出明显的实用主义特点:并非按照某种理念来塑造管理方式,而是从实用角度出发,进行逐步的革新。同时,这种实用主义管理思维也使人们对待管理职能和过程相对随意化,相应地,其管理文化也表现出某些封闭性和神秘色彩。

项目管理知识体系的建立,明确了项目管理的基本理念,为项目组织建立组织结构体系、方法体系和管理系统提供了依据。项目管理模式的先进性和有效性,建立在对其方法体系的遵循上。尽管依靠管理原则、方式和手段等形式建构的方法体系以实践理论化的面目出现,但其实践应用则以管理模式、管理职能、管理技术等形态展现,具有鲜明的理论实践化特征。项目管理模式及其知识体系所生成的结构化的理论体系和方法体系,看似简单,实则科学、系统、规范。特别是筑基于知识领域、管理要素和五个过程组之上的方法体系,为各类项目的成功实施奠定了科学管理基础。

2. 表明了管理对象的确定性

项目管理模式源自实践,并在实践中不断完善,在创新中持续发展。在管理活动中,方法体系源生于人们对具体客观情况的把握,并在"制物而不制于物"的思维中前行。回顾历史,诸多管理原则大多由管理大师提出,而项目管理知识体系所形成的方法论却是广大项目管理者对长期实践经验的积累和升华。通过知识体系的构建,项目管理提出了包括三大目标在内的各项知识领域,给出了其方法体系中具体的管理变量,指明了项目实施过程中管理职能的作用对象,增强了管理模式中方法体系的确定性。

一般管理通常仅聚焦人财物,但这对项目管理而言仅仅是一个重要方面,它还必须锁定进度、成本和质量三大目标,突出过程管理的整体性和综合性。也就是说,项目管理方法体系的创新之处在于引入了目标管理的理念,不仅注重人财物的管理,更注重项目三大目标的要求,这从根本上理清了项目管理的基本对象,突出了项目实施与管理的主题。与此同时,项目管理在整合管理、范围管理的基础上,还增加了沟通管理、相关方管理等领域,引入了人员行为管理维度,从而扩充了项目管理理论和方法的内涵,即项目管理方法体系不是单纯地关注各管理领域构成的管理变量之间的关系,还特别重视诸如项目组织使命、参与者价值观等更为关键的概念。

3. 呈现了管理方法的系统性

"法者,妙事之迹也"。方法本质上即"行事之条理",其本意是将管理过程中的思维和理念,用科学系统的方式表达出来,形成相应的管理原则和管理职能,从而实现管理过程的规范化。在这一方面,项目管理方法体系无疑树立了典范。管理工作中好想法得不到好结果的情况不胜枚举,其症结在于没有形成正确的方法体系。现有的很多管理方法过于概念化、抽象化,很难有效地解决项目实践过程中的关键问题。对项目管理而言,如果不具备系统思维能力,只是泛泛地提出一些规章、规定和要求,而不注重建构与项目实施过程管理相适应的方法体系,那么,项目管理工作就有可能落入一般管理的窠臼。

项目管理方法体系是管理业务程序和流程的一项战略要素。当一个组织的项目管理体系逐渐趋于成熟,其指南及模板、程序和流程等就会取代传统组织管理体系中某些空泛的管理策略和措施。这时,管理者在充分运用方法体系以满足项目实施特定需求方面,将会有更大的灵活性。项目管理模式不断走向成功的关键,在于其知识体系整合了各种项目管理活动的方式方法和技能技艺,构建了项目管理方法体系的基本内涵。在构建过程中,项目管理知识体系"预设"的知识领域、"预置"的过程管理和"预定"的管理要素,都深刻体现了项目实施与管理的本质规律,这是形成项目管理方法论的关键。

4.彰显了管理方式的普适性

凯文·凯利指出:"互联网是世界上最大的复印机。"[1] 创意、资讯、信息的批量复制与快速流动已成为当今社会经济发展和个体财富创造的基础。项目管理的方法体系是可复制、可推广的,可应用于各类组织的管理体系。在项目实践中形成的经验方法,其产生的背景和具体的应用对象各有不同,有的并不能广泛通用于各个行业,有的不能与组织中具体的管理流程相融合,有的难以与内外部环境相匹配。通过系统化、结构化的"加工",当这些经验方法形成方法体系后,就能彰显项目管理模式的通用性价值。反之,如果不明确项目管理方法体系及管理系统,仅仅针对具体的管理问题来寻求解决办法,就无法找到一个能把握共同规律的通用方法,也就不可能产生规范化的管理方式。

项目管理方法体系的通用性,是方法论及实践理念的突破,这归因于项目管理知识体系对方法体系的结构化型构。如今的项目管理方法体系并非一般性的管理规章和程序,而是"通则式"的,只要是"项目式"的工作,均可应用。它就像一种模板,能指导各类项目实施的过程管理,并使项目管理的目标追求和成果获取紧密相连,进而使项目实施走向成功。各类项目及其所包含的子项目和次级子项目都可以应用项目管理模式,运用项目管理知识体系来管理,普适性特质是项目管理理论的重要特点,也是其方法论的一大突破。这好比方法后面还有方法原型,"方法"重重无尽。程颐在《答杨时论西铭书》中提出了"理一分殊"的命题,朱熹继承了这一思想,并借鉴佛学例证"月散江湖""月印万川"来说明"理一分殊",从而使这种立论成为朱子理学的宇宙论原则。项目管理方法体系如"天上明月",

---

① 凯文·凯利:《必然》,周峰,董理,金阳译,电子工业出版社2016年版,第63页。

而每一个具体的项目恰如"湖中月影",这正体现了方法体系的普适价值。

第四节　项目管理技术与规则的价值

项目管理不仅注重理论体系的科学性,更注重方法体系实践运用的规范性。项目管理模式创新发展的一项重要任务,是形成一套使管理者具备组织能力、协调能力和执行能力的管理技能和规则。在现代项目管理模式的发展过程中,技术体系和规则体系发挥着重要的支撑和保障作用。项目管理理论体系和方法体系,可以指导人们树立项目管理的思想和理念,而技术体系和规则体系则能引导人们更好地开展项目实践活动。

一、项目管理的实践理念

项目管理是一门理论与实践相统一的学科,其实践理念不仅是管理者作为管理主体具体操作的需要,更是项目管理模式实践应用的需要。如今,项目管理模式正在以一套具有实践特色的价值观念和管理理念,彰显出对项目实践的指导价值。

1. 实践理念的认知

实践理念是人们具体行动的指挥棒,也是实践者行为的向导。因而,就其内涵而言,实践理念包含着理性、价值和实践三个方面的具体指向,即它是理论现实转化的成果,是管理价值追求的结果,是实践精神的理性表征。

(1)理论实践化的成果。理性是人类特有的认识能力,人们运用这一能力认识世界,获取知识,形成各种各样的概念和理论。理念的形成有赖于各种相关知识和理论,它作为人的一种理性认识活动,首先就是对理论的理解:理论是理想化的模型,而活生生的现实并非理论所描绘的那样整齐划一。一般来讲,在不同情况下,人们的需求各不相同,对于理论的理解和喜好也会表现出不同的态度,且在具体运用时的选择就会大相径庭。因此,理念是对理论个性化的、创造性的理解,这就是"理念"与"理论"的本质区别。

(2)管理价值追求的结果。从传统的项目管理方式走向现代项目管理模式,本身就是人们的管理价值选择发生变化的结果。人们选择一种理论,或对理论做出解释,是因为它符合自身价值追求的需要。人们进行价值选择时的影响因素,除了其经验以及性格、志趣等因素外,信仰信念、社会意识形态、文化传统等因素也至关重要。它们会使理念变成一种具有普遍和持久意义的生活态度,成为一种维持自身发展的精神模态。

(3)实践精神的理性表征。一种理论能否成立,首先面临的并非实践检验,而是自身逻辑是否自洽,即能否自己证明自己。从一定意义上讲,理论成果的形成在最初阶段并不需要实践来证明,甚至允许在实践中被证伪,这正是理论探索的魅力和意义所在。理念则不同，它已超越了纯粹的理论说教，成为一种基于事实判断和价值判断的实践精神，即根据人自身的需要来改造世界，使之发生合乎规律性与目的性的改变。从这个意义上讲，理念是对实践理论的升华，是实践的先导，是理论通向实践的桥梁。

2. 实践理念的形成

马克思主义认识论认为，人类认识世界的根本目的在于改造世界，这要求理性认识必须回归实践且在实践中检验。实践理念即是理性认识向实践回归的中间环节。因此，所谓实践理念就是实践主体有关实践活动方式、过程、结果的观念。人的理性有理论理性和实践理性，理论理性指理性的认识能力，实践理性则指理性的实践能力，实践理性落实到具体行动中即为实践理念。二者之间的关系与工程项目建设中的"方案设计"和"施工图设计"两个阶段的关系类似。建筑理论并不能直接应用于实践，而须根据项目建设实际，通过工程设计，运用专业理论知识，进行方案设计和施工图设计。这其中固然有理论的要求和知识的运用，但目的却是实践应用，因而又具有"实践理念"的成分。事实上，方案设计或施工图设计都是在"理念"指导下完成的，优秀的工程设计不仅要具有理性的科学属性，同时还应具有极高的人文属性，要实现二者的统一，就需要有先进的实践理念。

实践是人们改造客观世界的一切活动，科学的实践体现出主观能动性与客观规律性的高度统一。实践理念集中反映了项目管理的认识基点及其思维逻辑的展开方式。乔·欧文在论述管理创新时，就曾阐述过"实践理念"这个概念。他指出："为了竞争，公司必须积累知识——他们必须创新，把新的理念推向市场，不仅是科技理念，还可以是实践理念。"[①]依据这一观点，项目管理将理论认知转化为实践应用的行为，不仅要有科学理念，还必须有正确的实践理念，并能从实际应用的角度来衡量项目管理活动的意义。换言之，项目管理所具有的思维方式，不仅应契合于心，还要外化于行。

3. 实践理念的功能

成熟可靠的理念，本固体稳，应物无迹。管理理念是管理思想的核心部分，具有相对稳定性。项目管理理念的价值在于能够清晰阐述项目管理机理，把握项目管理基本规律。项目管理只有理念清晰，才能在管理模式、机理和机制上做到思路明确，在理论和方法的创新上取得突破。离开了实践理念，项目管理的方法论是不可能形成、发展和应用的。在具体项目实践中，把项目管理的方法体系转化为行动力量的媒介，就是实践理念。以实践理念为认识基点，本质上就是以项目实施活动的目标与结果、计划与执行、控制与协调等为核心，来认识项目管理的基本特征，从而实现方法体系的不断提升、技术体系的不断革新、规则体系的不断完善。

现实中，很多管理者在未熟练掌握项目管理理论体系之前，对"项目式"工作管理方式的界定往往含糊不清，对项目管理方法体系、技术体系的理解也歧义迭生。与此同时，也

---

① 乔·欧文：《现代管理的终结》，仇明璇、季金文，孔宪法译，商务印书馆2011年版，第146页。

有不少管理者虽然没有系统学习过项目管理的理论知识，但沿着对人财物精细化管理的路子大胆创新，久而久之，便无师自通，形成了突出三大目标的项目化管理方式。这正是项目实施过程中管理实践倒逼方法创新的结果，更是项目管理实践理念的具体体现。如今，项目管理模式日益成熟，促进了项目管理理论体系与方法体系回归理性思考的正途，推动了技术体系和规则体系进入理性管理的轨道，这充分彰显了实践理念的引领价值。

二、项目管理技术体系的价值

项目管理的方法体系向人们展现了基本管理路径，技术体系则提供了基本管理手段。本书在第七章第二节指出，项目管理技术体系涵盖了管理技术和科学技术两个重要方面，其中管理技术承载于项目管理系统之中，而科学技术则体现于项目实施的技术系统之中。由此，项目管理就可以通过其管理模式和知识体系，将管理理念和管理方法可靠地转化为管理技术，并在实践理念的指导下形成稳定的技术体系。

1. 技术体系的基本认知

技术通常包含两层意思："其一，泛指根据生产实践经验和自然科学原理而发展成的各种工艺操作方法与技能，如电工技术、激光技术、育种技术等。其二，广义的技术还包括相应的生产工具和其他物资设备，以及生产的工艺过程或作业程序、方法。"[1] 在上述定义中，技术与技能、技巧、技艺等概念关系密切。技能是指个体通过反复练习形成的合乎法则的活动方式。根据活动的性质，可将其分为动作技能和智力技能；根据复杂程度，可将其分为初级技能、中级技能和高级技能。其中，高级技能亦可称为技巧，是指个体经过长期练习而获得的熟练稳定、高效的动作系统。与技能相近，技巧有两层含义：其一，作战的技术。《汉书·艺文志》云："技巧者，习手足，便器械，积机关，以立攻守之胜者也。"其二，熟练的技能。王安石《吴长文新得颜公坏碑》诗曰："但疑技术有天得，不必勉强方通神。"与技能、技巧不同，技艺则是指表演的技巧才能，亦指手艺。[2]

项目管理技术体系中的"技术"，是一种更为广义的概念，它不仅涵盖了项目管理的技能、技巧、技艺等元素，还包括对科学技术的运用。项目管理技术体系的形成，使项目管理系统中承载科学技术的技术系统不断得以系统化，也就是说技术体系规定着技术系统的运作过程，使项目团队及作业层能以规范的方式去行动。项目实施规范规程所要求的作业程序与流程、技术工艺过程、作业方式等，均可以在技术体系的规范引导下得以实现。因此，项目管理技术体系不但包括管理技术与科学技术，而且还与技术知识、技术实践以及技术行为等密切相关。这些方面既涉及项目管理系统及其技术系统的核心内涵，又表明了项目管理技术体系的基本特征。

---

① 辞海编辑委员会：《辞海》，上海辞书出版社 2009 年版，第 1032 页。
② 同上书，第 1032 页，第 1034 页。

2.技术体系的集成性

项目管理的技术体系是其方法体系的载体,以实用性为最终衡量标准,主导精神是实用理性,或称"工具理性"。项目管理技术体系的主要功能是生发基本的管理手段,并与方法体系、规则体系一道,保障管理程序和流程的合理性、可靠性,确保项目实施过程管理的规范性。拥有了科学的技术体系,就能统筹管理技能与科学技术的综合运用,并将项目实施过程管理的手段落到实处。例如,我们在第二篇讨论过的五项项目控制基本方式及五项项目协调技术,都既包含着基本的管理技能,又体现了项目控制与协调的科学技术特征。正因如此,项目管理技术体系能为项目决策制定、计划编制、任务分派,以及管理系统的构建等提供一种集成性的管理手段。

与方法体系相同,技术体系同样包含在项目管理知识体系之中。项目管理技术体系的基本内涵,是知识领域、管理要素与一般管理中各项管理职能的有机结合。通过这种结合,项目管理就拥有了丰富的技术手段。事实上,在项目组织中,管理技术体现在管理层个体的技能之中,科技成果的运用过程则分散在各个业务部门,容易导致技术要素分化,难以发挥整体管理的优势。然而,在项目管理知识体系引导下,项目管理模式跨越了管理技术和科学技术之间的隔阂,并通过技术体系的融合,实现了二者有机统一,进而在项目管理系统中形成了技术系统,强化了对科技成果的应用,使项目组织能够基于专业化团队有效地执行任务。因此,项目管理技术体系不仅有利于相关专业技术的积累,还有利于管理技术自身的创新发展。

3.技术体系的实用性

在项目管理过程中,技术和工具的有效运用,能增强管理工作的针对性,保障项目管理系统的运行效率,这是实现项目管理科学化、系统化和规范化的重要手段。实践反复证明:一项新的科学发现或科技发明会给人类带来无法估量的价值。如今,项目管理技术体系已呈现出巨大的应用价值,具体体现在以下三个方面:

(1)组织管理运行的可靠保障。项目管理的本质是聚集与整合资源,技术体系是有效提升项目组织管理效能的可靠保障。项目管理模式能够充分聚合并发挥每个参与者的能力,而技术与工具正是能力聚合机制形成的基础手段。规范地应用项目管理技术体系,能极大地提升项目组织的管理能力,并对项目实施场域产生决定性影响。它不仅可以加快项目进度,降低项目成本,而且能够助力高层管理者实现组织战略目标,提升组织竞争优势,使项目投资回报率实现最大化。

(2)激发管理创新的内生动力。系统运用项目管理技术体系,能使项目管理的方法手段深入到过程管理的微观层面,并应用于实践操作中。先进的项目管理技术体系,可以助力管理者制定合理的项目计划,有效地使用项目资源,确保项目质量,并降低项目实施成本;可以提升项目组织管理效能,充分调动人员的积极性,提高团队工作的协作能力,发挥参与者的创造性潜能;可以有效控制项目范围,增强任务执行的精准性及作业过程的可控性;可以有效降低项目风险,提高项目实施的成功率。

(3)提升管理者的技能。在项目管理方法体系的指导下,借助于技术体系,管理者不仅能提升自身的洞察力和执行力,还可以将管理经验转化为系统的管理知识和技能,提高个人管理工作效率,提升项目组织的决策力和管控能力。同时,通过系统运用技术体系,项目团队及其成员能够熟练应用先进的项目管理技术和工具,使作业层的操作行为更加专业化、规范化,从而保障技术系统平稳运行。

三、项目管理规则体系的价值

项目组织及其管理者的任务,是保障项目实施过程井然有序、高效推进,而要有效完成这一任务,建立相应的规则体系至为关键。项目管理规则体系隐含于知识体系、方法体系和技术体系之中,它给出了项目实施应遵循的基本程序、流程和步骤,使项目管理的规范要求与过程管理融为一体。

1.规则体系的基本内涵

对于项目管理来说,遵守一般管理的原则和规范固然重要,但更重要的则是建立适合项目管理内在要求的规则体系。规则意味着秩序,是项目组织整合参与者行为的一种结构化约束力。这一力量体现在项目管理模式、项目管理系统之中,即项目组织的规范要求、规程规定以及过程管理中的程序、流程及步骤之中。

(1)规则体系与管理模式。项目管理在理论层面上以认识、观念和方法论为基础,在实践层面上以认知、理念以及技术为基础,而在理论与实践之间则表现为对管理规则的运用。对项目管理模式的有效运用,理论体系是基础,方法体系是核心,技术体系是支撑,规则体系则是保障。项目管理规则体系既源于理论层面的建构,又源自实践层面的经验总结。正因如此,在项目管理模式的规约下,规则常呈现为规范、规程等,且通过条例、准则及措施等予以细化,以程序、流程及步骤等予以彰显。

(2)规则体系与管理系统。项目管理系统既是项目组织结构体系和管理体系的载体,也是项目组织管理运行"制度体系"的化身。斯格特认为,制度确立了组织个体必须遵守的规则,制度是规则体系的显化,"制度完全同体育竞技的规则相似,是由正式的成文法规和支持、补充正式法规的不成文的行为准则组成……"。他指出:"由于在互动中的个体建立了支持集体行动的共同框架和共同认识,而且只有在这种情况下,社会生活才成为可能。行为被重复的过程以及被自我和他人赋予相似意义的过程被定义为制度化:这就是社会现实被建构的过程。"[①] 可见,项目组织运行的制度环境,是通过管理系统和规则体系共同营造的。管理规则是项目管理制度的主体,也构成了项目管理系统运行的软件。

---

① W. 理查德·斯格特:《组织理论》,黄洋,李霞,申薇,席侃译,华夏出版社 2002 年版,第 123—127 页。

（3）规范要求与规程规定。项目实施与管理的"规范"和"规程"，都是"管理标准"和行为准则。由此，项目管理规则体系进一步体现为两方面的内涵：一个是规范的要求，一个是规程的规定。"规范要求"反映的是"应然性"要求，指的是组织对其成员行为方式的主观要求，体现了理想状况下应当怎么做、怎么做最好；而"规程规定"则反映的是"实然性"要求，指的是管理活动的客观要求和技术系统的客观实际，体现了在一定约束条件下只能怎么做、必须怎么做。也就是说，项目管理规则体系是在规范要求与规程规定有机统一的基础上形成的"管理标准"和"行为准则"。根据这一"管理标准"，管理层可以很好地协调项目组织中"规范体系"与"既存秩序"之间的关系，且能将"虚"功"实"做，把管理措施中的"软指标"变成"硬约束"，以明确的"行为准则"有效规范参与者行为。

（4）过程管理的程序、流程及步骤。项目组织的规范要求和规程规定落实在具体的管理工作中，往往依赖于过程管理的程序、流程和步骤，项目管理规则体系的核心亦体现于此。"管理程序"是对相关管理环节先后次序原则性、总括性的规定，是实现项目目标所采用的主要管理策略或关键行动计划的集合。项目组织注重其管理程序，旨在运用规范的、可预测的方式去完成项目任务。"管理流程"是在时间维度上对管理程序的动态展开，是完成一整套管理业务的行为过程。流程通常包含两个方面：业务流程和工艺流程。其中，业务流程主要体现项目管理的方法，也是规范要求作用的体现；而工艺流程则主要体现项目管理的技术，同时也是规程规定作用的体现。"操作步骤"是管理程序中阶段与环节的展开、分解和细化，是一个完整流程实施过程的组成部分。在程序、流程及步骤三者中，管理流程是核心，与管理程序以及操作步骤直接相关，包含着执行计划任务的方略，即程序化的方式方法，也是联结程序与步骤之间的桥梁和纽带。

2. 规则体系的基本框架

规则体系是实践理念和实践理论的结晶。富有价值的管理规则从来不是从某个简化的法则中自动生成的，也不是某项独特方法的衍生品，而是来源于规范运用项目管理模式的实践要求。项目管理知识体系指明了规则体系的原则架构，为项目实施过程管理秩序的建立提供了基础性导向。

（1）结构特征和关键要素。构建项目管理规则体系，首先必须确立"结构层次标识"和"关键要素"。项目管理知识体系的整体构架和相应的指导原则，就是规则体系的"结构层次标识"，知识体系中的知识领域及其可操作的过程阶段定义，能够有效克服项目管理过程中的混乱和无序，形成管理规则的概念化框架，因此，知识领域、过程组及管理要素等就是"关键要素"。

（2）管理程序与管理流程。项目管理知识体系包含的方法体系，可被视为过程管理特定程序和流程的指导性框架，具有规则性意义；各项知识领域、管理要素及其顺序既是管理流程的重要内容，又是过程管理操作步骤形成的关键所在；从项目启动到项目收尾，具有明确的实施过程阶段划分,是项目管理系统程序、流程及步骤的指导性义理。严格的管理程序、严密的管理流程及严谨的操作步骤,构成了项目实施管理规则的基本特征。

(3)管理程序与管理系统。项目管理知识体系中知识领域及其管理要素的模块化设置,从根本上保证了项目管理系统及其子系统设置的规范化,也保证了管理程序的层次性和管理流程的合理性。项目实施活动的程序化管理,是项目管理系统构建与运行的重要特征,而管理程序体现于特定的流程之中,具体的管理流程又包括在项目管理系统的规范运行中。事实上,在项目管理过程中,方法、技术与工具等都可被视为工作程序、流程及步骤的重要手段,也体现在管理系统的运行之中。

(4)管理维度和实施层次。建立项目管理规则体系,项目组织应明确规范的要求和规程的规定,明确管理工作的程序、流程和步骤,并以准则、条例、细则等形式进行详细阐述。因此,同项目控制与协作体系一样,项目管理规则体系也体现了文化、方法、技术和行为等四个维度的内容。应用项目管理规则体系,最为棘手的问题是如何规范参与者行为。项目组织应把各种规章制度、管理规范和规程等纳入到项目文化建设中,使其成为参与者行为准则的重要组成部分。规范项目人员的行为,应以行为准则为依据,在规范要求和规程规定中深入分析各类人员的行为特点。管理层、执行层行为的规范管理要以管理职能的正确运用为抓手,对作业层的操作行为则应以技术规程和操作指令等为标准。

3. 管理规则的显性化

管理认知作为一种思维活动,只有在实践应用中才能被深刻领会。项目实施与管理过程所蕴含的管理规则,是在实践归纳和理论总结基础上形成的。它来自人们看待项目管理对象的角度和具体的管理实践,依赖于具有独特优势的方法体系和技术体系的支撑,并通过项目管理模式和知识体系呈现出来。管理模式是人们对项目管理理念、方法和技术的根本认识与高度总结,知识体系则恰如公理化的逻辑体系,表达出人们对项目管理规则体系理论形态的认识和向往。

项目实施所特有的目标导向,为建立规则体系中的程序、流程及步骤提供了强有力的支持。对于一般管理问题,或许不存在十分严格的规范化要求,只期望形成稳定而可控的管理系统。项目管理则不同,它要求建立清晰的管理系统,并形成一个规范化的管理模式,即必须将基本的管理规则显性化。在这方面,项目管理知识体系出色地完成了这一任务,其各项知识领域和管理要素,都是针对项目实施过程中可能存在的管理问题而创建的程式化解决方案,从而使项目管理的各项规则形成体系。有了这样一个规则体系,项目管理者在处理各种冲突时,就可对症下药,并以严格的规范要求、细化的规程规定以及完善的程序、流程和步骤,有力地指导各类项目的管理工作。

4. 规则体系的实践运用

项目管理规则体系是实践理论化的产物,体现为过程管理的指令、节奏、秩序等。项目实施过程管理的规范化，主要表现为运用特定流程的管理方式。正如工业化生产流水线一样，项目实施过程管理必须拥有特定的流程。项目管理模式的一个显著功能，就是能够开发出覆盖项目实施全方位的管理系统，而高效运转的管理系统则依赖于项目参与者严格遵循工作规范和规程。项目组织的管理层是规则体系的倡导者、建立者和执行者，一般的管理者和作业人员既是规则体系的约束对象，又是规则体系效用的体现者。

项目管理规则体系作用的发挥，不仅依赖于方法体系和技术体系的运用，更依赖于控制体系和协作体系的有效运行。在项目实施过程中，个体项目成员特别是作业层参与者，"突破规则"或"逆规则"的行为时有发生，为此，各级管理者应在重要环节或关键节点设置智能预警或人工响应机制，以预防个体人员可能出现的惯性违规行为和潜意识的冲动行为，维护规范管理的"底线"，确保规则体系运行的有效性和连续性。

四、过程管理规范化的价值

众所周知，项目管理影响因素众多，对项目实施过程进行规范管理十分重要。过程管理规范化能使项目实施的各项任务目标明确、层次清楚，从而确保任务执行有条不紊。在项目实施过程中，管理者不仅要关注目标变量具体指标的实现程度，更要突出过程管理的规范化要求，从而全面体现项目实施过程规范管理的价值。

1. 规范化管理的意义

在探索项目管理基本规律、完善项目管理体系的过程中，一个重要的内容是建立项目过程管理规范化的运行机制。规范产生秩序，规范产生力量，规范化管理是管理者从容处理各种冲突的有效手段。近年来，"细节决定成败""天下大事必作于细"等观点很流行，这是由于管理"细节"恰恰反映在过程管理的程序、流程和步骤之中，这些观点正是项目实施过程管理规范化理念的体现。过程管理规范有序能够克服项目管理多凭个人经验的弊端，从而避免项目实施"失控"现象的发生。

项目管理通过管理系统，可将职能领域与基础职能有机结合的管理理念贯穿于项目管理过程之中；通过规则体系，可将方法体系、技术体系贯穿于项目实施与管理的全过程，并最大限度地发挥项目组织对项目实施过程的整体管控能力。这些都是项目实施过程管理规范化的重要途径。项目管理知识体系纵向到底、横向到边的管理职能，强有力地支持了项目实施全过程的规范管理。回顾第十章图10-9，我们可以清晰地看出两类职能系统间的区别与联系。项目管理知识领域、过程组和管理要素的模块化设置，可被视作"理想化"的规范化要求，并作为"模式化"的过程管理指导框架，用以指导各类项目的具体实施过程。

2. 过程管理规范化的作用

项目管理真正的价值，往往蕴含于具体的过程管理之中，即开展各项管理活动的场域之中。项目管理中所遇到的问题，如目标导向作用的体现，落实计划指标、调集资源、处理冲突，以及发挥项目成员作用、实现项目成果等，都是在持续推进的项目实施过程中完成的。项目实施的持续过程，不同于一般管理的"自然演进"过程，它是项目计划进度要求与客观现实相互作用的复合体，因而在这一过程中，进度控制的压力始终存在。因此，项目管理者既要密切关注管理系统的实时运行状况，又要高度重视过程管理中可能出现的各种问题，确保按照项目实施的客观规律完成各项管理任务。

法约尔指出："没有原则，我们就要陷入黑暗和混沌；没有经验和尺度，即便有最好的原则，我们也会举步维艰。原则是为我们指明道路的灯塔：它只为知道大门开在哪里的人们服务。"[①] 虽然原则不等于规范，但管理原则是制定管理规则的前提，规则体系应符合管理原则。项目组织参与者众多，其行为不可能整齐划一，这就需要以规范化的管理方式来消除分歧，促进协作。"规范就是力量"，规范管理是科学有效地解决项目实施过程复杂性问题的有力手段。项目管理规则体系实质上体现了对客观规律的主观运用，其作用就是将项目管理理念、方法和技术有效地运用于项目管理中。

3. 管理程序与流程的导向作用

项目管理以明确的管理格局和实践理念为基础，积极探索并不断满足项目实践过程中规范管理的要求。管理规范化没有绝对的标准，只能通过理性认知和务实行动加以完善。项目管理模式以实现既定目标为明确导向，通过充分发挥两类管理职能的作用，将项目实施过程可靠而平稳地向前推进。"目标多而条理明，任务重而思路清，时间紧而节奏稳"，是项目管理特征的最大体现，也是项目过程管理规范化的首要原则，这需要明确的管理程序和流程予以保障。

项目实施过程管理的流程必须既清晰又可操作，并应通过管理程序及信息管理加以细化和完善。由此，管理者便可将项目管理的方法体系转化为有效的管理手段。同一般管理一样，项目实施任务也是自上而下地分派，而完成任务则是自下而上地展开。通过管理层的正确决策和指挥、管理者的有效执行、作业人员的规范操作，以逐层落实和推进，这是过程管理有效性的基本保障。因此，项目实施过程管理规范化的另一个关键，是基于方法体系、技术体系和规则体系的行为准则，对管理层的管理行为和作业层的操作行为进行严格管理。只有这样，执行管理任务才能见成效，落实作业任务才能出成果。

整体谋略缺失和过程管理失范，是项目实施阶段面临的重要问题，而缺乏秩序则是项目管理工作面临的最大风险。项目组织、团队以及个体参与者都在为一个"共同目标"而奋斗，项目目标分解、计划编制、任务分派、职责落实及效果评价等，都有赖于良好的管理秩序。一个运行良好的项目组织，既需要充满活力，又必须和谐有序。拥有活力，项目组织才能充分发挥人才、技术和资源等要素的协同作用；拥有秩序，所有项目人员才可以有

---

① 亨利·法约尔：《工业管理与一般管理》，迟力耕，张璇译，机械工业出版社 2007 年版，第 43 页。

条不紊地高效工作。因此，项目管理不仅要拥有方法体系和技术体系，更为重要的是要有效运用规则体系，以保证过程管理有章可循，秩序井然。

4. 规范化管理提升项目实施效能

科学分解项目实施的各项任务，是项目管理的重要环节，这不仅牵涉认识论的匡正，关键还在于方法论的运用。本书第一章表1-3将项目管理知识体系中49个管理要素分别对应于相应的五个过程组，就体现了项目实施过程管理的基本思路。在《国富论》中，亚当·斯密从大头针制作工艺中，详细考察了作业分工、批量生产、非熟练化和专业化现象。"这不仅仅是经济学界的革命，也是管理学界的革命。"[①]合理分工可以大幅提高工作效率，这一经济学命题同样适用于解决项目实施作业层的规范管理问题。项目管理运用这种细化分工方法，是过程管理规范化思维的充分体现，也是提升项目管理有效性的关键所在。

无规矩不成方圆，无价值又难以立行。项目管理规则体系运行良好、作用发挥充分，就能提高项目组织的整体管理效能。这主要取决于四个方面：一是从管理规范的要求着手，督查具体的管理制度和措施是否到位，管理层、执行层的管理行为规范是否合乎规矩；二是从项目实施规程的规定着手，检查团队及作业层的作业行为是否合乎规程规定，特别是在项目实施操作过程中的技术工艺流程、作业标准是否符合技术系统的规定；三是从项目管理的程序、流程和步骤着手，分析业务部门的管理方式与作业层的操作过程是否匹配；四是从项目成员技能培训着手，考察其是否具备合乎规范要求和规程规定的技术水平与操作技能。

第五节　项目管理价值的多元性

人类社会的发展依赖于科技、经济、文化等诸多方面的进步，而项目管理则以各种形态渗透其中，推动着经济社会的发展。项目管理依靠不断演进的思想格局、管理模式和知识体系，通过不断发展的理论体系、方法体系、技术体系和规则体系，在永不停息的理论探索和勇往直前的实践创新中薪火相传、日臻完善。因此，从多维视角来看，项目管理具有科学价值、理论价值、应用价值等多元性价值，进而表现出显著的综合价值。

一、项目管理的科学价值

康德曾指出："任何一种学说，如果它可以成为一个系统，即成为一个按照原则而整理好的知识整体的话，就叫作科学，……"[②]按照这一观点，项目管理的科学意义，正体现在其知识体系所构建的"完整知识系统"之中。项目管理模式以其知识体系为基本纲领，使

① 乔·欧文：《现代管理的终结》，仇明璇，季金文，孔宪法译，商务印书馆2011年版，第8页。
② 康德：《自然科学的形而上学基础》，邓晓芒译，生活·读书·新知三联书店1988年版，第2页。

其科学思维的导向性、科学理念的先导性、科学理论的系统性等得以充分展现，由此，项目管理才被称为科学的管理方式。

1. 科学思维的导向性

归根结底，对象客观化、注重规律、接受实践检验是项目管理科学思维的本质要求。系统性管理思维应以管理对象为中心，按客观规律开展管理工作，并以实践为检验标准，反之，便不具备科学性。然而，思维对于客观事物的反映，具有间接性、抽象性和概括性特点。间接性是指它能以直接作用于感觉器官的事物为媒介，对没有直接作用于感觉器官的客观事物加以认识；抽象性是指思维在反映客观事物时，将诸多因素的作用和变化情况界定清楚后，进行综合分析并揭示其内在变化规律，抽取其本质内容；概括性则是指通过归纳总结，从部分对象中得到本质的东西，并推广到该类全体对象的过程。

项目管理思维具有严密的科学性，完全符合上述特点。它强调在各层次、各方面都要用科学方法和技术代替单凭经验从事管理的工作方式，对项目实施具有显著的指导作用。项目管理模式遵循项目实施与管理的基本规律，拥有科学的管理思维，形成了一系列新的管理理念，建构了完整的管理体系。项目管理的思想格局、管理模式、知识体系阐明了项目管理机理，形成了稳定的管理机制，并以法则的形式释放出管理的力量和活力，引导项目实施沿着正确轨道循序前行。

2. 科学理念的先进性

本书在第十章曾讨论过，项目管理已形成了科学有效的管理理念。在这种先进管理理念的指引之下，项目管理确立了明确的管理模式，形成了独特的知识体系，建立了规范的管理系统。正是通过管理模式和知识体系所形成的规范指导框架，项目管理理念的科学性才得以凸显。时至今日，项目管理学科已明确了自身的发展路径，逐步形成了以知识体系为核心的理论体系、方法体系、技术体系和规则体系，从而有效解决了项目实施过程中诸多难以厘清的管理问题，这些成就均得益于科学管理理念的正确引导。

项目实施活动是人类有组织、有目的的"造物"活动，项目管理理念是对"为何造物""怎样造物"和"如何造好物"等命题的系统认知。培育项目管理者思维和能力的关键，是树立科学的管理理念。科学的管理理念提供了基本管理策略，使项目管理理论、方法和技术不断走向成熟，使项目管理活动日趋科学化、系统化和规范化，更使项目文化成为先进的管理文化。项目管理的发展历程表明，只有拥有科学的管理理念，建立起一整套规范的管理体系，才能使项目实施的计划编制、任务分派、工作落实等有序开展，使整个项目组织及其参与者在统一的管理平台中系统地开展各项工作。

3. 科学理论的系统性

项目管理知识体系采用了一组彼此联系的、反映项目实施与管理不同方面的可控变量来衡量被管理对象，这组变量便是知识领域及其包含的管理要素。系统完善的知识领域反映了项目管理过程的本质命题，而通过众多的管理要素，保障了项目管理工作的完整性。各项知识领域既相互关联，又彼此独立。每个领域代表什么，所有十个领域组合起来涵盖什么，整个知识体系表述得一目了然。特别是知识体系中蕴含着深刻的科学认知，它采用全面系统、层次分明的指导思想来设置知识领域和管理要素，深刻阐明了项目管理的机理。通过科学的理论建构，知识体系把项目管理的各项工作分置成十个管理方面，每个方面又设置若干个管理要素，不仅使项目管理理论体系具备了系统性和完整性，也使项目管理模式得以具象化和规范化。

项目管理知识体系反映了管理对象的客观现实，体现了项目管理理论的科学内涵。在知识体系的指引下，科学的理论体系是基础，它揭示了项目管理的普遍规律；科学的方法体系是关键，它指引管理者采用最佳的管理方式；科学的技术体系是支撑，它引导管理者正确地运用管理手段解决项目实施过程中的各种复杂问题；科学的规则体系是保障，它规范项目人员的行为方式。上述四大体系有机融合，形成了一个科学、系统、规范的管理体系，既体现了项目管理理论的集成性特征，又充分彰显了项目管理模式的科学价值。

二、项目管理的理论价值

项目管理基本理论既是项目实践理论化的成果，又是管理理论实践化的基础。项目管理模式以知识体系为基本纲领，它所表明的项目管理理论体系、方法体系、技术体系和规则体系，共同构成了项目管理的基本理论，体现了项目管理思想格局、管理理念和管理方法的理论价值。

1.理论范式明确化

拥有明确的理论范式，能够有力推动项目管理理论的发展。范式是指导人们观察和理解对象的模型或框架，它不仅重构了人们所观察到的事物整体，同时也影响人们如何更好地认识和理解这些事物。项目管理模式的形成和发展，表明了人们认知视角的革命性改变，而这又从根本上改变了项目管理理论研究的范式。艾尔·巴比在分析社会科学范式时认为，对同一事物，通常会有多种解释方式。他指出："理论寻求解释，范式通常提供解释的方法。范式本身并不解释任何事情，但是它们产生理论的逻辑架构。""认识到我们的观念和感觉是我们所内化了的范式所致，还是很有帮助的。"[①] 可见，隐含于对同一事物不同解释背后的逻辑就是范式。实际上，西方语境中的"范式"与汉语中的"格局"较为相近。不同之处在于，"格局"是整体框架的概括，侧重于实践认知和理念等范畴，是管理主体认识和观念的合成形态；而"范式"更侧重于理论分析的框架，基于主体与客体统一的立场。项

---

① 艾尔·巴比：《社会研究方法》，邱泽奇译，华夏出版社 2009 年版，第 33—34 页。

目管理理论的深刻性，体现在以项目管理知识体系为范式所构建的理论体系、方法体系、技术体系和规则体系之中，并通过这四大体系揭示了项目及其实施活动的真相，总结了项目组织运行及其管理活动的特征，这是项目管理理论范式得以明确的根本所在。

任何重大的现实问题都深层次地蕴含着重大的理论命题。对于管理研究来说，最为重要的理论命题，莫过于揭示人类管理活动的规律。为了管理"项目式"工作，人们需要探寻相应的管理知识，将知识上升到理论层面，并形成理论体系，进而为建构方法体系、技术体系和规则体系提供指导。尽管如今的电影院安装了激光投影、全息显示、全息甲板等先进设施，但吸引人们走进电影院的关键还是影片的精彩内容。同样，把已有的项目管理认知和理念用确切的知识领域和完善的管理要素表达出来，形成项目管理知识体系，这本身就是项目管理学者的重大理论贡献。更重要的是，以知识体系为指引所形成的项目管理理论体系和方法体系能够有效地指导实践，以确保按时、保质、保量地完成项目实施任务。

2. 理论形态结构化

结构性的理论形态，能够有效促进项目管理理论不断走向成熟。项目管理知识体系是在系统总结人们项目实践经验的基础上，针对项目管理中的突出问题而建构的。朱建平指出："逻辑在希腊文化中结出的第一个硕果是欧几里得的《几何原本》，它不仅是几何学的一种逻辑表达，而且也是一种获得知识的途径、组织知识的程序和检验知识的标准。欧几里得几何学的创立不仅在于它为人类产生了一系列实用而美妙的定理，更主要的是它孕育出一种人类文明的新的知识形态。"[①] 项目管理理论的逻辑基础是认识论、方法论和实践论，其理论成果则是以项目管理知识体系为基础的理论体系、方法体系、技术体系和规则体系。实际上，知识体系就是项目管理的"几何原本"，它将分散地、孤立地存在于人们大脑之中的项目管理知识系统化、结构化，从而使项目管理理论不断得以创新发展。

项目管理知识体系不仅整合了人们已掌握的知识，而且开辟了创新项目管理知识的新途径。人类的社会实践活动产生了众多的管理方法，却很少有一个管理体系如同项目管理知识体系一样，能够有机地融合各种管理知识，对管理实践进行系统化概括，以实现管理知识的有效积累、升华和应用。评价知识的价值，不仅要看其内容是否正确、丰富、深刻，而且要看其架构是否系统化、结构化，亦即知识结构是否系统全面，因为结构化的知识才更具力量。一方面，项目管理知识体系组成了一个庞大的概念体系和内涵范畴，形成其结构主体；另一方面，通过这些全新概念，它又把人们已有的项目管理知识系统化。这样，人们就建立了有关项目管理活动的量、质、层次和关系等方面的基本概念，使项目管理的基本内涵及内在关系得以呈现，如范围、进度、成本、质量等方面的管理内涵明晰化，使资源、采购、风险等方面的管理内涵融为一体，并以此形成项目实施的目标系统、任务系统和保

---

① 朱建平："逻辑：一种文化和精神"，《光明日报》2016年11月30日（第14版）。

障系统等。这些方面既是项目管理基本知识结构化的生动体现，也是理论构建的核心，更是方法与技术有效运用的依据。

3.理论指导有效化

有效的理论指导，能够极大地提升项目管理者的实践能力。项目管理理论指导的有效性，是建立在项目管理知识体系，特别是其方法体系和技术体系通用性基础之上的。项目管理的思想格局、管理模式和基本理念等具有广泛意义，凡是被称为"项目式"的任务，都可以运用项目管理模式，并通过知识体系中各项知识领域及管理要素的引导，使职能领域与基础职能、管理系统与过程管理相融合，进而充分发挥方法和技术的作用。需要强调的是，项目管理理论指导的有效化，是针对项目管理整体而言的，这与项目实施过程阶段的一次性并不矛盾。项目管理理论不是复杂的概念集合，也不是刻板的管理教条，而是规范的程式化管理指南，管理者可针对不同类型的项目灵活运用。

项目管理理论可以为管理实践提供逻辑依据，并具有三个方面的基本功能：其一，克服实用主义心态，预防经验主义侥幸心理；其二，合理解释已有的经验模式和具体的方法与技术；其三，促进实践创新，指明实证观察可能有所发现的方向。人们经过长期的项目实践，积累了诸多宝贵的管理经验，尽管很多经验知识并没有形成"白纸黑字"的文本，但不可否认，它们都已凝结为一种优良传统且仍在发挥现实效用。项目管理理论，特别是知识体系所表征的理论特性，正是众多项目实践者管理经验的总结与升华，具有鲜明的客观性。项目管理理论体系的形成，使项目管理模式摆脱了实践经验的局限性，上升到方法论的高度，反过来又能从理论层面指导各类项目的具体实施。

三、项目管理的应用价值

项目管理模式的生命力不但表现在其理论模型的精致完美，还在于其时刻面向项目实践，并在项目实施过程管理中实现自我更新。当前，各类工商企业、各级政府部门的管理者，正积极地以转变管理观念为先导，在提升组织管理体系与再造管理流程的进程中，大力推广和应用项目化管理。可以说，项目管理已由涓涓细流汇聚成滔天巨浪，深刻地改变了人们对项目实施管理模式、管理理念、管理体系的认识和应用方式。

1.管理模式的引领价值

项目管理的思想格局和管理模式可被视为"道"，而运用项目管理体系，如知识体系中的管理领域及管理要素则为"术"。国人对管理的学问，往往倾向于从道着眼，从术入手，这种认识路径有利于将项目管理理论体系转化为具体的实践应用方式。管理"项目式"工作，虽然要从变革组织管理机制开始，但其运用效果的实践深化程度，最终依然取决于管理模式自身的科学程度。各类组织特别是企业组织，其管理体系差异较大，这或因企业文化难以模仿，或因领导层管理风格不同，或因企业员工素质有别，但根本原因还在于管理模式的不同。

项目管理理念、方法和技术是面向实践应用的，它不是通过宣告项目管理模式的存在而让人们相信项目管理的应用价值，而是通过一系列成功实施的项目案例来展现其蕴含的巨大力量。依托知识体系，项目管理模式内涵精深，特别是围绕项目进度、成本、质量这三大目标的管理，以及针对风险管理、资源管理、采购管理、沟通管理等方面建立起来的各项管理技术，极具实践应用价值。虽然各类组织的领导者未必要成为项目管理专家，但他们须顺应潮流，深刻理解项目管理模式的内涵，做一个好的项目管理践行者。项目管理模式的应用，并非要完全否定组织科层制的工作程序和流程，而是在传统的纵向管理系统中引进横向的项目管理职能领域，使纵横两个方面互相促进，以统筹协调组织中的各类项目的管理事宜。

2. 管理理念的指导价值

正确的管理理念不仅能科学地运用管理知识，还能将相关的管理知识解析为方法和技术，最终推动管理方式的变革和管理者技能的提升。当前，就像电脑中的各种软件在不断优化升级一样，项目管理理念也在悄无声息中不断地创新发展。组织、项目组织只有明确管理理念，积极适应内外部环境的变化，其管理体系才能不断升级。当这种升级积累到足以发生质变时，最终将会带来组织项目管理方式的重大革新，彰显管理模式变革、管理理念提升的价值。

与泰勒推行的科学管理一样，广泛运用项目管理模式是一场管理思想与理念的深刻变革。在项目管理先进理念指导下，项目化管理可以融合现代管理科学的最新成果，打造一套能够系统整合组织内部资源，有效响应外部环境挑战的现代企业管理模式，使企业建立符合自身实际的项目管理方法体系。项目管理实践普遍存在于各类组织之中，尽管难以简单评判各类项目实施与管理的有效性，但项目管理理念无疑可以指导这些组织全方位地提升其管理水平和效率。通过项目管理理念的引领，各类组织能够积极营造项目管理的文化氛围，强化"项目化"管理的实践。正因如此，若要真正运用好项目管理模式，就必须突出方法体系和实践理念的指导，遵循理论与实践相结合的原则。

3. 管理体系的规范价值

项目实施过程管理能否实现科学化、系统化、规范化，与其所依赖的理论体系、方法体系、技术体系和规则体系密切相关。在项目管理知识体系的统摄下，这四大体系中理论体系居于首位，具有基础性的引领功效；方法体系是对理论体系的具体化，是实践应用的基本路径；技术体系是方法体系指导下的管理手段，包括了技术技能和相关的管理工具；规则体系是在理论体系的指引下，彰显方法论及落实技术手段的基本持守。规则体系以知识体系为指引，与理论体系相融合，保证方法体系得以正确运用，确保技术体系得到可靠落实。需要说明的是，在四大体系中，虽然规则体系依赖于理论体系的成熟度、方法体系的可行性和技术体系的可靠性，但它也能检验理论的正确性、方法的合理性和技术的先进性，并在项目组织运行的过程中保障方法与技术的落实，因而具有相对的独立性。

项目管理知识体系涵盖了理论体系，提供了方法体系，聚合了技术体系，并指明了规则体系，形成了一个规范而完整的管理体系。这"一总四脉"的整体管理体系，为项目管理模式提供了认识论、方法论、实践论和过程论基础，保证了项目管理的科学化，实现了系统化，落实了规范化，并使项目实施"三化管理"由虚向实、由实而行。项目管理体系中各项子体系的相互作用关系，如图 11-1 所示。需要强调的是，项目管理体系是一个有机整体，虽然图 11-1 中并未展示理论体系与技术体系、方法体系与规则体系之间的相互关系，但它们之间的相互关系却始终是客观存在的，即理论体系使技术体系更加系统规范，反过来技术体系又推进理论体系不断深化；方法体系使规则体系更加具体实用，而规则体系又能使方法体系更加系统明了。

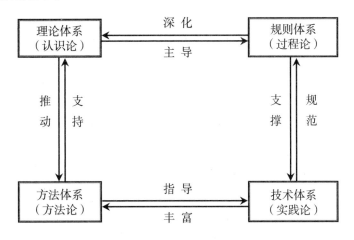

图 11-1　项目管理四大体系的相互作用关系

四、项目管理的综合价值

在正确思想格局和管理理念的指引下，项目管理拥有先进的管理模式、科学的管理体系和完善的管理系统，其价值体现在管理理论的科学性、管理方式的先进性、管理手段的可靠性和管理过程的有效性等诸多方面。同时，项目管理的实践创新如火如荼、理论探索吐故纳新，故还应从项目管理格局和模式的全局出发，进行全面分析，系统地讨论项目管理的综合价值。

1. 管理模式的先导性

英国著名科学家贝尔纳曾把科学的组织与管理称为"科学中的科学"。他认为，现在科学的发展、科学成果的应用以及科技人才的成长，都还没有达到应有的水平，主要原因就在于组织管理跟不上形势的发展。[①]科学是正确反映世界本质与运动规律的理论，以掌握真理为最终目的，其主导精神是知识理性。项目管理将科学性和先进性集于一身，其蕴含的科学思想和科学精神能引导人们以科学的态度看待项目管理活动。项目管理模式是一个基架，它将科学精神融入项目管理的过程之中，从而在"科学意义"上形成了项目管理的基本理念和方法体系。当管理者以科学的视角看待项目管理活动并系统掌握项目管理知识体系时，其管理思维便会豁然开朗，管理能力也能得到系统提升。

项目管理模式的先导性，集中体现在组织与指挥科学化、决策与计划最优化、控制与协调有效化上，这也是项目管理模式科学性存在的基础。通过项目管理知识体系，项目管理模式阐明了项目管理的目标和任务，指明了项目管理是"干什么的，如何干的"，并在此基础上，提供了管理者洞察项目实施过程管理的基本方式以及相关的假设条件。尽管这种管理方式和假设条件通常是理论化的，但它所描述或表达的却是人们"普遍认为"的项目管理活动的"存在方式"。前文已述，项目管理模式犹如范式，而范式有助于我们判定哪些概念是有价值的、重要的，是指导我们观察和理解事物的参照系。这正如艾尔·巴比所指出的："当我们认识到自己运用了某种范式时，有两个好处：首先，我们能够更好地理解那些采取了不同范式的人所做出的、看起来很奇异的观点和行为；其次，我们还能够时不时地跨出我们的范式，并从中获得意外的惊喜。我们突然之间就可以以一种新的方式来看待和解释事物。"[②]

2. 管理理论的深刻性

人们由经验传承、实践探索和理论构建获得管理知识，进而产生管理理论和方法。在一般管理中，组织的管理系统主要强调计划安排和任务落实，从而形成了基础性的管理理论和管理方式；而项目管理模式则强调目标、计划、任务以及对过程管理的控制和协调，这些要素构成了项目管理的理论质料。管理理论需要阐明管理思想、观念和认识，注重寻求管理原理、原则和方法，其基本要素包括概念、命题和变量等。在一般管理中，已经形成了很多基本原理、原则和方法，但往往由于缺少具体明确的管理变量和细化的管理要素作为支撑，很难直接应用于特定的项目管理情境。相比之下，项目管理理论对此则体现出鲜明的深刻性和创新性特点。

项目管理理论对实践的指导，有一个中间过程，包括理念、方法和技术等的形成与运用。项目管理知识体系具有丰富而深刻的理论指导价值，它的形成与发展具有"一而十，十而一"的辩证特质。所谓"一而十"，是指项目管理注重知识的积累和理论的总结，从最初的几项知识领域逐步增加至十个基本方面；所谓"十而一"，是指这十项知识领域的预设，

---

① 汪应洛：《系统工程导论》，机械工业出版社 1982 年版，第 12—13 页。
② 艾尔·巴比：《社会研究方法》，邱泽奇译，华夏出版社 2009 年版，第 34 页。

使项目管理的理论和方法形成了有机整体，都指向一个共同的目的，即规范管理项目实施的全过程。狭义而言，十项知识领域是项目管理理论体系、方法体系和技术体系的重大创新，看似繁杂，但融会贯通后会发现其主次分明、并然有序，能使项目管理者获得具体的管理职能和管理要素。广义而言，管理模式、管理体系和管理系统构成了项目管理的内涵主旨，其中管理模式是对项目管理理论和实践内涵的总括性定义和诠释。

3. 管理系统的统领性

项目管理模式及其知识体系规范了项目实施过程管理，并为建立项目管理系统提供了完整的指导性框架。管理系统是全面运用项目管理各项职能的总"抓手"，为项目实施的过程管理提供了平台和保障。项目管理系统并非仅为管理层运作服务，其主要作用还在于充分发挥基础职能、职能领域以及各项管理要素的功能，有效指导执行层的管理行为和作业层的操作方式。管理系统具有明确的目的性和针对性，其实质在于建立一种项目组织运行的管理机制，使项目实施系统的整体功能大于各子系统的功能之和。因此，一套行之有效的项目管理系统，可发挥多个方面的基本功能，能够同时保障各子系统的"自转"及整个管理系统的"公转"。

具体而言，项目管理系统的有效运行，能够发挥以下四个方面的统领作用。一是目的性，表现为整个项目管理系统目的明确，并能够实现各子系统的协调运行。二是动态性，表现为项目进度控制是随着项目实施而持续展开的，成本和质量的控制过程随项目实施进展而不断变化。三是整体性，项目管理追求的是整体推进三大目标，表现为系统与子系统关系的非简单叠加，而是两者在全局意义上的有机结合。四是协调性，系统协调是系统结构、组织管理以及内外部关系等有机统一的协调，通过梳理并规范管理目标、计划和任务等，以清晰的规则、严格的流程、规范的运行来打造一个具有强大功能的管理系统，进而在项目实施的"每一幕场景"中都展现出各项管理工作的作用，特别是计划、控制和协调等职能的作用。

4. 管理架构的多维性

目前，项目管理模式已形成了独特的管理格局，规范引导着项目管理学科迅猛发展；管理体系对项目管理的理论研究和实践应用起到了"集成"作用，促使项目管理方法和技术不断发展，并使实践运用更加成熟；管理系统彰显了运用项目管理模式的系统性和全面性，对具体应用效果起着决定性作用。项目管理是一个完整的科学体系，其管理模式、管理体系和管理系统这"三大构件"，强化了项目管理的顶层设计，服务于项目及其实施过程，目的在于实现项目管理的科学化、系统化和规范化。项目管理模式、管理体系和管理系统三位一体，共同作用，表征着项目管理架构的多维性，这对于提升项目实施过程管理科学化、系统化、规范化程度极为重要。项目管理整体架构的层次划分与多维特征的示意图，如图 11-2 所示。

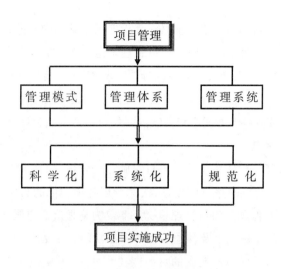

图 11-2　项目整体管理的多维性

　　从图 11-2 可以看出，项目整体管理的第一个层次，即项目管理"三大构件"是分析项目管理内涵的总枢纽，也是全面深刻理解项目管理的一把金钥匙。掌握了总枢纽，就好比拥有了项目管理全景图，按图索骥，就能实现项目管理第二个层次的目标，即项目实施过程管理的终极追求：科学化、系统化和规范化。也就是说，对于项目管理而言，只有当"三大构件"先进、可靠、有效，"四大体系"清晰明确、科学可行时，才能实现项目实施"三化管理"的目标，使项目实施过程管理做到目标明确、任务具体、责任清晰、措施到位，进而使项目管理的科学价值、理论价值和应用价值得以完美体现。

第十二章　项目管理的发展与应用

> "水之以涯，其无水者也；富之以涯，其富已足者也。
> 人不能自止于足，而亡其富之涯乎！"
>
> ——《韩非子·说林下》

第一节　项目管理研究的新认知

项目组织既要关注一般性的事务管理，又要重视项目实施的现场管理。通常，人们将项目实施的现场看作一个区域化、情境化的"物理场"，而在本质上，它是一种人为营造的、结构性的社会空间，即"场域"。项目管理研究应高度重视项目实施与管理的场域分析，并在此基础上深入讨论与之相联系的认识论、实践论以及理论与实践的融合等问题。

一、项目管理场域概述

项目实施与管理殊途同归，都在特定场域内展开。项目实施场域与其管理场域共存于同一个社会空间，同源而形质相异，共同以显性、隐性的方式影响着项目管理的行为和项目实施的进程。其中，显性影响体现在项目组织的结构体系、项目实施的目标与计划、过程管理的规范与规程中；隐性影响则体现在项目文化、项目实施过程管理的精细化程度和管理者能力的发挥等方面。

1. 场域论的基本概念

"场域"的社会学概念，于 20 世纪中叶由法国社会学大师皮埃尔·布迪厄提出。布迪厄的场域论涉及诸多深层、潜在的理论内涵，它把社会活动中众多自成逻辑而又相对独立的时空关系，以相对客观的形态呈现出来，其核心概念为习性、场域和资本等。

（1）习性。习性是一种持久的、可变换的性情系统，是一种被建构的结构。习性具有稳定性，且会超越具体情境而产生惯性作用，并随社会条件的变化而发生缓慢变化，是个人或群体社会活动的一种连续性形式，是人们借助于过去的经验以使实践认知活动得以进行的一种感知、判断及行动系统，即"一连串行动，这些行动以战略的形式被客观组织起来"。① 对特定场域而言，行动者的习性往往取决于其在社会空间中所占据的位置，受制于他所拥有资本的情况，对实践活动发挥着潜在的引导作用。

（2）场域。习性和资本必须有一个展开的领域，这个领域就是"场域"。场域是"在各种位置之间存在的客观关系的一个网络或一个构型"。② 布迪厄认为，资本和权力占有量所形成的客观历史关系构成了场域。人们凭借习性和所占有的资本，在场域内进行各种实践活动，而实践经验又为资本的获得和习性的改变奠定了基础。因此，习性和资本既是场域赖以产生功效的基础和条件，又是场域作用的结果。场域不是一个固定的物理空间，而是一个多维动态的社会空间。场域的结构随着资本占有量的变化而变化，资本的争夺必然会引发场域结构的变化。当原有的场域无法维持时，就会发生革命性倾覆，重新形成一个新的场域。

（3）资本。资本总量及其构成决定了行动者在场域中的占位。布迪厄认为，资本具有多种形态，而不是单纯意义上的经济资本，具体来说，主要包括经济资本（财产）、社会资本（主要体现为社会关系网络，尤其是社会头衔）、文化资本（尤其是教育经历）三种类型。③ 在布迪厄看来，经济资本、社会资本、文化资本三者之间可以相互转换，但具有根源性和决定性力量的仍是经济资本。

（4）社会空间。布迪厄认为社会空间是一种"关系系统"。在相关论述中，他将其比拟为不同场域在社会这个整体空间内划分的地理空间，即社会空间指涉的是在整体社会范围中所有可占据的社会位置。社会空间与场域的区别，如同数学中集合与子集的关系，即社会空间是场域所占社会位置的集合；而场域则是诸多社会位置中的某一特殊子集，这表明场域是社会空间中某些位置的结构化系统呈现，本质上由个人或组织在社会结构中所占据的具体位置决定。

（5）利益。行动者一旦进入场域，即获得了这个场域所特有的行为方式和表达形式，进而通过解读此场域的特殊代码和符号来认识其游戏规则。在此过程中，习性会引导行动者将场域建构成"一个充满意义的世界，一个被赋予了感觉和价值，值得你去投入、去尽力的世界。"④ 这就是说，场域建构了一个"利益"世界。要实现场域中所有成员共同认信的目标，行动者必须为此付出超乎寻常的努力和代价，因为目标的实现意味着行动者利益的最大化。场域的存在，为行动者的利益最大化提供了空间，但其诉求必须符合规范、遵守规则。

---

① 皮埃尔·布迪厄：《实践理论大纲》，高振华、李思宇译，中国人民大学出版社2017年版，第214页。

② 皮埃尔·布迪厄、华康德：《实践与反思——反思社会学引论》，李猛、李康译，中央编译出版社1998年版，第133—134页。

③ 布尔迪厄：《文化资本与社会炼金术》，包亚明译，上海人民出版社1997年版，第189—211页。

④ 皮埃尔·布迪厄、华康德：《实践与反思——反思社会学引论》，李猛、李康译，中央编译出版社1998年版，第172页。

可以看出，在布迪厄的场域论中，场域与习性、资本这两个核心概念相互作用，为人们理解社会历史提供了认识论和实践论的途径。同时，布迪厄以习性、场域、资本为思想工具，还对权力、位置、利益、信念、智识、行动、迟滞、反思以及实践逻辑和实践理论等进行了系统深入的探讨，这些都为我们正确认识项目管理场域奠定了良好基础。

2. 场域论的基本内涵

正如维纳通过"时域"到"频域"的转换奠定了控制论的理论基础一样，通过场域这个核心概念，布迪厄生动形象地绘制出了客观社会运动的结构性关系，主要包括研究对象的建构、场域分析、参与者客观化、担负责任的行动等，形成了一套较为成熟的方法论，即"场域理论"。根据这一理论的核心观点，场域分析可以从三个层次展开：其一，将场域位置与权力场进行对应分析；其二，描绘出占据场域位置的行动者之前的客观性关系结构；其三，分析行动者的习性。[①] 布迪厄认为，在理论研究过程中，不仅应完整地进行上述三层分析，同时还要充分运用三个思考工具——习性、场域和资本。此外，对社会空间的思考和表征，是布迪厄经验性分析的核心内容。谨慎选择场域参与者、分析类别和时间尺度，牢记场域的信念所持的正当化机制等，都是上述三个层次分析的关键要素。

布迪厄的场域论是一种建立在弥合主客观基础上的科学分析方法。对此，格伦菲尔以场域论为原点，从整体上考察了布迪厄所提出的概念，给出了其认识论、方法论、实践论的整体面貌。格伦菲尔指出："场域是理论工具三重奏的一个声部。与习性和资本这两个稳固的同伴一起，它们为社会生活具体的和历史性的理解提供了认识论和方法论的途径。"[②] 在格伦菲尔看来，习性是布迪厄场域理论及实践哲学中的一个核心概念。习性不仅仅是过去、现在与将来之间的联系，同时也是社会与个人之间、主观与客观之间、结构与行动之间的联系，即："习性是这样一个概念，它规定了我们对研究目标的建构，突出了某种主导性的意义，以及一种对于这些重要意义的理性思考方式。因此，这一概念的贡献就在于，它指出我们要据此塑造我们的习性，由此转化我们看待社会世界的固有方式，激发出一种社会学的目光。"[③]

在讨论布迪厄的观点时，格伦菲尔又进一步用下面这个等式，概括了习性、场域和资本这三个核心概念与实践之间的关系：

$$[（习性）×（资本）]+场域=实践 \qquad (12-1)$$

格伦菲尔强调，该等式还可以这样陈述："实践是一个人的性情（习性）及其在场域中所处的位置（资本），两者在社会舞台（场域）上，在现行状态中运作而来的结果。对于理解布迪厄的方法来说，这个简明扼要的方程式凸显了一些至关重要的东西：他的三个'思

---

① 迈克尔·格伦菲尔：《布迪厄：关键概念》，林云柯译，重庆大学出版社 2018 年版，第 280 页。

② 同上书，第 101—102 页。

③ 同上书，第 61—62 页。

想工具'——习性、场域和资本,是自然而然地结合在一起的。实践因此就不仅仅是一个人习性的结果,而是源自一个人的习性及其所处的现行境遇之间的关系。"[①] 由此可以看出,习性、资本、场域三者的涵融濡化构成了社会实践活动的基本内核,是布迪厄揭示实践本质的法宝。而对实践进行理论化形塑进而将理论实践化,突出实践认知、实践观念和实践理论,正是布迪厄学术思想的灵魂。

3. 项目实施场域

项目实施目标明确,场所相对固定,且拥有众多参与者,所以按照布迪厄的观点,项目实施场域是一个客观的存在,形成了内涵明确的社会空间。项目实施场域的特征与项目的类型、项目组织及其管理者的特点以及项目实施的内外部环境等密切相关。特定场域的结构关系,规定了社会行动者的场域位置,项目实施场域同样也为项目参与者提供了相应的位置。在项目实施场域中,项目组织、相关方及所有参与者携手形成了一个"实践共同体",这个共同体要求身在其中的所有行动者必须同舟共济。

作为一个开放的社会空间,项目实施场域充斥着各种力量的对抗与制衡,而对这种关系的控制与协调,直接影响着场域中人们的行为方式。运用场域论这一分析工具,能够将"项目实施"这个特定场域的内涵及特征凸显出来。一方面,对项目组织、项目团队及其参与者而言,项目实施是一个新的行动契机,可以充分展现个人的才华,这是形成稳定的项目实施场域而带来的必然结果。这就要求项目人员需准确把握其在项目实施场域中的位置和作用。另一方面,项目实施活动的有效开展,依赖于各个层次的参与者都要具有正确的态度和相应的能力,能为项目实施做出积极贡献。这又要求项目人员应准确认识项目实施的目标与任务,并将之付诸行动。

4. 项目管理场域

基于项目实施场域,通过项目组织的建立,自然形成了项目管理场域。项目实施场域提供了项目管理的对象与场所,而项目管理场域则营造了项目实施的秩序。不同类型的项目,其实施场域的形态虽不尽相同,但其管理场域的基本内涵却极为相近。项目管理场域由所有参与者按照特定的逻辑关系共同建构,其特性主要表现在以下四个方面:

(1)项目管理活动在项目实施场域展开。项目管理场域作为社会空间的一个缩影,既是管理者确立项目目标任务、执行各项计划任务的场所,又是一个由各种客观社会关系交织而成的相对独立的位置集合空间,这个空间以自身特有的逻辑、规则凸显着项目实施场域运行的效果。由于项目管理场域的存在,项目实施场域中的所有对象都能产生关联,据此可以分析其在特定社会空间的内在特质和相互联系。因此,项目管理活动本质上就是在管控一个人为营造的、结构化的项目实施场域。

---

① 迈克尔·格伦菲尔:《布迪厄:关键概念》,林云柯译,重庆大学出版社 2018 年版,第 64 页。

（2）项目管理场域具有多维立体性结构。正如3D立体电影不同于传统平面电影一样，现代项目管理与一般管理在结构和功能上有着很大的区别。运用项目管理模式，存在着管理对象由黑箱变成白箱的过程，涉及项目三大目标的分解、项目计划的制定以及对内外部环境的分析等诸多方面，这就决定了项目管理场域是一个多维结构体系。同时，项目管理场域难免是资本的逐利场、权力的角斗场，也必然是参与者习性的塑造场，进而就此形成了一个各种关系互相作用的社会空间。因此，对项目管理场域的分析，应从其相互联系的关系场域、权力场域和文化场域等多个维度展开。这些维度共同组成了项目管理场域的内在规定性，表明了项目实施与管理的实践逻辑。

（3）项目人员的角色定位与其习性及资本休戚相关。习性与场域是一种互建互塑的逻辑关系。项目管理场域展现了习性塑造的种种情形，项目实施目标愿望与预期成果的形成，管理者合适与否的观念及其心照不宣的动机和行为等，都来自习性的境遇化。习性"是一种关系性结构，其意义寄于相关场域关系之中"，它能把客观的社会结构和主观的个人经验整合在一起，是一种"外在的内在性以及内在的外在性之间的辩证法"。① 这就是说，习性连接着组织与个体，项目参与者的习性与场域结构的适配与否，直接决定着项目组织中人员角色的定位。只有项目管理场域得以客观化，使项目参与者的行为通过习性适配，各层次的参与者才能找准位置、明确角色，进而展开行动并承担责任。

（4）项目管理场域与项目实施过程同步推进。在物理形态上，项目实施场域与管理场域都是随时间变化而同步推移的社会空间，也是各种管理变量的一个变换群和平移集。项目实施场域在"时-空"坐标上的变化程度，直观反映了其管理场域在社会空间中的变化状态。正如各种自控系统的生成、运行都和时间的推移相关一样，项目管理场域也与项目实施的节奏同频共振。在物理学场域中，机械电子装置的"输入-输出"关系在时间上是一种反馈循环关系，而且具有确定的"过去-未来"次序，作用关系十分清楚。而在项目管理场域中，项目实施的进展和效果与时间的推移同样关系密切，但其"过去-现在-未来"的关系并不总是线性的，有时甚至会呈现出模糊性特征。

5.场域论对项目管理研究的启示

场域论为项目管理研究提供了新的方法论。掌握了场域论的基本方法，项目立项的背景、实施的场景、管理的情境等，便会豁然呈现。无疑，充分运用场域论这一理论分析工具，对于不断深化项目管理的理论研究具有极其重要的意义。

（1）注重客观实际，树立系统管理思维。布迪厄的场域论，基于一种"本体论共谋"而展开其理论分析，这种共谋发生在理论结构与实践结构之间。场域论的科学基础就是两者之间存在"协同"这一朴素的事实："与个体相关的：一方面是物质的，另一方面是社会世界。

---

① 迈克尔·格伦菲尔：《布迪厄：关键概念》，林云柯译，重庆大学出版社2018年版，第67页。

万事万物均处于这种联系之中：观念、感觉和思想的基本结构——一种在人类与现象之间建立起来的复数的张力联系，它既是物质的，也是观念的，通过这种结构之间的联系，双方才能进入一种互动关系。"①可以看出，布迪厄提出的"结构主义与功能主义"传统，和本书第五章讨论过的斯格特提出的"规范体系"与"既存秩序"有异曲同工之妙。项目管理的首要任务是结合项目实际，树立系统管理思维，确立正确的管理策略。运用场域论的分析工具，可以清晰界定项目实施场域的组织结构体系及其人际关系，进而正确把握项目实施中的复杂管理活动。

（2）强化理论指导，理论与实践并举。布迪厄的学术研究既受到法国智识传统的深刻影响，又汲取了社会学中实践分析的相关成果。他的思想从未落入纯理论化的窠臼，其研究成果充分彰显了对实践语境的积极回应。布迪厄积极运用其理论分析的三个思想工具，深入分析了社会政治、经济、文化等各个相关场域的作用机理。他认为，社会场域并非固定不变，而是随着社会实践历史轨迹的滑动发生变化，这种变化关系到场域的塑造、运作、维持以及相应知识范畴的更新。可以看出，布迪厄的场域论比较彻底地坚持了实践理性的观点，这与项目管理惯所推崇的实践理念不谋而合。项目管理研究运用场域论的思想工具，既可揭示项目管理理论的本质特征，又可凸显项目管理的实践本色。

（3）反思研究主体，倡导实践研究。布迪厄十分重视认识与实践的关系研究，他的反思方法依托的就是社会学家要对其客观化的研究进行"再客观化"的方法。这一反思方法的核心是将同样的认识论概念施加于"认识主体"自身，如同他的认知也是研究对象一样。布迪厄十分注重概念话语的界定，从发现问题、确立研究主题直至得出研究结果，都突出了认识论和实践论的特色。他的研究始终都集中在归纳和演绎、认识与实践之间的关系分析之上，专注于区分并揭示现象间因果关系的实践论和先验认识论。布迪厄这种重视反思研究主体，倡导实践研究的做法，对当今的项目管理研究具有深刻的指导意义。

（4）致力研究方法，注重习性共塑。在社会学研究中，布迪厄倡导要"超越表象"，并"触及真正的经济和社会的决定因素"。他将自己的"方法"作为一种个体理解社会归因的途径，这些社会归因往往冲击着人们的习性。这样，布迪厄以深刻的哲学思考，通过反思研究主体的方法，不断地探寻"新的目光"，寻求一种对于社会世界的"转念"，进而重构其认识论视角。布迪厄在习性的定义中同时提出了所谓的"完型结构与建构中的结构"，其中"建构中的结构"是指一个人的习性帮助他塑造了他当下与未来的实践。②他的研究成果揭示了人们的行动并不总是被其出身背景预先规约，而是在习性、场域、资本交互影响下的共塑，其相互作用关系正如等式（12-1）所示。以此来反观项目管理活动，在项目实施

---

① 迈克尔·格伦菲尔：《布迪厄：关键概念》，林云柯译，重庆大学出版社 2018 年版，第 55 页。
② 同上书，第 63 页。

与管理所构成的特定社会空间内，项目组织时常处在型构之中，项目人员的行为并不是被动地遵守和适应场域运行规则，而是依据个人习性，凭借其掌握的资本，做出的某种"主动"或"理性"选择的结果。为此，项目管理研究不仅要注重管理方法和技术研究，更要通过运用场域论"转念"的理念，深入研究项目参与者的习性塑造方式。

二、项目管理研究的场域论

项目管理模式的发展要经受项目实施场域与管理场域的双重影响，项目管理研究也应针对这两个场域展开。项目实施与管理的场域特征，共同决定着项目管理研究的"学术场"，因而有关项目管理组织结构、管理模式、管理职能、管理体系以及管理文化等方面的研究，均与项目实施及管理的场域特征密切相关。

1. 场域论与项目管理组织结构

根据上述分析，场域所处的社会空间不是单纯的物理空间，而是一个权力关系空间，布迪厄称之为"权力场域"，即在社会中具有分配资本和决定社会结构能力的结构空间。权力场域是各种分场域作为位置子集的合集，是组织中权力博弈的总场所。组织中各种分场域依权力关系而处于不同的地位，它们之间既相互联系，又由于内部分裂和外部对立而彼此区隔。同时，各种分场域虽具相对独立性，但当其独立性受到外界因素的影响时，这些影响须通过场域本身的运行规则来实现。

项目实施场域是一种具有生气、充满活力的现实存在，其变化不仅表现在项目组织与内外部能量的交换中，也体现在项目管理者的能动作用之中。在项目管理场域中，项目组织通过行政隶属关系或合同关系，将各参与单位及众多参与者聚合在一起，形成了一个庞大的组织体系。虽然项目实施形态各异，项目经理及管理层的地位、角色及作用发挥程度有差别，项目人员的工作职责定位也有区分，但在项目管理场域中，通过管理层对管理职能的运用，各个层次的人员都被相应的权力场域所笼罩和限定，都有其所必须遵守的组织运行规则。也就是说，项目组织的结构体系决定着各层次参与者的位置和行为方式，并由此形成了推动项目实施的群体力量。

2. 场域论与项目管理模式

项目组织以稳定的结构体系，通过其管理模式和管理体系作用于其业务部门的管理行为，进而又作用于团队及其参与者的作业行为。在项目实施过程中，强调场域管理，可打破以往那种以进度管理为主的"一维"模式的局限，进而形成一个多维的既包括进度、成本、质量三个目标维度，又包括技术、资源、文化和环境等要素的结构化管理模式。

管理者运用项目管理模式，必须将项目管理场域作为一个有机整体来看待，而保持实施场域处于稳态，始终是项目管理的基本任务。维纳认为，"稳态所要保持的东西就是模式，它是我们个体的同一性的试金石。……我们无非是川流不息的江河中的漩涡。我们不是固定不变的质料,而是永存的模式。"他指出:"有机体乃是混乱、瓦解和死亡的对立面,就像消息是噪音的对立面一样。在描述一个有机体时,我们都不是企图详细说明其中的每一个分子并且把它们一一编入目录,而是企图去回答有关揭示该有机体模式的若干问题:譬如说,当该有机体变成一个更加完整的有机体时,模式就是一种意义更大而变化更少的东西。"[①] 这里,维纳强调了模式对于有机体稳态发展的重要意义。项目管理亦如此,项目组织只有建立科学的管理模式,并将其切实地应用到项目实施过程中,才能有效化解各种冲突造成的阻力,使项目实施场域保持稳态。

3. 场域论与项目管理职能

项目管理研究固然涉及理论、方法、技术等多个方面,但是有关具体管理职能的确立始终是关键所在。场域论能够指导研究者确立准确的研究方向,特别是它为研究项目管理职能提供了思考空间,为管理者更好地运用项目管理职能指明了方向。项目实施场域是一个有机的系统,项目管理场域必须是系统而规范的,深入分析项目管理职能领域和一般管理基础职能之间的作用关系,充分发挥二者的融合作用,是理论研究的重要任务。在项目实施场域中,项目管理系统的运行状况,可视作电机中"定子"与"转子"的关系。其中,"定子"为项目实施的三大目标,而"转子"则为各项管理职能的有效运用。

从项目实施与管理的社会空间来看,管理者应不断发掘项目实施场域中隐性的影响因素,主动运用管理职能,以提升对项目实施过程的管控能力。项目冲突产生于项目实施场域的非均衡性变化,不论这种变化是连续的还是离散的、简单的还是复杂的,都与项目实施场域内各种人际关系及其作用过程息息相关。项目管理系统是一个较为典型的目标控制系统,项目控制系统是一个效应器,稳态反馈与即时反馈都是对项目实施场域状况的反馈。现实中,很多项目在实施过程中跌跌撞撞,其管理场域不时地处于紧张状态,这与管理职能作用发挥不当直接相关。项目管理者的观察和判断如同"眼睛"与"视角",项目实施场域如同"肌体"与"肌肉",项目管理过程则正如"眼-肌"反馈一样。"我们要把任何吸引我们注意的对象放在标准的位置和方向上,从而使我们所形成的视象能够在尽可能小的范围内变化。"[②] 项目实施场域的状况,表象如写意画,本质却在于通过各项管理职能的充分运用及管理系统的有效运行,绘就出一幅严谨细腻、生动鲜活的"工笔画"。

4. 场域论与项目管理体系

在某种程度上,场域可以看作各种客观关系交织而成的社会关系,其中蕴含着各种"独立于个人意识和意志"的社会关系网络。项目管理场域表现为一种在规范制度运行下管理者与被管理者之间互相作用的关系。项目管理体系的建构,必须针对和作用于这种关系,

---

① N. 维纳:《人有人的用处》,陈步译,商务印书馆 1978 年版(2014.9 重印),第 78—79 页。

② N. 维纳:《控制论:或关于在动物和机器中控制和通信的科学》,郝季仁译,科学出版社 2016 年版,第 104 页。

并注重以下四个方面：

（1）基于场域管理的需求。在项目管理体系构建中，我们可以借鉴布迪厄所提出的"多元对应分析"技术手段。这种分析技术是一种"数据压缩法"，类似于"因素分析法"，广泛适用于分类变量的解析研究。项目管理研究运用这种方法，一方面能够深入揭示项目实施场域中不同管理变量之间相互关联的程度，检验我们所预置的某个单一管理变量的变化；另一方面，可以从整体上权衡项目管理场域的各项基本变量，全面把握项目实施场域整体的变化情况。这就是说，基于多元对应分析技术，项目管理模式的管理机制及规则体系等，都可以通过管理变量予以事先确立。

（2）重视场域中的人际关系。项目管理的理念、方法和技术，皆通过项目管理场域中的行动者作用于项目实施过程。项目管理场域中的关系场域要求项目组织必须以系统的管理方法和技术，对项目实施过程中的各种人际关系进行积极协调，不断排除各种冲突所形成的干扰与阻碍。项目组织及其管理层在一定程度上对参与者具有凝聚、传导等多方面的"磁场"效应。项目管理场域结构的变动，与项目人员稳定的习性及其占有的资本直接相关，"场域参与者所采取的策略一旦成功，则相应的场域结构就是其直接结果，这些参与者竭尽全力地运用自己所积累的资本（习性）来占据场域中可欲的位置。"[①]项目相关方及参与者在项目管理场域中的位置及人际关系，会影响其作用的发挥，这是影响项目管理效果的重要因素。

（3）关注项目相关方的利益。相关方的存在，将项目管理场域引向了更为广阔的社会空间。客观看待相关方的利益最大化诉求，关注他们的利益追求，是把握项目管理场域逻辑的关键。布迪厄认为，利益实现于习性、场域、资本三者的相互作用之中。社会活动的发生固然有其相应的规则，但却是不同场域逻辑共同作用的结果。项目各相关方通过利益诉求和"利益分享"，将他们的影响力以及未来设想置入项目实施场域。因此，项目利益的冲突，实质上反映了各相关方及其各自所属的场域位置的争斗，项目管理体系必须提供管理利益冲突的协调机制。

（4）体现场域管理结构化的特征。维纳在分析信息、语言和社会时，曾以蚂蚁群作为例证说明组织结构的特征。他在研究中发现，尽管"蚂蚁的智慧几乎同它被角质包裹起来的身子一样，是定型的、僵化的"，但蚂蚁群作为团体，其自治程度却极高。由此，维纳明确指出："控制论采取了这样的观点：机器或有机体的结构就是据之可以看出其演绎的索引。"[②]不难看出，布迪厄场域论的观点与维纳控制论的观点十分相似，前者强调"结构化"和"结构化的结构"，后者则强调"系统化"和"系统化的结构"。显然，项目管理模式、管

---

① 迈克尔·格伦菲尔：《布迪厄：关键概念》，林云柯译，重庆大学出版社2018年版，第174页。
② N.维纳：《人有人的用处》，陈步译，商务印书馆1978年版（2014.9重印），第42页。

理体系和管理系统，都应体现结构化的特征。事实上，项目管理知识体系正是通过预先设定知识领域和管理要素，建立了项目实施场域的管理体系。拥有结构化管理体系，项目管理者便能以全局性眼光和开放包容的心态，解析项目实施场域中的各种复杂问题。

5. 场域论与项目管理文化

项目文化在项目组织的健康运行、形象展示以及参与者力量凝聚等方面发挥着不可替代的作用。在某种意义上，项目管理的文化场域可视作各种社会关系在相对独立的项目实施时空中所形成的独特文化形态。文化场域是对项目管理场域关系中同质文化和异质文化的融合与规约，包括相关的管理文化传承、组织文化融合以及项目文化创新等一系列机制。项目文化场域是在项目实施与管理过程中形成的，被项目成员共同接受的价值观念、思维方式、工作风格、行为准则等的总称。在项目实施过程中形成文化场域，可以激励、引导和约束项目参与者的行为。这既是项目管理思想格局的体现，又是项目文化建设应把握的主旋律。项目参与者置身项目文化场域，在项目文化的浸染下，于工作实践中形成良好的习性和规范的行为，这是高效率项目团队的本质特征和灵魂所在。

三、项目管理研究的认识论

维纳指出："当我们侧看、斜看或正看一个人面孔的时候，我们怎样把握他的容貌的同一性呢？……这一切都是关于眼睛方面的例子，别的感官也有同样的问题，而且有些问题牵涉到各感官之间的关系。"[①] 实际上，在项目管理研究中也存在同样的问题。面对项目实施过程这一管理对象，我们可以从不同的角度进行观察，但如何把握其"容貌"的同一性，这首先是一个认识论的问题。解决这一问题的关键，是深刻认识项目实施场域的特质，进而寻求科学分析项目管理本质的路径。

1. 理论研究认知的基础

维纳在控制论研究中，运用熵的概念对控制过程进行了系统解读和全面阐释。熵原本是热力学中表征物质状态的参量之一，其物理意义是对体系混乱程度的度量。维纳指出："我们不得不过着这样一种生活，其中，世界作为整体，遵从热力学第二定律：混乱在增加，秩序在减少。"[②] 不可否认，项目管理实施过程的变化与维纳的描述非常相似。由于多元利益主体的存在，项目管理过程中如果缺少与外部环境的能量交换，各个利益主体难免会在相互对抗和冲突中消耗掉自身的能量，进而对项目管理系统的稳定运行产生冲击。这时，项目管理系统就很难再继续围绕项目实施目标有效运行，并在功能上表现出某种程度的紊乱，呈现熵增的趋势。针对这种情况，管理者应主动干预项目管理系统的运行状况，使其

---

① N. 维纳：《控制论：或关于在动物和机器中控制和通信的科学》，郝季仁译，科学出版社 2016 年版，第 103 页。
② N. 维纳：《人有人的用处》，陈步译，商务印书馆 1978 年版（2014.9 重印），第 21 页。

通过与外部环境的能量交换,增加"负熵",抵消"正熵",以达到减少混乱、增强秩序的目的。

就项目管理理论研究而言,项目实施场域提供了研究对象与范围,形成了明确的研究目标和研究理路。这便是我们主张项目管理由"时域"向"场域"转化的基本依据。维纳反复阐明,控制系统不是一个孤立的系统,而是一个与周围社会环境密切联系的系统。他指出:"在很大一类现象中,我们所观测的往往是一个分布在各个时刻的数量,或一系列数量。"① 尽管规范管理的原则众多,但由于各种主客观因素的影响,项目实施过程时常会因各种冲突而发生阵挛性振动乃至突变,从而导致项目管理系统发生紊乱。项目组织及其管理层必须为维持项目实施秩序付出艰辛努力,力求使整个项目实施场域稳定有序。

项目组织及其管理者的作用,集中体现在遏制项目实施场域中各种冲突带来的振动上。遏制冲突震荡的作用过程,形成了项目实施与管理过程中能量耗散与守恒的持续过程。项目组织势能的形成、能量流动和新陈代谢,就是熵发生变化的表现。在项目实施场域中,管理者职能的区划、管理能量的耦合、争端和冲突的化解以及混乱与秩序的平衡等,都可以通过项目管理系统,特别是计划系统以及控制系统得以实现。在项目管理场域内,各种噪声与破坏力、斗争与博弈都是家常便饭。项目管理旨在达成利益共识,形成群体力量,完成项目实施这一共同任务。对斗争和博弈的制衡,既是项目实施必经的过程,又是管理层内在诉求的体现。

2. 理论研究思维的特点

项目管理研究的一项重要任务,是对既往项目管理实践经验进行总结,并将这些实践经验理论化,实现这一任务,需要提升研究者的理性思考能力。针对项目实施场域的特点,项目管理研究的思维特征,主要表现为以下四个方面:

(1)研究思维的科学性。项目发起者的愿景,总是从一定的社会空间之中生发出来的。反观不计其数的项目,反思众多项目实施的过程管理,其项目组织及管理者个体的管理思维更多地源自一种尚未理论化的实践经验。因而,项目管理研究的科学思维,应主要针对已形成的实践理论,进而提升项目实践理论化的水平。实现项目管理的科学化、系统化、规范化,关键在于实践的理论化。项目管理的三大构件,即管理模式、管理体系、管理系统就是实践理论化的具体成果,它们都是在实践理论基础上,运用理论研究的科学思维所形成的项目管理基本理论的核心要件。

(2)研究思维的逻辑性。项目管理的动因除项目实施所内生的原始刺激,如目标、过程、结果外,还体现在对特定场域进行管控的"程序带"中。程序带这一概念是维纳控制论的专业术语,对项目管理而言,主要体现为管理程序、流程和步骤。维纳曾言:"数字计算机中有程序带,它决定所要完成的操作程序,而程序带在过去经验基础上的变化就和学习

---

① N. 维纳:《控制论:或关于在动物和机器中控制和通信的科学》,郝季仁译,科学出版社2016年版,第45页。

的过程相当。"① 显然，按照维纳的观点，项目管理模式为项目实施过程提供了一个强大的规范化管理框架，不仅明确了项目管理的方法体系和技术体系，也包含着项目实施过程管理的规则体系，实际上构成了以逻辑思维为基础的项目管理的程序带。

（3）研究思维的系统性。在项目实施与管理过程中，自然界是客观的、光明正大的，而社会环境具有一定的主观性，且是复杂多变的。管理者要完成项目实施任务，势必要有意识地与形如"妖魔鬼怪"的各类冲突做斗争，而破解这些显见或潜隐的矛盾与冲突，必须依靠管理层的努力、作业层的行动。项目管理重视计划、强化控制、注重协调的系统管理思维，就是针对这些"老问题"所提出的解决方案。因此，项目管理研究必须注重系统思维，提升理论研究的针对性。

（4）研究思维的独特性。项目参与者来自五湖四海，其个体性除表现为各自不同的习性外，还表现为人与人之间的他异性。维纳指出："物质传输和消息传输之间的区别在任何理论意义上绝不是固定不变和不可过渡的。"② 项目人员在未充分浸入项目实施场域时，对自身所处的位置及项目工作所应采取的态度，尚不完全了解，但当其完全沉浸在项目实施场域中时，则须快速把握项目实施场域的实际状况，这是项目管理研究思维独特性的具体体现。项目管理理论研究必须针对项目组织与项目人员之间的关系展开。通过项目管理场域，项目人员的主观性得以社会化，同时，组织结构的社会性也得以具体化，从而实现客观社会结构和主观个人经验的整合，项目组织与参与者之间的关系就此缔结，进而使项目管理呈现出结构化、规范化的特性。

3. 理论研究内容的确立

如今，项目实施与管理正面临诸多亟待解决的问题，呼唤人们以高度的学术自觉、广阔的研究视野应对新的挑战，及时提炼和总结我国项目实践的规律性成果。布迪厄理论分析中所涉及的研究对象的建构、场域分析、参与者客观化、担负责任的行动，以及他所给出的场域分析的三个层次等方法，为项目管理研究指明了方向，提供了手段。当前，我国项目管理理论研究仍严重滞后于实践，学者们更多关注的是管理方法和技术，而对基于场域论视角分析理论体系和规则体系的系统研究，对项目管理模式整体科学化、系统化和规范化的基础研究等，仍相对欠缺。为此，项目管理研究的触角亟待延伸到项目实施场域中，以及时归纳项目实践积累的经验，阐释项目管理所面临的共性问题。

丰富而生动的项目实践，既是学术思想的营养钵，又是理论研究的命题库。目前，我国项目管理研究的重点仍多集中在实务层面及相关"实践理论"上，对"基本理论"的研究尚未给予足够重视。在项目管理过程中，当人们反复遇到同一类问题时，就须针对这类问题进行研究，并建构一个解决同类问题的理论范式，这就是项目管理理论体系形成的前提。

---

① N. 维纳：《人有人的用处》，陈步译，商务印书馆 1978 年版（2014.9 重印），第 49 页。
② 同上书，第 81 页。

如前所述，项目管理模式的形成及其知识体系的建构，为其基本理论的形成提供了指南，为项目管理理论体系的建构创造了条件。具体而言，项目管理研究的具体内容应涵盖三大部分：其一，建立在管理学及相关学科知识之上的基础理论；其二，建立在对项目实践经验总结基础之上的实践理论；其三，建立在项目管理理论体系基础之上的基本理论。

4. 理论研究的核心对象

项目管理的对象体系虽然包括目标任务、过程管理、成果获得等方面，但从项目实施场域的视角来看，项目管理研究的核心对象是对项目实施系统的有效管理和参与者习性的塑造。将这两个方面作为核心对象，自然涉及项目管理场域的结构体系、参与者习性分析、管理方法变革等多方面的复杂问题。由此，场域论便打开了项目管理理论研究的大门，能形成一整套研究范式。特别是习性作为社会境遇的产物，总是处于不断变化之中。项目参与者习性的变化，取决于其在项目实施场域中位置的变动，而且这种变动同时也意味着项目管理场域结构的变化。

在项目实施场域中，项目管理能否达到预期目标，取决于作为管理主体和作业主体的全体人员行为的一致性。在项目实施与管理过程中，参与者习性的塑造将是一个持续的进程。在传统观念中，项目组织从管理层到作业层的所有参与者，均被视作完全理性的人，这无疑是一种与事实不尽相符的假设。当然，当项目实施场域处于稳态时，各个层次井然有序，项目推进总是符合预期，个体参与者也都各司其职、"如鱼得水"，表明此时习性与场域是完全适配的。然而，当项目实施出现危机时，习性将不得不面对管理场域的变化。因此，项目组织必须注重维持自身结构体系的稳定性，以保证项目管理场域能够成为一个自成系统的临时性社会空间。

项目参与者可见的行为，不仅仅是内在精神状态的迸发，还与项目协作体系功能的发挥直接相关。由于项目活动的特点，项目组织、团队根据项目目标的导向，将众多参与者聚合在一起，形成一个群体。这个群体能否步调一致，成为一个有机整体，取决于是否建立了行之有效的协作体系。项目协作体系恰如维纳控制论中描述的"情调汇集器"，以某种规则左右着项目实施场域及其转换，影响着项目管理场域的变化。[①] 这种左右和影响的过程，正是项目管理方法体系和规则体系以及协作体系功能显现的过程，也是项目管理研究应重点关注的方面。

5. 理论研究的知识建构

18 世纪的知识震荡引发了第一次工业革命，而今天方兴未艾的知识大爆炸在引发新一轮工业和科技革命的同时，也必将对项目管理产生深远影响。项目管理学科的每一个新概念都是时代变革的产物，有其相应的知识演进逻辑。比如，在布迪厄看来，人的行为方式

---

① N. 维纳：《控制论：或关于在动物和机器中控制和通信的科学》，郝季仁译，科学出版社 2016 年版，第 99—100 页。

不是理性主义的先验设定，而是场域约束下的自我发现，新概念来自"外部的内化与内部的外化"的辩证关系中。在这种思路下，项目管理研究所依据的认识论以及随之而来的方法论，其意图就是将项目实施场域的"客观性"和项目人员的"主体性"整合在一起，这提示我们要在认识论层面上重新审视项目管理知识体系，并对其进行再反思、再解读。

反思性的研究方法、参与者习性的客观分析、信念的先置等，都是项目管理知识建构的重要内容。本书第十章、第十一章曾多次指出，"知识是一种信念"。布迪厄认为，信念就是一系列无须付诸解释的基础性确信，信念之于实践理论，与场域和习性相关，信念的概念化即知识。为此，布迪厄还进一步提出了含义丰富的"信念链"概念，这正如项目管理知识体系创建时须建立一系列新概念一样。可以说，智识系统、知识系统是贯穿项目管理研究的一条主线。基于此，格伦菲尔在阐释布迪厄的观点时，明确提出了智识实践与认识信念的概念。智识实践的知识积累性和反思性，纠正了认识信念的建构性和先验性。但在学术领域中，智识实践在其学术场和科学场中的合法性，又依赖于其对认识信念的容纳，因此认识信念实乃智识实践进入学术场域的准入要求。

四、项目管理研究的实践论

实践是人们能动地改造客观世界的活动，项目实践体现着项目参与者的习性演进是否与项目实施场域的变化同步，项目组织经常面临的问题是管理规范的缺失和秩序的混乱。项目管理研究只有充分回应和满足项目实践的需求，才能不断丰富、完善和拓展已有的理论成果，并在实践运用中不断走向成熟。

1. 项目管理实践的主要特征

人们对同一管理对象的不同认识结果，常常会导致其在管理实践中表现出不同的行为特征，所以实践活动是在对象化的过程中展开的。在项目管理场域中，项目实践具有如下三个基本特征：

（1）时限性。项目实践的显著特点是时限的紧迫性。在实践过程中，由于时间的不可逆性，行动者要在有限的时间内做出决定，付诸行动，得到结果，这是一个十分紧迫的过程。实践总是处在当下的时间维度，并且当下还承载着过去，指向未来。项目管理实践的紧迫性更强，要在有限的时间内，高效地开展项目实施活动，实现项目目标。可以说，时间因素乃是影响项目实施进程的关键因素，它左右着项目实践的效果。项目进度的时限性，常常迫使项目管理者根据现实可行性，而不是按照理论上的最优方案进行实践。

（2）不确定性。实践活动并不都是自觉的活动。也就是说，实践不完全合乎行动者的理性筹划，还包括某些内驱力作用下的自发性行为。在项目实施的各个过程阶段，虽然目标明确，但在具体实践过程中仍然存在较多的干扰因素，影响甚至阻碍着项目实施的进程，从而使项目实践也充满模糊性和不确定性。

（3）策略性。人们的实践行为虽然具有某些模糊性，但又不是纯粹偶然和随机的，而是带有某种策略性。项目实践具有明确的目标，为了达到既定目标，项目组织及其管理层必须既重视管理原则又注重管理策略。项目管理策略依据管理理念而产生，不同类别的项目必须具备不同的管理对策，没有千篇一律的项目实践过程。因此，在项目管理过程中，人们难以完全遵循项目管理方法体系的理论逻辑和事先设定的指导方略，而应基于项目实施场域的实际状况灵活地选择其行动策略。

2. 项目实施场域运行特征研究

与认识过程不同，项目实践最突出的特征是目的性和实操性。在项目实施场域中，实践知识、实践逻辑、实践理论等构成了项目实践规律的基本内容。与自然界或社会发展规律不同，项目实践规律是在人们自觉、有目的地开展项目实施活动中形成的，并且只有通过有目的的实践活动才能被发现。离开了目的性以及项目成员之间的相互作用，项目实践规律就失去了赖以显现的载体和发挥作用的场所。因此，项目实践的背后，是人们对项目实施目标的设定、利益关系的确立和价值观念的诉求。

项目实施场域不仅是其社会空间中既成事物的集合，更是一个动态铺展的过程。项目管理研究必须剖析项目实施场域的实践特征，以达到实践理论化的目的。现实中，由于管理者在项目实践中运用的管理手段不尽合理，使得人们对项目实施所产生的各种结果，常常缺乏科学合理的解释。布迪厄指出的社会世界（权力场）是由多元场域构成的："庞大的场域可以被分解为诸多次一级的场域（例如艺术分为文学、绘画、摄影等）。每一个次级场域在遵循它所属上一级场域整体性的逻辑之时，也有它自身的内在逻辑、法则和规律，而对于社会行动者来说，从较大场域向次一级场域跃迁的过程可能也需要一种'真正质上的飞跃'，对于研究者和试图理解场域的人来说同样如此。"[①] 可见，场域论的价值判断、实践操持和信念确认，同时表征了习性与场域交互作用的过程，这一动态复杂过程总是伴随着永不停息的个体与组织之间的相互作用。

3. 项目管理场域运行特征研究

项目管理研究必须探究项目管理场域的运行特征，把项目实施过程管理作为重要研究对象，并从中揭示本质命题和规律性问题。时代变迁改变了项目管理模式的诸多方面，由于人们对项目管理场域实践特征的认识不足，导致理论研究严重滞后于项目实践。分析项目管理场域的特征，应深入剖析项目实施过程管理的内在机理，深化理性认知，而不能用臆断代替科学，更不能将某些设想、假设或期待作为研究命题。与基础研究不同，对项目实施过程管理的研究，更加聚焦于项目管理场域的内涵要求。

目前，国内对项目实施过程管理研究，主要侧重于理论分析及相关模型的建构，而鲜有详细记录各类项目实施作业过程流程及耗时等方面的第一手资料，这导致学者们难以科

---

① 迈克尔·格伦菲尔：《布迪厄：关键概念》，林云柯译，重庆大学出版社 2018 年版，第 90 页。

学地分析项目管理场域中的系统性问题,实证性的研究开展极少。项目管理场域的规范运行,依赖于完善的管理法则。源于实践并经过实践检验的项目管理知识体系,以及不断形成并逐步完善的方法体系、技术体系和规则体系,均应以项目实施场域作为载体,表明项目管理场域的运行特征,为项目实施过程管理建立一套以实践理念为核心的程序、流程和步骤。事实上,针对项目管理场域特征,提出一目了然的简单法则,这是完善项目管理体系的本质追求,但实际上,过于简单化的方法体系、规则体系,其理论基础大多相对薄弱,也会导致技术体系的作用难以充分发挥。

4. 项目实践过程管理研究

在项目实施这个特定场域中,项目组织的各业务部门按照特定的业务流程共同开展管理活动。然而,项目实施过程是在一个快速变化的情境下展开的,"时刻"发生变化是项目管理场域的基本特征。变化,意味着会"变得不一样",管理"变化"意味着会产生一种"流程管理",而流程管理需要有规则体系的约束。否则,项目实施场域就会出现"失范",甚至"紊乱",导致项目管理场域陷入"黑洞"之中。因此,在项目管理过程中,为了降低冲突的频率,削弱冲突的强度,反馈控制方法的应用至关重要。"反馈就是一种把系统的过去演绎再插进它里面去以控制这个系统。"[①]项目管理整体效果的提升过程,与对项目实施场域状况的如实反馈密切相关。

项目实施过程管理的核心是时间管理,即对项目实施进度与工期的管控,对其进行研究可以采用截面分析的思路,即观察和分析某一时间节点上的总体情境。这种方法类似于以若干静态照片为依据,来判断某种高速运动物体的情况。在具体观察时,应着重记录项目进展的实况,并可截取具体管理变量的指标值,针对项目三大目标或其他管理要素进行描述,也可与之前抽取截面的数据做比对分析。与截面研究相呼应,项目过程管理研究也可借鉴历时分析的方法。这是一种跨时段观察同一现象的研究方法,使我们能同时运用定性与定量相结合的方法,分析项目实施的过程阶段。基于以上两种方法,运用前文公式(11-1)(11-6)的分析思路,就可对项目实施过程进行"熵势"研究,从而对项目实施整体过程进行全面的研判与展望。

5. 项目管理者实践能动作用研究

项目实施与管理突出目标导向,不仅为管理者能动作用的发挥奠定了基础,而且开辟了项目管理实践研究的新途径。换言之,目标导向为确立项目组织的结构体系、制定项目管理的行为准则,以及完善项目管理方法、技术指明了方向。然而,在现实的项目实施与管理中,经常会发生"裁得很好,但缝得很坏"的情况,这正是缺乏管理规范、实践能动作用难以充分发挥的具体表现。项目管理要做到"天衣无缝",就必须依靠科学管理保证决

---

① N. 维纳:《人有人的用处》,陈步译,商务印书馆 1978 年版(2014.9 重印),第 45 页。

策的合理性,通过系统管理提升整体管理效果,运用规范管理方式提高项目实施推进过程的连续性和稳定性。

项目实践不存在"与世无争""以守为攻"或"走为上策"等所谓的谋略。项目组织是一个调节机构,其运行过程需要很大的动能,要长期保持高速运转,项目实施系统就会遍历一切与其运行能量相关的动量波动过程。在物理世界中,将小功率放大为大功率,最灵巧的通用仪器就是真空管或电子管,作用原理是电磁场激活了惰性的电路元件——电阻、电容和传感器。在项目管理过程中,稳定的管理场域正起到了"磁化"实施场域的能动作用:项目管理的方法和技术如同电网中的电压与电流,通过项目组织这个管理枢纽、管理层这个传导介质以形成合力,起到扭矩、功率放大器的作用,并有效作用于作业层。也就是说,项目实施过程在本质上是一个动力学过程,既存在推动力,又存在阻拒力。推动力主要来源于项目组织及其管理层、作业层的能动性和创造性,提升推动力的途径是管理层与作业层的有效互动。阻拒力的产生既有内在和外在的原因,又有主观和客观的原因:内在方面取决于项目实施本身的难易程度,外在方面是项目实施外部环境带来的影响;主观方面是管理者能力大小和努力程度,客观方面是资源供给及其约束程度。

五、项目管理理论与实践的融合

理论烛照实践,实践辉映理论。项目管理理论源于丰富多彩的管理实践,实践创造永远是管理理论的"原始出生地"和"生命扎根处"。如今,各国建立的项目管理知识体系所形成的理论、方法、技术和规则,都是理论与实践相结合的范例。项目管理研究不仅要推动项目实践理论化的进程,而且要以实现项目管理理论实践化为宗旨。

1. 项目管理实践的理论化

项目实践理论化是项目管理理论研究的首要命题。这需要面对两个具体问题:一是对项目实施场域的分析,即如何通过过程管理的科学化、系统化、规范化实现项目实施系统的形式化、结构化、体系化;二是对项目管理场域的分析,即如何通过项目人员习性的塑造,实现规范管理、规范作业的目标。前一个问题,是项目管理理论、方法和技术如何具体应用的问题,而后一个问题则是项目管理实践如何行之有效的问题。项目管理是一个复杂的实践过程,必须经受习性与场域关系波动的考验。为了说明场域的实践性特点,布迪厄提出了"实践观念""实践操持""实践知识"等一系列关于实践理论的核心概念,认为实践逻辑的源头就是习性。习性与场域互为条件,一方发生变革,另一方也必然随之改变。当项目参与者,无论是管理人员还是作业人员,进入项目实施场域后,由于受项目管理场域的影响,其习性都会发生变化。习性依据场域结构发生转化,项目实施场域的形成与变迁不仅促使项目参与者调整自身的性情和习惯,更会通过持续的训练重塑其技能,使其习性发生转变。

　　注重实践经验总结，系统研究实践理论，强化理论指导，是促进项目管理实践理论化的必由之路。项目管理知识体系有效整合了项目实践中所形成的方法、技术和工具，是项目实践理论化的重大成果。当前，国内众多的组织虽已开始运用项目管理方法和技术，但就本质而言，其管理工作大多仍未摆脱一般管理的窠臼，所采用的并非严格意义上的项目管理模式。究其根源，主要有三点：一是缺乏理论指导；二是缺少实践经验；三是管理者习性顽固。因此，项目管理实践理论化是目前亟待解决的问题，核心在于如何使管理者充分运用先进的方法和技术，并与项目实践紧密结合。事实上，对于很多管理者来说，项目管理虽不陌生，但要做到熟练应用，则有赖于其实践水平的提高，关键在于提升项目实施过程规范管理的程度。

2. 项目管理理论的实践化

　　与实践理论化相呼应，项目管理研究还应突出理论实践化。项目管理是一门应用型学科，其理论研究不能仅满足于理论阐释，还要为项目实践服务。项目管理的生命力取决于其理论体系、方法体系转化为具体管理手段的程度，途径是对项目管理理论的实践性进行反思。反思是布迪厄场域论中理论实践化的方法论，旨在澄清学术场域结构与实践场域结构的双向互动关系。为此，项目管理研究不仅要坚持认识论的客观性、实践论的目的性，而且还应注重方法论的科学性。这三个方面均基于对项目实施场域的反思，涉及双重的社会客观性：研究对象的客观性与研究主体对象化的客观性。这需要研究者客观地检视自身所惯熟的研究视角，以使理论成果在项目实践中再度客观化，从而使研究者得以反思理论体系本身的适配性。

　　管理实践积累经验知识，管理理论规范实践过程，项目管理在一定程度上正是通过理论与实践的相互作用来界定自身学科范围的。为此，项目管理研究应关注四个方面的问题：首先，应强化对理论和实践关系的认识。在项目管理模式的发展过程中，理论研究与实践运用相辅相成，都做出了积极贡献。其次，应强化基本理论的实践性。项目管理的基本理论虽源于项目实践，但理论体系要能被广泛运用于项目实践才是理论研究的追求。再次，深化理论研究应充分重视实践理论。基本理论源自实践理论，而实践理论则直接来自项目实践，它是理论与实践之间的桥梁。最后，应以管理模式、管理格局为导向，强化方法体系、技术体系的实践性。阐释项目管理的方法体系，必须结合项目的类型和行业特点。从近些年的学术研究现状来看，在工程项目管理领域，不少学者著书立说，从工程管理的哲学思考到管理理论的实践化，产生了一批卓有价值的研究成果。在此基础上，众多的管理精英、学者应乘势而上，将项目管理的理念、方法和技术等系统地转化为具体的管理手段，真正实现理论实践化，以产生现实生产力。

3. 项目管理理论的实践检验

　　正确的管理理论，源自实践经验的总结和概括，丰富的项目实践是理论研究的源泉和根基。"实践是检验真理的唯一标准"，要判断一项理论成果是否科学，就必须将之付诸实践，看它在实际运用过程中能否得到预想的结果。项目管理的基本理论只有经受了实践的检验并被广泛认可，才能称之为科学理论。项目管理实践是推动项目管理学科前行的动力，也是检验理论研究成果正确性和有效性的唯一标准。

　　"理论知识源于实践"与"理论成果指导实践"是辩证统一的关系。理论成果越是依靠实践并不断经受实践检验，就越能正确反映事物的本质及发展规律，从而更好地发挥现实指导作用。无论何种管理理论或管理方法，如果未经实践检验，就不能宣称其是有效的。科学有效的项目管理理论，是对当代项目管理问题的认识和解答。项目管理的模式、格局、理论和方法，之所以能够促使项目组织以规范的方式管理项目实施过程，使各种冲突得以避免或解决，原因就在于它能通过建立系统规范的方法体系，来调节组织及人员行为之间的"耦合"关系。项目管理理论脱离实践，就会成为僵死的教条，失去对实践的指导作用，甚至会成为囚禁管理者思想的牢笼。项目管理学者只有积极回应时代的呼唤，及时有效解决重大而紧迫的现实问题，才能真正体现理论研究的价值和意义，进而大力推动理论自身的不断创新。

　　4.项目管理理论研究与实践应用的深度融合

　　项目管理模式要获得长足发展，理论与实践皆不可偏废。深入分析项目实施与管理的场域特征，并从中获得新认知、新理念以指导实践，是项目管理研究的基本任务。布迪厄格外强调实践本身的境遇性，项目管理研究的追求，恰如项目实践过程中的境遇：一面是理性认知的过程，表达了理论研究的追求；另一面是实践体认的过程，表达了实践应用的目的。两者只有相互融合并统一于项目实施场域，项目实践才能取得实效，因为无论是对项目管理内涵的研究，还是过程管理特质的研究，均须依赖于项目实施场域中的"实践逻辑"。

　　项目实践是推动项目管理理论发展的不竭动力，理论研究只有在不断总结实践经验的基础上，才能凝练出更加系统科学的管理理念和方法。项目管理研究必须正确认识"实践出真知"和"理论指导实践"之间的辩证关系。前者解决的是知识的概念化等问题，后者解决的是使这些新概念得以产生效应的问题。只有将两者紧密地结合起来，使理论研究与实践应用深度融合，项目管理学科才能与时俱进、创新发展。反之，若不能以项目实践拓展理论研究方向，无论研究者的视角如何超前，研究成果终归乏善可陈。站在新的起点上，我们应当充分发掘我国项目管理的历史经验，并在此基础上形成具有中国特色的现代项目管理理论。因此，项目管理研究要注重观察和分析，学者要深入一线，通过现场考察项目实施场域的运行特征，凝练研究方向，以实现理论研究与实践应用的有机结合。只有倾听实践的呼声，并增强理论思考的深广度，项目管理研究才能在理论与实践的融合中日渐成熟。否则，如果将项目管理模式等同于对项目管理知识体系的教条运用，理论研究与实践应用必将脱节，也就难以发挥理论对实践的指导作用。

第二节　项目管理研究的内容与方法

与自然科学不同，管理学作为一门社会科学，在研究对象、内容和方法等方面独具特色。在管理理论研究中，提出问题往往比解决问题更重要。在某种程度上，能准确表达所要研究的问题，就意味着找到了解决问题的途径。在过去的几十年间，虽然项目管理研究呈现出一派繁荣景象，但从认识论和实践论的角度来看，依然有很多具体问题需进行深入讨论。这些问题大多涉及项目管理研究的内容和方法，应引起足够重视。

一、项目管理研究的特点

项目管理模式的形成适应了经济社会的快速发展，而经济社会的快速发展又对项目管理模式的创新发展提出了挑战。在项目管理研究中，如何完善其基本理论，如何使项目管理的方法、技术与实践应用紧密结合，要回答这些问题，须首先明确理论研究的目的、立场、针对性和价值取向。

1. 理论研究的目的

艾尔·巴比指出："社会研究要满足许多目的。三个基本的、有用的目的为：探索、描述和解释。"[①] 他特别强调，探索性研究通常致力于三个方面：满足研究者的好奇心和更加了解某事物的欲望，探讨对某议题进行细致研究的可行性，拓展后续研究中需要使用的方法。项目管理在本质上属于社会科学，具有显著的应用科学特点。以指导项目实践为追求的理论研究，虽具有一般意义上的合理性，但其最终目的是要探索项目管理的基本理论，而非仅仅是实践理论。在项目管理学科中，基本理论充当着"基础设施"的角色，与实践理论相比，它能为研究者们提供彼此相对独立的概念与原则，使来自不同方面的项目管理知识在保持各自特色的前提下具有通约性。

目前，在项目管理理论研究中，并未产生相互对抗或排斥的理论成果。众多研究者通过各自的理论探索，都在为项目管理理论"添砖加瓦"，贡献智慧。项目管理基于知识体系的构建所提出的方法论，既是对实践理论的高度总结，也是对基本理论的全面诠释，体现了项目管理研究的基本任务和明确追求。近几十年来，我国项目管理理论研究一直处于跟跑阶段，研究深度参差不齐，部分成果表现出理论与实践相脱节的现象：要么只关注实践理论，停留在对实践经验的总结；要么倾力于对理论范式或模型的分析，让管理者自己去体悟和实践。时至今日，项目管理研究在注重管理方法和技术的同时，还应深入解剖各类

---

① 艾尔·巴比：《社会研究方法》，邱泽奇译，华夏出版社 2009 年版，第 90 页。

项目实践的机理，强化知识积累和基本理论研究，注重开发相应的管理工具。项目工作分解结构图、责任矩阵等这些看似简单的工具，却能使项目实施的范围、目标和任务更加清晰，并能在本质上厘清理论研究与实践应用的界限。

2. 理论研究的立场

"立场"是指人们认识和解决问题时所处的地位与所持的态度。通常，人们在思考问题或采取行动时，总会从一个预定的立场出发。项目实践错综复杂，尽管研究者的学术背景和研究志趣各异，但所开展的研究工作都应以项目管理场域中的客观事实为依据，相关研究方向和选题的确立，与研究者对项目实施场域、项目管理过程的认知有关。尽管研究选题应尊重个人的兴趣爱好，但在根本上必须坚持"选题要兼具理论和现实意义原则"，以克服个人价值取向的影响。这其中至关重要的是理论研究的立场，即无论是在宽广视域中研究项目管理的共性问题，还是在项目实施特殊情境下研究个性问题；无论是为了补充、修正和完善已有理论成果的基础研究，还是针对项目实践现实情境开展的应用研究，研究者都应该笃定客观立场。

学术研究作为一种理性认识活动，不可避免地会掺杂一些感性认识，因此强调理论研究的客观性立场尤为重要。与其他学科一样，项目管理理论研究的终极目标是追求客观真理，即人们对项目管理内在规律的正确认识，应是对项目实施场域和管理场域中客观事实的真实反映，这是研究者必须坚持的正确立场。目前，我国是项目建设大国，但要想真正成为项目管理强国，还需要不断激发项目管理模式的活力，充分分析国内项目管理发展过程中出现的新问题，增强对项目实施与管理机制的认识，及时发现和解决规律性问题。只有立足国内项目实践，从项目实施过程的实际出发，理论研究才能克服感性认识的局限性，全面正确地认识项目管理的机理，提高项目实践的效能。

3. 理论研究的针对性

项目管理理论研究的一大特点，是其研究的对象、范围和内涵具有相对独立性和明确指向性。为了适应项目管理不断发展的形势，需要找准项目实践中存在的突出问题，这是提高项目管理研究针对性的关键。在探索项目及其实施管理的普遍规律时，应从各类项目实施过程的特殊性入手，总结出一般性结论，即项目管理的共性问题。研究者如果不深入了解项目实践的前沿，就无法充分体验项目实施过程管理的多样性、项目管理场域的复杂性，这必然会导致理论研究成果针对性不强、质量不高。同时，这样的理论研究就会陷入片面和狭隘的境地，最终难以清楚阐述项目管理研究的对象、范围和内容。

借助逻辑分析，我们可以明确定义项目管理的概念体系，而理论研究的命题，却不能完全由逻辑推演而来。今天，学科划分越来越细、理论研究越来越深，项目管理理论研究"泛化"和"碎片化"的倾向却日益突出。若不提高理论研究的针对性，项目管理研究就会迷失方向。如同控制论一样，项目管理研究所针对的是项目实施过程管理可能出现的混乱状态，追求的是管理规范有序。对于稳定的组织，其管理场域基本保持不变，人们认为其未来的运行状态总是会以某种形式重复着过去的状态，这种传统的经验管理做法，在一般管理中通常是行之有效的，反映了众多管理者对一般管理的思考和总结。然而，项目管理是在"非稳态"的实施场域中开展的，其所谓的"稳态"只是一个相对的过程状态。从某种程度上讲，项目管理学虽不像天文学、气象学那样复杂，但其管理场域也并不简单。因此，项目管理研究，特别是针对项目组织运行、项目实施过程管理的理论研究，最重要的是突出"命题意识"，提高研究命题的现实针对性。

4. 理论研究的价值取向

目前，国内经济快速发展，众多重大项目的成功实施，极大地拓展了项目管理的研究领域。在这一背景下，项目管理研究尤须坚持正确的价值导向。科学理论之所以有价值，是因为它如实反映了客观事物的发展规律。在当下的项目管理研究中，不少研究者总试图找到一种捷径，期望能快速地解决项目管理中存在的实际问题，或者一劳永逸地解决某些具体管理问题。这正如百年来管理研究所遵循的经验主义传统一样，研究者习惯于通过观察成功的或成长态势良好的企业实践活动，总结和提炼出言简意赅的企业管理原则。作为管理研究的范式之一，经验主义对于管理学的发展起着重要的作用。但是，在经验主义研究方法的主导下，理论研究与管理实践的界线模糊，使人们很难区分科学的经验主义与变异的实用主义。

在现实中，实用主义有其产生的社会原因和思想根源。持实用主义观点的管理者，通常认为管理理论多系人为构建而非客观规律。按照这种说法，他们认为根本不存在什么客观规律，只要是"有用"或"实用"的管理方式，就是"理论"和"规律"。对项目管理研究而言，学者们多以理论命题为研究重点，而管理者总在试图寻找捷径，期望能快速掌握项目管理方法和技术，并使其在项目实践中发挥作用。长期以来，因受种种变异实用主义倾向的影响，"实用至上"的价值取向不断从项目实践领域向研究领域蔓延。这种趋势侵蚀并削弱了人们分析项目管理基本问题、研究基本理论的志趣，并日渐滋生一股与项目管理科学化、系统化、规范化背道而驰的力量。为此，我们必须厘清基本理论与实践理论、有效性与实用性之间的界线，在理论研究中树立客观、科学、理性的价值取向。

二、项目管理研究的内容

当前，在项目管理重大学术研究命题的确立、重要学术观点的提出以及学术话语权的主导等方面，我国尚处在起步阶段。项目管理理论研究的范围、对象等若不明确，其理论体系就难以系统化，研究成果也就难具深刻性。事实上，众多成功的项目实践到底好在哪里，它们有什么样的共性特征，能否从中成功提炼出项目管理的基本规律，这些都是理论研究应着重关注的问题。

1. 理论研究的范围

项目管理学科建设与发展的过程，是一个知识不断汇聚积淀的过程。这个过程得以有效开展的前提是学科研究成果及所构筑的理论知识能够遵循学术研究规范，具有清晰的研究范围。有人认为，管理学理论只是对管理现象的"事后"解释。不可否认，管理学的原则、原理及其理论确实是对既往管理实践经验的思辨、总结，客观上有一定的滞后性。然而，我们不能据此否定管理学存在的价值，事后的总结仍意义重大。在项目管理研究中，由实践经验上升到理论知识，再将成熟的理论转化为具体的方法和技术，并不断完善项目管理模式，这对未来的项目实践具有重要的指导意义。

整体而言，项目管理研究应主要围绕以下六个方面展开：一是管理体系，应以完善管理模式的指导框架为重点，系统研究项目管理的思想格局、基本原则、实践理念等；二是理论体系，需要进一步阐明项目管理的基本理论和管理机制，以及它们之间的逻辑关系；三是方法体系，需要厘清项目管理职能领域与一般管理基础职能在实践应用中的关系，具体研究内容包括基本的管理方式和手段等；四是技术体系，需要正确处理管理技术与科学技术之间的关系，探索能够正确运用职能领域的技术路线、技术手段和管理工具等；五是规则体系，需要深入研究规范要求与规程规定之间的关系，以及项目管理特定的管理程序、流程和步骤的理论内涵和应用方式，厘清项目管理的管理层次和管理措施等；六是项目实施过程管理，应以"目标、过程和结果"管理链为主线，以项目实施场域为核心，深入分析各类项目实施过程管理的特征。

2. 理论研究的对象

项目管理的研究对象，既包含技术系统、资源系统等客观性因素，又涉及组织决策管理、行为管理等主观性因素。人是项目实施的主体，是项目活动的承担者，项目实施活动是在特定场域中的人的活动。与一般管理对比，项目管理研究的对象应包括项目实施过程管理中所涉及的各个方面，但在本质上是对"目标、过程、结果"这个核心管理链的展开，具体包括组织、目标、人员、过程和结果等因素。这五个方面共同构成了项目管理研究的基本对象与范畴。

（1）组织。"组织"是项目管理研究的基本对象。组织、项目组织是项目管理活动开展的平台，只有依托这个平台，人们才能相互协作，共同完成项目实施的任务。在项目管理研究中，把组织和目标联系在一起，就明确了项目组织的使命；强调组织和人员密切相关，涉及项目组织的构建、运行，以及项目团队和参与者的管理等诸多问题；把组织和过程联系在一起，拓宽了管理过程学派的研究领域，涵盖了管理体系以及"流程再造"等问题；而把组织和结果两个研究维度结合起来，则囊括了项目管理中多个理论研究方向，涉及项目实施的战略管理、决策理论和组织理论等。

（2）目标。"目标"是组织目的的任务化呈现，是项目组织开展各项管理活动的依据和动力，自然是项目管理研究的核心。项目目标与组织、人员这两个因素相结合，不仅关乎组织的愿景、项目实施的使命，也关乎个体参与者的行动目标能否与组织目标相统一。同时，项目目标的实现与过程管理直接相关，项目管理就是为了强化过程管理，实现项目既定的目标。目标与结果之间是典型的因果关系，项目实施从启动到结尾每个阶段的任务，都必须与项目实施目标紧密相连，以保证取得预期成果。

（3）人员。"人员"是项目管理研究的重点。项目组织管理者、相关方、项目参与者，均是与项目实施过程管理相关的人员，是项目管理研究的基本对象。把项目人员和其他四个因素结合起来，就能抓住理论研究的核心。项目管理研究可以从管理层的角度出发，探讨如何使项目实施与管理目标协同一致；也可从团队的角度出发，探讨如何使参与者个人的目标与团队目标，尤其是与项目实施的目标协调一致；还可以探讨特定的项目组织中所包含的众多个体参与者的行为方式，及其对实现项目目标的影响程度等问题。

（4）过程。"过程"是项目管理研究的主线。项目实施与管理工作千头万绪，项目管理者时常手忙脚乱、顾此失彼，以致事倍功半，究其原因正是没有抓住项目实施过程管理这条主线。因此，只有紧紧围绕项目实施过程这条主线，项目管理研究才能透过现象，抓住本质，其研究成果才更具深刻性，才能经受住实践的检验。

（5）结果。"结果"是项目管理理论研究的关键。组织、目标、人员和过程等各方面的管理成效都指向项目实施结果。实现项目既定目标，获得预期项目成果，是项目组织及其管理者的根本追求。紧盯目标、重视过程、追求成果是项目管理模式最为突出的特征，只有聚焦结果，理论研究得出的结论才具有实践应用价值。

需要指出的是，上述五个因素仅是基于理论研究的需要而从逻辑上定义的项目管理研究的核心因素，它们是一个整体，其影响和作用要通过计划、组织、指挥、控制和协调等基础职能的发挥来实现，因此，从这一角度分析，各项基础职能也是项目管理研究的对象。推而广之，在项目管理研究中，只要研究者注重运用管理学基本原理，遵循科学研究规律，选择客观的研究立场，其所涉及的各方面的命题，均可纳入项目管理研究的范畴。

3. 理论研究的专业性

近年来，项目管理学科的地位不断提升，其理论研究的专业性趋势日益显著。项目管理研究的专业性是构建学科理论体系的基础，主要体现在以下三个方面：

（1）特定的研究领域和理论空间。任何一门学科都有其特定的研究对象。它不仅是指"对象"存在的实体性，还包括从不同的学科出发所构成的"研究对象"。项目管理的研究对象是"项目及其实施活动的管理"，若离开"项目实施与管理"的特定场域，那么项目管理研究的对象就不具备针对性。项目管理研究对象的"专门性"与其理论研究的"专业性"是在特定场域中相互规定和促进的。随着项目管理研究专业化程度的提升，专业性不仅为其理论研究建构了特定的研究对象，还不断地拓展和深化着其理论空间，形成了更加深刻的认识成果。比如，项目全生命周期包括立项、实施和运营三大阶段，而本书所指的项目管理研究主要针对实施阶段的过程管理，这就体现了研究对象的专门性。

（2）特定的理论资源和背景知识。专业性的理论资源和背景知识是理论研究的基础。理论研究若没有相应的基础理论和背景知识，那么研究对象就不能被概念化，就只能是"有之非有"或是"存在着的无"。在项目管理研究中，要善于融通古今中外各种相关的理论，特别是要重视和把握好其与管理学之间的关系，充分运用经济学、组织学和运筹学等相关学科理论。只有以上述学科理论为背景，不断整合各种理论资源，自觉激活并系统运用各种有益知识，才能夯实项目管理研究的基础，强化理论研究的"专业性"。

（3）特定的概念体系和术语系统。研究内涵的统一性是专业研究的基本特征，"专业"与"非专业"的区别集中体现在是否正确使用某种特定的概念体系、是否有效把握研究对象上。人们用来指称某一对象的任何一个"名词"，不仅是关于对象的规定性"概念"，有时也可能是关于对象的经验性"名称"。把经验性"名称"上升为规定性"概念"，是理论研究专业性的标志，其实质就是把一般专业常识提升为专业性理论。科学发展史从理论层面上来说，就是不断拓展和深化、演化和更新专业性概念的历史。在物理学中，声、光、电、分子、原子等名词，都是规定性的概念。同样，在项目管理理论中，项目管理知识体系中的各项知识领域及管理要素，以及目标、计划和控制等专有名词，也都是规定性的概念。它们已然成为人类智慧的结晶，为项目管理研究提供了不断前进的"阶梯"和"支撑点"。在这个意义上，专业性的理论创新，就是实现"术语的革命"；理解和把握任何一种具有创新性质的学术理论体系，最重要的就是真正理解它所实现的"术语的革命"。

三、项目管理研究方法的特点

"方法"通常是指为达到某种目的而采取的途径、程序、手段等的总称，寻求科学的研究方法是理论研究的关键。项目管理研究的方法和路径不明确，就难以确立客观的研究立场、共同的研究对象和严谨的研究规范，也就不能产生经得起实践检验的高质量研究成果。

1. 研究方法的科学性

自泰勒以来，众多研究者在归纳实践理论的过程中，都会自觉或不自觉地寻找自己认为"最好的"管理方式。也就是说，研究者主观预设的"改良管理实践"的价值取向必然会影响其研究方法的科学性。同时，管理学学者都试图建立某种理论范式，将自己的思想、认知和理念赋予其中，形成相应的理论框架。作为植根于实践应用的学科，项目管理研究必须结合实践过程，运用科学的方法，并以实践来检验理论成果的有效性。

科学精神和科学思维是认识世界、改造世界的强大思想武器，对于项目管理研究意义重大。发现管理法则，形成方法体系，是揭示项目管理机理的关键，也是人们寻求管理之道的现实路径。实际上，项目管理知识的不断结构化，体现了理论研究注重科学性并重视引领未来的旨趣。项目管理研究要体现科学性，首先要求研究者要具有客观的研究立场，强调回答"是什么"和"为什么"的问题，即要做出事实判断，而不是回答"应该是什么"或"好与不好"的问题，即不做价值判断；其次，要有明确的研究对象，即研究者拥有共同关注的一系列问题；最后，还要有严密的研究规范，具体表现为研究过程及研究结论的可验证性、逻辑一致性、知识可积累性和方法简练性等。

2. 研究方法的客观性

项目管理活动应经济社会发展之需而开展，其理论研究须处理好理论探讨与实践应用之间的关系。正像哥白尼用"日心说"取代"地心说"来描述天体运动一样，项目管理研究也需要一个相对独立的起点。一般管理的原理、原则、理论和方法，构成了项目管理的基础理论，但面对日益复杂的项目实践，项目管理研究依然面临着诸多挑战。这种挑战表现在两个方面：一是理论研究方法的客观性，二是实践创新方式的实用性。泰勒曾说过，最佳的管理实践是一门实在的科学。与管理学一样，项目管理学是一门为解决实际问题而建立的应用性学科。项目管理研究方法的选择应与理论知识、实践经验紧密相连，只有这样，才能突出项目管理研究方法的客观性。

深入观察和客观描述项目实施场域只是项目管理研究的第一步。虽然实践理论与基本理论联系紧密，但这并不意味着研究者只要信手撷取某些管理经验的片断，经过一般性的加工，就能将其改造成理论成果。正如土壤并不等于植物所需的养分一样，我们同样不能将实践理论与基本理论混为一谈。项目管理的经验知识上升到理性知识，产生了实践理论，再提升为基本理论，最后形成理论体系，需要经历一个漫长的探索过程。在此基础上，透彻分析国内项目管理场域是开展项目管理研究的第二步。首先，研究者应厘清实践理论与基本理论之间的关系，避免沉溺于管理实践而导致两者之间界线模糊。只有明确了两者的界线，理论研究才能具有明确的边界和正确的出发点，进而在实践理论的基础上去伪存真，把握好理论命题。其次，国内的项目管理研究要真正做到同国际接轨，必须针对国情实际，做到"跟国外理论平等对视"，对借鉴与创见应同等重视，不能仅停留在"借鉴、借鉴、再借鉴"的浅表层面上。最后，只有立足于正确的研究立场，从基础性研究命题入手，国内的项目管理研究才能取得原创性的成果。

3. 研究方法的针对性

杨耕认为，在研究方法上，自然科学的研究对象是物质实体，看得见、摸得着，而且由于自然事件的可重复性，这种物质实体的运动过程大都可以在实验室重新模拟、再现。所以，自然科学的主要方法就是实验方法。社会科学的研究对象不是物质实体，而是社会关系，看不见、摸不着，更重要的是，与自然事件不同，历史事件具有不可重复性。因此，社会科学无法运用实验方法，只能运用科学抽象法。[①] 这就是说，在研究方法及其针对性上，自然科

---

① 杨耕：论社会科学的特殊性，《文摘报》2019 年 10 月 31 日第 6 版。

学的研究对象主要是自然界，这个对象通常是一种客观存在；社会科学的研究对象主要是社会关系，这个对象通常产生于人的活动中，而人正是社会关系的总和。

杨耕指出，从学科功能看，自然科学要把握自然规律，主要表现为动力学规律；社会科学要把握社会发展规律，主要表现为统计学规律。自然科学的研究结论通常是严密并可量化的。因此，就其功能来说，自然科学能进行精确的"预言"。与此相反，社会科学的研究结论并不精密，但可以有限度地量化。因为自然科学的研究对象以确定性现象为主，而社会科学的研究对象既有确定性现象，也有随机现象和模糊现象。自然科学理论以经典集合论为基础，采用分明概念、分明命题，因此，其命题只有"真"与"假"两种取值，进而其产生的"预言"也是分明的。但社会科学理论却不同，它难以产生分明"预言"。这是因为社会科学理论以模糊集合论为基础，存在模糊概念、模糊命题。概念的外延不分明、命题的真值判断不分明，因而其理论产生的"预言"也不分明。

项目管理研究既要考虑自然科学的动力学规律，又要注重社会科学的统计学规律。在项目实施过程中，行动者的动力和动量、动能和势能，以及任务执行过程的不确定性等一系列偶然事件构成了一个无限序列。这一序列引起冲突事件的概率极大，可能产生简单振动，或者持续地产生阵挛性振动。这些突变振动的势能所带来的后果，决定着项目实施的成败。项目管理的多重变量同时依赖于时间，即项目实施场域的真实样态。项目管理系统的统计参数集，牵涉项目实施与管理场域的过去、现在和未来多方面变量的动态数值，而各类项目进展报告仅是一个统计报表，呈现为静态的截面数据。用统计抽样方法所得到的数值，是一个随机变量，其数值大小取决于项目实施场域中某一瞬间所具有的位置和动量，但这里对项目实施场域中事物动态描述的方法是科学有效的。

4. 研究方法的有效性

正如哲学奠基于对世界本源问题的思考一样，项目管理始终关注项目实施过程的秩序、效率及效果等本质性问题，其理论研究则需要对这些问题进行解答。当前，项目管理理论体系的内涵与外延不断深化和扩展，只有选择正确的研究对象，界定适宜的研究范围，运用科学的研究方法，才能保证研究成果的精准性和深刻性。不少人觉得项目管理研究门槛很低，其研究过程无非是分析经典案例、挖掘实践经验，但事实并非如此。要透彻研究内涵丰富且相对抽象的项目管理理论问题，就必须秉持正确态度和科学方法，否则，研究者就会一叶障目，不见泰山。

迄今为止，人类总结管理实践经验、探索管理理论内涵的所有尝试，自始至终都没有摆脱"好的管理应该是什么样的"这一应然性基本命题的影响。无论是古典管理理论，还是现代管理理论，都是研究者总结现实中的管理实践，发掘、抽象实践理论的产物。追根溯源，这一学术传统始于泰勒，他推崇"比其他类型的管理能收到更好的效果"的管理之道，即科学管理。同时，法约尔早在100年前就揭示了基于个人认知的管理理论的局限性。

他写道："个人管理理论并不匮乏，我们缺少的是众所公认的理论，每个人都自认掌握了最好的方法，我们随处可见在这一思维方式下，国家、家庭、军队、工业中各种矛盾重重的实际工作方法。"[①] 今天，人们依旧致力于建立客观的、系统完整的并为大多数人所普遍接受的管理理论。相比一般管理研究，项目管理研究较为单纯朴素，没有门派之见。为此，项目管理研究应紧跟时代步伐，海纳百川，兼容并包，尤其要在项目组织结构、项目管理职能定位，以及项目管理科学化、系统化和规范化的深入研究上做更大努力。

四、项目管理研究方法的运用

目前，项目管理理论正在发育成长，其理论研究框架虽已形成，但仍需进一步补充完善。与一般管理的研究类似，项目管理研究应正确运用科学的方式方法，对研究方法的定位、类型的划分与正确运用等问题进行分析，理清项目管理的理论脉络，从而达到多维度挖掘项目管理实践成果的目的。

1.管理研究方法概述

如前文所述，管理学研究与自然科学研究的区别，主要在于两者的研究对象不尽相同。通常，作为自然科学研究对象的"人"，是被物化了的人；而作为管理学研究对象的"人"则是社会人，是在现实社会中有思想、情感和价值观念的人。最先提出这种差异的学者当推西蒙，他论述了事实与价值的区别，指出事实命题是对于现实世界的描述，而价值命题则难以用科学方法去处理，不能用客观事实证明其是与非，亦不能以经验或推理评判其对错，它只存在"应不应该"的问题，根据人的主观偏好予以确定，而无实证的真实性判断标准。[②] 这种观点意义重大，意味着管理学研究中曾一度追求的客观价值最终必须让位于主观判定的满意值，反映了管理学作为应用科学所使用研究方法的局限性。

现代项目管理作为一门后起的管理学分支学科，其理论研究从管理学、经济学、组织行为学等学科中借鉴了丰富的研究方法，比如，问卷调查法、观察法、访谈法、案例法等，为研究者在研究方式方面提供了多样化选择。所以，理论研究者在综合运用各种研究方法时，应在分类研究的基础上，灵活选用研究方法。具体研究类型的划分，从层次上可分为宏观研究和微观研究；按研究功能可分为基础研究和应用研究；按研究目的可分为三类：描述性研究、解释性研究和规范性研究。在上述这些研究类型中，针对项目管理理论体系、方法体系、技术体系、规则体系的研究，关乎项目管理的基本理论，既是基础研究，又是解释性研究和规范性研究，也属于宏观研究。而对于项目管理方法、技术和工具的研究，以

---

① 亨利·法约尔：《工业管理与一般管理》，迟力耕，张璇译，机械工业出版社 2007 年版，第 16 页。
② 李怀祖：《管理研究方法论》，西安交通大学出版社 2004 年版，第 16—17 页。

及项目实施过程管理的理论研究，既是应用研究，又是描述性、解释性和规范性研究，多属于微观研究。

2. **管理研究方法的类型**

科学研究常用的方法是归纳法和演绎法。需要强调的是，项目管理作为一门实践性很强的学科，其理论研究在综合运用归纳法和演绎法的同时，还兼具科学方法和思辨方法的特点，更须借鉴经济学研究中的实证方法与规范方法。

(1) 归纳方法与演绎方法。归纳是从个别事实中概括出一般性结论的推理方式。演绎推理正好与归纳相反，它是沿着从一般到个别的路线，从逻辑推理或理论模式推演到特定观察对象，并检验预设模式是否合理的过程。项目管理研究必须以已有的成果为基础，进行不断的积累和创造，并在继承中创新，在创新中发展。在理论研究中，总结和归纳是必须采取的认知策略，项目管理实践理论主要由归纳而来。基于大量的项目实践案例，应用归纳方法可以总结出项目管理的一般性规律，丰富项目管理知识系统，进而将实践理论提升为基本理论。项目管理的知识体系及其所包含的理论、方法、技术和规则，整体上是运用归纳法所得到的，是实践理论化的成果。

项目管理知识体系的构建源自归纳，而其推广应用则应从演绎开始。项目管理理论实践化研究，可以是提出某种假设，并对其应用效果做出预测。在假说提出阶段，类比、直觉、体悟等具有一定的催化作用，溯因推理也是行之有效的方法。所谓溯因推理，是指从某一有待解释的管理现象出发，运用项目管理基本理论解释该现象何以发生，由此推断该管理规律在项目管理过程中普遍应用的可能性。可见，溯因推理方法能够引导人们遵循项目管理规律，促进理论实践化，进而树立正确的实践理念。

(2) 科学方法与思辨方法。李怀祖指出："管理研究须兼用科学方法和思辨方法，然而，管理研究方法论仍垂青于科学方法。科学研究将不断'蚕食'思辨研究的内容，不过管理领域中思辨研究将永远存在，管理研究中总有科学研究无法替代的内容。"[①] 事实上，基于对管理艺术性的研究，管理领域中有些新发现只能依靠思辨方法。与此同时，科学方法和思辨方法之间存在着转化关系。任何现象和问题一旦能说清楚，能够用语言和文字表达出来，就属于科学方法之列。许多管理问题目前只能先用直觉判断和思辨方法去研究，当研究获得成功并能解释清楚时，它才可能成为以逻辑思维表达的科学内容。直觉判断可以转换为逻辑推理，明兹伯格举例说明了这种转换："当读到别人发表的一篇有价值的论文后，往往会感到这没有什么了不起，自己也有过类似的想法，只是没有把它用语言和文字表达出来而已。殊不知，一些思想'火花'或'感觉'转化为语言和文字表达的论文，正是以直觉判

① 李怀祖：《管理研究方法论》，西安交通大学出版社 2004 年版，第 31 页。

断为主的右半脑思维向左半脑逻辑思维过渡的过程,这当然应视为一种研究成果。"[①]

项目管理研究,既要针对管理层、执行层,又要关注团队建设和作业层。作业层问题的研究,可采用科学方法,其成果体现在管理技术的完善上。在执行层面上,牵涉项目实施的过程管控、资源配置、采购管理等方面的研究,也可运用科学方法,同时兼顾下文所述的实证方法。在管理决策层面,如在项目实施方案的优化、三大目标指标的权衡以及发挥参与者潜能等方面的研究中,直觉判断有时起着重要作用,故应积极运用思辨方法。

(3)实证方法与规范方法。实证方法是经济学常用的研究方法,该方法排斥价值判断,只是客观地研究经济现象本身的内在规律,并根据这些规律分析和预测经济行为的后果。规范方法以一定的价值判断为基础,提出分析处理经济问题的标准,并以此为依据评价或规范经济行为。具体而言,实证分析解决"是什么"的问题,即确认事实本身,研究经济现象的客观规律与内在逻辑;规范分析解决"应该是什么"的问题,即说明经济现象的社会意义。项目管理场域是复杂的,理论研究中为了简化不必要的环节,在运用实证方法时首先要做出假设,然后在这一假设之下研究所涉及的相关变量之间的关系,即明确提出假设,然后用事实来检验假设。如果这个假设正确,就成为理论成果;如果不正确,就要及时进行修正。运用这种研究方法可以建立管理变量和管理目标的理论模型。

3. 管理研究方法的选择

回顾管理理论史,可以发现,凡有影响力的研究成果,往往因其研究立场与视角的差异性、研究对象的复杂性以及研究方法的多样性,其成果形式也会表现出多样化,甚至存在某些相互冲突的表述。通常,由于学术研究的时代背景、对象特征以及研究者个人素质等方面的不同,理论研究命题很难简单地依据"好与不好"或"正确与否"的标准确立,这自然影响着研究者对研究方法的选择与运用。然而,由于理论研究具有严密性和逻辑性,所以,对其研究命题是否科学、研究方法是否可行,应该有一定的标准。

项目管理研究的规范方法,反映在研究内容、研究过程和研究方法的界定与选择之中。其一,在管理学原理和原则基础上形成一系列假设,界定所要研究的内容,旨在回答"是什么"或"不是什么"的问题。其二,根据研究对象的时代背景、时间域限和本质特征做出清晰的假设;从研究目的出发,按照科学研究的程序,选择恰当的研究方法,分析并得出结论。其三,客观总结该项研究起初所设定的研究内容,并陈述具体研究结论的普适性与局限性。探求项目管理的客观规律,完善基本理论,可以应用科学方法,如归纳方法、演绎方法,亦可借鉴规范方法。通过这些方法的灵活运用,就可以合理解释和预测各类项目实施与管理的现实特征,丰富项目管理理论研究的成果。

---

① 李怀祖:《管理研究方法论》,西安交通大学出版社2004年版,第32页。

第三节 项目管理研究的重点

项目管理作为管理学的前沿发展领域,其理论研究既充满挑战又颇具前景。概括而言,项目管理理论研究主要针对实践理论化,而项目管理实践研究则主要针对理论实践化。基于此,在前两节分析的基础上,本节主要探讨项目管理研究应关注和把握的基本命题,包括理论研究的关键、基础、重心,以及项目管理理论的创新发展等。

一、项目管理研究的关键

项目管理研究须以管理学的基本原理和原则为基础,广泛借鉴和吸收相关学科的成果,深刻揭示项目管理的基本规律,进一步丰富和完善项目管理理论、方法和技术。为此,总结国内外实践经验和理论成果,深入分析项目管理思想格局、管理模式和基本理念,整合相关理论、方法与技术,既是提高项目管理实践成效的路径,也是理论研究的关键。

1. 研究内涵的确定性

现今,项目管理研究多局限于过程管理中的某些具体方法或技术,而对项目管理普遍规律的探索尚显不足。尽管项目管理知识体系的建立和运用使项目管理研究取得了一定的成果,但系统化的理论研究还远远不够。项目管理研究必须在注重实践理论的基础上,瞄准其基本理论,解决好理论体系的建构问题。作为一个独立的分支学科,项目管理具有相对稳定的研究对象和明确的研究范围,将其过程管理进一步科学化、系统化和规范化,既是实践者的追求,也是理论研究的主旨和理论体系建构的基础。

正像管理模式、知识体系为项目管理研究提供了源头一样,场域论为项目管理研究提供了理想的栖息地。回顾以往,当我们认真分析项目实施过程管理中的许多问题后就会发现,项目管理研究所探求的很多问题,多是一般管理所面对的问题,或者是经济学、组织行为学等相关学科中的研究命题,而真正属于项目实施场域、涉及项目管理基本理论的研究命题,则应围绕项目管理模式、知识体系以及项目实施过程管理展开。当前,项目管理研究方向分散以及研究内容针对性不强,其根源在于对项目实施场域与管理场域缺乏深刻理解,对研究主旨的认识不明确,势必导致研究内容泛化或者孤立。

2. 研究成果的原创性

项目管理研究的原创性成果,是指提出了新的理论观点,或者解决了关键性的技术瓶颈问题,或者开创了新的研究视角、运用新方法取得了新成果,即具有重大理论突破与创新。项目管理原创性成果的研发过程,是建立具有内在统一性的科学管理理论的过程,其重点主要体现在以下四个方面:

（1）管理模式研究。毋庸置疑，项目管理研究主要针对项目及其实施管理活动的机理，即对项目管理本质规律的探索与研究。这是一项十分艰辛的工作，也是项目管理研究须突出原创性的根本要求。为此，项目管理研究应立足当下，分析各类项目实施的历史背景和现实条件，探寻其中所蕴含的管理之道，捕捉理论研究方向，把握研究重点，进而准确掌握项目实施与管理的规律，解决好项目管理模式发展中的根本性问题。

（2）本土理论研究。理论成果的独创性是项目管理研究原创性的重要表现。长期以来，我国项目管理研究中面向西方的"拿来主义"成果较多，而针对国内大型项目实施与管理过程的本土化研究成果并不多见。当前，科学技术日新月异，特别是信息技术的快速发展，促使我们必须加快项目管理的技术水平，进一步把项目管理模式引入理性、规范和高效的境地。为此，原创性成果的获得，应从国内项目管理场域出发，大处着眼，小处着手，不仅要有庖丁解牛之术，更要有解剖麻雀之法。

（3）过程管理研究。项目管理研究必须在项目实施场域中进行。项目管理理论抽象的过程，是研究者以理性思维"扫描"项目实施场域特征的过程。这种扫描过程，既要回望过往的经验积累，又要展望未来的发展趋势。欧美的项目管理著作，多以各类工商企业及其项目实施场域为基础背景，以实践应用为例证，这种研究方式值得借鉴。相比之下，国内研究大多以项目实践经验总结为基础，并未深入解剖项目实施场域的具体管理过程，理论成果与实践应用之间的脱节现象明显。

（4）管理要素研究。项目管理要懂得"做什么"和"如何做好"，这不仅是认识问题，还涉及对多个层次管理变量的精确描述问题。因此，明确项目管理系统，特别是目标系统、控制系统等子系统中的管理要素与变量，就显得十分重要。也就是说，项目管理研究需在多项已知条件、多重约束条件制约的前提下，求解最终答案。提出研究命题，注重要素分析，实际上就是对项目管理机理的认识，或是对某种管理方法和技术有效性的再论证。项目管理研究必须针对项目实施场域中的真命题，探索项目管理场域的内在机理，完善理论体系和规则体系，充实方法体系和技术体系，这些方面都涉及对相关管理要素的分析。

3. 研究成果的致用性

在社会实践中，发现问题、解决问题是人们认识世界、改造世界的重要方法，而通过理论研究解决具有规律性的问题，是理论研究致用性的根本表现。李怀祖指出："基础研究是通过对管理现实问题的观察、概括和抽象，探讨管理学科规律性的知识，对管理行为、机理和现象做出理论解释，证实或证伪现有理论并提出新的理论。"[①] 项目管理基础研究的主要任务在于精确地描述项目管理的特性、要素及其相互关系，以便更好地揭示项目管理的本质。基础研究并不排斥应用研究，项目管理应用研究的重点则是针对各类项目实施的过

---

① 李怀祖：《管理研究方法论》，西安交通大学出版社2004年版，第37页。

程管理, 目的是解决管理过程中的特定问题。从本质上讲, 这两种研究方式相互补充, 基础研究的深广度是学术研究能力和水平的体现, 而应用研究则是衡量学术研究成果实践价值的基本尺度。

注重项目管理研究成果的致用性, 可有效缩短基础研究与应用研究之间的距离。项目管理知识体系的形成, 知识领域和管理要素的普适性, 都是项目管理研究成果致用性的突出特征。项目管理知识体系将模块化管理流程装配成为相对标准化的形式, 使各项管理职能由此得到了广泛运用, 因此, 不断对其进行完善是突出理论研究致用性的核心。同时, 项目管理研究既要分析社会环境的制约因素, 又要探索项目组织内部的管控效果。项目管理研究不能期盼项目组织及其管理层是一个可以精密控制的管理团队, 如同智能化的机器人。相反, 我们必须从项目实施场域的实际出发, 深入分析项目人员的行为特征。只有这样, 研究者才能获得可以真正指导项目实践的致用之学。

4. 研究方向的前瞻性

在大型复杂项目管理实践未充分展开之前, 一般难以形成系统性、高水平的理论研究成果。与此相对应, 如果没有科学理论作指导, 管理者大多只能就事论事地解决具体问题, 难以实现项目实施过程管理的科学化、系统化和规范化。作为项目管理研究者, 应当勇立经济社会发展的潮头, 认真分析并总结各类项目实施的成功经验, 并将其上升为系统化的理论成果。同时, 丰富多样的项目管理实践也在不断地对项目管理理念、方法和技术提出新的挑战。因此, 项目管理研究前沿性的本质是能够科学地回答项目管理实践中所遇到的新问题。只有不断发现新情况, 研究并解决新问题, 突出理论成果的前瞻性, 学术研究才能适应时代发展的要求。

项目管理研究还应准确把握未来项目实施中所蕴含的种种机遇和挑战。人类社会生生不息, 实践往往先于认知。当前, 项目管理诸多本质性问题被大量鲜活的实践活动一层层剥开, 新的学术命题不断涌现, 需要学者们进一步发掘。同时, 项目管理实践每向前一步, 就会产生新的问题和挑战, 亟待研究者努力探索。这些都要求学界不断完善项目管理的理论体系、方法体系、技术体系和规则体系。为此, 我们应加强对项目管理实践最新经验的提炼总结, 使理论研究紧跟项目实践的时代步伐, 促进项目实施过程管理从经验主导的管理方式走向系统规范的管理模式, 这是项目管理研究的光荣使命。

二、项目管理研究的基础

管理工作无处不在, 管理学研究多从微观层面开始。不论是 20 世纪初的泰勒、法约尔, 还是后来的巴纳德、德鲁克等, 都非常注重微观层面的研究, 并取得了丰硕成果。项目管理首先表现为对单个项目的管理, 其理论研究应以单个项目为基础, 以此寻求项目管理模式的普遍规律和一般方法。

1. 聚焦研究对象

当前，虽然项目管理学还处在理论建构的层面，但将其成熟的方法和技术广泛地运用于各类单个项目的具体管理过程，更好地指导各类项目的有效实施，仍是当务之急。单个项目是经济社会发展的细胞，其规模大小、复杂程度、实施效果等直接影响着各类组织管理运行的成效，也反映了人们运用项目管理的程度和水平。单个项目的目标导向是项目实施的特质，项目管理的任务就是实现项目的预期目标，获得项目成果。尽管现实社会中各类项目复杂多样，但是，单个项目的目标必须十分明确，不能成为"移动的靶子"，这是科兹纳分析项目失败原因时的重要观点。[①] 不可否认，在立项过程中，一些项目确实存在"关于一致目标还是有争议目标"的问题，即项目达到"某个特定目标"，或是只要求达到"某些特定目的、综合性的目标"，其实这仅是项目确立阶段的决策问题。对项目实施来说，单个项目必须要有一个明确清晰的目标定位。

任何一种管理体系的基本方法，都有其出发点和立足点，以及特定的管理对象。只有全面掌握了单个项目的管理技能，才有可能管理好大型复杂项目。与一般单个项目比较，复杂项目通常具有规模巨大、目标多维、资金投入大等特点，其实施过程多存在不确定的需求和交付物、跨时区的地理分隔、使用大型虚拟团队等特点，这使得这类项目的过程管理错综复杂、矛盾交织。但是，无论项目的规模多么巨大、结构多么复杂，通常总会有一个主旨性的目的和总体目标，因此可以根据其内部层次和结构框架，通过"解剖麻雀"的方法，将其分解为若干个子项目，并将每个子项目视为单个项目，对其进行相对独立的管理。

2. 深化研究内涵

探寻单个项目的管理方法是项目管理研究的基本任务。各类单个项目的管理实践丰富多彩，深化了项目管理的内涵。项目管理研究，首先应针对单个项目实施的过程管理，挖掘并总结相应的理论成果，将零散的变为系统的，孤立的变为联系的，粗浅的变为精深的，感性的变为理性的，从而使项目管理理论体系更加科学系统，方法体系更为全面完善，技术体系更为实用可靠，规则体系更为成熟稳定。

单个项目管理理念、方法和技术的不断发展，是项目管理理论创新发展的必由之路。从表面上看，单个项目在其实施过程管理中所面临的具体问题产生于特定的场域，具有特殊性，项目管理者所要面对的通常是"个案"问题。然而，通过分析大量的个案，不断积累实践经验和理论成果，就会发现共性的规律，这正是项目管理研究的核心任务。在理清单个项目管理方法体系演进脉络的基础上，还要持续探索各国已有项目管理知识体系中各个知识领域、管理要素和各种工具的具体应用，并逐步深化、综合，进而充分发挥技术体系的

---

① 哈罗德·科兹纳:《项目管理——计划、进度和控制的系统方法》,杨爱华等译,电子工业出版社 2014 年版,第 62 页。

作用。随着科学技术的迅猛发展，项目管理理论研究的定性分析更加精准，定量分析的模型更为广泛。如果管理技术的发展滞后于科学技术，无疑会影响项目管理模式的应用效果。现实中不少项目未能达到预期效果，而人们往往难以判定究竟是管理决策失误导致的结果，还是技术工艺运用不当带来的问题。在项目管理技术体系中，管理技术与科学技术齐头并进至关重要，因此，定量地研究单个项目的有效管理技术，意义非凡。

3. 找准研究命题

项目管理研究的课题，大多源于项目实施过程中出现的现实问题。在这些问题中，针对单个项目实施过程管理进行研究是理论研究选题的重要来源。项目管理知识体系的实践化必须在项目实施场域中完成，纵向研究应针对项目实施的阶段与过程，横向研究应强化分析具体实施过程中的各种复杂因素。只有在纵横两个维度上系统研究单个项目的实施过程，才能深刻把握项目管理场域的复杂性和动态性。

研究单个项目的过程管理，需要全程跟踪项目实施的具体过程，从项目启动直至收尾，实录实施过程中的每一项管理活动，收集过程管理各个环节的第一手资料。事实上，近年来许多项目管理研究的新成果都来自工程界，如土木工程、国防工程等。这些成果涵盖面广、系统性强，其研究多始于对单个项目过程管理的分析。归纳法与演绎法，以及个案式推导和通则式推理都是研究单个项目实施过程管理的有力工具。管理人员或技术人员可结合工作实际，跟踪不同类型的项目，实录其实施过程管理中的具体做法。通过跟踪并剖析大量单个项目的具体管理过程，总结正反两方面的经验教训，最终形成扎根于实践基础的项目管理理论成果。

4. 明确研究方向

近年来，不少学者关注"项目集"，提出了"并行项目""多项目""多目标项目"等概念，这些都是对项目管理的有益探索，但也有将简单问题复杂化之嫌。其实，这些成果中所谓的各个并行项目，表面上看似"子项目"，实质上还是单个项目，其实施过程依然追求不以外界影响为转移的"明确目标"。因此，项目管理研究的关键，首先应弄清的是单个项目的规范管理问题。只有通过剖析各类单个项目整体管理的特征，强化定量研究，才能为项目管理研究提供科学依据，改变我国各个层面项目实施粗放式管理的现状。

从根本上讲，只有系统地积累单个项目研究的理论成果，才能将理论研究不断推向深入。关注单个项目的管理方式，需要将项目管理研究的注意力从单纯的技术系统转向管理系统。理论研究不仅要关心怎样解决当下的管理问题，更要探索各类项目整体管理格局背后所蕴含的基本原理。从大的方面讲，各种类型的单个项目的管理成效关系到整个国民经济的发展质量；从小的方面来看，每个项目都关乎其组织的发展。这正是单个项目整体管理的研究在国内外受到特别重视的原因。我国要形成自己的项目管理理论体系、方法体系、技术体系和规则体系，就需要以大量可靠的单个项目的实践应用案例作支撑。

三、项目管理研究的重心

参与者是项目实施的行动者,他们富有个性色彩的创造性工作是项目实施获得成功的根本保证。在项目管理研究中,人们往往更多地关注管理方法与技术的开发应用,却因此忽视了项目参与者行为的主体性。为此,项目管理研究应以参与者行为分析为重心,注重调动项目参与者的能动性和创造性。

1. 参与者行为研究的认知

人们对项目参与者重要性的认识,经历了从仅关心工作成效到注重行为规范和贡献大小的过程。参与者个体的行为,一部分来自其习性,一部分则来自对项目实施工作的应激反应。这意味着对项目参与者行为的研究,不仅要关注参与者体力和脑力上的消耗,更要关注其心理状态;不但要考虑参与者的性格、阅历、社会地位等因素,还要分析项目活动对其经验、认知和情绪所产生的影响。

行为科学的持续发展,为参与者行为的研究提供了理论工具,20世纪中后期兴起的企业文化理论更是行为科学蓬勃发展的结果。企业管理的历史脉络,可分为经验管理、科学管理和文化管理三个阶段,如表 12-1 所示。项目管理作为管理学的分支学科,与科学管理、企业管理等关系密切,因而笔者增加了表中第五列,即项目管理的相关特征。[①]

表 12-1　经验管理、科学管理、文化管理与项目管理

特征模式	经验管理	科学管理	文化管理	项目管理
年 代	1769—1910 年	1911—1980 年	1981 年以来	1940 年以来
特 点	人治	法治	文治	民主、规范
组 织	直线式	职能式	学习型	扁平型
控 制	外部控制	外部控制	自我控制	综合控制
领 导	师傅型	指挥型	育人型	指挥型
管理中心	物	物	人	人与物
人性假设	经济人	经济人	自动人、观念人	观念人、经济人
激励方式	外激为主	外激为主	内激为主	内外激结合
管理重点	行为	行为	思想	思想、行为
管理特性	非理性	纯理性	非理性与理性相结合	理性
HR 管理模式	雇工管理	劳动人事管理	人力资源管理	人力资源管理
导 向	成本降低导向	效率提升导向	人力资本升值导向	目标导向

---

① 张德:《人力资源开发与管理》,清华大学出版社 2019 年版,第 12 页。

2. 参与者行为研究的基础

项目任务的一次性特征,给参与者心理调适带来了困难,这不仅增加了规范其行为的难度,也给其行为研究带来了挑战。首先,在项目实践中,社会文化的时代性导致不同年龄段的参与者其行为方式差异明显。其次,项目实施过程的时空差异对参与者行为的影响,涉及参与者的习性、适应能力和潜能发挥等方面。再次,参与者行为随着项目管理场域的变迁而变化,已有的研究成果未必适合新的情况。以上问题亟待深入研究。因此,分析参与者行为,应从项目实施场域出发,而不能机械地套用心理学、行为学研究的相关结论。

项目管理是在管理层、执行层和作业层各类参与者的互动中实现的。对项目管理研究而言,最为重要的是分析各个层面参与者的习性,注重其行为方式的规范约束。个体参与者的习性,取决于其阅历和经验。特别是对待作业层的参与者,与其说是一种"石头"性质的个体性,不如说是一种"火焰"性质的个体性。这是维纳在讨论对生命体进行控制时的一种认知,对项目管理亦极其适用。[①] 我们在第六章中关于项目控制创造理性神话、项目协调缔造潜能奇迹的论述中,涉及项目管理最迷人的远景——对人员行为的管理。在人类组织有目的的行动中,群体通常不会"兴风作浪",而个体参与者行为的偏差,既不能简单地用自然科学的动力学规律来解释,也不能完全用社会科学的统计学规律来描述。因此,项目管理研究必须在更宽广的视角下,深刻剖析参与者群体的本性及其行为规律,以实现规范参与者行为的目的。

在项目实施过程中,人是事务的主宰。项目管理在实施场域中展开,而项目参与者心照不宣的"所处感",及其习性惯性的表现、规范行为的形成,则须植根于管理场域的规约之中。也就是说,只有将参与者的群体行为视为项目管理研究的核心内容,才能凸显理论研究的重心。布迪厄的场域论框架意指:"一个临时性的结构,它既塑造经验性工作,也被经验性工作所塑造。"[②] 项目组织及其参与者正是在习性与场域的相互作用中"塑造和被塑造"。项目参与者的形塑、行为规范的培养,都是在项目管理场域的结构化过程中完成的。项目管理的方法体系不仅是科学与艺术相结合的产物,更彰显着一种理性与人文并重的精神关怀。这种深具文化内涵的精神力量能够极大地激励参与者,使其将创新思维和精神意志专注地运用到项目实施的各项工作中,从而高效地完成项目工作。

3. 参与者行为研究的瓶颈

当前,参与者行为研究已成为项目管理研究的一个新分支。在研究内容上,早期的研究者主要聚焦在人员与组织的互动关系、人员与控制系统的相互作用等方面。近年来,研究者虽然开始关注个体参与者的背景与阅历、心理与行为特征以及个体与团队的相互作用

---

① N. 维纳:《人有人的用处》,陈步译,商务印书馆 1978 年版(2014.9 重印),第 85 页。

② 迈克尔·格伦菲尔:《布迪厄:关键概念》,林云柯译,重庆大学出版社 2018 年版,第 78 页。

等方面，但由于在研究方法上偏重于传统组织行为学的方法，而与相关学科的交叉融合研究还不够充分。在这方面，我们尤其要关注布迪厄关于习性分析的方法，即项目参与者的行为分析应采用这样一个三段叙事：参与者行为这个概念是如何被理解和使用的，又是如何被误读与误解的，在其他的经验研究中的情况又是如何被低估或忽视的。

应该看到，从上述三段叙事出发，目前国内对项目参与者行为的研究，其研究成果的多样性还远远不够，主要存在三个方面的瓶颈：一是研究主题较为狭窄。针对参与者行为的研究涉及多个学科，需要从不同的角度进行多维主题的探索。不同学科领域对项目参与者行为研究的视角和方法具有不可替代的作用。探索参与者行为的新概念和新理论，需要相关领域的学者协同合作，深度融合，共同研究。二是研究视角较为单一。研究者主要关注项目参与者行为的消极影响，较少探索其积极价值。研究者应从客观视角，全方位探索项目参与者行为的两面性。三是研究成果较为滞后。项目种类丰富多彩，项目实践突飞猛进，而项目参与者行为的研究成果对实践应用的指导则远远不够。因此，项目管理研究要尽可能从复杂的项目实施活动中提取一些具有代表性的要素和变量，并探讨它们对参与者行为的影响。

4．参与者行为研究的方式

研究项目参与者行为的目的，在于规范参与者行为动机和方式，这涉及对参与者个体或群体行为意图的揭示。根据观照项目实施管理活动的不同视角，可以将参与者行为研究的方式分为以下三种类型：

（1）源于项目活动的研究。这一方式将项目目标确立、实施过程、管理活动等看作影响人心理特征的因素，从传统心理学、组织行为学等视角考察参与者对项目活动的认知与情感效应，以此分析项目实施与管理过程对参与者行为所产生的影响。在这种情况下，项目组织及其参与者产生行为的动因，会对其认知功能、情感反应和行为方式等产生全方位影响。同时，项目管理模式及其管理场域作为一种人为营造的行为环境，从人际关系到具体作业过程，再到集体协作方式，都不断地影响着参与者的行为方式。在项目管理场域中，对项目参与者自身价值观念和行为方式的判断，具有较大的确定性，原因在于项目组织的特性、项目实施的环境氛围和团队作业的群体效应等，都会对个体参与者的行为产生形塑功能。源于项目活动的研究正是要探讨项目管理如何影响人员行为，从而为实现项目既定目标和参与者的个人抱负创造良好条件。

（2）基于项目实施场域的研究。这一方式将项目实施场域作为研究平台，以项目实施过程中人员的心理特征为重点，运用数据分析技术开展对参与者行为的研究。也就是说，这种研究方式是将执行项目任务的过程和参与者的行为方式视作客体和对象，在项目实施场域中观察、记录、分析参与者个体和群体的各种行为。这种研究方法有助于发现项目参与者行为特征的新属性。观察项目实施场域所具有的区域社会空间，能有效关注所有参与者习性的塑造和作用的发挥，为研究项目参与者行为特征提供了有利条件。

（3）融于项目管理场域的研究。这一方式将项目实施过程看作一个能够寄托和展示项目成员心理活动的独立社会空间，进而探讨项目管理场域中个体和群体行为的特征和规律，其研究对象包括项目组织中的人际关系以及体现参与者自我表现特性的"项目人格"等。项目实施的差异性和扩张性并存，所引起的项目时空扩展和压缩效应改变着参与者的时空体验及心理状态。项目管理场域的生成，使参与者在项目空间中表现出特定的行为方式，可以积累全新的心理体验和互动形态，有利于提振项目参与者的职业精神，使其达到一种崇高的思想境界。融于项目管理场域的研究，就是要描述并探索项目活动空间中这些新的行为规律，从而为建构更符合项目实践需求的管理模式和管理体系提供支撑。

运用以上三种研究方式，我们可以从不同的视角揭示参与者在项目实施场域中行为的规律。在具体研究中，可以采用某一种研究方式，也可在一项研究工作中同时选取不同类型的样本进行分析。总之，通过上述分析框架，研究者可以深入探讨参与者行为在项目实施中的不同属性和特征。

5. 参与者行为研究的趋势

项目参与者行为的规范问题，是项目管理研究中一项重要而长期的任务。目前，项目管理方法和技术发展迅速，但对项目参与者行为的研究却相对滞后。信息是管理者的工具，项目参与者行为规范中最难以掌控的因素和最难具体衡量的"信息"，就是参与者的性情和习性。"物是实在，而人是能在"。尽管项目参与者是社会的产物，但他们绝不是被动的存在，对其行为的分析绝不能离开项目实施场域而抽象地进行。因此，学者们应从充分发挥人的能动作用与持续推进项目实施活动相统一的高度，进一步深入探讨项目参与者行为规范的基本方式。

"性相近，习相远"，习性决定了人们的行为惯性。项目管理研究必须依据项目实施场域的特性来解释参与者的习性、行为和行动效果。在项目实施场域内，项目发起者及其建立的项目组织，以及项目实施方及相关参与者，已然形成了管理层和作业层两大群体，这就需要相应的群体精神。在项目管理场域中，通过项目高层领导和项目组织的努力，使参与者的群体习性在项目实践中逐渐凝聚成相应的群体精神，进而在场域结构中获得一种相对自治的存在性。这样，个体参与者的习性就能有效转化为项目组织规范要求的行为方式，这些正是项目参与者行为研究的着力点。

项目实施与管理必须同参与者的价值追求联系在一起。项目管理方法体系和规则体系所形成的对参与者行为的管理原则，既非理想主义的空谈，也非功利化的强制性约束，而是既要着眼于对项目实施过程的有效管控，又要体现出对参与者的人文关怀。项目管理严格的规范性要求体现在方法体系之中，而人本管理的原则则始终体现在项目文化及规则体系对参与者行为的规范管理之中，其核心在于目标导引下的习性塑造。虽然理想的项目实施过程如流水线一般通畅，但是，项目管理绝非事本主义，而应强调人本理念，注重调动参与者的能动性和创造性。只有克服片面强调事务管理的倾向，项目参与者行为分析才能具备创新的研发思维，这是项目管理研究未来的发展方向。

四、项目管理研究的深化拓展

当前，项目管理仍是一个新兴的多领域交叉学科，仅关注其自身的理论成果，难以构建完善的理论体系。项目管理研究只有充分依赖不同行业的管理专家和技术专家，在理论探索与实践应用的互动中广泛合作，共同行动，大力增强和整合学术研发力量，才能取得突破性成果。

1. 理论研究力量的整合

现代项目管理模式的快速发展，是一个知识不断积累和创造的过程。项目管理理论的创新发展，重在发现与创造新的理论知识，旨在提出一种更为有效的项目管理知识的整合方式。目前，国内从事项目管理研究的人员大体可分为两类：一类是高校、研究院所的学者，另一类是从事项目实践的管理者和相关技术专家。其中，前者是管理学、项目管理或相关交叉学科的研究者，后者以工程管理人员、研发部门的专业技术人员居多。此外，一些组织中具有丰富管理经验的人员对项目管理兴趣浓厚，也是项目管理研究队伍中的有生力量。但从总体来看，国内项目管理研究者群体数量依然偏少，相互之间也缺乏充分的交流与合作。

项目管理学科自创立之初，就具有与其他学科互补共生的特质。项目管理研究应克服当前存在的多学科融合不深入、多行业合作不紧密、综合性理论成果建树不丰富等状况。项目管理根植于管理学的土壤中，一般管理为其"地基"，因而深化项目管理理论研究，应以管理学博大精深的理论成果为基础，广泛借鉴其他相关学科的研究成果，以有力支撑项目管理学科的发展。从事项目管理研究的学者应加强互动交流，在系统深入研究项目管理学科内涵和要素的基础上，广邀经济学、组织学、行为学等各方面的专家学者共同参与，开展多学科之间的广泛合作。同时，应积极开展跨行业的合作研究，打破行业壁垒，广泛吸纳各个行业的工程技术人员，促进各类项目实践者协同攻坚，如此定会产生思想共鸣。只有通过各方面共同努力，项目管理研究的成果才能更加系统严谨、丰满坚实，进而才能准确表达项目管理的实践理论并深化其基本理论。

2. 理论研究内涵的融合

当前，项目管理学科的发展已呈现出多元化和综合性特征。各相关学科的交叉融合不仅为项目管理研究提供了理论支撑，也丰富和发展了项目管理的方法和技术。其一，管理学、组织学和行为学等学科的发展，为项目管理提供了坚实的理论基础；其二，系统工程、运筹学等为项目管理提供了丰富的理论资源；其三，企业管理、工程管理、信息技术以及各个行业专业技术的快速发展，为项目管理提供了可靠的技术支撑；其四，经济社会快速发展，产业结构调整、生产方式革新等各项活动的开展，为项目管理模式的广泛运用提供了广阔的实践平台。

当前，我国已成功地对重大工程项目实行了规范的全过程管理，从施工组织管理模式向现代项目管理模式的过渡正平稳推进，众多工程项目普遍实现了预定目标。这一成果的取得，离不开众多工程管理专家的积极努力与探索。如今，项目管理模式已不再停留于工程管理概念上，正以前所未有的速度开疆拓土，其应用范围已延伸至经济社会发展的各个领域。例如，三峡工程不仅包括水利与发电工程等主体设施的建设，还包括了移民搬迁、文物保护以及环境治理等配套项目，是极为复杂的社会治理工程；港珠澳大桥连接香港、珠海、澳门，跨海、跨区域，项目实施涉及经济、政治、文化等诸多方面；"一带一路"倡议衍生出众多的跨国项目，对世界经济、政治及文化的发展产生了极为深远的影响。

项目管理的方法和技术，是人类自古以来所积累的各种认知、经验和知识等融通共生的结果。在推动项目管理学科发展的诸多因素中，有三个力量最为重要：一是科学技术的迅猛发展，人类知识以几何级指数增长，项目管理知识随之日益丰富；二是市场需求千变万化，市场竞争进一步加剧，使项目管理模式的应用范围不断扩展；三是规模巨大、技术复杂项目的不断实施，对项目管理方法和技术提出了挑战。这三大力量在我国改革开放以来的项目实践中表现得淋漓尽致。因此，我们应重新审视项目管理模式的基本特征、功能作用和运行规律，重新认识项目实施活动与经济、文化和技术的关系，不断深化并拓展项目管理研究的内涵与外延。

3. 理论研究深广度的拓展

回顾历史，从 20 世纪 60 年代起，国内项目管理研究开始突破原来那种孤立、静止和片面的研究方法，系统工程理论在工程项目实践中的应用渐趋广泛。20 世纪 80 年代以后，许多学者踊跃加入到工程项目管理研究的行列，对项目实施过程管理中各项管理要素及其相互联系进行了深刻分析，将工程项目管理模式逐渐从技术层面提升到方法论的高度。近年来，越来越多的项目管理专家又开始运用系统论的思想，深入研究各类项目实施过程的组织管理、任务优化及目标控制等问题，提出了许多理论模型，使我国项目管理模式在扩大应用范围的同时，逐步迈入科学化、系统化、规范化的轨道。

目前，以科学化、系统化、信息化、集成化、规范化等为特征的管理理念、方法和技术，在我国工程项目管理领域得到广泛应用，取得了显著成效，使诸多超大型的重大工程项目顺利完成。在适应大型复杂项目的综合管理、整体优化和规范管理等方面，我国积累了丰富的经验。对项目管理理论研究深广度的拓展，必将成为今后项目管理研究的关键。如今，项目管理的知识和技能具有全球互通性，项目管理人才的流动已经实现国际化，精英式项目团队遍布世界各地，国际合作项目日益增多。这一切必然要求进一步深化拓展项目管理研究的主题。由此,未来的项目管理研究,将主要集中于三个方面:一是在项目管理知识体系的导引下,探讨如何完善各类项目的管理方式,强化方法、技术应用于项目实践的效果;二是加大项目管理实践理论化、理论实践化研究的力度,增强理论指导项目实践的效果;三是紧跟时代步伐,对一些新方法和新技术,诸如项目集成化管理技术、风险管理技术、可视化管理技术以及过程控制技术等进行深入开发,以进一步提升项目实践效果。

五、项目管理理论的创新发展

构建科学的项目管理理论体系,为项目实施过程管理提供指导,是项目管理研究者的神圣使命。项目管理理论创新的核心是管理思想和理念的创新,其标志是取得有突破性的原创性成果。项目管理研究唯有高度关注经济社会发展的最新动态,密切追踪项目管理的实践前沿,才能具有理论意义和现实意义。

1.理论创新的意义

人类的管理技能之所以能够代代赓续并不断发展,归根结底在于人们对管理知识的持续创新。百年前,世人还徘徊在科学管理的大门外,如今,从科学管理到项目管理,人们见证了知识创新、管理创新所铸就的一个个奇迹。科学管理属于 20 世纪,而 21 世纪将是项目管理的时代。项目管理的理论创新,应主要关注以下四个方面:

(1)彰显时代特性。时代在前进,项目管理的理念、方法和技术也应随之创新发展。人们对项目管理在各个历史阶段的认知,不是主观臆想,而是对各类项目实践经验的总结。经济社会的持续发展对项目管理的创新发展提出了新要求,项目实践永不停歇,对项目管理规律的认识以及理论创新也永无止境。项目管理理论的创新发展应紧扣时代脉搏,抓住当前项目实践中的突出问题,以实践理论为基础,发现新问题,提出新见解,深化项目管理基本理论,开辟理论创新的新天地。

(2)体现普适原则。迄今为止,项目管理已积累了丰富的知识,其方法体系和技术体系渐趋完善。对于项目管理过程中出现的各种实际问题,有些知难行易,如研发类、活动类项目;有些则知易行难,如工程类、制造类项目。为此,项目管理理论创新应综合考虑各种因素,抛开个别现象和事物的具体形式,寻求普适性管理原则。尽管项目管理的对象是具体的,但是其基本理论却要超越具体事物的局限,深刻揭示项目管理方法论,充分反映项目管理科学性、系统性和规范性特征,以体现普适性原则。

(3)回应现实问题。项目管理的理论创新如果不能体现其研究内涵的明确性、原创性和致用性,就难以解决项目管理的现实问题。因此,有效整合与运用项目管理知识就显得尤为重要。当前,我们处在知识经济时代,"知识爆炸""知识冲击"等已深刻地影响着项目管理知识的整合。项目管理理论创新,应有效聚合相关学科的成果以及项目实践中已产生的"碎片化"的经验知识,以期产生结构化的新知识,从而全面解决项目实践中出现的新问题。

（4）拓展研究主题。当前，传统工程类项目的管理模式已较为成熟，对于其理论研究，还应充分考虑项目建设的施工方法与技术工艺、实施过程与环境条件等各种因素对管理方法与技术的影响，重点是强化管理技术的系统创新。制造类项目正以企业项目化管理为突破口，进入到了全新的探索阶段。活动类、研发类项目，其独特性和不确定性更强，重点则是管理方法的创新。至于农业开发、工业企业建设及开发区建设等产业类项目，其管理理论发展尚处在探索阶段，重点是凝练选题，确定可以突破的研究方向。

2．理论创新的动力

项目管理理论的创新发展往往出现在交叉领域。广泛的行业领域、丰富多彩的项目实践，不仅拓宽了项目管理理论研究的视野，也从各个方面促进了项目管理理论的创新发展。当前，项目管理正逐步形成自身的理论体系，其目的不仅要解释项目管理的现实问题，更要深刻揭示项目管理基本规律，开辟理论创新的广阔空间。理论体系旨在阐明项目管理的机理，而将其应用于项目实践，则需要进一步明晰管理运行的机制。只有这样，项目管理研究才能由表及里，抽丝剥茧，触及本质，进而实现理论自身的创新发展。

项目管理研究要实现理论创新，需要理论探索与实践创新的共同驱动。例如，当今我国工程项目的管理模式，既与原来的施工组织管理模式一脉相承又与时俱进，其本质就是在实践中孕育的"本土概念与本土模式"。工程界专家参与理论研究的最大优势在于他们能设身处地审视研究对象，并结合项目管理场域，准确地理解和把握管理层和作业层人员的行为习性。近年来，国内各行各业的管理专家和技术人员在众多项目实施过程中积累了丰富的管理经验，发表了大量高水平论著。但总体来看，理论研究中对实践经验挖掘的力度仍远远不够，实践创造成就巨大而理论研究成果不足的矛盾依然存在。因此，理论研究要善于总结国内项目实践创新的经验，将其上升为系统化的理论成果，以形成能够广泛应用于各类项目的管理模式与管理体系，这是项目管理理论创新发展的动力源泉。

3．理论创新的路径

对项目管理研究而言，其理论体系的建立既要体现基本理论的本质，又要反映实践理论的内涵，这就是理论创新的基本路径。管理创新是一种引导人们适应管理变革的艺术。一方面，经济社会的快速发展使人们提升项目管理效率和效果的愿望与日俱增，对实践新方法、新技术的需求更为迫切。另一方面，近几十年来，国内项目实践积累了大量的先进经验，亟待转化为新的理论成果。就项目管理学科来说，理论体系的建设正在进行，寻求新路径，构筑项目管理的理论大厦是时代发展的迫切需要。

项目实施的一次性特点，决定了项目管理实践过程的创新性特征。在理论与实践的互动中推进学术研究，是项目管理理论创新的必由之路。在当前的项目管理研究中，对实践理论的研究比较活跃，呈现出热点多、命题广，新概念层出不穷的繁荣景象；对基础理论的研究，即对管理学理论如何更好地支撑项目管理理论体系建立的研究，还不够深入，研究成果不足；而在基本理论研究方面，其研发的程度则介于前两者之间，系统化、创见性的高质量成果依然较少。由此造成了当前基本理论研究与实践理论研究力度的失衡，影响了项目管理理论的创新发展。解决这一问题的路径，主要有三条：一是运用已有的经验知识，对其在理性层面做出新解读，建构新知识；二是深入观察重大项目的实践探索过程，不断发现、获取新的经验知识，丰富实践理论；三是借鉴相关学科的理论成果，加大对基础理论和基本理论研究的力度。总之，积极推动理论研究与实践创新相互促进，充实完善基本理论，运用系统理论成果阐释并指导项目实践，是一项十分紧迫且大有可为的系统工程。

4. 理论创新的趋势

毋庸讳言，现代项目管理的理论、方法和技术，最初大多建立在西方国家项目实践的基础上，项目管理学界的领军人物也多是欧美学者，基于国内项目实践的中国项目管理理论体系和话语体系还没有完全建立起来。话语体系的背后是管理思想和理念，是管理之道的体现。构建理论体系和话语体系，需要独立思考、勇于探索。因此，我们要从思想格局、管理模式的高度出发，探索新的管理理念，以冲破僵化封闭管理思维和管理方式的桎梏，拓展理论研究的新路径，在方法和技术上实现项目管理理论的创新发展。

当今，项目实践日新月异，为理论研究创新提供了广阔的舞台。实际上，项目管理理论创新并非理论自身逻辑推演的结果，而是理论建构与实践创新的交相辉映。目前，项目管理实践活动已开始延伸到众多非项目驱动的领域，实践认知、实践理念促进理论创新正当其时。不断变化、具有内在否定性的项目管理实践创造，既是形成科学理论的基础，也是理论创新发展的源泉。推动项目管理模式的全面发展，不仅需要确立正确的管理理念，更需要不断完善理论体系，逐步提升项目实践的科学化、系统化和规范化水平，这正是理论创新发展的题中之意。项目管理理论体系的形成，有赖于广大学者从相近的研究立场出发，广泛运用各种研究手段，共同剖析研究对象。在这个过程中，研究视角和方法应是多元化的。这种兼具同构性和多元化特征的研究过程，是项目管理知识、理论、方法和技术不断创新的过程。"实践是检验真理的唯一标准"，这种检验往往不是一次性的，而是多次反复的，具有鲜明的理论实践化特征。这个过程也是反复修正谬误、完善理论的动态过程。为此，项目管理理论创新必须融入项目实践，进而发掘知识、充实理论、完善方法，这些工作本身就是在实践理论基础上的创新。

第四节　项目管理的科学性与艺术性

科兹纳指出："项目管理是一种创造憧憬的艺术，任何产出都是一系列预先深思熟虑的行动的结果。"[①] 项目管理是科学和艺术的有机融合,在诸如领导风格与指挥方式、项目控制与协调技术、沟通与协商的技巧,以及项目文化建设等方面,都体现了项目管理科学性和艺术性的统一。目前,人们在积极推动项目管理科学化的同时,也正以极大的兴趣关注着项目管理的艺术性问题。

一、项目管理的科学性

在过去的一百多年中,管理学发展的最大成就,便是人们普遍认可了管理工作作为人类基本活动的独特性,并使管理学步入了科学殿堂。各类项目的实施都具有一定的客观性,其过程管理亦有规律可循,这是项目管理科学性的基础。在长期的项目实践中,人们通过对项目管理成功经验与失败教训的总结,从中提炼出反映客观规律的管理理论,并以此指导项目管理实践,从而使项目管理的理念、方法和技术在实践运用中不断走向科学化。

1. 管理科学性的含义

现实中,人们对科学的认识并不十分准确全面。有人认为,所谓"科学",应是能够用数理逻辑推演,或是可重复、可验证的系统化的理论知识和科学原理。从这一认识角度出发,许多人认为管理学等社会科学缺乏科学性,并非真正意义上的科学。这种将科学概念仅局限于自然科学的观点,无疑是一种狭隘与片面的理解。实质上,科学是对事物发展规律的正确反映,不管这个规律是自然规律还是社会发展规律。从这一角度讲,管理的科学性就是指人们抽象出管理过程的客观规律,并将其运用于管理实践之中;而广义的管理科学是对适应社会生产力、生产关系的一切管理理论、方法和手段的科学总结和概括,是通过广泛应用各种科学法则实现管理目标的科学方法论。

孔茨说:"医生如果不掌握科学,几乎跟巫医一样。高级管理人员如果不具备科学管理知识,也只能碰运气、凭直觉,或者按老经验办事。"[②] 从更为通俗的角度来理解,管理科学化的过程,是管理学形成、发展以及有效指导管理实践的过程。管理学作为一门研究社会运行管理规律的科学,属于社会科学的范畴。管理的科学性具有三个层面的内涵:第一个层面是注重管理实践的科学化,目的在于提高管理活动的效率,即通过提高科学管理知识的应用能力,有效解决管理实际问题,这是一个以科学理性替代直觉经验的过程。第二个层面是以科学的态度认识和分析管理问题,以科学的方法论指导理论研究,探索管理活动的本质规律,这是一个不断创新管理科学知识的过程。第三个层面是管理学科本身的科学发展问题,通过有效的知识积累使管理知识得以系统化、结构化,明确管理学科自身的

---

① 哈罗德·科兹纳:《项目管理——计划、进度和控制的系统方法》,杨爱华等译,电子工业出版社2014年版,第4页。

② 颜明健:《管理学原理》,厦门大学出版社2014年版,第18页。

科学属性，推进其创新发展，这是一个使管理学成长为一门真正意义上的科学的过程。

2.项目管理科学性的内涵

一般来说，一门学科只要同时坚持以下两个原则，就可称之为科学：第一，从可控的实验或实践应用中获得各种机理，或以逻辑思维方式得出某种原则、定理以及规律，并以此解释自然现象和社会现象；第二，以实验数据、观察结果、基本事实、历史记录等为基础进行研究，进而形成具有规律性、体系化的理论成果。不可否认，项目管理在其发展过程中无疑也遵循了这两个原则：首先，人们在项目实践中不断探索和发现项目管理的规律性问题；其次，通过对这些客观规律的运用，不断增强项目实施过程管理的规范化程度。这样，项目管理模式便逐步具有了科学内核。这就是说，从学科属性来看，项目管理一贯坚持以客观性作为其发展起点；就实践属性而言，项目管理模式和管理体系等均来自项目实践并经受了实践检验；以理论属性而论，项目管理具有明确的研究对象和研究内容。以上这些都意味着，项目管理能最大限度地排除管理者主观因素的影响，做到以事实为依据，追求客观真理，突出事实要素，回答"应然"问题，而非仅回答"实然"问题。

从项目管理模式形成的过程来看，理论成果的可检验性、逻辑的一致性、知识的可积累性以及方法的通约性等四个方面，都是项目管理科学性的基本内涵。长期以来，项目管理研究建立在对项目实践的直接观测分析基础之上，通过逻辑推理得出的结论也得到了实践的检验和证实，这就是成果的可检验性。有关项目管理理念、方法和技术的陈述，内容层次上不存在逻辑矛盾，这便是逻辑的一致性。通过不断完善知识体系，项目管理逐渐形成了较为完整的理论体系，使得各种科学知识得以继承、演绎和"自给自足"，这便是知识的可积累性。项目管理模式通过知识体系，以最简明的方式表达了其方法体系，形成了科学的方法论，达到了方法通约性的目的。时至今日，项目管理知识体系经受了各类项目实践的检验，解决了项目管理基本理论的客观性问题，表达了项目管理的思想格局、管理模式和管理理念，展现了项目管理理论、方法和技术，充分体现了这四个方面的特点。

3.项目管理科学性的体现

项目管理的科学性不但表现在科学的管理思维和管理理念之中，更体现在其发展过程中逐步形成的理论体系、方法体系、技术体系和规则体系之中。正是由于项目管理具备了科学的管理理念、方法和技术，才使项目实施过程管理步入了系统化、规范化轨道。

（1）科学的管理思维和管理理念。从远古时代到工业化革命以前，人类社会的发展长期处于自然和松散的状态。在早期的项目管理活动中，人们的时间观念淡薄，成本管理意识和质量管理观念不强。20世纪中期以来，随着项目管理实践活动的进一步深化，人们开始总结项目实施成功的基本经验，探索项目管理的内在规律，逐步形成了科学的管理思维和管理理念，并通过不断地深化项目管理的时间和质量观念、成本和效率意识，逐步推进了项目管理的科学化进程。

（2）科学的理论体系和规则体系。项目管理科学性的本质，是人们不断积累并总结项目管理的方式方法，以达到对规律性问题的精准把握，形成科学的管理理论。项目管理的科学化，就是把项目实施过程管理中规律性的问题提炼出来，在此基础上建立规范的管理程序、流程和步骤，从而将项目人员的行为塑造为在科学管理理论指导下的规范行为。项目管理模式是一种严格的程序化管理方式，而程序性是管理科学化的一个重要特征。项目管理的程序性，既体现在管理模式和管理系统之中，又体现在规则体系之中。

（3）科学的方法体系和技术体系。项目管理由传统走向现代，是一个由经验管理走向科学管理的过程。时至今日，人们通过总结大量项目实践的成功经验和失败教训，归纳出相关的基本原则、方法和技术，并通过建立项目管理知识体系，形成了科学的方法体系和技术体系，这对推进项目管理的科学化意义重大。项目管理是一门应用性很强的学科，其基本原则和管理理念只有转化为科学的管理方法与技术才能发挥作用。如今，项目管理已逐步成为一门科学化程度较高的分支学科，其方法体系和技术体系所蕴含的管理方法、技术和工具日益丰富，能够转换成具体的管理技能，并被广泛应用于项目实践。

二、项目管理的艺术性

早在1900年，法约尔就已指出："涵盖了大量应用知识及丰富个人素质的管理学，实际上是一种塑造人的艺术。"[①]不难看出，法约尔的观点是极其深刻的。管理学成熟的一个重要标志，是其在向科学化进军的同时，始终不忘管理的艺术性特质。作为管理学的重要分支学科，项目管理在呈现出科学性特征的同时，也具有显著的艺术性特性。

1. 管理学的"弱科学性"

不可否认，尽管当今管理学取得了巨大的发展，但其科学性仍不断地遭到质疑。一个两难境地是，管理学科学化的发展，易导致理论与实践相脱节，而采用自然科学定量分析的方法对管理实践的实际贡献似乎并不显著。因此，从某种意义上讲，管理学是一门"弱科学性"学科：一方面，人们无法完全遵从管理理性逻辑，也难以把握其具体应用的灵活度；另一方面，由于会出现带有极强目的性的组织参与者，其行为方式很难完全一致。也就是说，管理过程面对的既有"应然"问题，又有"实然"问题，这就很难保证具体管理过程的绝对客观性。事实上，价值要素与事实要素共同决定着管理者的决策行为，两种要素常常混合在一起，在管理实践中是很难将它们截然分开的，甚至在实现组织终极目标的每个环节中也是如此。因此，对管理决策的结论无法完全通过科学方法进行评价。

另外，管理学研究仅在有限范围内应用数理分析方法，大多数管理原则和方法并不是、

---

① 亨利·法约尔：《工业管理与一般管理》，迟力耕，张璇译，机械工业出版社2007年版，第117页。

也不可能完全通过逻辑推理演绎而来。因此,尽管有实验管理学分支学科的存在,但相对而言,实验方法对管理学知识和理论的贡献还是十分有限的。同时,在管理学研究过程中,虽然泰勒的金属切割试验和梅奥的霍桑试验等都是成功的研究范例,但诸如此类的实验方法远不及思辨研究方法和案例研究方法的应用更为普遍,从而使管理学更多地以"软科学"的面貌呈现。

2. 项目管理艺术性的内涵

基于管理学的"弱科学性",项目管理工作的开展,特别是各项管理职能的运用,要突出其艺术性特点。对管理者而言,常常需要在客观规律的指导下,积极发挥自身的主观能动性,机动灵活地开展管理工作。特别是要针对项目实施场域的具体情况,既要遵循规律、按章程办事,又要灵活运用项目管理方法体系。这种管理的灵活性直接反映了项目管理的艺术性。重视项目管理的艺术性,能够有效应对项目实施过程中的变化。特别是要应对各种冲突事件或不确定性因素,必须运用创新思维进行灵活应变。这些方面都存在于管理技能的熟练应用之中。事实上,项目管理的艺术性既不能用数学演算、逻辑推理和实验分析来证明,同时也不能被证伪,但其作用却是可感知和体验的。

与一般管理相比,项目管理场域复杂多变,项目实施过程管理的创造性和随机性特征更为突出,因此对管理艺术性的要求更高。项目管理活动不可能都像解决自然科学问题那样,通过数学模拟计算或科学实验去解答。这是因为在项目管理过程中还存在许多未知、模糊的复杂因素,特别是针对人员管理和环境应对等方面,更要依靠管理者的经验、感觉去进行判断。实际上,有些管理技能无法精确度量,甚至无法言传。这些管理技能通常被人们称之为领导艺术,是项目管理理论研究正在开发的处女地。在前面各相关章节中,笔者多次强调:项目管理要走向规范化而非标准化,项目管理知识体系是一个规范化的指南而非标准化的法规。这正是考虑到项目管理艺术性的存在,可为各种管理技能的充分发挥留下足够的施展空间。

3. 项目管理艺术性的体现

由于每个项目的发起时机、行业背景和实施场域各有不同,其实施过程也千差万别,所以基于科学性而建立的管理方法、管理系统不可能解决所有问题,这恰恰给项目管理的艺术性提供了很大的展现空间。具体而言,项目管理的艺术性主要表现在三个方面。其一,应变的机动性。在项目管理过程中,管理者常会遇到各种意想不到的问题,善于应变是对管理者能力的基本要求和重要考验。尤其是当项目实施遇到突发重大风险时,其应变能力往往起着决定性作用。其二,策略的灵活性。项目管理者不仅要严格落实项目实施的战略部署,更要以灵活的战术实施项目。只有各项管理策略运用得当,项目实施才能取得最终成功。其三,协调的巧妙性。项目经理如同"乐队指挥",其任务就是协调各种关系,而协调人际关系则是对管理层能力的最大考验。

需要强调的是，项目管理艺术性在本质上是一种塑造参与者习性的艺术，即通过强化管理手段，矫正参与者的行为方式，使之逐渐适应项目管理模式的要求。项目管理应坚持人本管理理念，充分调动项目参与者的主观能动性。管理的艺术性是管理者管理思维的升华，艺术性特质如同人身体中流动的血液和无形的精神气息，对有效提升管理效能常具有无法替代的特殊作用。如今，现代项目管理模式对管理者领导艺术的要求越来越高，那些等级森严、整齐划一的传统管理方式已经落伍。因此，面对复杂多变的项目管理事务，管理者应更加注重管理的艺术性，灵活运用各种管理方法与技术。

三、项目管理科学性与艺术性的统一

现实中，管理者的管理思维和理念不同，指挥方式和领导风格迥异，其处理项目冲突的方式也不相同。项目管理活动发生在项目实施场域中，而最佳的管理方式往往取决于管理者与被管理者在项目管理场域内博弈的策略。分析并回答这一问题，便产生了项目管理科学性与艺术性相统一的命题。

1. 科学性与艺术性的影响因素

项目管理的科学性体现在项目实施的每一个环节上，但其科学化的程度又会受到管理对象复杂程度以及项目资源和环境的影响。一般而言，抛开管理者的素质和能力等因素，项目管理对象越复杂、项目资源越缺乏、项目实施环境越不确定，项目管理的科学化程度就越低，对管理艺术性的要求就越高。

（1）复杂的管理对象。项目管理的对象不仅包括组织、目标、过程、人员和结果，还包括项目实施资源和信息等诸多方面。这些管理对象相互影响，相互制约。特别是项目人员，既是管理活动的主体，掌控着其他物质资源，又是管理活动的客体，是具有思想和认知能力的智力资源。如果项目实施目标明确，人财物等管理对象之间的关系清晰，那么管理层就应着重采用科学管理方式，反之，则应注重发挥管理艺术性的一面。

（2）有限的项目资源。项目管理的核心问题在于如何有效利用有限的资源，因为无论项目规模大小，其可用的资源都是有限且受约束的。在资源约束下，管理者不仅要做正确的事，而且还要正确地做事。要实现这一点，管理的科学性和艺术性必不可少，但两者的权重会因资源丰裕程度的差异而不同。在现实中，当管理者掌握的资源相对丰裕时，其管理方式会更多地体现出科学性，反之，则更多地体现出艺术性。

（3）内外部环境的制约。项目实施的环境影响因素主要包括经济、政治、文化，以及组织对所实施项目的支持程度等方面。随着科学技术的飞速发展，影响项目实施的各种因素更加复杂，它们相互交织，其变化趋势难以被准确地预测和衡量。项目环境的影响，常会限制科学管理方法的运用。如果项目实施的内外部环境相对稳定，则有利于项目管理者充分运用科学管理的方法；反之，则需要其充分发挥主观能动性，体现出管理的艺术性。

2. 科学性与艺术性的和谐共生

项目管理的科学性与艺术性密不可分，如影随形，但在不同的管理环境中，二者所占的比重也会有所不同。在常规环境中，管理的科学性占主导地位，而在复杂多变的环境中，管理的艺术性则更为重要；在执行项目控制程序和流程中，科学管理是基本遵循，而在协调冲突的过程中，管理的艺术性则唱主角；对作业层实施过程的管理往往需要科学的程序、流程和步骤，而对管理层决策及筹划的管理则需要更多的艺术成分。正因如此，项目管理的科学性与艺术性如同一枚硬币的两面，不能抛开一面而只谈另一面，更不能简单地以一面而否定另一面。

项目管理的科学性追求理性、规范和效率等客观因素，而艺术性则考虑人文、情感、价值等主观因素。科学性和艺术性同等重要，彼此互为前提和基础，二者只是在不同的情境中，所呈现的程度不同而已。项目实施场域需要人去驾驭，项目管理知识体系提供了规范化的指南，从表面上看，严格遵循知识体系是机械刻板的，然而，管理者在具体运用时则应既讲原则又讲策略。考量项目管理的科学性，可达成共识，形成统一的评价标准；而衡量管理的艺术性，则要因人因事而异，没有绝对的优劣之分，因此较难把握。有效的管理应正确处理好两者的关系，在实践运用中将二者相互结合，绝不能厚此薄彼。只有做到科学性与艺术性的有机融合，项目管理才能真正实现科学化、系统化和规范化。

3. 科学性与艺术性的有机结合

完美的项目管理是一种追求，其过程表现为科学理性精神与卓越管理艺术的有机统一。科学性和艺术性在知与行两方面使管理理性臻于完善，二者的关系好比车之两轮、鸟之双翼。科学性体现在系统化与规范化之中，而艺术性更多地体现在能动性和综合性上。虽然项目管理具有强烈的实践理性，但它又是一项极富创造性的管理活动，具有鲜明的艺术性。因此，只有将科学性和艺术性紧密联系起来，项目管理者才能做到既遵循客观规律又不拘泥于成法，从而创造性地解决各种管理问题。

项目管理不仅是一种专业化的科学管理方式，还是一门独特的领导艺术。项目管理的科学性侧重于共性问题，其核心在于展现项目管理的系统性和规范性；而艺术性则侧重于个性化、特例性的问题，其核心在于充分调动并发挥项目人员的特质及其能动性。项目管理理论体系强调科学性，而项目实践则体现出管理的艺术性；管理层的组织管理方式注重领导的艺术性，而作业层的技术操作则强调科学性。相对而言，项目管理的科学性集中体现在理论研究、技术体系和项目控制等方面，关注的重点在于事物及其运行机理；艺术性则主要体现在具体实践运用、方法指导、文化维度和项目协调等方面，关注的重点在于人员及其行为。也就是说，项目管理的理论、技术、规则和控制等方面具有较强的科学性特征，而其实践、方法、文化和协调等方面则具有较强的艺术性特征，如图12-1所示。

图 12-1 项目管理科学性与艺术性的关系

4. 科学性与艺术性的尺度权衡

项目管理者的领导魅力,主要表现在其能敏锐地捕捉项目实施过程中稍纵即逝的机遇,当机立断处理各种突发性事件。然而,项目管理者并不是冒险主义者,他必须合理把握管理科学性与艺术性的尺度,妥善处理好规范管理与大胆指挥之间的关系。虽然项目实施过程管理是运用相对固化的管理模式来完成的,但对项目管理者来说,在工作头绪多、冲突事件频发的情况下,全面系统地开展各项管理活动是顺利推进项目实施过程的根本保障。这不仅要依靠科学、系统、规范的管理方法和技术,更需要管理者运筹帷幄,不断地做出正确的决策,从容应对各种冲突。因此,项目管理者既要认识到管理的科学性,做到过程管理规范有序,又要注重展现管理实践中的艺术性,体现组织管理的领导艺术。

项目管理的科学性与艺术性并不矛盾,二者相互作用、相互影响,关键是要把握好规范要求与实际运用的关系。从本质上讲,将抽象的项目管理模式、管理理念转化为项目管理方法和技术的过程,就是以科学和艺术相结合的方式将科学理论系统地应用到项目实践的过程。项目管理模式的特质就是综合运用项目管理知识体系,科学、系统、全面地遵循并灵活运用好各项知识领域,富有创造性地开展各项管理工作。项目管理的科学性需要其艺术性的活化,缺乏艺术性的科学管理就变成了僵化的教条,难以实现真正意义上的有效管理;项目管理的艺术性是科学性的延伸与升华,离开了科学性,管理艺术就会异化为"跟着感觉走"的经验管理方式,这种简单随性的所谓"艺术性"有百害而无一利。

第五节 我国项目实施管理体系的构建

项目管理理论研究旨在探寻项目实施与管理的基本规律,制定体现这一规律的管理体系。美国主导的项目管理知识体系虽然在一定程度上揭示了项目管理的基本规律，但因其根植于西方管理文化土壤，其管理理论与我国项目实践的背景及管理场域并不能完全契合。当前，我国已进入项目化管理时代，千千万万个项目如雨后春笋般在中华大地上实施，项目实践遍布经济社会发展的各个方面。因此，从本土出发，构建适合我国国情的项目实施管理体系已刻不容缓。

一、项目实施管理体系构建的基本遵循

推动现代项目管理模式扎根于中华大地，不但是众多项目实践者的热切期望，也是理论研究者的重要使命。只有将我国项目实践经验升华为普遍的知识和理论，形成科学、系统、规范的管理体系，才能为真正解决我国项目实施过程管理中的问题提供务实管用的"中国智慧"与"中国方案"。

1. 项目实施管理体系构建的基石

不可否认，美国项目管理知识体系从方法论上为我国构建项目管理体系提供了重要借鉴。但是，由于国情不同、文化相异，构建我国项目实施管理体系并不能直接照搬美国的项目管理模式，而应充分考虑我国管理文化、管理理念和管理实践的独特性，这是构建我国项目实施管理体系的基石。

（1）管理文化。千百年来，以汉字书写、家国一体、民族融合为突出特征的中华文化绵延不绝，其中蕴含着管理文化的自我积累与创新发展。如果仅以近一二百年的理论成果来评判我国管理文化之优劣，那无疑是片面的。绵延几千年的中华文明，积淀了我国管理文化的深厚底蕴，是构建项目实施管理体系的智慧源泉。

（2）管理理念。理念是行动的先导，从本质上看，项目管理活动是一项受思维和理念支配的行动。西方项目管理知识体系和管理模式一度左右着我们的管理思维，但中国特色的项目管理理念是客观存在的，这源于我们悠久的历史文化。我们既要尊重我国优秀传统文化，将其融入项目管理中，又要充分认识东西方管理文化在思维方式、价值取向和人际关系上的差异，在跨文化视角下将二者有机结合，取长补短，建立具有中国特色的项目实施管理体系。

（3）管理实践。我国长期的项目管理实践，积累了诸多的经验和教训，也体现着国人的管理智慧。项目实施管理体系是反映项目管理规律的规范性指南，因此，在其构建过程中，应摆脱认识误区，既不能盲目自大，也不能妄自菲薄；既要借鉴发达国家的先进经验，又要注重对国内项目实践经验的传承。只有这样，才能洞悉国内项目实践的特质，建立符合我国国情的项目实施管理体系。

2. 项目实施管理体系构建的理念

真正意义上的现代项目管理模式，是以完整的管理体系呈现出来的。管理知识虽无国

界，但就项目管理体系的生成而言，学习借鉴是起点，创新发展是坦途。我国项目实施管理体系的构建，应立足国情，以提升管理效能为出发点，以规范项目实施过程管理为核心，遵循科学理念和创新理念的指引。

科学理念是认识项目实施与管理基本规律的前提，潜存于项目管理认知与实践活动之中。科学理念不强，项目管理理论实践化的目的、实践理论化的追求就无法达成，项目实施过程管理科学化、系统化、规范化的目标就难以实现。因此，构建项目实施管理体系必须以树立科学理念为前提，具体包括三重含义：一是应充分反映项目管理理论体系的科学性、方法体系的系统性、技术体系的先进性、规则体系的完整性，以保证管理体系结构形态和功能内涵的完备性；二是应具有明确的针对性，必须根据项目实施与管理的场域特性及过程管理的复杂性，确定科学合理的结构体系，从而使项目管理的理念、方法和技术，能在实践层面体现出项目计划、控制与协调等各项管理职能运用的效果；三是应体现项目管理的原则与规则要求，使过程管理的程序、流程和步骤系统规范。

创新理念是指构建项目实施管理体系应具有系统观念和创造性思维，以充分体现我国项目实践经验和理论研究的新成果。在构建项目实施管理体系时，应注重以下四个方面。一是树立系统观念。项目实施管理体系应反映所有类属项目实施与管理的基本规律，体现各类项目实施过程管理的通用管理模式。二是关注项目实施的创造性过程。项目实施管理体系构建应以方法体系为导向、以技术体系为抓手，从理论实践化、实践理论化的辩证过程中揭示有关项目管理的新概念。三是基于中华民族的血脉，根植于中华文化的土壤。项目实施管理体系除了具有看得见的结构形态和显化的功能内涵之外，还隐含着管理文化的内核。四是必须走独立自主的道路。构建科学、系统、规范的项目实施管理体系，要能够反映项目实施过程管理的全过程，并能主导我国项目管理的格局。为此，必须聚焦国内项目实践，坚持以项目管理方法体系的构建为导向。也就是说，只有从国内项目实践场域中发现新问题、挖掘新素材、提炼新观点，才能凝练出独具特色的中国项目管理理念，这样的管理方法论才具有强大的生命力。

3. 项目实施管理体系构建的原则

项目实施管理体系是一个纲领性的指导体系，其所包含的管理理念、方法和技术应充分体现国内项目管理的实践经验，实现规范管理项目实施过程的基本功能。为此，我国项目实施管理体系的构建，具体应遵循以下四个方面的指导原则：

（1）系统性原则。项目实施管理体系的内容要有内在的规定性，其各种新概念要科学、系统、严谨，具有确切的内涵和外延；其所包含的管理方法和技术要系统规范，并能反映项目实施过程管理的本质。系统性原则与科学理念的要求是一致的，只有这样，才能全面反映项目管理系统运行的要求，实现项目管理科学化、系统化、规范化的追求。

（2）通用性原则。通常，之所以说一般管理的理论没有国界，原因在于它是在各国、各地域之间相互比较与借鉴的前提下，在寻找普遍规律、探寻共同价值的基础上形成的。项目管理的基本原理是通用的，项目实施管理体系的构建，既要反映项目管理的理论特质，又要反映各类项目的实践特点；既要扎根于中国大地，体现我国项目管理的智慧，又要反映国外项目管理的前沿成果，合乎国际管理惯例。

（3）实用性原则。项目实施管理体系应全面反映项目实施过程管理的内涵，要明确项目启动、筹划、执行、监控、结束等过程管理的特征，具有指导项目实践的作用。要做到这一点，项目实施管理体系的构建应基于全面的视角，做到"考量域外，斟酌本土"，注重项目实施管理体系的实用性，体现项目管理的实践理念。

（4）特色性原则。真正有效的管理体系须植根于本土，简单套用西方的概念体系来评判国内项目实践的效果，或用国内的实践经验来验证西方相关概念的"普适性"，都是不可取的。克服和纠正这些错误倾向，关键是要形成我国自身的项目管理话语体系。构建项目实施管理体系，既要借鉴西方项目管理研究成果，又要立足于国内项目实践经验，只有将二者有机结合，才能建立符合我国国情的项目管理体系。

4．项目实施管理体系构建的理论导向

对项目实施场域的管理，既有其内在的客观规律，也有现实的影响因素。项目实施管理体系关乎我国项目管理基本格局的形成，其构建的过程既是总结历史经验、寻求理论实践化的过程，也是推进项目实践理论化的过程。因此，构建项目实施管理体系，要走理论与实践并重的道路，使其既具有理论高度，又具备实用价值；既能客观地反映实践经验，又能与时俱进，运用最新的理论成果，以达到项目管理实践理论化的目的。唯有如此，才能充分聚合项目管理模式所蕴含的方法、技术及规则的力量。否则，如果与项目实践相脱节，那么所构建的项目实施管理体系的实用性必然会大打折扣。

项目实施管理体系功能是否完备，决定着项目实施场域能否顺畅平稳推进。建立具有科学性、实操性的项目实施管理体系，既是过程管理的核心，更是管理方法和技术的集中体现。项目实施管理体系追求的是项目实施与管理的通则，而实现这一目标，需要从各行各业长远发展的高度来看待其构建的理论导向。特别是面对快速发展的信息化社会，需要把握项目管理未来的发展趋势，并将其置于管理学、经济学、行为学等多学科的背景中去考量其理论依据，而不应将之局限于某个具体行业或某类项目实践经验之中。因此，只有坚持管理体系理论建构的正确理论导向，才能形成通用的项目实施管理指南，为项目管理模式的实践应用提供基本遵循。

二、项目实施管理体系构建的关键问题

项目实施管理体系的构建涉及确定其目标任务、核心内容，以及生成新概念、确立结构与层次等多个方面。因此，构建项目实施管理体系，应充分挖掘已有的实践经验和理论

成果,深刻剖析国际、国内相关标准及有关法规,对相关管理领域及管理要素的表述,应清晰而无歧义,整体结构的设计要完整且层次分明,符合国人管理思维的特点。

1. 项目实施管理体系构建的基本任务

项目实施管理体系构建的基本任务在于规范项目实施的过程管理,形成科学、系统、规范的管理之道。道生而体成,明晰了项目管理之道,就明确了主体,就可进一步完善项目管理模式。时至今日,我国项目管理已处于新的发展起点上,项目实施管理体系的构建,应在充分认识项目实施与管理基本规律的基础上,紧密契合国情,真正反映国内项目管理实践所积累的宝贵经验。若无视国内实际,不加分析地盲目模仿,就不能形成属于我们自己的项目实施管理体系,也不可能实现真正意义上的贯通中西。

项目管理的学科体系主要承担着概念生成、知识创新、理论建构等任务。理论体系是学科体系的基本架构,离开理论体系,学科体系将流于散乱。话语体系是理论体系的呈现和表达,没有理论体系作为内涵,话语体系将会徒具形骸、毫无生气。在学科体系、理论体系、话语体系三者之间,理论体系是核心,对于构建项目实施管理体系至关重要。为此,构建项目实施管理体系必须运用系统思维,全面考虑过程管理中的关键要素,使管理体系与项目实施过程相吻合。这种吻合既包括与项目实施场域相符的一面,也包括与项目管理场域相融的一面,体现为项目实施与管理的有机统一。这样,我们就可以撇开"复杂"或"简单"这一分析问题的常规思路,以系统思维来构建项目实施管理体系。

需要强调的是,项目前期论证和项目实施是两个具有必然联系但管理方式截然不同的阶段。依据第三章项目全生命周期阶段的分析,前期论证虽然十分重要,但项目管理的基本问题是针对第二阶段,即实施阶段的管理。对项目前期论证的管理,可以专门制定这方面的管理规范。基于此,笔者认为,项目管理体系的核心是项目实施管理体系。在这个意义上,本书构建的针对我国项目实施阶段的管理体系,可称之为"项目实施管理体系",简称"项目管理体系"或"管理体系"。

2. 项目实施管理体系构建的框架体系

今天,人类已全面进入知识经济时代,项目管理理论知识已十分丰富。构建概念明确、内容清晰、结构严谨的项目实施管理体系,其核心是对概念的定义,即通过科学抽象,凝练出可充分表达项目实施过程管理的语义精华。在科学管理的基础上,美国项目管理体系通过挖掘现代项目管理的"知识元素",提出了"知识体系"和"知识领域",并以知识领域、过程组和管理要素为内核,形成了项目管理知识体系的基本框架。与其相比,我国项目实施管理体系的关键概念是"管理体系"和"管理领域",原因主要有两个方面:一方面,旨在还原项目管理的本质内涵。从"知识体系"走向"管理体系"、从"知识领域"回归"管理领域",都体现了项目管理的实践性本质。另一方面,旨在探索我国项目实施管理体系的基本内涵。因此,我们应有提出新概念、明确我国项目实施管理特征的实际行动。突出管理领域，不仅符合中文表达习惯，易于为广大管理者接受，同时也可更加明确管理领域自身的内涵和管理职能属性。正因如此，笔者将我国项目实施阶段的管理体系表述为"项目实施管理体系"，而非西方国家所普遍采用的"项目管理知识体系"。

3. 项目实施管理体系构建的概念生成

项目实施管理体系的构建，应在引进概念与自创概念的互动中展开。理论创新的话语体系由概念系统生成，提出新概念是理论建构的基础工程。为此，我们应厘清引进吸收与自主创新之间的关系。如前所述，由于历史原因，我国项目管理使用的大部分概念都是"舶来品"，但在中西方文化交汇的过程中，这些概念已逐渐融入了许多本土文化元素，其内涵已经发生了某些本土性改变。由知识体系转化为管理体系，由知识领域转向管理领域，更加有利于我们立足国内项目实践，在概念转化与内生的互动之中进行理论创新，促进我国项目实施管理体系的发育成长。

尽管管理活动及其行为存在于经验世界之中，但项目实施管理体系的构建及相关概念的生成却不能仅停留于经验层面，它应高于经验认知，并能有效指导项目实践活动。同时，在项目实施管理体系概念系统生成与界定的过程中，所思考的问题应落脚到这两个问题上：哪些问题是一般管理可以解决的，哪些问题必须是项目管理要解决的。对于项目管理要解决的问题，在具备合理性和有效性的基础上，实施管理体系预设的管理领域应具有明确的指向性。也就是说，构建项目实施管理体系必须首先定义一组概念，形成概念系统，固化项目管理特有的知识，以承载已经形成的认知成果，明确表达项目实施与管理应具有的理念、方法和技术，实现项目管理模式价值理性与技术理性的统一。

4. 项目实施管理体系构建的结构层次

项目实施管理体系的结构框架，包括两个层次的设置：第一层预设，定义为"管理领域"；第二层预设，定义为"管理要素"。这里预设的管理领域，相当于美国项目管理知识体系中的"知识领域"，是项目实施与管理过程中应考虑的主要方面，应起到项目管理所特有的管理职能的作用；预设的管理要素，原则上等同于美国项目管理知识体系的"管理要素"，是对各相关管理领域的支撑和细化，主要反映过程管理的关键要素。也就是说，管理领域是一级指标，是管理体系的"纲领"；管理要素是二级指标，是管理体系的"细目"。这样，在整体框架设计上，项目实施管理体系就可确定为管理领域和管理要素两个层级，它们之间的结构层次应具备一定的弹性和张力，以适应于各类项目实施与管理的共同规律，建立覆盖面广泛的管理体系构架。

需要说明的是，各项管理领域和要素之间应体现递进或互补的有益作用关系，而不是简单的叠加关系。首先，各项管理领域和要素的定义应将重心放在答案本身的科学性上，而不是一味寻求简洁的答案。简化的管理思维虽具实用性，也能迎合一部分管理者的趣味，但事实上，项目管理理论产生于复杂的实践活动中，必须综合考虑各类项目实施过程中的不确定性因素。其次,也不能将项目实施管理体系构建成一个由理论体系支配的复杂概念框架,以免使众多实践者无所适从。过多地关注一般的事务性问题会使管理体系过于繁琐,进而掩盖项目管理模式的本质。最后,方法体系是管理体系的核心和关键,要做到科学、系统、实用。项目实施管理体系在本质上是面向项目实施场域的方法体系,须突出其方法论的指导性。

三、管理领域的确立与设置

项目实施管理体系中各项管理领域的设置,是其顶层设计和知识结构化应关注的重要方面。各项管理领域的提炼、概括和确立,根植于项目实施场域中最具代表性的管理特征。其设置的出发点在于坚持理论体系的引领,体现项目管理模式的优势;目的在于突出实操性,体现技术体系的实用性;关键在于增强项目管理模式的功能特征,体现方法体系和规则体系的作用;核心在于调动团队和参与者的能动性,体现以人为本的管理理念。

1.中美知识领域的对比

目前,美国和中国的项目管理知识体系,都以标准文本形式发布,其中的知识领域、管理要素和管理过程等核心内容,详见本书第一章表1-3和表1-4。表12-2简要列出了中美两国项目管理知识体系中的各项知识领域。

表 12-2　中美项目管理知识领域的对比

美国项目管理知识领域	中国项目管理知识领域
整合管理	综合管理
范围管理	范围管理
进度管理	时间管理
成本管理	费用管理
质量管理	质量管理
资源管理	人力资源管理
沟通管理	信息管理
风险管理	风险管理
采购管理	采购管理
相关方管理	

从表12-2可以看出,中国项目管理知识体系在知识领域的设置上与美国基本相同,但考虑到我国实际,又对美国体系知识领域中的整合管理、成本管理和沟通管理进行了调整,具体表现在以下三个方面:

(1)整合管理与综合管理。美国项目管理知识体系中第一项知识领域为"integration management",过去曾译为集成管理、整体管理,现译为整合管理。"integration"有集成、综合、结合、集合等语义，在项目管理背景下与中文词语"综合"最为相近。中国项目管理知识体系将其直接定义为"综合管理"，这一定义不但准确，而且也符合中国传统文化的特点和国人的管理思维。

（2）成本管理与费用管理。美国项目管理知识体系中第四项知识领域为"cost management"，意指成本管理，而中国项目管理知识体系则确定为费用管理。"费用"是中性称谓，"成本"是对象化的费用。成本多指项目具体承建单位的各项资金支出，与此相对应，项目发起组织投入的资金通常称为投资支出。因此，定义为费用管理，不仅通俗而且更符合义理，既可针对项目发起单位，也可针对项目实施单位。

（3）沟通管理与信息管理。在美国项目管理知识体系中，第七项知识领域为"communication management"，本义指沟通管理，中国项目管理知识体系确定为"信息管理"，似乎有商榷的余地。简言之，对沟通本身的理解主要包括两个层面：一是人际交流；二是人作为管理主体与社会环境等客体之间的交流。沟通一词，虽古已有之，但国内近年来才将其广泛地应用于项目管理场域的人际关系中，其含义除信息交流外，更加关注人际交往以及人的情感联络等方面。信息是沟通的基础，是沟通内容的物化呈现。对于纯粹的信息管理，技术层面的成分较多，而对人际关系、文化特征、行为方式等方面关注得较少。沟通管理则既可体现事务层面的交涉，又可体现人际间精神层面的交流。项目沟通的过程，是人们思想情感的碰撞与交流，其间包含着人文情怀，反映着项目参与者的主观能动性。

此外，2012版的美国项目管理知识体系增加了"干系人管理"这一知识领域，2017版又将其更改为"相关方管理"。中国项目管理知识体系中暂时没有与之对应的知识领域。在项目管理的发展历程中，传统的项目管理只关注"按时并在预算内完成预定的目标"。进入21世纪，传统项目管理面临挑战，以"利益相关方满意"为目标的现代项目管理应运而生，相关方管理成为现代项目管理的重要内容。为了达到相关方之间的利益平衡，使项目实施顺利推进，应强调对相关方的管理。

2. 管理领域的定义和称谓

项目实施管理体系中管理领域的确立，表面上看是一个概念化的过程，实质上是一个理论思考的过程。对各项管理领域进行定义，以确立其准确而适当的名称，表明其管理范围和职能作用，是构建项目实施管理体系的关键。基于上述分析，本书将我国项目实施管理体系的管理领域设置为九项，具体包括：综合管理、范围管理、进度管理、成本管理、质量管理、人员管理、物料管理、风险管理和协调管理。当然，对于管理领域的数量及内涵的界定可进一步商榷，但这九个方面的内容是必不可少的。这九项管理领域，就其整体而言，实际上反映了"项目实施与管理"这一特定活动的本质，揭示了项目管理场域中整体与部分、管理指向与管理对象之间的关系，进而决定着项目实施的管理格局。

可以说，上述九项管理领域是美国项目管理知识体系中十项知识领域的中国化。美国知识体系中的范围管理、进度管理、成本管理、质量管理和风险管理这五大领域的名称清晰明确，且符合中文习惯，可以直接沿用。然而，整合管理、沟通管理、资源管理、采购管理和相关方管理这五项知识领域并不完全符合我国项目管理实际，需要重新界定。依笔者之见，其一，将整合管理调整为"综合管理"。同时，取消相关方管理这一领域，将其所涉及的管理内容调整到综合管理之中。相关方有关事务的处理，常常需要组织高层管理者和项目经理一道来协调，这种设置更符合我国项目管理实际。其二，沟通管理可以定义为"协调管理"。美国知识体系之所以采用"沟通管理"这一名称，是由美国人的文化理念、行为方式等诸多因素决定的。我们的先辈在长期的管理实践中使用最多的是协商、商量、商议等，这样调整后其内涵更为清晰，更能体现我国项目实施与管理的特色。协调管理这一概念，包含了通报、沟通、协商、谈判、裁讼等基本要素，能完整而清楚地界定项目实施与管理过程中人们"联络"和"打交道"的内涵，符合我国项目实践理念和文化传统。其三，将资源管理和采购管理进行修正，定义为"人员管理"和"物料管理"。这样，开门见山，直奔主题，便于理解和应用。从表面上看，项目管理是事本主义，以推进项目各项实施活动为主，而在实质上，其重心依然在于人员管理。同时，把物料管理作为专门的管理领域，是为了强调对项目实施过程中各类物资及原材料的统筹管理。

3. 管理领域的属性与内涵

对整个管理体系而言，每个管理领域所反映的管理对象均体现着其自身的属性，而且各项管理领域并非简单意义上的项目管理职能领域，它们同时还是项目组织的特定管理对象。管理领域的功能属性，体现在宏观、中观和微观三个层次：宏观层次包括注重管理规律、把握项目总目标及整体计划等；中观层次包括规范管理过程和提升管理效能等；微观层次则指项目实践的具体运用，主要体现在方法与手段方面，各项管理领域中所包含管理要素的作用就集中体现在这个层面上。

任何一个概念都可用特定的词语表达。定义各项管理领域，最根本的是要保证其概念的真实性、可靠性以及实用性，每个领域的内涵、外延应清晰，各领域之间的界面应分明。每一项管理领域的内涵就是它所反映对象的本质属性，而其外延就是它所涵盖的一切对象类别。通过特定概念所具有的属性，就能够把某个特定管理对象与其他管理对象区分开来。为了适应各类项目，项目实施管理体系既要具有通则性质，又要具有总则功能，一通一总便能折射出项目管理的内涵功能与外延界面之间的关系。"通"，体现为管理体系之纲目的每一个层次与相关的知识、理论、方法和技术是相契合的，是系统的有机体；"总"，体现为项目实施管理体系应对项目管理场域中的各种问题给予充分的回应，既要反映出项目实施场域的特质，又要反映出项目管理的能动作用，使二者浑然一体。

4. 管理领域的职能特性与作用

在构建项目实施管理体系时，应善于冲破既有的束缚，规范表述项目管理的基本问题。

一般管理中不同的管理理念、方法和技术等方面的优势，应综合地融汇到各项管理领域之中，以贯通两者的实践应用功能。综合分析、准确定义上述九项管理领域的职能特性，有助于揭示其中每一项管理领域的内涵，从而明确它们的职能特性与作用对象，还有助于弄清各项管理领域的选取是否合适，是否存在逻辑关系方面的谬误等问题。依据定义明确的管理领域，我们就可以在项目管理过程中进行直接交流，准确理解所共同使用的概念术语的涵义，避免因管理指向模糊而产生无谓的争论。

项目实施管理体系是对项目实施场域中实存和本质问题的高度概括。在项目管理过程中，管理领域是管理主体与客体间联系的纽带，是管理者系统把握项目管理场域中关键环节的职能导向。所以，管理领域数量的确定，既不能堆砌成繁复的"大而全"，以免在实践应用中因杂乱无序而使人望而生畏，不得不"绕道走"；也不能一味地追求简约，以偏概全，搞成所谓的"小而精"，导致在实践应用中"例外"频出。项目实施管理体系要实现管理理念、管理者执行力和过程管理三者的有机结合，力戒"大而不实"或"小而不精"。因此，必须清晰界定管理领域、管理要素的管理职能指向，以它们作为构建项目实施管理体系的基本载体，通过明确的概念来反映各类项目实施与管理的本质特征。

项目实施管理体系的构建，不仅不能脱离实际空谈管理技能，禁锢管理者的思想观念，而且要全方位集聚知识、理论、方法、技术等，明确表达项目实施的管理机制与规则，使项目管理活动成为一盘活棋。需要强调的是，本书所设置的人员管理和物料管理这两项管理领域，功能指向具体明确，且与"成本管理"相呼应。这样，在项目实施过程中，既可突出进度、成本、质量三大目标，又可注重对人财物等方面的精细化管理。不仅如此，在项目管理场域中，九项管理领域的整体功能皆可使管理理念、方法和技术条理化，各领域之间的呼应关系由职能作用关系和管理文化内涵共同界定。故而就当前来说，设置九项管理领域是一个较为适宜的数量，不但能形成一个能动的管理张力场，表明项目实施所形成的管理场域的特征，又能形成项目管理模式独特的管理格局、管理体系和管理系统。

四、管理要素的确立与设置

在项目实施管理体系中，每项管理领域所包含的各项管理要素的集合，阐释着相应管理领域的基本内涵，反映着该管理领域的结构特征与功能。同时，尽管各项管理要素的归属取决于其所在的管理领域，但为了把握每个管理要素的独特性，必须厘清所有管理要素之间的逻辑关系，以便表征出各项管理领域最为突出的特点。因此，项目实施管理体系的基本框架不是一个简化的模型，而是一个庞大的要素体系，它表明了每个管理领域及其各项管理要素最为基本的特征。

1. 管理要素的确定

项目实施管理体系的结构性框架，既要避免"弱理论、强实践"，更要力戒"强理论范式、弱实践应用"。把握这种全局性的结构体系，必须由管理领域来标明其管理职能指向的类属和性质，由管理要素来标明具体的管理内容及方式。这是因为管理领域的职能功能越宽泛，其被误解、误用的风险也就越大，而合理设置各项管理要素，则能使九项管理领域之间形成内在的结构层次与功能的有机联系。事实上，每项管理领域都是管理体系版图中的一个大拼块，而其中的各项要素则是各个管理领域图案中的小拼块。

项目实施管理体系中各项管理领域之间的互动与叠加效应较强，而通过各项管理要素的设立，能使这种相互作用的关系更加清晰，进而使各项管理领域的内涵更加明确、外延更加清晰。同时，每项管理要素都不是单独发挥作用的，而是作为相应管理领域要素集合中的一项，通过各项要素之间的有机结合，产生有效的辅助管理功能。这就要求我们应坚持这样一个原则，即必须以整体的形构关系来看待各项管理领域和管理要素所生成的概念系统，而不是孤立地设置某一项管理领域或管理要素。需要指出的是，各项管理要素的确立必须突出项目实施管理体系的通用性，以保证它对各类项目的实施管理皆能适用。例如，虽然工程项目建设中需遵循基本建设程序，并涉及大宗物资的招投标管理等方面的内容，但这些方面与项目管理过程及各项管理领域并不矛盾。

2. 管理要素的构成

在前述九大管理领域的整体框架下，笔者建议我国项目实施管理体系的管理要素，总体上可设置以下43项。

（1）综合管理的管理要素。设置筹建项目组织、明确项目实施目标、确立管理策略、制定实施方案、确立计划任务、相关方管理、项目变更管理、项目收尾管理，共8项管理要素。

（2）范围管理的管理要素。设置项目范围确认、范围分解、范围定义、范围控制、项目成果验收，共5项管理要素。

（3）进度管理的管理要素。设置制定进度计划、活动定义、活动分解与排序、执行计划任务、进度控制，共5项管理要素。

（4）成本管理的管理要素。设置成本预算、成本管理计划、成本控制、成本决算，共4项管理要素。

（5）质量管理的管理要素。设置质量管理计划、质量保证体系、质量控制、质量验收，共4项管理要素。

（6）人员管理的管理要素。设置人力资源筹划、团队管理、参与者管理、人员遣散，共4项管理要素。

（7）物料管理的管理要素。设置确立物料筹集方案、制定物料使用计划、物料采购管理、物料使用管理，共4项管理要素。

（8）风险管理的管理要素。设置风险识别、风险评价、风险防范、风险处理、风险监控，共5项管理要素。

(9)协调管理的管理要素。设置建立协作机制、确立沟通网络、沟通管理、冲突处理,共4项管理要素。

以上43项管理要素,基本上可以涵盖项目实施过程管理的各个方面。对于个别未完全表征清楚的要素特征,可以通过相应的管理工具进行补位。

3．管理要素的内涵

对比本书第一章中的表1-3和表1-4,可以看出,以上设置的43项管理要素与中美现有项目管理知识体系中的相关管理要素有较为显著的区别,这些改进都是针对我国项目实施的特点所做出的,反映了现代项目管理模式中国化的理论探索。其区别具体体现在以下四点:一是关于综合管理。在设置管理领域时,并未单列"相关方管理",而是将其管理职责与功能赋予"综合管理"之中。二是在成本管理中,根据我国项目管理实际,设置了"成本预算"和"成本决算"两项。三是在物料管理中,设置了"确立物料筹集方案"这一项要素,主要强调物料的统筹采购等内涵;设置了"制定物料使用计划",以替代美国项目管理知识体系中的"活动资源估算"。同时,设置了"物料采购管理"和"物料使用管理"两项要素,包含了物料采购、使用与管控的内涵。这里的"物料"指向明确,是项目实施的物质资源,而相应的人力资源和资金方面的管理,分别设置在人员管理与成本管理两大管理领域中。四是在协调管理中,设置了"建立协作机制""确立沟通网络"等要素,主要强调协调工作的综合性与全面性,明确项目协作体系的基本内涵。

五、项目实施管理体系的结构分析

我国项目实施管理体系涵盖项目管理的理论体系、方法体系、技术体系和规则体系,尤其重视项目实施的过程管理。在具体的结构体系中,管理领域、过程组和管理要素之间存在着错综复杂的联系,只有将它们与项目实施过程紧密结合,才能使管理体系从理论建构走向实践应用,各项项目管理活动才会鲜活起来。

1．项目实施过程管理的细化分解

项目管理模式发展至今,已具备高度的综合性。构建项目实施管理体系,我们不应将理论知识的抽象概括与过程管理的客观实际截然分开。管理体系要适应项目实施场域管理的特征,必须与实施过程相结合。执行项目实施计划、落实各项目标任务,都应从项目实施的具体过程入手。虽然各类项目目标不同、任务各异,但其实施管理过程都应符合项目管理模式的基本理念;尽管各类项目实施过程的表现形式、持续时间等可能不同,但亦可借鉴美国项目管理知识体系中实施阶段过程管理的划分方法。

项目实施管理体系作用的发挥,关键在于对项目实施过程的管理。鉴于上述分析,笔者建议将项目实施的具体过程划分为启动、筹划、执行、监控和收尾五个过程组。其中,启动过程组是组织、项目组织及相关方等共同商议项目实施目标任务和整体计划的过程。筹划过程组则表明了由启动到实施准备成熟的过程,核心是各项资源的筹集,是一种指向未来行动的管理思维和管理方式预设。执行、监控和收尾三个过程组与美国项目管理知识体系大致相同。

2. 管理领域、过程管理与管理要素的关系

当我们明确了各项管理领域、管理要素与五个过程组的关系后,项目实施管理体系的整体结构框架便可确立,具体如表 12-3 所示。此管理体系如同知识体系一样,是一个预设的项目管理指南,需要经受项目实践的检验。项目实践能够反映出理论建构中存在的问题,通过这种实际反馈,可以不断地改进和完善管理体系。虽然人为构建是由因向果,但是倾听实践者的声音,可做到由果溯因。当前,国内项目实践从理念到方法都逐步趋于成熟,只要立足实践,注重过程管理,就能为管理体系的作用发挥提供舞台,促进项目管理模式沿着正确的方向不断前进。

表 12-3 项目实施管理体系结构框架

	启动过程组	筹划过程组	执行过程组	监控过程组	收尾过程组
综合管理	筹建项目组织 明确项目实施目标	确立管理策略 制定实施方案	确立计划任务	相关方管理 项目变更管理	项目收尾管理
范围管理	项目范围确认	范围分解 范围定义		范围控制	项目成果验收
进度管理	制定进度计划	活动定义 活动分解与排序	执行计划任务	进度控制	
成本管理	成本预算	成本管理计划		成本控制	成本决算
质量管理		质量管理计划	质量保证体系	质量控制	质量验收
人员管理		人力资源筹划	团队管理	参与者管理	人员遣散
物料管理	确立物料筹集方案	制定物料使用计划	物料采购管理	物料使用管理	
风险管理		风险识别 风险评价	风险防范 风险处理	风险监控	
协调管理	建立协作机制	确立沟通网络	沟通管理	冲突处理	

3. 管理体系构建的规范表述

语言是人们思维和交流的工具,没有一种管理理论能避而不谈语言表述问题。汉语有两个突出的特点:形与义的高度结合以及"语"和"文"的相对分离。在构建项目实施管理体系时,若用语不同,则含义及功能指向必然有所区别。因此,在选择词语时,我们必须结合语言环境,深入到语义层面进行精确分析。

(1)精确定义概念术语。要在管理世界找到合适的语言和概念,以准确地刻画与描述项目管理过程中的各项内容难度很大。管理学的理论研究,是一种思辨活动,观点的表述是一种思维化的语言运用活动。在管理体系构建时,因缺乏可资借用的现成词汇,需要审慎选用词语,其间会存在某些障碍,出现难以满足实际表达需要的情况,有时甚至有无以言表或词不达意之惑。例如,"整合"与"综合"、"协商"与"协调"、"合作"与"协作"等,虽词义相近但意涵却各异。

(2)符合本土管理理念。在项目实施管理体系构建中,一个词语的改变就是一个信号,标志着某种新管理理念即将形成。表12-3呈现了我国项目实施管理体系的核心概念。无论是显化的还是隐含的,这些专用术语都体现着特定的管理理念。管理体系的语言表述一旦约定俗成,许多新概念就能转化为专业术语,被人们普遍认可。此时,我们就能建立相对稳定的项目管理术语系统,形成统一的学术话语体系。因此,构建项目实施管理体系,必须用精确的文字来描述管理理念,反映国内项目实施与管理活动的内在机理和管理机制。

(3)体现过程管理本质。项目实施管理体系的表达不能耽于抽象化或玄妙化,表述项目管理场域的特征,不仅需要使用恰当的词汇,更需要创造合宜的词语,力求简单明了,切忌晦涩难懂。语言是意义的公共载体。书面语言可以准确地呈示我们所要表达的意义,它能以严整的思维逻辑,描述对象的普遍规定性。例如,用"沟通管理"还是"协调管理",会对管理者思维起到不同的刺激作用,也具有不同的理论导向性。

(4)反映项目管理话语特征。话语体系的确立是项目实施管理体系构建中应解决的一个重要命题,因为它既是管理价值取向的外化,又能反过来强化管理者的理念。随着社会价值观念日趋多元化,人们的管理思维和价值取向发生了深刻的变化,为项目管理话语体系提供了更多选择。为此,我们要建立一种项目管理话语系统,以保障项目参与者价值观念的有效转换。话语系统转变的影响涵盖管理的价值取向,因此应避免由此而出现的词语混乱。比如人员管理的内涵,首先应突出管理者的职能、职责以及管理规则,以促使参与者建立起规则意识,更加自觉地规范自身行为;其次要突出项目文化特征,充分调动参与者的能动性,避免过度依赖所谓的热情与奉献,因而要在话语系统中注入丰富的人文精神。

总之,"我们在语言中思维""语言是思维的最大障碍""一旦用语言来描述思想,思想即已停止"等哲学论断,都从不同的侧面给我们以深刻启发。汉字以形表意,我们通常使用的汉语词汇,其基本的内涵往往难以改变,赋予某一词汇以新义并被大众认可,需要一个观念转变的过程。项目实施管理体系的表述应符合逻辑关系,即相互展开的层次关系,只有合于理,才能明于实,也才能利于行。管理领域及管理要素的表述,既不能图简化而喊口号、表宣言,也不能为了实用而形成繁琐的词语堆砌。项目管理系统是一个复杂系统,只有准确清晰地表达了管理意图后,管理体系才能引导管理系统平稳运行。

六、项目实施管理体系的整体功能

项目实施管理体系将项目管理的知识、理论、方法和技术融为一体，实现了项目管理职能领域与一般管理基础职能之间的有效融合。在项目实施管理体系的构建中，将项目管理的思想格局、管理模式和基本理念一以贯之，表明了项目管理的方法体系和技术体系，是有效指导人们开展项目管理实践活动的有力思想武器。

1. 揭示项目实施与管理的本质特征

时至今日，业已形成的项目管理知识、理论、方法、技术和工具，都是项目管理学科特有的概念。项目实施管理体系贯通了这些理论知识和管理技能，实现了项目管理方法和技术的融合，弥合了理论与实践之间的鸿沟，为项目管理模式的广泛应用奠定了基础。项目实施管理体系的九项管理领域和43项管理要素，完整地展现了项目管理的基本原理和方法论，特别是其所表征的方法体系和技术体系提供了管理理念、技能和手段，所潜含的规则体系保证了管理程序、流程和步骤的可靠性，提高了项目实施过程管理的科学性、系统性和规范性，这些都为进一步提高项目管理的效能打下坚实基础。管理者严格遵循项目实施管理体系，就具备了成功管理项目实施整个过程的前提。

项目实施管理体系是核心概念的预设和陈述，而不是抽象的定义和假设。它具有管理指南的作用，在概念定义、功能设置上充分反映了项目管理科学性、系统性和规范性的特质。项目实施管理体系遵循了项目实施与管理的基本规律，整合并创新了项目管理知识、理论、方法和技术，明确了项目实施阶段过程管理的基本内涵，揭示了项目管理的机理和本质特征。项目实施管理体系所形成的理论体系，以项目实施"目标、过程和结果"的管理链为主线，确保项目管理模式具有正确的理论基础；方法体系、技术体系是项目管理理论在管理实践中运用的载体，也是具体落实项目管理模式规范要求的方式和手段；规则体系则以项目管理程序、流程和步骤为导向，为项目管理模式的有效运用提供保障。

2. 实现两种管理职能的高度融合

为适应各类项目实施与管理的需要，项目管理的理论、方法和技术应更具广泛性和包容性。如前所述，项目实施管理体系中管理领域所形成的管理职能，亦可称为职能领域，它与一般管理中的基础职能相互补充，共同作用于项目实施全过程。九大职能领域及其管理要素提供了项目管理的任务模块，计划、组织、指挥、控制和协调等基础职能则是保证各项任务模块实现其管理功能的基本手段。基础职能与职能领域一纵一横，纵向到底、横向到边，形成了一个阡陌交错、系统完整的项目管理职能网络。管理领域与一般管理职能的关系，如图12-2所示。关于这一问题，本书在第十章中已做了详细分析，不同的是，新构建的项目实施管理体系更加重视项目协调的作用。

比较图12-2与第十章的图10-9，可以看出，在每一行与每一列交叉处，都形成了独

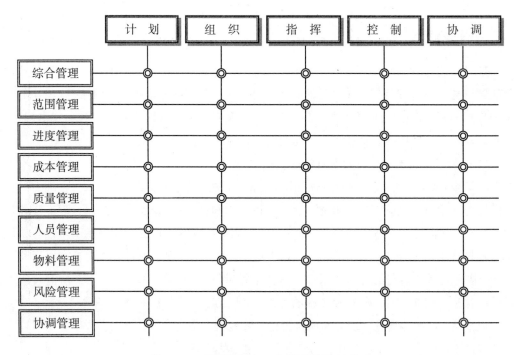

图 12-2　管理领域与一般管理职能的关系

特的交汇点，这使项目管理职能领域与一般管理职能的融合关系得以充分表征。同时，在图 12-2 中的第九行与第五列的交汇处，形成了"协调管理—协调"的交汇点，这种交汇揭示了项目管理模式的本质意义。项目实施是在内外部环境的共同作用下展开的，就是"协调、协调、再协调"。这与"计划、计划、再计划"以及"控制、控制、再控制"一样，反映着项目实施与管理活动的本质命题：计划是前提，控制是手段，而协调既是手段又是目的。实质上，项目管理只有充分运用协调职能，才能有效解决过程管理中的深层次问题。

3. 展现项目管理模式的综合价值

项目实施管理体系的构建，并非为了向管理者提供解决一切实际问题的标准答案，而是为了表明项目实施与管理的基本原则和方法论，为项目实施过程管理提供基本遵循。项目实施管理体系揭示了项目实施阶段过程管理的本质特征，使项目管理知识和技能进一步客观化、结构化、系统化，凸显了项目管理的理论内涵和实践特征，展现了项目管理的科学性、系统性和规范性，为管理者全面运用项目管理模式提供了科学规范的指南。项目实施管理体系形成了项目管理基本理论架构的核心，如图 12-3 所示。与第十章图 10-1 相比，项目实施管理体系进一步突出了理论实践化的特征，也彰显了我国项目管理的特色。

在学科性质上，自然科学是纯粹的真理性知识体系，它本身不存在价值判断的问题；社会科学在总体上却具有双重性，既是一种知识体系，又是一种意识形态，体现着特定的价值取向。也就是说，作为知识体系，社会科学体现着人们在客观认识社会发展规律方面

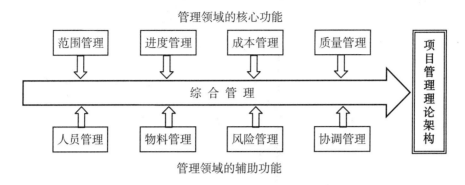

图 12-3　项目实施与管理的理论架构

所达到的成就；作为意识形态，社会科学又以其独特的范畴体系体现着特定民族、国家、群体的利益关系和价值诉求。项目实施管理体系作为项目管理知识体系的特定形态，其所表征的管理机理和机制，紧紧抓住了制约项目实施阶段过程管理的瓶颈问题，并尝试性地指明了突破这些瓶颈的路径。与此同时，项目实施管理体系着力推动项目管理理论与实践的融合，通过显化项目管理的基本理念、方法体系和技术体系，为全面推进项目实践理论化进程提供了明确导向，以利于达到项目管理理论实践化的目的，从而充分彰显项目管理模式的科学价值、理论价值和应用价值。

第六节　我国项目管理水平的全面提升

今天，项目及其实施活动已经渗透到我国经济社会生活的方方面面，各类项目的实施正有力地推动着社会的发展与进步。改革开放以来，在诸多关系国计民生的重要行业，国家已规划并实施了诸多的重大项目，项目实施与管理的成就举世瞩目。展望未来，我们不但要在理论层面上进一步加强项目管理的学术研究，而且还应在实践层面上着力规范应用项目管理模式，以全面提升我国各类项目实施与管理的水平。

一、充分认识项目管理的重要作用

科学技术是生产力，管理技术亦是生产力。实践表明，项目管理在推动我国经济高质量发展方面体现出卓越优势与强大动力。愈来愈多的项目建设成就证明，项目管理模式能够有效配置资源，并在预定时间内高效地实现项目预期成果。项目管理的理念、方法和技术必将在更多的领域为经济社会发展做出积极贡献，充分认识项目管理模式的重要作用是社会各界面临的共同课题。

1. 有助于确立项目实施与管理的目标

组织有意识地选择并发起一个项目，其关键在于合理确定项目实施的目标、有效整合项目资源、充分发挥项目管理者的能动性。项目实施的目标越明确，则项目范围界限就越清晰，就越需要按照项目管理模式进行管理。尽管"一切都是项目"及"项目就在我们身边"的说法是一种泛化的理解，但所有的一次性任务、各种创新活动及创造性工作，的确都可被视为项目。比如，对前文并未提及的各种突发事件，包括地震、洪灾、火灾等各类自然灾害或人为事故的处置，就可视为项目。这类应急项目的时间约束性极强，虽然其启动之初不能按部就班地依项目管理模式运作，但其实施过程同样具有管控项目三大目标的特征，可充分运用项目化管理方式。

任何管理理论都体现着对某一类管理问题较为普遍的认知，项目管理的独特性集中体现在它能有效管理各种具有独特目标的一次性任务上。在特定的资源条件下，某些相同类型项目的成功管理经验，可以广泛地推广应用。近年来，有些学者过分强调项目管理的特殊性，试图将其独立在管理学之外。这将会导致项目管理方法体系的片面化，或者将其演变为单纯的流程化管理方式，进而造成项目管理模式脱离实践。我们须在管理学、经济学等众多学科托举的经济社会发展大格局中看待项目管理的独特性，而不应脱离这个大背景。实际上，在20世纪中期"项目管理"这个专有名词出现之前，各行各业的项目业已持续不断地实施，诸多大型工程项目都是经典案例。一般管理中计划、组织、指挥、协调和控制等职能，早已被广泛应用于各类项目实施的管理活动。在现代项目管理模式出现以前，这是人类管理项目实施过程的基本方式。然而，在现代项目管理成就巨大的今天，各类组织须顺应时代潮流，把组织中确定的项目作为创新型管理活动，并在项目管理过程中确立明确的管理目标，建立规范的管理程序和流程，发挥项目组织的最佳管理效能。

2. 有助于提升各类组织项目管理的水平

改革开放以来，随着我国经济社会的快速发展，各类社会组织的领导能力和管理水平亟待提升。程明霞在《管理百年》中文版的序言中指出："对管理严重缺乏常识、缺乏认知的状况，与中国的现实有关。放松管制和对外开放带来的市场扩张，释放了中国企业的活力，造就了过去三十多年中国经济的腾飞。持续三十多年的经济上升，使中国的企业家们更着迷于外向型的投资、扩张、布局，而不是内部管理，如产业研发、技术突破、客户服务、创新、品牌、销售、人才激励和培养、战略、企业文化等。"[①] 若要改变这种状况，提升组织的整体管理水平，培养高层管理者的开拓进取精神与管理能力尤为关键。通常，高层管理者考虑更多的是项目实施能否使组织变得更强大、可否使组织有更多的机会获益，而当他

---

① 斯图尔特·克雷纳:《管理百年》，闫佳译，中国人民大学出版社2013年版，第 II 页。

们充分理解项目管理模式的益处时，便能够引导组织发起适宜的项目。同时，在项目实施过程中，组织对项目组织及其管理层的指导至关重要。因此，迫切需要提升各类组织整体的项目管理能力，以使组织中的各类项目取得实效。

"一把钥匙开一把锁"，项目管理模式是一把充满智慧的金钥匙。它能给予管理者以方法论启迪，指导人们规范管理项目实施过程中出现的各种问题。正确的理论对实践的指导作用，首先表现在它是管理者的行动指南，其次表现在它能使管理者在行动中具有预见性。虽然各类组织、各个层级管理者的能力和水平不易衡量，但其管理成效却可予以评价。项目的确立与实施，不能仅凭组织高层管理者的实践经验，更需依靠科学的管理方法。实际上，组织高层管理者通常比中低层的管理人员更缺乏安全感，因为组织发展的需求赋予了他们发起项目的权力，而权力则意味着责任。如果项目实施陷入困境，那么高层管理者将会比项目管理者承受更大的压力。正因如此，做好项目管理工作，推动项目化管理的应用，聚焦项目化管理水平的提升，关键在于各类组织的高层管理者。项目投资者和管理者应具备战略眼光，主动采用先进的管理模式，充分发挥项目管理方法与技术的优势，提升组织的管理能力和水平。

3. 有助于提升管理者个人的能力

项目管理的理论与实践博大精深，管理学者构建了一张犹如"蜘蛛网"般的理论框架，而项目实践者则积累了丰富的管理经验。然而，问题的关键在于，如何架起理论与实践之间的桥梁。项目管理模式以项目组织为平台，可以将项目实施过程中的人、事和物有效地连接起来，使平凡的管理工作彰显出无穷魅力。先进的项目管理模式是人类创造性思维的体现，掌握它不仅是项目管理者提升个人管理能力的现实需要，更是规范管理项目实施过程的必然选择。因此，管理者应掌握项目管理的基本理念、方法和技术，具备系统化的管理思维与认知，科学规范地管理项目实施过程。如今，项目管理像一般管理一样，已成为人们从事管理工作必备的技能，对其掌握的程度决定着管理者能力的高低。

项目实施的成败，在某种程度上取决于项目组织及其管理层的能力和水平。"管理的有效性是一种后天的习惯，是一种实践的综合。"[①] 在过去很长一段时期内，国内有些项目的实施，要么靠资金足，要么靠胆子大，要么靠人脉广，但随着政府监管力度的增强，这种项目运作方式终究不可持续，管理者能力和水平越来越成为关键因素。当然，我们也要冷静地看到，在很多组织里，具备一般管理能力的人员众多，但掌握项目管理技能的管理者却较少。同时，在部分组织中，项目管理者的利益与其在组织中的地位和职权等直接相关，他们往往考虑的是如何既保持声望，又能维持其原有地位。这种复杂的心态，是项目组织

---

① 彼得·德鲁克:《卓有成效的管理者》，许是祥译，机械工业出版社2009年版，第22页。

高效运行的羁绊,也使项目实施能否获取最终成果充满变数。因此,组织高层管理者在确认自身定位的同时,必须明确界定项目组织、业务部门负责人和团队管理者的职责和权力。这不仅有助于消除各级管理者的顾虑,更有利于提升其能力,发挥其潜能。

4. 有助于增强管理者的责任担当

当前,推广项目管理的着力点在于使各类组织的管理体系逐渐与项目管理模式相融合。完成这一重任,既要把握项目管理的最新发展趋势,又要深入分析国内项目管理的现状,系统总结国内项目管理实践方式和创新经验。特别是,组织高层管理者应强化项目管理者的责任意识,使其担负起时代赋予的历史使命。只有众多的管理者以国际化视野博采众长,尽责担当,本领在身,才能开创具有中国特色的项目管理新局面。

管理者运用项目管理模式,不仅应着眼于科学性和全局性,着手于系统性和规范性,更要着力于从事项目管理工作的责任担当。项目管理者的责任担当,主要体现在对组织尽责、对项目负责、有社会担当等方面,而责任担当的底气是知识和能力、素养和水平。人们对知识的学习虽是选择性的,但对管理能力的提升、事业进步的向往却是共同的,是坚定而持久的。社会发展促使人们不断地学习并渴望进步,但最终反映管理者能力的,不是拥有多少知识,而是如何智慧地运用知识。这体现在科学的思维方式与规范化的过程管理之中。这种思维方式,不仅针对自然界及环境,还包括对事物的认知以及对管理规律的把握;不仅针对思维上的理性,还包括实践应用中的理性。

二、高度重视国内项目实践经验的总结

改革开放以来,国内多姿多彩的项目实践为项目管理积累了丰富的经验。虽然众多的项目实践取得了重大成就,但在具体的管理过程中仍存在不少问题。究其原因,一方面是各层级管理者的素养和能力亟待提升,另一方面是项目建设面临着诸多新的挑战。要解决这些问题,一个重要的方面是要强化对国内项目实践经验的总结,将成熟的管理经验提炼为适应我国项目管理实际的基本理论,运用于未来的项目管理之中。

1. 强化对项目管理模式的认知

项目实践不断积累的经验知识,是形成项目管理基本理论的基础。项目管理学者应当积极总结成功项目的经验,着力推广优秀的项目管理案例,并在理论研究时注重深化项目管理基本理论与实践过程的结合,使更多的管理者充分认识项目实施过程管理的特征,体会规范管理带来的益处。同时,政府部门、行业协会以及相关学术团体等应携手并进,共同围绕项目全生命周期,即项目论证、项目实施、项目运营三个阶段,深入总结国内项目实践的成功经验,深入分析并积极宣传项目管理模式的科学价值、理论价值和应用价值,以提升各行各业对项目管理的认知。

实现项目管理模式的健康发展,必须不断研究项目实施过程管理中的新情况,解决新

问题，并使管理者的实践认知、实践自觉不断提升。我们应当清楚地看到，20世纪我国项目管理水平与世界先进管理水平之间确实存在着较大差距，但随着改革开放后国内诸多重大项目的实施，项目管理的"中国经验""中国模式"已引起世界瞩目。基于近年来国内大量的项目实践，具有中国特色的项目管理理念、方法和技术已初步形成，这极大地鼓舞着我们的理论自信和实践自信。在我国，项目管理的理念、方法与技术沿着独特的路径发展，逐渐形成了具有中国特色的项目管理模式，而要进一步提升人们对项目管理的认知，必须深化理论分析，深入总结多年来国内项目实践不断积累的先进经验，并在继承与创新中提升国内项目管理水平。

2. 注重本土理论研究成果的积累

20世纪90年代以前，国内学者、工程界专家和工商界精英基本都在研读国外的项目管理理论。进入新世纪，国内项目管理已经积累了丰富的经验，本土化特色鲜明。如果我们继续一味地照搬国外的理论，项目管理理论体系必然会"水土不服"。对待西方的管理理论，至少要注意两大问题：一是防止刻板教条，避免完全以西方的管理思维看待国内的项目管理问题；二是防止价值错位，西方的管理思想、认知和理念往往带有自身的价值倾向，在我国文化背景和社会环境下不一定符合具体项目的实践要求。事实上，如果项目管理理论体系充斥着大量的外来概念，那么不可避免地会在某种程度上抑制我们的理论分析和实践应用。外来概念会"格式化"本土的话语体系和思维方式，长此以往，将弱化我国项目管理核心理念，削弱管理文化的主导权，更遑论项目管理学科话语权的建立。

时至今日，注重本土理论成果的积累，完善理论体系，真实反映我国项目管理的系统思维、科学方法、技术手段与人本管理的特点，建立本土"话语体系"是当务之急。其一，项目管理学科的发展包含着古往今来实践经验的积累，也包含着长期的理论建构和学术研究成果的应用。系统总结国内实践经验、有效借鉴国外理论成果、深化自身的学术研究，这三者对理论体系的创新发展同等重要。其二，方法体系的科学化、技术体系的实用化是项目管理学科建设的重要内容。只有梳理并阐明国内项目管理的方法体系和技术体系，才能加快我国项目管理理论研究的进程。其三，突出理论与实践的融合，以实践检验理论，是推动学术研究与项目实践相结合的重要途径。国内学术界的任务不仅是借鉴国外的理论成果，还要积极从国内的项目实践中凝练出符合我国国情的管理方法和技术。

3. 致力项目实施过程的规范管理

当前，我们应认真总结并弘扬我国项目管理模式的先进性，使各类组织的发展战略都可以通过项目这个载体得以更好地实现。只有深化对项目实施过程规范化管理重要性的认识，才能使我国项目管理的实践经验和理论成果得到系统的总结，进而促进项目管理实践理论化水平的提升。项目管理脱胎于管理学，一直在科学化、规范化和专业化的道路上锐意前行，只有认真总结我国项目管理所取得的成就，并在此基础上不断完善理论体系、方法体系、技术体系和规则体系,才能加快我国项目管理走上规范化道路的步伐。国内各类项目实施走上规范化管理的道路,既可提升经济社会发展的质量,又能提高各行各业项目管理能力和水平。

项目实施场域的特点,决定了大型项目的实施过程既不是"自然"演进的过程,也不是仅遵循普遍经济运行机制的单一市场化过程,而是处于国家政策法规和组织管理规范双重约束作用下的复合过程。因此,规范项目及其实施活动,需要各个层面参与行动,更需要政府部门、行业管理机构从宏观上制定政策,加以引导、规范和管控。时至今日,项目管理已形成了理念清晰、方法完善、技术先进的规范管理模式。项目管理模式在各类组织中能否发挥作用,主要决定于认知、方法和规范这三个方面。认知体现在组织高层管理者的思维与理念中;方法体现在组织管理体系及管理层的管理技能方面;规范则体现在组织管理体系的科学化、系统化程度上。项目管理以独特的方法论,将以上三个方面统而合之,提供了一个全新的项目实施管理格局,其精髓就是遵循项目管理模式。项目管理模式提供了完成项目既定目标任务所需要的管理职能以及所要采用的程序、流程和步骤,使项目实施中的各种管理行为和作业行为变得更加规范而稳定,进而可使所有的项目管理者受益。

4. 重视项目监管与评价体系的完善

如今,各种类型的项目愈来愈多,项目管理模式的应用范围日益扩大,新问题不断涌现。各级政府部门和行业机构只有加强对项目实施的规范监管,深化对项目管理应用成效的分析,才能建立各行各业项目管理的"中国标准",进而更好地发挥项目管理模式的优势。应当看到,各级政府部门对项目监管审批环节多、行政管理效率低下的情况已大有改观,但受传统管理习惯的影响,政府相关管理部门仍存在缺乏监管标准与手段等情况,这直接影响着政府部门对项目实施监管的效果。众多大型项目能否成功实施,与政府部门的有效监管密不可分。

当前,尽管中国(双法)项目管理学会于2006年10月推出了《中国项目管理知识体系》第2版,国家住房和城乡建设部等联合颁布了新版的国家标准《建设工程项目管理规范》(GB/T 50326—2017),但国内仍缺少相对规范和权威的评价体系。国内对项目实施效率及效果的评价指标,对项目组织及其管理层的奖惩机制以及项目管理绩效考核等方面的研究依然不够,系统化的成果依然不多。关于项目实施与管理的评价,特别是项目实施结束时的"后评价",虽有不少研究者发表论文和著述,但其理论成果尚待完善。受不同类型项目实施过程管理差异的限制以及客观环境的影响,很多项目的实施效果往往没有可供分析和考量的通用技术经济指标,致使项目后评价难以有效开展。因此,我们亟须确立相应的评价变量,制定相关的评价标准,不断完善项目监管与评价体系。只有这样,才能指导各类组织对已完成的项目进行认真的总结,为今后的项目实施与管理提供有益借鉴。

三、加快我国项目管理模式的革新

格雷厄姆指出："对管理体系的研究从未中断，且所有的研究都提出了改革建议……甚至改革对组织有明显的利益时，新方法的推广速度也很慢。"[①] 人们对新事物的接受总有一个过程，近几十年来，虽然项目管理模式已显示出强大的生命力，但总体来看，在我国诸多行业中运用的程度还远远不够，采用现代项目管理模式仍未成为广大管理者的行动自觉。推动项目管理方法和技术的广泛应用，不仅是学者、管理者的重要使命，从本质上讲，更是一场深层的组织管理模式的重大革新。

1. 项目管理模式变革的认知

社会发展必然会推动项目管理模式的革新。管理模式革新涉及组织管理体系改革，这犹如范式之变。艾尔·巴比对此作了精深的分析，他指出："范式常常难以辨认，因为它们相当含蓄，是假定的，是想当然的。它们似乎更像是'事物存在的方式'，而不是众多观点中的一个。""范式通常会变得固若金汤，抗拒任何实质的改变。这样，理论和研究就奠定其根本趋向。但是，当范式的缺陷终究随着时间推移而变得越来越明显时，一个新范式就会出现并取代旧的范式。"[②]

针对项目管理模式的改革，格雷厄姆深刻地指出："我一直试图说明项目经理如何通过更精明、但不一定更艰辛的工作管理好项目。但是，有位经理看过我的部分手稿后说，我提出的观点对于他似乎不像管理问题。虽然他喜欢其中的许多思想，但却不清楚如何在他的组织中应用推广……后来，我发现这种反应带有普遍性。"[③] 格雷厄姆的描述，深刻揭示了推行管理改革的瓶颈。在他看来，人们通常对改革存有各种各样的偏见，认为改革只是少数激进派的专利，大多数人会本能地抵制改革活动。然而，对项目管理而言，现实并非如此。他明确指出，抵触改革并不是人的本性，因为每一个人都渴望成长与发展，发挥自身潜力，在内心深处都愿意接受甚至期盼有助于其自身成长和发展的变革。因此，人们对管理体系改革的态度，取决于针对改革成效的利弊权衡，即：当改革符合自己的利益时，人们就容易接受它；反之，就会反对它。

围绕项目管理模式革新所进行的管理改革，在本质上是一种组织管理体系的重构。它要求人们转变思想观念和管理理念，改变管理方式，其实质是应用新的管理程序和流程。在具体改革过程中，利益诉求存在个体化差异，这就是格雷厄姆所讲的"社会状况以及其成员的多元现实特征"。科层组织中产生这种多元现实的根源，主要是管理者身份不同、诉求相异。在组织的每一个层级上，管理者岗位职责各不相同，其评价管理方式以及对现

---

① R. J. 格雷厄姆：《项目管理与组织行为》，王亚禧，罗东坤译，石油大学出版社 1988 年版，第 179 页。
② 艾尔·巴比：《社会研究方法》，邱泽奇译，华夏出版社 2009 年版，第 33—34 页。
③ R. J. 格雷厄姆：《项目管理与组织行为》，王亚禧，罗东坤译，石油大学出版社 1988 年版，第 178 页。

实社会的体验也就各不相同。在这种情况下，人们认知新生事物的方式也在一定程度上决定了其对待管理改革的态度和行为方式。

2. 项目管理模式革新的路径

格雷厄姆认为，管理改革的路径，一般要经过两个阶段：第一阶段是对改革目标进行讨论，在这一阶段必须跨越"心理屏障"，"心理屏障可看作置于改革者和社会之间的过滤器"；第二阶段改革必须经过各社会成员对其是否接受的检验。[①] 在推行改革方案之前，必须突破人们的心理障碍。所以，改革者不仅要深入分析改革方案与组织发展目标是否一致，更要考虑该方案能否得到高层领导的支持。如果推行的改革方案与组织文化不一致，或者不能得到高层领导者的认可，改革的进程通常会受阻。在推动我国项目管理模式革新的过程中，需要充分地展现项目管理理念和方法的优势，全面客观地分析改革的成本与收益，深入研判和解决可能遇到的阻力，采取措施消除人们对管理改革的"心理屏障"。

当然，高层领导的认可并不意味着改革方案对组织中每个人都有益处，领导者接受并非意味着所有成员都会接受，因此，在跨越"心理屏障"之后，人们对改革方案的接受程度，就构成了改革过程的第二个阶段。任何改革都有利有弊，它在满足某些需求的同时，也必然会产生某些弊端。组织中的成员能否接受改革方案，评价的依据就是改革方案本身的收益与成本。经常出现的情况是，改革者在强调改革收益时，常常会忽视改革带来的消极因素，对改革可能产生的副作用估计不足。也就是说，改革者往往过于乐观，以为改革会受到热烈欢迎，而实际上人们却可能拒绝接受。若不能正确认识收益与成本，必将使改革活动失去基础和动力。因此，改革者必须从他人的立场出发，充分激发改革的积极因素，并尽可能地消除各种不利因素。

3. 项目管理模式革新的过程

格雷厄姆明确指出，管理改革是一个过程而不是一个事件。在这个过程中，虽然一开始举步维艰，甚至改革方案会遭到组织中某些高层管理者的极力反对，但科学的、有价值的新思想最终会冲破牢笼，转化为人们共同的意愿和行动。在改革的进程中，拥有新思想的领袖人物，起着至关重要的作用。研究表明，成功的改革，其过程一般要经过争议、宣传、拥护、实施四个阶段。[②]

（1）争议阶段。改革伊始，新思想常常会遭到非议，甚至会遭到强烈反对。大多数新思想往往与传统制度或习惯背道而驰，仅极少数人能够立即认识到新思想比旧准则更优越，因为具有新思想的先知先觉者毕竟是少数。囿于思维的惯性，多数人会认为新思想不切实际，不具可行性，即使勉强施行，也会因其代价太高而不可能实现。

（2）宣传阶段。新思想必须得到及时宣传，强有力的宣传对克服改革初期的阻力十分

---

① R. J. 格雷厄姆：《项目管理与组织行为》，王亚禧，罗东坤译，石油大学出版社1988年版，第181页。
② 同上书，第182—184页。

必要。宣传过程是将改革的成本与收益等利害关系传达给相关者的有利时机。正面宣传能够从他人的角度印证改革的重要性。同时，还可通过组织内非正式的接触进行新思想的宣传，这种方式往往会起到意想不到的效果。

（3）拥护阶段。在广泛宣传的基础上，新思想会逐步得到肯定，进而获得一批拥护者，他们会积极介绍、传播和发展新思想。支持新思想的拥护者可以进行初期探索性试验，有的拥护者甚至还会打破常规，冒险从事他们追求的改革项目。实际上，组织实施"改革项目"所需的费用，经常是从某些正式项目的资金中挖潜而来的。

（4）实施阶段。一般而言，组织中的新思想要么找到其倡导者，要么自行消亡。通常，组织高层中总会涌现出倡导新思想的人物，着力推进改革。这个倡导者必须是乐于为新思想努力奉献的人。他必须做好思想准备，正视成功与失败，同时又要积极利用一切正式或非正式的宣传和压力传递手段，引导组织成员接受新思想，促使改革获得成功。

4．项目管理模式革新的实施步骤

在实践中，组织推动项目管理模式革新的关键是要统一行动，但这在短期内往往很难实现。由于社会环境的复杂性，加之众多改革参与者的期望和诉求各异，所以，在变革的过程中，首先必须有一个可接受的行动计划以及切实可行的实施步骤。格雷厄姆指出，这一行动计划及实施步骤主要包括以下十二个方面的内容：明确自己的确需要改革；明确自己需要改革什么；注意他人的利益和多元现实问题；取得高层管理者的支持；公布你的计划内容；强调最终目的设想；做好传授新行为的工作；做好示范；鼓励先进；要有耐心；坚持不懈；要准备得到并接受你所期望的结果。[①]

管理改革最本质的特征就是突出创新，但组织管理层的习性是管理改革的一大障碍。改革倡导者若没有真心承诺与责任担当，改革活动就很难取得成功。如果把管理改革视作一个项目，改革成功不一定是指完全获得项目预期的成果，因为随着改革的实施，人们可能会改变初衷或调整预期。实际上，管理改革项目顺利实施就已经意味着改革成功，而非必须完美地实现项目目标。

5．项目管理模式革新的管控措施

在推动项目管理模式革新时，改革者要树立正确的理念，分析管理模式改革对相关者利益诉求的影响，评价改革面临的环境。这与我们在第六章分析组织控制的过程相似，根据改革者推动改革进程力量的强弱，改革环境可分为三种类型：控制、影响和评判。"控制"的力量最大，它是指改革者在不依赖任何其他力量的情况下，就能独立推行改革主张，并实现预期目标。在这种环境中，改革者不必顾虑他人的利益诉求和期望，可以完全按照自己的意图和规定的路线前行。与控制相比，"影响"的力量次之。此时，改革者仅仅是某种

---

① R．J．格雷厄姆：《项目管理与组织行为》，王亚禧，罗东坤译，石油大学出版社1988年版，第194—195页。

结局的协作者，与他人共同控制改革的进程。由于受制于他人的态度和行为，取得改革成功的可能性比控制要低。最弱的力量形式是"评判"。当改革者对结局既不能控制又不能影响时，就只能评论。这时，改革局面的控制权掌握在他人手里，这些人的价值观念决定着改革的方向和性质。然而，尽管在改革结局的创造中评判可能不被理睬，起不到决定性作用，但是评判也是一种力量，随着评判力量的增强，改革者也有可能从中寻找到扭转局面的某种新途径。

尽管解放思想的潮流、应用新管理模式的改革是不可阻挡的，但在改革过程中，最核心的任务是要分析改革对人们利益格局的影响，制定相应的管控措施。比如，要列出改革所建议的事项，以及改革符合或者触犯了哪些人的利益。对于从改革中获益的人，要让他们知道具体能得到什么好处；而对于利益可能受损的人，改革者要先行评估自己应对这种情况的能力。改革者如果能直接控制结局，则不必过于担心；如果只能施加影响，则须审慎判断获益方和受损方之间的力量格局，充分团结获益方，以保证改革影响力的最大化；如果只能进行评判，就要考虑放弃原来的改革计划，或制定一种通过评判来施加影响的长期战略。

四、开创我国项目管理新局面

改革开放以来，许多前景美好的项目或束之高阁，或中途夭折，其原因往往不是缺乏资金，而在于项目管理技术支撑不足。在生产要素市场化配置机制逐步完善、市场竞争日趋激烈的环境下，掌握了项目管理的理念、方法和技术，就等于掌握了竞争的主动权，就能更好地引导组织发展。当前，国内经济社会发展面临着重大转型与变革，而某些传统的管理观念仍禁锢着人们的思想，阻碍着管理创新，但可以预见的是，项目管理模式的新思想、新理论终将会成为社会管理革新的先导，成为推动经济社会发展的重要力量。

1. 高度重视项目管理模式的推广普及

管理学犹如博大精深的中医，而项目管理犹如一剂特效良方。在激烈竞争的社会环境中，越来越多的组织已将运用项目管理模式作为保持其竞争优势的关键举措。如今，项目管理的方法和技术不再是管理者"额外"的技能，运用先进的管理模式已成为其明智的选择。但是，国内不少管理者至今仍没有真正全面地理解项目管理，大多仅是停留在"知晓"的层面上。出现这种情况，一方面是由于部分管理者对项目管理价值的认识还不到位，另一方面也因为项目管理模式尚需大力推广普及。这就要用大量成功项目的案例告诉人们：充分运用项目管理模式是各类社会组织有效运行的关键。如果人们对项目管理的理念、方法和技术依旧持熟视无睹甚或排斥的态度，经济与社会发展就必然会裹足不前。

克雷纳在其《管理百年》中文版的自序中指出："新观念和新方法，是推动中国及其他发展中国家发展和进步的关键。观念，在繁华盛世是锦上添花，在挑战时刻则有着更大的意义。新思维是经济衰退的最佳解药——无须裁员。组织在此刻最需要的便是创新，以及自我组织的全新方法。"[①] 在国内大力推广普及现代项目管理模式意义重大。一方面,项目管理体系中的理论体系可以更新管理者思想观念,使其树立正确的项目管理理念;方法体系可以指导管理者采取正确的管理方法,提高管理成效;技术体系可以整合管理者技能,提高管理能力;规则体系则贯穿于整个项目管理过程之中,能清晰地规范管理层、作业层的行为。另一方面,规范化的过程管理,能充分展现项目管理成效。与一般管理相比,项目管理模式的最大特点在于将"目标、过程和结果"作为一个整体来看待,既能使项目管理活动目标明确、任务分明、职责清晰,又能使项目组织及管理层突出主体责任、重视协作、关注参与者,充分体现专业化管理的优势。

2. 着力提升项目管理方法体系的应用水平

现代管理科学全面进入我国,只是近几十年的事情,对其知识的积累和广泛应用尚需时日。各类社会组织如果对管理重要性的认知不够明确,就难以建立系统有效的组织管理体系,当然也就更难以建立相应的项目管理方法体系。当前,各类项目的形态复杂,其实施过程管理新情况层出不穷,需要用科学、系统、规范的管理方法来应对。国内相当一部分组织的高层管理者尚缺乏对项目管理方法论的全面理解,更未能从方法体系的高度认知如何当好项目发起人,全面系统地管理好一个项目。也就是说,各类组织在实践中如何运用项目管理的方法体系,仍是一个现实紧迫的问题。

刘戈在讨论我国工业化进程时指出:"所谓的与世界接轨,直白的说法就是让中国的火车可以在美国的轨道上跑,也可以让美国的火车在中国的轨道上跑。现在美国以及部分西方国家感受到竞争压力,设置障碍不想让我们接轨,如果我们也不是最大可能地争取与世界经济体系接轨,认为可以建立自己完全不同的工业化发展体系,可以绕开西方几百年来摸索出来的这套发展规律,那么中国工业化的道路就有再次停滞甚至倒退的风险。"[②] 同样地,我国项目管理方法体系的发展,也不可能脱离或者绕开国际上已逐步成熟的方法体系,完善并系统应用与国际接轨的方法体系仍是当务之急。客观地说,虽然项目管理知识体系不能为各类项目实施所面临的具体问题直接提供答案,但是一套系统规范的管理方法体系可以引导项目管理者步入正确的轨道,使其在管理实践中少走弯路。

3. 不断增强项目管理技术体系的应用能力

近几十年来,大量重大项目的实施,开创了我国改革开放持续发展的良好局面,也积累了丰富的项目管理经验。当今,我国正在实施的项目数量巨大,亟待各个层次的管理者全面掌握项目管理的技术手段及相应的管理工具。树立正确的管理理念,具备相应的管理技能,是管理者应用项目管理模式的基础。为此,在实际管理工作中,各类组织中的高层管理者应注重积累项目化管理的经验,深化对项目管理方法体系与技术体系的实践运用。

---

① 斯图尔特·克雷纳:《管理百年》,闾佳译,中国人民大学出版社 2013 年版,第 IX 页。

② 刘戈:"不与世界接轨,中国现代化又能向哪走",《环球时报》2019 年 2 月 11 日第 15 版。

管理者只有将科学的项目管理理论、先进的管理方法和技术与具体项目实践相结合，才能成功地运用项目管理模式，提升自身的管理能力。

经济社会发展必须具备与之相匹配的管理技术，项目管理技术体系的发展与应用，可以为经济发展和社会治理保驾护航。改革开放以来，我国产生了数以万计的工程项目，极大地促进了工程项目管理技术的发展。目前，我国"一带一路"倡议中的政策沟通、民心相通等举措，可被视为活动类项目；道路建设是典型的工程类项目；贸易通商将产生诸多产业类项目。当然，上述各种类型的项目还包含着众多子项目，都需要管理技术的支撑。同时，我国对众多领域核心关键技术的研发布局，也催生了无数的项目，如航空、航天、航海、材料等新技术领域，以及重大基础工程与战略技术领域都与项目实施紧密关联。目前，众多组织及个人响应国家创新创业的号召，创建新组织、培育新业态产生的各种创造性工作以及一次性活动都可实施"项目化"管理。以技术和资本为纽带，加快以企业为主体的技术创新，突破制约企业发展的技术瓶颈，同样也离不开项目管理技术的支撑。

4. 全面推动项目实施与管理的规范化

世界上从来都没有随心所欲的管理方式。工业革命解放了人们的手脚，人工智能将解放人们的大脑。今天，以信息技术和人工智能为代表的新技术革命，正在全面改写着20世纪业已形成的管理原则与管理体系，迫使人们探索更加科学高效的管理方式。项目管理理念以及方法体系是引导项目实施规范化管理的行动指南，管理者若能深刻认识规范管理的重要性，就会乐于接受项目管理模式的程序、流程和步骤。一般工业企业的生产管理，要求从车间生产的技术工艺、操作工具、作业环境，甚至包括原材料采购及物料管理等环节都达到相应的"标准化"。这种规范的流水线生产管理方式，在工程项目建设中已有所体现，但当前仍未形成项目实施过程全方位的规范化管理局面。故而，只有以更加完善的规范化方式解决好各类项目实施中的突出问题，国内项目管理水平才能不断提高。

管理智慧于项目实践不可穷尽，而有无正确的理论指导，其效果大不相同。在项目实施过程中，管理层只有全面推动各个层次规范作业，才能使项目规范管理水平产生质的飞跃。注重理论指导，遵循项目管理方法体系，管理者的管理理念就会产生质的变化，就能有效改善管理节奏、层次和章法，自然会提升规范化管理的程度，相应地，其管理工作亦会由此进入一个新的境界。全面掌握项目管理模式，能使过程管理呈现出科学化、系统化、规范化的特点，会对项目实施起到方法论指导和价值引领的作用，能够惠及众多行业，进而推动国内项目管理水平的整体提升。

5. 切实提高各类项目实施管理的成效

规范应用项目管理模式，能有效增强大型复杂项目实施的效果，显著提高管理效率。实践表明，当人们不断地重复做一件或一类事情时，就会积累丰富的实践经验，从而提升管理和监控的水平，管理效能也会随之提高。然而，项目实施活动是一次性的，在这种情况下，解决管理效率低下、资源浪费等症结的良方就在于实施科学化、系统化和规范化的管理。早期的项目管理是纯经验性的，管理者主观倾向较为严重，过程管理随意性较大，管理的规范性差，难以有效保证项目的实施效果。

百年前，泰勒科学管理的推广应用，使得管理界告别了经验时代，踏上了科学管理的大道。当今，我们生活在一个"项目化"的世界里，项目管理模式已生动鲜活地呈现在我们面前。项目管理需要的是切实可行的管理手段，而不是纸上谈兵。然而，现阶段国内因未能全面运用项目管理方法和技术，致使管理者指挥不当、管理效率低下的问题还较为突出。一些管理者在面对问题时，看法多，常常"高谈阔论"，而在具体工作中如何抓落实，却往往"无从下手"。实质上，多数情况下是因为管理方式不对头或管理措施不到位，导致执行力不够，管理成效欠佳。在众多项目实践中，对提高管理效率、降低资源消耗的需求仍十分迫切。尽管当前项目管理的理论架构还不能完全回答"为什么如此做才行、才好"等问题，但这并不能动摇我们扎实推进项目管理方法与技术实践应用的决心。只有解决了各类项目实施的管理效率问题，项目管理模式潜在的生机与活力才能充分释放。

6. 积极推动项目管理模式的创新发展

项目管理模式能给管理者以广泛的思想启迪。目前，人们对项目管理的认知，还大多限于其为组织所带来的经济收益，并未全面关注其所带来的其他战略影响。各类社会组织如何在这个充满机遇和挑战的时代获得更大发展空间，项目管理模式的运用至关重要。项目管理知识体系的形成使项目管理模式步入了实践理论化的轨道，而建立我国项目实施管理体系，不仅能更加科学规范地指导项目实践活动，系统破解项目实施过程管理中的难题，而且还能增强理论实践化的管理思维，有效促进项目管理理论与实践的创新发展。

立足实际，分析当前国内经济社会发展的特点，全面总结项目实践的经验，努力解决经济发展过程中涌现的大量管理问题，进一步完善项目管理模式，是目前我国项目管理创新发展的头等大事。我们始终坚信，中国项目管理模式必将成为一个专有概念，它不仅具有中国特色，会形成独特的思想格局和管理模式，而且能在管理理念、方法和技术等方面创造出丰富内涵。项目管理理论创新正当其时，我们要立足于"中国项目管理模式"这个核心概念，完善之，发展之，使这个专有概念逐渐演化成一个普遍概念。事实上，基于我国大量项目实践所形成的中国项目管理模式，已经成为项目管理领域中一颗最为耀眼的明珠，它不但凝结了国人的管理思想和智慧，也汲取了人类管理文明最光辉灿烂的成果。毫无疑问，一个具有鲜明中国特色的项目管理时代正阔步走来，它如同一轮光芒四射的朝阳，必将照耀中华，辉映世界。

参考文献

白思俊：《IPMP 知识精要》，机械工业出版社 2005 年版。

白思俊：《项目管理案例》，机械工业出版社 2009 年版。

白思俊：《现代项目管理概论》，电子工业出版社 2013 年版。

本标准编委会：《质量管理体系、项目质量管理指南（GB/T 19016-2005/ISO 10006：2003）》，中国标准出版社 2005 年版。

毕星，翟丽：《项目管理》，复旦大学出版社 2000 年版。

曾赛星：《项目管理》，北京师范大学出版社 2007 年版。

曾仕强：《中国式管理》，中国社会科学出版社 2005 年版。

陈建华：《管理学》，河南大学出版社 2013 年版。

陈永强，徐成贤：《服务外包管理》，清华大学出版社 2014 年版。

成虎：《工程项目管理》，高等教育出版社 2004 年版。

成虎，陈群：《工程项目管理》，中国建筑工业出版社 2015 年版。

程敏，徐森，许学国等：《项目管理》，北京大学出版社 2013 年版。

辞海编辑委员会：《辞海》（第六版彩图本），上海辞书出版社 2009 年版。

丛培经：《工程项目管理》，中国建筑工业出版社 2017 年版。

丁荣贵：《项目管理：项目思维与管理关键》，中国电力出版社 2013 年版。

丁荣贵，杨乃定：《项目组织与团队》，机械工业出版社 2005 年版。

丁士昭：《工程项目管理》，中国建筑工业出版社 2006 年版。

丁士昭：《工程项目管理》，高等教育出版社 2017 年版。

方恭温：《中国改革实践与社会经济形势》，甘肃文化出版社 2000 年版。

付强：《有效的项目管理》，中国纺织出版社 2003 年版。

郭咸纲：《西方管理思想史》，经济管理出版社 2002 年版。

胡军：《哲学是什么》，北京大学出版社 2002 年版。

胡振华：《工程项目管理》，湖南人民出版社 2001 年版。

华罗庚：《统筹方法平话及补充》，中国工业出版社 1965 年版。

黄河水利委员会规划计划局：《黄河基本建设工程管理工作指南》，黄河水利出版社 2001 年版。

黄金枝：《工程项目管理——理论与应用》，上海交通大学出版社 1995 年版。

黄志坚：《工程系统概论——系统论在工程技术中的应用》，北京大学出版社 2010 年版。

纪燕萍，张婀娜，王亚慧：《21 世纪项目管理教程》，人民邮电出版社 2002 年版。

季羡林：《朗润琐言—季羡林学术思想精粹》，人民日报出版社 2011 年版。

姜真:《现代企业管理》,清华大学出版社 2013 年版。

金维兴,张家维:《施工企业管理系统分析》,陕西人民教育出版社 1993 年版。

柯善北:《湖北建设指南(2005—2006)》,崇文书局 2006 年版。

赖一飞:《项目管理概论》,清华大学出版社 2011 年版。

李怀祖:《管理研究方法论》(第三版),西安交通大学出版社 2017 年版。

李怀祖:《管理研究方法论》,西安交通大学出版社 2004 年版。

李慧波:《团队执行——打造企业卓越执行力》,中国城市出版社 2007 年版。

李荣融,朱丽兰,顾秉林等:《"王者"心法:经营之神王永庆独家管理秘笈》,清华大学出版社 2013 年版。

李锐锋,钱兆华:《自然辩证法教程新编》,湖北人民出版社 2004 年版。

李生宝:《半干旱黄土丘陵区退化生态系统恢复技术与模式》,科学出版社 2011 年版。

李卫星:《怎样入手——项目管理实践精要》,清华大学出版社 2008 年版。

梁漱溟:《我是怎样一个人》,当代中国出版社 2012 年版。

梁思成:《中国建筑史》,生活·读书·新知三联书店 2011 年版。

梁小民:《经济学是什么》,北京大学出版社 2001 年版。

刘伟,刘国宁:《项目手册》,中国言实出版社 2003 年版。

刘文瑞:《边缘琐语:人文与管理的对话》,朝华出版社 2006 年版。

刘晓君:《技术经济学》,科学出版社 2013 年版。

刘伊生:《建设项目信息管理》,中国计量出版社 1999 年版。

卢向南:《项目计划与控制》,机械工业出版社 2004 年版。

卢有杰:《建设系统工程》,清华大学出版社 1997 年版。

陆雄文:《管理学大辞典》,上海辞书出版社 2013 年版。

骆询:《项目管理》,机械工业出版社 2008 年版。

牛欣芳:《谈谈动机与效果》,知识出版社 1984 年版。

彭重民:《农业项目评估与分析》,中国农垦经济研究所 1984 年版。

戚安邦:《项目管理学》,科学出版社 2007 年版。

戚安邦,张边营:《项目管理概论》,清华大学出版社 2008 年版。

齐二石:《公共绩效管理与方法》,天津大学出版社 2007 年版。

钱明辉,凤陶:《项目管理:晋升为经理人的敲门砖》,中华工商联合出版社 2001 年版。

邱菀华:《项目管理学—工程管理理论、方法与实践》,科学出版社 2001 年版。

邱菀华:《现代项目管理学》,科学出版社 2007 年版。

任平均:《公司:如何提升组织的项目管理能力》,南开大学出版社 2004 年版。

赛云秀:《工程项目控制与协调研究》,科学出版社 2011 年版。

赛云秀:《项目管理》,国防工业出版社 2012 年版。

赛云秀:《项目管理的发展与应用》,陕西人民出版社 2012 年版。

盛天宝,陆明心,韩岗:《工程项目管理与案例》,冶金工业出版社 2005 年版。

苏东水:《产业经济学》,高等教育出版社 2010 年版。

眭平:《科学创造的横向研究》,科学出版社 2007 年版。

孙巩,郭垂元:《产品开发可行性论证指南——研究分析与实施管理》,北京航空学院出版社 1987 年版。

孙健,郭海龙:《管理哲学读本》,金城出版社 2014 年版。

谭蓓，黄翔，童文军：《管理学基础》，重庆大学出版社 2014 年版。

唐中印：《高效通过 PMP 备考宝典》，清华大学出版社 2014 年版。

陶理：《诺伯特·维纳的故事》，广东教育出版社 2008 年版。

万斌：《大型活动类项目管理指导手册》，安徽音像出版社 2003 年版。

汪小金：《大学生项目管理通识教程》，机械工业出版社 2010 年版。

汪应洛：《系统工程导论》，机械工业出版社 1982 年版。

汪应洛：《系统工程》，机械工业出版社 2011 年版。

汪应洛：《工程管理概论》，西安交通大学出版社 2013 年版。

王柏江：《现代管理基础》，中国铁道出版社 1998 年版。

王关义，刘益，刘彤：《现代企业管理》，清华大学出版社 2007 年版。

王元：《百战百胜——市场竞争与企业决策》，广东旅游出版社 1999 年版。

王长峰，李建平，纪建悦：《现代项目管理概论》，机械工业出版社 2007 年版。

温来成：《现代公共事业管理概论》，清华大学出版社 2007 年版。

文欣：《领导不可不知的管理学常识》，金城出版社 2011 年版。

吴鸿：《近墨者黑》，生活·读书·新知三联书店 2011 年版。

吴守荣，王连国：《投资与成本控制》，煤炭工业出版社 1994 年版。

席相霖：《现代工程项目管理实用手册》，新华出版社 2002 年版。

席酉民：《经济管理基础》，高等教育出版社 2007 年版。

夏征农，陈至立：《辞海》，上海辞书出版社 2010 年版。

项目管理协会：《项目管理知识体系指南（PMBOK® 指南）》，电子工业出版社 2013 年版。

项目管理协会：《项目管理知识体系指南（PMBOK® 指南）》，电子工业出版社 2018 年版。

谢质彬：《设计管理》，机械工业出版社 2013 年版。

邢峥：《管理学基础》，高等教育出版社 1996 年版。

徐宁：《项目管理实务教程》，兰州大学出版社 2014 年版。

闫文周，袁清泉：《工程项目管理学》，陕西科学技术出版社 2006 年版。

颜明健：《管理学原理》，厦门大学出版社 2014 年版。

颜明健，张菊香：《项目管理》，厦门大学出版社 2014 年版。

尤建新，绍鲁宁：《企业管理概论》，高等教育出版社 2015 年版。

袁家军：《神舟飞船系统工程管理》，机械工业出版社 2006 年版。

占文松：《制造企业项目管理》，电子工业出版社 2006 年版。

张波：《工程文化》，机械工业出版社 2010 年版。

张才明：《现代管理学理论与实践》，清华大学出版社 2014 年版。

张德：《管理学是什么》，北京大学出版社 2006 年版。

张德：《人力资源开发与管理》，清华大学出版社 2019 年版。

张金锁：《工程项目管理学》，科学出版社 2000 年版。

张文焕，刘光霞，苏连义：《控制论、信息论、系统论与现代管理》，北京出版社 1990 年版。

张旭辉，孙晖：《物流项目管理》，北京大学出版社 2013 年版。

赵曙明，杜鹏程：《德鲁克管理思想解读》，机械工业出版社 2009 年版。

赵文明，程堂建：《协调学》，北京图书馆出版社 2000 年版。

中国国际工程咨询公司:《中国投资项目社会评价:变风险为机遇》,中国计划出版社 2007 年版。

中国(双法)项目管理研究委员会:《中国项目管理知识体系(C-PMBOK2006)》,电子工业出版社 2008
　年版。

中国(双法)项目管理研究委员会:《中国现代项目管理发展报告(2011)》,电子工业出版社 2011 年版。

周三多、陈传明、鲁明泓:《管理学——原理与方法》,复旦大学出版社 1999 年版。

Dave Smith:《采购项目管理》,北京中交协物流人力资源培训中心译,机械工业出版社 2008 年版。

N. 维纳:《人有人的用处》,陈步译,商务印书馆 2014 年版。

N. 维纳:《控制论:或关于在动物和机器中控制和通信的科学》,郝季仁译,科学出版社 2016 年版。

R.J. 格雷厄姆:《项目管理与组织行为》,王亚禧、罗东坤译,石油大学出版社 1988 年版。

W.H. 纽曼、小 C.E. 萨默:《管理过程——概念、行为和实践》,李柱流、金雅珍、徐吉贵译,中国社会科学
　出版社 1995 年版。

W. 理查德·斯格特:《组织理论》,黄洋、李霞、申薇、席侃译,华夏出版社 2002 年版。

阿诺德·M. 罗金斯,W. 尤金·埃斯特斯:《工程师应知:工程项目管理》,唐齐千译,机械工业出版社
　1987 年版。

艾尔·巴比:《社会研究方法》,邱泽奇译,华夏出版社 2014 年版。

安东尼·沃克:《建设项目管理》,郝建新、戴雁忠译,南开大学出版社 2007 年版。

巴纳德:《经理人员的职能》,王永贵译,机械工业出版社 2013 年版。

彼得·德鲁克:《卓有成效的管理者》,许是祥译,机械工业出版社 2005 年版。

彼得·德鲁克:《管理的实践》,齐若兰译,机械工业出版社 2006 年版。

彼得·德鲁克:《管理未来》,李亚等译,机械工业出版社 2009 年版。

彼得·德鲁克:《管理》,辛弘译,机械工业出版社 2018 年版。

布尔迪厄:《文化资本与社会炼金术》,包亚明译,上海人民出版社 1997 年版。

戴维·I. 克利兰:《项目管理:战略设计与实施》,杨爱华译,机械工业出版社 2002 年版。

丹尼斯·洛克:《项目管理》,李金海译,南开大学出版社 2005 年版。

稻盛和夫等:《匠人匠心:愚直的坚持》,窦少杰译,机械工业出版社 2016 年版。

狄海德:《项目管理》,郑建萍等译,同济大学出版社 2006 年版。

弗雷德里克·温斯洛·泰勒:《科学管理原理》,马风才译,机械工业出版社 2007 年版。

哈罗德·J. 利维特:《管理心理学》,张文芝译,中国人民大学出版社 1989 年版。

哈罗德·科兹纳:《组织项目管理成熟度模型》,张增华、吕义怀译,电子工业出版社 2006 年版。

哈罗德·科兹纳:《项目管理:计划、进度和控制的系统方法》,杨爱华译,电子工业出版社 2014 年版。

哈罗德·科兹纳:《项目管理:计划、进度和控制的系统方法》,杨爱华译,电子工业出版社 2018 年版。

哈罗德·孔茨,海因茨·韦里克:《管理学》,张晓君、陶新权等译,经济科学出版社 1998 年版。

汉斯·克里斯蒂安·波夫勒:《计划与控制》,王元译,经济管理出版社 1989 年版。

赫伯特·西蒙:《管理行为》,詹正茂译,机械工业出版社 2004 年版。

亨利·法约尔:《工业管理与一般管理》,迟力耕、张璇译,机械工业出版社 2007 年版。

亨利·明茨伯格:《卓有成效的组织》,魏青江译,中国人民大学出版社 2007 年版。

贾森·查瓦特:《项目管理一族》,王增东、杨磊译,机械工业出版社 2003 年版。

杰弗里·K. 宾图:《项目管理》,鲁耀斌、赵玲译,机械工业出版社 2010 年版。

杰克·吉多,詹姆斯 P. 克莱门斯:《成功的项目管理》,张金成、杨坤译,电子工业出版社 2012 年版。

杰克·R.梅雷迪思,小塞缪尔·J.曼特尔:《项目管理:管理新视角》,戚安邦译,中国人民大学出版社 2011 年版。

凯文·福斯伯格,哈尔·穆兹,霍华德·科特曼:《可视化项目管理》,许江林,刘景梅译,电子工业出版社 2006 年版。

凯文·凯利:《必然》,周峰等译,电子工业出版社 2016 年版。

康德:《自然科学的形而上学基础》,邓晓芒译,生活·读书·新知三联书店 1988 年版。

克利福德·格雷,埃里克·拉森:《项目管理教程》,王立文等译,人民邮电出版社 2005 年版。

莱斯利·R.格罗夫斯:《现在可以说了——美国制造首批原子弹的故事》,钟毅,何伟译,原子能出版社 1991 年版。

兰杰·古拉蒂,安东尼 J.梅奥,尼汀·诺里亚:《管理学》,杨斌等译,机械工业出版社 2014 年版。

罗伯特·K.威索基,拉德·麦加里:《有效的项目管理》,李盛萍译,电子工业出版社 2002 年版。

罗德尼·特纳:《项目管理手册》,李世奇译,机械工业出版社 2004 年版。

玛丽·帕克·福列特:《福列特论管理》,吴晓波,郭京京,詹也译,机械工业出版社 2007 年版。

迈克·菲尔德,劳里·凯勒:《项目管理》,严勇,贺丽娜译,东北财经大学出版社 2000 年版。

迈克尔·格伦菲尔:《布迪厄:关键概念》,林云柯译,重庆大学出版社 2018 年版。

南希·科布:《制造业项目人员管理工作手册》,周浩宇译,机械工业出版社,2005 年版。

欧文:《现代管理的终结》,仇明璇,季金文,孔宪法译,商务印书馆 2011 年版。

皮埃尔·布迪厄,华康德:《实践与反思——反思社会学引论》,李猛,李康译,中央编译出版社 1998 年版。

乔恩·R.卡增巴赫,道格拉斯·K.史密斯:《团队的智慧》,侯玲译,经济科学出版社 1999 年版。

乔治·瑞泽尔:《汉堡统治世界?——社会的麦当劳化》,姚伟译,中国人民大学出版社 2014 年版。

切斯特·I.巴纳德:《经理的职能》,杜子建译,北京理工大学出版社 2014 年版。

皮埃尔·布迪厄:《实践理论大纲》,高振华,李思宇译,中国人民大学出版社 2017 年版。

涩泽荣一:《论语与算盘》,余贝译,九州出版社 2012 年版。

史蒂芬·柯维:《高效能人士的七个习惯》,高新勇,王亦兵,葛雪蕾译,中国青年出版社 2010 年版。

斯蒂芬·P.罗宾斯:《管理学原理》,毛蕴诗译,中国人民大学出版社 2008 年版。

斯图尔特·克雷纳:《管理百年》,闫佳译,中国人民大学出版社 2013 年版。

松下幸之助:《一日一课》,吕彬译,新星出版社 2014 年版。

托马斯·库恩:《科学革命的结构》,金吾伦,胡新和译,北京大学出版社 2012 年版。

绪方胜彦:《现代控制工程》,卢伯英,佟明安,罗维铭译,科学出版社 1981 年版。

约瑟夫·阿洛斯·熊彼特:《经济发展理论:对于利润、资本、信贷、利息和经济周期的考察》,叶华译,九洲出版社 2007 年版。

约瑟夫·熊彼特:《经济发展理论》,何畏,易家详译,商务印书馆 2011 年版。

詹姆斯·刘易斯:《项目计划、进度与控制》,赤向东译,清华大学出版社 2002 年版。

詹姆斯·马奇,赫伯特·西蒙:《组织》,邵冲译,机械工业出版社 2008 年版。

丛玉飞:"社会质量取向:社会治理研究的新议题",《江海学刊》2015 年第(01)期。

方杰,舒海燕:"新人才观与优化知识结构",《出国与就业》2010 年第(13)期。

费孝通:"关于'文化自觉'的一些自白",《学术研究》2003 年第(07)期。

郭庆军,李慧民,赛云秀:"建设项目三大目标的优先序分析",《建筑经济》2008 年第(08)期。

加里·哈默尔:"以互联网思维重塑管理——如何打造高创造力公司",《清华管理评论》2016 年第

（03）期。

江必新，李沫："论社会治理创新"，《新疆师范大学学报》（哲学社会科学版）2014年第（02）期。

李成："管理是科学与艺术的有机融合"，《企业改革与管理》2007年第（05）期。

李红："现代知识体系的流变与哲学学术体系的构建"，《哲学动态》2019年第（09）期。

李培林："我国发展新阶段的社会建设和社会管理"，《社会学研究》2011年第（04）期。

李智伟："科学划界视角下管理科学的'弱科学性'研究"，《商业时代》2013年第（34）期。

刘军，程中华，李廉水："中国制造业发展：现状、困境与趋势"，《阅江学刊》2015年第（04）期。

刘人怀，孙凯，孙东川："大型工程项目管理的中国特色及与美苏的比较"，《科技进步与对策》2009年第
　　（21）期。

刘少杰："网络社会的时空扩展、时空矛盾与社会治理"，《社会科学战线》2016年第（11）期。

刘伟，古莹奎，祖旭等："产品开发中的项目管理"，《重庆工学院学报》2005年第（02）期。

刘亚秋："从中西学关系看费孝通'扩展学科界限'思想"，《新视野》2015年第（02）期。

刘怡君："重塑管理：唯有实验室激发互联基因"，《培训》2017年第（01）期。

满小莉，姚凤阁："产业转型背景下制造企业生产模式演化路径研究"，《哈尔滨商业大学学报》（社会科学
　　版）2020年第（01）期。

潘小勇："组织行为在企业生产运作管理中的实践"，《科技进步与对策》2003年第（S1）期。

秦国民，秦舒展："推进国家治理能力现代化重在提高制度执行力"，《中国行政管理》2016年第（09）期。

赛云秀："项目三大目标相互作用分析"，《建筑经济》2008年第（08）期。

赛云秀："项目协调技术研究"，《现代管理科学》2009年第（01）期。

赛云秀："项目管理中的协调系统分析"，《项目管理技术》2013年第（03）期。

赛云秀："项目管理中控制系统分析"，《建筑经济》2015年第（06）期。

赛云秀："项目三大目标管理分析"，《项目管理技术》2015年第（05）期。

赛云秀：《工程项目控制与协调机理研究》，西安建筑科技大学博士论文，2005。

孙莉芬，揭津荣，李敏："大型活动类项目工作分解结构特点之探讨"，《项目管理技术》2006年第（11）期。

王欢："社会治理精细化的生成机制及实现方式"，《北方经贸》2016年第（04）期。

王浦劬："国家治理、政府治理和社会治理的含义及其相互关系"，《国家行政学院学报》2014年第（03）期。

王涛，张雁，李姝："管理认知对企业能力构建的影响"，《经济管理》2012年第（03）期。

向德平，苏海："'社会治理'的理论内涵和实践途径"，《新疆师范大学学报》（哲学社会科学版）2014年第
　　（06）期。

邢福承，刘贵平："民国时期科学管理思想在中国的传播和推广"，《时代经贸》2008年第（S6）期。

熊太炎，李雅君："探析西方项目管理方法与中国文化之融合"，《经济研究导刊》2011年第（21）期。

燕继荣："社会变迁与社会治理——社会治理的理论解释"，《北京大学学报》（哲学社会科学版）2017年第
　　（05）期。

杨浩，南锐："社会治理支出与经济增长：抑制还是促进？"，《经济与管理研究》2015年第（01）期。

杨柳："费孝通思想探微——谈文化自觉及对文化的作用"，《社科纵横》2010年第（07）期。

杨雪冬："须重视时间节点管理"，《领导科学》2017年第（13）期。

余菁："管理研究的科学化：问题、障碍与出路"，《经济管理》2005年第（22）期。

余菁，王涛："繁复现实下的简约制度：一个新分析框架"，《经济管理》2015年第（12）期。

张波："基于'互联网+'的基层社会治理创新研究"，《电子政务》2017年第（11）期。

张欢："社会管理创新路径研究"，《中国行政管理》2012 年第（01）期。

张康之："论社会治理中的协作与合作"，《社会科学研究》2008 年第（01）期。

张康之："合作治理是社会治理变革的归宿"，《社会科学研究》2012 年第（03）期。

张康之："论高度复杂性条件下的社会治理变革"，《国家行政学院学报》2014 年第（04）期。

赵爱民："化废为宝的创意"，《秘书工作》2007 年第（08）期。

赵敏，王成科："从组织行为学视角看项目管理中的人力资源管理"，《项目管理技术》2008 年第（06）期。

郑杭生："社会建设和社会管理研究与中国社会学使命"，《社会学研究》2011 年第（04）期。

郑杰，翟磊："项目管理在日本的引进、发展及对我国的启示"，《项目管理技术》2009 年第（06）期。

周红云："全民共建共享的社会治理格局：理论基础与概念框架"，《经济社会体制比较》2016 年第（02）期。

周庆智："社会治理体制创新与现代化建设"，《南京大学学报》（哲学·人文科学·社会科学）2014 年第（04）期。

朱佳俊，郑建国："基于熵的模糊 TOPSIS 方法在创意项目投资决策中的应用"，《中国管理信息化》2008 年第（05）期。

彼得·沃森："时钟和科举都是一种'思想'"，《环球时报》2018 年第 05–18 期。

陈金龙："学术自信：构建中国特色哲学社会科学的基础"，《光明日报》2016 年第 06–02 期。

陈宪："企业家精神是经济增长原始动力"，《文汇报》2015 年第 10–21 期。

陈有勇，林群丰："社会治理创新的'四化'意识"，《学习时报》2017 年第 01–23 期。

程虹："2017：中国创新面临的十大挑战"，《第一财经日报》2017 年第 01–05 期。

崔岩："社会质量与我国社会治理创新"，《光明日报》2016 年第 01–18 期。

樊丽萍："'论文驱动'应转向'问题驱动'"，《文摘报》2016 年第 07–12 期。

方劲波："制造强国 创新先行"，《光明日报》2016 年第 04–01 期。

冯大力，李后强："中国发展的参照系不是欧美日"，《光明日报》2015 年第 12–15 期。

冯立鳌："荀子的'礼'与规范文化"，《光明日报》2014 年第 07–12 期。

格非："重返时间的河流"，《法制日报》2016 年第 01–27 期。

关庆丰："'领导小组'是怎样的议事协调机构？"，《北京青年报》2013 年第 07–10 期。

何国祥："如何衡量创新是否成功"，《北京日报》2015 年第 11–09 期。

济北南："'专利大国'之忧"，《北京青年报》2013 年第 12–11 期。

姜志勇："不要因误读而束缚了改革者的手脚"，《学习时报》2015 年第 10–26 期。

金灿荣："打造有分量的'中国式'全球治理"，《环球时报》2016 年第 04–19 期。

李侠，周正："创新人才多与少的悖论"，《光明日报》2016 年第 01–29 期。

刘戈："不与世界接轨，中国现代化又能向哪走"，《环球时报》2019 年第 02–11 期。

陆宏翔："生态化电商，抓住中国制造的痛点"，《环球时报》2016 年第 02–06 期。

南帆："技术，'道'之双生花"，《中国社会科学报》2013 年第 10–18 期。

钱旭红："我们需要思维革命释放智商红利"，《中国科学报》2013 年第 09–24 期。

秦浩："城市治理模式亟需转型"，《学习时报》2016 年第 10–27 期。

苏长和："敢于用中国本土概念解释别人"，《北京日报》2016 年第 01–04 期。

孙正聿："注重理论研究的系统性、专业性"，《光明日报》2017 年第 01–09 期。

唐承沛："把握决策规律 做到为官有为"，《学习时报》2014 年第 10–20 期。

彤明："一般控制论的方法"，《中国纪检监察报》2006 年第 01–09 期。

魏建国："吸引外资还不够多还不够好"，《环球时报》2016 年第 01–11 期。

伍丽荣："建设科学规范的项目文化"，《工人日报》2009 年第 05–14 期。

项立刚："中国不仅有华为"，《环球时报》2016 年第 01–04 期。

谢志强："创新社会治理："治什么 谁来治 怎么治——我国加强和创新社会治理面临的问题挑战与对策建议"，《光明日报》2016 年第 07–13 期。

邢晓婧："企业家应少谈中国多谈全球"，《环球时报》2016 年第 01–09 期。

杨耕："马克思主义哲学：我们时代的真理和良心"，《光明日报》2014 年第 11–24 期。

杨耕："论社会科学的特殊性"，《文摘报》2019 年第 10–31 期。

杨伟民："未来五年要干 50 件大事"，《北京青年报》2015 年第 11–10 期。

于兰："团队意识和个性如何一起培养"，《光明日报》2016 年第 10–23 期。

张国刚："'十'字型人才与'王'字型结构"，《解放军报》2007 年第 12–04 期。

郑永年："从文明的角度把握中国未来"，《环球时报》2016 年第 04–15 期。

周文："中国经济学须挣脱西方概念囚笼"，《环球时报》2016 年第 02–02 期。

周文："用'工匠精神'打磨中国品牌"，《环球时报》2016 年第 05–03 期。

朱建平："逻辑：一种文化和精神"，《光明日报》2016 年第 11–30 期。

祝灵君："如何认识国外哲学社会科学"，《学习时报》2016 年第 05–23 期。

Project Management Institute, Inc., *A Guide to the Project Management Body of Knowledge*, FiFth Edition, Pennsylvania: Project Institute Standard Committee, 2012.

Müller R. and K. Jugdev, "Critical success factors in projects: Pinto, Slevin, and Prescott – the elucidation of project success," *International Journal of Managing Projects in Business*, 5 (4), 2012.

后　记

社会发展如滚滚浪潮，永不停息。自古迄今，项目实践恒有，项目管理日新。管理有道，项目管理亦有其宗。道者，规律也；宗者，知识体系也。此体系依西语谓之范式，循华夏文明，名为格局。管理格局乃纲领也，纲举方能目张。项目建设于国家发展大有裨益，故积五载之力，研几析理，集字成文，试论项目管理之要义。然项目实施形态芜杂，过程管控实操性极强，欲刻骨入髓言之，惜乎力有不逮。唯知者多言，解者细述，方不致徒乱人意。项目管理之学问，源于实践创造，涉及知识、理论、方法、技术诸范畴。管理者唯掌握知识，通晓理论，熟稔技法，方能生发管理之智慧，驾驭项目管理之法门，终成行动之巨人。

I

本书之编撰，意在概括项目管理发展与应用之成果。人之知识系统，盖依其觉知所及，经积累思辨，归纳而来。1986 年秋读硕，吾师刘其兴教授言及学习方法，口授"总结提高"四字，彼时不得其解，历经 30 余载，方悟其要义。学术研究根本之法即不断总结，唯系统归纳，方能去伪存真，推陈出新。

理性思维乃人类正确认识与改造世界之关键。管理之定义，见仁见智，究其本质，则有深浅之释。浅者，基础知识，近乎常识，世人皆遵之用之；深者，达至理论层面，见解自有高低分殊；更深者，臻于明"道"，即入秩序与规范之门，达科学与艺术圆融之境。管理研究欲入此三境，须经思辨、明理之过程。项目管理研究新知新见多依归纳分析。理明则事谐。基于项目管理知识体系，方能明理，形成精严理论体系，滋养后学。

项目实践之进步皆赖方法提升，且以技能运用彰显管理之力量。管理之法，源于实践经验，不似一般见解，可一言以蔽之；亦不像数理方程与图表，一览无遗，可运算解析。是故，项目管理之道多以管理体系示之，核心在方法和技术之系统化。方法体系完善则易遵循，技术体系规范则利施行。方法体系统领技术体系，集科学性、系统性、规范性于一体，综合性弥高。技术体系盖由管理技术和科学技术组成，专业性甚强，管理者若执其一端，势必顾此失彼。管理技术之运用，隐于管理系统，显于规范实施过程；科学技术之运用，隐于技术系统，显于技术规程与工艺过程诸方面。

项目管理研究，务求系统严谨，其理论探讨素以实践案例剖析为据。然今之项目管理资料，于国外公开者，如曼哈顿工程、阿波罗登月计划等，多已历半世纪有余；于我国古代留存者，如都江堰工程、京杭大运河等，更已逾千年，其实施过程管理概况仅见只字片纸；而于当世国内大型项目，如三峡工程、青藏铁路、南水北调工程等，虽概括性描述人尽皆知，但对工程管理全貌之论析却难觅其踪。古今中外诸多大型项目实施之管理经验诚有可借鉴之处，然其全过程管理资料却付之阙如，可见者不过技术性报告或局部管理经验之总结。有鉴于此，本书未深涉案例之剖析。今后在国内大型项目实施过程中，管理者或技术人员如若能从项目伊始即实录过程管理历程，他日公之于众，国人当可领略实操案例之全貌，亦将为理论研究提供翔实资料。

项目管理研究，唯依实践理论，并以其丰富理论体系、完善方法体系、整合技术体系、确立规则体系，方可襄助我国项目管理水平提升之盛举。其关键有三。一者，理论研究欲鞭辟入里，须突出管理义理科学性、系统性、规范性之要求；管理实践欲切中要害，须追求过程管理入科学化、系统化、规范化之轨道。此"三性"与"三化"之目标要求，乃贯穿全书之理念。循此理念，管理者在思想认识上有理可依，在研判问题时有据可凭，在解决问题时有章可循。二者，项目管理知识体系涵盖理论体系，聚合方法体系，整合技术体系，催生规则体系，遂成规范完整之管理体系。此"一总四脉"之格局，为本书之大略，乃项目管理认识论、方法论、实践论之根本，其不仅使理论研究契合"三性"之要求，且能使管理实践"三化"目标由虚入实。三者，项目管理"两类职能"和"两种技术"融合之论，既为理论分析重点，亦是过程管理要务。突出此三点，本书篇幅已显见长。然限于精力，对相关理论研究成果、实践成就之综合分析仍觉粗糙。所幸书中探讨内容，多生发于实践理论化、理论实践化之思维，论述层次较为清晰，亦少有自相矛盾之处，故而斗胆付梓。

II

本书之编撰，旨在强化项目管理模式之推广应用。项目管理至今仍游离于管理学边缘，"理弃、文嫌、管不爱"之状况乃其真实写照。依现实而言，项目管理其用大焉，普及与推广亦是大学问。笔者 2012 年所著《项目管理的发展与应用》一书，曾专辟一章，探讨项目管理推广应用之法。项目管理能否"飞入寻常百姓家"，诚赖管理者之认知，想不想入门、能不能入门，往往存乎一念。

项目管理源自实践，其发展势不可当。回顾 20 世纪 90 年代初，笔者研习项目管理，教材及资料极难寻觅。及至世纪之交，项目管理译著已蔚为大观，各大书店已然按知识领域分类摆放，寻书之人亦络绎不绝。短短十余载，项目管理传播之迅速，可谓奇迹。现实证明，项目管理知识与理论、方法与技术，皆可后天习得。然欲真正"洞悉"项目管理之要义，尚需提高认识，明乎理念。今之诸多管理者对项目管理并不陌生，或听之或阅之，甚或亲历之，然多难悟解其真谛。故今日推广普及项目管理模式，虽不必声嘶力竭大声疾呼，但仍须不断提高管理者系统认知之程度。

改革开放以来，众多管理专家致力于普及项目管理知识。自21世纪初，笔者以讲座、咨询诸方式，做了一些力所能及的普及工作。纵观今之项目管理应用，存在两类问题：一者不知而用，管理者仅于实践中摸索项目管理规律，依经验为之；二者知之而谬用，歪曲项目管理模式，泛化或谬用，此知亦为不知也。项目管理实为组织行为，然国内从组织管理角度出发，推广项目管理之著述屈指可数。积极参与科普之务，将项目管理先进模式广播于众，乃吾辈义不容辞之责任。以理性知识、科学方法，启发众人广泛运用项目管理模式，乃本书之主旨。欲达此愿望，须据以知识，施以准策，佐以宣介，自然水到渠成。书中不少章节言之所思所虑，均渗透着努力推广普及项目管理知识之热情。

项目控制与协调乃本书研究重点，笔者之前付梓诸册，皆以此为主线。然依笔者浅见，欲真正有效运用控制与协调两项职能，不仅需注重管理方法与技术之运用，更应放眼项目管理之整体格局。今国内项目建设成就巨大，问题亦不少，其中一些顽疾反复出现，对项目目标实现危害尤甚，且使传统项目管理方式之弊端暴露无遗。项目管理与经济社会创新发展息息相关，寻求新途径，持续提升项目实践之规范性，乃时代发展之迫切需要。各类组织管理模式之革新，须与社会发展潮流同向同行。唯有注重项目管理人才培养，强化项目管理方法与技术规范应用，方可借管理之功，常葆组织战略发展之优势。

国家繁荣昌盛，提升项目管理能力势在必然。管理作为生产要素，其重要性不断凸显。项目管理创新发展之原动力在于本土项目实践，普及项目管理亦须注重国情。2012年，笔者在《项目管理的发展与应用》一书后记中曾写道："中国特色不是空的，而是实的，外国的东西要服国内的水土。就像国内本科生、研究生广泛使用的管理学和经济学教材，西方发达国家的理论、案例很多，东方的东西哪里去了，讲了半天，学生的理解和将来的应用都是有限的。"平心而论，国人不乏管理智慧，不缺资金与资源，所缺者实为管理之章法。此言稍显绝对，然"话糙理端"。"子曰诗云"之传统，固吾国之文化底蕴，但因循守旧、故步自封实不足取。项目实践虽变化万千，然遵循管理规律，倡导科学管理，乃天经地义。驻足反思，国内项目管理研究可为者甚多，推广项目管理模式亦任重道远。

III

本书编撰之初衷，在于探究项目管理之基本内涵。此书名曰"新论"，既非大题，亦非小作。大题为宏议，小作乃细究。谓之新论，内容可深可浅，篇幅亦可长可短，行止由心，不拘一格。深与浅，皆依命题之大小；长与短，则赖理解之多寡。大题小做，流于粗疏，恐失全局；小题大作，耽于细琐，难免就事论事。故而取道乎中，深浅有度，盈缩有节，以免过犹不及，更不致妄知妄见。

倡导规范管理，实为本书之出发点。前已提及，项目实施过程管控之根本目的，乃实现科学化、系统化和规范化。科学化体现为理论层面的认知，即依项目实施内在规律，运用科学管理手段，对项目实施活动施以规范管理。此乃理性管理之追求，管理实践之首要。系统化针对实践应用的行动和行为，即注重过程管理整体性及逻辑关联，重视项目管理系统之整体功能与作用发挥，对项目实施系统运行状态进行有效管控。此乃管理者努力方向，务求各层次、各环节条理清晰。规范化以科学化、系统化为基础，追求管理秩序主客观相统一，展现于项目"目标、过程和结果"之管理链中，贯穿于项目实施决策、计划、指挥诸环节。项目组织高效管理、管理系统高效运行之标志，乃"三化"目标之实现。

本书定位于"论"，最初思考的着力点在于理论分析，讨论内容包括但不限于下述议题：项目管理与一般管理之关系、项目管理理论与实践之关系等。故而，一者，全书所述思想、认知、理念者多，讨论原则问题者众，多以阐述为主，而非以"开处方"为要。二者，"论"不拘于讨论，亦涉及内容与表达。理论体系之系统分析与个别观点之灵光闪现不同，归纳定律恐有例外，构建模型亦未必体现普遍性，故以阐述为主。三者，本书于项目管理知识体系之分析，欲探其"所以然"，而非浅尝辄止。书中凡涉及相关知识体系之论述，皆秉持实事求是态度，且多以美国项目管理知识体系为蓝本。意图有三：其一，使读者全面理解项目管理理论研究成果；其二，扎实学习先进成果，冀借鉴而超越之；其三，开阔视野，系统分析，加快我国项目实施管理体系建构步伐。

较之西方发达国家，我国项目管理研究原创性成果尤为不足。全面总结国内项目实践之丰富经验，构建系统规范之项目管理体系，方能全面提升我国项目管理水平。因而，书中有关项目管理理念、方法与技术之分析，旨在阐明管理机理，重点有四：一者详解项目管理知识体系，阐释其核心内容；二者详论项目管理之职能，以计划、控制和协调为要，力图刨根问底；三者详析项目管理理念，对于管理模式、管理格局、管理体系之论述，力求系统化；四者详究项目管理理论体系、方法体系、技术体系和规则体系，于价值分析中窥探项目管理体系之全貌。统而言之，项目管理理论体系，包括基础理论、实践理论和基本理论，亟待深化研究；方法体系、技术体系之架构已初步展现，仍需进一步整合完善；而规则体系，书中虽论述较详，尚需不断充实，更有待实践检验。

全书结构庞杂，从整体思路形成、大纲确定，至初稿成型、反复修改，历经五载。今呈现给读者之内容，凡4篇12章52节，含200余议题，700余分目。仅拟定各章节段落之标题，撰写引语，始终戚戚于心，难以寝安。总于立题破题间推敲，字斟句酌，不厌其烦。笔者所欲达者求通而已，而求通尽在思维和穷理，要害则在思考和行文。提出新观点，实为"上下求索"之过程，从"知性感悟"到"理性自觉"，皆须遵循正确研究途径。从只言片语渐至段落井然，初求明理达意，中求文从字顺，终因智识所限，难达豁然之境。故书中纰漏在所难免，尚祈各方家正之。

IV

本书之编撰，意在表达个人学术研究心愿。2013年，笔者获国家自然科学基金项目资助，结题后意犹未尽，遂萌生撰写一本综合性项目管理专著之念。初拟名为"解析"，再命名"论析"，几经推敲，终定为"新论"。以新立论，反映了笔者心境，即以新视域探索项目管理理论体系，尝试构建项目实施管理体系，了却夙愿。

细追之，笔者与项目管理结缘已逾30载。1986丙寅年夏，导师刘其兴先生欲率笔者观摩云南鲁布革工程，虽未成行，但后闻知"项目法"管理之概况，初窥项目管理门径。笔者本科专业为矿山建设，所受乃工程管理教育，然随学术研究深入，渐感项目管理研究涉及多学科交叉融合，将大有可为。于是乎，鼓足勇气，尝试综合性理论探索，遂将研究题目拓展为一个内涵丰富且颇具社会意义的话题。故本书之发端，小而言之，是个人做学问，尽点本分；大而言之，是为提升我国项目管理水平略尽绵薄之力。

对项目管理之热衷，乃笔者饱含激情投入理论研究之内生动力。项目管理理论研究，如同排演一出大戏，笔者终不愿甘当看客或隐于幕后，而愿亮相于台前，成角儿于剧中。如此，固不知效果如何，然不改初衷，勠力为之，可谓"心寂寂，念休休，沉沙无意却成洲"。不知吾者，会疑惑惊讶，而从自身来说，则是平静的。工作之余，反复思量，笔耕不辍，日耕一小片，久之片片相连，必能成陇畔相间之大片天地。偶见国外一趣闻："软件下载免费，用户手册一万美元"。后始知诸多知名软件公司皆以此道生存。与此同理，各国之项目管理知识体系，可免费阅览，然其注释实值千金。是故书中部分篇幅似在分析，实为"注释"，旨在提高读者之认知，冀对其有所裨益，能起"用户手册"之用。

项目管理研究需持续深化，久久为功，其新理论从萌芽至发展壮大是一个漫长的过程。文中理论分析、阐释与讨论并存，而阐释性分析乃本书重心，尤其在管理理念、方法和技术诸方面，不吝文字，力求纤毫毕现，却不免有啰唆之嫌。在具体分析中，始论理论、方法、技术三者之体系，继之规则体系之论渐趋成熟，自感乃一大收获。而更大收获则是项目管理场域论之提出。2020庚子岁初"新冠肺炎"疫情期间，笔者居家欲深化项目实施"场合"之理论分析。伊始，深受维纳控制论思想启发，本着从一维进度管理"时域场"向项目实施冲突多发、非稳态之多维"频域场"拓展之设想，遂提出项目管理"非稳态场域"概念。然上网检索，着实一惊，布迪厄"场域论"早在半个世纪前已为成熟理论，顿觉如获至宝。反观近半个世纪项目管理研究，项目管理场域论概念之形成，无疑可为当今理论研究赋予更多思考维度，开拓新的研究视野。

项目管理与项目实施管理名殊而理一，故"项目实施与管理"乃笔者特别定义之概念，贯于全书。项目管理模式之所以发展迅速、应用广泛，皆因其能够针对项目实施过程，以知识体系为载体，形成了指导管理者行动之纲领。项目管理技能乃一种修为，管理者唯勤于修炼自身认知和学识，方可步入规范管理之道。今之诸多管理者，谈及项目管理理论知识似懂非懂，言及实务、案例却所咨尤殷，这无可厚非。然务实皆应自"务虚"始，行动必从认知和理念中萌发。是故，书中对项目管理模式与知识体系之重要性，以及管理理念、方法和技术之内涵，反复"唠叨"，皆因笔者深信众多管理者必将重视并运用之。

V

本书之编撰过程，可谓复杂艰辛。今之项目管理著作汗牛充栋，然内容同质性强，引入国外理论成果者居多；新概念层出不穷，讨论方法与实操技术者众，而对项目管理机理之阐述者鲜矣。笔者撰写此书，意在立足国内实际，探究项目管理理论之内核，探析现代项目管理模式之义理。限于笔者之智识，为达此意，困难曲折可想而知。

笔者关注项目管理久矣，从工程施工管理至工程项目管理，再至今之项目管理，历时30余载。其间亦有部分著述，2011年4月出版《工程项目控制与协调研究》，2012年2月出版《项目管理的发展与应用》，2012年8月出版《项目管理》。在这之中，其一专论工程项目控制与协调，乃纯理论分析；其二既有理论分析又辅以相关案例剖析，致力于项目管理知识普及；其三为研究生教材，以理论知识讲授为要。今距笔者撰写上述三本书，忽忽十载。十年弹指一挥间，却经历了多少春华秋实，人事倥偬。审视过往，反思现实，笔者对于项目管理模式之价值有了新见；于项目管理思想、认知、理念亦有新得；于项目管理知识、理论、方法、技术之分析已有新解；进而于项目管理实践理论化、理论实践化亦有深思。

执笔为文，立意自当高远，然文无定法。数理模型，为解自然科学之奥秘，管理理念，则为启人之思，导人之行。故行文但求通俗易懂，此乃吾之心愿。然将项目管理思想、认知和理念付诸为文,何其难哉。旧调重弹,非吾所愿;推陈出新,艰如登峰。表心之所向,深入浅出,言必有中,则诚不敢望。然为自勉,仍须知难而上,溯洄从之。唯依己之思悟行文,既着力体现学术性之内涵,又尽力突出实用性之要义。如此写法,实欲一改管理类书籍之刻板文风。故书中若干感悟,虽有"东鳞西爪"之嫌,皆为笔者多年思悟所得,唯尽心思索,了却心结,以达心安。

经年累月,书稿渐增,内心五味杂陈。每日忙碌之余,信手于便笺上写下只言片语,思绪随心流淌。反复打磨,怡然自得,何乐而不为耶?琢磨透了,自然写得明白。短文古风实吾最爱,惜乎学养未达,更不敢无解作师,唯谨抒感悟,以求真切,故语句无妨浅显坦率。诚然,文字表述有分析态度及内容选取之别,笔者力戒想法偏颇,通篇"苦口婆心""奋力疾呼",皆为推动项目管理之发展应用。反复讨论管理模式、知识体系、管理职能,以使纷繁复杂之项目管理知识更易为读者接受。岁月蹉跎,无斗米之求,唯见痴迷之心。

理论研究以融会贯通为最高境界,然有所新见实属不易。难点有三:其一,管理学说博杂,理论研究如管中窥豹,欲系统分析现实世界人物、事物之内在关系,可谓举步维艰。面对管理学、组织学及行为学种种问题,笔者着实是迎难而上,唯愿深钻细研以求融通。毫无疑问,管理学基础知识绝不能绕过,否则,项目管理便离其根本,成随波浮萍。其二,项目管理之本质,知其然易,知其所以然难。故书中或有章节段落存在文字描述交叉重叠现象,原因有二:一者书稿内容庞杂,条分缕析需反复溯源以契合逻辑,颇费周章;二者在某些方面再三陈说,乃笔者有意为之,只为加深读者印象。当然,此种复沓方式原意一唱三叹,层次递进,能否达到余音绕梁,尚待读者细加品鉴。其三,毋庸置疑,穷尽项目管理模式之来龙去脉尤为不易。管理研究要阐明个中义理,赖于文化积累、理论修养与实践感悟。项目管理研究既要讲术与技,更要重道与法,然书不尽言,左思右想,怎一个"难"字了得。譬如,项目管理价值分析一章,仅依己之拙见而成,此乃理性认知深化之过程,尽抒理义,难免咬文嚼字,望读者见谅。

概言之,本书编撰框架之设计,冀不同知识背景和工作阅历之管理者皆可从中获益。馒头与面包皆为主食,食客不同,口味则必相异。笔者渴望与读者同行,然读者群体难以预设。况全书侧重理论分析,于管理基础知识薄弱者而言,恐一时难以适应;于实践经验丰富者来说,亦恐难合胃口。行之愈远,愈知其艰,笔者常以"干过活的人知道活难干"释之。是故,笔者所定位之读者,乃为有一定理论知识或深具实践经验之管理者。其一,各类组织之高层管理者,可启发其组织战略管理和创新发展路径之思考;其二,项目管理实操者,可促其重视理论知识,以助其构建规范管理之架构;其三,相关专业在校研究生,可借此培植理论素养,入项目管理之门楣。时逢国家建设日新月异,项目管理模式深入人心,相信愈来愈多之管理者定会食髓知味,踊跃实践;浸润于项目实践又通晓理论者,自会争鸣商榷;新一代青年才俊求知若渴,亦会潜心学习新知。如此看来,当可生发读者群体,此乃本书之所求，幸甚时代造化。

VI

驻笔掩卷，感慨良多，感激之情涌于心间。本书耕作多受益于管理学及相关学科成果之启发，书中倘有新见，盖由此来。整个撰写过程，笔者广纳国内外学者之研究成果，欣然领略了众先生严谨治学之风采。书中所引重要观点在当页皆有标注，相关资料亦在参考文献中予以列示，以表尊重和谢意。

诸多经典管理学著作，文理虽艰深晦涩，然涵义深邃，每每读起常感历久弥新。大家耳熟能详之管理学家，诸如泰勒、法约尔、福列特、西蒙、德鲁克等，其著作均从不同方面给予笔者以启发。譬如，福列特所谓"管理者是各方利益的整合者"，以及"统一体构建""建设性冲突"诸观点，皆为理论研究孜孜以求之精髓。2016丙申年正月初四，笔者读完德鲁克《卓有成效的管理者》，信手书中尾页记之："先生不仅是管理学宗师，实际上也是项目管理大师。"先生以目标管理为根基、时间管理为先导，突出管理绩效与管理者贡献，其思想观点用于项目管理可谓入木三分。这恰似其已将足球运至球门区，只待项目管理者临门一脚。

艾尔·巴比教授《社会研究方法》、李怀祖教授《管理研究方法论》等著作，对本书研究方法和思路梳理均极有帮助。斯格特《组织理论：理性、自然和开放系统》从组织理论视角出发，对管理学诸多命题之深入分析，为本书研究提供了框架性指导。有关项目控制理性神话、项目协调潜能奇迹之论述，实为受其启示构想而成。维纳、布迪厄等学问大家，其分析问题视域之广阔、思辨之透彻，对笔者启发尤甚。

2015年9月，笔者于西安朱雀路旧书摊上偶得华罗庚先生《统筹方法平话及补充》一书，观之倍感亲切。忆及大学时代最后一门课程《系统工程概论》，陶信诚先生讲解"系统工程发凡"，曾介绍华罗庚先生学术思想。今研读此书，朴素醇厚，深入浅出，感触更深，遂在扉页留注："科技应服务于大众""先生是中国项目管理的开创者"。汪应洛先生将系统工程理论与方法融会贯通于管理工程，倡系统管理新风。其与周文安、丁士昭、成虎等诸位先生，实为笔者引路之人，永怀感念之情。

格雷厄姆先生所著《项目管理与组织行为》，内涵丰富，思想深邃，分析透彻，乃20世纪项目管理思想观念、实践经验、理论成果之高度总结。科兹纳教授《项目管理——计划、进度和控制的系统方法》，至今已更新至第十二版，实为项目管理理论研究之丰碑。两位先生堪称项目管理思想家、理论研究集大成者，理应向他们致敬。

本书之撰写，幸得学界同仁襄助。西安交通大学张再林教授，陕西师范大学丁为祥教

授、孔祥利教授，西北大学刘文瑞教授，西安建筑科技大学李慧民教授、胡长明教授，西安
科技大学曹萍教授、袁金群副教授、文艳芳副教授，西安工业大学闫莉教授、郭庆军教授，
缮改相关章节。西安石油大学经济管理学院曾昭宁教授、罗静教授，张亘稼编审，马行天、
董春诗、李俊亭、李春霄等副教授，以及其他相关学科的多位学者，反复研讨，校正文稿。
航空工业计算技术研究所所长、研究员级工程师丁凯，陕西省交通建设集团公司副总经理、
高级工程师温进，西安沣东发展集团有限公司副总经理、城建公司董事长袁双平，陕西恒
业建设集团董事长、教授级高工尚鹏玉，宝鸡建安集团股份有限公司董事长、教授级高工
景常荣等，参与相关章节的讨论与修改。笔者学生任谦、牛波、尹志国等，查阅文献，制表
绘图。在此，并致谢忱。

　　汪应洛、丁士昭、吴涛三位先生不辞辛劳，为本书作序，特致以崇高敬意。

　　商务印书馆领导及编辑为本书之出版，付出了辛勤劳动，深表诚挚谢意。

賽云秀

2020 年 11 月于西安